CW01622231

Une histoire buissonnière de la France

DANS LA MÊME COLLECTION

Anne Boquel et Étienne Kern, *Une histoire des haines d'écrivains.*
Anne Boquel et Étienne Kern, *Une histoire des parents d'écrivains.*
Christian Delporte, *Une histoire de la langue de bois.*
Christian Delporte, *Une histoire de la séduction politique.*
Stéphane Giocanti, *Une histoire politique de la littérature.*
Graham Robb, *Une histoire de Paris par ceux qui l'ont fait.*
Frédéric Rouvillois, *Une histoire des best-sellers.*

Graham Robb

Une histoire buissonnière de la France

Traduit de l'anglais (Royaume-Uni)
par Isabelle D. Taudière

Flammarion

Titre original :
The Discovery of France
Copyright © Graham Robb 2007
© Flammarion, 2011, pour la traduction française.
ISBN : 978-2-0812-3789-6

Pour Margaret

Itinéraire

Il y a une quinzaine d'années, j'ai entrepris d'explorer le pays sur lequel j'étais censé faire autorité. Il m'apparaissait depuis quelque temps déjà que la France dont j'enseignais et étudiais la littérature et l'histoire n'était qu'une fraction du vaste territoire que j'avais pu voir lors de mes vacances, voyages d'études et aventures. La connaissance professionnelle que j'en avais reflétait la vision parisianiste d'écrivains comme Balzac et Baudelaire, pour qui les boulevards extérieurs de Paris marquaient la frontière du monde civilisé. Mon expérience accidentelle était légèrement plus étendue. J'avais vécu dans un village de Provence et un hameau de Bretagne, côtoyant des gens dont la langue maternelle n'était pas le français mais le provençal ou le breton, et ce fut en travaillant dans un garage de la banlieue parisienne que j'appris réellement à parler français, au contact d'un Berbère algérien des montagnes de Kabylie. Sans lui, le dialecte parisien du chef d'atelier m'aurait été totalement impénétrable.

Dans les périodes historiques dont j'ai fait mon foyer intellectuel, le fossé entre savoir livresque et vécu était encore plus vertigineux. À côté de la France familière de la monarchie et de la République, assemblée à partir de provinces médiévales, réorganisée par la Révolution et Napoléon, puis modernisée par le chemin de fer, l'industrie et la guerre, il y avait une France où, un siècle plus tôt à peine, le français était une langue étrangère pour la majorité de la population. C'était un pays qui n'avait pas encore été précisément cartographié dans sa totalité. Un peu plus loin dans le temps, d'âpres récits décrivaient un territoire fracturé par d'immémoriales divisions tribales, parcouru de réseaux de communication préhistoriques et pétri de croyances préchrétiennes. Des historiens et des anthropologues l'appelaient sans ironie aucune la « Gaule » et allaient puiser chez Jules César leurs informations sur les habitants de l'arrière-pays inexploré.

Ce fut en redécouvrant la machine miraculeuse qui avait ouvert les provinces à des millions de gens à la fin du XIXe siècle que je commençai véritablement à entrevoir cette autre France. Une ou deux fois par an, j'effectuais en compagnie de la dédicataire de ce livre un voyage en France à la vitesse d'une diligence du XIXe siècle. Tout indiqué pour effectuer une recherche poussée sur les produits du terroir, le vélo ouvre également un immense appétit de connaissances. Certaines conjonctions entre terrain, route, conditions météorologiques et odeurs s'impriment avec une inexplicable clarté sur le cerveau du cycliste, et reviennent parfois des années plus tard le harceler de leurs questions nébuleuses. Le vélo déroule un panorama à 360 degrés sur le paysage, permet d'en saisir les moindres gradations à travers les changements de braquet et de tension musculaire, de sorte qu'il est difficile d'en perdre une miette, depuis les banlieues parisiennes fatales pour les pneus jusqu'aux plaines provençales battues par le mistral. Comme par un fait exprès, l'itinéraire d'un cyclotouriste recrée par ailleurs des parcours bien plus anciens : les pistes de transhumance, les voies commerciales gallo-romaines, les chemins de pèlerinage, les confluences de fleuves disparues sous les friches industrielles, les routes de vallées et sentiers de crêtes jadis encombrés de colporteurs et de populations migrantes. Lorsque l'on se déplace en vélo, la conversation s'établit aisément, voire inévitablement, avec toutes sortes de gens – des enfants, des nomades, des automobilistes perdus, des historiens amateurs locaux et, bien entendu, des chiens, dont le comportement collectif est un indicateur aussi sûr de l'état d'esprit de certaines régions que pouvait l'être autrefois le comportement humain.

Année après année, chaque voyage devenait un puzzle complexe en quatre dimensions. Je voulais savoir à côté de quoi je passais et ce que j'aurais vu un ou deux siècles plus tôt. Je crus dans un premier temps avoir trouvé la solution en transportant une bibliothèque miniaturisée d'histoires modernes, de guides et récits de voyageurs anciens, reproduits sur papier fin en tout petits caractères. Ainsi réduit, un ensemble de rapports rédigés par les préfets que Napoléon avait envoyés après la Révolution cartographier et décrire les provinces inconnues pesait à peine plus lourd qu'une chambre à air de secours. Mais je dus bientôt me rendre à l'évidence : la *terra incognita* s'étendait infiniment plus loin que je ne l'avais pensé et il me faudrait consacrer beaucoup plus de temps à la tâche autrement éprouvante, physiquement, de la recherche sédentaire.

Ce livre, dont le titre original était *La Découverte de la France*, est le résultat de vingt-deux mille cinq cents kilomètres en selle et quatre années en bibliothèque. Il décrit la vie des habitants de la France – dans la mesure du possible à travers leur propre regard – et l'exploration et la colonisation de leur région par des étrangers et des métropolitains, de la fin du XVIIe au début du XXe siècle. Il suit un parcours relativement chronologique, de la fin du règne de Louis XIV à la déclaration de la Première Guerre mondiale, s'autorisant parfois quelques crochets par la Gaule préromaine et la France actuelle.

La première partie décrit les populations de la France, leurs langues, croyances et vie quotidienne, leurs voyages et découvertes, et les autres créatures avec lesquelles ils partageaient leur espace. Dans la deuxième partie, le territoire est cartographié, colonisé par des administrateurs et des touristes, remodelé politiquement et physiquement, et transformé en un État moderne. La différence entre les deux parties correspond peu ou prou à celle qui distingue l'ethnologie de l'histoire – la description d'un monde permanent et d'un monde en permanente mutation. Je me suis efforcé de rendre les jeux d'engrenage complexes entre des sphères disparates et concurrentes, de montrer un pays où les trains de mule cohabitaient avec les trains du chemin de fer, et où les sorcières et les explorateurs faisaient encore florès à l'époque où Gustave Eiffel métamorphosait le profil de Paris. Les lecteurs plus familiers du trajet direct de l'histoire politique pourront reprendre leurs marques à partir de la chronologie des événements présentée en fin de volume.

Ces pages devaient à l'origine composer le guide historique que j'aurais voulu lire lorsque je me suis lancé à la découverte de la France, un livre dans lequel les habitants ne seraient pas de simples données statistiques extraites de leur milieu, « la France » et « les Français » signifieraient autre chose que Paris et une poignée d'individus puissants, et le passé ne serait pas une échappatoire au présent mais un moyen de l'éclairer et de l'apprécier pleinement. Il peut se lire aussi bien comme une histoire sociale et géographique que comme un recueil de contes et de tableaux ou un complément à un guide. Plus qu'un récit définitif, il propose un itinéraire possible. Chaque chapitre aurait aisément pu faire l'objet d'un volume à part entière, mais l'ouvrage est déjà trop lourd pour trouver sa place dans des sacoches de vélo. Son écriture fut une aventure et j'espère que sa lecture révélera l'ampleur de ce qui reste à découvrir.

Mer
du
Nord
PAYS-BAS
Londres
ANGLETERRE
BELGIQUE
Calais
Lille
ALLEMAGNE
Rhin
Sambre
Manche
Somme
Oise
Aisne
Le Havre
Rouen
Caen
Paris
Marne
Champagne
Argonne
Meuse
Strasbourg
Meurthe
Moselle
Vosges
Rhin
Mont-Saint-Michel
Brest
Orne
Alpes Mancelles
Montagnes Noires
Plaine de la Beauce
Seine
Yonne
Vilaine
Loir
Loiret
Loire
Nantes
Tours
Sologne
Morvan
Dijon
Brande
Cher
SUISSE
Jura
Rhône
Marais Poitevin
Vienne
Saône
Océan Atlantique
Charente
Limoges
Clermont Ferrand
Lyon
MONT BLANC
COL DU GRAND-SAINT-BERNARD
Alpes
COL DU MONT-CENIS
Gironde
Allier
GERBIER DE JONC
Massif Central
Dordogne
Bordeaux
Queyras
Lot
Rhône
ITALIE
Durance
Garonne
MONTPELLIER-LE-VIEUX
Gard
MONT VENTOUX
Forêt de Landes
Tarn
Causse Noir
Avignon
GORGES DU VERDON
Var
Golfe de Gascogne
Gave de Pau
Cévennes
PONT DU GARD
Verdon
Toulouse
Camargue
Plaine de la Crau
MONTAGNE SAINTE-VICTOIRE
Nice
Canal du Midi
COL DU TOURMALET
COL DE PEYRESOURDE
Corbières
Marseille
Toulon
PECH DE BUGARACH
Golfe du Lion
Pyrénées
ANDORRE
ESPAGNE
Mer Méditerranée
CORSE
200 km
Carte : Édigraphie

Les provinces avant la Révolution

Les départements en 1808

Première partie

I

Le continent inexploré

PAR UN ÉTÉ DU DÉBUT des années 1740, au dernier jour de sa vie, un jeune Parisien devint le premier cartographe moderne à voir le mont Gerbier-de-Jonc. Cet étrange cône volcanique surplombe un paysage désolé de prairies et de ravines, balayé par le souffle glacial du burle. À cinq cent soixante kilomètres au sud de Paris, sur un point de la carte diamétralement opposé à la capitale, il est à cheval sur la ligne de partage des eaux de l'Atlantique et de la Méditerranée. Au pied de son versant occidental, près d'un abreuvoir en bois où les bêtes venaient boire autrefois, la Loire entame son parcours de mille kilomètres, s'écoulant vers le nord puis dessinant vers l'ouest un grand arc à travers les marais de Touraine pour frôler les confins de la Bretagne et rejoindre l'océan Atlantique. À une cinquantaine de kilomètres à l'est, les eaux très fréquentées du Rhône transportaient des passagers et des marchandises jusqu'aux ports de la Méditerranée, mais il aurait fallu plus de trois jours pour y parvenir, à travers un chaos pratiquement désert d'anciennes gorges et coulées de lave.

Si le voyageur avait escaladé le sommet de roche phonolithique – ainsi nommée pour le carillon que font entendre les pierres en s'éboulant sous les pieds du grimpeur – il aurait contemplé un splendide panorama : à l'est, le long rideau blanc des Alpes, depuis le massif du Mont-Blanc jusqu'aux flancs arides du mont Ventoux sur lesquels viennent buter les plaines de Provence ; au nord, les crêtes boisées du Forez et les brumes descendant du Jura sur le plat arrière-pays lyonnais ; à l'ouest, les Cévennes sauvages, le plateau du Cantal et toute la chaîne volcanique de la Haute-Auvergne. C'était un rêve de géomètre – près d'un treizième de la superficie de la France étalé comme une carte.

Du haut de cette éminence, il aurait pu embrasser d'un seul regard plusieurs petites régions dont les habitants soupçonnaient à peine l'existence de leurs voisins. À une journée de marche dans n'importe quelle direction on devenait incompréhensible, car le massif du Mézenc auquel appartenait la montagne était aussi une ligne de partage des langues. Les gens qui voyaient le soleil disparaître derrière le Gerbier-de-Jonc parlaient un groupe de dialectes ; sur le versant exposé au couchant, on en utilisait un autre. À soixante-cinq kilomètres au nord, les vignerons et magnaniers du Lyonnais avaient un idiome totalement à part, que les savants n'avaient toujours pas identifié ni nommé. Dans la région que le voyageur avait quittée la veille, un tout autre langage avait cours, et bien que sa propre langue maternelle, le français, en fût une variante, il aurait eu du mal à comprendre les paysans qui le virent passer.

Le voyageur en question (dont le nom ne nous est pas parvenu) faisait partie d'une expédition chargée de préparer le terrain au levé de la première carte de France fiable. L'astronome Jacques Cassini avait constitué une équipe de jeunes géomètres instruits de la nouvelle science de la cartographie et équipés d'instruments portatifs fabriqués spécialement pour l'occasion. Le père de Cassini avait étudié les anneaux de Saturne et mesuré les dimensions du système solaire. Sa carte de la Lune était plus précise que beaucoup de cartes de France, où plusieurs taches blanches marquaient encore des régions inexplorées. Bientôt, le territoire national serait pour la première fois révélé dans tous ses détails, comme s'il était vu d'une grande hauteur au-dessus de la Terre.

Une partie de l'expédition avait longé la Loire aussi loin que possible. Les routes et chemins apparaissaient et disparaissaient au gré des saisons et passaient souvent par des forêts n'offrant aucune visibilité, de sorte que le fleuve était l'unique guide sûr vers l'intérieur. Mais au sud de Roanne, la Loire était un torrent fougueux qui se faufilait entre d'étroites gorges. Par endroits, c'était à peine si on pouvait la suivre, et moins encore l'emprunter comme voie de transport. Le vaste plateau du Massif central demeurait la forteresse qu'avaient connue les tribus arvernes à l'époque où elles tenaient tête aux Romains. Ses cours d'eau n'étaient pas navigables et ses liaisons avec le reste de la France pratiquement inexistantes. La malle-poste de Paris s'arrêtait à Clermont. Une correspondance desservait péniblement Le Puy, à deux jours de voiture au sud-est. Au-delà, il n'y avait plus que des sentiers muletiers et la pleine campagne. Même un siècle plus tard, rares étaient ceux qui pouvaient s'éloigner du clocher qui les avait vus naître sans se perdre.

Lorsqu'il atteignit le pied du Mézenc, notre géomètre était à deux jours de la route la plus proche. Le seul établissement humain digne de ce nom à des kilomètres à la ronde était un village de misérables chaumières de lave noire. Selon une carte de l'époque, Les Estables aurait dû se trouver à plusieurs kilomètres au sud-ouest. En fait, le hameau bordait un chemin conduisant au sommet du Mézenc. Une petite tour faciliterait les observations si le temps restait dégagé, et peut-être y aurait-il un curé parlant français pour identifier des hameaux isolés et indiquer le nom des bois et des rivières. Il n'y avait en tout état de cause nulle autre part où passer la nuit.

L'arrivée d'un inconnu dans ces parages était un événement notable. Pour les villageois isolés, un homme en costume étranger qui braquait d'inexplicables instruments sur des rochers pelés n'annonçait rien qui vaille. On avait remarqué après le passage de l'un de ces sorciers que la vie devenait plus dure. Les récoltes séchaient sur pied ; les bêtes se prenaient à boiter ou étaient emportées par des maladies ; on retrouvait dans les collines des moutons déchiquetés par quelque chose de plus sauvage qu'un loup ; et, pour des raisons qui demeuraient obscures, les impôts augmentaient.

Cent ans plus tard, cette partie de la France était toujours une contrée isolée et dangereuse. Un géographe du XIXe siècle recommandait de visiter la région du Mézenc en ballon, à condition toutefois que l'aéronaute « pût se maintenir hors de portée du fusil[1] ». En 1854, dans son guide à l'intention des voyageurs en France, Murray conseillait aux touristes et géologues amateurs qui descendaient de la diligence à Pradelles et s'aventuraient en rase campagne en quête de « sites sauvages et singuliers » de ne pas s'attendre à un accueil chaleureux. « Il n'y a pratiquement aucune auberge sur cette route, qui peut difficilement se faire en une journée ; et les gens sont rudes et inhospitaliers[2]. » Le guide s'abstenait, peut-être à dessein, de tout commentaire sur Les Estables, pourtant sur la route, et ne faisait aucune mention de l'unique événement qui avait inscrit le village dans l'histoire – en ce jour d'été du début des années 1740, où un jeune géomètre de l'expédition Cassini fut massacré à coups de hache par les gens du pays[3].

*

À CE QUE NOUS SAVONS, les villageois des Estables ne furent jamais sanctionnés pour le meurtre du géomètre de Cassini. Si l'on en juge par divers incidents de ce genre survenus dans d'autres régions françaises, sa mort fut le résultat d'une décision collective de gens qui vivaient selon leurs propres lois, non écrites. Toute ingérence extérieure était perçue comme une intrusion malfaisante. Dans de nombreuses régions de France, jusqu'au début du XXe siècle, les paysans demandaient au Ciel de les garantir de Satan, des sorciers, des chiens enragés et de « la Justice[4] ».

Les gens de Mézenc, comme ceux de bien d'autres villes et villages de France, ne se considéraient d'ailleurs pas « français[5] ». Très peu auraient au demeurant su dire ce que signifiait exactement ce mot. Ils savaient ce qu'ils devaient savoir pour survivre d'une saison à l'autre. Certains partaient chercher du travail dans le Sud. Ils commerçaient avec leurs voisins et louaient leurs terres à des bergers qui, l'été venu, conduisaient sur leurs pâturages d'immenses troupeaux de moutons s'étirant sur cinq mille mètres. Mais ces déplacements, réglés par la tradition, étaient confinés à d'anciens itinéraires immuables.

Lorsque, en 1859, George Sand s'aventura dans la région, elle s'étonna que « les gens qui habitent [le pays] ne le connaissent pas plus que les étrangers ». Son guide local se montra incapable de nommer la montagne (le Mézenc) « qui lui crève les yeux [...] depuis qu'il est au monde [6] ».

Avant comme après la révolution de 1789, s'amuser de l'ignorance des paysans était l'un des grands divertissements de la petite élite instruite. Des relations faisant état de sauvages à demi humains et de troglodytes se déplaçant en rampant tapis dans les fourrés et les anfractuosités du sol confortaient la minorité civilisée dans son sentiment de distinction. L'ignorance était pourtant mutuelle. Quarante ans après l'assassinat du jeune géomètre, les rares individus qui avaient les moyens de s'offrir les cartes de Cassini ou le privilège de les consulter dans une collection privée auraient pu imaginer que les montagnes et les ravins de la région du Mézenc n'étaient plus une *terra incognita*. Ils pouvaient localiser Les Estables près de la bordure sud-est de l'antique plateau où jaillissent la plupart des grands fleuves, sur une ligne partant de Bordeaux pour buter sur les contreforts des Alpes, au pied d'une montagne que les cartes appelaient le « Mont inaccessible ». Mais les petites chaumières et les tourelles qui représentaient des établissements humains sur la carte étaient d'une précision fallacieuse. Beaucoup de ces lieux n'avaient en fait été qu'entraperçus par les cartographes du haut d'arbres ou de tours.

Un historien moderne laissant derrière lui les villages tranquilles et les grandes routes presque désertes de la France des XVIIIe et XIXe siècles en apprendrait davantage du guide illettré de George Sand que de la célèbre touriste. À bien des égards, plus la carte est précise, plus elle donne une impression trompeuse. La plupart des définitions officielles et politiques du pays sont absolument inutiles à décrire le monde de ses habitants. Pour quiconque entreprend la traversée du pays, elles n'offrent que de vagues repères et procurent le sentiment rassurant de savoir où la route est censée mener.

Pour l'heure, la France prérévolutionnaire peut donc nous apparaître comme une nation composée de plusieurs provinces féodales, ou « généralités ». Certaines, les « pays d'état », avaient leur propre parlement régional et levaient elles-mêmes leurs impôts. D'autres, les « pays d'élection », payaient directement tribut au trésor royal. Beaucoup faisaient partie de la France depuis moins de quatre cents ans (voir « Chronologie », p. 451). Pour les historiens qui tentaient de décrire le royaume dans son ensemble, les effets chaotiques du morcellement de l'empire de Charlemagne en 843, et même les divisions tribales décrites par Jules César, étaient toujours apparentes dans le labyrinthe de barrières douanières intérieures et la mosaïque de systèmes juridiques.

Ce fatras d'anciens fiefs était toutefois contrôlé par une monarchie ambitieuse et de plus en plus puissante. La Gaule romaine avait été tournée vers la Méditerranée. Désormais, le pouvoir économique et politique était fermement ancré dans le nord. En 1682, Louis XIV déménagea sa cour en lisière d'une forêt de chasse à vingt kilomètres au sud-ouest de Paris. Les avenues de Versailles et les boulevards de Paris furent progressivement prolongés dans un royaume qui, aux yeux des gens instruits, semblait l'œuvre de la divine providence. La France n'avait pratiquement que des frontières naturelles : l'océan Atlantique à l'ouest : les Pyrénées et la Méditerranée au sud ; les Alpes, le Jura et le Rhin à l'est ; la Manche au nord-ouest. Seule la limite nord-est ouvrait sur une plaine, mais elle fut consolidée par la conquête de l'Artois et de la Flandre. L'annexion de la Lorraine donnerait par la suite au royaume sa forme satisfaisante, providentielle. Un guide pour les voyageurs étrangers et français publié en 1687 brossait le tableau familier et rassurant d'une nation « jointe et unie en toutes ses parties et provinces », « assise au milieu de l'Europe », « presque ronde et comme en ovale [7] ».

Ce même guide affirmait que la France était une nation densément peuplée où il ne restait presque plus un arpent de terre non cultivée, dotée d'un système de transport rapide et d'un vaste réseau d'auberges confortables pratiquant des tarifs modérés. C'était le genre de mirage radieux qui aurait pu apparaître dans un ciel d'été au-dessus des forêts soigneusement entretenues de Versailles. Ce sera pour quelque temps notre dernière vision d'un pays ordonné et compréhensible.

*

CENT CINQUANTE ANS avaient passé depuis que le Contrôleur général de Louis XIV, Colbert, avait rêvé d'un réseau routier qui unirait et dynamiserait le royaume ; pourtant, en juin 1837, lorsque Henri Beyle – que l'on connaîtrait plus tard sous le nom de Stendhal – descendit de la diligence publique pour se dégourdir les jambes au relais de poste de Rousselan, à vingt-sept kilomètres de la ville de Bourges, il fut frappé par un sentiment « d'isolement complet [8] ». (C'était un homme qui avait partagé la marche forcée de l'armée en retraite de Napoléon dans les infinies steppes de Russie.) Mis à part la maison de poste proprement dite et les flèches de la cathédrale de Bourges en bordure de la plaine boisée, il ne vit aucune trace de vie humaine. Quelques heures plus tard, passé une ceinture marécageuse plantée de choux, les seules figures humaines qu'il aperçut dans Bourges furent celles d'un groupe de soldats et d'un valet d'auberge à demi endormi.

La ville située au centre géographique de la France semblait totalement morte. Et dans celle que Stendhal avait quittée le matin même, La Charité-sur-Loire, il y avait si peu de passage que tout le monde savait où il allait et pourquoi il avait été obligé de faire halte (un essieu cassé) avant même qu'il eût parlé à âme qui vive [9]. Un voyage de huit heures l'attendait par la diligence de nuit, pour rejoindre Châteauroux, à soixante-cinq kilomètres à l'ouest. Il quitta Bourges à neuf heures du soir. À minuit, il était à Issoudun, chef-lieu fièrement somnolent qui avait gagné une bataille pour se maintenir dans son état de stagnation économique et sociale en obligeant l'ingénieur à déporter le tracé de la route de Paris à Toulouse à cinq lieues à l'ouest [10]. Napoléon lui avait fait l'honneur d'en faire un lieu d'exil intérieur [11]. Cinq heures plus tard, le roulement de la diligence de Stendhal résonnait sur le pavé de Châteauroux, capitale du département de l'Indre et plus grande ville de l'ancienne province du Berry.

La solitude que découvrait Stendhal n'avait rien d'exceptionnel. Pour les voyageurs abrutis par des heures de monotonie et de désolation, une petite ville provinciale comme Châteauroux était une oasis de bruit et d'animation agaçante. Après lui, des touristes en quête d'isolement pittoresque s'étonneraient du vacarme ambiant de minuscules bourgades dressant leurs remparts tumultueux contre le silence environnant : les cloches sonnaient au moindre prétexte, des leviers de pompes mal graissés crissaient, et les conversations normales se tenaient à un volume sonore qui semblerait aujourd'hui délibérément grossier [12].

Aux portes de Châteauroux commençait un pays de marécages et de landes, la Brande. Certains de ses plus jeunes habitants n'avaient jamais vu de route pavée, et moins encore de voiture à quatre roues fonçant dans la campagne telle une maison enchantée [13]. Des prêtres défroqués réfugiés dans la Brande sous la Révolution s'étaient rendus de leur propre gré au bout de quelques jours.

Derrière les places, monuments et salles d'apparat qui forment la toile de fond de la plupart de l'histoire française, il y avait un monde de tribus antiques et d'immenses espaces inoccupés. Quiconque empruntait la route de Toulouse à Paris devait endurer pendant au moins onze heures la traversée d'une région pestilentielle et humide d'étangs stagnants et de bois chétifs, la Sologne : « un pays désolé, sur une route difficile, sablonneuse, déserte ; on ne voyait au loin ni château, ni ferme, ni village ; quelques misérables masures isolées [14]. » La grande route de l'est, reliant Paris à Strasbourg, puis à l'Allemagne, parcourait les plaines nues et uniformes de Champagne, où les villages étaient si rares que l'on préservait de simples buissons d'aubépine comme de précieux repères [15].

Quand le poète romantique Alfred de Vigny exprimait le souhait d'apparence peu romantique : « Ne me laisse jamais seul avec la Nature », c'était un homme qui avait beaucoup voyagé en France qui écrivait [16]. Les mots « Sologne », « Champagne », « Dombes », « Double », « Brenne » et « Landes » éveillaient autant d'horreur chez les voyageurs que les cols les plus sauvages des Alpes et des Pyrénées. Les écrivains les plus prolixes peinaient même à trouver quelque commentaire sur ces régions désolées. Les guides et récits de voyageurs se bornaient souvent à une observation laconique : « Rien de notable. »

Des garrigues rouges et pierreuses de l'Esterel, en Provence, jusqu'aux océans d'ajoncs, de genêts et de bruyère qui couvraient une grande part de la Bretagne, la France était une terre de déserts. Le plus étendu était les Landes. Dans le sud-ouest du pays, huit mille kilomètres carrés de broussailles, de plantations de pins et de sable noir occupaient un triangle délimité par la Garonne, les contreforts des Pyrénées et les gigantesques dunes de sable dévorant la terre, les « montagnes errantes » de Mimizan et d'Arcachon. La zone de silence, où jamais l'on n'entendait le chant d'un oiseau, commençait tout juste au sud de Bordeaux et se poursuivait pendant deux jours jusqu'à ce que ce talus de sable affaissé qui passait pour une route atteigne les faubourgs de Bayonne. Les voyageurs signalaient parfois avoir aperçu de grandes silhouettes arachnéennes sur l'horizon, quelques anciens fours à briques et huttes de bois et d'argile délabrées, mais pas grand-chose d'autre.

Jusqu'en 1867, après plus d'un siècle de progrès agricoles, un recensement national estimait que 43 % des terres cultivables étaient « dominées par les forces de la nature [17] » : des pâtures, des forêts et des landes. À la fin du XIXe siècle, on redoutait encore les loups dans plusieurs régions de l'intérieur, telle la Dordogne. En 1789, alors que le Parlement révolutionnaire débattait de la division des anciennes provinces en départements et communes, d'aucuns craignaient que l'on ne crée des circonscriptions fantômes dont l'hypothétique population serait gouvernée par un représentant inexistant [18].

Ce monde étonnamment spacieux, dont les habitants commenceront à apparaître au chapitre suivant, est presque inconcevable sans un réétalonnage radical de l'échelle de densité et de dispersion démographique. Les cinq cent vingt mille kilomètres carrés du plus grand pays européen étaient amplifiés par une conception médiévale du temps. À la veille de la Révolution, la France mesurait trois semaines de long (de Dunkerque à Perpignan) et autant de large (de Strasbourg à Brest). Les temps de trajet n'avaient pratiquement pas évolué depuis l'époque romaine, quand les marchands de vin pouvaient gagner la Manche depuis les ports de la Méditerranée en moins d'un mois [19]. À la fin du XVIIIe siècle, la vitesse des voyages n'augmenta que pour une poignée de nantis, et encore fallait-il compter sur sa bonne étoile. Marseille était à moins de deux semaines de Paris, dans certaines conditions toutefois : un temps parfait, une route fraîchement réparée, une voiture moderne munie de bonnes suspensions, des chevaux en bonne santé et un cocher rapide mais prudent qui n'avait jamais soif et jamais d'accident. Ces temps de parcours ne valaient en outre que pour le transport d'êtres humains. Celui des marchandises était beaucoup plus lent et incertain. En 1811, les produits étrangers arrivés en France par le port de Nantes n'étaient pas attendus à Paris avant trois semaines supplémentaires. Un négociant de Lyon aurait été surpris de les recevoir avant un mois.

La France était en réalité un vaste continent qui n'était pas encore entièrement colonisé. En traversant le pays par des routes secondaires, on comprenait aisément que Jules César eût pu conduire une armée pendant plusieurs jours à travers la Gaule sans se faire repérer par l'ennemi [20]. Les fugitifs effectuaient des voyages qui nous paraissent aujourd'hui incroyables. En 1755, alors que les protestants faisaient l'objet d'une persécution officielle dans le Languedoc, le pasteur Paul Rabaut, l'un des hommes les plus recherchés de France, marcha de Nîmes à Paris, puis se rendit à L'Isle-Adam pour un entretien secret avec le prince de Conti [21]. Il retourna dans le Sud sans se faire capturer ni même remarquer. Lors des représailles royalistes de la Terreur blanche, un avocat républicain fuyant l'échafaud quitta la route Paris-Lyon et s'engagea à pied dans les collines et les forêts à l'ouest du Rhône [22]. De là, il parvint sans encombre à Paris par la grand-route d'Auvergne. Son itinéraire dut le mener par la forêt de Bauzon, qui était pratiquement une principauté indépendante, dominée depuis plusieurs siècles par une dynastie de rois voleurs, les « capitaines de Bauzon [23] ».

L'effroyable isolement dans lequel vivaient certains êtres humains à l'état sauvage donne une idée de la solitude qui pouvait régner dans une région reculée. Dans les collines boisées de l'Aveyron, où seule une colonne de fumée trahissait parfois une présence humaine, le garçon que l'on nommerait par la suite Victor de l'Aveyron vécut seul pendant plusieurs années avant d'être découvert par des paysans en 1799, puis exhibé comme phénomène de la nature [24]. La « fille sauvage » de la forêt d'Issaux, au sud de Mauléon dans le Pays basque, jouait avec des amies lorsqu'elle s'était perdue dans la neige [25]. Elle erra huit années durant dans le triste désert vert avant d'être retrouvée par des bergers en 1730, vivante mais enfermée dans son mutisme. Plus à l'ouest, à l'orée de la forêt d'Iraty, un homme nu, velu comme un ours et leste comme un isard, dont on pensa plus tard qu'il était un vestige d'une colonie de Néandertaliens, fut aperçu à plusieurs reprises en 1774, se livrant à son passe-temps favori : disperser les troupeaux de moutons. Puis un jour que les pasteurs tentaient de le capturer, il s'enfuit en riant aux éclats et personne ne le revit jamais [26].

Dans des régions apparemment civilisées, on pouvait parcourir de grandes distances sans être vu. Vers 1750, le bandit Louis Mandrin régnait en maître avec ses trois cents contrebandiers sur une région qui, de l'Auvergne à la Franche-Comté, couvrait près d'un cinquième de la France. Il s'attaquait à de grandes villes et, en dix-huit mois, il parvint à échapper à trois régiments. Il finit par tomber sur dénonciation de sa maîtresse [27]. Plusieurs décennies après la Révolution, le brigandage continuait de faire des ravages dans le département de la Somme. Jusque dans les années 1830, même les départements relativement industrialisés du Nord étaient un paradis des malandrins.

Les récits d'isolement et d'ignorance sont généralement associés à des exceptions spectaculaires et à des régions qui se trouvent au-delà de ce que certains historiens français ont appelé « un bassin parisien élargi [28] », qui représente plus d'un tiers du pays – un immense parallélogramme s'étirant de Lille à Clermont-Ferrand, et de Lyon au Mans, où « les hommes, les idées et les marchandises », tous clairement et ouvertement français, auraient toujours circulé depuis l'Ancien Régime [29].

En ce sens, la France moderne existait depuis longtemps, sous forme virtuelle, comme une énorme banlieue parisienne, et attendait simplement la bicyclette, la machine à vapeur et l'automobile pour prendre vie.

Si quelque muse de l'histoire facétieuse ramenait ces historiens en bordure d'une route nationale entre 1851 et 1891, ils verraient passer en moyenne moins de dix véhicules de l'heure, se déplaçant entre cinq et vingt kilomètres à l'heure. En remontant plus loin dans le temps, l'influence de ces villes et métropoles rayonnantes leur serait à peine perceptible. Nous ne disposons d'aucune enquête précise sur la circulation à des époques antérieures, mais sachant qu'à la fin du XVIIIe siècle, seule une petite centaine de véhicules privés utilisaient le réseau routier, les encombrements devaient être rares [30].

En 1787 et 1788, le fermier anglais Arthur Young découvrit qu'à son grand étonnement, « toutes ces landes, ces déserts, ces bruyères, tous ces genêts, ces fondrières que j'ai traversés pendant trois cent milles » s'étendaient « jusqu'à trois milles de la grande cité commerciale de Nantes ! » Les faubourgs de Toulouse étaient tout aussi dépeuplés : « On ne rencontre pas plus de gens que si l'on était à cent milles de toute ville. » À n'en pas douter, se dit-il, la capitale proprement dite, « où tant de routes convergent », prouverait que ce corps léthargique abritait tout au moins un cœur palpitant. Mais par une matinée de mai, sur les quinze premiers kilomètres de la grand-route du sud vers Orléans, il ne compta au total que « deux messageries et très peu de chaises de poste ». Et lorsqu'il approcha Paris par le nord sur la route de Chantilly, « [il s]'attendai[t] à trouver la foule de voitures qui, aux abords de Londres, arrêtent le voyageur. Il n'en a rien été : la route, jusqu'aux barrières, est, en comparaison de ce qui se passe chez nous, un parfait désert [31] ».

*

SE POSE ALORS une question apparemment absurde : où était la population du pays le plus peuplé d'Europe ?

Contrairement à une idée répandue chez de nombreux voyageurs, la plupart des Français n'habitaient pas dans les villes. À la Révolution, près de 80 % de la population était rurale. Une cinquantaine d'années plus tard, plus des trois quarts vivaient encore dans une commune de moins de deux mille âmes (ce qui, selon la définition de 1846, en faisait des « ruraux »). Mais ces gens n'avaient pas forcément conscience de l'existence les uns des autres. Une « commune » n'est pas un village ou une ville [32] mais une zone placée sous l'autorité d'un maire et d'un conseil*. Certaines, comme la commune d'Arles dans la plaine de Camargue, couvraient de grands territoires à peine peuplés. D'autres, comme Verdelot, à soixante-cinq kilomètres à l'est de Paris dans la Brie, se composaient de dizaines de minuscules écarts dont aucun ne ressemblait à un bourg ni même à un grand village.

Après la Révolution, près d'un tiers de la population (soit environ dix millions d'âmes) demeurait dans des fermes et des chaumières ou dans des hameaux de moins de trente-cinq habitants, qui ne comptaient souvent pas plus de huit personnes. Par la fenêtre de sa souillarde, une paysanne employée à Paris voyait d'un seul regard défiler dans la rue plus de monde qu'elle n'en avait connu de toute sa vie. En 1830, nombre de conscrits de Dordogne étaient incapables d'indiquer leur nom de famille au sergent recruteur car ils n'avaient jamais eu à l'utiliser [33]. Avant l'invention de bicyclettes bon marché, l'univers connu de beaucoup de gens se limitait à un rayon de moins de vingt-cinq kilomètres et à une population qui aurait aisément tenu dans une petite grange.

La distinction entre « urbain » et « rural » pourrait donner à penser qu'une certaine catégorie de citoyens étaient ouverte sur le reste du monde. En réalité, la plupart des petites villes se fondaient à demi dans les campagnes environnantes [34]. Le soir, avant la fermeture des portes, les hommes et les bêtes allaient et venaient entre les champs et la rue. La boue

* La commune est la plus petite des divisions administratives créées en 1790. La France compte aujourd'hui 36 565 communes, 3 876 cantons, 329 arrondissements, 96 départements (dont 4 d'outre-mer) et 22 régions.

crépissait les pavés et créait sa propre géographie de buttes et de ravines. L'agriculture occupait la ville sous forme de vignes, de potagers, de porcheries, d'écuries et de tas de fumier.

Dans beaucoup d'esprits, le clivage démographique le plus évident ne s'établissait pas entre « ruraux » et « urbains », mais entre « Parisiens » et « provinciaux ». Voyageant en France en 1807 « par un itinéraire jamais encore emprunté », le lieutenant-colonel Nathan Pinkney, des Rangers indigènes d'Amérique, avait à peine quitté Paris qu'il se retrouva à nouveau sur la Frontière (« aussi retirée que dans le coin le plus reculé d'Angleterre »), pour bientôt constater qu'« il n'y a absolument aucune ville intérieure en France comme Norwich, Manchester et Birmingham [35] ». Les villes françaises étaient confinées et corsetées par leurs barrières d'octroi et la répartition démographique ne changea presque pas du début du XIXe siècle jusqu'au lendemain de la Première Guerre mondiale.

Avant même de devenir la destination de la plupart des migrants intérieurs, Paris semblait drainer le pays. En 1801, Paris avait plus d'habitants (un peu moins de 550 000) que les six autres métropoles réunies (Marseille, Lyon, Bordeaux, Rouen, Nantes et Lille). En 1856, la capitale aurait pu absorber les huit autres plus grandes villes, et en 1886, les seize autres. Pourtant, elle représentait moins de 3 % de la population jusqu'en 1852 et, jusqu'en 1860, elle n'occupait que 3 402 hectares, soit moins du double du site actuel d'Eurodisney.

Ce n'était manifestement pas à travers les vitres d'une diligence que l'on risquait de débusquer la population cachée de la France. Les percepteurs, les missionnaires et les premiers ethnologues devaient se risquer sur des chemins qui ne voyaient jamais passer aucune voiture. Et là encore, sans la vision panoramique et radiographique d'un statisticien ou d'un poète, les signes de vie étaient souvent rares. La description que livre Victor Hugo de l'ouest du pays a des allures d'anthropologie de science-fiction, mais Hugo avait parcouru plus de kilomètres à pied que n'importe quel historien de la France et il savait lire un paysage :

> Ce qu'étaient les forêts bretonnes, on se le figurerait difficilement ; c'étaient des villes. Rien de plus sourd, de plus muet et de plus sauvage que ces inextricables enchevêtrements d'épines et de branchages ; ces vastes broussailles étaient des gîtes d'immobilité et de silence ; pas de solitude d'apparence plus morte et plus sépulcrale ; si l'on eût pu, subitement et d'un seul coup pareil à l'éclair, couper les arbres, on eût brusquement vu dans cette ombre un fourmillement d'hommes.
>
> [...] On a de certains chiffres étranges qui font comprendre cette puissante organisation de la vaste émeute paysanne. En Ille-et-Vilaine, dans la forêt du Pertre, [...] on n'entendait pas un souffle, on ne trouvait pas une trace humaine, et il y avait six mille hommes avec Focard ; en Morbihan, dans la forêt de Meulac, on ne voyait personne, et il y avait huit mille hommes. Ces deux forêts, le Pertre et Meulac, ne comptent pourtant pas parmi les grandes forêts bretonnes [36].

La carte démographique (voir p. 34) confirme cette vision fantastique de désert densément peuplé. La densité est naturellement plus forte le long des grands couloirs marchands : la vallée du Rhône et la région du Rhin, les Flandres et la côte de la Manche, Paris et sa zone d'approvisionnement, quelques ports méditerranéens et la fertile vallée de la Garonne, entre Toulouse et Bordeaux. Mais on remarque également des concentrations étrangement élevées dans des zones que beaucoup de voyageurs croyaient presque inhabitées.

On pouvait en effet très bien traverser certaines régions densément peuplées, passant assez près des villages pour sentir l'odeur des porcheries, sans pour autant rencontrer un seul être humain. Jacques Cambry, qui explora la Bretagne en 1794-1795 (« car personne, je pense, n'y voyagea pour l'étudier ou par curiosité »), prétendait que seuls quelques chasseurs avaient jamais vu « ces maisons cachées derrière des fossés, dans des fouillis d'arbres et de buissons, toujours dans les lieux les plus bas pour que les eaux se rassemblent auprès d'eux et aident à la putréfaction des pailles, des landes et des genêts dont ils font leur fumier [37] ». Les hameaux pouvaient être aussi sûrement isolés par des talus de boue et des taillis d'aubépine que par des vallées encaissées et des falaises.

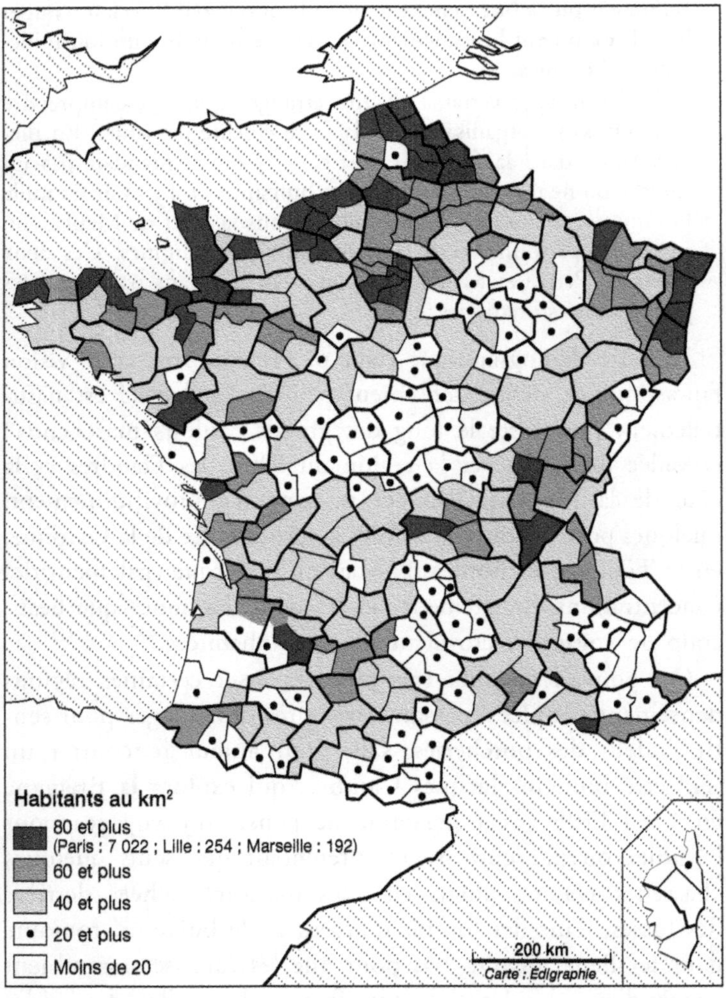

Densités de population en 1810

Au sud de la Loire, en Vendée, des sentiers absents de toute carte filaient sur des centaines de kilomètres dans de profonds tunnels de végétation. Une vue aérienne aurait montré un paysage bocager typique, avec ses champs délimités de lignes d'arbres et de haies vives. Sur le terrain, c'était un labyrinthe boueux s'enfonçant dans des bois sans fin. Par une journée ensoleillée, le voyageur pouvait marcher des heures sans être incommodé par les rayons du soleil et ressortir du bocage aussi pâle qu'un fantôme [38]. Les trouées des haies étaient fermées par des barrières de fagots de même essence [39]. Un paysan pouvait se glisser dans son enclos et refermer l'échalier derrière lui sans laisser la moindre trace de son passage.

En Vendée, cent soixante-dix mille âmes se répartissaient entre des feux d'une quinzaine de personnes. Il y avait dans le département d'Ille-et-Vilaine vingt mille petits lieux-dits, autant dans la Sarthe, et vingt-cinq mille dans le Finistère. Certaines paroisses des montagnes des Cévennes regroupaient plus de cent hameaux. Ce qui explique qu'il ait été si long et si malaisé d'exterminer les protestants des Cévennes à la fin du XVIIe siècle, en mobilisant une puissante armée et en engageant le plus ambitieux programme de construction de routes depuis la conquête romaine. Et aussi que les rebelles royalistes de Vendée aient pu si longtemps tenir tête aux soldats républicains envoyés « nettoyer » l'ouest de la France. Avant la fondation de la ville rectiligne et morne de Napoléon comme poste avancé de l'Empire sur les ruines de la misérable bourgade de La Roche-sur-Yon, il n'y avait en Vendée qu'une seule ville de plus de cinq mille habitants.

Les millions d'êtres sans visage qui peuplaient ce pays immense et largement inexploré appartenaient à une phase de civilisation antérieure à celle des quelque trois cents grandes figures qui dominent l'histoire de France des XVIIIe et XIXe siècles. Leur mode d'habitat promettait de les laisser dans l'ignorance et l'illettrisme, car une population dispersée était tout aussi difficile à instruire qu'à conquérir. Mais ils n'en étaient pas moins les habitants de la France.

Aujourd'hui encore, les journaliers, les paysans propriétaires, les artisans et les femmes et enfants non catégorisés qui constituaient les trois quarts « ruraux » de la population sont souvent présentés collectivement comme des proto-français, trop isolés et nébuleux pour être sensibles aux forces gravitationnelles de la centralisation. Ils n'ont soulevé d'intérêt – plus anthropologique qu'historique – qu'à partir du moment où ils se sont considérés français à part entière, ont entendu parler de Paris et ont voulu voir la capitale, ou ont affirmé leur identité régionale et leurs visées séparatistes, reconnaissant ainsi la suprématie de fait de la France parisienne. L'une des références les plus volontiers citées pour évoquer cette masse rustique est le portrait que dressa en 1688 Jean de La Bruyère des paysans : « L'on voit certains animaux farouches, mâles et femelles, répandus par la campagne, noirs, livides et tous brûlés du soleil, attachés à la terre qu'ils fouillent et qu'ils remuent avec une opiniâtreté invincible : ils ont comme une voix articulée ; et quand ils se lèvent sur leurs pieds, ils montrent une face humaine, et en effet, ils sont des hommes. Ils se retirent la nuit dans des tanières où ils vivent de pain noir, d'eau et de racines [40]. »

Ce type de description des ignobles sauvages de la Gaule moderne se compte par centaines. Quelques-unes de ces insultes pittoresques sont plus connues que la plupart des faits fondamentaux de la vie quotidienne aux XVIIIe et XIXe siècles. Elles participent de ce racisme interne qui, à ce jour, exerce encore un rôle déterminant dans la société française. Ces millions que l'administration ne savait comment cataloguer appartiennent autant à l'histoire de France que les Amérindiens appartiennent à l'histoire de l'Amérique. Tous n'étaient pas des paysans crottés. Il y avait aussi des aristocrates de province et des chefs tribaux, des maires et des conseillers, des travailleurs migrants, des marchands, des magiciens, des ermites et même des historiens locaux.

Lorsqu'ils assassinèrent le jeune géomètre de l'expédition de Cassini, les gens des Estables étaient guidés par l'ignorance mais pas par la folie. Ils ripostaient à un acte de guerre. Si un sorcier du cru leur avait montré sur la surface d'un étang ou dans les flammes d'un feu de joie à quoi ressemblerait leur hameau au XXIe siècle – une station de ski nordique de deuxième classe, « aux limites de trois régions attractives », « à trente kilomètres du premier hôpital », un pays qui « vous séduira par son accueil et ses coutumes » –, ils auraient été stupéfaits des formes mystérieuses qu'avait pris leur châtiment.

2

Les tribus de France, I

À LA POINTE MÉRIDIONALE de l'une des charmantes combes qui s'étirent comme les rayons du soleil au pied des Pyrénées, lorsque le ciel n'est pas trop bas, on aperçoit le hameau de Goust, perché à quatre cent cinquante mètres sur un plateau qui domine les thermes des Eaux-Chaudes. Jusqu'au début du XXe siècle, Goust avait vécu en république autonome. Plus petite nation non déclarée d'Europe, il comptait douze maisons de granit et quelque soixante-dix habitants, régis par un conseil des anciens. Il n'y avait pas de mendiants, pas de domestiques et, au ravissement des voyageurs envieux qui découvraient ce paradis spartiate, pas de contribuables.

Le hameau-État de Goust était connu du monde extérieur depuis au moins le XVe siècle, mais pour son plus grand bonheur, sa population, « une tribu entièrement isolée, qui a préservé ses coutumes simples et primitives », se gouvernait d'elle-même. La route effroyablement abrupte et pierreuse qui monte au hameau n'a pas quarante ans. En 2005, Nathalie Barou, arrière petite-fille de l'une des femmes photographiées sur leur seuil en 1889 (voir illustration n° 1), m'a montré le linteau de porte médiéval gravé du nom original de sa famille : Baron. On sait qu'il y eut un baron de Goust au XVIe siècle. L'un de ses ancêtres, appauvri par les croisades, avait probablement vendu ses terres à ses serfs, qui n'éprouvèrent jamais le besoin de rejoindre les confédérations qui formeraient un jour la province du Béarn et seraient par la suite incorporées à la France [1].

Les gens de Goust n'avaient ni église, ni cimetière. Quand il y avait un mort, le cercueil était attaché par des cordes et rejoignait la vallée le long d'une glissière aménagée à cet effet. Par beau temps, les vivants descendaient de leur nid d'aigle pour aller vendre du lait et des légumes, faire baptiser leurs enfants ou aller voir les dames venues prendre les eaux dans l'atmosphère frisquette des Eaux-Chaudes. Lorsque, en 1850, on perça une route à la dynamite dans l'étroit défilé au-dessous du hameau et que l'on remplaça par une arche de pierre le tablier de bois branlant du « pont de l'Enfer », Goust devint une destination pittoresque pour quelques valétudinaires et écrivains de voyage désœuvrés. Sans eux, il aurait pu tomber dans l'oubli, comme les centaines d'autres « républiques autonomes » autrefois enclavées à l'intérieur des frontières de la France.

Si Goust faisait exception, c'était surtout par sa relative renommée et aussi par les contraintes géographiques qui le maintinrent dans sa posture patriarcale bien après l'avènement de la machine à vapeur. En comparaison d'autres petits hameaux retirés, il était en réalité très bien relié au monde extérieur. Ses soixante-dix habitants, dont certains, disait-on, étaient plus que centenaires, n'auraient sans doute pas pu prospérer en autarcie totale. Ils avaient dans leur trésor commun de la laine de Barèges et des rubans d'Espagne, et ils avaient dû garder dans leurs gènes des souvenirs d'excursions dans le vaste monde. À Goust, même les morts voyageaient plus qu'ailleurs. Dans les villages alpins, si quelqu'un rendait l'âme durant les six ou sept mois d'hiver, on le conservait sur le toit familial sous une couverture de neige, en attendant le dégel du printemps pour voir enfin arriver un prêtre au village et rendre le corps à la terre [2].

Ce genre de sites pittoresques devait jouer un rôle essentiel dans la constitution d'une identité nationale française. Le public friand de cartes postales et muni d'un billet de retour vers la civilisation moderne associait les tribus à des contrées perdues – et d'autant plus primitives qu'elles étaient éloignées de la ville. Juchés en équilibre instable sur le périmètre rocheux de la France, des villages comme Goust ou Saint-Véran, dans les Alpes, étaient les parcs nationaux et les réserves naturelles de l'imaginaire des gens instruits. La vérité passa bien vite à la trappe après que les journaux de voyage populaires et les quotidiens à un sou eurent télescopé le pays et gommé les anciennes scissions tribales : en fait, dans la France des XVIIIe et XIXe siècles, Goust était à bien des égards un village comme un autre. En 1837, l'économiste Michel Chevalier rapportait aux lecteurs d'une revue parisienne ses impressions de voyage dans les Pyrénées et en Andorre :

> Chaque vallée y est encore un petit monde qui diffère du monde voisin comme Mercure d'Uranus. Chaque village est un clan, une manière d'État qui a son patriotisme. Ce sont à chaque pas de nouveaux types, de nouveaux caractères, d'autres opinions, d'autres préjugés, d'autres coutumes [3].

Si, au lieu d'emprunter la diligence rapide sur une route moderne, Chevalier était parti de Paris à pied, il aurait constaté que sa description valait pour pratiquement tout le pays.

Pour approcher ces clans et ces micro-États, il nous faut entreprendre un long périple dans la France inexplorée, de villes et villages en hameaux et autres formes d'habitat plus difficiles à cataloguer. La France proprement dite nous apparaîtra dans un premier temps comme une subdivision presque arbitraire de l'Europe occidentale. Puis certaines constantes nationales commenceront à se faire jour, et nous découvrirons peu à peu que son peuple partage bien plus qu'une simple proximité géographique. Mais si nous nous laissions guider du début à la fin de notre itinéraire par les panneaux indicateurs historiques plantés par des générations ultérieures, alors la majeure partie du pays et de ses habitants nous resterait aussi impénétrable que les origines de Goust.

*

AVANT QUE LE CHEMIN DE FER ne brouille le paysage et ne réduise ses habitants à des visages sur un quai et des silhouettes dans un champ, les voyageurs étaient souvent déconcertés par les changements soudains de types humains qu'ils rencontraient en cours de route. À peine leur diligence avait-elle franchi le gué d'un ruisseau ou viré à un embranchement, qu'ils pouvaient se retrouver parmi des gens d'aspect totalement différent, avec leurs propres costumes, leur architecture typique, leur langue distinctive et leur conception bien particulière de l'hospitalité. La couleur des yeux et des cheveux, la forme des crânes et des visages, et jusqu'à la façon de regarder passer la voiture à chevaux pouvaient varier plus brusquement que la végétation.

Lorsque la vitesse amplifiait ces différences, les frontières tribales étaient souvent étonnamment flagrantes. Dans la Chalosse, à l'est de Bayonne, les gens de la rive gauche de l'Adour étaient réputés grands, forts, bien nourris et accueillants. Leurs voisins de la rive droite étaient maigres, misérables et méfiants [4]. Le climat, l'eau et le régime alimentaire, les migrations anciennes et récentes, les rivalités claniques et les innombrables et inexplicables variantes des coutumes et traditions suffisaient à transformer une zone minuscule en un labyrinthe de lignes de démarcation invisibles sur la carte mais sensibles sur le terrain, dans la composition du sol, le vin, le costume et l'accent des habitants [5]. Des régions pourtant tenues pour civilisées étaient aussi morcelées que des provinces après la chute d'un empire. Restif de la Bretonne nous raconte qu'en Bourgogne, les villages de Nitry et Sacy, distants de moins de cinq kilomètres, étaient si dissemblables (l'un se distinguant par sa courtoisie, l'autre par sa grossièreté), qu'un certain Comte de S* « les a choisis tout exprès, pour voir beaucoup de pays en peu de chemin ; et présenter en raccourci le tableau de la vie rustique dans tout le royaume [6] ». La mère de Restif fut toujours traitée en paria à Nitry parce qu'elle venait d'un village situé de l'autre côté de la rivière Cure, à une quinzaine de kilomètres à l'ouest. « Suivant l'usage, [elle] ne fut pas aimée de ses beaux-enfants et n'eut personne de son parti dans le village, parce qu'elle était étrangère [7]. »

On imagine aisément la perplexité des riches citadins qui, ayant entrepris d'explorer leur pays, découvraient une mosaïque humaine de tribus et de clans. Une simple incursion dans le nord de la France pouvait même suffire à empêcher le voyageur de se faire une idée claire de ce qu'étaient « les Français ». À Dieppe, les pêcheurs polletais parlaient un patois dans lequel on reconnaissait à peine une forme de français. Les touristes d'outre-Manche venus acheter leurs bibelots en ivoire regardaient ébahis les femmes dans leurs superpositions de cotillons retroussés et leurs jupes qui ne descendaient qu'au genou et se demandaient pourquoi elles avaient l'air si différentes du reste de la population [8]. (À ce jour, la question reste ouverte.) Un peu plus haut sur la côte, à Boulogne-sur-Mer, les quelque quatre mille habitants du faubourg du Portel se singularisaient par leur taille, leur grande beauté et leur physique vigoureux. En 1866, un anthropologue leur soupçonna des ancêtres andalous, mais son étude des crânes, des mains, des pieds et des seins de la population féminine (les hommes étaient en mer) s'avéra peu concluante [9]. À une cinquantaine de kilomètres à l'intérieur des terres, les « îles flottantes » de l'est de Saint-Omer étaient cultivées par une communauté qui avait ses propres lois, coutumes et langue [10]. Ces gens vivaient dans les maisons basses longeant les canaux des faubourgs de Hautpont et de Lysel qui, aujourd'hui encore, ressemblent à une enclave flamande dans une ville française.

Dans l'esprit de nombreux voyageurs, les diverses populations de la France ne semblaient guère avoir beaucoup plus en commun que leur humanité. Et là encore, rien n'était moins sûr. À la fin du XIXe siècle, des témoignages signalaient la présence de tribus autonomes aux marches de la Bretagne et de la Normandie [11]. En Provence, on racontait avoir vu des demi-sauvages descendre les jours de foire de l'arrière-pays montagneux de Cannes et de Saint-Tropez vêtus de peaux de chèvre et s'exprimant dans une langue d'eux seuls compréhensible [12]. En 1880, dans la forêt de Villers-Cotterêts (lieu de naissance d'Alexandre Dumas, à soixante-dix kilomètres au nord-est de Paris), un anthropologue découvrit « des villages perdus dont le type des habitants diffère absolument du type des villages environnants et semble le témoignage de quelque race particulière, antérieure aux invasions kimmériennes avec lesquelles commence notre période historique [13] ».

Plus d'un siècle a passé, et maintenant que la forêt de Villers-Cotterêts, à quarante-cinq minutes de la gare du Nord, fourmille de promeneurs parisiens, l'énigme de ses hommes

« préhistoriques » est vouée à rester sans réponse. Pour l'anthropologie française, la préhistoire ne s'est achevée qu'à la Révolution. Avant cela, l'État ne s'intéressait aucunement à la diversité culturelle et ethnique des masses. Les statistiques, rares jusqu'à Napoléon, restent par la suite sujettes à caution. Les sciences permettant d'analyser les groupes humains selon des caractères physiques et culturels ne se sont développées qu'au moment où les tribus qu'elles prétendaient étudier se fondaient à la population moderne. Mais du moins des voyageurs curieux avaient-ils posé la question troublante : qui étaient les habitants de la France ?

*

EN TERMES D'HISTOIRE politique, la réponse semble relativement simple. Les gens de Dieppe, de Boulogne, de Goust et de Saint-Véran appartenaient tous à la même nation. Ils étaient placés sous la tutelle de parlements provinciaux et, en dernier ressort, du roi. La plupart payaient des impôts – en argent sonnant et trébuchant, en « prestations » (pour l'entretien des routes et des ponts), puis, lorsque la conscription systématique fut établie à la fin du XVIIIe siècle, en vies humaines. Ils avaient des fonctionnaires nommés à l'échelon local – un collecteur d'impôts et un garde champêtre chargé du maintien de l'ordre. Mais ils ignoraient notoirement la législation nationale, à commencer par les lois successorales, et n'avaient que très peu de contacts directs avec le pouvoir central. L'État était à leurs yeux un dangereux fléau, qui envoyait des soldats qu'il fallait nourrir et loger, des huissiers qui saisissaient les biens et des avocats qui réglaient les différends fonciers et empochaient le plus clair des dédommagements. Être français ne leur procurait aucune fierté et constituait moins encore le socle d'une identité commune. Jusqu'à la seconde moitié du XIXe siècle, rares étaient ceux qui avaient vu une carte de France et très peu avaient entendu parler de Charlemagne et de Jeanne d'Arc. La France était en réalité un pays d'étrangers. Selon un écrivain paysan du Bourbonnais, cela était aussi vrai vers 1840 qu'avant la Révolution :

> Dans nos campagnes, on n'avait pas la moindre notion de l'extérieur. Au-delà des limites du canton, au-delà des distances connues, c'étaient des pays mystérieux qu'on s'imaginait dangereux et peuplés de barbares [14].

À première vue, les grandes cathédrales de France et leurs innombrables essaims d'églises paroissiales devaient représenter un ciment plus solide. Près de 98 % de la population était catholique, mais dans les faits (comme nous le verrons par la suite), les pratiques religieuses variaient considérablement. Les êtres célestes n'étaient pas plus cosmopolites que leurs adorateurs. Le saint ou la Vierge dont l'image gravée trônait dans une église n'avait rien de commun avec le saint ou la Vierge de la paroisse d'à côté. Les croyances et les rites rattachés à des mégalithes préhistoriques et des puits magiques ne ressemblaient que de très loin au christianisme. Le curé du village était certes apprécié pour son instruction, mais en tant qu'autorité religieuse, il lui fallait faire ses preuves face aux guérisseurs, diseurs de bonne aventure, exorcistes et autres sorciers capables de faire la pluie et le beau temps et de ressusciter les enfants morts. La morale et le sentiment religieux étaient parfaitement indépendants du dogme chrétien. Pour la plupart des individus, l'Église avait plus de poids par le droit à lever l'impôt qu'elle garda jusqu'à la Révolution que par ses vains sermons vitupérant le contrôle des naissances.

Les provinces du royaume présentent un tableau de la population bien différent mais tout aussi inexact. On a longtemps cru pouvoir y trouver la clé de l'identité nationale, s'imaginant que, tels les segments d'un crâne soumis à l'examen d'un phrénologue, ces divisions historiques et politiques révéleraient certains traits humains caractéristiques.

Les récits de voyage de François Marlin, un marchand de Cherbourg qui prit prétexte de son emploi d'administrateur des vivres de mer pour explorer son pays natal et parcourut ainsi plus de trente mille kilomètres entre 1775 et 1807, nous offrent des exemples éloquents de cette approche géo-individuelle : « Les *Périgourdins* sont vifs, alertes, avisés. Les *Limousins* ont les facultés plus embarrassées et l'allure infiniment moins libre [15]. » Il distinguait aussi aisément les commis voyageurs dînant à la taverne d'Auch que des chiens de races différentes :

> Le *Lyonnais* [...] a le verbe haut, l'organe clair et sonore ; il parle avec esprit, mais il est tranchant, hardi, et sa bouche est sale et effrontée. Le *Languedocien* est doux, poli et porte un front ouvert. Le *Normand* écoute plus qu'il ne parle. Il est défiant et incite à la défiance[16]*.

Pourtant, comme le remarqua Marlin, aussi flatteurs que fussent les a priori dont ils faisaient l'objet, la plupart des gens refusaient d'être identifiés à de si vastes territoires. Ils se revendiquaient d'une ville, d'un faubourg, d'un village ou d'une famille, et non d'une nation ou d'une province. L'héritage culturel commun de certaines régions apparaissait plus clairement aux étrangers qu'aux gens du pays eux-mêmes. Il aurait fallu subdiviser plusieurs fois la Bretagne pour trouver une entité géographique qui parlât au cœur de ses habitants. Les Bretons de l'est avaient un patois français, le gallo ; ceux de l'ouest déclinaient divers dialectes bretons. Les deux communautés ne se mariaient pratiquement jamais entre elles. Dans la partie occidentale, les Bretons de l'Armor (« le pays de la mer ») n'avaient pas grand-chose de commun avec ceux de l'Argoat (« le pays des forêts »). Et l'Armor lui-même abritait des sous-populations si diverses et si antagonistes que plusieurs auteurs faisaient remonter leurs origines bien au-delà des côtes de granit, chez des tribus sémites, en Grèce ancienne ou en Phénicie, en Perse, en Mongolie, en Chine ou au Tibet[17].

*

RIEN D'ÉTONNANT donc à ce que cette France chevillée à coups de traités et de conquêtes, dont les deux tiers du territoire étaient français depuis moins de trois cent cinquante ans, ne

* Ces cartes morales de la France, encore en faveur aujourd'hui, sont encore plus improbables qu'elles ne l'étaient au XVIIIe siècle. Le *Guide bleu* de 1977 relève par exemple : « C'est peut-être au rythme des saisons et à l'incertitude du climat que le Normand doit ses réponses balancées » ; « Ils avaient des chapeaux ronds et gardent la tête dure, les Bretons » ; « Au pays de la tauromachie et du rugby [le Languedoc], les passions finissent toujours par avoir raison ».

fût animée d'aucun puissant sentiment identitaire national. Avant la Révolution, l'appellation de « France » était souvent réservée à une petite province en forme de champignon centrée sur Paris. En Gascogne et en Provence, tout étranger venu du nord était un « Franchiman » ou un « Franciot » [18] – deux termes qui n'entrèrent jamais au dictionnaire officiel de l'Académie française. Le sentiment identitaire régional était tout aussi diffus. Les populations bretonnes, catalanes, flamandes et provençales de l'Hexagone n'affirmèrent leur identité politique que beaucoup plus tard, en réaction à l'identité nationale qui leur était imposée. Seuls les Basques semblent avoir fait front commun contre le monde extérieur, mais dans leurs mascarades publiques ce n'étaient pas tant les Français ni les Espagnols qu'ils brocardaient, que les bohémiens, les chaudronniers ambulants, les docteurs et les avocats. Les concours interrégionaux de pelote soulevaient plus de passions que les victoires et les défaites de Napoléon [19].

La propagande de l'unité nationale française n'a jamais cessé depuis la Révolution, et il faut un certain temps pour se rendre compte que les divisions tribales de la France n'avaient qu'un très vague rapport avec les frontières administratives. Ces peuples n'avaient aucune raison apparente de former une seule et même nation. Comme le faisaient remarquer en 1981 Hervé Le Bras et Emmanuel Todd à propos de l'extrême variété des structures familiales en France, « d'un point de vue anthropologique, la France ne devrait pas exister [20] ». D'un point de vue ethnique, son existence était tout aussi improbable. Les tribus celtiques et germaniques qui avaient envahi la Gaule et les tribus franques qui avaient attaqué la province romaine fragilisée avaient des origines presque aussi diverses que la population de la France moderne. L'unique groupe indigène cohérent qu'un parti du Front national historiquement valable pourrait prétendre représenter serait la toute première bande errante de primates pré-humains qui occupa cette partie de l'isthme d'Europe occidentale.

François Marlin, notre marchand de Cherbourg, finit par décréter que la meilleure façon de répondre à la question de savoir qui étaient les habitants de la France était de s'abstenir de toute réponse. Il voulait faire de ses récits de voyage un antidote aux guides inutiles publiés par des plagiaires de salon et s'efforça de se borner à une simple observation des différences physiques qui reflétaient les changements de paysages. Une compilation de ses considérations et de celles d'autres voyageurs ferait ressortir une carte de France impubliable, fragmentée en zones de laideur et de beauté : les Basquaises étaient toutes « propres et jolies ». « On dirait que les bossus, les borgnes et les boiteux aient été tous confinés à Orléans. » « Les jolies femmes sont rares en France, et surtout en Auvergne. Mais on voit ici beaucoup de femmes robustes. » « On trouve [à Brest] les plus beaux yeux de province ; mais les bouches sont moins belles : l'air de la mer, et beaucoup de négligences dans cette partie de la toilette, ternissent de bonne heure l'émail de la denture [21]. »

Tout cela ne serait d'aucune utilité à un anthropologue historique et ne nous éclaire que très vaguement sur la géographie sociale de la France. Personne n'aurait su dire si ces caractères physiques trahissaient de lointaines ascendances exotiques ou n'étaient que l'effet des occupations et de l'alimentation de ces gens. Mais du moins Marlin avait-il vu le vrai peuple de ses propres yeux (ou, plus justement, la fraction du peuple qui vivait près d'une route) :

> À Gouvain, on est bien surpris quand passe un voyageur : et femmes et enfants accourent pour le voir; j'aime assez cet usage; il montre à un curieux toutes les beautés d'un pays, et je pourrais vous dire combien il y a de jolies femmes à Gouvain [22].

Tel était, selon le marchand de Cherbourg, le type de témoignage oculaire qui aurait fort bien trouvé sa place dans les pochettes de cuir d'une diligence. Quant aux autres guides, imbus de leur fausse érudition, autant valait les laisser tremper par la pluie et disséminer par le vent sous la bâche de l'impériale.

*

UNE EXPÉDITION dans la France tribale pourrait débuter pratiquement n'importe où et à n'importe quel moment. Au sommet d'une montagne de l'Aveyron, par exemple, où les plateaux calcaires des Causses laissent place à une carte froissée de crêtes et de ravines. Nous sommes en 1884. Le curé de Monclar a trouvé un agréable passe-temps pour tromper la monotonie du quotidien d'une petite bourgade [23]. Il a braqué son télescope vers la vallée et fait le point sur un champ de bataille. Une troupe d'hommes, femmes et enfants, agitant des gourdins et traînant des paniers de pierres, avance sur le village de Roquecézière. Mais des éclaireurs guettent. Une autre armée arrive déjà du village, prête à défendre son territoire.

Sur le rocher nu planté en sentinelle au-dessus du village, tournant le dos à la bataille, se dresse une colossale statue en fonte de la Vierge Marie. Elle a été financée par une souscription publique – un miracle, dans cette région misérable – et vient d'être érigée sur le rocher en souvenir d'une mission prêchée il y a quelque temps.

Furieux de voir la sainte effigie montrer son derrière à leur clocher, les envahisseurs sont venus la retourner. L'âpre mêlée dure des heures. Plusieurs combattants sont grièvement blessés. Enfin, une brèche s'ouvre dans les lignes roquecézièraines et l'on fait pivoter la statue sur son piédestal pour l'orienter face à l'autre village. Pour éviter que les hostilités ne dégénèrent en guerre totale, les autorités religieuses trouvent un compromis : la Vierge est déplacée d'un quart de tour, de sorte que chaque village voie une moitié de son visage. Mais elle regarde désormais à l'est-nord-est, vers Saint-Crépin, qui a souscrit pour plus de moitié à cette œuvre, et elle tourne toujours le dos à la petite grappe de maisons agglutinées à ses pieds.

La bataille de Roquecézière, comme des milliers d'autres minuscules conflits, ne figure dans aucune histoire de France. Ces guerres villageoises n'avaient guère d'effet notable sur la sécurité nationale et leurs causes étaient souvent aussi anciennes qu'obscures. Elles continuèrent pourtant de rythmer la vie des provinces jusqu'au XIXe siècle. Un « très gros dossier » des archives départementales du Lot décrit les violences qui opposèrent des communes voisines entre 1816 et 1847 : « scènes sanglantes, combats, désordres, blessures graves, traités de paix et rumeurs de guerre [24] ». Les villageois préféraient régler leurs différends en batailles rangées que perdre leur temps et leur argent dans les tribunaux. Des offenses et querelles territoriales dont les origines s'étaient perdues dans les mémoires culminaient par des incursions dans les villages voisins pour faire main basse sur leur blé ou enlever la cloche de leur église. Parfois, des communes ennemies se faisaient représenter par leurs champions, dont les luttes acharnées entraient dans la légende locale [25]. On ne se contentait généralement pas d'un seul affrontement. Dans le Limousin, les villages de Lavignac, Flavignac et Texon étaient en guerre depuis plus de quarante ans [26]. Texon perdit son statut de commune en 1806, mais ce détail administratif ne l'empêcha pas de continuer de se battre comme un État indépendant.

Bien des voyageurs durent trouver fort désinvolte la simplification de Jules César, qui décrivait la Gaule comme un pays « divisé en trois parties » ; le proconsul romain précisait toutefois qu'elle était également fragmentée en une infinité de minuscules entités rivales : « ce n'est pas seulement dans chaque ville, dans chaque bourg et dans chaque campagne qu'il existe des factions, mais aussi dans presque chaque famille. » L'unité territoriale de base était le *pagus*, secteur contrôlé par une tribu. Deux mille ans après la conquête de la Gaule, le *pays* demeurait une réalité sensible [27]. Le mot *pays* ne désignait pas la nation abstraite mais la région ancestrale et tangible dont les individus se réclamaient. Dans un pays, tout était familier : le son de la voix humaine, l'orchestre des oiseaux et des insectes, la chorégraphie des vents et les configurations mystérieuses des arbres, des rochers et des puits magiques.

Pour quelqu'un qui n'avait qu'une expérience limitée du monde, un pays se mesurait en champs et en sillons. Pour un autre individu, transporté loin de ses foyers, ce pouvait être une province entière. Le terme a depuis lors acquis un sens plus précis et plus pittoresque. Il a été remis au goût du jour dans les années 1960 afin de promouvoir le développement et le tourisme locaux : on vante ainsi aujourd'hui les « Pays de la Loire », le « Pays de Caux », le « Pays de Bray », et ainsi de suite. Ces zones géographiques sont des versions élargies des « petites régions agricoles » instaurées en 1956 pour servir de base aux statistiques agricoles. L'Institut national de la statistique et des études économiques (INSEE) en recense aujourd'hui sept cent douze. La Brie est ainsi subdivisée en « Brie boisée », « Brie centrale », « Brie champenoise » (trois zones distinguées par des codes postaux), « Basse-Brie », « Brie française » (deux zones) et « Brie humide ». La partie champenoise que l'on qualifiait jadis de « pouilleuse » a été rayée de la nomenclature officielle.

C'était à ce puzzle de micro-provinces que le général de Gaulle faisait référence lorsqu'il s'exclama : « Comment voulez-vous gouverner un pays où il existe deux cent quarante-six variétés de fromages [28] ? » Cette célèbre saillie, souvent déformée et amplifiée depuis en « un fromage pour chaque jour de l'année », est entrée dans le catéchisme officieux de l'orgueil national. On la cite volontiers aux visiteurs étrangers, même dans les régions qui ne produisent qu'un seul fromage un tant soit peu reconnu. Il s'agissait toutefois d'un puzzle que n'importe quel service marketing actuel réordonnerait aujourd'hui en un tournemain. Autrefois, personne n'aurait pu dénombrer les pays de France. En 1937 encore, lorsqu'il présenta dans son *Manuel de folklore français contemporain* en neuf volumes une interminable liste de régions, Arnold Van Gennep prit soin de préciser qu'elle était nécessairement incomplète car, soulignait-il, « certains pays sont encore inconnus ». Tout au long du XIXe siècle, à tous les échelons de l'administration, des fonctionnaires déploraient sans ironie aucune cette fragmentation du territoire. La mère patrie du paysan ignare n'était pas l'État mais son « *pays* ».

Des rapports militaires confidentiels datant des années 1860 et 1870 attestent que la notion de « patriotisme » national n'avait pas grand sens pour les natifs d'un *pays.* Dans la majeure partie de l'Auvergne, l'armée ne pouvait obtenir d'aide que « moyennant paiement, réquisition ou menaces » (1873). Les hommes d'une ville voisine d'Angers n'acceptaient de se battre que près de chez eux : « Ils sont encore Angevins et non Français » (1859). « Les paysans de la Brie sont timorés et peu rusés, et toute résistance de leur part serait facilement réduite [29] » (1860). Les espions rentrés au camp de César sur les rives de la Saône en 58 av. J.-C. avaient sans doute rapporté le même genre d'observations.

*

ON PEUT ENCORE explorer ce labyrinthe de micro-régions en s'armant d'autres cartes, d'autres capteurs. À certains moments de la journée, un randonneur ou un cycliste parvient à détecter les contours approximatifs d'un pays, même si ses frontières sont invisibles. Le rayon dans lequel une cloche d'église s'entend plus clairement que celles des paroisses alentour a de fortes chances d'être une région dont les habitants partageaient des coutumes et un parler, des souvenirs et des craintes, et un même saint tutélaire.

Les cloches délimitaient un territoire tribal et lui donnaient une voix. Lorsqu'un saintier ambulant venait fondre la cloche, les paroissiens mêlaient au bronze leur argenterie – de vieilles assiettes, des pièces de monnaie, des chandeliers –, et n'en éprouvaient que plus d'attachement à leur cloche, incarnation de l'âme du village [30]. Elle marquait les heures et annonçait les grands événements saisonniers : le début et la fin des moissons, le départ des troupeaux en transhumance. Elle sonnait le tocsin pour annoncer des incursions et des menaces. Vers 1790, des sergents recruteurs parcourant la Sologne avançaient dans une série de cercles sonores chevauchants, et le temps qu'ils arrivent dans un village, tous les jeunes gens avaient disparu [31]. Les cloches étaient réputées repousser la foudre et les orages de grêle qui ravageaient les récoltes [32], ce qui explique que tant de sonneurs aient été électrocutés au bout de leur corde [33]. Elles chassaient les sorcières qui commandaient aux nuages porteurs de tempêtes, et elles convoquaient les anges afin de donner plus de poids aux prières dites pendant la volée – comme dans *L'Angélus* de Millet – qu'à d'autres moments [34]. Par temps brumeux, c'était encore le timbre des cloches qui guidait les voyageurs égarés.

Le nombre de cloches et la hauteur du clocher renseignent souvent assez précisément sur la densité de peuplement d'une commune. Si les paroissiens se plaignaient rarement de la fréquence ou de la longueur des sonneries, beaucoup reprochaient à leur cloche de ne pas porter jusqu'aux champs [35]. Lorsque les provinciaux émigrés évoquaient avec nostalgie leur lointain clocher natal, ils ne songeaient pas uniquement à la présence architecturale d'une flèche dans le paysage, mais aussi à son rayon sonore.

Une carte de ces sphères d'influence acoustique ferait bien mieux ressortir la petitesse des domaines tribaux qu'une carte des communes. Une étude des communes du Morbihan au XIXe siècle semble indiquer que la population était plutôt mobile. En 1876, par exemple, plus de la moitié des gens mariés du bourg de Saint-André étaient natifs d'une autre commune. Mais dans presque tous les cas, il s'agissait d'une commune adjacente. Les « déterminants sentimentaux » (l'amour) y étaient peut-être pour quelque chose, mais on se mariait avant tout pour consolider un patrimoine foncier, quitte à épouser une cousine ou un cousin germain. Le choix du conjoint était déterminé par l'ancien système de hameaux dont les frontières – des talus, des fossés et des ruisseaux – ont disparu ou sont devenues invisibles. Les limites officielles étaient à peine plus marquées que les clôtures de territoires d'oiseaux [36].

On retrouve dans toute la France ce même mode de peuplement agoraphobique des grands espaces. Jusqu'en 1886, plus des quatre cinquièmes de la population étaient encore « à peu près stationnaires » (n'ayant pas bougé de leur département de naissance) [37]. Plus des trois cinquièmes avaient toujours vécu dans la commune où ils étaient nés. Par ailleurs, tous les expatriés dans d'autres départements ne s'étaient pas forcément éloignés de leur territoire tribal : leur nouveau domicile pouvait être un hameau voisin, situé de l'autre côté d'une limite départementale.

Dans certaines localités, le sous-peuplement ou les querelles de clocher contraignaient parfois les habitants à aller chercher un conjoint un peu plus loin, mais là encore, ils ne s'aventuraient jamais sur de très grandes distances. Le laboureur veuf de *La Petite Fadette* de George Sand (1846) était ainsi horrifié à l'idée d'avoir à trouver une nouvelle femme à trois lieues de chez lui, dans « un nouveau pays ». Il arrivait qu'en cas d'extrême nécessité, les cagots persécutés, qui vivaient pour la plupart dans des hameaux dispersés (voir p. 68), aillent se marier à plus d'une journée de marche de chez eux, mais cette pratique faisait figure d'exception. Des registres paroissiaux indiquent qu'entre 1700 et 1759, sur six cent soixante-dix-neuf couples de cagots, près des deux tiers des fiancées étaient originaires d'un village à portée de voix de celui de leur promis. Les autres venaient d'assez près pour ne pas obliger les invités de la noce à faire trop de chemin. À Saint-Jean-Pied-de-Port, sur cinquante-six femmes, seules quatre avaient pris époux à plus de huit kilomètres de chez elles. Et pas plus de deux des six cent soixante-dix-neuf cagots étaient qualifiés d'« étrangers » – ce qui signifiait simplement qu'ils venaient d'une autre vallée [38].

*

MÊME AVEC DES STATISTIQUES en main et une bonne notion d'échelle, s'enfoncer dans le pays aux mille pays reste une expérience déconcertante. On ne perçoit de prime abord aucune des constantes qui finiront par se dégager, et l'on ne remarque aucun signe de l'anarchie attendue. Beaucoup de petites localités étaient en réalité organisées en juridictions souveraines, dotées de leur propre parlement et d'une constitution non écrite. Chaque village ou presque s'était donné une forme d'assemblée, notamment dans des pays d'état comme la Bourgogne, la Bretagne et la Provence, où l'influence royale avait toujours été minime. Dans le Sud, où l'impôt était assis sur le foncier, la nécessité de mesurer et de recenser les propriétés avait donné lieu à des institutions villageoises très complexes qui non seulement réglementaient l'usage des terres communales, mais administraient également les biens et géraient un budget. Lorsque les agents révolutionnaires vinrent ressusciter les bourgs et villages supposés moribonds de la France provinciale, ils s'étonnèrent de les trouver si gaillards [39].

Certains étaient des démocraties exemplaires à une époque où la France ployait encore sous le joug de la monarchie absolue. François Marlin tomba sur un endroit de ce genre lors d'une tournée en Picardie qu'il effectua en 1789. Le village de Salency, avec ses rues pavées et ses maisons proprettes, était gouverné, apprit-il, par son « vénérable pasteur ». Les enfants n'étaient jamais placés comme domestiques et les jeunes n'avaient pas le droit de se marier hors de la paroisse. Quelque six cents personnes partageaient ainsi en tout et pour tout trois noms de famille. Tous les habitants étaient égaux, hommes et femmes travaillaient la terre, achevant méticuleusement à la bêche le travail des charrues. Cette méthode garantissait à tous des récoltes abondantes et une égale prospérité. Garçons et filles apprenaient à lire et à écrire, qui auprès de l'instituteur gagé par les administrés, qui auprès de sa femme, et tout ce petit monde rayonnait d'un « air de santé, de tranquillité et de bonheur ». « L'idée même de crime leur est inconnue et [...] l'histoire d'une fille qui aurait violé la pudeur leur paraîtrait une fable inventée par le mensonge [40]. »

Ce tableau reflète assez bien ce que pouvaient être ces villages indépendants. Comme à Salency, l'autorité était souvent confiée au curé, qui faisait davantage office d'administrateur que de ministre du culte. Sur les îles bretonnes d'Hoëdic et d'Houat, un seul et même homme, le recteur, cumulait les fonctions de maire, juge de paix, agent des douanes et de l'octroi, directeur des postes, percepteur, instituteur, médecin et pharmacien. L'arrivée dans chaque île d'un maire adjoint dans les années 1880 ne changea absolument rien à cette organisation [41]. Certaines municipalités étaient dirigées par des conseils qui étaient de parfaites miniatures d'une administration nationale. La petite cité de La Bresse, dans une vallée des Vosges occidentales, garda ainsi ses prérogatives judiciaires et législatives jusqu'à la Révolution. Un géographe rapportait en 1832 que « les juges de cette ville, quoique lourds et grossiers en apparence, montraient beaucoup de bon sens ». Un avocat de passage ayant cité dans son plaidoyer des textes latins du code et des lois se vit infliger une amende par les magistrats « pour [s']être avisé de [leur] parler un idiome inconnu » et la cour lui donna quinze jours pour apprendre à plaider selon la coutume de La Bresse [42].

Certains de ces villages-États s'étendaient sur des kilomètres carrés à la ronde. Le clan des pignous occupait ainsi plusieurs hameaux des environs de Thiers, dans le nord de l'Auvergne. Il avait même son propre chef-lieu, qui bénéficiait apparemment de toutes les commodités de la civilisation moderne. Tous les hommes de plus de vingt ans élisaient un chef qui prenait titre de « Maître Pignou ». Les autres habitants ne se distinguaient que par leur prénom. Si le Maître Pignou ne se montrait pas à la hauteur de sa charge, il était révoqué et remplacé. La propriété privée leur était étrangère et tous les enfants sans distinction étaient élevés par une femme, la Laitière, qui assurait également l'intendance de la laiterie communautaire. Les filles ne travaillaient jamais aux champs mais étaient envoyées parfaire leur éducation dans un couvent, aux frais de la communauté. Les jeunes gens qui se mariaient en dehors du clan étaient irrémédiablement bannis, mais tous s'en repentaient tôt ou tard et revenaient supplier d'être réintégrés [43].

Si tant de petits villages proclamèrent leur indépendance à l'époque de la Révolution, c'était parce qu'ils étaient déjà partiellement indépendants [44]. Ils ne cherchaient en rien à développer l'économie locale ou à s'intégrer à une société plus large. Tout changement présageait généralement un désastre ou la menace de famine. La plupart de ces communautés rêvaient plutôt de s'affranchir de toute attache, de dresser une barrière entre elles et le reste du monde, ce qui explique en partie la variété des unités de mesures d'un village à un autre : l'uniformisation aurait exposé les producteurs locaux à la concurrence d'« étrangers* ». En s'obstinant à fonctionner en

* Bien après l'introduction du système métrique en 1790, une « pinte » valait un peu plus d'un litre dans un village du Limousin et beaucoup plus de deux dans un autre. Le département du Nord utilisait trente-cinq mesures de capacité différentes, toutes désignées sous le même nom. Les voyageurs venus du nord constataient que leurs « lieues » s'allongeaient à mesure qu'ils progressaient vers le sud [45]. D'autres régions n'avaient même jamais adopté

circuit fermé, ils espéraient affiner et purifier le clan. On s'enorgueillissait tout autant dans la France d'alors que dans la plupart des sociétés tribales actuelles de ne jamais se marier en dehors du clan. Les légendes locales évoquaient souvent une dispense spéciale accordée par le pape (ou, plus sûrement, par l'évêque du diocèse) pour permettre aux membres de ces familles d'épouser de proches parents. Afin de mieux dissuader les jeunes d'abandonner leur petite patrie, on gérait les ressources du village avec une prudence de père de famille. Il arrivait même que l'on paye les garçons ou les filles pour les inciter à rester. En Bourgogne, la tribu des « chizerots » (les habitants d'Uchizy, en bordure de la Saône) se cotisait pour constituer une dot aux filles pauvres du village afin qu'elles n'aient pas à aller chercher un mari ailleurs [46].

L'autonomie n'était pas un rêve utopique. C'était l'incontournable réalité quotidienne. Les gens qui voyaient rarement un gendarme ou un juge avaient d'excellentes raisons de mettre en place leur propre système judiciaire. Les gouverneurs provinciaux qui bouclaient déjà tant bien que mal leurs fins de mois avaient de tout aussi bonnes raisons de fermer les yeux sur ces pratiques. La justice locale était essentiellement un mélange efficace de manipulation psychologique et de recours à la force. Dans des villages pyrénéens de l'Atlantique à la Méditerranée, les différends se réglaient en trois séances successives, les parties étant astreintes au silence pendant la première. La plupart des affaires étaient tranchées avant la troisième audience [48]. À Mandeure, près de la frontière suisse, lorsqu'un vol avait été commis, les villageois étaient convoqués sur la place. Les deux maires tenaient chacun un bout d'un bâton et tous les habitants, soit plusieurs centaines de personnes, étaient sommés de passer dessous pour prouver leur innocence. Aucun voleur n'avait jamais osé se soumettre à l'épreuve. « Si le coupable eût été reconnu après l'avoir franchi

les anciens systèmes que le système métrique était censé remplacer. En 1807, Champollion, déchiffreur des hiéroglyphes, remarqua que les habitants des campagnes de l'Isère « ont gardé l'habitude de se servir de préférence des chiffres romains [47] ».

[...] il eût été fui, évité comme une bête féroce, et le déshonneur eût reflué sur sa famille [49]. »

*

CETTE JUSTICE LOCALE explique peut-être l'étrange constat ressortant des statistiques criminelles du XIXe siècle, selon lequel la quasi-totalité de la population française observait scrupuleusement la loi. La criminalité semblait avoir totalement disparu de quelques départements [50]. Les tribunaux tenaient parfois des « audiences blanches », siégeant sans avoir aucune affaire à entendre. En 1865, dans le département de l'Aveyron (celui-là même où avait eu lieu la bataille de Roquecézière), on recensa huit condamnations pour délits contre les personnes et treize pour atteintes aux biens d'autrui. Le Cher n'enregistra que trois délits contre les personnes et aucun contre les propriétés pour ses 336 613 habitants. Si l'on en croit ces chiffres, il y aurait donc eu à l'échelle nationale (hors Paris) un délinquant pour dix-huit mille habitants en 1865.

Il n'est pas besoin d'être cynique pour se douter que la plupart des descriptions de ces républiques villageoises ne restituent qu'un pâle reflet de la réalité. Il y avait bien entendu, là comme partout ailleurs, des voleurs, des meurtriers et des violeurs. François Marlin avait traversé bien trop de villages fangeux et abandonnés des prêtres pour ne pas se laisser impressionner par Salency, mais la propreté du bourg et l'absence de criminalité étaient la face publique d'un gouvernement nécessairement despotique. La vertu autoproclamée des Salenciens avait certainement brisé bien des vies – à commencer par celle des « étrangers », des homosexuels, des « sorcières » et, peut-être plus que toute autre catégorie d'indésirables, des filles-mères. Il naissait près de dix fois plus d'enfants naturels à Paris que dans tout le reste de la France. Non parce que les Parisiennes cédaient plus facilement aux tentations de la chair, mais parce que les jeunes filles de province qui « péchaient contre la pudeur » étaient souvent contraintes de quitter leur pays [51].

La justice villageoise n'était pas toujours bienveillante ni même équitable. Quiconque s'écartait un tant soit peu de la norme sociale admise – en épousant une personne plus jeune ou un étranger, en se remariant, en battant sa femme ou en se laissant battre par elle – s'exposait au rituel punitif du charivari, sérénade ou procession cacophonique, infamante et souvent violente. En Bretagne, nous dit une anthropologue, « les adultères faisaient l'objet de jonchées végétales injurieuses [52] ». On faisait monter la victime dans une charrette que l'on conduisait dans les villages alentour, afin de la ridiculiser jusqu'aux confins de l'univers connu. L'état déplorable des routes empêchait les produits de la terre de sortir de la région, mais il empêchait aussi la peur et la jalousie de se dissiper vers de plus vastes horizons.

Aux yeux de la minorité instruite, il n'y avait pas grande différence entre la justice villageoise et la loi de la populace. Lorsque, en 1835, une « sorcière » fut livrée au bûcher à Beaumont-en-Cambrésis, dans le département industriel du Nord, avec la complicité des autorités locales, on se serait cru ramené aux temps du Moyen Âge [53]. Mais la justice impériale française pouvait paraître tout aussi choquante et incongrue à des gens qui passaient leur vie entière dans une petite ville ou un village qu'aux indigènes des colonies d'Afrique du Nord [54].

3

Les tribus de France, II

LE SENTIMENT IDENTITAIRE attaché à ces petits pays était plus fort que ne le serait par la suite le sentiment d'appartenance à la France. Les paysans n'avaient ni drapeau ni histoire écrite, mais ils exprimaient leur patriotisme local exactement de la même manière que les nations : en dénigrant leurs voisins et en exaltant leur propre grandeur.

Le vaste et vulgaire répertoire de sobriquets attribués aux villages est le meilleur témoignage qui nous soit parvenu de cet orgueil subnational. Quelques communes, gratifiées d'un surnom plus flatteur, ont fini par l'adopter, comme Colombey-les-Belles – dont on assure aujourd'hui qu'il faisait référence aux femmes, mais qui s'appliquait sans doute originellement aux vaches. Si toutes ces épithètes avaient été reprises dans la nomenclature officielle, la carte de France serait aujourd'hui couverte d'obscénités et de plaisanteries incompréhensibles. En pays lorrain, il y avait ainsi les « loups » de Lupcourt, bourgade placée sous la protection de saint Loup ; les « habits verts » de Réméréville, dont le tailleur avait autrefois coupé un lot de vestes dans un drap vert inusable ; et les « grandes poches » de Saint-Remiremont, qui portaient des manteaux aux basques plus longues que partout ailleurs. Et encore les « culs crottés » de Moncel-sur-Seille où, au temps du dégel, la boue collait aux pantalons des paysans ; les « haut-la-queue » d'Art-sur-Meurthe qui, à trop fréquenter la ville de Nancy, avaient pris des airs de citadins ; et les « dormeurs » de Buissoncourt-en-France, qui avaient creusé un énorme fossé autour de leur village et « menaient une existence de sybarites » retranchés derrière un pont-levis.

D'autres surnoms évoquaient des épisodes marquants de l'histoire du village : ainsi des « rôtisseurs » de Ludres, qui s'étaient jadis pressés en place publique pour assister au supplice de leur curé adultère passé par les flammes du bûcher, ou des « poussais » de Vigneulles qui, armés de fourches, repoussèrent leurs voisins de Barbonville venus voler leur statue miraculeuse de la Vierge. La plupart des noms populaires étaient ouvertement injurieux. Les « oua-ouas » de Rosières-aux-Salines, affligés d'un goitre, ne parvenaient à émettre qu'un son confus qui suscitait l'hilarité [1]. Certaines appellations persistèrent jusqu'au XXe siècle. Les plus désobligeantes ne furent sans doute jamais consignées par écrit sauf, lorsque les villageois eurent appris à lire et à écrire, sous forme de graffiti. En 2004 encore, l'inscription « les mangeurs de merde de Lautenbach » barbouillait un abribus de Lautenbach, au pied du Grand Ballon d'Alsace.

Dans un monde où les immondices s'entassaient près des maisons et où les actuelles odyssées souterraines des déchets humains étaient inimaginables, les allusions scatologiques étaient légion. Les habitants de Saint-Nicolas-de-Port étaient qualifiés de « gueulards » et leurs voisins de Varangéville, de l'autre côté du fleuve, prenaient un malin plaisir à se rassembler sur les berges de la Meurthe pour les apostropher en chœur dans le dialecte local :

Booyaï d'Senn'Colais,
Tend tet ghieule quand je...
(Braillard de Saint-Nicolas,
Ouvre ta gueule lorsque je...)

Tandis que les invectives étaient la langue diplomatique des villages, la propagande intérieure proclamait l'honneur immaculé de la tribu. De nombreuses communautés revendiquaient une ascendance prestigieuse. Le puissant clan pignou de Thiers se réclamait d'un seul patriarche omniscient qui, en l'an 1100 (ou plus vraisemblablement vers 1730), avait fixé toutes les règles qui continuaient de régir leur vie. À Mandeure, où subsistent les vestiges d'un amphithéâtre romain, le groupe dominant était persuadé d'avoir pour ancêtre commun un général des armées de César, et en voulait pour preuve ses linteaux sculptés et ses mosaïques. Les étrangers qui tentaient de s'établir sur leur territoire étaient refoulés comme des barbares. Dans *Les Deux Frères* (1841), Balzac évoque un quartier d'Issoudun peuplé d'individus aux traits particuliers, qui faisaient également remonter leurs origines à une antique lignée aristocratique :

> Le faubourg lui-même s'appelle faubourg de Rome. Les habitants de ce faubourg, dont la race, le sang, la physionomie ont d'ailleurs un cachet particulier, se disent descendants des Romains. Ils sont presque tous vignerons et d'une remarquable roideur de mœurs, due sans doute à leur origine, et peut-être à leur victoire sur les Cottereaux et les Routiers*, qu'ils ont exterminés au XIIe siècle dans la plaine de Charost [2].

Quelques-unes de ces distinctions ethniques revendiquées étaient bel et bien étayées par une vérité historique. Les forains du Berry descendaient de mercenaires écossais auxquels Charles VII avait donné des forêts entre Moulins et Bourges au XVe siècle [3]. (Au XIXe siècle, des visiteurs de passage assuraient avoir détecté chez eux un léger accent.) Il existe aujourd'hui encore un hameau, un château et une clairière répondant au nom de « Les Écossais » et la ville d'Aubigny-sur-Nère accueille chaque année le 14 juillet un festival « franco-écossais ». Les gavaches ou marotins constituaient une sous-population à part établie en bordure de la Gironde et du Dropt entre La Réole et le Marmandais, et comptait près de huit mille membres à la fin des années 1880. On les avait fait venir du Poitou et d'Anjou au XVIe siècle pour repeupler une région dévastée par la peste et ils conservèrent tous leurs caractères identitaires jusqu'au XXe siècle [4].

La plupart de ces origines prétendues – notamment celles que l'on faisait remonter à l'âge romain – relevaient toutefois de la pure fantaisie. En cinquante générations, le sang romain avait largement eu le temps de se mêler à d'autres souches et de se diluer. Mais les « Romains » restaient les aristocrates de

* Bandes de pillards et d'aventuriers à la solde d'Henri II d'Angleterre.

l'imaginaire collectif, les maîtres d'antan qui valaient manifestement bien mieux que le seigneur local. Certains de leurs ponts étaient toujours en usage et leurs édifices étaient souvent les plus impressionnants de la ville. Nombre de villages du Midi continuaient de désigner leurs représentants locaux sous le terme de « consuls », à la manière romaine. Plus qu'une quelconque sensibilité historique, ce fut davantage cette prétention généalogique qui épargna les vestiges gallo-romains d'Orange, de Nîmes et d'Arles à une époque où l'on ne s'intéressait aux monuments antiques que pour y récupérer des matériaux de construction. Dans le Tarn, on confondait d'ailleurs souvent les « Romains » avec les « Anglais [5] », et dans certaines régions d'Auvergne, les gens parlaient du « bon César », sans se douter que ce « bon César » avait torturé et massacré leurs ancêtres gaulois [6]. D'autres groupes – à Sens, dans le Marais poitevin et des États de Savoie – ne craignaient pas d'affirmer descendre de tribus gauloises qui ne s'étaient jamais rendues à l'envahisseur transalpin [7].

Tout cela s'était essentiellement transmis par une tradition orale qui ne pouvait guère être très ancienne. Les récits locaux datent rarement de plus de deux ou trois générations. Les légendes villageoises et urbaines avaient en outre un côté fruste et rugueux, à des années-lumière du patrimoine érudit qui enrichirait par la suite la France provinciale. Les gens des XVIIIe et XIXe siècles ne reconnaîtraient rien de leur pays dans la plupart des informations historiques que dispensent aujourd'hui les offices du tourisme. En 1881, un folkloriste rentré de quatre années d'expédition en Bretagne dut décevoir plus d'un amateur de visions romantiques d'une péninsule armoricaine noyée dans les brumes, lorsqu'il révéla à son public parisien que pas un seul paysan breton n'avait jamais entendu parler de bardes ni de druides [8].

*

CES LÉGENDES LOCALES commencèrent à disparaître au moment même où elles auraient pu être consignées par écrit. Dès lors qu'une région s'ouvrait aux touristes et aux ethnologues, elle pouvait également accéder à l'instruction et aux journaux, ce qui façonnait chez la plupart de ses habitants une vision uniforme du passé et reléguait les vieilles légendes au rang de folklore local ridicule. C'est pourquoi la voix de l'histoire tribale ne résonnait plus que dans des localités relativement reculées et traditionnellement hostiles au pouvoir central mais accueillantes aux étrangers.

Une large bande de la bordure océanique, correspondant aux anciennes provinces de l'Aunis, de la Saintonge et du Poitou, est encore une vaste étendue de marécages partiellement drainés et infestés de moucherons. Il y a deux cents ans, le Marais poitevin était largement perçu comme une contrée ingrate et lugubre peuplée de criminels, de marginaux et de déserteurs des armées napoléoniennes qui étaient partis vers l'ouest, avaient trouvé refuge parmi les roseaux dans des barques délabrées, et n'étaient jamais revenus à la civilisation. Les quelques visiteurs qui bravèrent les fièvres des marais s'étonnèrent donc d'y trouver les marques d'une société dynamique et bien organisée : du bétail flottant tranquillement sur l'horizon plat, des familles se rendant à la messe sur des sortes de radeaux si légers qu'on les portait sous le bras, des enfants qui dormaient sur des lits à pilotis léchés par la marée haute et apprenaient à naviguer avant même de savoir parler. Plus surprenant encore, ces gens que l'on nommait colliberts [9] semblaient se satisfaire de leurs maisons humides et refusèrent de déménager lorsque les bâtisseurs de canaux proposèrent de les reloger « dans la plaine [10] ».

Les colliberts étaient également désignés sous le terme péjoratif de « huttiers », en référence à leurs méchantes cabanes qui semblaient des îles à demi submergées dans le marais [11]. La fumée musquée du foyer, alimenté de bouses séchées au soleil, s'échappait d'une toiture de roseaux. Ils fabriquaient leurs tables et leurs chaises à partir de paquets de roseaux et de joncs. Un réseau de chenaux reliait les marais mouillés à la terre ferme et à la mer. Beaucoup de colliberts gagnaient leur vie en allant vendre leur poisson aux Sables-d'Olonne. Ils étaient plus nombreux que quiconque ne le supposait. Au début du XXe siècle, le Marais poitevin comptait encore une flottille de près de dix mille barques [12].

Nous ne disposons malheureusement que de très peu de descriptions détaillées de la vie des colliberts, mais nous savons qu'ils avaient leurs propres récits et traditions. Vers 1820, un collibert instruit prénommé Pierre raconta l'histoire de sa tribu à un visiteur. Pierre ou le mémorialiste qui recueillit ses propos ont peut-être ajouté quelques touches romantiques et ossianiques, mais les éléments de son témoignage sont assez caractéristiques pour être convaincants :

> Je suis né collibert. On donne ce nom à une classe d'hommes entièrement séquestrée des autres, dont la vie entière est consacrée à la pêche et qui, fuyant toute société humaine, naissent, vivent et meurent dans leurs bateaux. Vrais habitants de l'onde, ils ne s'approchent de terre que pour vendre le produit de leur pêche et acheter les choses nécessaires à la vie.
>
> Nous formons un peuple à part, notre origine remonte aux premiers jours du monde, et lorsque Jules César apparut sur les hauteurs de la Dive et de la Sèvre, nos ancêtres, connus sous le nom d'*Agésinates Cambolectri*, alliés de la nation des Pyctes, occupaient tout le territoire compris depuis sous le nom de Bas-Poitou, et aujourd'hui sous celui de Vendée. Le conquérant romain, n'osant pénétrer dans nos forêts, se contenta de nous supposer soumis et passa outre.

Selon le folklore collibert, les Goths et les Scythes des légions romaines établies dans le marais s'allièrent aux Agésinates plus civilisés, qui s'étaient sédentarisés et cultivaient la terre.

> Pour se débarrasser des anciens habitants qui menaient encore une vie errante au milieu d'eux, ils les chassèrent du bocage, les acculèrent dans le marais qui longe l'océan, et les confinèrent entre la terre ferme et les flots orageux. [...]
>
> On nous donne le nom de colliberts ; c'est-à-dire *têtes libres*, car satisfait de nous avoir dépouillés de nos forêts, on nous laissa du moins la liberté. [...] Cependant, en errant au bord des côtes et dans les marais, nos pères avaient sans cesse la patrie perdue sous les yeux ; cet aspect, qui toujours rappelait à leur imagination un souvenir douloureux, inspira aux tristes colliberts une haine implacable contre le genre humain. [...]

> Telle est l'espèce d'hommes parmi lesquels je suis né : depuis les premiers jours de l'exil, nos mœurs n'ont point changé ; elles sont encore les mêmes qu'au IVe siècle, et nos alliances resserrées entre nous ont, jusqu'à ce jour, perpétué à peu près sans mélange les malheureux restes des anciens *Agésinates Cambolectri* [13].

La « patrie » perdue et l'exil, l'absolue singularité ethnique et sociale, la fierté tirée de la pérennité du mode de vie traditionnel et de la pureté de la race sont autant de thèmes caractéristiques du folklore tribal. Ces ethnies revendiquaient invariablement – et revendiquent encore parfois* – des origines remontant à l'aube du temps. Leurs légendes mêlaient généralement de vieux contes et des bribes de données historiques glanées dans les almanachs ou de la bouche de voyageurs. La chronique des Agésinates vient en réalité de Pline l'Ancien et non de la mémoire collective. En fait, les colliberts étaient probablement des serfs affranchis qui cultivèrent les premiers marais asséchés du Poitou au XIIIe siècle.

Les marais existent toujours, mais leurs habitants ont cessé de se présenter comme des colliberts ou de se réclamer d'une quelconque tribu protohistorique.

*

SI TOUS LES RÉCITS tribaux étaient passés à la postérité, une histoire exhaustive des Français tels qu'ils se voyaient composerait une immense encyclopédie de micro-civilisations. Dans la plupart des cas, ils n'ont subsisté que dans leurs grandes lignes. Des centaines de groupes ethniques n'ont sans doute jamais été décrits. Pratiquement toutes les régions évoquées dans ce chapitre sont à un jet de pierre de grandes voies de communication et d'itinéraires touristiques. Leurs arrière-pays où n'arrivaient ni routes ni canaux sont figurés sur la carte par des espaces pratiquement muets.

Ces populations ne sauraient toutefois être vues comme des peuplades arriérées au simple prétexte que leur civilisation était

* En 2002, un habitant de la province basque de la Soule me disait : « Dans les temps anciens, la mer recouvrait la terre jusqu'à Saint-Sébastien, et quand elle s'est retirée, les Basques sont apparus. »

sur le point de connaître une profonde mutation. Elles n'avaient rien de planétoïdes amorphes attendant d'être absorbés par un gigantesque État. Pas plus que Goust, elles ne constituaient des extrêmes. Le véritable extrême était une forme presque méconnaissable de communauté, bien qu'elle fût suffisamment courante pour représenter une portion significative de la population : le lieu-dit. La France foisonne aujourd'hui encore de ces minuscules hameaux improvisés dont certains sont pleinement ruraux, tandis que d'autres ressemblent à des quartiers isolés de bidonvilles. D'autres encore semblent flotter entre deux cartes dans les infimes replis du paysage. Beaucoup se sont donné des noms aux accents exotiques, tels Californie, Canada, Cayenne ou Le Nouveau Monde – avant-postes éloignés d'empires miniatures fondés par des pauvres, des étrangers, des misanthropes ou des parias s'efforçant de survivre tant bien que mal en lisière d'une forêt ou d'un marais.

Dans bien des cas, il ne reste de leur identité qu'un nom, souvent implacablement littéral ou ironique. Le lieu-dit « Loin-du-Bruit » est un tout petit groupement de caravanes immobilisées et de baraques en tôle ondulée coincé entre une zone artisanale et le torrent hurlant de camions filant vers La Rochelle sur la N137. Les « Tout-y-Faut », « Pain-perdu », « Malcontent », « Gâtebourse » et « Gâtefer » (par référence aux sols pierreux abîmant les socs de charrue) se comptent encore par dizaines. On recense également une trentaine de « Perte-de-Temps », dont la plupart, on ne s'en étonnera pas, sont aujourd'hui désertés. Ces colonies précaires viennent nous rappeler que la France ne s'est pas exclusivement constituée sur des traditions continues, mais également sur des disparitions et des extinctions.

Les histoires tribales tracées d'un trait éphémère sur le paysage sont à peine lisibles, mais leur univers demeure palpable. Les lieux-dits se découvrent généralement au gré de circonstances particulièrement défavorables – quand le vent lève soudain des bourrasques glaciales, ou quand la campagne devient laide. Leurs noms apparaissent parfois sur de petits panonceaux bleus cachés dans les hautes herbes des bas-côtés, ou sur de grands plans compliqués que le voyageur doit mémoriser comme des incantations magiques avant de s'aventurer dans un labyrinthe de chemins. Ils ont souvent des accents d'avertissements, de complaintes ou de bulletins météorologiques : « Le Loup-garou », « Prends-toi-garde », « La Sibérie », « Pied-Mouillé », « Parapluie », « Mauvais-Vent » ou « La Nuaz » – un hameau littéralement invisible perché dans les Alpes du Beaufortin, assez haut pour se laisser souvent noyer dans la couche nuageuse.

*

Il serait difficile de s'enfoncer plus avant dans la France profonde sans se trouver totalement à court d'informations. Il est presque temps maintenant de revenir à Paris et au cadre relativement rassurant de l'ordre bureaucratique. Il serait toutefois dommage de passer à côté d'une occasion de se perdre dans les méandres de la France tribale. En s'écartant des grandes routes, le touriste redécouvrira par hasard des itinéraires anciens : des chemins de pèlerinage, des drailles de transhumance, des minuscules vallées de torrents, des circuits empruntés par les saints ou par leurs reliques, des « voies romaines » parfaitement rectilignes qui furent percées dans le paysage bien avant l'arrivée des Romains. Et bientôt, un motif commence à se dégager de sites sans aucun intérêt apparent : un quartier des faubourgs où l'on ne s'arrête que contraint et forcé, un bosquet au bout d'un chemin qui ne mène nulle part, le bord ombragé d'un torrent, ou un carré venteux d'aubépines et de blocaille où se dressait jadis une fermette ou une maison gauloise.

C'était dans ce genre d'endroits que vivait l'une des plus grandes tribus de France, dispersée sur une aire immense qui s'étire du nord-ouest de l'Espagne jusqu'à la Manche. Cette tribu nous ramènera par un chemin inattendu vers un monde plus familier.

Les traces les plus anciennes de la caste des cagots remontent à l'an mille. Elle essaima pendant plus de neuf siècles dans toute la partie occidentale de la France, où on la retrouve sous diverses dénominations : ce sont les « agotacs » du Pays basque, les « gahets » ou « gafets » de Gascogne, les « capots » de certaines parties du Languedoc et d'Anjou, les « caqueux » ou « cacous » de Bretagne. Il y avait des cagots dans les quartiers louches des environs de Bordeaux, de Toulouse, de Rennes et de Quimper, et en marge de pratiquement toutes les villes et cités du Sud-Ouest. Ils avaient également formé quelques communautés isolées de l'autre côté des Pyrénées, dans le nord-ouest de la Navarre [14].

Des marques de leur présence subsistent dans la toponymie régionale, dans des visages à demi effacés gravés sur des linteaux de pierre, et dans les petites portes latérales et les bénitiers d'une soixantaine d'églises disséminées entre Biarritz et le flanc occidental du col de Peyresourde, à cheval sur la limite entre la Haute-Garonne et les Hautes-Pyrénées actuelles. La porte des cagots est généralement percée à la gauche du porche : les cagots étaient censés se glisser furtivement dans l'église et prendre place sur les bancs qui leur étaient réservés, à l'écart des autres paroissiens, le long le mur septentrional – le plus froid*. Au moment de la communion, le curé leur tendait l'hostie du bout d'une palette de bois. Il leur était défendu de marcher nu-pieds en public et de toucher le parapet d'un pont à main nue. Jusqu'au XVIIe siècle, ils étaient exemptés de taille et d'impôts car leur argent était tenu pour impur, et dispensés du service militaire car ils n'avaient pas le droit de porter des armes.

Ils n'étaient autorisés qu'à exercer que la corderie et les métiers du bois, spécialisation forcée qui est restée dans la tra-

* On prétend souvent que ces portes étaient exceptionnellement basses afin d'humilier les cagots, mais celles qui subsistent (à Duhort, Monein, Navarrenx, etc.) sont nettement plus hautes que la taille moyenne de la population de l'époque et actuelle. Rien n'indique cependant que l'on ait tenté de dissimuler les préjugés dont faisaient l'objet les cagots. À Monein, la partie qui leur était réservée est signalée par une figure de nain à la base d'une colonne du côté nord (voir illustration n° 2). Une tête en pierre ne présentant pratiquement aucun trait, pas plus grosse qu'une balle de tennis, orne le dessous d'un appui de fenêtre du village pyrénéen de Bielle. En 2004, avant la démolition d'un ensemble de vieilles maisons à demi délabrées du « quartier des cagots », on pouvait encore voir à Hagetmau une tête en pierre dont les traits avaient presque été gommés par le temps. (Le petit personnage sculpté sur la façade de Saint-Savin [Hautes-Pyrénées], volontiers assimilé à un cagot, est en réalité un moine.)

dition du village landais d'Hagetmau, un ancien foyer cagot où l'industrie chaisière emploie aujourd'hui près de la moitié de la population. La plupart des femmes officiaient comme accoucheuses et étaient réputées détenir le secret de remèdes et des formules magiques. Excellents charpentiers, les cagots furent toutefois reconnus pour être de précieux artisans par quelques aristocrates et notables qui s'élevèrent contre les absurdes préjugés à leur encontre. En 1681, le parlement de Rennes vota une loi interdisant de les persécuter. Cela ne changea pas grand-chose à leur quotidien. Au début du XVIIIe siècle, un riche cagot des Landes fut surpris à tremper la main dans le bénitier des « personnes saines ». Un soldat lui trancha la main qu'il cloua à la porte de l'église [15]. En 1741, un cagot de Moumour qui avait osé braver le tabou et cultiver la terre eut les pieds percés au fer rouge [16].

Au fil du temps, cette caste d'« intouchables » eut à essuyer bien d'autres infamies et vexations. L'église de Navarrenx, d'abord catholique, devint protestante avant de revenir aux catholiques, mais la porte des cagots resta. À la veille de la Révolution, quelques curés refusaient encore d'admettre les cagots à l'intérieur de l'église ou de leur donner une sépulture aux côtés des chrétiens. Le curé de Lurbe les forçait à utiliser une auge en guise de bénitier et intenta un procès à son frère aîné qui avait épousé une cagote [17]. Cela se passait en 1788, alors qu'il ne se trouvait pratiquement plus de cagots dans les zones urbaines, bien qu'il y eût jusqu'en 1810 un quartier cagot à Brest. À l'échelon local, cet acharnement discriminatoire se poursuivit pendant des générations [18]. Vers 1840, un historien travaillant sur les « races maudites » de France et d'Espagne [19] identifia environ cent cinquante villes et villages abritant des individus assimilés à des cagots. À Borce, un maire cagot fut contraint de démissionner en 1830 ; à Aramits, les pères de famille cagots avaient du mal à trouver de bons maris à leurs filles [20] ; à Dognen et Castetbon, les cagots étaient encore enterrés dans des cimetières séparés en 1847, et beaucoup d'autres communes ensevelissaient les étrangers décédés sur leur territoire dans leur cimetière cagot [21]. Un boulanger d'Hennebont, dans le Morbihan, perdit toute sa clientèle bourgeoise pour avoir épousé une cacouse [22]. En 1964, un instituteur de Salies-de-Béarn, où les collines des Pyrénées commencent à s'abaisser vers les Landes, constata que certaines familles descendantes de cagots subissaient encore les railleries de leurs concitoyens [23].

Personne ne connaissait – ni ne connaît – la cause de cet ostracisme et de ces mauvais traitements. Sur leurs certificats de naissance et autres documents officiels, ils étaient catalogués comme cagots simplement parce que leurs parents avant eux l'avaient été. Jusque dans les années 1890, on leur prêtait d'étranges caractéristiques génétiques associées à des événements qui se perdaient dans la nuit des temps : des oreilles sans lobe, des ongles incarnés, des yeux bleu vif ou vert olive, une peau jaunâtre, des mains et des pieds palmés, un duvet de nourrisson sur des crânes adultes. Dans le Sud-Ouest, on croyait volontiers que leurs ancêtres étaient des Wisigoths vaincus par le roi Clovis au VIe siècle. Leur nom, disait-on, était dérivé du béarnais ou du latin *cangoth*, « chiens de Goths », mais il est bien plus probable qu'il vienne de « caguer ». Un groupe de cagots qui envoya une pétition au pape Léon X au XVIe siècle prétendait descendre en droite ligne des hérétiques cathares exterminés par les croisades albigeoises du XIIIe siècle [24]. Mais les cagots sont antérieurs aux cathares et rien dans leurs pratiques religieuses ne semblait s'écarter de l'orthodoxie. Selon une autre théorie de la même veine, ils auraient été les premiers chrétiens convertis de Gaule (entre autres dénominations, on les appelait aussi les « chrestiens ») et, lorsque le reste du pays fut christianisé, ce vieux préjugé païen persista [25]. À certaines époques et dans certaines régions, ils étaient assimilés aux lépreux, bien qu'il y eût des colonies de lépreux en France plusieurs siècles avant les premières « cagoteries » connues, et que d'anciens édits eussent clairement établi une distinction entre cagots et lépreux parmi les catégories de parias [26]*.

* Voir par exemple l'arrêt du 14 mai 1578 du parlement de Bordeaux : les « officiers et consuls de Casteljaloux et tous autres » sont sommés d'astreindre les populations stigmatisées à porter « la marque et signal qu'ils ont accoutumé de tout temps porter, savoir est : auxdits ladres et lépreux les cliquects, et aux capots et gahets, un signal rouge à la poitrine en forme de pied de guit [canard] ».

De toutes les théories, anciennes ou modernes, presque aucune n'est satisfaisante : légionnaires romains atteints de la lèpre et envoyés dans des stations thermales de Gaule, croisés ayant ramené d'Orient la maladie en France, Sarrasins ralliés à Charlemagne et réfugiés en France après la défaite de Roncevaux. Au bout du compte, il est apparu que le véritable « mystère des cagots » tenait au fait qu'ils n'avaient strictement aucun caractère distinctif. Ils parlaient le dialecte en usage dans la région et portaient des patronymes qui ne leur étaient pas exclusifs. Contrairement à ce que beaucoup de Bretons croyaient, leur nombril ne saignait pas le Vendredi saint [27]. L'unique différence notable était que, après huit siècles de persécutions, ils étaient généralement plus habiles et plus débrouillards que le reste de la population locale et étaient plus enclins à émigrer vers l'Amérique. Si on les craignait tant, c'était justement parce qu'ils étaient persécutés et que, en tant que tels, ils risquaient d'être tentés de se venger. Mais les chansons et dictons sur les cagots ne s'encombraient guère de grandes considérations sur les tenants et aboutissants de ces préjugés :

A baig dounc la Cagoutaille!
Destruisiam tous lous Cagots,
Destruisiam la Cagoutaille
A baig dounc tous lous Cagots [28] *!

L'hypothèse la plus prometteuse sur leurs origines est encore à l'étude, mais elle pourrait déboucher sur une explication valable. Beaucoup de communautés cagotes se trouvent sur les chemins de Compostelle. Leur incidence s'accroît dans le Sud-Ouest, au point de rencontre des diverses routes du pèlerinage. Le symbole du pied palmé rouge que les cagots étaient parfois contraints de porter sur leur habit était peut-être l'insigne d'une guilde de charpentiers qui affirma sa puissance au Moyen Âge, pendant la grande période de construction le long de la route de Saint-Jacques. Les fortes allégeances tribales de certaines guildes sont parfaitement attestées jusqu'à la fin du XIXe siècle, et l'aire étrangement étendue de dispersion des cagots sur des régions géographiques et culturelles très différentes n'est

* Chanson béarnaise recueillie près d'Oloron-Sainte-Marie vers 1844.

pas sans rappeler les réseaux transnationaux des Compagnons du Devoir [29]. Il fait peu de doute qu'une peuplade semi-nomade et étrangère, reconnue pour ses mystérieuses compétences et embauchant de surcroît les habitants des forêts locales, représentait une menace [30]. On perçoit encore des vestiges de ce malaise sur quelques tronçons isolés de la route de Compostelle dans le Roussillon, dans des villages refermés sur eux-mêmes où les panneaux d'interdiction du « camping sauvage » le disputent à ceux qui signalent les « Routes de Saint-Jacques ». Les pèlerins et autres étrangers sont épiés derrière les coins de rideaux, et les chiens errants du village achèvent de les convaincre de passer leur chemin.

Toutes ces théories se heurtent cependant à la répartition des cagots, qui ne correspond pas tant à un schéma de peuplement qu'à l'empreinte d'un préjugé. Le fait que la zone cagote du Sud-Ouest coïncide si nettement avec les frontières historiques de la Gascogne donnerait à penser que la distribution des cagots a été davantage dictée par la tolérance affichée des autorités à leur égard que par les déplacements d'un groupe particulier d'individus.

La seule certitude est que les cagots formaient un groupe à part, étaient identifiés comme tels et relégués dans des hameaux et faubourgs sinistres. Presque tout ce que nous savons d'eux est lié à la persécution. Nous ne disposons que de très peu de renseignements sur leur vie et leurs pratiques, bien que l'on suppose qu'ils aient été portés par une forte identité collective. En 1600, un groupe de cagots de Toulouse exigea que l'on examine leur sang afin de prouver que rien ne les différenciait du commun des mortels [31]. Lorsque la Révolution éclata, les cagots prirent d'assaut les bâtiments municipaux et s'empressèrent de détruire leurs actes de naissance. Malheureusement, la mémoire locale suffit à perpétuer la tradition. Quelques très longues chansons en vers se chargèrent d'immortaliser à l'intention des générations futures les noms des cagots aussi efficacement que des fichiers administratifs.

Une chanson autobiographique écrite en basque par un jeune berger-poète cagot en 1783 évoque le long apprentissage des aléas de la persécution. Sa bien-aimée, une bergère, son

« bel œil plein de larmes », est venue lui annoncer que son père l'a déplacée vers un nouveau pâturage. Quelqu'un a prévenu la famille que son fiancé est un « agot » (cagot en basque). Dans ces strophes, la jeune fille ouvre le dialogue :

Jentetan den ederrena ü men düzü agota :
Bilho holli, larrü churi eta begi ñabarra.
Nik ikhusi artzaiñetan zü zira ederrena :
Eder izateko aments agot izan behar da ?

So' izü nuntik ezagützen dien zuiñden agota :
Lehen sua egiten zaio hari beharriala ;
Bata handiago dizü, eta aldiz bestia
Biribil et'orotarik bilhoz üngüratia.

Hori hala balimbada haietarik etzira,
Ezi zure beharriak alkhar üduüri dira.
Agot denak chipiago badü beharri bata,
Aitari erranen diot biak bardin tüzüla.

Parmi tous les gens le Cagot est réputé être le plus beau :
Cheveu blond, peau blanche et les yeux bleus.
Vous êtes le plus beau des bergers que j'ai vus :
Pour être beau faut-il au moins être cagot ?

Voici par où l'on reconnaît celui qui est Cagot :
On lui jette le premier regard sur l'oreille ;
Il en a une plus grande, et comment est l'autre ?
Plus ronde, et de tous côtés couverte d'un long duvet.

Si cela est vrai, vous n'êtes point de ces gens-là,
Car vos oreilles se ressemblent parfaitement.
Si celui qui est Cagot a l'une des oreilles plus petite,
Je dirai à mon père que vous avez les deux d'égale grandeur [32].

Une tribu en butte à la persécution cherchant à détruire sa propre identité tribale n'était pas une relique d'un âge barbare. Les énigmatiques cagots étaient des citoyens français modernes, hérauts d'un État dans lequel la justice saurait l'emporter sur la tradition. Un jour, comme le suggère la fin de la chanson, le développement économique gommerait la différence : « Si j'avais été riche comme vous, votre père ne vous eût point dit que j'étais cagot. »

Les identités tribales devaient toutefois s'avérer remarquablement réfractaires à la loi, à la prospérité et au passage du temps. Elles ont survécu à l'industrialisation, à l'exode rural et même, dans certaines régions, à un demi-siècle de télévision et d'autoroutes. La communauté welche établie le long de la crête des Vosges, dont le patois roman formait autrefois un îlot linguistique dans un océan alémanique, continue de recourir à un système clanique pour trouver du travail à ses jeunes et éviter que ses membres ne s'égaillent dans la plaine d'Alsace. Les faubourgs marécageux de Saint-Omer sont toujours habités par les descendants des hautponnais et des lyselars. La caste des cagots elle-même semble se perpétuer inconsciemment. En reconstituant leur généalogie à partir de documents officiels, une anthropologue s'est récemment rendu compte que les familles descendant de cagots ont toujours tendance à se marier entre elles et à pratiquer les mêmes métiers traditionnels, alors qu'elles n'ont jamais entendu parler des cagots [33].

Il fallait une force plus puissante que la volonté politique pour donner à ce continent fourmillant de royaumes microscopiques la cohésion d'une seule et même nation. La discrimination était le moteur de la France tribale. Mais elle fut également l'un des moyens qui permit à la nation moderne de consolider son identité. Lorsque François Marlin découvrit une importante communauté de parias dans la ville de Metz en 1780, il n'aurait pu se douter que ce qu'il voyait présageait un futur encore lointain :

> On a entassé ici quatre mille juifs dans une petite rue, où ils sont enfermés le soir comme des forçats dans un bagne. On oblige ces malheureux à porter, pour signes distinctifs, un manteau noir et un rabat blanc. On les reconnaît aussi à leur barbe et, plus encore, à cet air de réprobation qu'imprime sur leurs traits non pas le crime qu'on leur impute, mais l'état d'avilissement où ils vivent [34].

Au-delà de la région du Rhin, la population juive de France était très clairsemée et, dans certains départements, inexistante. Pourtant, l'affaire Dreyfus diviserait la nation aussi sûrement que l'affaire de la Vierge de Roquecézière avait déchiré deux villages aveyronnais.

En l'absence de population juive, et dans des régions où les cagots étaient inconnus, l'une des injures tribales les plus courantes était « sarrasin »[35]. Elle était adressée à des dizaines de communautés différentes, du Pas-de-Calais à la vallée de la Loire en passant par l'Auvergne, et de la pointe de la péninsule de la Gironde aux Alpes savoyardes. Les burhins et chizerots sur les deux rives de la Saône et en Bourgogne étaient traités de « sarrasins » parce qu'ils étaient petits et bruns et « faisaient usage pour leurs maladies du frottement et du broiement que les Orientaux nomment massage ». (Les témoignages selon lesquels ils portaient des turbans et des pantalons bouffants semblables à ceux des Turcs et invoquaient le nom d'Allah sont à prendre avec des pincettes [36].) Dans le canton de Plombières-les-Bains, les habitants de l'ample vallée du Val-d'Ajol, bruns aux yeux noirs, passaient également pour « sarrasins ». L'un de leurs clans était célèbre pour ses excellents rebouteux qui guérissaient fractures et luxations, et l'on voyait parfois leurs enfants jouer sur le seuil des maisons avec des squelettes démontés [37].

Il se pourrait que des colonies arabes qui se fixèrent sur le trajet des invasions du VIIIe siècle aient laissé en partage aux populations locales leurs traits, leur lexique, voire leur savoir-faire, mais il suffit de repérer sur une carte toutes les tribus « sarrasines » de France pour constater qu'il y en avait partout, sauf aux endroits où les influences arabes auraient véritablement pu s'ancrer.

En dernier ressort, l'identité locale reposait moins sur les origines ethniques que sur le fait qu'une communauté se trouvait être là où elle était plutôt qu'ailleurs. À cette échelle locale, le fleuve de l'histoire est un flot paresseux troublé de contre-courants et d'abîmes cachés. À l'été 2004, des parois rocheuses bordant la route escarpée qui, du Val-d'Ajol, grimpe vers le nord, étaient tapissées d'affiches politiques exhortant une population que l'on tenait autrefois pour sarrasine à dire « Non à l'islamisation de la France ». Pour une partie de ses habitants, la France tribale est encore un pays dangereux et divisé.

4

O òc sí bai ya win oui oyi awè jo ja oua

Le 16 PRAIRIAL de l'An II de la République française « une et indivisible » (4 juin 1794), alors qu'il se rendait à la Convention nationale, le député du département du Loir-et-Cher traversa une ville déchirée par un phénomène bien plus grave qu'une guerre tribale. Ce jour-là, le citoyen Robespierre allait être élu président de la Convention. Pendant les sept semaines qui suivraient, la France serait gouvernée par la guillotine. Mais l'abbé Henri Grégoire avait en tête des préoccupations autrement sérieuses. Quatre ans plus tôt, il avait envoyé à toutes les mairies de France un questionnaire sur les patois (terme péjoratif qui, selon l'*Encyclopédie*, désignait une « langue corrompue parlée dans presque toutes les provinces. [...] La vraie "langue" n'est parlée que dans la capitale »). Son enquête visait à dresser un état des lieux des langages et des mœurs de la France provinciale : « Parle-t-on un ou plusieurs patois dans votre contrée ? » demandait-il à ses correspondants. Le cas échéant, ce patois pouvait-il exprimer des concepts intellectuels ou abondait-il plutôt de « termes contraires à la pudeur » ? Les gens de la campagne étaient-ils patriotes ? Et surtout, quels seraient les moyens d'éradiquer leurs patois ?

L'abbé Grégoire n'était pas un terroriste linguistique. Il avait fait campagne pour l'abolition de l'esclavage et de la peine de mort ; il réclamait la pleine citoyenneté pour les Juifs et s'efforçait de sauver les trésors nationaux du « vandalisme » (ce fut lui qui inventa le mot) révolutionnaire. Il voulait couvrir le pays de bibliothèques et d'écoles, mais rien de tout cela ne serait à son sens possible sans un idiome commun. En l'absence de langue nationale, il ne pouvait se concevoir de nation.

L'abbé Grégoire venait d'une famille de Lorraine. Il savait combien une population ignorante et désunie était vulnérable à l'exploitation. Le patois était pour lui la voix de la superstition et de la servilité. Comme le disait un collègue révolutionnaire, la disparité linguistique était « l'un des plus solides arc-boutants du despotisme [1] ». Le gouvernement avait déjà multiplié les dépenses pour faire traduire ses décrets en catalan, basque, breton, provençal et alsacien, mais de l'avis de Grégoire la seule solution viable était de faire taire une bonne fois pour toutes cette cacophonie de parlers archaïques.

Des députés, des maires, des avocats, des clercs et un paysan breton vaguement instruit lui avaient renvoyé leurs réponses au goutte à goutte. Certaines régions – la Picardie, le Centre, une bonne part de l'Auvergne et la majeure partie de la Bretagne – n'avaient en revanche pas réagi, soit parce que personne ne disposait des éléments nécessaires, soit parce que l'inintelligible galimatias des paysans n'intéressait personne. L'abbé avait toutefois recueilli suffisamment de données pour se faire une idée plus claire que quiconque avant lui de l'état de fragmentation de la nation [2].

Son rapport sur « la nécessité et les moyens d'anéantir le patois et d'universaliser l'usage de la langue française » peignait un tableau alarmant d'un pays maintenu dans une ignorance médiévale. On savait déjà qu'aux lisières du territoire national dominaient des langues qui n'avaient rien de commun avec le français : le basque, le breton, le flamand et l'alsacien. Mais au sein même des deux langues romanes qui se partageaient la majeure partie du pays – le français dans le nord et l'occitan dans le sud – il découvrit un fouillis de jargons barbares. Dans bien des localités, passé les limites d'un village, le dialecte changeait. Plusieurs de ses correspondants assuraient que ces altérations étaient perceptibles à une lieue de distance (environ quatre kilomètres) voire, comme aux environs de Périgueux, dans un rayon de quelques centaines de mètres : le patois « conserve son âpreté jusqu'à la Nizonne [...]. Là finit son règne ; on est étonné, après avoir traversé ce petit ruisseau, d'en entendre un tout différent, qui a une tournure française [3] ». Le Jura comptait pratiquement « autant de patois différents qu'il y a de villages ». Il n'était pas jusqu'aux plantes et aux astres qui n'eussent leurs propres dénominations locales, comme si chaque petite contrée vivait sous un ciel différent [4].

Ces comptes rendus confirmaient les craintes de l'abbé. Les paysans de l'Armagnac étaient « trop ignorants pour être patriotes ». Les annonces d'événements importants et les décrets du gouvernement quittaient la capitale sur le large fleuve du français pour déboucher sur les ruisseaux boueux des patois. Un propriétaire foncier de Montauban déplorait la même ignorance crasse dans le Quercy : les paysans parlaient certes de la Révolution et de la Constitution, mais lorsqu'on leur demandait quelle cause ils soutenaient, « ils répondent sans hésitation : "celle du roi" [5] ». S'il restait des gens pour penser que le roi était encore en vie et sur le trône, comment pouvait-on espérer les éclairer des principes de liberté et d'égalité ?

À mesure que les réponses lui parvenaient, la vision d'un pays uni commençait à ressembler à la construction imaginaire d'une petite élite parisienne. De grandes parties de la France n'avaient de français que le nom. Bien des visiteurs étrangers assuraient que le latin leur était plus utile que la langue nationale. Dans les régions frontalières, les hispanophones et les italophones ne se donnaient jamais la peine d'apprendre le français car ils se faisaient parfaitement comprendre de leurs voisins dans leurs propres idiomes. Plus au nord, dans des régions comme le Limousin, à la croisée des chemins de deux grands groupes linguistiques – le français et l'occitan –, une *lingua franca* bâtarde s'était imposée. Les paysans « francophones » en étaient réduits à passer au patois pour se faire entendre. « Il règne une telle confusion d'idées, de mots et de sons dans la prière que les pères de famille prononcent, le soir, en commun, qu'elle n'est intelligible que pour l'Être suprême, auteur de toutes les langues [6]. »

Pire encore, il ressortait que le patois était loin d'être circonscrit aux campagnes et n'était pas l'apanage des paysans.

Une barrière linguistique nord-sud coupait en deux la ville de Salins (aujourd'hui Salins-les-Bains) [7]. L'agglomération lyonnaise était une ruche bourdonnante de micro-dialectes : « Les gens de rivière, les bouchers, les ouvriers en soie, les poissardes et les marchands d'herbe ont chacun un langage qui leur est propre [8]. » Dans certaines régions méridionales, les riches, les ecclésiastiques, les savants, les avocats et les marchands parlaient tous le patois et « manquaient d'aisance » à s'exprimer en français. Si l'abbé avait adressé son questionnaire à certains quartiers de Paris, il aurait pu ajouter à son inventaire les dialectes des provinciaux immigrés à la capitale qui marquèrent de leur empreinte l'argot des ouvriers parisiens.

Pour inégales et incomplètes qu'elles fussent, les données qu'il collecta lui paraissaient suffire à démontrer combien l'édifice de la nation était fragile. La patrie de la liberté était pareille à un corps aux organes flétris et étiolés, qui ne recevaient plus que de faibles impulsions du cerveau. En 1539, l'ordonnance de Villers-Cotterêts avaient rendu obligatoire dans les documents officiels l'usage du dialecte de Paris et de l'Île-de-France – le francien qui donna sa forme au français moderne. D'autres variantes du français, autrefois solidement implantées dans les usages, tels le normand, le picard et le champenois, furent dès lors reléguées au rang de patois. Le pouvoir central promulgua des décrets similaires après l'annexion de plusieurs territoires : la Flandre, l'Alsace, le Roussillon, la Lorraine et la Corse. Mais jusqu'alors, personne ne s'était jamais mis en tête de changer la langue des masses. L'enquête de l'abbé était une révélation. « On peut estimer sans exagération qu'au moins six millions de Français, surtout dans les campagnes, ignorent la langue nationale ; et qu'un nombre égal est à peu près incapable de soutenir une conversation suivie », s'affligeait-il. À une époque où le français était l'idiome de l'Europe civilisée, la France proprement dite ne comptait pas plus de trois millions de francophones « purs » (soit 11 % de la population), et de ceux-là, beaucoup étaient incapables de l'écrire correctement. La langue officielle de la République française était une langue minoritaire. « Nous sommes encore, pour le langage, à la tour de

Babel, tandis que pour la liberté, nous formons l'avant-garde des nations. »

En comparaison d'autres purges linguistiques ultérieures (voir p. 410), les propositions qu'avança l'abbé Grégoire pour raser cette tour de Babel étaient remarquablement modérées : hâter les opérations qui inciteraient les gens à apprendre le français (ouvrir davantage de routes et de canaux, propager les moyens d'information et dispenser des conseils sur la culture de la terre) ; prêter une attention toute particulière aux franges celtes et « barbares » (le Pays basque, la Bretagne et l'Alsace), foyers notoires de « machinations contre-révolutionnaires » ; et surtout, simplifier la langue française et faire disparaître les verbes irréguliers – une mesure qui aurait sauvé d'innombrables écoliers du despotisme de pédagogues vétilleux [9].

Tandis que la Révolution pénétrait les antiques forêts de langues de son zèle incendiaire, tout semblait indiquer que l'ensemble du pays parlerait bientôt d'une seule voix. Mais les plus grandes surprises étaient à venir. Les chiffres de l'abbé sont presque à coup sûr sous-évalués. Soixante-dix ans après son rapport, tandis que les statistiques officielles tenaient quiconque avait fréquenté l'école quelques jours ou articulait trois mots de français pour un locuteur confirmé, il fut établi que dans cinquante-trois des quatre-vingt-neuf départements, une grande majorité de communes n'étaient pas francophones. En 1880, on estimait qu'environ huit millions de citoyens parlaient le français plus ou moins couramment (soit à peine plus d'un cinquième de la population). Dans certains cantons, les préfets, médecins, prêtres et gendarmes se trouvaient aussi dépourvus que des fonctionnaires coloniaux face à des indigènes et en étaient réduits à faire appel à des interprètes [10].

L'abbé Grégoire en aurait été consterné, mais la vérité plus complexe qui commençait à se dégager l'aurait peut-être intrigué, à défaut de le consoler. Son entreprise de destruction de la tour de Babel avait mis en évidence les premiers symptômes d'une fracture culturelle plus irréductible et plus durable que l'unité politique.

*

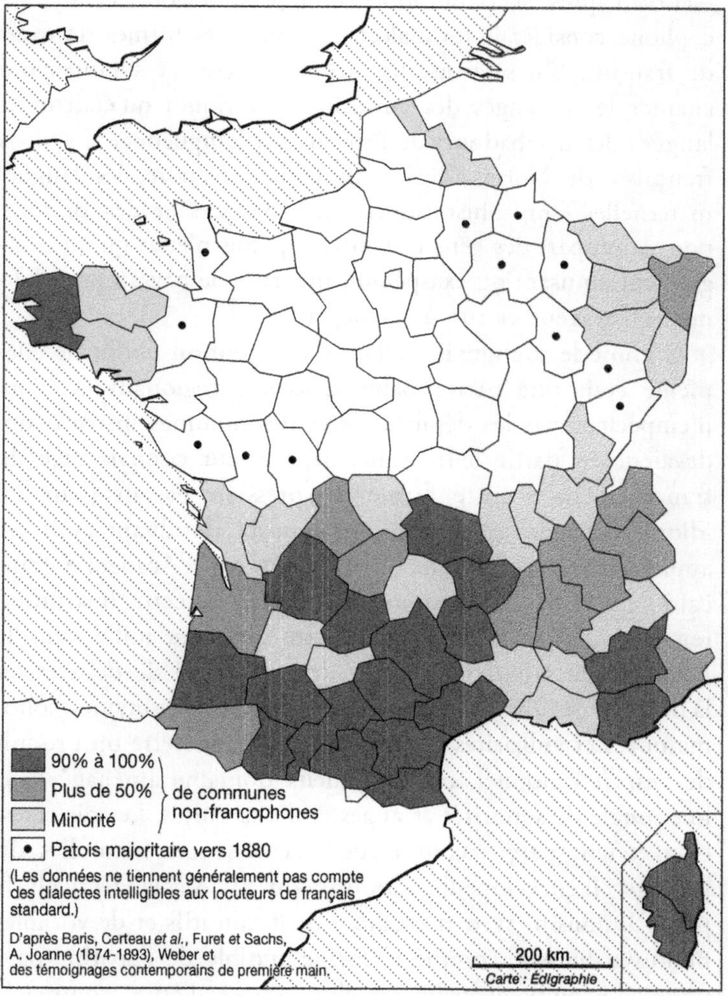

La France francophone en 1863

ON ÉTAIT À L'ÉPOQUE loin d'imaginer que la confusion de dialectes pût être l'une des clés de l'identité de la France. L'expédition de l'abbé dans l'arrière-pays linguistique trahit la profonde méconnaissance que l'on avait de ces langues. Avant – et bien après – la publication du rapport Grégoire, l'élite francophone considérait les dialectes comme des formes dévoyées de français. S'il se trouvait quelques poètes et savants pour chanter les louanges des curiosités historiques qu'étaient les langues des troubadours de Provence et Languedoc, le « vieux français » de Normandie et du Paris prolétaire, les langues maternelles « protohistoriques » des Basques et des Bretons, pour la plupart des gens instruits, le patois n'était qu'un désagrément amusant ou exaspérant, une ruse de paysan pour berner le voyageur et rire à ses dépens.

Comme le soulignait l'abbé, la Convention nationale elle-même était une petite Babel d'accents régionaux. Ce qui n'empêchait pas les députés d'être des hommes instruits qui devaient en partie leur avancement à leur connaissance du français. Toute autre forme d'expression passait pour un idiome dégénéré et primitif. Le français dominant avait été apprivoisé et réglementé, notamment par l'Académie française. La taille du dictionnaire officiel de cette institution (environ quinze mille mots, contre quarante mille dans le Furetière de 1690) témoignait de sa volonté de débarrasser la langue de ses innombrables et inutiles synonymes, onomatopées et vulgarités. Le français était censé être un produit de l'esprit rationnel, un somptueux domaine aménagé dans une jungle de sonorités étranges et d'obscénités. Les dialectes, eux, étaient perçus comme des excroissances naturelles du paysage. L'encyclopédie Larousse du XIXe siècle décrivait le parler limousin, avec sa pléthore de diminutifs et de vocables monosyllabiques, comme la forme audible de l'apathie paysanne. Le poitevin avait « quelque chose d'âpre, comme le sol ». À Bourg-d'Oisans, dans le massif des Écrins,

> la langue est lente, lourde et peu imagée, ce qui s'explique par la santé physique et morale débile des habitants et la nature du pays, qui est couvert de hautes montagnes arides [11].

Cette géographie politico-linguistique est restée inscrite dans le lexique : un discours inintelligible est du « charabia », terme dérivé de *charabiat*, un travailleur migrant d'Auvergne, ou du « baragouin », du breton *bara*, « pain », et *gwin* « vin », et dans la fameuse expression « parler comme une vache espagnole », la vache était à l'origine un Basque.

À l'époque de la Révolution presque aucun dialecte n'avait de forme écrite. Le cas échéant, l'orthographe était volontiers laissée à l'appréciation de chacun. Personne, pas même leurs auteurs, ne prenait vraiment au sérieux les dictionnaires de langues régionales. Jusque vers 1850, ils étaient présentés comme des manuels à l'intention de provinciaux soucieux de s'exprimer correctement pour ne pas se ridiculiser lors de leurs visites à la capitale. En 1753, Marie-Marguerite Brun rédigea un dictionnaire bilingue français-comtois (langue de Besançon et de la Franche-Comté) « pour aider [ses] compatriotes à réformer leur langue ». Un ouvrage populaire sur le patois de Lyon dont la 4e édition parut en 1810 sous le titre *Le Mauvais Langage corrigé*, était « destiné à ceux qui n'ont pas le bonheur de vivre dans un monde choisi ». Le grand dictionnaire français-languedocien compilé par Boissier de Sauvages (1785) se voulait lui-même « un recueil des principales fautes que commettent, dans la diction et dans la prononciation françaises, les habitants des provinces méridionales [12] ».

Alors que les mots attestaient par eux-mêmes la richesse et la vitalité des patois et l'appauvrissement du français officiel de l'Académie, ils étaient traités à la manière d'une ressource naturelle que la langue dominante pouvait piller à loisir. Des termes dialectaux comme « affender » (partager un repas avec un visiteur inattendu), « aranteler » (balayer les toiles d'araignée), « carioler » (crier en accouchant), « carquet » (une cachette secrète entre la poitrine et le corset), « river » (défeuiller une branche en glissant la main sur toute sa longueur) et mille autres précieux joyaux faisaient figure de trophées ramenés de lointaines contrées et extirpés de leur contexte d'origine [13]. Aucun ne fut admis dans le dictionnaire de l'Académie française. Lorsque des omnivores linguistiques comme Balzac reprenaient dans leurs écrits des termes dialectaux, on les accusait de souiller la langue de la civilisation.

Le monde dont étaient issus ces termes ne serait entièrement cartographié qu'au XXe siècle. Dans l'esprit de la plupart des gens – ou tout du moins de ceux qui s'y intéressaient – la carte des langues laissait apparaître plus de blancs que les cartes contemporaines de l'Afrique. Les voyageurs les plus cultivés s'étonnaient toujours de constater que leur français ne leur était d'aucune utilité.

> Je ne pus jamais me faire entendre aux paysans que je rencontrais le long de ma route. Je leur parlais français ; je leur parlais mon patois ; je voulais leur parler latin : mais tout était inutile. Enfin, lassé de leur parler sans pouvoir me faire entendre, ils me parlèrent à leur tour un langage auquel je n'entendais aussi rien [14].

Ce témoignage est celui d'un curé des Alpes provençales qui parcourut la région auvergnate de la Limagne à la fin des années 1770. De l'Ancien Régime jusqu'à la Première Guerre mondiale, la littérature regorge d'anecdotes similaires. La perplexité qu'éprouva Jean Racine lorsqu'il se retrouva incapable de comprendre ou de se faire comprendre de quiconque en Provence en 1661 resta pendant plusieurs siècles un sentiment souvent partagé dans certaines régions de France. Racine écrivit à son ami La Fontaine pour lui raconter un voyage chez son oncle à Uzès, à vingt-cinq kilomètres au nord de Nîmes. (Cela se passait plusieurs années avant qu'il ne signe les pièces qui incarneraient la plus pure expression du français classique.)

> J'avais commencé dès Lyon à ne plus guère entendre le langage du pays et à n'être plus intelligible moi-même. Ce malheur s'accrut à Valence, et Dieu voulut qu'ayant demandé à une servante un pot de chambre, elle mît un réchaud sous mon lit. Mais c'est encore bien pis dans ce pays. Je vous jure que j'ai autant besoin d'un interprète qu'un Moscovite en aurait besoin dans Paris [15].

Quelques jours plus tard, il confiait à un autre correspondant : « Je n'entends pas le français de ce pays-ci, et on n'y entend pas le mien. »

O òc sí bai ya win oui oyi awè jo ja oua

Si un homme érudit qui avait de la famille en Provence était incapable de demander un pot de chambre à Valence, se retrouvait un peu plus au sud dans une situation de parfait illettré et ne parvenait pas même à identifier la langue qu'il entendait autour de lui, doit-on véritablement s'étonner de ce que la « France » apparût parfois comme un concept relativement abstrait ?

*

L'IMAGE QU'UN SATELLITE du XXIe siècle aurait donné des langues de France montre très clairement que la langue que Racine entendit chez son oncle n'était absolument pas une variété de français. Bien avant d'arriver à Uzès, il avait franchi la grande ligne de démarcation entre la langue d'oïl, parlée au nord, et la langue d'oc, ou occitan, pratiquée au sud (et ainsi nommées au Moyen Âge d'après la façon dont se disait « oui » dans chaque moitié du pays). Il fallut attendre 1873 pour qu'une héroïque expédition de deux hommes entreprenne de tracer la frontière entre les domaines d'oïl et d'oc en interrogeant des centaines d'individus jusque dans les plus petits hameaux. Elle n'avait pas couvert un tiers de l'espace entre l'Atlantique et les Alpes que l'un des explorateurs perdit la vie et l'autre un œil [16]. Il était jusqu'alors communément admis que cette ligne suivait la Loire. En fait, elle s'étire bien plus au sud : de la pointe de l'estuaire de la Gironde, elle remonte le long du bord septentrional du Massif central et traverse une étroite zone de transition, le « Croissant », qui englobe Limoges, Guéret et Vichy. Si l'on continue vers l'est, à quelque soixante-dix kilomètres avant la vallée du Rhône, les pays d'oïl et d'oc sont séparés par un troisième groupe de dialectes romans appelé, pour ne rien simplifier, le franco-provençal (le provençal lui-même appartient au groupe occitan). À eux trois, la langue d'oïl, l'occitan et le franco-provençal occupent 94 % du territoire*.

* La « découverte » du franco-provençal est systématiquement attribuée au linguiste italien G.I. Ascoli, qui le décrivit en 1873. « Un patois

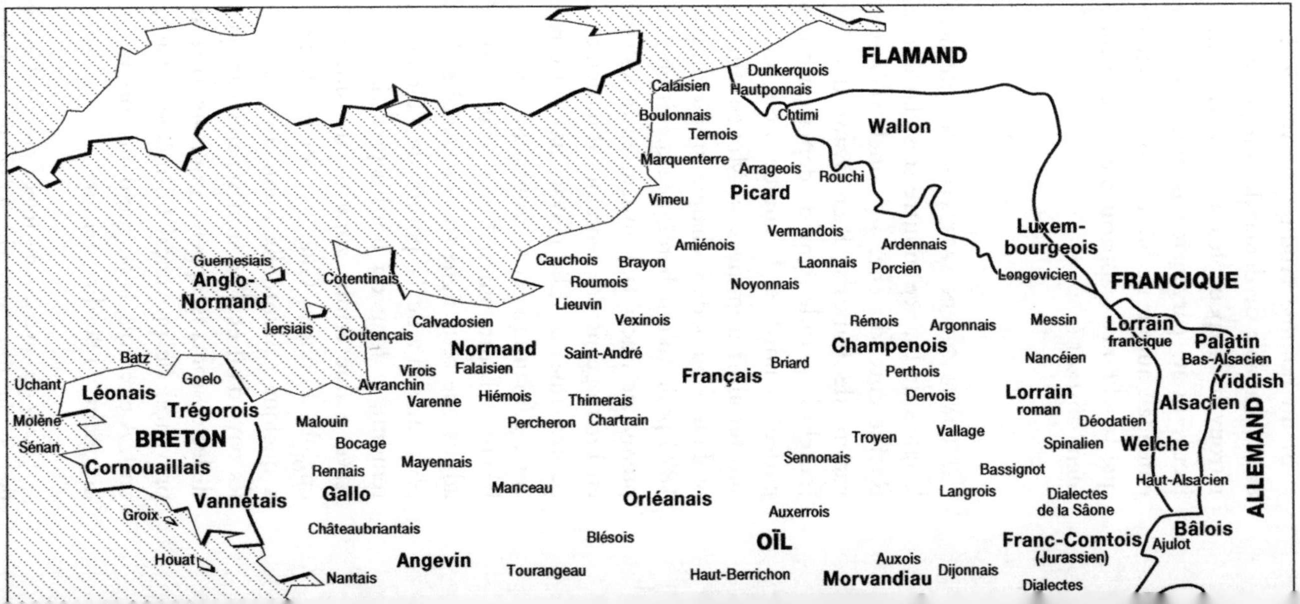
FLAMAND
Dunkerquois
Hautponnais
Calaisien
Boulonnais
Ternois
Chtimi
Wallon
Marquenterre
Arrageois
Rouchi
Vimeu
Picard
Luxem-
bourgeois
Vermandois
Amiénois
Ardennais
Laonnais
Porcien
Longovicien
FRANCIQUE
Guernesiais
Anglo-
Normand
Cotentinais
Cauchois
Brayon
Roumois
Noyonnais
Lieuvin
Jersiais
Calvadosien
Vexinois
Rémois
Argonnais
Messin
Lorrain
francique
Palatin
Bas-Alsacien
Yiddish
Coutençais
Normand
Saint-André
Champenois
Nancéien
Batz
Goelo
Virois
Falaisien
Briard
Français
Perthois
Uchant
Léonais
Avranchin
Lorrain
roman
Alsacien
Hiémois
Thimerais
Dervois
Trégorois
Varenne
Molène
Malouin
Percheron
Chartrain
Déodatien
BRETON
Troyen
Vallage
Sénan
Bocage
Spinalien
Welche
ALLEMAND
Cornouaillais
Mayennais
Sennonais
Rennais
Bassignot
Manceau
Langrois
Haut-Alsacien
Vannetais
Gallo
Orléanais
Dialectes
de la Saône
Groix
Auxerrois
Bâlois
Châteaubriantais
Blésois
OÏL
Franc-Comtois
(Jurassien)
Ajulot
Houat
Angevin
Auxois
Nantais
Tourangeau
Haut-Berrichon
Morvandiau
Dijonnais
Dialectes

Langues et dialectes

Chez son oncle d'Uzès, Racine se trouvait à quatre branches de distance du français : en pays occitan, il était dans la patrie du provençal, et plus précisément dans une région dominée par le provençal rhodanien, lui-même subdivisé en cinq principaux dialectes, dont celui d'Uzès.

Tel était l'état des connaissances – celles des savants, tout au moins – vers la fin du XIXe siècle. Quelque cinquante-cinq dialectes principaux eux-mêmes subdivisés en plusieurs centaines de patois avaient été répertoriés. Ils appartenaient à l'une ou l'autre des quatre familles de langues : le roman (français, occitan, franco-provençal, catalan et langues italiques parlées en Corse et le long de la frontière italienne) ; le germanique (flamand, francique et alsacien) ; le celte (breton) ; et un isolat, l'euskara (ou basque). Bien d'autres parlers étaient encore inconnus ou restaient à identifier. Le shuadit ou judéo-provençal était une langue à part, exclusive aux Juifs du Comtat Venaissin, l'enclave papale du Vaucluse. Elle disparut avec son dernier locuteur en 1977 et ne survit que dans les textes liturgiques. Le sarphatique ou judéo-français avait cours en Moselle et dans la région du Rhin jusqu'à la Seconde Guerre mondiale. Ses derniers locuteurs périrent dans les camps de concentration. Le caló, langue romani des gitans ibériques, déclinait en France deux variantes, l'une basque et l'autre catalane, mais on ne sait que très peu de choses sur ce peuple et moins encore sur sa langue.

Même lorsqu'un endroit s'était ouvert aux étrangers, sa langue pouvait demeurer un secret. Le village pyrénéen d'Aas, au pied du col d'Aubisque qui surplombe la station thermale des Eaux-Bonnes, avait son propre langage sifflé qui resta inconnu dans les plus proches vallées jusqu'au jour où, en 1959, la télévision lui consacra un reportage. Les bergers qui passaient les mois d'été en alpage dans des cabanes isolées avaient mis au point un mode de communication assourdissant, qui se

qui n'est ni la langue d'oc, ni la langue d'oïl » était cependant connu dans les années 1820 d'un ébéniste itinérant, Agricol Perdiguier, et sans doute de la plupart des autres artisans et marchands ambulants. Perdiguier l'appela l'« allobroge », en référence à la tribu qui avait autrefois occupé la région de Genève, Grenoble et Vienne[17].

comprenait dans un rayon de trois kilomètres. Il était également utilisé par les femmes qui travaillaient dans les champs alentour et, au début du XXe siècle, était apparemment assez polyvalent pour restituer le contenu du journal local. Les derniers sifflets échangés de loin en loin remontent à l'Occupation, lorsque des bergers aidaient des réfugiés juifs, des résistants et des pilotes égarés à franchir la frontière espagnole. Quelques doyens d'Aas se rappellent encore avoir entendu cette langue, mais elle n'a jamais été enregistrée et personne ne peut en reproduire les sons. Si une langue aussi remarquable a échappé à toute détection, il y a fort à parier que bien d'autres dialectes plus discrets ont disparu avant même d'avoir eu le temps d'être identifiés.

*

LES DIALECTES CONNUS de la France peuvent tous être précisément situés sur l'arbre des langues – jusqu'à la langue sifflée d'Aas, qui était fondée sur le patois béarnais [18]. Pour un voyageur d'une autre province passant de branche en branche, le parcours semblait nécessairement obscur et chaotique. Le titre de ce chapitre énumère quelques-unes des manières de dire « oui » dans les différents parlers rencontrés de la Provence jusqu'en Savoie, dans le sens des aiguille d'une montre. Et ce n'est encore qu'un abrégé de la réalité : dans la Bretagne du milieu du XIXe siècle, sur les huit mille mètres séparant Carnac d'Erdeven, on entendait trois prononciations différentes de *ya* (« oui ») : *ie ia* et *io* [19]. Sur la Côte d'Azur, entre Menton et Mons (à l'ouest de Grasse), à quinze kilomètres d'écart, les enfants appelaient leur père *païre*, *père*, *pa*, *pèro* ou *papo* [20]. À mesure que le soleil accomplissait sa course sur la Franche-Comté, il changeait de nom, passant de *souleil* à *soulet*, *soulot*, *s'lot*, *soulu*, *sélu*, *slu*, *séleu*, *soureil*, *soureuil*, *sereil*, *s'reil* et *seroille* [21].

Les auteurs de relations de voyages et de rapports officiels s'amusaient de la bouillie des vocables patoisants et du langage incompréhensible des paysans. Tels des graveurs romantiques assombrissant leurs flèches d'églises de silhouettes virevoltantes de chauves-souris et d'oiseaux de proie, ils hachuraient le continent noir de sombres récits d'ignorance et d'isolement. Plus tard, des linguistes professionnels confirmeraient les impressions de cette élite unilingue, identifiant des variantes de sous-dialectes dans de minuscules secteurs, parfois limités à un village et, dans un cas précis, à une seule famille [22]. Ces descriptions érudites n'étaient cependant qu'un pâle reflet de ce qui était somme toute un moyen de communication.

S'il était plus difficile de décrire le paysage linguistique tel qu'il apparaissait aux locuteurs eux-mêmes, les premières enquêtes offrent déjà un aperçu de ses contours et de ses horizons. Celle de l'abbé Grégoire n'était qu'un avant-goût des nombreux témoignages rapportés de la frontière des langues. En 1807, le ministre de l'Intérieur de Napoléon ordonna aux préfets de chaque département de lui fournir des traductions de la parabole de l'enfant prodigue dans les patois locaux. (Cette histoire de porcher revenant à la civilisation dut lui paraître adaptée à son sujet d'étude.) L'exercice, réalisé dans quatre-vingt-dix patois différents, révélait bien entendu de profondes différences, même au sein d'un même groupe dialectal. L'échantillon présenté ci-après suit l'arc de la Méditerranée, sur une bande côtière de soixante-cinq kilomètres de large, des Pyrénées orientales jusqu'à Marseille. Une distance moyenne de soixante-quinze kilomètres sépare chaque variante :

> Un home tingue dos fills. Y digue lo mes jove de ells al pare : Pare, daii me la part de be que me pertoca*. (Pyrénées catalanes)
>
> Un hommé abio dous mainachés. Et lé pus joubé diguec à soun païré : Moùn païré, dounatz-mé la partido dal bé qué mé rébén. (Carcassonne)
>
> Un home abio dous éfans. Lous pus jouine diguet à soun péra : Moun péra, douna me la part de bostre bianda que me coumpeta. (Lodève)

* « Un homme avait deux fils. Le plus jeune dit à son père : "Père, donne-moi la part de bien qui me revient" » (Luc, 15, 11-12).

Un ome avié dous efans. Lou mendre li diguet : Paire, bailomi ce que deu mi reveni de toun be. (Lasalle)

Un homé avié dous garçouns. Et lou cadè dighé à soun péro : Moun péro, beïla-mé la par que deou me révéni de vastè ben. (Nîmes)

Un homo avié dous eufans. Lou plus jouïné diguet à soun péro : Moun péro, douna mi ce que deou mé revenir de vouestre ben. (Marseille)

Les locuteurs de ces parlers auraient immédiatement remarqué que les similitudes l'emportent sur les différences. La norme était davantage à la compréhension mutuelle qu'au cloisonnement étanche. L'aire d'influence réelle de certains dialectes était surprenante. Dans leurs réponses à Grégoire, les « Amis de la Constitution » de Carcassonne relevaient l'existence d'« une infinité de dialectes » dans les villes et villages mais, ajoutaient-ils, « un homme peut faire vingt, trente lieues de suite, et entendre cette multiplicité de jargons, quoiqu'il n'ait connaissance que d'un seul [23] ». Dans les Landes, où des formes de landais ou de « gascon noir [24] » se démarquent encore d'une ville à une autre, un correspondant de Mont-de-Marsan assurait à l'abbé que « tous les Gascons s'entendent sans truchement, depuis Bayonne jusqu'au fond du Languedoc [25] », ce qui correspond à une zone de diffusion d'environ quatre cents kilomètres.

Montagnes et vallées encaissées ne dressaient pas même des obstacles insurmontables à la propagation de ces patois. Un village isolé contraint de s'approvisionner au-delà de son petit périmètre avait plus de chance d'être bilingue qu'une communauté autarcique. Dans le Dauphiné et en Provence, les instituteurs itinérants, un encrier accroché à la boutonnière, que l'on voyait déambuler dans les foires aux bestiaux au cri de « Maître d'école ! », venaient traditionnellement de la région montagneuse des environs de Briançon, où les migrations saisonnières avaient produit un peuple de polyglottes [26]. Les bergers provençaux qui, partis d'Arles, parcouraient trois cents kilomètres à pied jusqu'aux pâtures de l'Oisans pouvaient bavarder avec les autochtones tout le long du chemin et, en arrivant dans les Alpes, négocier la location d'un alpage avec des gens qui parlaient une tout autre langue.

*

L'IDÉE QUI VOUDRAIT que le français se fût rapidement imposé comme idiome commun et eût tout aussi vite supplanté les autres n'est que partiellement vraie. Avant la Révolution, dans le centre de villes commerciales comme Bordeaux et Marseille (mais non dans les faubourgs), des citadins de toutes conditions pouvaient converser avec des francophones du Nord. Dans le Périgord, quiconque s'exprimait en français ne passait plus nécessairement pour pédant, mais rares étaient ceux qui se risquaient à « francimander [27] », de peur d'écorcher la langue et de se ridiculiser. Dans les Alpes provençales, où le français n'avait que peu d'utilité au quotidien, la langue nationale était l'équivalent des habits du dimanche, tout comme le latin avait dû l'être des siècles auparavant.

Parallèlement, d'autres parlers en usage dans les régions, loin d'être étouffés par le français, prospéraient. L'essor des communications favorisa certes la propagation du français, mais permit également à certains dialectes de conquérir un domaine plus vaste que jamais [28]. L'abbé Grégoire dut blêmir en lisant que les citadins francophones de Bretagne apprenaient le breton. Car, comme le lui expliquait le paysan de Tréguier dans son exposé, la langue bretonne était « devenue nécessaire à l'habitant [des villes], qui a à traiter journellement avec le campagnard pour les productions de son territoire. Le commun des hommes la conserve même dans les villes, au point qu'elle lui est devenue plus familière que le français [29] ». Un rapport officiel de 1808 confirmait cette tendance : à Avignon et Carpentras, « les personnes aisées et qui ont reçu de l'éducation » étaient obligées « de savoir et bien trop souvent de parler le patois » dans leur commerce ordinaire avec les ouvriers, les marchands et les domestiques. Par souci d'efficacité, les sermons des prêtres et les interrogatoires des magistrats se tenaient en provençal. (C'est sans doute pour la même raison que, lorsqu'elle se révéla à Bernadette Soubirous en 1858, la

Vierge Marie s'adressa à elle dans le patois de Lourdes.) « Il s'ensuit de tout cela, poursuivait le rapport, que le français qu'on parle et même qu'on enseigne dans ce pays, loin d'être élégant, n'est pas même correct [30]. » Ce qui revenait à dire que la langue de la capitale n'avait pas été exportée vers les provinces comme une caisse de marchandises, mais plutôt acclimatée et hybridée, telle une plante exotique. Une vingtaine de variantes du français sont aujourd'hui encore répertoriées comme des dialectes distincts.

Sur les franges septentrionales du pays, où les statistiques témoignaient d'un recul progressif du flamand face à la montée en puissance du français, beaucoup de francophones tenaient tout autant que les flamingants à préserver leur deuxième langue. Dans les petites et grandes villes limitrophes de la zone flamande – Lille, Douai, Cambrai et Avesnes – presque tout le monde était bilingue. Dans le département de la Lys, créé en 1795 sur une partie de la Belgique, un programme d'apprentissage linguistique était déjà en place avant la Révolution. « Chaque année, il se fait, parmi les fermiers surtout, un échange réciproque d'enfants de huit à dix ans, dont le but est de rendre familier aux uns l'usage de la langue française, aux autres, celui du flamand. Ces émigrations sont de quelques années seulement, après lesquelles chaque enfant revient dans son pays [31]. » Après la Révolution, des observateurs signalaient une pratique similaire entre l'Alsace et la Lorraine.

Ce genre d'arrangements entre particuliers ne fut jamais pris en compte dans les statistiques officielles, qui restèrent en tout état de cause très sommaires jusqu'au XXe siècle. L'usage de langues minoritaires était certainement – et est encore – sous-déclaré. À l'heure actuelle, certains Français parlent une autre langue que le français sans même en avoir conscience. Un vieil aubergiste de Villard, au pied du col du Petit-Saint-Bernard, me racontait que vers 1940, ses camarades de classe et lui avaient été punis pour leur mauvais français, mais il ne savait toujours pas très bien si la langue qu'ils parlaient alors était le savoyard ou un français patoisant.

Les chiffres actuels sont extrêmement inégaux, mais même les estimations les plus basses indiquent que, dans certaines situations, une grande majorité de Français continuent d'utiliser des langues que l'on croyait en voie de disparition au XIXe siècle : l'occitan, sous ses diverses formes, compte encore au moins 2 millions de locuteurs ; l'alsacien 1,5 million ; le breton 500 000 ; le corse 280 000 ; le basque et le flamand 80 000 chacun (en France) ; le franco-provençal 70 000. Bien que nous ne disposions d'aucune donnée statistique sur les grandes familles dialectales telles que l'auvergnat, le normand et le picard, ce sont là des parlers que l'on continue d'entendre au quotidien.

Il y a deux cents ans, ces langues et dialectes cohabitaient avec le français et s'en passaient souvent très bien. Jusqu'en 1863, un quart de l'ensemble des conscrits ne s'exprimaient que dans leur patois. Le français semblait même avoir perdu du terrain dans certaines contrées. Des inspecteurs académiques constatèrent que des enfants du Lauragais, au sud-est de Toulouse, oubliaient le peu de français qu'ils avaient appris dès qu'ils quittaient l'école. « Le français ne laisse pas plus de trace que le latin n'en laisse à la plupart des élèves sortis des collèges [32]. » Dans la Cerdagne, région des Pyrénées-Orientales, les professeurs de langue ont, sans le vouloir, imposé dans les écoles un étrange jargon mêlant allègrement latin, français et catalan [33]. Les hommes à peine rentrés de leur service militaire se replongeaient aussitôt dans leur langue maternelle. En 1850, près d'Angoulême, un soldat revenu à Cellefrouin après sept années de service et trente en Amérique renoua en quelques jours avec le patois de sa jeunesse [34]. La conscription propageait la langue nationale mais dans certains cas, elle contribuait également à préserver des formes archaïques de patois, et quelques recrues n'apprirent jamais un traître mot de français. Plusieurs témoignages font état de soldats bretons tués par leurs camarades de tranchées durant la Première Guerre mondiale, soit parce qu'on les avait pris pour des Allemands, soit parce qu'ils étaient incapables d'obéir à des ordres qu'ils ne comprenaient pas [35].

Parmi les citoyens que les statistiques classaient comme francophones, beaucoup n'utilisaient en réalité le français que très ponctuellement, lorsqu'ils partaient en apprentissage, allaient faire les marchés ou travailler en ville. Leur parler local, mis entre parenthèses, pouvait ainsi donner l'impression – souvent fausse – d'être en voie d'extinction. Depuis cent cinquante ans, c'est systématiquement auprès de sujets « âgés » que l'on recueille des exemples de patois « pur », comme si une espèce à part et sénescente se propageait avec sa langue sans jamais se régénérer. De génération en génération, dans d'innombrables localités, la même rengaine revenait inlassablement : il n'y a plus que des vieux qui parlent encore le patois. C'est ce que me disait encore (en français) en 2004 une dame d'une trentaine d'années habitant la commune de Thann, en Alsace. En réalité, à la maison, elle parlait alsacien à sa petite fille. La jeune femme qui l'accompagnait me fut présentée – et se présenta – comme appartenant à cette génération qui a pratiquement oublié la langue et la verra s'éteindre avec ses derniers locuteurs. Pourtant, elle aussi parlait alsacien avec sa mère et sa grand-mère. Elle aurait aussi bien pu me dire en alsacien que l'alsacien était en train de disparaître.

*

ON NE PEUT PLUS prétendre aujourd'hui que la prolifération des parlers soit en quelque manière liée à l'arriération économique et culturelle d'une région. « Il n'y a pas de place pour les langues et cultures régionales dans une France destinée à marquer l'Europe de son sceau [36] », déclarait en 1972 Georges Pompidou. Ce jugement péremptoire semble aujourd'hui appartenir à un lointain passé. Les pays montagneux isolés, comme le Cantal qui avait vu naître le président, fourmillaient certes de micro-dialectes, mais il n'y en avait pas moins dans des provinces parmi les plus dynamiques et industrialisées : la Normandie, la Flandre, l'Alsace et certaines parties de la côte méditerranéenne.

L'abbé Grégoire et tous les politiciens et instituteurs qui, à sa suite, tentèrent d'éradiquer le « patois », cherchaient à imposer une langue unique. Ils considéraient nécessairement le français comme la langue de l'autorité et tous les autres parlers comme autant de symptômes de chaos, de barbarie et de rébellion. Les enquêtes officielles dressaient pourtant le tableau d'un territoire où régnait un ordre inattendu. Loin d'être une ardoise vide sur laquelle on pourrait inscrire les principes modernes de liberté et d'égalité, la France semblait avoir été fragmentée depuis longtemps, non par des rois et des armées, mais par des processus anciens et insondables que de simples lois auraient bien du mal à infléchir. La Révolution créa une nouvelle nation et un nouveau calendrier, mais elle découvrit également un pays, ou plutôt *des* pays qui avaient pris forme avant même que la nation eût un nom et que le calendrier chrétien fût inventé.

La nation était pour ainsi dire traversée d'une ligne de faille. L'abbé Grégoire ne perçut qu'une partie de cette fracture – la démarcation entre les domaines d'oc et d'oïl – et l'attribua à « l'ancienne domination féodale ». Le tracé étrangement net de la frontière oc-oïl semble effectivement coïncider sur une part de son trajet avec les limites de provinces médiévales, mais il se superpose aussi à d'autres divisions anciennes. Au nord de cette ligne, les toits ont généralement une pente de quarante-cinq degrés et sont faits de tuiles plates ou d'ardoise ; au sud, leur inclinaison est de trente degrés et ils sont couverts de tuiles rondes[37]. Les pratiques agricoles divergent également : au nord, on retournait la terre à la charrue et on effectuait trois semis par an ; au sud, on préférait l'araire et on ne semait que deux fois l'an[38]. Le nord était régi par le droit coutumier tandis que le sud privilégiait le droit romain.

Personne ne connaît exactement les raisons d'être de ce schisme. Peut-être reflète-t-il l'influence des peuples franciques du Nord et des Bourguignons de l'Est, à moins qu'il ne soit un effet de la longue domination romaine dans le Sud. (L'occitan est plus proche du latin que le français*.) Il se pourrait même qu'il marque des territoires tribaux bien plus anciens. Des anthropologues du XIXe siècle établirent qu'au sud de cette ligne, les gens avaient les yeux et les cheveux plus foncés[39],

* Par exemple :

Latin	aucellus	caballus	aqua	pera	maturum
Occitan	aucel	caval	aiga	pera	madur
Français	oiseau	cheval	eau	poire	mûr

et donnaient à entendre que les méridionaux étaient plus enclins à refuser de se battre pour leur patrie.

Une étude fondée sur des photographies aériennes et sur un examen de la toponymie a localisé ce qui aurait pu être une zone frontalière : une région recouvrant l'essentiel de l'ancienne province de la Marche et correspondant au fameux « Croissant » où les dialectes comportent des éléments d'occitan et de langue d'oïl [40]. Ce *limes* séparait peut-être autrefois les tribus ligures des envahisseurs celtes et, plus tard, les Romains des barbares. Une grande voie romaine, la Via Agrippa, reliant Lyon à Bordeaux par Clermont et Limoges, suit d'assez près la frontière linguistique. Comme la plupart des voies romaines, elle a probablement été construite sur le tracé d'une route bien plus ancienne.

On peut aujourd'hui encore suivre cette ligne de partage sur le terrain. En 2005, j'ai longé en vélo plusieurs tronçons de la frontière oc-oïl du Croissant sur une distance totale d'environ quatre-vingts kilomètres, passant entre des villes et des villages dont l'expédition de 1873 avait affirmé qu'ils relevaient de différentes familles linguistiques. Sur une trentaine de kilomètres, cette ligne s'étire le long d'une étroite crête sur une route presque déserte et trace un itinéraire très net dans le paysage. Ailleurs, elle traverse des zones toujours dépeuplées ou couvertes de forêts sur un terrain marécageux et traître utilisé principalement pour les manœuvres militaires. Étrangement, à l'endroit où convergeaient autrefois les deux langues, dans les « îlots » linguistiques mêlant occitan et langue d'oïl des vallées de la Dronne et de la Vienne, on remarque maintenant une prépondérance notable des villes et villages bilingues français-anglais (en particulier Aubeterre), dans lesquels des formes locales de jargon français sont en train de se constituer.

Les données de 1873 permettent de trouver le point d'intersection exact entre pays d'oc, pays d'oïl et Croissant. Cette borne à la limite de trois groupes linguistiques est l'un des lieux les plus significatifs et les plus méconnus de la géographie historique de la France. Il se situe sur une petite route au nord-est d'Angoulême, à l'endroit où la forêt de la Braconne s'arrête brusquement pour ouvrir sur les plaines et la vallée de la Charente. Le hasard a voulu que l'aménagement du paysage illustre parfaitement la démarcation nord-sud : le Croissant est marqué par la forêt, le côté nord, d'oïl, par un champ de blé, et le côté sud, d'oc, par une vigne.

*

LES GOUVERNEMENTS successifs devaient s'efforcer de gommer cette ligne nord-sud ou, plus justement, feraient comme si elle n'existait pas. L'une des innovations durables de la Révolution, en janvier 1790, aura été de découper le pays en départements [41]. Chaque département devait faire à peu près la même taille, de sorte que « de tous les points d'un département, on puisse arriver au centre de l'administration en une journée de voyage [42] ». Presque tous furent nommés d'après des caractères physiques : des montagnes (les Basses-Alpes, le Cantal, les Vosges, etc.), des fleuves (la Dordogne, le Haut-Rhin, la Vendée, etc.) ou leur situation géographique (le Nord et les Côtes-du-Nord). Par la suite, lorsque l'empire étendit son territoire, le sud de la Savoie fut baptisée le « Mont-Blanc », le Jura suisse devint le « Mont-Terrible » et le Luxembourg les « Forêts ». Seule une ville composait à elle seule un département : Paris, dont les débats parlementaires de l'époque nous disent qu'elle était « la plus belle cité du monde », « la patrie des sciences et des arts » et la « capitale de l'empire français [43] ».

Il s'agissait par cette entreprise de faire prévaloir une logique intemporelle et naturelle sur les vieilles divisions féodales et tribales. Les tyrans venaient et passaient, mais les Alpes seraient là pour l'éternité. On balaierait ainsi « les préjugés, les habitudes et les institutions barbares consolidées par quatorze siècles d'existence ». Les barrières linguistiques furent délibérément ignorées, en dépit des protestations de certains conseils, comme celui de Saint-Malo, qui firent valoir qu'ils seraient contraints de traiter avec des gens qui parlaient « des langues existantes avant la conquête de César [44] ».

Ce découpage souleva une objection d'apparence insignifiante mais fondamentale : les populations perdraient leurs noms collectifs. Les Bretons, les Bourguignons, les Gascons et les Normands cesseraient officiellement d'exister et n'auraient plus qu'une identité nationale. Les nouveaux noms étaient par ailleurs trop prosaïquement descriptifs pour convenir à des individus : qui voudrait se dire « Bouches-du-Rhônien » ou « Mont-Blancois » ?

Détail ironique, si la Révolution réussit si bien sa réinvention égalitaire de la France, ce fut grâce à la montée en puissance d'une classe moyenne urbaine moins attachée aux anciennes frontières et identités locales. Les divisions historiques de la France en vinrent à être associées à des provinciaux pittoresques et à des paysans primitifs. Au-delà de toutes ses vertus pratiques, le morcellement de la France en départements contribua à hâter un processus que l'on décrirait mieux comme étant le contraire de la découverte. La méconnaissance de la vie quotidienne au-delà des villes bien desservies et la familiarité des monuments et grands personnages parisiens devaient constituer les signes d'une modernité éclairée. Les provinces accéderaient à une nouvelle vie en devenant le vaste terrain de jeu de l'imagination – la « France profonde », source de légendes, de merveilles naturelles et de menaces à la civilisation.

La commémoration d'anniversaires nationaux qui demeure une particularité remarquable de la vie publique française sert également à mieux annihiler des événements et des cultures devant être effacés de la mémoire collective. Ce processus d'oubli fut l'une des grandes forces sociales à l'œuvre dans la formation de la France moderne. Les enfants de la bourgeoisie oublieraient les langues provinciales qu'ils avaient apprises auprès de leurs gouvernantes et des domestiques, ou n'en garderaient que le souvenir d'un pittoresque vestige du passé [45]. Dans les campagnes, on humiliait ou battait les petits paysans qui parlaient la langue de leurs parents à l'école. La plupart des descendants de ces millions d'individus plongés dans les ténèbres de l'ignorance dont traite le rapport « d'éradication » de l'abbé Grégoire perdraient le parler tribal de leur « pays » au profit d'une langue étrangère hautement codifiée et formelle appelée le français – une langue que presque personne ne parle correctement, de l'aveu même de beaucoup de francophones. Au pays des mille langues, l'unilinguisme devint ainsi la marque de l'instruction.

5

Vivre en France, I : le visage du musée

Il n'est pratiquement pas une ville de France qui n'ait aujourd'hui son musée « de la vie quotidienne » ou « des arts et traditions populaires ». On y trouve généralement des artefacts qui, s'ils n'étaient pas dans leurs vitrines, auraient disparu ou se vendraient à prix d'or chez les antiquaires et brocanteurs. Des coffres sommairement décorés, des barattes et paniers, des tables creusées à même le bois d'alvéoles dans lesquelles on versait la soupe témoignent de la résilience de leurs propriétaires originels. Tous ont la dignité d'objets qui ont partagé une vie humaine. Chacun porte en lui le fantôme d'un geste accompli des millions de fois. Ils évoquent irrésistiblement une existence marquée par la force du labeur et de l'habitude.

Les musées ont naturellement choisi de présenter les plus belles pièces : un berceau massif, une coûteuse charrue métallique estampillée du nom de son fabricant, la chemise brodée d'un trousseau de mariage qui, soigneusement rangée dans un coffre, n'a jamais vu la porcherie ni les champs. Ces survivants du passé nous livrent un récit réconfortant d'endurance. D'autres compagnons de la vie quotidienne – le lit rongé aux vers, le précieux tas de fumier, l'air vicié par le souffle des bêtes et des gens, « au point que le matin, on ne peut y faire flamber une allumette, faute d'oxygène [1] » – sont en revanche impossibles à exposer.

La personne qui laissa ses possessions à la postérité apparaît parfois parmi ce bric-à-brac, à travers la photographie d'un visage marqué par les épreuves qui trahit cette mise en scène soigneusement étudiée. Ce visage est souvent empreint d'une vague méfiance, d'effroi, ou simplement d'une infinie lassitude. Il nous fait ressentir l'indécence qu'il y a à vouloir imaginer la vie qui fut attachée à ces objets. Il semble nous dire que l'existence au jour le jour est plus impénétrable que ces outils et ustensiles de cuisine d'autrefois et que, si l'on pouvait le reconstituer, le lot quotidien des anciens, avec ses habitudes, ses sensations et ses odeurs, nous aurait un goût plus étrange encore que le plat régional le plus exotique.

Les témoignages écrits sur la vie quotidienne dégagent immanquablement la même impression satisfaisante de détermination et de progrès. Ils traversent des années d'expérience vécue tels des voyageurs insouciants, dans un télescopage de changements que seule une longue mémoire aurait pu percevoir. Mais à l'occasion, un simple fait peut produire le même effet que la photographie du musée. À la fin du XVIIIe siècle, des villes d'Alsace jusque dans les campagnes de Bretagne, les médecins comprirent que la famine et les maladies n'étaient pas les causes premières de la forte mortalité observée dans la population. Le problème était tout autre : dès qu'ils tombaient malades, les gens s'alitaient et renonçaient à la vie [2]. « Ils ne souhaitent que la mort et évitent de peupler [3] », remarqua en 1750 le marquis d'Argenson à propos des paysans qui cultivaient son domaine de Touraine. Même en période faste, les vieilles gens qui n'arrivaient plus à manier la bêche ou à tenir une aiguille espéraient en finir au plus vite [4]. « Durer trop longtemps » était l'une des grandes terreurs de l'existence. Les impotents n'inspiraient en règle générale qu'une amère rancœur à leurs proches. Seule une indemnité spéciale de l'État, instituée en 1850 dans les départements de la Seine et du Loiret, parvint à convaincre les familles pauvres de garder leurs parents malades à la maison au lieu de les envoyer dans la triste antichambre de la mort qu'était l'hospice municipal.

Lorsqu'il y avait à peine de quoi manger pour les vivants, l'idée même de nourrir un moribond avait quelque chose d'obscène. Dans le foyer relativement harmonieux des années 1840 que décrit l'écrivain paysan Émile Guillaumin, les femmes de la famille s'interrogent ouvertement devant la grand-mère mourante de l'auteur (qui, pour être grabataire, n'est pas sourde) : « Savoir si ça va durer longtemps ? », demande l'une. À quoi une autre répond : « Ce n'est pas à souhaiter [5]. » À peine l'insupportable charge eut-elle poussé son dernier soupir, que l'on jetait toutes les casseroles ou les bassines contenant de l'eau (au cas où son âme aurait essayé de s'y laver – ou, si elle était vouée à l'Enfer, de s'éteindre – en quittant la maison [6]), et la vie reprenait son cours habituel.

« *Heyrouss com'un crébat* », « heureux comme une carcasse [7] », prétendait un dicton des Alpes. Dans des villages des Alpes savoyardes, des Pyrénées centrales, d'Alsace et de Lorraine et de certaines parties du Massif central, les voyageurs découvraient souvent avec consternation des populations muettes de crétins affligés de hideuses difformités. (Le lien entre la prévalence des goitres et la faible teneur en iode de l'eau de consommation ne fut réellement admis qu'à la fin du XIXe siècle.) L'explorateur alpin Horace-Bénédict de Saussure, qui demandait vainement son chemin dans un bourg de la vallée d'Aoste à une heure où la plupart des « êtres raisonnables » étaient aux champs, imagina qu'un « mauvais génie avait changé en animaux stupides tous les habitants de ce malheureux village, en ne leur laissant de la figure humaine que ce qu'il en fallait pour qu'on pût connaître qu'ils avaient été des hommes [8] ».

Cette infirmité qu'il tenait pour une malédiction était en fait pour les autochtones un don du ciel. La naissance d'un bébé goitreux était censée porter bonheur à la famille. L'enfant idiot n'aurait jamais à travailler ni même à quitter le foyer pour gagner de quoi engraisser le percepteur. Ces créatures repoussantes et apathiques étaient déjà à demi guéries de la vie, en ces temps où même la mort d'un enfant normal pouvait être une consolation [9] : si le nourrisson avait vécu assez longtemps pour recevoir le baptême, ou si une sorcière habile parvenait à le ressusciter le temps de l'asperger d'eau bénite, son âme prierait au Ciel pour la famille [10].

*

COMME LE VISAGE du musée, ces conditions de vie épouvantables semblent contredire les progrès matériels dont font étalage tant de chroniques de l'époque. Le fait est que pratiquement tous les récits autobiographiques de gens ordinaires dans la France des XVIIIe et XIXe siècles proviennent en réalité des premiers chapitres de mémoires publiés par des hommes exceptionnels qui se sont hissés à la force du poignet dans la hiérarchie de l'armée ou de l'Église, se sont fait un nom par leur plume ou ont été tirés de l'obscurité par un mécène, une maîtresse, voire des électeurs. Rares étaient les hommes – et plus encore les femmes – qui avaient les moyens ou éprouvaient le besoin d'écrire un livre pour raconter « Comment je n'ai jamais pu surmonter mes humbles origines ». Mis à part les innombrables biographies d'aristocrates passés de la richesse à l'opulence, presque tous les récits de vie que nous connaissons correspondent à un même schéma atypique d'ascension sociale : le fils de paysan Restif de la Bretonne ; le fils de coutelier Diderot ; le fils d'horloger Rousseau ; le cadet corse Napoléon Bonaparte.

Ces réussites fulgurantes sont toutefois plus représentatives de tendances à long terme que de vies individuelles. Les catégories telles que « les paysans », « les artisans » et « les pauvres » réduisent la majorité de la population à une masse indistincte de figurants dans une scène de foule qu'aucun agrandissement ne suffirait à décomposer en un groupe de visages. Elles évoquent un vaste contingent d'infortunés qui formaient la toile de fond des grands événements et participaient à la marche historique du pays en souffrant et en se livrant à un semblant d'activité économique.

Or, même dans une perspective à court terme, ces catégories sont trompeuses : les riches pouvaient basculer dans l'indigence tout comme il pouvait y avoir des paysans riches et puissants. Nombre de cultivateurs habitaient d'ailleurs dans les agglomérations villageoises et allaient travailler aux champs dans la journée ; beaucoup étaient également artisans, marchands ou fonctionnaires municipaux, et il n'était pas rare que des soi-disant « aristocrates » fussent en réalité des cultivateurs quasiment illettrés. Des statistiques compilées à partir d'un mélange d'enquêtes, de recensements et de déductions restituent ce qui semble être une vision équilibrée de l'ensemble de la population. En 1789, elle était encore aux trois quarts « agricole ». Un siècle plus tard, il ne restait plus que 48 % d'agriculteurs, tandis que l'industrie employait 25 % des actifs, le commerce et les transports 14 %, la fonction publique et l'administration 4 % et les professions libérales 3 % – les 6 % restants vivant de leurs rentes. Mais pour des raisons qui nous apparaîtront bientôt plus clairement, ces chiffres renvoient toujours une image de ces divisions plus nette que dans la réalité et sous-estiment le nombre d'individus qui s'efforçaient de vivre de la terre.

Au fil des scènes de la vie quotidienne évoquées dans les pages qui suivent, comme d'ailleurs dans tout le reste de ce livre, les habitants de la France découvrent peu à peu leur propre pays, et pénètrent des territoires réels et imaginaires qu'aucun historien ni administrateur n'a jamais répertoriés. Mais il convient dans un premier temps de les présenter dans leur immobilité anhistorique, dans les ombres de l'hiver et le silence des villages et des champs. Il ne semblera pas se passer grand-chose dans les prochaines pages, mais cette inertie n'est encore qu'un bref aperçu de ce qui, pour beaucoup de gens, n'était qu'une vie à moitié humaine. Une histoire sociale dont les chapitres seraient aussi longs que le temps consacré à chaque activité serait certes très précise, mais intolérablement laborieuse. Quatre-vingt-dix-neuf pour cent de l'ensemble des activités humaines décrites dans ce récit et d'autres se déroulaient entre la fin du printemps et le début de l'automne.

*

À L'ÉPOQUE OÙ LES ÉTOILES et les planètes constituaient encore une source d'éclairage perceptible et où les nuits nuageuses et sans lune étaient aussi noires qu'une mine de charbon désaffectée, à certaines périodes de l'année, les voyageurs pouvaient se repérer aux feux qui brillaient sur les collines. Des Vosges aux Pyrénées et de la Manche aux Alpes, on allumait des feux de joie à la Saint-Jean et à Noël, et dans d'autres régions, pour le carnaval et carême. Ces célébrations de ce que les savants appelaient le solstice étaient investies de divers pouvoirs magiques, et étaient notamment censés favoriser la fertilité des champs, des bêtes et des gens. Elles se raréfièrent entre le milieu et la fin du XIXe siècle pour laisser place à des feux d'artifice et des fêtes païennes comme la fête nationale ou la Saint-Napoléon [11], les brasiers d'antan ayant été étouffés par l'incrédulité, la lutte contre l'incendie et peut-être surtout par le fait que l'année n'était plus divisée en deux temps.

Pour les millions de villageois qui dansaient autour des belles flambées et dispersaient ensuite les cendres dans leurs champs, les douze mois de l'année étaient subdivisés en deux grandes périodes : la saison des travaux, où même les jours les plus longs étaient encore trop courts, et la morte-saison, où le temps passait si lentement que l'on aurait bien cru qu'il allait s'arrêter. « Sept mois d'hiver [de novembre à mai] et cinq mois d'enfer [de juin à octobre] », disait-on dans la vallée alpine du Queyras. Dans les Pyrénées orientales, « l'hiver, en temps de pluie, de froid ou de neige, les hommes étaient aussi inactifs que des marmottes [12] ». (Les chasseurs profitaient d'ailleurs de la léthargie légendaire de ce rongeur des montagnes pour aller le « creuser » dans sa tanière, le fourrer dans un sac de toile pour ensuite parfois le jeter encore endormi dans la marmite [13].) L'homme qui comparait ses compatriotes à des marmottes écrivait dans les années 1880, près d'un siècle après l'abolition de la monarchie mais plusieurs décennies avant que les progrès de la technologie n'apportent les routes, l'éclairage et l'incroyable luxe du chauffage au charbon et au gaz, mettant ainsi fin à la tyrannie des éléments.

Cette tradition d'hibernation était ancienne et généralisée. En montagne, toute activité cessait à la fin de l'automne. Des villages pyrénéens comme Barèges, niché sur le flanc occidental du col du Tourmalet, se vidaient entièrement, abandonnant leurs chalets à la neige pour revenir à la fin du printemps récupérer ce que les avalanches avaient épargné. D'autres habitants des Alpes et des Pyrénées s'ensevelissaient tout simplement jusqu'en mars ou avril dans leurs maisons adossées à la montagne, avec un grenier à foin au-dessus de leurs têtes et une étable sur le côté. « [Ils] sortent au printemps, défaits et anémiés [14] », notait en 1909 un géographe. Cette pratique ne se limitait cependant pas aux hautes altitudes. Des régions plus tempérées se repliaient elles aussi dans une forteresse de sommeil. L'oisiveté et la torpeur jetaient un charme étrange sur des étendues bien cultivées du Berry, où les variations saisonnières sont moindres et le mercure descend rarement en dessous de zéro degré. Le mari de George Sand, de tempérament plutôt flegmatique, s'avoua « comme surpris et effrayé » par ces terres bien entretenues qui semblaient avoir été travaillées par des fantômes [15]. Pendant une bonne partie de l'année, on ne voyait pas âme qui vive dans les champs de Flandre. En 1844, un rapport officiel sur la Nièvre décrivait l'étrange métamorphose du journalier bourguignon une fois qu'il avait rentré sa moisson et brûlé ses sarments de vigne :

> Après avoir fait chez eux les réparations nécessaires à leurs instruments, ces hommes tout de vigueur passeront leurs journées dans leurs lits, serrés les uns contre les autres pour avoir chaud et moins manger. Ils s'affaiblissent volontairement [16].

L'hibernation humaine était un besoin physique et économique. Ralentir le métabolisme permettait de ne plus éprouver la faim et, par là même, de faire durer les provisions. « Rentré chez lui, notait Jules Renard dans son *Journal*, le paysan [nivernais] n'a guère plus de mouvement que l'aï et le tardigrade » (1889) ; « Ils vivent, l'hiver, endormis, bouchés comme des escargots [17] » (1908). Même durant l'été, les gens traînaient et lambinaient [18]. Ils mangeaient plus lentement que les générations modernes. Leur espérance de vie à la naissance nous paraît aujourd'hui incroyablement basse : en 1865, elle n'était de quarante ans et quelques mois que dans vingt départements, de moins de trente ans à Paris et dans le Finistère, pour une moyenne nationale de trente-sept ans et deux mois. Un enfant de cinq ans pouvait tout au mieux espérer atteindre les cinquante et un ans. Pourtant, on se plaignait alors beaucoup moins de la brièveté de la vie que de son infinie longueur. Si l'on faisait les choses lentement, ce n'était pas pour savourer l'instant. Le laboureur qui mettait des heures à rejoindre son champ à l'écart du village n'admirait pas nécessairement l'effet de la brume matinale sur les sillons ou le bétail fumant dans le soleil levant ; il dépensait les maigres forces qu'il lui faudrait déployer pour sa journée de travail avec autant de parcimonie qu'il épandait sa charrette de fumier sur un grand champ.

Un invité dans un château de campagne pouvait voir le soleil se lever plus tôt sur les champs, les arbres mettre des feuilles et les bêtes s'ébrouer sans remarquer grande différence dans le monde des humains. Après la Révolution, en Alsace et dans le Pas-de-Calais, des observateurs déploraient qu'au lieu de s'employer pendant la morte-saison à « quelque industrie paisible et sédentaire », les vignerons et les fermiers indépendants « se livrent à une oisiveté stupide [19] ». On reprochait aux équipements modernes – en l'occurrence, aux charrues plus efficaces – d'avoir réduit la solide paysannerie française à l'état de légumes humains. La hausse des revenus n'était apparemment pas étrangère à ce relâchement. Beaucaire accueillait chaque été, du 22 juillet au 1er août, la plus grande foire d'Europe sur le cours inférieur du Rhône. Les gens du cru gagnaient suffisamment d'argent au cours de ces onze jours pour se laisser vivre tout au long des mois suivants, laissant la « grande enceinte déserte » de leur champ de foire se délabrer lentement autour d'eux : « Pendant le reste de l'année, les Beaucairiens fument, jouent aux cartes, chassent et dorment [20]. »

Ces siestes se prolongeant sur toute une saison déconcertaient les économistes et les bureaucrates qui enviaient la puissance industrielle de la Grande-Bretagne. Ils étaient particulièrement horrifiés par les habitations troglodytes qui leur paraissaient symboliser la léthargie de la France. En Dordogne, dans le Tarn, la vallée de la Loire et la ceinture de calcaire et de grès qui s'étire des Ardennes à l'Alsace, des milliers de gens avaient élu domicile dans les parois de falaises comme des hirondelles ou dans des grottes et des fosses de craie, comme des tribus préhistoriques. Des villages entiers de troglodytes bordaient les rives de la Loire et de son affluent, le Loir. De l'Anjou au Poitou, de minces colonnes de fumée s'élevaient des champs telles des fumerolles de volcans lilliputiens. Des carrières étaient aménagées en vignobles puis creusées latéralement sous les vignes. Ces immeubles souterrains comptaient parfois plusieurs étages et abritaient plusieurs centaines d'habitants.

À Arras et dans d'autres villes de Flandre, jusqu'à un tiers de la population – des artisans et des ouvriers agricoles – vivait dans des villes souterraines creusées dans des carrières médiévales. Ces *boves* (ou « cavernes » en ancien français) servirent par la suite de sanctuaires, furent reconverties pendant la Première Guerre mondiale en abris antiaériens et routes secrètes conduisant à la ligne de front, pour devenir d'élégants restaurants éclairés aux chandelles et des sites touristiques. On ne dit ni ne sait aujourd'hui plus grand-chose de leur usage comme espaces résidentiels normaux. Les gens dont l'existence n'était pas rythmée par les saisons trouvaient ces logements ingrats et lugubres :

> L'air vital y est toujours corrompu [...] par la respiration de huit à dix individus entassés douze à quinze heures par jour dans un local étroit qui n'a qu'un soupirail [21].

De l'avis de l'auteur qui rédigea ce rapport en 1807, cette demi-vie indolente était rien de moins qu'une défaillance morale : les artisans d'Arras étaient « peu entreprenants » et les journaliers « apathiques ». Or, la préoccupation première des individus qui s'étaient réfugiés sous terre dans les ténèbres soporifiques était de survivre et non de contribuer à la croissance économique de la nation. Beaucoup auraient pu se loger ailleurs, mais ils préféraient rester dans ces grottes où les étés étaient frais et les hivers chauds. Les ouvriers de Lille chassés de leurs « caves reconnues malsaines » par des réformateurs philanthropes, trouvaient aussi pénible d'avoir à monter six étages jusqu'à leur mansarde que de descendre vers un cachot [22].

*

LES LIVRES D'HISTOIRE mentionnent rarement ces hommes et ces femmes qui s'abandonnaient à un désœuvrement presque complet pendant une grande partie de l'année. Les études savantes comme les musées font bien entendu la part belle à l'esprit d'entreprise, passant volontiers sous silence cet art de ne rien faire durant des mois d'affilée. Ils présentent les régions de France où l'hiver était le plus long comme des contrées incroyablement industrieuses. Au XXIe siècle, les industries traditionnelles de « morte-saison » apportent dans bien des cas une contribution appréciable à l'économie locale. Ainsi, le touriste trouve des pipes de bruyère artisanales dans le Jura, des jouets de bois dans le Queyras, des sandales de corde dans les Pyrénées basques, des gants de cuir en Aveyron, des couteaux dans l'Aubrac et des sabots de bois pratiquement partout de la Bretagne jusqu'aux Vosges.

Certaines de ces industries se pratiquent aujourd'hui à une échelle et avec un savoir-faire qui auraient stupéfié les artisans d'autrefois. Il n'est pas rare de rencontrer un potier ou un vannier qui a quitté un emploi bien rémunéré à Paris pour venir faire fortune en province et s'établir dans une grotte troglodyte. Parmi ce que l'on se plaît à appeler les « arts traditionnels en voie de disparition », beaucoup n'ont en réalité jamais existé et moins encore alimenté une économie prospère. Dans la plupart de ces provinces, seuls quelques individus avaient de quoi s'occuper à l'année. À l'aube du XXe siècle, tandis que dans les Alpes le tourisme ouvrait un nouveau marché aux jouets de bois, le Queyras ne comptait encore qu'une poignée de fabricants de jouets. Les montagnards préféraient généralement se recroqueviller dans le cocon protecteur de l'indolence. Comme l'expliquait vers 1880 le fils d'un paysan-artisan pyrénéen, « ils n'étaient guère entreprenants et n'aimaient pas se compliquer une vie déjà assez difficile à traîner [23] ».

Les économistes qui s'étonnaient de voir ainsi dilapidé ce capital humain ignoraient que l'activité n'était généralement pas motivée par un désir de faire fortune. Si tel avait été le cas, un paysan qui mettait plusieurs jours à amener un panier d'œufs vers un marché éloigné et ne comptait pas son temps dans le calcul de son bénéfice serait davantage apparu comme un piteux homme d'affaires que comme quelqu'un qui avait appris à accorder son pas au rythme de la vie.

Jusqu'à la fin du XIXe siècle, l'argent circulait très peu en France et les gens qui ne possédaient pas de terres et ne payaient pas d'impôts n'en avaient pratiquement aucun besoin. Mis à part le sel et le fer, ils pouvaient tout payer en nature, et n'avaient pas grande raison de travailler plus que pour assurer le strict nécessaire. Malgré leur main-d'œuvre hautement spécialisée et leur réseau international de clients privés et professionnels, les entreprises horlogères familiales du Rhin et des Alpes ne se prétendaient pas à l'avant-garde d'une production industrielle : créer et bricoler de petits mécanismes pendant six ou sept mois de l'année était une manière comme une autre de tuer le temps. Ces hommes et ces femmes prenaient simplement davantage de plaisir à fabriquer des horloges qu'à enchaîner d'interminables parties de cartes. Les horloges égrenant les heures leur rappelaient que le temps passait bel et bien. Ce n'est sans doute pas un hasard si les principales régions horlogères étaient celles où les fêtes païennes marquaient encore le moment où, au terme de cent jours d'obscurité, le soleil revenait éclairer le fond des vallées les plus encaissées.

Un baromètre économique sensible pourrait inscrire ces activités au crédit du produit national brut, mais cela donnerait une fausse impression de l'état d'esprit des producteurs. Dans certains cantons d'Auvergne, les femmes se retrouvaient à la veillée pour coudre et tricoter, parfois jusqu'à minuit passé, des vêtements qu'elles vendaient aux marchands ambulants pour quelques sous. Techniquement, c'était une forme d'entreprise industrielle, mais il ne s'agissait pas tant pour elles de dégager un revenu excédentaire que de gagner juste de quoi payer la lampe à huile qui leur permettait de se réunir le soir.

L'ennui était un facteur tout aussi déterminant que le besoin économique. Il entre en jeu dans tellement d'aspects de la vie quotidienne, à toutes les périodes de l'année, qu'il pourrait constituer à lui seul un domaine de recherche : les industries familiales et l'hibernation, les croyances et légendes saugrenues, les expériences sexuelles, la politique locale, les migrations et même l'ambition sociale. Dans de petites communautés méfiantes où chacun était en concurrence avec son voisin, l'ennui était l'un des principaux agents de cohésion sociale. Il rapprochait les habitants et compensait les effets de la pauvreté et des rivalités de classes. Même dans l'univers tourbillonnant des romans de Balzac, l'ennui est l'un des grands principes directeurs de la société française, de la mélancolie dorée des appartements parisiens jusqu'au silence claustral des villes de province :

> La vie et le mouvement y sont si tranquilles qu'un étranger les croirait inhabitées, s'il ne rencontrait tout d'un coup le regard pâle et froid d'une personne immobile dont, au bruit d'un pas inconnu, la figure monastique dépasse l'appui de la croisée [24].

*

DEUX MOIS AVANT la prise de la Bastille, dans les bourgs paisibles de la Touraine de Balzac et les taudis de basalte noirs où les Auvergnates cousaient pour alimenter leurs lampes à huile, un nouveau sujet vint pimenter la disette ordinaire des conversations. Une rare conjonction du temps historique et de la vie quotidienne venait de se produire. Le 5 mai 1789, à l'occasion de la convocation des états généraux, les villes et paroisses de France furent invitées à exprimer leurs griefs. L'idée même qu'il puisse être possible de faire évoluer les conditions de vie était en soi une révolution. Pour la première fois, les souffrances du petit peuple seraient entendues et il servirait enfin à quelque chose de savoir lire et écrire.

Les quelque soixante mille « cahiers de doléances » étaient, bien entendu, rédigés par des lettrés ou semi-lettrés, généralement l'avocat de la commune. Des listes grossièrement ébauchées de remontrances étaient ensuite transmises à des commissions qui en faisaient des résumés édulcorés à l'intention des états généraux. Mais suffisamment de cahiers parmi les plus humbles nous sont parvenus pour nous permettre de dresser un panorama détaillé de la vie quotidienne du petit peuple de France.

Les mêmes motifs de mécontentement reviennent dans la plupart de ces registres : l'impôt, la corvée d'entretien des routes, les voies impraticables et les ponts cassés, les hôpitaux financés par l'impôt mais auxquels personne ne pouvait jamais arriver, le cantonnement des soldats et de leurs chevaux insatiables, l'absence de représentation et la justice arbitraire ou trop chère, l'inefficacité du maintien de l'ordre, la prolifération des escrocs, chirurgiens charlatans et mendiants – que ce soient des gens du cru poussés par la famine ou des intrus agressifs – et, bien entendu, les privilèges ecclésiastiques et seigneuriaux. Les droits de chasse étaient le sujet de contention le plus épineux : voir un gibier à poil détaler dans une garenne sans pouvoir l'attraper sous peine de pendaison était plus que ne pouvait supporter un paysan affamé. Si le seigneur du lieu passait l'essentiel de son temps à la ville ou n'avait pas de goût pour la chasse, toute la zone risquait d'être envahie par les cerfs, les sangliers, les lièvres, les lapins et les pigeons. Nombre de voyageurs étrangers associèrent la Révolution française au bruit caractéristique du crépitement incessant des mousquets dans les campagnes, où l'on se faisait un plaisir d'exterminer les animaux qui bénéficiaient jusqu'alors de l'immunité aristocratique.

Dans les cahiers rédigés par les délégués des petites paroisses, une plainte l'emporte sur toutes les autres : la souffrance et l'embêtement que l'on éprouvait à vivre dans le monde naturel. La majorité des sujets du roi n'avaient que faire de voir leurs droits élémentaires inscrits dans une brillante Constitution. Ils souhaitaient plus que tout s'affranchir des sols pauvres et des intempéries, des tempêtes et de la grêle, des incendies et des inondations, des loups, du froid et de la famine. De nombreux bourgs et villages se plaignaient d'un environnement si hostile que leurs descriptions évoquaient davantage des États insulaires totalement coupés du monde extérieur :

> Cette communauté située dans le coin du monde le plus affreux et le plus abominable, n'a pour ainsi dire d'autres possessions que des rochers escarpés et des montagnes presque inaccessibles, couvertes de buis et d'autres mauvais bois pour presque point de pacages. [...] Elle est distante de six mortelles heures de marche des deux villes voisines qui sont Cahors et Figeac ; les sentiers qui y aboutissent sont impraticables, non seulement à cheval mais même à pied [25]. (Cabrerets, département du Lot)

D'un côté, les funestes vents d'ouest et de nord la désolent par les volages de sable et les tempêtes auxquelles on ne peut opposer d'autre abri que les îles de Jersey et de Guernesey. D'un autre côté, les lapins sans nombre mangent les différentes productions de la terre. Cette paroisse est encore affligée et pillée par les pigeons voraces de trois colombiers qui semblent être de concert pour absorber les grains de toute espèce. [...] Dans cette paroisse, il n'y a point de bois, point ou très peu de plantes, point d'herbages, point du tout de commerce [26]. (Rozel, département de la Manche)

L'habitant de Catus en Quercy qui s'adressa directement au roi (« cette ville dont vous ignorez sans doute l'existence ») affirmait fort justement : « en connaissant notre petite ville, vous connaissez le Quercy, vous connaissez la France ». La misère était le grand facteur d'unité du royaume :

Ah, si le roi le savait ! avons-nous crié mille fois du fond de cet abîme. Le Roi le sait aujourd'hui ; ce que nous désirons de faire parvenir à sa connaissance, le Roi le sait, et déjà l'espérance, comme un baume salutaire, circule dans toutes nos veines. [...] Nous bornons nos désirs à conserver pour nos pères décrépits, pour nos épouses gémissantes et pour nos tendres enfants le nécessaire physique [27].

À douze kilomètres du palais royal de Versailles, dans une région où plus de la moitié de la population était des paysans sans terre, la paroisse de Saint-Forget était sœur en misère de Catus. Un manque d'ouvrage temporaire, une chute de neige, des pluies qui s'éternisaient ou quelques jours de maladie suffisaient souvent à réduire ses habitants à « la plus extrême indigence ». Ils n'avaient pas les moyens de payer un instituteur et leurs terres étaient en jachère tant les cultivateurs étaient « découragés » par les dégâts irréparables causés par l'abondance de gibier. Dans les mauvaises années, ils connaissaient la famine ; dans les années fastes, la faim les taraudait encore, car ils devaient acquitter la taille sur des produits qu'ils ne pouvaient ni transporter ni vendre [28].

On ne saurait toutefois prendre au pied de la lettre les innombrables témoignages misérabilistes consignés dans les cahiers de doléances. Certaines localités espéraient échapper aux droits et redevances en présentant leur territoire comme un désert aride, une zone inondable ou un chaos stérile de rochers et de torrents dévasté par les mauvaises herbes et les animaux sauvages. Si les paysans parvenaient à prouver que leur terre était inculte, elle ne serait pas soumise à l'impôt. Le village de Sexey-les-Bois (Meurthe-et-Moselle) prétendait que les deux tiers de ses habitants étaient des veuves et que tous les gens sains de corps, écrasés par une cote de 20 %, avaient « vendu leur petit mobilier pour se retirer dans les bois ». D'autres communes essayaient de transférer leur fardeau fiscal sur leurs voisines, réputées plus fortunées [29]. Si l'on en croit les sombres rapports des cahiers de la province du Quercy, sur toutes les exploitations des environs de Cahors, la mince couche arable avait depuis longtemps été lessivée par les pluies. La paroisse d'Escamps dépeignait sa situation déplorable en des termes presque identiques à ceux de nombreux autres cahiers :

> On voit gémir de faim de pauvres vieillards auxquels l'âge et le poids du travail ont ôté toute force de courir pour aller implorer le secours des âmes charitables. On y voit une multitude de petits enfants, qui malgré la vigilité [*sic*] de leurs père et mère gémissent journalièrement de faim. Telle est la triste situation de cette infortunée communauté, qu'on peut dire et soutenir sans balancer être la plus misérable qui existe et qui a pu exister [30].

Avec un peu de recul, on perçoit derrière ces tableaux de détresse humaine la rhétorique étrangement répétitive de ces cahiers. Il ne faut pas s'en étonner. Tantôt les commissions centrales proposaient des phrases toutes faites aux rédacteurs locaux, qui les recopiaient scrupuleusement ; tantôt une paroisse trouvait une expression précise de ses souffrances, et les autres s'empressaient d'en reprendre les détails saisissants : les enfants mangeaient de l'herbe, les larmes mouillaient le pain, les cultivateurs enviaient le sort de leurs bêtes, et ainsi de suite [31]. L'image de ces enfants herbivores n'était pas pour autant une simple figure de style : la récolte de 1788 avait été plus désastreuse encore qu'à l'accoutumée et les cahiers furent rédigés au cours de la redoutable saison creuse, où les réserves de l'année précédente commençaient à s'épuiser tandis que le blé nouveau était encore vert. La commune d'Espère, relativement bien lotie, n'avait de toute évidence rien à gagner en employant l'expression à propos des localités d'alentour :

> Nous n'avons pas vu encore nos enfants brouter l'herbe comme ceux de nos voisins, et nos vieillards, plus heureux qu'un grand nombre de ceux des environs, ont presque tous survécu aux rigueurs du mois de janvier dernier ; il n'en est qu'un que nous avons eu la douleur de voir mourir d'inanition [32].

Si certains de ces récits paraissent peu convaincants, c'est en partie parce qu'ils sont le fruit d'heures d'intense labeur intellectuel. Leurs auteurs s'efforçaient de trouver les mots justes, parant leur dénuement d'atours empesés et incongrus avant de l'envoyer les représenter à la ville. L'exagération n'était pas une simple ruse mais une question de survie. Les receveurs des tailles et du fisc arrivaient dans les villages flanqués de dragons en armes et se mettait à l'affût du moindre indice de profits récents : des plumes de volaille sur un pas de porte, un costume neuf, des granges délabrées ou des murs effondrés fraîchement réparés [33]. Les collecteurs, eux-mêmes recrutés dans le canton, savaient à peine compter mais risquaient la prison s'ils ne levaient pas la somme prescrite.

Le spectre de la catastrophe hantait jusqu'aux paysans les plus fortunés. Pratiquement personne n'était à l'abri des revers soudains. Chaque année, des villages et des quartiers entiers de villes partaient en fumée. Un voyageur anglais qui traversa le Jura de Salins à Pontarlier en 1738 se laissa dire qu'il « n'y avait pratiquement pas un village sur toute cette étendue qui ne pérît par les flammes au moins une fois tous les dix ans [34] ». En 1825, Salins-les-Bains fut pratiquement détruite par un terrible incendie qui dura trois jours. Le feu avait consumé la ville de Rennes en 1720 et ravagea une grande partie de Limoges en 1864. Le chaume, ramassé dans les champs après la moisson d'octobre, permettait de se confectionner un toit bon marché, mais il abritait de grasses colonies d'insectes et s'enflammait facilement, sauf à être entièrement enduit d'une couche de terre glaise, de chaux vive, de crottin de cheval et de sable [35]. (Vers 1850, il fut interdit en couverture des constructions neuves dans plusieurs régions et remplacé par une tôle ondulée rouge qui, de l'avis de certains, ajoutait une jolie note colorée au paysage.) Les incendies de chaumières firent de nombreuses victimes, brûlées vives chez elles ou tuées dans l'effondrement soudain de leur maison. L'embrasement spontané de tas de fumiers et de meules de foin, souvent imputé à des voisins jaloux ou à des sorcières incendiaires, était une cause de paupérisation étonnamment courante [36].

Les gelées, les inondations et les maladies du bétail étaient les principaux fléaux après le feu, mais les paysans ne redoutaient pire calamité que la grêle. En l'espace de dix minutes, les grêlons pouvaient anéantir le travail de toute une génération, démolissant les toitures, dénudant les arbres, couchant les blés et jonchant le sol d'un tapis de brindilles, de feuilles et de petits oiseaux morts [37]. En 1789, la commune de Pompey, près de Nancy, se remettait encore tant bien que mal des effets d'une méchante grêle qui avait saccagé ses récoltes douze ans plus tôt [38]. En 1900, quarante ans après qu'une averse de grêle se fut abattue sur une vallée du Bourbonnais, on voyait encore plusieurs maisons dont la toiture était en tuile d'un côté et en ardoise de l'autre, car les couvreurs des environs avaient épuisé leurs stocks de tuiles [39]. Dans ces conditions, on conçoit aisément que l'incapacité à prévenir la grêle fût parmi les premières causes de déception vis-à-vis du curé local (voir p. 170). Ailleurs, des esprits plus progressistes s'en remettaient à l'efficacité incertaine du « canon anti-grêle », que l'on pointait vers le ciel dès que des bataillons sombres de nuages d'orage s'amassaient au-dessus des champs.

Ces catastrophes n'épargnaient qu'une infime minorité d'individus. Dans cette mosaïque de petits pays vulnérables, la part de la population que l'on regroupait sous le vocable bien pratique de « pauvres » pouvait du jour au lendemain atteindre des proportions énormes. À l'époque de la Révolution, la catégorie des pauvres et indigents représentait près de la moitié de la population française. Selon les régions, entre 50 % et 90 % des familles, incapables de tirer subsistance de leurs terres, étaient contraintes de louer leurs bras pour éviter de tomber dans un insondable gouffre de dettes [40]. Le portrait que brosse Hippolyte Taine des gens ordinaires dans ses

Origines de la France contemporaine (1879) pourrait paraître outré à une époque où l'on vantait tant la marche régulière du progrès économique, mais il correspond pourtant à la réalité brute de la vie quotidienne d'un bout à l'autre de la France :

> Le peuple ressemble à un homme qui marcherait dans un étang, ayant de l'eau jusqu'à la bouche ; à la moindre dépression, au moindre flot, il perd pied, enfonce et suffoque. En vain la charité ancienne et l'humanité nouvelle s'ingénient pour lui venir en aide : l'eau est trop haute. Il faudrait que son niveau baissât et que l'étang pût se dégorger par quelque large issue. Jusque-là, le malheureux ne pourra respirer que par intervalles, et à chaque moment il courra risque de se noyer [41].

Ce sinistre tableau d'un peuple s'abîmant dans le plus grand dénuement se rapporte à la fin du XVIIIe siècle, mais il vaudrait tout autant pour des périodes très postérieures.

*

MÊME POUR LES INDIVIDUS entreprenants et intelligents qui parvenaient à grappiller des bribes d'instruction et avaient vu le jour dans le climat plus dynamique du XIXe siècle, la vie restait un parcours périlleux et tortueux, pareil à la spirale d'un jeu de l'oie semée d'embûches. Le paysan breton Jean-Marie Déguignet (1834-1905) décida d'écrire ses mémoires car il n'avait jamais rien lu, ailleurs que dans des romans, sur un personnage qui lui ressemble. À la bibliothèque municipale de Quimper, il avait entrevu un fragment de la vie des Français brillamment éclairé par une poignée d'écrivains à l'ego démesuré, tandis que la grande masse de l'humanité était livrée aux ténèbres. Les faits bruts de sa propre vie sont d'une banalité rafraîchissante :

Juillet 1834 : Naissance à Guengat en Basse-Bretagne. Son père, ruiné par une succession de mauvaises récoltes et la mortalité du bétail quitte sa ferme pour s'établir en ville.

Septembre 1834 : Il a deux mois quand sa famille part pour Quimper avec quelques planches pourries, un peu de paille, un vieux chaudron fêlé, huit écuelles et huit cuillères en bois. Son premier souvenir : sa mère en train de ramasser de gros poux sur la tête de sa sœur morte.

1840 : Vit près du village d'Ergué-Gabéric. Il reçoit le sabot d'un cheval en pleine tête. L'accident lui laisse une large cicatrice qui continuera de suppurer pendant des années.

1843-1844 : Une vieille couturière lui apprend à lire le breton et il s'initie à la « noble profession » de mendiant.

1848-1854 : Travaille comme gardien de vaches, puis journalier dans une ferme moderne subventionnée par l'État, et est embauché comme domestique chez le maire de Kerfeunteun, faubourg de Quimper. Il apprend à lire le journal en français.

1854-1868 : S'engage dans l'armée et va se battre en Crimée, en Algérie et au Mexique.

1868-1879 : Rentre en Bretagne, épouse une jeune fille et loue des terres au propriétaire du château de Toulven. Malgré les résistances auxquelles se heurtent ses techniques de culture « modernes » (il assèche la cour de ferme et désinfecte la maison, s'abonne à un journal agricole et ignore les phases de la lune et les conseils de sa belle-mère), il crée une ferme modèle.

1879 : La maison de ferme brûle, et le propriétaire refuse de renouveler le bail. « Encore quinze années de ma vie perdues. Après avoir tant travaillé à améliorer cette ferme, il me fallait la quitter. »

1880-1882 : Écrasé par une charrette et à demi handicapé, il trouve du travail comme agent d'assurances. Sa femme alcoolique est envoyée à l'hospice.

1883-1892 : Obtient une licence pour vendre du tabac à Pluguffan, près de Quimper. Loue un champ et commence à rebâtir sa fortune. Il gagne sa vie et nourrit ses trois enfants.

1892-1902 : Contraint de vendre son débit de tabac et dépossédé par ses enfants, il vit dans des taudis et des greniers, sombre peu à peu dans une misère noire et écrit ses mémoires « quand le temps le permet ».

1902 : Expulsé du « trou » qu'il loue, à la suite de plaintes des voisins sur la saleté. Souffre de délires paranoïaques et tente de se suicider.

1905 : Interné à l'hôpital psychiatrique de Quimper. Meurt à l'âge de soixante et onze ans.

Ce paysan breton instruit, férocement anticlérical et passionné par l'innovation agricole n'était certes pas tout à fait représentatif de sa classe, mais le monde qui eut raison de ses énergies était le lot de milliers de gens : un monde marqué par la précarité d'une fortune durement gagnée et la fragilité des liens familiaux dans l'adversité. L'édition moderne de ses mémoires fait vibrer la corde d'une vague nostalgie rustique et suggère que le livre aurait aussi bien pu s'intituler « Le Déclin de la France rurale ». L'auteur est ici présenté comme un témoin du « début de la désagrégation de la société bretonne traditionnelle ». Or ses mémoires racontent exactement le contraire. La société qui l'a vu naître a toujours été au bord de l'effondrement – pas seulement par la faute de la guerre ou de l'anarchie, mais à cause de la faim, des maladies, des intempéries, de la malchance, de l'ignorance et des migrations. La misère a jeté sa famille sur les routes ; la peur et la jalousie ont fait de ses voisins des ennemis ; le feu et les privilèges féodaux ont détruit son gagne-pain.

Le parcours circulaire de Déguignet a quelque chose de délicieusement pertinent : le garçon qui avait commencé sa carrière comme mendiant et la termina en agent d'assurances incarne mieux son époque que tous les parvenus célèbres qui ont quitté leur lieu de naissance pour y revenir – dans le meilleur des cas – des décennies plus tard, sous forme d'un buste à la mairie ou d'une statue sur la place du village. Jeune mendiant, Déguignet travaillait pour une seule « conductrice », vivait au jour le jour et exploitait les superstitions de ses clients : « quand les femmes me donnaient pour deux liards de farine d'avoine ou de blé noir, l'aumône ordinaire d'alors, c'est qu'elles étaient convaincues de recevoir en retour le centuple [42] », non au ciel mais, très littéralement, dans les quelques semaines ou mois à venir. Devenu agent d'assurances contre l'incendie, il travaillait pour une compagnie ayant pignon sur rue, respectait des procédures établies et exploitait les peurs rationnelles de ses clients.

Ce fut grâce à des innovations comme l'assurance que les familles purent prévoir l'avenir et traiter la génération suivante comme un bien plus précieux qu'une simple main-d'œuvre bon marché. Les contes de fées si prisés de la société « traditionnelle » présentaient le travail des enfants comme un fait normal et nécessaire. Dans « Les trois fileuses » de Grimm, un père prend la judicieuse décision de se débarrasser de sa fille au prétexte qu'elle « mangeait des crêpes mais ne travaillait pas ». Le lectorat bourgeois était friand d'histoires déchirantes d'enfants dévoués et de grandes retrouvailles familiales, non parce qu'elles correspondaient à une quelconque réalité, mais parce qu'elles reflétaient ses propres aspirations [43]. En Bourgogne, jusqu'à la veille de la Première Guerre mondiale, « le fils était généralement traité comme un domestique, sans en avoir le salaire [44] », relève un historien local. Jusqu'à la Seconde Guerre mondiale, les portraits d'enfants étaient pratiquement absents des collections de photographies de famille des paysans [45].

Déguignet eut la chance d'avoir des parents qui souhaitaient le garder. Car en ces temps-là, des milliers d'enfants, tels le petit Poucet de Perrault, étaient abandonnés chaque année. À Provins, entre 1854 et 1859, 1 258 nouveau-nés furent déposés sur un guichet tournant installé sur la façade de l'hospice (et aujourd'hui exposé au musée municipal). Ces tours d'abandon, équipées d'un lit de paille et de quelques couvertures, permettaient aux mères d'exposer leur bébé anonymement tout en sachant qu'il serait en sécurité [46]. Ces dispositifs, frappés d'indignité publique, furent supprimés en 1861, ce qui n'eut pour effet que de multiplier le nombre de nourrissons livrés à la mort sur les marches des hospices ou des églises. En 1869, plus de 7 % des naissances enregistrées dans le pays étaient illégitimes, et un tiers de ces enfants naturels étaient abandonnés. Chaque année, la France voyait entrer dans la vie cinquante mille êtres humains privés de parents. Beaucoup étaient envoyés « en nourrice » auprès de femmes entreprenantes, les fameuses « faiseuses d'anges », qui procédaient à ce que l'on pourrait tout au mieux décrire comme des avortements postnatals, laissant délibérément mourir les charges qui leur étaient confiées [47]. Un rapport d'inspection de l'hospice de Rennes les décrivait comme « des femmes qui n'ont point de lait et sont dans la coupable habitude de se charger, sans doute à forfait, de plusieurs enfants à la fois, qui périssent presque aussitôt ».

Avant 1779, la loi obligeait les religieuses qui administraient les hôpitaux des enfants trouvés à Paris à admettre l'excédent de nourrissons venus des provinces. Cette mesure d'urgence produisit l'un des spectacles les plus étranges qui fût sur les grandes routes de France. Des ânes de bât chargés de paniers bourrés de bébés affluaient à la capitale depuis les plus lointaines provinces, de la Bretagne à la Lorraine en passant par l'Auvergne. Les conducteurs entamaient leurs voyages de quatre cent cinquante kilomètres avec quatre ou cinq bébés par panier mais, à mesure qu'ils traversaient des villes et des villages, ils faisaient affaire avec des sages-femmes et des parents. Moyennant quelques liards, ils parvenaient à caser quelques bébés de plus dans leurs paniers. Pour apaiser et faire taire leur chargement, ils remplaçaient le lait des biberons par du vin. Les bébés qui ne réchappaient pas à ces épreuves étaient jetés dans les fossés comme des pommes pourries. Arrivés à Paris, les convoyeurs étaient payés à la pièce et s'arrangeaient donc pour en livrer suffisamment afin de rentabiliser leur voyage. Mais sur dix nourrissons vivants qui atteignaient la capitale, un seul survivait plus de trois jours [48].

Ces petits êtres avinés effectuaient des trajets épiques à côté desquels les voyages que pouvaient entreprendre la plupart des adultes faisaient pâle figure. Le rôle qu'ils exercèrent dans l'histoire de France est tout à la fois microscopique et immense. Parmi les survivants de ces sinistres caravanes, certains rejoignirent sans doute l'armée de vagabonds et de journaliers qui vint grossir les faubourgs des villes industrielles et contribua à alimenter une économie française plus stable. Ces serviteurs sans terre de l'industrie connaîtraient des conditions de vie plus précaires encore que celles qu'avaient endurées leurs parents aux champs.

6

Vivre en France, II : une vie simple

LES QUELQUES VOYAGEURS qui explorèrent cette terre de désespérance fragmentée en États-villages en venaient inévitablement à se demander comment cette entité géographique que l'on appelait la France pouvait former une unité politique et économique viable. Tout compte fait, le tableau n'était peut-être pas aussi noir qu'il y paraissait ? Comme n'ont cessé de le rappeler les historiens français depuis que le fermier anglais Arthur Young entreprit en 1787, 1788 et 1789 de parcourir la France « pour s'assurer de l'état de l'agriculture [...] de cette nation », tout le monde ne croulait pas sous le faix de la misère. Toutes les villes n'étaient pas forcément des labyrinthes de « rues mal bâties, sales et puantes » (Brive) et de « ruelles remplies d'excréments » (Clermont-Ferrand). Young reconnaissait d'ailleurs à certaines de belles rues larges et « bien pavées » « avec des trottoirs de chaque côté » (Dijon et Tours). Dans les auberges du pays, les commodités n'étaient pas systématiquement des « temples d'abomination » et toutes les servantes ne méritaient pas d'être comparées à « des fumiers ambulants [1] ». Le voyageur n'avait pas forcément à endurer le martyre en prenant son repas assis sur une chaise paillée à dos droit et ne rencontrait pas partout de ces cuisines graisseuses et souillées par les chiens pour lui couper aussitôt l'appétit. Beaucoup de maisons de ferme étaient éclairées par des fenêtres, bon nombre de paysans portaient des chaussures et des bas et, si les femmes du Languedoc allaient nu-pieds, du moins avaient-elles la « superbe consolation de marcher sur de magnifiques chaussées [2] ».

Les relations d'Arthur Young, qui furent traduites en français dès 1794 et rencontrèrent un large public, demeurent néanmoins un précieux témoignage en ceci que leur auteur confrontait ses théories agronomiques aux réalités que lui renvoyaient ses sens. La découverte de la France par des gens instruits permettait de replacer l'existence précaire de la majorité de la population dans un contexte plus général, même si le pittoresque des vies individuelles se perdait souvent dans le paysage de l'abstraction économique. Ces « fumiers ambulants » étaient, après tout, des êtres humains. Ils vivaient selon les coutumes et les croyances d'une société particulière qui, aussi improbable que cela pût paraître, subsistait depuis des siècles. Cette société ne répondait certes ni aux aspirations ni aux convictions des observateurs bourgeois, mais elle était réglée par une logique et une énergie bien à elle. La population de la France n'a jamais été une masse informe de matière humaine brute, qui n'aurait attendu qu'à être restructurée par la grande machine mutante de l'intervention politique en ce peuple que nous appelons par facilité « les Français ».

*

ARTHUR YOUNG compromit sa réputation auprès des Français en choisissant le château de Combourg en Bretagne comme exemple emblématique de l'état d'ignorance et d'abandon dans lequel se trouvait le pays. Il ne pouvait se douter que le garçon élevé dans les tours de ce château deviendrait l'un des plus grands écrivains romantiques français, François-René de Chateaubriand :

> 1er SEPTEMBRE – Jusqu'à Combourg, le pays a un aspect sauvage ; la culture n'est pas plus avancée, du moins pour le savoir-faire, que chez les Hurons, ce qui semble incroyable en un pays de clôtures. Les gens sont presque aussi sauvages que leur pays, et leur bourg de Combourg est l'une des localités les plus atrocement sales que l'on puisse voir : des maisons de terre, pas de fenêtres et un pavé si raboteux qu'il entrave les passants, au lieu de les aider. Il y a un château, et qui est habité. Quel est ce M. de

Chateaubriant, le propriétaire, qui a des nerfs assez solides pour vivre au milieu de tant de saleté et de pauvreté [3] ?

Des années plus tard, Chateaubriand commenta ce passage dans ses mémoires : « Ce M. de Chateaubriand était mon père ; la retraite qui paraissait si hideuse à l'agronome de mauvaise humeur, n'en était pas moins une noble et belle demeure, quoique sombre et grave [4]. » Il s'abstint toutefois de revenir sur la description que Young donnait de son village.

Ce n'était pas là un simple mouvement d'amour-propre. Le problème était bien plus profond : comme d'autres pays, la France était désormais jugée à l'aune des valeurs de la bourgeoisie. La nation, aurait-on dit, ne pouvait se construire une identité adulte tant qu'elle n'aurait pas décrotté ses rues et ses citoyens et accédé aux bienfaits du commerce international. Entre-temps, les masses resteraient plus végétales qu'humaines :

> Chaque famille de paysans se suffit, à peu de chose près, à elle-même, produit elle-même directement la plus grande partie de ce qu'elle consomme et gagne de la sorte ses moyens d'existence dans l'échange avec la nature plutôt que dans le commerce avec la société. [...] La grande masse de la nation française est constituée par une simple addition de grandeurs de même nom, à peu près de la même façon qu'un sac rempli de pommes de terre forme un sac de pommes de terre.
>
> (Karl Marx, *Le 18 Brumaire de Louis-Bonaparte*)

L'agronome anglais était un homme perspicace qui connaissait et maîtrisait parfaitement son sujet. Sur la pelouse du château de Nangis, il enseigna au marquis de Guerchy la manière de confectionner et tasser correctement une meule de foin [5]. Il avait néanmoins les défauts de la plupart des observateurs, français et étrangers, qui tenaient la logique déroutante du quotidien pour de l'ignorance et grossissaient les difficultés des gens du peuple afin de faire valoir tout ce qu'ils avaient à gagner de la civilisation. Ces observateurs ne comprenaient pas toujours ce qu'ils voyaient.

De riches citadins du Nord s'apitoyaient sur l'état d'arriération de la moitié de la France où la charrue préhistorique ne grattait guère mieux la terre qu'une houe – pourtant indispensable sur un sol mince et pierreux. Ils plaignaient les masses entassées qui, pour toutes fenêtres, ne connaissaient que des trous percés dans le mur ou des panneaux de papier huilé – mais dans le climat chaud du Midi, les gens n'avaient nul besoin de vitres en verre fin que le vent ou la grêle auraient tôt fait de briser et étaient trop heureux d'échapper à la taxe sur les ouvertures. Ils n'avaient que condescendance pour les paysans édentés et malingres des « pays de la châtaigne », qui préféraient le fruit charnu de leurs précieuses forêts à la pomme de terre insipide et verruqueuse, et partageaient leurs méchantes masures enfumées avec leur bétail – qui leur assurait compagnie et chaleur. Ils rougissaient d'une honte patriotique à voir leurs concitoyens se rendre au marché et à l'église en portant leurs chaussures autour du cou, et des laboureurs préférer le cuir souple des pieds nus au frottement lourd d'un sabot crépi de boue [6].

Or ces manières relevaient davantage de la simplicité que de la privation et faisait même effet de vaccin contre la vraie misère. La plupart des gens guidaient leur vie en prévision de possibles revers de fortune. Tout un catalogue d'adages pessimistes les tenait en garde contre la folie de vouloir trop en faire ou de trop attendre de l'existence :

Il n'y a pas de belle journée sans nuage.
Si on n'est pas pris du loup, on l'est de la louve.
La mauvaise herbe ne périt jamais.
(Vosges)

Les maladies viennent à cheval et s'en retournent à pied.
(Flandre)

Aux pauvres gens le pain brûle toujours dans le four.
Quand vous avez une bonne soupe de faite,
le diable vient qui chie dedans.
(Franche-Comté)

Si le bon Dieu était un brave homme !
(Auvergne [7])

Comparés à la marqueterie morale des épigrammatistes parisiens, ces dictons font figure de blocs mal taillées, mais ils expriment plutôt le vécu de toute une nation que les névroses d'une petite élite. L'élite elle-même n'était d'ailleurs pas à l'abri des mauvais tours du diable. Deux ans après le dernier voyage en France d'Arthur Young, par une nuit d'été de 1791, une grosse berline verte quitta Paris par la porte de l'Est. Elle transportait un valet qui se faisait appeler M. Durand, un petit groupe de femmes et enfants et une prodigieuse quantité de bagages. Au terme d'une nuit et d'une journée de route, elle atteignit le bourg de Sainte-Menehould, en lisière de la forêt d'Argonne. Pendant que l'on changeait les chevaux, le fils du maître de poste passa la tête par la vitre et dévisagea les occupants de la voiture. Puis, sortant un assignat de sa poche, il reconnut l'homme. Trente kilomètres plus loin, à Varennes, la diligence fut arrêtée et la famille royale ramenée à Paris sous bonne escorte [8].

La chute météorique du roi Louis XVI et de Marie-Antoinette serait par la suite considérée comme une affreuse exception dans l'histoire de France. Leur petit garçon, le dauphin, fut enfermé à la prison du Temple de Paris, brutalisé par ses geôliers et mourut dans le plus sombre anonymat. Le récit de son martyre devint pourtant un mythe national, moins parce qu'il sortait tant de l'ordinaire que parce qu'il reflétait une peur très répandue et une réalité non moins répandue ; n'importe qui, fût-il prince de sang royal, pouvait se trouver réduit à des rations de prison et disparaître de la face de la terre.

*

TANT QUE LES HISTORIENS se refusaient à sacrifier leur belle vision parisianiste aux horizons plus modestes de leur ville ou village natal, le mystère devait rester entier et, pour tout dire, inaperçu : comment, dans ces conditions, une société qui était distinctement française a-t-elle pu perdurer et, plus étonnant encore, prospérer ? Peut-être aurait-il fallu formuler la question autrement : a-t-elle véritablement perduré, ou bien la pérennité d'une société *française* – plutôt que bretonne, bourguignonne, méditerranéenne ou alpine – n'est-elle qu'une illusion historique ?

Même si l'on fait abstraction des allégeances tribales de la population, de sa diversité linguistique et des dimensions continentales du pays, force est de constater que le ciment politique de son unité était remarquablement fragile. L'ordre social s'effondra dans l'ouest de la France sous la Révolution, dans certaines parties de la Provence pendant l'épidémie de choléra de 1832-1835, et était balayé à intervalles presque réguliers dans la capitale. Lyon se souleva en 1831 et 1834, et l'État dut envoyer la troupe pour mater la révolte. En 1841, à la suite d'un recensement, des rumeurs assuraient que tout serait désormais taxé, depuis les meubles jusqu'aux enfants à naître [9]. Des émeutes éclatèrent et, pendant plusieurs semaines, de grandes parties du pays, de Lille jusqu'à Toulouse, furent en proie à l'insurrection. En 1871, Paris se constitua en république populaire indépendante, le gouvernement déménagea à Bordeaux et sept autres villes proclamèrent leur indépendance [10].

Plus qu'un orage passager, la Révolution elle-même fut un véritable séisme qui suivait des lignes de faille anciennes. En 1793, alors que le pays menaçait de basculer dans l'anarchie, l'armée républicaine dut reconquérir Arras, Brest, Lyon, Marseille et Nantes, qui furent dès lors traitées comme des colonies rebelles :

DÉCRET DE LA CONVENTION NATIONALE

(Paris, 12 octobre 1793)

> La ville de Lyon sera détruite…
>
> … La réunion des maisons conservées portera désormais le nom Ville affranchie.
>
> Il sera élevé sur les ruines de Lyon, une colonne qui attestera à la postérité les crimes et la punition des royalistes de cette ville, avec cette inscription :
>
> Lyon fit la guerre à la liberté ; Lyon n'est plus.

Napoleone Buonaparte, l'étranger qui offrit le plus de victoires à la nation, savait que la cohésion de la « France » était loin d'être gagnée. Lorsque, en 1814, prisonnier des Alliés, il traversa le pays, il fut acclamé jusqu'à Nevers, hué à Moulins, à nouveau accueilli par des vivats à Lyon et il faillit bien se faire lyncher en Provence, où il jugea plus prudent de se déguiser en lord anglais, puis en colonel autrichien [11]. Napoléon estimait que le souverain rétabli sur le trône de France, Louis XVIII, devrait diriger son royaume en despote conquérant, faute de quoi « il ne ferait jamais rien de la nation française [12] ». Ce que l'on appelait la société française existait peut-être bien, mais on peine à en distinguer les caractères dans l'histoire de l'État.

Pour se forger une image plus convaincante de l'identité française, le mieux serait sans doute de prendre ses quartiers dans un village de province au printemps, à l'époque où il revient à la vie, pour observer les allées et venues de ses habitants et écouter leurs conversations.

Mais voilà : quelle région choisir ? Ce simple dilemme ne fait qu'entretenir la confusion. La France rurale se partage en trois grandes zones : l'*openfield* du Nord et du Nord-Ouest, où de longues lanières de terres cultivées rayonnent à partir d'un village compact, serré sur lui-même ; le paysage en patchwork des bocages de l'Ouest et du Centre, où les champs sont délimités par des haies et des chemins ; et les grandes étendues pierreuses à l'habitat clairsemé du Sud et du Sud-Est [13]. Chacune de ces zones présente des formes urbaines très différentes. Tantôt, c'est une ville viticole telle Riquewihr en Alsace, emmurée derrière ses vignobles et amassant de l'ombre pour ses celliers ; tantôt c'est un village provençal tel Bédoin, enroulé comme une oreille pour résister à l'onde de choc du mistral ; et tantôt encore des « villages-rues » comme Aliermont, dont les maisons, alignées sur une quinzaine de kilomètres le long de l'ancienne grand-route de Neufchâtel à Dieppe, guettent le commerce de passage comme des pêcheurs à l'affût sur une berge. S'il avait le temps de se familiariser avec la géométrie particulière du lieu, l'observateur étranger pourrait opter pour l'un des avant-postes silencieux de la Beauce, dont les toits de tuiles brunes se détachent sur la plaine et où les cours de ferme alternent avec des maisons et de soudaines échappées sur l'immensité des champs alentour ; à moins qu'il ne préfère l'une de ces colonies éparses du Forez et de l'Auvergne orientale, où les différentes parties du village semblent avoir surgi dans d'anciennes clairières, et qui demeurent plus étroitement rattachées au champ qui s'étire devant leur porte qu'à l'église arbitraire et à la mairie indifférente.

Ces divers types d'habitat correspondent à des modes de vie qui, pour être différents, ne sont pas fondamentalement dissemblables. Tous sont façonnés par la campagne immédiate et, dans une moindre mesure, par leurs plus proches partenaires commerciaux. Beaucoup ont conservé une allure défensive, bien que leur sphère d'activité s'étende maintenant bien au-delà des anciens anneaux concentriques que formaient autrefois les barrières d'octroi, le périmètre des jardins, la ceinture de champs de blé et l'horizon boisé. Aujourd'hui, mis à part les portes et fortifications restaurées, ils ne sont plus défendus que par des chiens aboyants, des gendarmes couchés et des panneaux priant les automobilistes de ne pas écraser les enfants du village. Entre sept et neuf heures du matin, Aliermont se vide vers Dieppe et son usine de montage automobile ; la « route des vins » qui traverse Riquewihr déverse un flot ininterrompu de véhicules en direction de Colmar et Mulhouse ; les écoliers de Bédoin migrent pour la journée à Carpentras, à bord d'un autocar rapide qui fonce sur les petites routes. Il y a deux siècles, l'essentiel du trafic s'écoulait en sens inverse : les jours de marché, on voyait passer des paysans avec de petits chargements de légumes ou de combustible, une bête à vendre et une soif de nouvelles et de ragots. L'heure de pointe commençait avant l'aube. À Mars-la-Tour, sur la route de Metz, Arthur Young entendait le berger du village souffler dans sa corne à quatre heures du matin, « et c'était drôle de voir chaque porte vomissant ses porcs ou ses moutons, ainsi que quelques chèvres, et le troupeau s'accroissant à mesure qu'il avançait [14] ».

En regardant les essaims d'hommes et de femmes converger vers un marché avec leurs « fardeaux assez légers » – un panier de pommes, un plateau de fromages à l'aspect douteux ou un simple chou – Arthur Young savait qu'il observait les effets d'une maladie nationale : une « propriété foncière [...] morcelée à l'excès [15] ». Or, cette parcellisation du territoire était aussi son élément unifiant. Même après que la Révolution eut appris à ces petits univers qu'ils appartenaient à la même patrie, ce morcellement « à l'excès » des terres serait peut-être leur planche de salut.

*

LE MEILLEUR POSTE d'observation des effets de ce morcellement – parce que le créateur du lieu l'avait voulu typique – pourrait bien être une petite ville marchande des franges occidentales de Normandie. Dans *Madame Bovary*, roman de « la vie provinciale », le Yonville-l'Abbaye de Gustave Flaubert s'étire le long d'une petite rivière « comme un gardeur de vaches qui fait la sieste au bord de l'eau ». Le village est entouré d'une petite conurbation de chaumières et de cours encombrées de « pressoirs, charretteries et bouilleries » et de quelques maigres arbres fruitiers. Au centre, on trouve une forge de maréchal-ferrant, un atelier de charron, une maison blanche plantée au milieu d'un rond de gazon (« c'est la maison du notaire et la plus belle du pays »), une église moisie, une mairie « construite sur les dessins d'un architecte de Paris », un toit de tuiles soutenu par des poteaux qui fait office de halle, l'auberge du Lion d'or et quelques boutiques. Le marchand de nouveautés et l'apothicaire se piquent d'élégance ; les autres commerces ne sont guère que des ateliers et devants de porte.

Le nouveau docteur occupe « l'une des maisons les plus confortables d'Yonville », fournie d'une buanderie, d'une cuisine avec office, d'un salon de famille et d'une tonnelle au bout du jardin. La personne qui avait conçu cette magnifique résidence était un médecin polonais aux idées « extravagantes » qui a fui le village pour ne plus jamais reparaître. L'épouse de son remplaçant, Emma Bovary, est petite-fille de berger et fille de paysan, mais de son éducation au couvent, elle a gardé des goûts au-dessus de sa condition et trouve la maison petite et déprimante.

Depuis 1835, Yonville est relié au monde extérieur par une route. Des charretiers qui transportent des marchandises entre le port de Rouen et les Flandres l'utilisent parfois comme raccourci. Il y a même une diligence quotidienne pour Rouen, « un coffre jaune » porté par deux grandes roues qui coupent la vue et éclaboussent les passagers de boue. Le postillon de l'Hirondelle complète ses revenus en assurant quelques menues livraisons de produits de la ville : il ramène des rouleaux de cuir au cordonnier, des bonnets à la modiste, de la ferraille au maréchal et des harengs à sa maîtresse. En dépit de ces marques de progrès, le village reste prisonnier volontaire de son environnement. Il se blottit entre des terres arables et des pâturages, mais,

> au lieu d'améliorer les cultures, on s'y obstine encore aux herbages, quelque dépréciés qu'ils soient, et le bourg paresseux, s'écartant de la plaine, a continué naturellement à s'agrandir vers la rivière.

Un bourgeois progressiste comme le pharmacien local, M. Homais, qui ne vit pas directement de la terre, a beau jeu de s'amuser de la sottise des paysans : « Plût à Dieu que nos agriculteurs fussent des chimistes, ou que du moins ils écoutassent davantage les conseils de la science ! » Mais bonifier la terre coûte cher et les bêtes sont une compagnie réconfortante. Un paysan pourrait investir en engrais et améliorer son rendement de céréales, mais pourquoi risquerait-il son gagne-pain sur un marché changeant [16] ? Le cours du blé est encore plus capricieux que le temps. Un cochon à la soue vaut mieux que la promesse d'un négociant de la ville.

Seuls les gens disposant de plusieurs moyens de se nourrir se permettraient de railler leurs semblables « ancrés dans leurs vieilles habitudes ». Les petits propriétaires terriens d'Yonville avaient une bonne raison de jouer la prudence. Vers l'époque où le romancier situe son intrigue, une femme du bourg de Ry, qui semble avoir inspiré à Flaubert son Yonville-l'Abbaye, allait se lamenter auprès des autorités parce qu'elle-même et ses enfants mouraient de faim [17].

S'ils avaient été mieux reliés à la ville de Rouen, elle-même raccordée à Paris et aux ports de la Manche par la Seine, Yonville ou Ry auraient davantage souffert des pénuries et de l'agitation sociale. En temps de troubles, les villes et villages qui se trouvaient dans la zone d'approvisionnement des métropoles étaient saignés à blanc par les intendants militaires et les populations civiles [18]. Le progrès agricole laissait certes entrevoir des perspectives de bénéfices et encourageait à investir, mais il menaçait aussi d'amplifier la demande et de faire apparaître un réseau de transports capable d'engloutir en un rien de temps toutes les récoltes d'un canton. Les producteurs de blé et de vin, plus ouverts sur l'extérieur, étaient aussi plus vulnérables au changement. Les régions les plus pauvres du midi de la France dont la principale denrée de base, la châtaigne, revenait trop cher à transporter et n'était pas très demandée, ne risquaient pas de voir disparaître leurs réserves d'hiver. Les communes de contrées isolées, comme la Gâtine dans le Poitou, n'étaient pas aussi bêtes que le croyaient les agents de l'État qui, au lendemain de la Révolution, vinrent reconstruire leurs infrastructures et constatèrent que « dès qu'une bourgade, une ville même, se croyait menacée, elle coupait tous ses ponts [19] ».

Avant l'arrivée du chemin de fer, l'isolement économique était tout à la fois une faiblesse et une force. C'était grâce à sa fragmentation et à son organisation tribale que le pays avait surmonté ses divers épisodes de désintégration partielle. Flaubert lui-même habitait dans une grande maison de Croisset, en bordure de Seine, à cinq kilomètres en aval de Rouen. Le hameau se trouvait sur l'un des grands axes de l'histoire européenne : il avait vu passer des missionnaires chrétiens, des envahisseurs vikings et des pirates normands. En 1840, il avait vu, aussi, le navire qui ramenait les cendres de Napoléon sur le sol français. De son pavillon au bord de l'eau, Flaubert observait le passage des plaisanciers et la navette des vapeurs et péniches entre Paris et Le Havre. Puis, par un jour de l'hiver 1870, il aperçut, « sur le chemin de halage du Croisset, briller au soleil la pointe d'un casque prussien [20] ». Pendant un mois et demi, les soldats ennemis réquisitionnèrent sa villa, burent son vin et lurent ses livres. La guerre franco-prussienne fut pour le romancier un naufrage personnel et financier. Il termina ses jours presque ruiné, ayant prêté la quasi-totalité de son héritage au mari de sa nièce, un importateur de bois rouennais dont l'affaire avait périclité pendant la guerre.

Entre-temps, dans le village de Ry, la vie suivait son cours paisible et routinier. À l'époque où la maison de Flaubert était occupée par les Prussiens, Ry possédait un bureau de poste, une petite filature et un bureau de bienfaisance où l'on distribuait des aumônes aux pauvres. Le pharmacien, M. Jouanne, avait même fondé une « Maison rurale », où l'on enseignait aux enfants des rudiments d'agriculture. « L'homme des champs ne connaît rien à la composition des engrais, décréta-t-il dans un journal social progressiste. Les notions les plus élémentaires de physique et de chimie agricole lui sont complètement étrangères [21]. » Le progrès ne troublerait cependant en rien la tranquillité du village. Il y aurait toujours des gens comme la vieille paysanne de *Madame Bovary* pour se prévaloir de plus d'un demi-siècle de services dans la même ferme et penser que le meilleur usage à faire de son argent était de le donner au curé pour qu'il lui dise des messes.

*

À L'HEURE OÙ NOMBRE de petites communautés cherchent à se protéger des effets de la mondialisation des échanges et des migrations économiques, il n'est pas totalement invraisemblable de penser que l'activité fourmillante de la paysannerie a davantage contribué à cimenter la France que les projets d'aménagement de Napoléon Bonaparte, de Napoléon III ou de François Mitterrand. Bien avant les grands travaux d'assèchement des marais sous le Second Empire (voir p. 341), le territoire était déjà défriché et colonisé, pied à pied, par les fermiers, métayers, journaliers et glaneurs qui composaient la majorité de la population.

Les trois millions d'individus que les administrateurs croyaient incurablement inefficaces se livraient à cette mystérieuse activité que l'on appelait « la débrouille ». Le concept économique le plus proche serait sans doute celui de « subvention croisée ». Mis à part les maréchaux-ferrants, rares étaient ceux qui arrivaient à joindre les deux bouts avec un seul métier. Un paysan propriétaire de son lopin louait volontiers ses bras à la journée chez un voisin. Un vigneron était parfois aussi tisserand. Dans les Alpes, un seul et même homme exploitant de minuscules parcelles à différentes altitudes selon les périodes de l'année était tout à la fois maraîcher, producteur de fruits, vigneron, éleveur de moutons, marchand de bois et négociant en peaux et cornes. Bergers et bergères ne manquaient pas de temps pour s'occuper à toute une palette d'autres activités : ils confectionnaient des fromages (tradition qui est d'ailleurs restée), tissaient des chapeaux de paille, tricotaient des vêtements, sculptaient le bois, chassaient, faisaient de la contrebande, élevaient des chiens, cherchaient des pierres précieuses, servaient de guides aux soldats, explorateurs et touristes, composaient des chansons et des histoires, jouaient de divers instruments (car, disait-on, la musique « distrait les moutons et éloigne les loups [22] ») et certains, telles Jeanne d'Arc et Bernadette de Lourdes, faisaient même office de messagers entre ce bas monde et l'au-delà.

Chaque commune était une encyclopédie vivante de métiers et de savoir-faire. En 1886, la plupart des huit cent vingt-quatre habitants de Saint-Étienne-d'Orthe, bourgade accrochée sur un coteau des environs de l'Adour, tiraient leur subsistance de la terre. Sur les deux cent onze actifs, soixante-deux pratiquaient une autre profession : on recensait trente-trois couturières et tisseuses, six menuisiers, cinq pêcheurs, quatre aubergistes, trois cordonniers, deux bergers, deux forgerons, deux meuniers, deux maçons, un boulanger, un rempailleur de chaises, et une sorcière (parfois bien utile, faute de médecin), mais ni boucher ni commerçant, mis à part deux épiciers [23]. Outre ces industries locales et les services des marchands itinérants (voir p. 193), on trouvait presque toujours dans les villages un ramasseur de serpents, un ratier expert dans l'art de chasser les rongeurs à l'aide de furets dressés, et un taupier qui posait des pièges ou guettait sa proie armé d'une pelle [24]. Il y avait encore des *rebilhous*, chargés de crier les heures de la nuit, des « cendrillons » qui récupéraient les cendres et les vendaient au marché pour la lessive, des *tetaïres* qui se substituaient au tire-lait en tétant les jeunes mères afin de hâter les montées de lait, et bien d'autres spécialistes que les agents recenseurs inscrivaient sous la rubrique des « métiers inconnus » ou des « sans profession » – regroupant généralement les gitans, les prostituées et les mendiants [25].

Comme l'apprit le paysan breton Déguignet aux dépens des âmes charitables, la mendicité était un métier à part entière. Les mendiantes vendaient leur silence aux gens respectables en les harcelant en pleine rue de commentaires obscènes et ragots compromettants. Elles empruntaient des enfants malades ou difformes, se confectionnaient des blessures d'un réalisme criard à base de jaune d'œuf et de sang séché, frottant du jaune sur des éraflures pour parfaitement simuler d'affreuses croûtes. En 1787, un juge de Rennes signala dans sa ville « un faux vieillard affublé d'une bosse et d'un pied bot factices, un autre homme qui réussit à se noircir un œil afin de donner une impression terrifiante et convaincante d'être aveugle, et un autre encore qui savait imiter tous les symptômes de l'épilepsie [26] ». Les mendiants ne méritaient pas leur surnom de « rois fainéants » car, comme le souligne Déguignet dans ses mémoires, ce n'était pas une mince affaire que de se cacher derrière une haie pour se fabriquer un moignon ou « une jambe horriblement enflée et couverte de pourriture [27] ».

Ces métiers rustiques se retrouvaient également en ville. Dans les années 1850, l'un des premiers anthropologues amateurs de Paris, l'écrivain antillais Privat d'Anglemont, entreprit d'expliquer comment des millions de Parisiens commençaient leur journée sans savoir comment ils allaient survivre, « et cependant, tout ce monde-là fini[ssait] par manger ou à peu près ». Il constitua ainsi un précieux répertoire de métiers méconnus : un éleveur d'asticots pour pêcheurs qui amassait dans sa mansarde des cadavres de chats et de chiens ; des réveilleuses, dont les plus rapides pouvaient réveiller jusqu'à vingt clients dans un quartier densément peuplé ; des « anges gardiens » payés par les restaurants pour raccompagner les ivrognes chez eux ; un ancien chasseur d'ours des Pyrénées qui exterminait les chats ; un chevrier du Limousin qui soignait son troupeau dans son taudis du quatrième étage au cœur du Quartier latin [28].

À partir du moment où chacun dut décliner sa profession sur un acte de naissance ou un formulaire de recensement, les Français commencèrent à apparaître comme les membres d'une société organisée, efficace et hautement spécialisée, qui répartissaient leurs efforts en fonction des besoins. Mais il aurait fallu pour cela un niveau de cohésion économique tel que le pays n'en connut pratiquement pas avant la Première Guerre mondiale. La prolifération des petits métiers dans une commune pouvait passer pour un signe de prospérité, mais elle trahissait tout autant la nécessité de tout produire sur place et l'incapacité des habitants à s'acquitter de leurs impôts, sauf à vendre des produits manufacturés. L'industrie à grande échelle se cantonnait à quelques régions et à des vallées noircies par le charbon (voir p. 337). Jusqu'à la fin du XIXe siècle, les voyageurs français passant par les infernales conurbations industrielles de la Grande-Bretagne avaient l'impression d'avoir changé de planète. En cette seconde moitié de XIXe siècle, la grande majorité des usines de France étaient des entreprises familiales, les hauts-fourneaux trônaient au cœur des villages et les manufactures de textile sortaient à peine de l'artisanat. Dans les années 1860 encore, on comptait en moyenne trois artisans pour un ouvrier d'usine.

La réalité était toutefois moins tranchée que le suggèrent les registres de recensement. Le « système débrouille » reposait en grande part sur des maladresses, à-peu-près, improvisations, bluff et impostures. Un professeur d'histoire aveyronnais qui explora son département en 1799 constata que l'art du potier était toujours « embryonnaire ». Les gens tissaient des vêtements mais sans le savoir-faire des vrais tisserands. Les bâtisseurs étaient des touche-à-tout dénués de véritable compétence. Des charpentiers n'avaient jamais vu un rabot ou un ciseau à mortaise de leur vie, des maréchaux ferraient les mulets de fers trop lourds et se mêlaient de réparer les horloges, des bergers marquaient leurs moutons au goudron indélébile, et des cuisiniers ne savaient préparer qu'un seul plat, noyant de prodigieuses quantités de viande dans le sel et les épices [29].

Pas plus que l'essentiel des travaux agricoles, ces activités annexes ne se pratiquaient aux cadences des chaînes de montage. Les délais étaient dictés par les rythmes des jours et des saisons. Aux temps de la moisson, un journalier pouvait travailler quinze heures par jour, mais à d'autres périodes il n'était occupé que huit heures, voire moins. Dans l'Indre, en pleine saison agricole, les champs bruissaient d'activité de six heures du matin à sept heures du soir, mais en milieu de journée, ils étaient déserts pendant trois heures. La sieste n'était pas l'apanage du Midi écrasé de soleil. Très peu de tâches exigeaient des efforts pénibles et soutenus, ce qui, si l'on en juge par leur régime alimentaire (voir p. 375), aurait d'ailleurs été au-delà des forces physiques de la majorité des paysans.

Le calendrier des semaines, des mois et des années ne ressemblait pas pour autant à un mur de prison percé de minuscules fenêtres de repos. Les travaux de la ferme ne prenaient généralement pas plus de deux cents jours par an. Les ouvriers d'usine travaillaient rarement plus de deux cent soixante jours. Une année type était entrecoupée de plusieurs fêtes religieuses (la Semaine sainte, Pâques, le solstice d'été, la Toussaint, Noël, le Nouvel An, et trois jours de carnaval), auxquelles venaient s'ajouter le pique-nique du pèlerinage annuel, la fête du saint tutélaire du village, qui pouvait se prolonger pendant trois jours, puis celle du village voisin, des marchés et des foires au moins hebdomadaires et une bonne dizaine de réunions de famille. Dans pratiquement toutes les provinces, une vieille superstition voulait qu'il vaille mieux ne rien faire le vendredi. On s'abstenait donc de commencer la moisson ou un nouveau bâtiment, conclure des affaires, semer une terre, tuer le cochon, ajouter une bête au cheptel, curer une étable, creuser une tombe, changer les draps, faire la lessive, cuire son pain, partir en voyage, rire ou accoucher… Entreprendre quoi que ce fût un vendredi revenait à narguer le sort. La chemise lavée un vendredi deviendrait un linceul. Le dimanche était naturellement le jour de repos total [30]. Si un homme allait pêcher un dimanche, ses enfants risquaient de naître avec une tête de poisson [31].

Une comptine entendue à Matignon, en Bretagne, montre qu'entre toutes ces bonnes excuses et au bon moment de l'année, la semaine de travail pouvait filer comme un voleur :

> Lundi et mardi, fête ;
> Mercredi, je n'pourrai y être ;
> Jeudi, l'jour de Saint-Thomas ;

Vivre en France, II : une vie simple

Vendredi, je n'y serai pas,
Samedi, la foire à Plénée :
Et v'là toute ma pauv' semaine passée [32] !

*

N'IMPORTE QUEL habitant de province aurait vu dans le présent ouvrage l'équivalent d'une histoire du monde dans laquelle son village ne ferait qu'une brève apparition. Mais si une machine à remonter le temps ramenait un Français du XXIe siècle dans un *pays* donné à un moment donné avant la Première Guerre mondiale, notre homme serait à coup sûr tout aussi désorienté.

Un voyageur moderne qui se serait assoupi au bord d'un talus et réveillé deux siècles plus tôt aurait sous les yeux un paysage très similaire, à ceci près qu'il lui paraîtrait être resté longtemps à l'abandon. Les cultures seraient moins hautes, encombrées de chaumes et de mauvaises herbes et bourdonnantes d'oiseaux et d'insectes. En fait de route, un chemin défoncé creusé entre deux fossés filerait plus ou moins vers le clocher le plus proche, mais on le distinguerait à peine de tous les autres sentiers à travers champs. Il verrait moins de parallélogrammes boisés aux contours nets et l'ordonnancement de haies, étangs et hameaux lui paraîtrait plus aléatoire. La scène lui évoquerait de petits espaces minutieusement entretenus et une plus grande vulnérabilité aux éléments. En l'absence des silos, lignes électriques et sillages de vapeur jalonnant la vaste géométrie des parcelles, l'habitat humain semblerait tapi dans le paysage.

En lieu et place du tracteur solitaire, il distinguerait des silhouettes couleur de terre s'affairant au rythme d'un troupeau. En y regardant de plus près, ces machines humaines lui apparaîtraient bien mal entretenues. Il ne saurait leur donner un âge. Au milieu du XIXe siècle, plus d'un quart des conscrits qui se présentaient en tenue d'Adam devant le conseil de recrutement militaire étaient en effet jugés inaptes au service pour « infirmité ». Les causes de réforme allaient de la « constitution chétive » à la perte ou la paralysie d'un membre, en passant par la myopie et autres maladies des yeux, les hernies et affections génitales, la surdité, le goitre, les écrouelles et les congestions respiratoires et pulmonaires. Sur un contingent type de deux cent trente mille hommes, près d'un millier furent refusés pour cause d'imbécillité ou d'aliénation mentale, deux mille étaient bossus et près de trois cents avaient soit les jambes torses soit un pied bot [33]. Cinq sur cent étaient trop petits (moins d'un mètre cinquante), et plus de quatre pour cent souffraient d'affections non précisées parmi lesquelles probablement la dysenterie et de virulentes infestations de poux. Pour des raisons évidentes, les candidats atteints de maladies infectieuses n'étaient pas examinés et ne figurent pas dans les statistiques.

C'était encore là la partie la plus saine de la population – des jeunes gens d'une vingtaine d'années. La condition physique des autres aurait eu de quoi pousser le voyageur à douter de tout ce qu'il avait pu glaner sur le passé dans les livres, musées et tableaux – jusqu'à ceux des peintres réalistes. Le *Semeur* de Jean-François Millet est un athlète olympique et son *Homme à la houe*, appuyé sur son outil, est plus fatigué qu'impotent. Les paysannes de Jules Breton ont toutes la cheville fine, la poitrine plantureuse et des jupes immaculées. Aucun des deux *Casseurs de pierres* magnifiquement déguenillés de Gustave Courbet n'a été éborgné par un éclat de pierre ; les heures de coups de pioche éreintants ne leur ont pas usé les articulations et ils travaillent dans un environnement dépoussiéré. Jamais ces toiles agrestes ne dépeignent de laboureur estropié, de maréchal-ferrant rachitique, de couturière myope. Et, bien entendu, aucune ne restitue les effluves de transpiration et de laine mouillée, de fromage et de chou pourri, pas plus que la topographie complexe des odeurs fraîches et fétides qui guidaient l'aveugle vers le village le plus proche et lui indiquaient le moment où il s'éloignait de son pays.

À première vue, les silhouettes courbées sur la glèbe sont plus imposantes que celles des tableaux. Elles ont des hanches assez larges pour repousser l'arrière-train d'une vache, et des bras et une nuque assez musclés pour soulever trente à quarante kilos. (On disait dans les Alpes que pour porter une charge, deux femmes valaient un mulet.) Leur robustesse est toutefois trompeuse. Leur force leur vient de l'habitude et de la répétition d'un répertoire limité de gestes. Les visages livrent une tout autre histoire. Si l'une de ces silhouettes vivantes se retournait, le voyageur découvrirait ce que le lieutenant-colonel Pinkney appelait férocement « une Vénus à la face de vieille guenon [34] ».

À en juger par les réactions des voyageurs contemporains, notre homme du XXIe siècle serait surtout surpris par la supériorité numérique des femmes dans les champs. Jusqu'à la fin du XIXe siècle environ, dans presque toute la France, sauf sur le littoral de Provence (mais pas à l'intérieur des terres), le Nord-Est et une étroite bande courant du Poitou à la Bourgogne, au moins la moitié des travailleurs de plein air étaient des femmes. Et dans bien des régions, c'étaient elles qui abattaient le plus de besogne [35].

Cette simple évidence fut bientôt gommée des histoires de France écrites par des auteurs qui soit n'avaient jamais mis les pieds à la campagne, soit jugeaient futile de distinguer les pommes de terre d'un même sac (voir p. 125). De la vallée de la Loire jusqu'aux Alpes et en Corse, les femmes labouraient, semaient, récoltaient, sarclaient, battaient le blé, glanaient et ramassaient du bois, soignaient les bêtes, cuisaient le pain, nourrissaient les hommes et les enfants, entretenaient leur intérieur (« mal », précise une enquête de 1802 sur le sud de la Normandie [36]) et donnaient naissance à de nouvelles bouches affamées. De toutes leurs attributions, les charges domestiques étaient les moins pénibles. Fait révélateur, c'était au premier chef en Provence, où les femmes étaient plus nombreuses à ne se consacrer qu'aux soins du ménage, que les maisons étaient hantées par des esprits familiers [37]. Ceux-ci faisaient la lessive, les lits et vidaient les pots de chambre*, mais laissaient

* En 1887, en manière d'exorcisme, un curé des environs de Toulon recommanda à l'une de ses ouailles de répandre le soir des petites lentilles sur son sol. Au matin, les lentilles étaient toujours là : l'esprit, « dégoûté par ce surcroît de travail », avait renoncé à les ramasser et quitta la maison.

volontiers les travaux de force aux vivants. Tout le long de la côte atlantique, des femmes labouraient, égorgeaient les animaux et sciaient du bois tandis que leurs hommes se prélassaient au soleil, étendus sur des tas de bruyère [38]. En Auvergne, elles se levaient plus tôt et se couchaient plus tard que leurs maris car il leur fallait dégager la neige, traire les vaches, nourrir le cochon, puiser de l'eau, faire le fromage, peler et bouillir les châtaignes et filer le lin [39].

Certaines tâches, comme la corvée d'eau, incombaient traditionnellement aux femmes. Très peu étaient en revanche strictement masculines. À Granville, sur la péninsule du Cotentin, les femmes pêchaient, réparaient les bateaux et travaillaient comme dockers et charpentiers [40]. Dans les Alpes, on les attelait avec des ânes, on leur faisait parfois tirer la charrue, quand on ne les prêtait pas à des voisins pour d'autres travaux de trait [41]. Après une chute de neige, on les voyait répandre de la terre noire au sol pour hâter la fonte, et traîner des paniers de terreau vers des champs si pentus que par grand vent, même les bêtes n'y tenaient pas debout.

Le rapport sur le sud de la Normandie suggérait avec quelque cruauté que si les femmes étaient traitées comme des bêtes de somme, c'était parce que leur vie de labeur leur avait volé leur beauté : une créature tannée par le soleil et percluse d'arthrite n'avait rien de très agréable à regarder, autant donc valait la mettre au travail [42]. Dans les sociétés patriarcales de pays comme le sud de l'Auvergne, les femmes semblaient former une caste à part. Il ne subsiste que peu de traces de la justice tribale dans les documents officiels, mais si l'on en croit certaines anecdotes, une femme née dans le Velay, le Vivarais ou le Gévaudan avait plus de chances que d'autres de se faire battre et violer en toute impunité, ou encore d'être vendue comme épouse esclave dans le seul but d'agrandir une propriété [43]. Plus au nord, le statut des femmes transparaissait dans les modes d'adresse en usage : le mari tutoyait ses bêtes, ses enfants et sa femme, mais elle était tenue de le vouvoyer. Dans bien des régions, alors que la naissance d'un garçon était saluée par des coups de feu et une volée de cloches, l'arrivée d'une fille était perçue comme un non-événement qui était plus source d'embarras que de réjouissances [44].

Des centaines d'adages misogynes de toutes les provinces de France semblent confirmer cette image de société barbare peuplée de brutes épaisses, inutiles et sarcastiques :

L'avoine aux chèvres, le vin aux femmes, c'est du bien perdu [45].
(Vosges)

Marie ta fille au loin et porte ton fumier tout près [46].
(Vexin, Normandie)

Mort de femme et vie de cheval font l'homme riche [47].
(Bretagne)

Un homme a deux bons jours dans sa vie :
quand il prend femme et quand il l'enterre [48].
(Provence, Languedoc, Gascogne, Pays basque)

Aucun équivalent féminin de ces dictons sexistes ne nous est parvenu, ce qui n'a pas grand-chose de surprenant sachant que presque tous les recueils de proverbes ont été compilés par des hommes. D'autres maximes populaires traduisaient en revanche un certain malaise à l'égard de la solidarité féminine : « À la fontaine, au moulin, au four et au lavoir, les femmes disent tout » ; « Quand la femme revient du ruisseau, elle mangerait l'homme tout vif [49]. »

N'importe laquelle de ces solides paysannes aurait pu expliquer que rien de tout cela n'était tout à fait vrai. Elles travaillaient parce que les hommes passaient l'été en alpage, étaient en mer ou avaient entrepris un tour de France de sept mois pour colporter des babioles dans un panier d'osier. Lorsqu'ils rentraient au port ou dans leurs montagnes, leurs épouses avaient naturellement pris les choses en main. Elles géraient la ferme, réparaient les bâtiments, négociaient avec les propriétaires et les autorités, traitaient avec les marchands. Elles étaient souvent les premières à migrer vers la ville ou à descendre dans la plaine, et les premières aussi à créer une économie industrielle en vendant leurs produits aux marchands ambulants. Beaucoup n'avait aucune raison particulière d'attendre le retour de leur homme. Dans les magazines, les publicités et les conversations, les femmes françaises sont encore systématiquement associées à leur mari et à leurs enfants. Or, les recensements du XIXe siècle nous apprennent que plus d'un tiers des femmes étaient célibataires et que 12 % des plus de cinquante ans ne s'étaient jamais mariées.

La métonymie désinvolte désignant toute une population par « les hommes » est ici particulièrement malvenue. Il n'est pas exagéré de dire que l'économie essentiellement rurale de la France tournait en grande partie grâce aux femmes. Cela pourrait expliquer pourquoi les Françaises étaient réputées trop puissantes, alors qu'à travail égal elles gagnaient moitié moins que les hommes, et jeter un éclairage sur l'excessive sévérité des réformes anti-féministes de Napoléon et de la Restauration. Le Code civil de 1804 niait au sexe faible le droit de disposer librement de ses biens. En 1811, le Code pénal légitima le meurtre des femmes adultères. Les mœurs étaient toutefois suffisamment libres pour tolérer les nombreuses unions libres, voire, dans certaines communautés, les relations sexuelles avant le mariage. « Jamais fille qui s'est fait trousser le cotillon n'a déshonoré une maison [50] », disait-on en Savoie.

Pour les observateurs extérieurs, les interprétations à contresens étaient inévitables. Les bourgeois voyaient des créatures crottées gratter la terre courbées en deux, les fesses en l'air, et, aveugles à la beauté de leur solide constitution, les comparaient à leurs propres épouses au port fier et à la peau parfumée [51]. Ils s'offusquaient qu'en manière de galanterie, les amoureux échangent des bourrades et se jettent des cailloux, et ils auraient sans doute ri d'entendre leurs mots tendres [52]. Dans l'un des rares billets doux connus, écrit sur une carte postale du début du XXe siècle dans une orthographe presque indéchiffrable, un paysan de Vendée complimentait en patois maraîchin sa fiancée, « *d'ine si baëlle fraichur qu'y paeu ja meille t'quimparerr qu'à t'chié chimps d'junes chaoux avin qu'les ch'neuilles y seillejin passer** [53] ».

* « d'une si belle fraîcheur que je ne peux te comparer qu'à un champ de jeunes choux avant que les chenilles y soient passées ».

Des esprits patriotes mettaient les mauvais traitements infligés aux femmes sur le compte des influences étrangères, tout comme beaucoup de Français restent aujourd'hui persuadés que la plupart des violences conjugales sont le fait d'immigrés [54]. Dans tout ce qu'ils contemplaient, leur grille de lecture était faussée par leur méconnaissance de la vie quotidienne dans leur propre pays. Si les Bretonnes restaient debout pendant que leur mari mangeait, ce n'était pas parce qu'elles étaient esclaves mais parce que leurs galettes de sarrasin se tenaient beaucoup moins bien lorsqu'elles étaient empilées toutes à la fois sur la table. Et si les femmes passaient leurs soirées à travailler ensemble dans une grange, ce n'était pas l'expression d'une quelconque discrimination : elles préféraient simplement rester entre elles et s'en trouvaient plus efficaces. Selon Pierre-Jakez Hélias, l'écrivain breton élevé en pays bigouden, une femme qui marchait derrière son mari dans la rue n'était pas une servante suivant son maître mais une gardienne de bétail veillant à ce que l'animal reste sur le droit chemin au lieu de dévier pour rejoindre ses amis à l'estaminet du coin[55].

Jean-Marie Déguignet, le paysan bas-breton, avait été témoin aux quatre coins de la Bretagne patriarcale de scènes qui semblent bien indiquer que toutes les femmes n'étaient ni soumises ni maltraitées. À l'époque de l'année où les « meilleurs gars » travaillaient dans la lande, certaines se livraient à un jeu appelé « mettre le *kaoc'h* et la *goaskerez* aux grands gars ». À midi, quand les hommes dormaient, quatre ou cinq coquines en repérait un isolé, l'immobilisaient à terre et lui emplissaient le pantalon de boue ou de bouse de vache :

> Cela s'appelait *lakad ar kaoc'h* et ne faisait pas grand-mal au patient, mais l'autre jeu était pire ; ici, la femme restée libre préparait un gros bâton fendu, puis dans cette fente qu'elle ouvrait avec ses deux mains comme on ouvre un piège, elle introduisait les « *organis generationis ex pace per hominis* ». Cela s'appelait *lakad ar woaskerez.* Et cela se pratiquait en plein jour et en plein champ devant tout le monde, devant des bandes d'enfants qui applaudissaient et riaient aux éclats [56].

Si les conventions avaient permis aux peintres de représenter une volée de femmes s'abattant sur leur victime pour lui

« mettre la pression », les musées de la vie quotidienne en seraient peut-être moins mornes.

*

LES SCÈNES de ce genre viennent fort opportunément nous rappeler que les rencontres fortuites sont parfois plus édifiantes qu'un millier de statistiques et de rapports écrits. Malheureusement, presque toutes les silhouettes lointaines mentionnées dans les récits de voyageurs, qui par quelques mots ou gestes auraient pu dissiper des malentendus, ne restent que de points dans le paysage. Il arrive cependant que l'une de ces silhouettes se rapproche suffisamment pour être vue et entendue.

Une femme anonyme nous est présentée à travers une brève conversation et une description de son visage. Nous savons également où et quand la rencontre a eu lieu : sur une longue côte des environs de Dombasle, près de la forêt d'Argonne, au début de l'été 1789. C'est l'une des frontières intérieures naturelles de la France, où le plateau de la Champagne descend vers la Lorraine et plonge vers la vallée du Rhône. L'Argonne séparait autrefois le territoire d'une tribu gauloise de celui de ses voisins. Par la suite, elle marqua la frange occidentale du royaume de Lotharingie, pris sur l'empire de Charlemagne en vertu du traité de Verdun de 843. En cette fin de XVIIIe siècle, des parties de l'ancienne forêt ont été déboisées et asséchées par des verriers, des charbonniers, des scieurs de long et des tuiliers, mais ses immenses tranchées et talus dressent toujours une barrière de quinze kilomètres de large entre la France et ses ennemis de l'est.

La femme en question vient de la Champagne dite « pouilleuse ». Elle n'a sans doute pour toute instruction que le catéchisme et quelques prières et légendes apprises auprès d'une vieille femme qui vivait de la charité de ses voisins. Depuis l'âge de sept ans, elle gardait probablement les bêtes à la ferme de ses parents. Elle avait peut-être dix-neuf ans lorsqu'elle devint nubile et moins de vingt ans quand elle tomba enceinte.

Certaines femmes ne se marient jamais. Beaucoup vivent avec un homme qui n'a de mari que le nom. Les mariages et les documents officiels coûtent cher, et une jeune fille peut passer dix années d'esclavage à essayer de se constituer un petit trousseau de meubles et de linge et une dot de quelques pièces d'or. Des campagnardes sont parties à la ville et ont vécu dans des mansardes, des caves et même des placards, et sont revenues avec un bébé qui n'avait pas de père. Certains employeurs ont renvoyé la bonne avant de lui régler ses gages annuels, à l'automne. Les filles embarrassées doivent souvent répondre à toutes sortes de questions du magistrat sur le père absent au moment où les douleurs de l'enfantement risquent de faire éclater la vérité [57].

Pour ces raisons et bien d'autres, elle se marie, avec très peu de biens à son nom. Lors de sa nuit de noces, les jeunes du village de son mari enfoncent la porte, à la manière traditionnelle, forcent les époux à boire du vin épicé dans un pot de chambre et inspectent les draps pour chercher des signes porte-bonheur pour le couple [58]. Un enfant naît avant même que le bouquet d'épines et de fruits de la mariée ne soit tombé en poussière. Comme le dit le proverbe, « les femmes accouchent au bout de trois mois, mais seulement la première fois [59] ».

Elle passe tout le restant de sa vie dans une maison basse et sombre de pierre blanche, protégée de la foudre par un toit de tuiles et des haies d'aubépine. Quand elle sort, elle porte une longue jupe de flanelle verte et une capuche pointue. Elle est plus prolifique que les champs, qui ne donnent une récolte d'avoine ou de seigle qu'une année sur deux. Comme toutes les femmes, elle essaie de limiter les effets des ardeurs de son mari, mais il n'existe qu'une seule méthode fiable, et quiconque est rentré chez lui à la nuit tombée par la petite route longeant la mare a entendu le triste coassement des Lavandières de la nuit condamnées à laver les linceuls et les cadavres des enfants qu'elles ont tués [60].

Quand le seigneur local augmente le louage des champs, elle part pour Verdun et revient avec le bébé d'une bourgeoise. Pendant les quatre prochaines années, elle sera la mère de l'enfant d'une autre. Si on la surprend à donner le sein à l'un de ses propres enfants, elle perdra l'argent et son mari sera condamné par les tribunaux à une amende équivalente à tout ce qu'il peut gagner en vingt jours de moissons [61].

Un jour, remontant la longue côte qui conduit chez elle, elle voit un monsieur marcher loin devant et elle hâte le pas. Le récit d'un étranger est toujours une distraction plaisante. Plus tard, elle pourra le raconter lors des longues soirées où les femmes écossent des pois, cardent la laine ou cousent des robes blanches pour la fête du village. L'homme est bien habillé, porte un costume d'un autre pays, mais il voyage seul et sans voiture. Il tient la bride de sa jument qui trottine sur la route crayeuse. La bête est fatiguée et à moitié aveugle, mais plus grande que les chevaux du pays et visiblement bien traitée car le monsieur a mis pied à terre pour lui épargner la montée.

Elle lui emboîte le pas et l'accompagne jusqu'au sommet de la colline. De là, les lourds replis du massif de l'Argonne vont se perdre dans les forêts à l'ouest et, de l'autre côté, dévalent vers la vallée de la Meuse et le pont de Verdun. La dernière édition de l'*Itinéraire complet de la France* (1788) décrit ainsi la route : « Pente rapide. Traverse de la grande chaîne primitive qui sépare les bassins de la mer et des fleuves. »

« C'est un triste pays », dit-elle, et les temps sont durs. Le monsieur se montre d'une curiosité affable et lui demande pourquoi elle se plaint. Dans son dialecte champenois limpide, elle explique que son mari et elle ne possèdent que très peu de biens : « un morceau de terre, une vache et un pauvre petit cheval ». Elle a sept enfants et « le lait de la vache sert à faire la soupe ».

> « Mais pourquoi, au lieu d'un cheval, n'avez-vous pas une autre vache ?
>
> — Oh, mon mari ne pourrait pas transporter les produits de son champ aussi bien s'il n'avait pas de cheval ; et l'on ne se sert guère d'ânes dans le pays [62]. »

Quelques semaines plus tôt, elle n'aurait pas eu grand-chose d'autre à ajouter, mais l'invitation à établir la liste de ses doléances alliée aux rumeurs qui arrivaient de Paris par la route l'ont enhardie. Il y a peu, elle a entendu dire que « quelque chose va être fait par des grands personnages pour nous, pauvres gens, mais je ne sais pas qui ni comment ; mais que Dieu nous envoie quelque chose de meilleur, car les tailles et les droits nous écrasent ».

Son visage confirme la véracité de ses propos, à un détail près. Ce soir-là, à Mars-la-Tour, le voyageur revoit ses traits en écrivant son journal : « Cela révèle, à première vue, que [les femmes] travaillent beaucoup plus durement que les hommes. » Mais « cette femme, vue de près, on lui aurait donné soixante ou soixante-dix ans, tant sa taille était courbée et son visage ridé et durci par le travail – mais elle me dit qu'elle n'en avait que vingt-huit ».

Il date l'entrée de son journal : 12 juillet 1789. Le surlendemain, à Paris, une foule s'empare de la Bastille et la détruit. Les nouvelles arrivent en Argonne quelques jours plus tard et le maître de poste ou le postillon expliquent ce qu'est la Bastille et ce qu'elle symbolise. Le monsieur étranger, Arthur Young, apprend la nouvelle en arrivant à l'auberge de Strasbourg le 20 juillet : « Le renversement absolu de l'ancien gouvernement ! » « Ce sera un grand spectacle de voir, dans ce siècle éclairé, les représentants de vingt-cinq millions d'âmes siégeant pour construire un nouvel ordre des choses, un édifice de liberté meilleur que ce que l'Europe a jamais présenté [63]. »

Depuis Paris, où siège la nouvelle Assemblée nationale, les « grands personnages » envoient des proclamations, et les rumeurs enflent en un fleuve d'informations. Il n'y a plus besoin d'attendre la malle-poste de Paris. Les nouvelles sont relayées de parcelle en parcelle, comme aux temps d'avant la route. Un jour, à quinze kilomètres au nord, le roi et la reine sont arrêtés et ramenés à Paris. Les portes de la ville sont fermées, mais la nouvelle parvient aux gens de Verdun avant le coucher du soleil. Sur la route qui traverse Dombasle, des hommes et des femmes postés sur leur seuil guettent les passants et comparent leurs visages à ceux qu'ils ont vus sur des almanachs, s'interrogent sur les signes du ciel.

Quand les grands domaines des châteaux et monastères sont mis en vente, son mari acquiert un autre lopin de terre. Mais les « citoyens », puisque tel est le nom qu'on leur donne maintenant, sont toujours « écrasés par les tailles et les droits ». Un champ qu'on louait autrefois à un seigneur ou à une abbaye est aujourd'hui soumis à l'impôt et, comme on le dit dans le pays, « l'argent est cher ». Quelques-uns de leurs voisins, devenus propriétaires fonciers, sont aussi pauvres que quand ils étaient métayers.

Vingt ans plus tard, son mari est mort et la vie lui paraît bien longue. Les armées de Napoléon sont passées par l'Argonne, suivies par les Prussiens et les Autrichiens et les voraces Cosaques, et elle a moins d'enfants pour l'aider à la terre. Elle en a perdu quelques-uns à la guerre, d'autres sont partis travailler dans les filatures de l'Ouest. Au marché, elle entend parfois parler de changement, ce qui signifie généralement que le peuple de Paris s'affronte à nouveau sur les barricades. Mais le seigneur a réintégré son château, et le maire, qui possède le plus gros vignoble de la région, a fondé sa propre dynastie. Une partie des terres communales a de nouveau été clôturée et les quantités de bois et de feuilles mortes que l'on peut ramasser en forêt sont désormais réglementées.

Les champs changent plus que les gens. Maintenant, il y a des pommes de terre (elle n'en avait jamais vu dans son enfance), des artichauts pour les bêtes, du colza, des betteraves, quelques vignes de rapport et du trèfle, ce qui fait qu'elle perd moins de temps à transporter des paniers de fumier sur la longue côte. Ses enfants connaîtront des petits luxes. Son fils joue au billard au café de Dombasle et fume la pipe. Sa fille porte la crinoline et passe ses journées à l'intérieur.

Un jour, dans sa vieillesse, elle est assise devant sa porte et regarde une silhouette avec une grande capuche noire ramenée sur la tête. C'est peut-être l'un des premiers ethnologues à explorer et décrire les villes et villages de l'Argonne, ou bien un photographe de Paris, à l'affût de paysans « pittoresques ». Un visage aussi éloquent que le paysage se dessine derrière l'objectif. Ses sillons survivront à la décomposition chimique de l'albumine.

Quand elle rend son dernier souffle, on brûle le matelas de paille sur lequel elle repose. On l'enveloppe dans un drap et on la dépose entre des planches de bois brut qui ne peuvent servir qu'à un cercueil. Pour des raisons oubliées de tous, sa main est refermée sur une pièce. Elle est enterrée dans le cimetière de l'église où ses voisins viendront à la Toussaint piqueniquer et prier pour les morts.

La photographie est conservée. Un siècle plus tard, restaurée et agrandie, elle apparaît dans un musée de la vie quotidienne, représentant tous ses compatriotes comme une sainte locale ou comme une rencontre fortuite sur la route.

7

Fées, Vierges, divinités et prêtres

CERTAINS PAYSAGES FRANÇAIS n'ont pratiquement pas changé en deux mille ans. Le rosaire de lagunes du golfe du Lion et les salines du delta de la Camargue ne surprendraient pas un marin romain, mais peut-être remarquerait-il qu'il lui faudrait désormais se repérer aux cheminées d'une cimenterie ou d'un immeuble de bord de mer plutôt qu'aux fanaux allumés par les Massaliotes. À l'est d'Arles, au-delà des marécages, la Grande Crau est toujours la « plaine pierreuse » que décrivait Pline l'Ancien, jonchée des énormes rochers que Zeus avait lancés sur les ennemis d'Hercule. Remontant la vallée du Rhône contre les assauts du Borée noir (le mistral) dans la direction du *mons Cemmenus* (les Cévennes), le géographe Strabon constaterait aujourd'hui comme jadis qu'« on ne rencontre déjà plus de plantations d'oliviers ni de figuiers [et que] pour peu qu'on avance encore dans la même direction, on voit la vigne, à son tour, ne plus réussir qu'avec peine [1] ».

Si l'on voulait voir un coin de paysage, aussi bien préservé fût-il, tel qu'il apparaissait aux anciens, il faudrait bien entendu se prêter à un véritable transfert télépathique. À travers le regard d'un autochtone, ce que nous tenons pour un « panorama » serait alors un petit univers de passages secrets et de créatures étranges et néanmoins familières. L'espace serait perçu selon un axe plutôt vertical qu'horizontal, et se mesurerait plus en termes de densité que de distances. Les collines barrant l'horizon n'auraient pas forcément de nom, mais l'environnement immédiat foisonnerait de plus de hameaux que n'en recense une carte routière moderne de la France.

Quelques habitants découvraient le pays à la faveur de déplacements saisonniers épiques qui suivaient des trajets ancestraux (voir chapitre 8), mais les premiers voyages d'exploration étaient toujours circonscrits aux limites du petit *pays*, dans un rayon dépassant rarement la demi-journée de marche. La vision des populations locales sur ces univers était souvent reléguée au rang de fantaisies superstitieuses ou considérée comme des marques de survivances du druidisme. Ces croyances primitives n'étaient pourtant ni l'héritage vermoulu de quelque époque préhistorique, ni l'apanage des paysans et des campagnes. Elles étaient le moyen par lequel la plupart des gens découvraient, expliquaient, et en venaient même à aimer leur monde.

*

PAR UN MATIN D'HIVER de début 1858, une fillette de quatorze ans quitta son petit village natal sale et miséreux des Pyrénées et longea les eaux vives du gave de Pau. Malgré son asthme chronique, elle marcha quinze kilomètres, passant des grottes de calcaire luisantes de limon, des moulins à eau et des chapelles, un hameau bâti par une colonie de cagots, et les forges des cloutiers de Saint-Pé. Enfin, elle arriva à un pont déroulant des cascades de lierre. De l'autre côté, dans un bois, au pied d'une grande église en pierre grise, se tenait une foire permanente. Une foule bruyante et joyeuse achetait des gâteaux et des chapelets, chantait des cantiques, écarquillaient de grands yeux devant des images criardes de la Sainte Vierge, de méchants Juifs et de soldats romains, et écoutait d'une oreille distraite les harangues en béarnais de prêtres gesticulants. Pour la fillette, le sanctuaire de Bétharram était aux confins du monde [2]. Elle n'avait que le temps de prier à l'autel de la Vierge, d'acheter un rosaire, et de repartir bien vite pour être rentrée avant la tombée de la nuit.

Comme les milliers de pèlerins qui se rendaient chaque année à Bétharram – et parmi lesquels beaucoup, comme la fillette, allaient à pied et en haillons, tandis que d'autres, somptueusement vêtus, venaient en voiture –, elle espérait un miracle. Le propriétaire du moulin les avait mis à la porte après que son père avait perdu un œil en ébauchant une meule au marteau. Un an plus tôt, le brave homme avait été accusé du vol de deux sacs de farine. Le travail était rare en hiver et la famille avait été contrainte de quitter l'ancien quartier des cagots pour la prison médiévale qui hébergeait maintenant les indigents. Bernadette et les siens souffraient du froid, de la faim et ne voyaient aucun espoir de s'en délivrer. Il y avait certes d'autres chapelles plus proches de chez eux, mais la Vierge de Bétharram était réputée plus puissante et plus prolifique que ses concurrentes.

Les grottes de Bétharram étaient un lieu saint bien avant que le culte de la Vierge Marie n'apparaisse dans les Pyrénées au Moyen Âge, mais elles avaient acquis une renommée nationale au début du XVIe siècle, à l'époque où deux bergers, intrigués par un éclat de lumière dans les buissons, avaient trouvé une statuette de femme. Pendant les vingt-deux années qui suivirent, l'effigie avait accompli plus de vingt miracles par an. Le nom de « Beth Arram » (beau rameau) faisait référence à une branche miraculeusement apparue pour secourir une bergère tombée à la rivière [3]. Bernadette Soubirous, la fillette partie en pèlerinage en ce jour de février, était elle aussi bergère et elle avait toute raison d'espérer une faveur particulière de la Vierge.

Quelques jours plus tard, Bernadette, sa sœur et une amie ramassaient du bois et des os près de la rivière, entre la forêt et le bourg. À cet endroit, l'eau avait creusé un réseau de cavernes et d'étranges formations de stalactites, que l'on associait dans le pays aux oracles et aux démons. On y avait retrouvé des pierres sculptées, des pointes de flèches, et même des ossements humains. Mais elles attiraient aussi des touristes curieux de merveilles naturelles. George Sand les avait visitées en 1825 :

> Nous trouvâmes l'entrée de ces grottes admirables. J'étais seule en avant, je fus ravie de me trouver dans une salle magnifique,

soutenue par d'énormes masses de rochers qu'on aurait pris pour des piliers d'architecture gothique [4].

Les grottes pittoresques de Lourdes étaient une précieuse ressource pour ce malheureux village dénué de charme. Lourdes était sur le trajet des pèlerins de Bétharram et sur l'une des routes touristiques conduisant aux villes d'eaux. Le pharmacien local était répertorié dans les guides depuis l'époque de Napoléon pour ses délicieux sirops et ses confiseries au chocolat [5]. Mais la seule autre attraction de Lourdes était un austère château fort. La bourgade n'avait pas encore de source miraculeuse pour attirer les riches invalides, et sa rivale, Argelès, avait remporté la bataille administrative et été promue chef-lieu de canton [6].

Les trois fillettes arrivèrent à la jonction d'un petit canal, devant la grotte de Massabielle, nom qui signifie « vieille pierre ». Elle se trouvait sur des terres communales où les pauvres venaient récolter du bois et où les porchers menaient paître leurs cochons. Au moment où elle retirait ses bas pour passer le canal à gué, Bernadette entendit « comme un coup de vent » venu de la grotte. Elle leva les yeux et, à quelques mètres de l'entrée, vit une petite silhouette habillée de blanc, pas plus grande qu'elle (un mètre quarante-cinq), qui portait une ceinture bleue et une rose jaune sur chaque pied. Elle la décrivit par la suite comme « *uo pétito damisèla* ». Elle crut d'abord qu'il s'agissait d'une fillette de douze ans que l'on voyait souvent dans une robe blanche [7].

Comme toutes les apparitions de la Vierge, celle-ci fit grande sensation dans la région [8]. En six semaines, la demoiselle se manifesta encore dix-sept fois à Bernadette, qu'une foule de plus en plus serrée talonnait. Elle lui révéla l'existence d'une source dans le sol de la grotte et lui ordonna de faire bâtir une chapelle sur ce site. À la seizième visite, Bernadette se résolut à demander à la silhouette de décliner son identité. Celle-ci lui répondit dans le dialecte local : « *Que soy era immaculada councepciou.* » La petite n'avait aucune idée de ce que signifiaient ces mots, qu'elle avait pourtant sans doute entendus au catéchisme. (La scène se passait en 1858. Le dogme de l'immaculée conception avait été proclamé quatre ans plus tôt par le pape Pie IX et promulgué à Lourdes en 1855.)

Certains prétendaient mieux savoir que la fillette ce qu'elle avait vu. La feuille locale décrivit l'apparition comme une « dame », et d'aucuns en conclurent que la petite pauvresse s'était laissé impressionner par quelque élégante touriste ou par l'une des beautés du canton – peut-être même la fiancée du rédacteur en chef ou la femme du pharmacien, surnommée « la Belle Chocolatière » car elle s'habillait à Paris [9]. Mais la créature que Bernadette avait à l'esprit n'avait rien de commun avec ces femmes. La bergère finit même par se fâcher lorsque des peintres et des sculpteurs dépeignirent la petite silhouette enfantine comme une grande dame bien nourrie portant corset et crinoline, plus que nubile, et qui aurait mieux trouvé sa place dans un salon parisien que dans une grotte humide de province.

Pour Bernadette et les gens de la région, le terme de « *damisèla* » avait une connotation bien précise. Les demoiselles étaient des fées de la forêt drapées de blanc qui disparaissaient dès qu'on les approchait. Des fleurs poussaient à leurs pieds. Elles pouvaient lever des bourrasques soudaines et les faire retomber tout aussi vite. Elles vivaient dans des cavernes et des grottes et la croyance populaire les rattachait aux sources et aux eaux vives. On disait aussi qu'elles prenaient la défense des pauvres et pouvaient réagir très violemment à une injustice [10]. Dans plusieurs régions voisines des Pyrénées, quand le Code forestier de 1827 réduisit les droits de glanage du bois mort et de menues denrées sur les anciennes terres communales, d'inquiétantes formes blanches étaient venues harceler les gardes champêtres et les charbonniers, brûlant leurs huttes et les menaçant de mutilations [11]. Cette « guerre des Demoiselles » fit rage jusque dans les années 1870. Il s'avéra cependant que les *demoiselles* de cette résistance rurale étaient des hommes du pays déguisés en fées simulant le comportement de ces esprits surnaturels qui continuèrent de hanter l'imaginaire populaire jusque dans les années 1950 [12].

Les événements de Lourdes se résumèrent bientôt à une simple querelle entre sceptiques et croyants, mais une ligne de faille bien plus ancienne et plus profonde séparait les autorités du petit peuple. L'esprit paysan s'accommodait fort bien des mystères et paradoxes. L'apparition était tout à la fois la Vierge Marie et un esprit païen. Dans les légendes populaires de nombreuses régions de France, la Vierge et les fées locales étaient interchangeables. Quatre siècles auparavant, Jeanne d'Arc et ses amies dansaient sous l'« Arbre aux fées » et tressaient des guirlandes à Notre-Dame de Domrémy. On s'attachait moins au statut métaphysique de la créature qu'à ses actions et à ses sympathies.

Comme les fées sylvestres et la plupart des autres Vierges des Pyrénées, celle de Lourdes s'était manifestée sur des terres communales [13]. Gentille avec les pauvres, elle était tout à fait capable d'humilier les incrédules et il fallait alors apaiser son courroux par des offrandes. Mais elle n'avait aucun lien avec l'Église catholique. Le clergé, comme dans toutes les situations de ce type, ne cachait pas ses doutes. À l'instar du préfet du département, il craignait surtout qu'elle ne perturbe l'ordre public. Pour les ecclésiastiques, Bernadette n'était qu'une petite paysanne simplette, et l'afflux de quelque vingt mille dévots venus brûler des cierges et déposer leur obole à la grotte constituait une calamité doublée d'un risque sanitaire.

Douze ans auparavant, dans le diocèse de Grenoble, sur une montagne isolée proche du village de La Salette, la Vierge était apparue à deux bergers – une fillette boudeuse et un garçon turbulent qui s'amusa à pousser des cailloux aux pieds de l'envoyée du Ciel alors même que celle-ci leur délivrait son message. La Vierge de La Salette était bien plus suspecte que celle de Lourdes, mais l'enthousiasme populaire avait contraint l'Église à homologuer ses guérisons miraculeuses.

Il se passa quatre années pleines avant que l'Église ne reconnaisse officiellement la vision de Bernadette, mais entre-temps, la famille Soubirous et le village tout entier avaient été sauvés. Lourdes accueillit bientôt davantage de visiteurs que les plus belles cités thermales des Pyrénées. Les propriétés longeant la route du sanctuaire prirent de la valeur et des étals poussèrent comme des fleurs aux pieds d'une fée [14]. « Ici, rapportait l'Anglais Henry Blackburn de son passage à Lourdes, les proches parents de la célèbre enfant trouvent moyen de gagner de l'argent en se prévalant de leur parenté en annonçant en grosses lettres sur leur enseigne "Tante de Bernadette", etc. [15]. » Quoi que l'élite cultivée pût en penser, ce n'était pas de l'opportunisme cynique. Les petites gens avaient remporté une grande victoire, et il n'était à leur avis que justice qu'ils profitent du présent de la Vierge. La demoiselle avait choisi Lourdes, et non Bétharram ou Argelès. Un jour, Lourdes compterait plus d'hôtels que toute autre ville hors Paris, et Bétharram serait désert. Comme le fit remarquer avec une pointe d'amertume la logeuse de Blackburn à Argelès, « c'est une chance pour Lourdes [16] ».

*

LES ÉTRANGES PHÉNOMÈNES qui agitaient Lourdes étaient spectaculaires mais n'avaient rien d'exceptionnel. Ils s'inscrivaient dans le droit fil d'une légende qui remontait à l'époque de la Gaule romaine, voire à des temps plus reculés encore, bien antérieurs à la naissance du Christ.

Une carte de France et une liste de toponymes nous aideront à démêler quelques fragments originels de cette légende. Lorsque l'on marque sur la carte tous les lieux portant un nom de saint, un schéma de distribution géographique très net se dégage : les « Saint- » (ou leurs équivalents plus anciens commençant par « Dam- » ou « Dom- », dérivés du latin *dominus*) se concentrent dans le Centre et l'Ouest, alors qu'ils sont relativement rares sur de vastes étendues du Nord, du Nord-Ouest et de l'extrême Sud-Ouest [17]. Cette répartition coïncide avec les divers degrés de peuplement et de stabilité au début du Moyen Âge : un bourg ou un village déjà bien établi à l'époque où la nouvelle religion s'est imposée avait moins de chances d'être renommé d'après un saint, qu'une agglomération plus dispersée qui ne s'est resserrée que plus tard autour d'une église. À cette distance dans le temps, on distingue encore d'autres infimes détails : les « Saint-Martin » (ainsi nommés en hommage au soldat romain qui devint évêque de Tours et évangélisa la Gaule au IVe siècle) sont plus fréquents

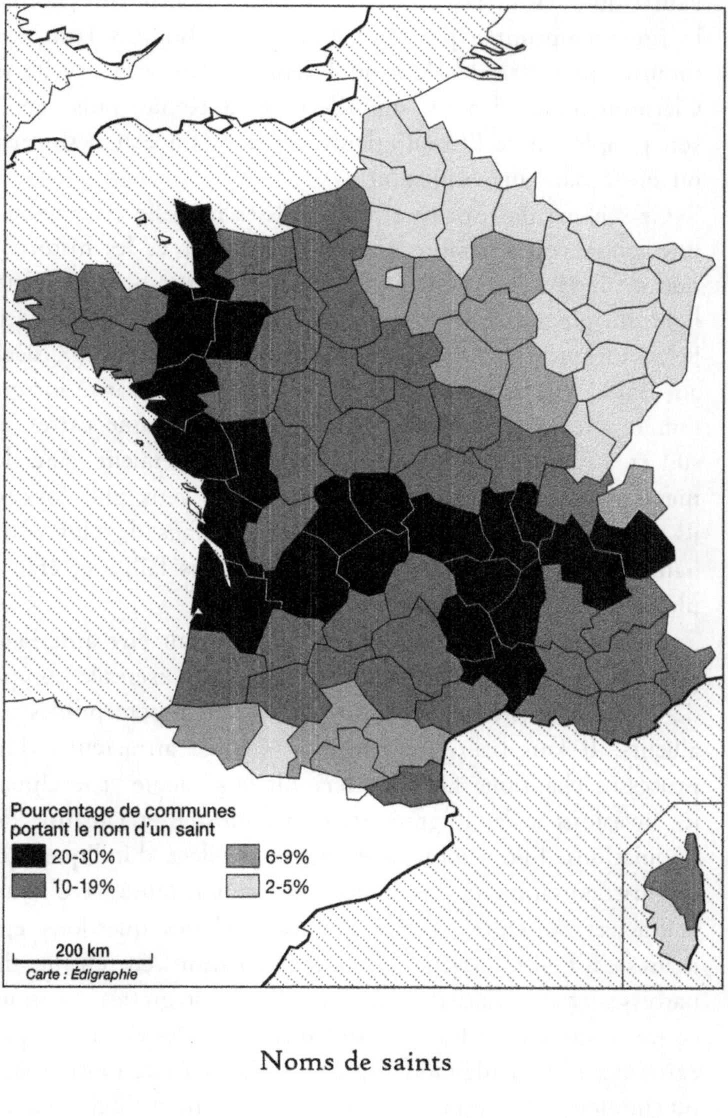

Noms de saints

le long du tracé des voies romaines et révèlent peut-être les routes par lesquelles la foi nouvelle s'est propagée [18]. Les « Saint-Bonnet » – mis à part ceux qui devaient leur nom au dieu celte Belenos – tracent une ligne irrégulière d'un bout à l'autre du pays, de la Savoie à la Gironde, et semblent jalonner la route empruntée par saint Bonnet (le Bonitus latin, qui mourut au VIIe siècle alors qu'il rentrait dans son évêché de Clermont-Ferrand après un pèlerinage à Rome, puis acheva son périple sur le littoral atlantique, dans un état désincarné ou porté dans un reliquaire).

Ce schéma de titulature des paroisses rappelle étrangement une tendance persistante que les géographes et les historiens nomment la ligne Saint-Malo - Genève (voir p. 401). Cette ligne imaginaire traverse le pays de la péninsule du Cotentin jusqu'au nord des Alpes françaises. Jusqu'à la fin du XIXe siècle au moins, elle apparaît avec une étonnante régularité lorsque l'on reporte divers ensembles de données sur une carte : au sud et à l'ouest de cette ligne, les habitants étaient généralement plus petits, plus bruns et avaient les yeux plus foncés ; ils étaient aussi moins instruits, vivaient dans de plus petits hameaux, avaient un revenu imposable plus faible et étaient plus souvent employés dans l'agriculture [19].

La ligne Saint-Malo - Genève, qui pourrait être antérieure à la fracture nord-sud (voir p. 96), rend par exemple compte de déplacements de populations anciens et imperceptibles par ailleurs. Il faut peut-être y voir « l'étrange attracteur » d'un processus chaotique faisant intervenir la géologie et le climat, les invasions et les migrations, le dynamisme et l'apathie des populations. Elle a tout au moins le privilège d'indiquer que la christianisation de la France était subordonnée à d'autres réalités et courants, et elle soulève quelques questions épineuses. L'Église a-t-elle cimenté la nation en créant des paroisses et des diocèses, ou s'est-elle plutôt greffée – comme ce fut le cas à Lourdes – sur des sociétés et des croyances préexistantes ? La Gaule moderne a-t-elle été créée de toutes pièces ou simplement conquise par l'Empire romain et l'Église catholique romaine ? Les « superstitions » et la religion populaire n'étaient-elles que des reliques du druidisme ou constituaient-elles davantage un système cohérent de croyances ?

L'inquiétude qu'inspira aux ecclésiastiques la vision de Bernadette en 1858 trahissait une crainte presque aussi vieille que l'Église elle-même : celle de n'être plus indispensables. Depuis le IVe ou le Ve siècle, ils s'appliquaient à raser et réquisitionner les sites païens, et allaient parfois jusqu'à inventer de nouveaux saints qui supplantaient les divinités archaïques. Saint Minerve remplaça ainsi Minerve, Mars devint saint Mard ou saint Maurice. Certains lieux de dévotion immémoriaux furent parés d'un semblant de christianisme. Sainte Anne, qui n'avait jamais mis les pieds en péninsule armoricaine, fut déclarée patronne de Bretagne car son personnage était celui qui se rapprochait de plus de l'ancienne déesse celtique Ana et son nom évoquait les marais sacrés où ce monde était relié à l'au-delà (en gaulois, « marais » se disait *ana* ou *anam*).

Leur nom changeait, mais les sites sacrés étaient rarement abandonnés. La chapelle dédiée à sainte Agathe dans la vallée de la Vilaine remonte à l'époque gallo-romaine. On y voit une fresque représentant Éros chevauchant un dauphin aux côtés d'une femme nue – une Vénus ou la fée locale – en train de peigner sa longue chevelure au bord de l'eau [20]. Avant le IXe siècle, la chapelle fut consacrée à un certain « saint Vénus » rebaptisé plus tard saint Vénier. Au XVIIIe siècle, quand les anciens saints thaumaturges laissèrent place à ceux de la Réforme catholique, sainte Agathe, importée de Sicile, prit le relais de saint Vénier, révéré depuis toujours pour ses vertus de fécondité [21].

Trente ans après la vision de Bernadette, l'Église continuait de planter des croix sur les sites sacrés. Par cette occupation de coucou, elle espérait « faire profiter la croix du respect et des idées religieuses attachés au lieu [22] ». La Sainte Croix intercepterait les prières à la divinité locale et les réexpédierait vers le paradis chrétien. Des croyances et pratiques absurdes finiraient par disparaître et l'on parviendrait à convaincre les populations de renoncer à leurs cultes fétichistes pour vénérer un dieu dont le fils était né d'une vierge.

Sur les petites routes de France, de nombreux indices révèlent que cette guerre spirituelle sévissait encore récemment. Des calvaires commémorant des missions de la fin du XIXe siècle ponctuent une infinité d'embranchements, flanqués de panneaux de signalisation modernes, de transformateurs électriques et de poubelles municipales. On remarque parfois des repères de triangulation gravés par un géographe sur le socle en pierre de la croix. On ne comprend généralement pas au premier coup d'œil que ces croix sont des monuments à des luttes anciennes. On les associe souvent au processus de « déchristianisation » de la France sous la Révolution et à sa reconversion ultérieure au catholicisme. Elles ont l'air de n'être là que pour rappeler que la France est un pays chrétien, au même titre que tout le réseau routier qui semble converger vers les grandes cathédrales gothiques*.

Ces croix de bord de route appartiennent au même long récit que celui qui conduit à Lourdes. Elles occupent généralement d'anciens lieux sacrés liés à une autre tradition religieuse, qui elle-même possède son propre réseau de monuments en déshérence. La « pierre à clous » préhistorique de la cathédrale de Laon, qui permettait à un prévenu de prouver son innocence en plantant un clou à mains nues dans le grès, a été sacrifiée aux aménagements urbains du début du XIXe siècle [23], mais un gros menhir est encore adossé aux murs de la cathédrale du Mans, tel une vieille mère obstinément incrustée dans un coin de l'élégant salon de sa fille. La plupart des monuments, malmenés par le temps et par un cycle incessant de désacralisations et de re-consécrations, se trouvent sur des sites totalement écartés qui, en soi, n'ont strictement rien de remarquable. Ils ont été érigés en bordure d'anciens tracés qui ne subsistent qu'à l'état de vestiges, isolés, interrompus par des routes et des voies de chemin de fer, et trop capricieux pour être d'une quelconque utilité aux voyageurs pressés.

* Depuis 1768, toutes les distances routières sont calculées à partir d'un point qui se trouve sur le parvis de Notre-Dame de Paris. La plaque octogonale en bronze qui marque aujourd'hui ce « point zéro » a remplacé une ancienne pierre triangulaire surmontée d'un poteau portant les armes de Notre-Dame de Paris.

Les pierres elles-mêmes surgissent dans le champ visuel comme des personnages dans un paysage qu'un instant plus tôt encore, on croyait vide. Sur une petite route boueuse des environs de Flers, en Normandie, se dresse un mégalithe dont les quatre faces furent retaillées voici près de trois siècles en forme de croix chrétienne. C'est l'archétype même du site « préhistorique » : un coin désert, mais marqué par des traces récentes de pique-niques et d'activités plus intimes. Une rigole en béton indique la proximité d'une source ou d'un petit torrent souterrain. Près de la pierre, s'élèvent deux grands chênes, espacés d'environ un mètre vingt. Le chêne était l'arbre sacré des druides et, au XIXe siècle encore, passer entre deux arbres ou à travers un tronc d'arbre fendu était censé opérer des effets magiques, généralement liés à la fertilité [24]. Sachant que les vieux arbres des lieux sacrés étaient souvent replantés lorsqu'ils mouraient, il y a fort à parier que ceux-ci plongent leurs racines au même endroit que leurs lointains ancêtres.

Plusieurs pierres de ce genre ont survécu – quand elles n'ont pas été cassées pour construire des routes –, non par la grâce de quelque commission de sauvegarde du patrimoine, mais parce que, jusqu'à une période très récente, elles suscitaient plus de dévotion populaire que les églises et les cathédrales. Elles étaient associées à des histoires que la plupart des gens connaissaient mieux que les Évangiles. Le menhir sculpté des environs de Flers entretient sans doute un rapport de parenté avec une autre pierre levée, plus grosse, à huit kilomètres à l'est, de l'autre côté du village de Sainte-Opportune. Ce bloc de granit légèrement incliné, planté près d'un saule et d'une source marécageuse, était selon la légende la pierre affiloir du diable (ou de Gargantua) qui lança un défi à saint Pierre pour faucher les prés. Une autre version prétend que Gargantua s'était endormi alors qu'il aurait dû faucher le pré ; quand sainte Opportune le réveilla d'un coup de pied dans les côtes, il se fâcha et, dans un geste de colère, jeta son affiloir au loin [25].

Aucun de ces monuments religieux – pas même les impressionnants alignements de monolithes de Carnac – n'était indiqué sur les cartes avant le XXe siècle, mais les cartographes utilisaient souvent des sites préhistoriques pour leurs mesures géodésiques et appuyaient leurs instruments contre les pierres. Beaucoup avaient déjà été vandalisées par des étrangers de passage et déplacées par des chasseurs de trésor [26]. Leur valeur historique reste largement sous-estimée et tous ne figurent toujours pas sur les cartes. L'un des plus grands dolmens d'Europe, la Pierre couverte de Bagneux dans la vallée de la Loire, était autrefois un grand rendez-vous où l'on venait célébrer des fêtes et danser. Il a depuis été englouti par les banlieues de Saumur et, en 2006, il était en vente, intégré à un lotissement comportant deux appartements et le café-bar « Le Dolmen ».

*

CES IRRÉDUCTIBLES CAILLOUX qui nous renseignent sur le passé préhistorique peuvent également faire office de panneaux indicateurs d'un monde plus récent.

À une journée de marche à l'est de Lourdes – une cinquantaine de kilomètres à vol d'oiseau, et quatre-vingts par la route – un chapelet de hameaux s'étire en bordure de la route transpyrénéenne près du col de Peyresourde, plus connu aujourd'hui comme épreuve classique du Tour de France cycliste et pour avoir servi de toile de fond pseudo-himalayenne à un film de James Bond.

Dans les collines environnantes, on rencontre plusieurs groupes de pierres. Certaines ont été charriées par les glaciers et les glissements de terrains, d'autres ont été levées délibérément pour former un cercle ou un alignement. Au-dessus du village de Poubeau, en gravissant une route en tire-bouchon puis en coupant à travers les restes d'un bois par un sentier, on débouche sur une clairière. De là, on ne voit plus le village mais un magnifique panorama sur les montagnes s'offre au regard. On remarque aussitôt un bloc de granit d'un mètre quatre-vingts de hauteur. On le nommait autrefois le « Cailhaou d'Arriba-Pardin » (le caillou arrivé par Dieu) et on pouvait le faire légèrement osciller sur sa base. Juste à côté se trouvait une autre pierre plus petite, haute de 98 centimètres et de forme phallique, à moitié enfoncée dans le sol. Les jeunes filles et les femmes s'y asseyaient à califourchon ou s'agenouillaient sur une dalle placée devant. C'était une pratique tout à fait banale dans de nombreuses régions de France, et peut-être même très courante, si l'on interprète correctement la rhétorique prudente des rapports officiels, qui jugeaient qu'elle « blesse trop la décence pour que nous la décrivions en détail ». À la veille du Mardi gras, les jeunes du pays faisaient un grand feu de paille sur la pierre et l'entouraient de farandoles « obscènes » [27].

En 1875, un anthropologue venu enquêter avec un guide local constata que ces « rites de fertilité » se pratiquaient toujours à Poubeau :

> Le génie qui l'habite ne jouit pas d'une réputation immaculée dans le Larboust. Cette fâcheuse renommée ne lui nuit en aucune façon dans l'esprit des habitants de Poubeau. Tant d'unions heureuses consacrées par le mariage et par la naissance de nombreux enfants ont commencé par des rendez-vous près de la pierre, que vieillards et jeunes gens ont conservé d'elle les plus doux souvenirs. Aussi l'aiment-ils et savent-ils la défendre au besoin [28].

Dans les années 1810, on y fixa une croix de fer, mais la foudre la renversa, ce qui ne fit qu'accroître le prestige du monument. Lorsque, en 1835, des ouvriers vinrent le détruire, les villageois leur tombèrent dessus à bras raccourcis. Le site fut par la suite le théâtre de plusieurs accidents inexpliqués. Un curé de la paroisse fut tué par la chute d'une pierre. Enfin, en 1871, l'un de ses successeurs planta la croix qui continue de rouiller au sommet du gros bloc. Dès lors, les gens du pays renoncèrent officiellement au culte et n'organisaient plus de processions que le dimanche des Rogations pour obtenir du génie de la pierre d'abondantes récoltes. Le rose qui montait aux joues des jeunes filles interrogées par l'anthropologue en 1875 semblait toutefois indiquer que le menhir n'était toujours pas totalement célibataire.

Le Cailhaou d'Arriba-Pardin et son voisin étaient les archivistes et les conteurs de la communauté. Il y avait aussi dans les parages la « peyre-hita », que les femmes du cru continuaient de « toucher d'une certaine manière » en 1877 ; un groupe de pierres dispersées sur un tertre et censées représenter un pâtre, son chien et ses moutons, que le Christ avait pétrifiés sur place quelques années plus tôt [*sic*], furieux que le garçon lui ait refusé pitance ; et encore, près d'une grotte pleine d'ossements, la « pierre de la valse », munie à l'origine d'un petit appendice phallique sacré, l'énorme « pierre de feu » du quartier de Peyrelade où l'on célébrait le solstice d'été, et l'étonnante pierre parlante couvrant la source d'un torrent, juste au-dessus du village de Jurvielle.

La pierre parlante était la demeure d'un *incantada*, qui entrait et sortait par une petite entaille creusée dans le granit. En collant l'oreille sur une petite cupule, on l'entendait chuchoter ses messages. Les *incantadas* étaient des génies qui, lors de la guerre entre le Bien et le Mal, avaient choisi de rester neutres. En ces temps-là, Dieu était miséricordieux mais ne tenait pas trop à le faire savoir et il exila donc les anges sur terre. Ceux-ci devaient en permanence se purifier, jusqu'à s'être suffisamment lavés de leurs souillures pour retourner au paradis. La source sacrée était un endroit particulièrement propice à la lessive : les vêtements savonnés au pied de la pierre parlante ressortaient plus blancs que blanc.

Ces rochers vénérés n'étaient pas les objets sacrés sur lesquels s'extasient les néo-druides. Contrairement à une idée bien ancrée chez les anthropologues romantiques, il n'existait en réalité aucun « culte des pierres ». Les pierres faisaient partie intégrante du quotidien, marquaient les limites entre des *pays* et incarnaient la vie de la communauté : les célébrations saisonnières, les contes, la lessive, les relations sexuelles et la résistance aux autorités. Elles étaient des esprits de la terre qui donnaient vie au paysage et rehaussaient l'intérêt du monde physique. Pour l'Église catholique, elles représentaient une menace plus grave que ne l'avait été la Révolution française : c'était grâce aux génies des pierres – mais pas à l'Église – que les villageois avaient un lieu de réunion pour danser, un lieu pour célébrer les fêtes anciennes, et un lieu secret où les jeunes gens pouvaient franchir la frontière de la virginité avec pour seuls témoins les cimes enneigées.

*

LES MONUMENTS comme les pierres du col de Peyresourde bornaient les plus petites sphères concentriques à l'intérieur desquelles les habitants exploraient leur univers. La plupart des esprits appartenaient non pas à un pays, mais à un site particulier, et leur influence dépassait rarement plus de quelques mètres. Dans ces minuscules univers magiques, le vaste monde intercontinental de la doctrine théologique n'avait aucun sens. En 1860, dans le village normand de Bérou, lorsqu'un missionnaire prêcha à ses ouailles qu'il n'y avait qu'une seule Vierge Marie, on entendit dans l'assistance une femme bougonner : « Le vieil idiot ! Comme si tout le monde ne savait pas que la fille est ici et la mère à Revercourt [29] ! » (à quatre kilomètres de là).

Les saints populaires n'aimaient pas voyager. Les statues et figurines transportées à l'église depuis le lieu de leur découverte miraculeuse – un étang, un fossé ou le tronc d'un arbre qui avait poussé autour d'une niche de bois et caché la statue jusqu'à ce qu'on l'abatte – revenaient invariablement par des moyens mystérieux à leur emplacement originel. Ces actes de résistance silencieux étaient leur façon d'exiger une chapelle bien à eux, même si cela n'arrangeait pas les mortels. Selon une histoire que l'on racontait toujours à la fin du XIXe siècle, les gens de Six-Fours, Reynier et Toulon essayèrent d'amadouer la Vierge en lui bâtissant de somptueux autels, mais elle les refusa tous et exigea d'être enchâssée au sommet du mont Sicié, d'où elle aurait une vue imprenable sur la Côte d'Azur [30]. Récemment encore, il était impossible d'aller la voir autrement qu'à pied. D'autres Vierges provençales devenaient si lourdes lorsque l'on voulait les déplacer que leurs porteurs humains s'avouaient vaincus et se résignaient à les laisser là où ils les avaient trouvées.

Le développement social et politique de la France doit beaucoup aux agissements surnaturels d'objets inanimés. En s'obstinant à rester sur des terres communales, les saints plaidaient pour le maintien des droits de glanage et de pâturage, et favorisaient également les rapports entre les communautés. Car tandis que les saints s'enracinaient fermement sur place, leurs adeptes venaient de dizaines de lieues à la ronde leur demander secours et conseil. Les pèlerinages réunissaient tantôt les habitants de tout un groupe de villages, tantôt ceux de deux vallées séparées. Dans le diocèse montueux du Puy-en-Velay (Haute-Loire), soixante-trois statues mariales attirent toujours de grands pèlerinages annuels. Certaines, comme le note le diocèse sur sa page Internet, « drainent les foules » de vallées entières [31]. Beaucoup occupent des emplacements géographiques clés, souvent le long des lignes de partage des eaux, avec de splendides panoramas sur les quatre horizons.

Les boutiques de souvenirs, les autocars de tourisme et l'armée de conducteurs hasardeux de camping-cars qui défigure désormais les plus hauts cols des Alpes et des Pyrénées ne sont qu'un pâle reflet des bidonvilles qui fleurissaient chaque année. Le sanctuaire de Notre-Dame de Héas, niché dans une haute vallée du fin fond des Pyrénées, attirait à une certaine époque douze mille pèlerins à la fois. Ils arrivaient à pied, campaient dans d'immondes baraques, passaient la nuit à boire et à évoquer la légende de Notre-Dame de Héas, racontant comment les maçons chargés de lui construire une chapelle s'étaient nourris du lait de trois chèvres qui s'échappèrent mystérieusement avant qu'ils ne les mangent. À l'aube, tandis que l'on disait la messe, un chapelain armé d'un gros bâton repoussait les fidèles de l'autel. Entre-temps, d'autres pèlerins grouillaient sur le rocher où la Vierge était apparue, l'attaquant au burin pour récupérer un éclat de la roche sacrée qui serait par la suite réduit en poudre et avalé avec de l'eau bénite [32].

Il y eut de nombreuses tentatives de mettre fin à ces fêtes tumultueuses. Une nuée de joyeux pèlerins envahissant un village représentait une menace évidente à l'ordre public. Par trois fois, entre 1798 et 1800, la police et l'armée vinrent boucher la fontaine sacrée de sainte Clotilde, construite sur le site d'un dolmen aux Andelys, près d'une boucle de la Seine. Chaque été, le 2 juin, le village était pris d'assaut par une « horde sauvage » de dévots accourus des quatre coins de Normandie. Ils se déshabillaient et se glissaient dans l'eau, tenant leurs paniers et leur parapluie sous le bras – car sainte Clotilde attirait aussi les voleurs. Après leur baignade, ils se saisissaient des brandons d'un bûcher – ce qui occasionnait de graves brûlures. Il arrivait que des enfants succombent à leurs bains forcés dans les eaux glaciales de la piscine miraculeuse. Lors d'une dernière tentative de fermer le sanctuaire, deux mille baigneurs repoussèrent les agents de la force publique à coups de pierres puis arrachèrent les dalles qui bouchaient la fontaine et plongèrent dans l'eau « en poussant des clameurs frénétiques de triomphe [33] ».

Quelle que fût leur valeur thérapeutique, ces pèlerinages étaient essentiels à la prospérité et au bonheur de nombreuses régions. À la différence des foires, surtout fréquentées par des hommes, les pèlerinages rassemblaient des communautés entières. Ils fournissaient une occasion de s'informer, de changer d'air et de prendre des vacances, et c'est sans doute la raison pour laquelle les habitants de Lourdes allaient souvent se faire guérir auprès d'une Vierge miraculeuse opérant loin de chez eux [34]. Avant la bicyclette et le chemin de fer, ces voyages religieux étendaient et consolidaient des régions commerciales, ce qui explique sans doute pourquoi tant de Vierges apparaissaient à la jonction de terroirs proposant différents types de produits [35]. Tout comme les foires permettaient d'améliorer les souches du cheptel, les pèlerinages – que certains observateurs décrivaient comme des « orgies » – fortifiaient les souches humaines. Au pèlerinage de la Sainte-Baume, dans le sud de la Provence, chaque village montait son propre campement fortifié dans les bois, mais les amoureux se retrouvaient à la faveur de la nuit et jamais la réputation de marieuse de la sainte ne fut sérieusement compromise [36].

Un pèlerinage était avant tout un rite de passage et un événement dont on gardait le souvenir fier. En Bourgogne, dans le pays de Restif de la Bretonne, un garçon qui n'était jamais allé au Mont-Saint-Michel (distant de cinq cents kilomètres) était « regardé comme un poltron », et « il semblait manquer quelque chose à la pudeur d'une jeune fille qui n'avait pas visité le tombeau » de sainte Reine (à soixante-cinq kilomètres du bourg) [37]. C'était sans doute là la seule grande excursion que l'on entreprenait alors. Dans beaucoup de montagnes provençales, ces voyages d'une vie étaient marqués depuis des siècles par de petits tas de pierres et d'offrandes votives qui parsemaient un paysage désolé. À l'heure où la plupart de ces lieux de dévotion ont été nettoyés, l'endroit qui témoigne encore mieux que tout autre de l'effet poignant et intime de ces offrandes se trouve sur les hauteurs lunaires du mont Ventoux où, tout l'été, un flot ininterrompu de cyclistes légèrement euphoriques déposent des bouteilles d'eau, des chambres à air et des cailloux au pied d'un monument au coureur britannique Tom Simpson, qui s'effondra et rendit là son dernier souffle lors du Tour de France de 1967. Le maillot qu'il portait est parfois exposé avec d'autres reliques dans une chapelle du Bas-Armagnac dédiée à Notre-Dame-des-Cyclistes.

*

LES VISITEURS qui se rendaient dans ce pays de saints et de pèlerins indépendants auraient eu toute raison de s'interroger : où était passée l'Église dans tout cela ? Qu'était-il advenu de cet âge d'or de la religion, où les humbles paysans cherchaient conseil et salut auprès de leur pasteur ?

Le « bon prêtre » du village, personnage si cher aux auteurs romantiques, était en réalité une espèce très rare [38]. Dans l'esprit du petit peuple, l'homme à la soutane avait un rôle bien précis à remplir, au même titre que le médecin, le chasseur de serpents ou la sorcière. Il était là pour écrire des lettres de recommandation mensongères, lire le journal et expliquer les décrets du gouvernement. Il devait également pouvoir intercéder auprès du monde des esprits, agir sur les éléments et guérir les hommes et les bêtes de la rage. (C'est d'ailleurs l'une des raisons pour lesquelles Louis Pasteur, qui trouva un vaccin contre la rage en 1885, accéda à un statut quasi divin.) Naturellement, tout cela mettait le prêtre dans une position délicate. S'il refusait de sonner les cloches pour écarter la grêle, il ne servait à rien. S'il sonnait les cloches et qu'il grêlait malgré tout, c'était un incapable [39]. En 1874, le curé de Burgnac, dans le Limousin, en lutte contre les coutumes païennes, refusa de participer à une procession pour les moissons. Comme de bien entendu, il grêla, la récolte fut perdue et il fallut aller secourir le malheureux pasteur assailli par une foule en furie. « Est-il possible que des prêtres qui prêchent la religion cherchent à l'abolir [40] ? », s'indigna l'humble métayer qui menait la révolte.

S'il n'avait pas suffisamment de pouvoirs surnaturels, le prêtre était perçu comme un fureteur et un rabat-joie. Personne ne voyait d'un très bon œil un étranger qui cherchait à empêcher les braves gens de festoyer dans le cimetière, de bavarder et se promener pendant l'office et d'amener leurs bêtes à la messe pour les faire bénir [41]. Jean-Marie Vianney (1786-1859), le curé d'Ars qui s'attira de son vivant la vénération d'innombrables pèlerins venus lui réclamer ses grâces, fut le seul prêtre qui parvint à proscrire les bals et les cabarets de sa paroisse [42]. S'il fut élevé au rang de « saint patron des tous les curés du monde », ce n'est pas parce qu'il était représentatif de sa corporation. Si d'autres de ses confrères avaient réussi à gagner le cœur de leurs paroissiens, ce fut généralement en composant avec le monde païen. Issus pour la plupart de familles d'artisans et de paysans, ils partageaient souvent les peurs et les croyances archaïques de leurs ouailles. Vers 1770, avant de dire la messe, un curé de la région d'Auch écarta les brebis galeuses de son troupeau en tonnant du haut de sa chaire : « Sorciers, sorcières, devins et devineresses sortez de l'église avant qu'on commence le saint sacrifice [43] ! » Et quelques-uns dans l'assistance se levèrent pour sortir.

Personne ne saurait dire au juste ce que l'Église représentait pour des gens qui vivaient dans la crainte des esprits malins, brûlaient des cierges à leur saint tutélaire et répandaient de l'eau bénite sur leurs champs. Quelques constantes semblent toutefois se dégager des cartes statistiques de la vie spirituelle en France. En 1790 le décret de constitution civile du clergé imposa aux ecclésiastiques de prêter serment, déclarant leur fidélité à la Constitution et reconnaissant être en premier lieu des fonctionnaires publics. Plus de la moitié de l'ensemble des prêtres paroissiaux s'y soumirent, mais dans certaines régions, plus des trois quarts refusèrent, probablement avec le soutien de leurs ouailles. Les zones de plus forte résistance – l'Ouest, de la Vendée jusqu'au Calvados, le Nord et le Nord-Est, le sud du Massif central et une grande partie du Midi – sont également les régions où, un siècle plus tard, les églises étaient le plus fréquentées [44].

Les conclusions que l'on peut en tirer pour l'Église gallicane sont toutefois loin d'être évidentes. Le simple fait d'assister à un office ne témoignait pas davantage à l'époque que maintenant d'une piété sincère. Dans le Var, où de nombreux curés prêtèrent serment, la fréquentation des églises était faible, alors que les fêtes populaires et les pèlerinages continuaient d'attirer de très nombreux fidèles. Dans le département voisin des Basses-Alpes, les églises ne désemplissaient pas, mais, à en juger par le comportement des gens du cru, seul l'évêque le plus optimiste aurait pu interpréter cette affluence comme un signe de ferveur populaire. En 1759, un vicaire de Ribiers menaça ses paroissiens d'excommunication s'ils refusaient de coopérer à une enquête de police. Les femmes de la paroisse lui arrachèrent sa perruque, s'en prirent à l'autel, brisèrent les croix des processions et s'armèrent des débris pour rouer de coups l'homme de Dieu. Elles craignaient apparemment moins pour le salut éternel de leur âme que pour les effets possibles des pouvoirs surnaturels du prêtre sur les récoltes [45]. Toutes les violences anticléricales n'étaient pas le fait de révolutionnaires athées.

L'unique certitude semble être que la France était un pays catholique, au sens où ce n'était pas un pays protestant. Et encore cette distinction n'est-elle pas aussi claire qu'elle y paraît*. Après la révocation de l'édit de Nantes (1685), les dragonnades, féroces expéditions militaires contre les protestants des Cévennes, bénéficièrent d'un certain soutien populaire, et à l'époque de la Révolution, vers Toulouse et Nîmes, d'aucuns étaient persuadés que l'édit de tolérance de 1787 et le serment à la Constitution (1790-1791) participaient d'un vaste complot protestant [46]. Cinquante ans plus tard à Nîmes et Montpellier, l'ancien schisme religieux transparaissait dans les opinions politiques, les lieux de résidence et le choix d'un

* Vers 1850, près de 2,2 % de la population française était protestante – soit un peu plus de 883 000 individus, dont les quatre cinquièmes étaient concentrés en Alsace et dans les environs de Montbéliard (luthériens), dans la région de Nîmes et dans l'ouest de la Provence, sur un étroit croissant allant de Montpellier à La Rochelle et dans le Poitou (calvinistes et huguenots).

conjoint, particulièrement dans les milieux bourgeois. Mais les signes de tolérance religieuse sont tout aussi nombreux que les marques d'indifférence. Au tout début du XIXe siècle, le clergé du Bordelais et du Périgord se désolait de constater que catholiques et protestants « s'affectionn[ai]ent mutuellement [47] ». En Alsace, dans les années 1860, on voyait encore couramment des églises « mixtes », où le chœur était réservé aux catholiques et fermé par un rideau ou une grille pendant les offices protestants. Plusieurs villages catholiques d'Auvergne, du Limousin et du Périgord se convertirent au protestantisme du jour au lendemain, délaissant une Église devenue trop exigeante, trop inquisitrice ou trop coûteuse [48].

L'histoire des persécutions est jalonnée de dates et de scènes mémorables. Celle de l'indifférence est plus difficile à reconstituer, sauf à travers les observations occasionnelles d'étrangers. En 1878, Robert Louis Stevenson arriva avec son âne à Florac (Lozère) qui, à l'époque de la chasse aux protestants, était une ville frontière. Venant d'un pays où les violences confessionnelles étaient monnaie courante, il trouva extraordinaire le mélange de souvenirs très anciens et de tolérance religieuse :

> Je remarquai que catholiques et protestants avaient les rapports les plus aisés du monde. Je ne fus pas peu surpris de voir comme persistait là, vivace, le souvenir des guerres de religion. [...]
>
> Plus tard dans la journée, un des pasteurs protestants eut l'amabilité de me rendre visite. [...] Florac, me dit-il, est mi-partie protestant, mi-partie catholique. La différence d'opinion s'y double, d'ordinaire, d'une divergence politique. Qu'on juge de ma surprise [...] lorsque j'appris que la population entière vivait en relations très pacifiques, qu'il y avait même échange de bons services entre des familles ainsi doublement séparées. [...] Tous avaient sabré et fait le coup de feu, brûlé, pillé et assassiné, le cœur ivre de passion et de courroux, et là-même, soixante-dix ans après, le protestant était toujours protestant, le catholique toujours catholique.

*

NOMBRE DE MISSIONNAIRES envoyés « reconvertir » la population, au Moyen Âge comme au début du XXe siècle, ne partaient pas systématiquement du principe que la France était une terre chrétienne. Les Romains avaient certes éradiqué le druidisme, du moins sous sa forme officielle, mais les divinités « païennes » – c'est-à-dire celles d'un *pagus*, ou pays – étaient apparemment aussi vivaces que jamais. Même en Bretagne, censée pourtant être un bastion du catholicisme, l'Église était un peu aux fidèles ce qu'un centre commercial est aux consommateurs modernes : les clients ne cherchaient pas particulièrement à savoir qui était le fondateur ou le propriétaire du centre ; ils venaient voir les saints, qui faisaient commerce de leurs colifichets dans de petites chapelles articulées autour de la nef. Au XIXe siècle, on continuait de créer de nouveaux saints, au mépris du dogme de l'Église : on rendait ainsi un culte au corps bien conservé d'une épouse malheureuse, d'une victime de la rébellion des Chouans décédée en mission kamikaze, d'un ermite hirsute réfugié dans un arbre, voire de quelques prêtres particulièrement appréciés, sur la tombe desquels on étendait les enfants malades [49]. Plus récemment encore, dans la forêt de Paimpont en Bretagne les vestiges d'une allée couverte néolithique présentée aux touristes comme « le tombeau de Merlin » ont été élevés au rang de site religieux. Les visiteurs viennent régulièrement déposer autour de la tombe un mot en guise de prière à Merlin l'Enchanteur, et le glissent dans une dalle fendue*.

Ces croyances se développaient sur l'Église officielle comme le gui sur le chêne. Sans être fédérées par aucune institution religieuse propre, elles étaient suffisamment cohérentes, dans toute la France et une bonne part de l'Europe occidentale, pour être envisagées comme une forme de piété. Cette foi qui n'avait pas de nom empruntait certains éléments au christianisme mais en ignorait la plupart des fondements théologiques et moraux, et elle bousculait la hiérarchie des êtres sacrés. Le Vierge Marie l'emportait toujours sur Dieu. Comme son fils,

* Par exemple, un carré de papier déposé près des dalles et déplié au matin de Pâques 2006 contenait la prière suivante : « Cher Merlin, Tu m'as rendue heureuse. Donne-moi s'il te plaît des formules magiques pour je puisse rendre d'autres heureux à mon tour. »

le Dieu chrétien n'offrait ni rédemption ni pardon. On le connaissait surtout pour avoir détruit des villes et provoqué de graves accidents de la route pour le plaisir de se rappeler au bon souvenir des fidèles. Il n'était pas plus aimé qu'un évêque. En 1872, on demanda à une femme de Chartres qui se tenait sur le passage d'une procession religieuse de laisser passer « le bon Dieu ». Désignant la Vierge, elle rétorqua : « Bah ! Je ne suis pas venue pour *lui*, je suis venu pour *elle*[50] ! »

Le diable était presque aussi puissant que Dieu et bien plus arrangeant. Des quarante-neuf « ponts du Diable » que compte la France, tous ne doivent pas éveiller une crainte satanique. Un coup de chance – trouver un trésor enseveli, recevoir un héritage, sauver son troupeau d'une épidémie, ou une chute de pierres permettant de passer un torrent à gué – était sans doute l'œuvre du diable. Malgré ses pouvoirs, le Malin, qui ressemblait généralement à un « monsieur » ou à un paysan cossu, était notoirement crédule et s'était parfois laissé abuser à construire des églises et des abbayes. Lorsqu'il bâtissait un pont, il exigeait que la première créature qui le franchirait lui livre son âme ; mais il se faisait souvent duper car on s'empressait de lancer un chat inaugurer le passage[51].

Le Christ était quant à lui un personnage relativement secondaire. Dans un passé pas très ancien, il avait sillonné le pays en dispensant des conseils pratiques. C'était, disait-on, un mendiant, et il passait donc pour rusé et ingénieux. Dans les récits inspirés des Évangiles mais présentés comme des histoires du pays, le bon Dieu venait parfois faire un tour sur terre en compagnie de saint Pierre, qu'il éclairait sur la nature humaine : « Imbécile ! Dans une foire, il ne faut jamais dire qu'une bête a un défaut avant de l'avoir vendue et de tenir ton argent[52] ! »

Dieu, le diable et le Christ, comme Gargantua et la fée Mélusine, étaient les protagonistes de contes populaires très en vogue jusque dans un passé récent. On se racontait ces histoires à la veillée ou à la chambrée – ces réunions improvisées où les villageois se retrouvaient pour se faire peur ou conjurer leur peur de la nuit, en évoquant des êtres surnaturels : les esprits des ténèbres dont on entendait le cri étrange dans le ciel nocturne, les loups-garous, la Vache du diable, la vouivre (un serpent volant portant en guise d'œil une escarboucle sur le front), le lupeux (un démon noueux que l'on rencontrait souvent perché sur un tronc d'arbre tordu), les hommes cornus qui enlevaient les jolies filles parce qu'il n'y avait pas de femmes cornues, des tritons qui déchiraient les filets de pêche et des hommes verts tout à fait inoffensifs, et bien entendu, la très réelle bête du Gévaudan*[53]. Les fées païennes se distinguaient nettement des personnages chrétiens car elles devaient revenir, disait-on, « au siècle prochain, [quand] la religion s'éteindra, on ne chantera plus le Credo, on ne sonnera plus l'Angélus[54]. »

Les saints surpassaient très largement ces figures légendaires ou semi-légendaires en nombre et en exploits. À la différence du dieu chrétien et des fées, ils faisaient partie intégrante du quotidien. En soi, un saint était plus efficace que Dieu. Comme le rapporta à son évêque le curé d'Étaples, près du Touquet, à propos du saint local et de ses miracles, « il y a deux bons Dieux à Étaples : le vrai et saint Josse, et je ne suis pas sûr que saint Josse ne soit pas le premier[55]. »

Les saints étaient attachés à des faits concrets – un attribut ou un nom. Saint Antoine, représenté avec le cochon de la gourmandise, s'attira les faveurs des porchers ; saint Jean-Baptiste, qui portait l'agneau de Dieu, était le préféré des bergers. Saint Pissoux était réputé soulager les infections urinaires, saint Bavard guérir les muets et sainte Claire les myopes. Faute de nom évocateur, on fabriquait un nouveau saint. Saint Sourdeau protégeait les sourds, saint Plouradou les enfants qui pleuraient et saint Sequayre condamnait les ennemis de ses adorateurs à sécher sur pied. En Normandie, on recommandait aux enrhumés de réciter la messe de la Toussaint afin de se débarrasser de leur toux[56].

* La bête du Gévaudan était un loup exceptionnellement féroce et intrépide, qui rôdait dans une région faiblement peuplée d'environ 2 500 kilomètres carrés, dévora au moins vingt victimes en l'espace de deux ans (1764-1765) et donna lieu à deux pèlerinages. La Bête apporte aujourd'hui une contribution importante à l'économie touristique du sud de l'Auvergne et est à l'origine de la réintroduction contrôlée des loups dans le Gévaudan.

Les saints présentaient un avantage non négligeable : ils avaient une existence matérielle. Quelques-uns subsistent dans des églises, où ils ont souvent deux types de public : un paroissien ou un pèlerin qui communique avec un être réel, et un touriste qui observe un exemple d'art sacré. Or, dans l'esprit populaire, un saint n'était ni un concept théologique, ni une représentation artistique. La statue ou la figurine était elle-même le saint. C'est pourquoi les fidèles étaient si contrariés lorsque leur curé proposait de remplacer un vieux morceau de bois sale, informe et parfois à demi cramé, par un beau saint flambant neuf sorti d'usine. Le nouveau saint Aygulf de Notre-Dame-du-Brusc, près de Grasse (une divinité païenne christianisée qui pouvait faire pleuvoir et que l'on venait prier muni d'un parapluie), arborant une crosse dorée, une cape, un lys et un beau teint rose, était totalement inopérant [57]. La nouvelle Vierge noire du Puy-en-Velay réalisait moins de miracles que la précédente, bien qu'il eût été établi que celle-ci était en réalité une statue d'Isis ramenée des croisades.

La vie du saint était dictée, en toute logique, par la constitution physique de son effigie. Un certain saint Greluchon débuta sa carrière en statue funéraire d'un seigneur de Bourbon-l'Archambault. (D'autres Greluchon ou Guerlichon – terme désignant un sexe de petit garçon – étaient révérés dans tout le Berry et le Bourbonnais.) Les femmes venaient lui demander la fécondité en raclant ses organes génitaux pour en boire la poudre diluée dans un peu de vin blanc. Les plus résolues, celles qui souhaitaient des jumeaux, venaient râper le bois armées de limes et de couteaux. Lorsqu'il ne resta plus rien des organes virils du saint, elles s'attaquèrent à son menton, et en 1880, lorsqu'il fut enfin enlevé aux mains prédatrices des pèlerines et mis à l'abri dans le musée local, il n'était plus qu'un buste mutilé. Une employée du musée fut par la suite renvoyée pour avoir gratté son menton refait [58].

Des centaines de figurines de pierre dévotement estropiées portent les stigmates de ces cultes locaux. Bien que les autorités ecclésiastiques attribuent souvent les dégâts au vandalisme révolutionnaire, les traces d'usure dues à des siècles de caresses ou de grattage se distinguent au premier coup d'œil des marques de profanation. Les parties les plus souvent manquantes ou dégradées sont le nez, les mains et les pieds. Dans le village du Vigeant, dans la vallée de la Vienne, l'effigie d'un chevalier n'a pratiquement plus de pieds, tant elle a vu passer de mères qui en mettaient la poussière dans les chaussures de leurs bébés afin de hâter leur apprentissage de la marche.

Les saints réalisaient des guérisons miraculeuses, mais il fallait les amadouer ou les menacer comme des fonctionnaires paresseux. À Tréguier, raconte Ernest Renan, les prières à saint Yves avaient des accents de défis : « Tu étais juste de ton vivant, montre que tu l'es encore. » En prononçant cette formule, « on est sûr que l'ennemi mourra dans l'année [59] ». Enfant, le père de Renan avait été conduit à une chapelle du saint qui ôtait la fièvre :

> Un forgeron vint en même temps, avec sa forge, ses clous, ses tenailles. Il alluma son fourneau, rougit ses tenailles, et, mettant le fer rouge devant la figure du saint : « Si tu ne tires pas la fièvre à cet enfant, dit-il, je vais te ferrer comme un cheval. » Le saint obéit sur-le-champ [60].

Un saint qui refusait son concours s'exposait à des représailles. À Haudiomont, quand saint Urbain permit que les vignes gèlent le jour de sa fête (le 25 mai), son effigie fut traînée dans les orties autour de son église. Lorsque l'épidémie de phylloxéra anéantit leurs vignes, les gens de Mouzon, dans les Ardennes, jetèrent la statue de leur saint dans la Meuse. Il arrivait même que des communautés religieuses humilient leurs propres saints s'ils n'exauçaient pas les prières. En 1887, un visiteur du couvent d'une grande ville provençale remarqua que saint Joseph avait été retourné face au mur. On lui expliqua que le saint « faisait pénitence » pour n'avoir pas su convaincre un propriétaire terrien de léguer dans son testament un certain champ au couvent. Au prochain manquement, on le descendrait à la cave et on lui administrerait une bonne correction [61].

La Vierge de Lourdes n'eut jamais à essuyer de tels outrages mais elle dut tout de même faire ses preuves. À sa seconde apparition, Bernadette lui jeta de l'eau bénite au visage, jusqu'à vider son flacon, et la brava en ces termes : « Si tu es envoyée par le Seigneur, tu peux rester ; sinon, va-t'en. » Sachant que la « demoiselle » lévitait tout en haut de la paroi de la grotte, ce geste n'était pas une onction rituelle innocente. C'était une expérience tout à fait consciente, menée par une fillette qui vivait dans un monde où les esprits étaient aussi réels que les agents de police, les prêtres et les huissiers.

*

LES ADORATEURS des saints païens ne se sont pas évanouis dans la nature comme des fées. Ils sont devenus la population de la France moderne. N'oublions pas que si au XIXe siècle l'Église catholique se rangeait toujours aux côtés des régimes autoritaires [62], les gouvernements censés avoir laïcisé la France étaient démocratiquement élus. Ils représentaient une population dont les préoccupations premières étaient d'ordre pratique et dont les croyances étaient plus solidement ancrées dans la réalité que celles de la grande bourgeoisie qui s'engouait de magnétisme, d'astrologie et des planchettes spirites de ouija.

L'expérience ordinaire démontrait que la prière n'avait aucun effet sur le monde physique. La maladie était un fait bien réel qui appelait un remède non moins réel. Les guérisons « miraculeuses » reposaient sur des concepts qui fournissaient une meilleure préparation mentale à l'ère scientifique que les abstractions fumeuses de la théologie, incompréhensibles à beaucoup de prêtres, et plus encore aux paroissiens. On partait du principe que tout mal avait une cause particulière, qui était soit connue, soit identifiable. Le traitement proprement dit passait nécessairement par un geste ou une substance concrète. Ce qui explique que les charlatans et leurs clients se soient si facilement adaptés à la logique de la médecine scientifique et que l'instruction ait pu si rapidement tordre le cou aux idées reçues sans plonger la population dans un abîme de doute religieux. La différence entre les générations qui avalaient de la poudre de saints et celles qui consultaient un médecin qualifié n'était pas la capacité mentale mais l'information.

Mais d'innombrables croyances absurdes avaient la vie dure. On s'obstinait ainsi à penser que les malades ne devaient pas porter de vêtements propres et que les poux aidaient les enfants à grandir. En Bretagne, on brûlait vifs des hérissons soupçonnés de tarir le lait des vaches et de manger les canards [63]. Il n'était pas rare que l'on sacrifie des animaux pour soigner un malade. À la fin du XIXe siècle, certaines maisons bourgeoises utilisaient encore une vieille recette de bonne femme contre la pneumonie : couper une colombe vivante par le milieu et plaquer les deux moitiés encore palpitantes sur la poitrine du malade [64]. La cruauté envers les humains était tout aussi répandue. La foi aveugle qu'inspiraient les formules magiques était souvent prétexte à persécuter les étrangers et les marginaux. Après 1862, on ne signale plus de sorcière brûlée au bûcher, mais on s'en prenait encore à des individus soupçonnés de jeter le mauvais œil sur le bétail. Les escrocs prospéraient sur le terreau de la misère et de l'ignorance. Les « marchands d'abracadabra » faisaient fortune en monnayant leurs secrets illusoires, enseignant par exemple la façon de trouver l'herbe luminescente magique qui évitait à celui qui la possédait de se laisser duper [65].

La « magie » recelait pourtant plus de germes de sagesse que ne pouvait l'imaginer un esprit cultivé. En 1876, il y avait en France un médecin pour 2 700 habitants, mais la plupart se faisaient payer en argent sonnant et trébuchant plutôt qu'en nature, et les médicaments coûtaient cher. On ne faisait généralement venir le docteur qu'en dernier recours, ce qui accréditait l'idée que les médecins apportaient la mort. Dans ces circonstances, la crédulité avait une valeur thérapeutique. Certains traitements produisaient manifestement d'excellents effets psychosomatiques. Deux chercheurs qui ont entrepris de recenser tous les remèdes de bonne femme utilisés en France au XIXe siècle pensent en répertorier entre vingt mille et trente mille [66]. Si la plupart des poisons mortels étaient écartés par élimination, certains de ces remèdes devaient être soit efficaces, soit suffisamment inoffensifs pour laisser l'optimisme faire des miracles. Les cures les plus violentes, comme celles qui consistaient à gratter le palais de la bouche avec un rasoir pour ensuite le frotter de gros sel, avaient du moins le privilège de guérir les simulateurs et les hypocondriaques [67].

Cette foi dans la magie n'était pas toujours déplacée, même à l'aune de la science. Les rebouteurs d'Auvergne et leurs collègues *metzes*, tout à la fois médecins, mages et magiciens, avaient une excellente connaissance de la médecine élémentaire. Ils savaient enlever le feu, extraire des balles et arrêter des hémorragies (fréquentes à l'époque de la taille des vignes). Certains parvenaient à poser un diagnostic en observant les urines de leurs patients. Contrairement à la grande majorité des docteurs, ils ne se faisaient pas forcément payer. Beaucoup étaient des forgerons – un métier traditionnellement associé à la magie – qui convertissaient à l'occasion leur atelier en clinique anténatale. Leurs patientes « se préparaient des couches faciles » en suivant régulièrement des séances de « martelage du ventre » à la forge : étendues sur l'enclume, elles tressaillaient sous les vibrations métalliques à chaque fois que le maréchal abaissait puissamment son marteau de fer dans un jaillissement d'étincelles [68]. Cette méthode musclée faisait également merveille pour libérer de leurs démons des névropathes terrorisés qui, l'espace d'un instant, se trouvaient ainsi au centre de toutes les attentions. À la fin du XIXe siècle encore, la gare d'Aumont déversait chaque année huit mille personnes venues consulter le cantonnier de Nasbinals qui, à ses heures perdues, prodiguait ses soins miraculeux [69].

Dès que l'on s'écarte des grandes routes de l'histoire de France, bruyantes et semées de carnages, le paysage est étonnamment tranquille. Il évoque davantage une atmosphère de compromis et de tolérance que de haine et de peur : des prêtres conduisaient des pèlerinages vers des sanctuaires gallo-romains, des paroissiens exécutaient des rites païens sous le regard du curé de leur village. Les images les plus connues de l'histoire religieuse de la France sont sanglantes et violentes : la Saint-Barthélemy, la destruction de la façade ouest de Notre-Dame, les prêtres guillotinés et la suppression des noms de saints de toutes les rues et tous les villages de France. Mille autres images, trop incongrues et trop éloignées des temps modernes pour affleurer dans les mémoires, donnent une impression plus authentique du passé païen récent : une mère sans lait à Clermont-d'Excideuil (Dordogne), tenant un fromage frais sur son sein, écoute le curé lui lire un passage des Évangiles, puis lui abandonne le fromage en dédommagement de ses peines [70] ; à l'église de Darnac, dans le Limousin, des pèlerins rhumatisants jettent des pelotes de laine sur l'effigie d'un saint enfermée dans une cage de fer, visant la partie du saint correspondant à leur membre douloureux, après quoi le curé du village récupère la laine afin de se tricoter des vêtements chauds pour l'hiver [71].

Le monde des saints et des fées a commencé à changer durablement à partir du moment où les gens se sont affranchis des microcosmes terrifiants et isolés, peuplés de créatures inconnues menant leur vie compliquée. Le grand symbole de la France laïque n'est ni la salle d'opération ni l'urne électorale, mais les immenses alignements mégalithiques d'autoroutes qui contournent des bourgs et des villages et n'offrent qu'un aperçu occasionnel d'une flèche de cathédrale filant dans le paysage. De nouvelles routes rapides ont banni les esprits païens en effaçant jusqu'au souvenir des lieux qu'ils occupaient. Ces lieux n'ont pourtant pas bougé et, quand la route secondaire de la carte s'étrécit en un sentier et que le ciel fait mentir la météo, il faut un acte de foi pour croire que leurs habitants sacrés n'ont jamais existé.

8

Migrations

TRENTE OU QUARANTE ANS après la révolution de 1789, les espaces vides et les villages muets sur lesquels a ouvert ce livre semblaient encore être la norme. En 1826, rentrant à Paris après un voyage à Madrid, l'économiste Adolphe Blanqui se désola de trouver sur son chemin des villes où la vie « languit faute d'impulsion, ou marche en sens contraire » : Angoulême, traversée de sa misérable rivière « à peine navigable pour de petites barques », Poitiers, tristement repliée sur ses rues médiévales tortueuses, et Tours, qui comptait plus de couvents et de monastères que d'usines. Il n'y avait, à son sens, « de véritable vie en France qu'au centre, c'est-à-dire à Paris, et sur quelques points de circonférence » : Rouen, Bordeaux et Marseille. Toutes les autres agglomérations étaient de minuscules systèmes astéroïdaux de l'univers primitif :

> Dans la vieille cité de Blois [...] comme en beaucoup d'autres lieux [...], personne ne change de place ou bien chacun se croit obligé de tourner autour de la planète envoyée de Paris. Le garde champêtre tourne autour du maire, qui tourne autour du sous-préfet, lequel tourne autour du préfet. Ces différents astres ayant un nombre considérable de satellites, il en résulte une monotonie dont le séjour habituel de Paris ne saurait donner une idée [1].

La seconde partie de ce livre révélera des formes de vie plus distinctement modernes. Les villes de France s'animeront d'une énergie nouvelle. L'avènement de l'instruction publique obligatoire, des investissements industriels, des canaux, des chemins de fer et de routes praticables presque toute l'année apporta des changements si spectaculaires que, par comparaison, la France d'antan avait l'air totalement engourdie, attendant dans ses villages crottés et ses friches inexplorées que les administrateurs, docteurs, instituteurs et curieux se fraient un passage dans leur maquis et les délivrent d'un envoûtement millénaire. Bientôt, les citadins auraient peine à croire qu'il fut un temps où la bourgeoisie était presque stationnaire, ancrée dans ses bourgs et emmurée dans ses maisons « comme Robinson dans son île [2] », tandis que des hordes de paysans et d'ouvriers arpentaient le territoire.

*

NOUS AVONS DÉJÀ croisé des représentants de cette minorité lancée sur les grands et petits chemins de ce pays inexploré : des pèlerins obstinés, des colporteurs, des mendiants et des brigands. Bien d'autres restent invisibles. Leurs déplacements sont difficilement détectables par des capteurs conçus pour un monde postérieur au leur, où toutes les routes menaient à Paris, où le commerce suivait des itinéraires tracés sur des cartes, et où plus personne ou presque ne voyageait sans billet.

Se poster sur une grand-route pour espérer observer de manière statistiquement satisfaisante les mouvements de ces migrants au long cours ou d'un jour serait une tâche aussi interminable que vaine. Les surprises ordinaires de la vie d'un voyageur, à commencer par celles qui paraissent inexplicables ou insignifiantes, nous fourniront un point de départ plus sûr. Deux aspects particuliers de la réalité de la route viennent à l'esprit. Le premier tient au caractère étrangement romanesque que revêtait le voyage avant le XXe siècle.

À l'automne 1834 (pour prendre un exemple parmi tant d'autres), le critique d'art Auguste Jal avait pris place avec sa femme dans une diligence bringuebalant dangereusement le long de la vallée du Rhône, en route pour Marseille. Il pleuvait, mais après un été sec, les eaux du fleuve étaient encore trop basses pour le bateau à vapeur, autrement rapide et confortable que la voiture. À l'intérieur, le couple se serrait sur les banquettes avec cinq autres voyageurs : un académicien de Marseille, un avocat parisien et ses deux jeunes amis qui allaient visiter l'arsenal de Toulon, et un manufacturier de soieries à la « parole naïve » qui, « du 11 au 13 octobre, c'est-à-dire de Lyon à Marseille, [...] revint un peu souvent sur son objet favori, la cuve à plonger les foulards ». Pendant le plus clair du trajet, il ne croisèrent pas âme qui vive, mis à part « quelques charrettes de paysans traînées par un bœuf ou une vache avec l'attelage d'un cheval ».

À Orange, Jal fut navré par la restauration bâclée de l'arc de triomphe romain et, songeant au nouvel inspecteur des Monuments historiques et à l'historien et critique érudit Claude Fauriel, il nota dans son journal : « Qu'aura pensé de ce travail M. Prosper Mérimée qui vient de passer tout à l'heure dans la malle-poste, causant avec M. Fauriel [3] ? »

Cette rencontre banale est révélatrice par sa banalité même. Jal ne s'étonna pas d'apercevoir deux visages familiers à travers la vitre d'une diligence, à plus de sept cents kilomètres de Paris. Il n'en parlait que parce qu'il pensait justement aux monuments historiques. Les coïncidences qu'inventaient les romanciers pour tisser leurs intrigues et rebondissements n'apparaissaient pas nécessairement invraisemblables à leurs lecteurs contemporains : elles étaient un élément normal de la vie. Si l'univers du paysan moyen dépassait rarement un diamètre d'une vingtaine de kilomètres – soit environ deux fois la superficie de Paris au XIXe siècle –, celui d'un riche voyageur n'était en réalité pas beaucoup plus grand. Le paysan décrivait des cercles autour d'un seul et même point fixe. Le bourgeois – si tant est qu'il voyageât – se déplaçait en ligne droite le long de couloirs établis. S'il souhaitait se volatiliser, il lui suffisait de quitter ce système de couloirs pour se glisser dans une autre dimension.

La deuxième grande réalité de la route est plus difficile à expliquer. Bien avant le chemin de fer et le télégraphe moderne (voir p. 322), les nouvelles importantes pouvaient se répandre par tout le pays avec une rapidité stupéfiante. Sur cent cinquante kilomètres, une nouvelle sensationnelle se propageait généralement à une vitesse de six à onze kilomètres à l'heure.

Le Havre apprit la chute de la Bastille (qui eut lieu en fin d'après-midi le 14 juillet 1789) dès les petites heures du 17 juillet. Dans de bonnes conditions, Brest, à la pointe de la péninsule armoricaine, était à cinquante-quatre heures de Paris à cheval. Les vitesses de transmission moyennes diminuaient considérablement sur des trajets plus longs, même sur les routes de poste, où l'on relayait les chevaux et le cocher. Béziers – à 840 kilomètres de Paris par les grandes artères – n'entendit parler de la prise de la Bastille qu'environ sept jours après l'événement (ce qui correspond à une moyenne inférieure à six kilomètres et demi à l'heure) [4]. Certaines villes de province, plus rapprochées dans l'espace, étaient plus éloignées dans le temps, à moins qu'il ne se trouvât un voyageur pour les informer des grandes choses. Vitteaux – à deux cent soixante kilomètres à l'est de Paris, dans l'Auxois – eut vent de la chute de la Bastille par un tailleur du village rentré de Paris à bride abattue, cheminant deux jours et deux nuits sans interruption à un train moyen de cinq kilomètres et demi à l'heure [5]. Sur de longues distances, même les estafettes rapides employées par des corporations de négociants soutenaient tout au plus une moyenne de onze kilomètres à l'heure.

Plusieurs exemples attestent malgré tout d'une transmission beaucoup plus rapide des nouvelles. L'arrestation de la famille royale à Varennes, dans la forêt de l'Argonne, fut ainsi connue à Quimper, à l'autre bout de la France, dès sept heures au matin du 24 juin 1791 [6]. Par les routes de poste, Quimper se trouvait à huit cent soixante-dix kilomètres de Varennes, ce qui signifie que l'information fut répercutée jusque dans cette région éloignée et mal desservie à une allure moyenne de près de dix-huit kilomètres à l'heure, maintenue pendant deux jours et deux nuits. Il fallut bien plus de temps à des soldats en fuite pour renseigner leurs concitoyens sur la terrible déroute de la bataille de Waterloo. Pourtant, à Villers-Cotterêts, le jeune Alexandre Dumas s'extasia qu'ils eussent fait plus d'une lieue et demie à l'heure (environ six kilomètres à l'heure) : « Ainsi, les courriers de malheur ont des ailes [7]. »

Selon le plus grand spécialiste contemporain des ragots et des télécommunications préindustrielles, Honoré de Balzac, les nouvelles pouvaient circuler à environ quatorze kilomètres et demi à l'heure. Dans *Les Marana*, il évoque l'îlot provincial tranquille au cœur de Paris, dont les ponts à péage préservèrent le silence jusque vers 1850 :

> Ne demandez pas où est le télégraphe inconnu qui lui transmet à la même heure, en un clin d'œil, en tous lieux, une histoire, un scandale, une nouvelle ; ne demandez pas qui le remue. Ce télégraphe est un mystère social, un observateur ne peut qu'en constater les effets. Il y en a d'incroyables exemples, un seul suffit. L'assassinat du duc de Berry, frappé à l'Opéra [en 1820], fut conté, dans la minute qui suivit le crime, au fond de l'île Saint-Louis [8].

Une telle célérité était effectivement au-delà des capacités des transports conventionnels desservant les grandes lignes. Jusqu'à la moitié du XIXe siècle, pour dépasser les quinze kilomètres à l'heure sur de longues distances, il fallait généralement recourir à une forme primitive de télécommunication, tels les pigeons voyageurs qu'utilisaient les spéculateurs boursiers pour transmettre le cours des actions, ou la succession de guetteurs postés sur des tertres qui portèrent de proche en proche la nouvelle de la victoire de César depuis Cenabum (Orléans) jusqu'au pays des Arvernes, à deux cent quarante kilomètres de là – véhiculant l'avis à près de vingt kilomètres à l'heure [9]. (Une expérience menée au XIXe siècle démontra que, par cette technique, il suffisait de trois cent cinquante crieurs pour relayer un message entre Orléans et les frontières de l'Auvergne.)

Une mine inépuisable d'informations livrerait à n'en pas douter des explications logiques à ces vitesses exceptionnelles. Pour que Quimper fût averti de l'arrestation du roi en ces temps records, un courrier rapide quitta très probablement Paris dès que la rumeur était arrivée de Varennes. Soit il chevaucha à franc étrier quarante-huit heures d'affilée, soit il fut relayé par d'autres messagers de nuit. Encore faut-il supposer que, pour une fois, toutes les routes étaient à peu près praticables et tous les ponts intacts. Il lui aura par ailleurs fallu disposer de chevaux de relais moins rustiques que les petits traits bretons, les nourrir et les harnacher à chaque étape.

Ce scénario n'est pas totalement irréaliste. La diffusion de l'information a ceci de vraiment remarquable qu'elle était imprévisible et étrangement affranchie des réseaux de transports connus. En 1932, Georges Lefebvre a étudié le mode de propagation de la « Grande Peur » qui s'est emparée des deux tiers du pays à la fin juillet et début août 1789. Dans une demi-douzaine de localités, la Révolution déclencha des rumeurs d'invasion par des troupes étrangères et des brigands payés par des aristocrates vindicatifs pour détruire les récoltes. Ce genre de panique avait de quoi pousser, comme cela se vit maintes fois, un individu rationnel à prendre un troupeau de vaches pour une bande de coupe-jarrets en maraude. En retraçant le parcours de chaque rumeur, Lefebvre mit en évidence les artères jusqu'alors insoupçonnées d'une gigantesque fourmilière.

La carte des courants de la Grande Peur révèle un système de communications curieusement indifférent à toute infrastructure [10]. Paris ne jouait aucun rôle dans ce lacis de rumeurs, pas plus que les grandes routes naturelles comme les vallées du Rhône et de la Garonne. Le réseau routier y était lui-même étranger. Dans les collines du Languedoc, en une seule journée, le même bruit surgit dans des villages distants de trente kilomètres qu'aucune route ne reliait. La Grande Peur se propagea d'un bout à l'autre de la Vendée et de la Normandie, puis en Picardie et en Champagne, avec la même promptitude inexplicable. Des émeutes éclatèrent et des châteaux furent réduits en cendres. Quittant la région de Troyes, les ouï-dire ignorèrent la Saône et pénétrèrent en Franche-Comté par les montagnes du Jura. Le Vercors, monde perdu perché sur son plateau, blanc béant sur la carte des migrations humaines, parut soudain rattaché au monde extérieur par des liaisons bourdonnantes de vie.

L'altitude ralentissait leur progression mais ne les arrêtait pas. Le puissant Massif central, que s'appliquaient à contourner les apprentis itinérants, les rois et les comédiens en tournée, Napoléon Bonaparte, plusieurs épidémies et, jusqu'en 1951, le Tour de France, fut infiltré par le nord, l'est et l'ouest [11]. Du jour au lendemain, la fausse nouvelle d'une invasion préparée par le roi de Sardaigne quitta Briançon, franchit le col d'Izoard, perché à deux mille quatre cents mètres d'altitude, pénétra le Queyras et l'Ubaye, puis redescendit vers la Provence méditerranéenne et, contre toute attente, alla se faufiler par les étroites vallées encaissées de l'ouest. Les rumeurs ne s'essoufflaient que lorsqu'elles se heurtaient à la double force d'inertie qu'opposaient les régions par trop abruptes et désertes [12] (le plateau de Millevaches, les hauts massifs alpestres, la Sologne, les Dombes et les Landes).

Ce circuit mystérieusement efficace fonctionnait toujours après la chute de Napoléon. En 1816, le bruit courut que l'empereur destitué s'était enfui de Sainte-Hélène et était rentré à Paris. Un écho du même ordre apparut – simultanément, semble-t-il – à Nemours et en plusieurs points de Bourgogne et du Bourbonnais. Les autorités soupçonnaient naturellement un complot parfaitement organisé [13]. Les agents provocateurs étaient certes actifs, mais pas nécessairement dans ce cas. Une nouvelle qui s'étendait comme une tache au lieu de voyager d'un point A à un point B pouvait couvrir de vastes surfaces en très peu de temps. Les sources diffuses de rumeurs qui convergèrent à Charlieu, dans les collines séparant le Forez du Beaujolais (et dont il fut fait état lors d'une réunion publique le 28 juillet 1789), révèlent une aire d'expansion des rumeurs de sept mille huit cents mètres carrés [14], et ce, sur une zone qui ne réunissait pas moins de cinq ou six des principaux dialectes et les trois grands groupes linguistiques de la France. Aucun pigeon, cheval ni locomotive n'aurait pu disséminer l'information aussi vite.

*

POUR TROUVER une explication partielle à ces coïncidences et à ces improbables courants de communications, il faut suivre quelques-uns des milliers de travailleurs itinérants qui battaient le pays.

L'aspect de leur monde qui nous paraît aujourd'hui le plus ostensiblement exotique n'a été officiellement découvert et décrit qu'au début du XIXe siècle. Lorsque les statisticiens de Napoléon commencèrent à enquêter dans le Finistère, ils furent stupéfaits de ce qu'ils virent : pas moins d'un cinquième de la superficie totale du département était occupé par des « routes et chemins » – des voies semées d'ornières, des sentiers, des passages à charrettes et d'immenses étendues de terre tellement piétinées qu'elles en étaient incultivables et souvent inutilisables même comme pistes. Paradoxalement, cette partie inaccessible de la France était couverte de routes. Des études ultérieures confirmèrent ces chiffres incroyables. Le Finistère était un cas extrême, mais on constata que bien d'autres départements étaient lézardés de minuscules routes : 12 % du Bas-Rhin, 4 % de la Vienne, 3 % du Nord, un peu moins de 2 % de la Haute-Marne, 1,4 % du Pas-de-Calais [15]. Ces innombrables ramifications ont laissé leur empreinte sur certaines régions. Il y avait à une époque tant de routes entre Beauvais et Amiens qu'il en reste aujourd'hui pas moins de six, toutes plus ou moins de même longueur (entre cinquante-cinq et soixante-deux kilomètres) et parfois assez rapprochées pour que, de l'une, on puisse saluer quelqu'un circulant sur l'autre [16].

L'énorme décalage entre le nombre insignifiant de véhicules sur les grands axes et les quantités de produits acheminés vers les marchés et les ports donne à penser qu'au début du XIXe siècle, les trois quarts de tout le commerce transitaient par ce réseau généralisé. C'était aussi par ce système de fragiles vaisseaux capillaires que passaient les rumeurs et les nouvelles [17]. Beaucoup de ces chemins n'avaient aucune existence visible, pas même lorsque l'on était dessus. Le terme de « route », qui désigne aussi bien une artère qu'un itinéraire, ne fait que renforcer cette ambiguïté. Certaines routes, comme les sentiers douaniers de Bretagne et les sentiers de contrebande du Pays basque, n'étaient guère plus que des souvenirs transmis de génération en génération. Une prairie quelconque des hauts plateaux de Provence, où un étranger ne verrait que de l'herbe frémissant sous le vent, pouvait être un grand carrefour européen entre les Alpes, la Méditerranée, la vallée du Rhône et l'Italie du Nord. En 1878, lors de sa laborieuse traversée des Cévennes entre Le Monastier et Saint-Jean-du-Gard, Robert Louis Stevenson s'imaginait à des centaines de lieues de toute civilisation :

> Mon chemin traversait une des contrées les plus misérables du monde. C'était en quelque sorte en dessous même des Highlands d'Écosse, en pire. Froid, aride, ignoble, pauvre en bois, pauvre en bruyère, pauvre en vie. Une route et quelques clôtures rompaient l'immensité uniforme, et le tracé de la route était jalonné par des bornes dressées afin de servir de repère en temps de neige [18].

En fait, l'essentiel de ce qui est devenu le « chemin de Stevenson » longe une route de deux cent vingt-cinq kilomètres dont un tronçon est l'ancienne voie Regordane (l'origine du nom est obscure) [19]. Ce corridor formait un grand axe nord-sud depuis les temps les plus reculés, à l'époque où une ligne de faille ouvrit une succession de défilés reliant le Massif central à la Méditerranée. Vers 1850, une centaine de muletiers empruntaient régulièrement la Regordane avec leurs trains de mules tintinnabulants qui descendaient des métaux et autres matériaux vers le port intérieur de Saint-Gilles, puis remontaient, chargés de paniers et de peaux de chèvre remplis de produits dont certains étaient destinés à l'Auvergne et d'autres poursuivraient leur route vers Paris. Dans quelques-uns de ces villages montagnards isolés, Stevenson aurait pu acheter du vin, de l'huile d'olive, de la morue séchée, des amandes, des oranges, des figues et des raisins secs, et bien entendu, du sel, du savon, du papier et un bon sac de bât pour son ânesse [20].

L'aventurier écossais vit en réalité un coin d'Auvergne relativement dynamique. Il payait ses achats en argent comptant, séjournait dans des auberges où les horloges égrenaient les heures, et avait droit à de luxueux petits déjeuners avec chocolat, eau-de-vie et cigarettes. En marchant sur la route, il entendait le bruit du vent dans les fils télégraphiques. Des groupes de moissonneurs le regardaient passer depuis leurs champs. Sur les vingt kilomètres de la haute route entre Le Bouchet-Saint-Nicolas et Pradelles, il ne rencontra qu'« une cavalcade de dames à califourchon et un couple de facteurs ruraux », mais il aperçut également un échantillon des millions de dendrites de l'autre réseau qui accueillait l'essentiel du trafic :

> Les petits sentiers de chèvres, herbus et pierreux, sinuaient et s'entremêlaient, se divisaient parfois en trois ou quatre, mouraient

> au lointain de creuses marécageuses, et recommençaient d'essaimer, sporadiques, au flanc des collines ou aux lisières d'un bois.
>
> Il n'y avait pas de route directe jusqu'à Cheylard, et ce n'est pas mince affaire de s'ouvrir un passage dans cette contrée rocailleuse à travers ce dédale intermittent de pistes [21].

C'est précisément ce dédale qui faisait que les villes et villages de France étaient tout à la fois coupés du monde et ouverts sur l'extérieur. Les denrées agricoles et les produits manufacturés transitaient par ce système de pistes et de petites routes selon un phénomène qui s'apparenterait au mouvement brownien, changeant graduellement de mains sur de grandes distances [22]. Avec l'amélioration des grandes routes et l'apparition des voies ferrées, ce commerce délaissa le réseau capillaire, les liaisons furent interrompues et une fraction importante de la population se trouva soudain plus enclavée qu'auparavant. Au XXe siècle, les lignes de trains à grande vitesse ont eu le même effet sur de nombreuses régions.

*

IL FAUDRAIT DÉPLIER un millier de cartes d'état-major détaillées pour suivre précisément les déplacements de la population migrante dans ce labyrinthe de pistes, mais n'importe quelle carte en relief ou photographie satellite à grande échelle nous permet déjà de nous en faire une excellente idée.

Sur le territoire vu du ciel, on remarque d'emblée une diagonale tirée entre les Pyrénées occidentales et les Vosges, qui délimite les reliefs les plus hauts et divise plus ou moins le pays en deux. Les migrants partis du sud et de l'est de cette ligne s'écoulaient des hauteurs comme de la neige fondue, tandis que les animaux transhumants remontaient vers les montagnes [23]. Un dicton languedocien résumait très bien ce chassé-croisé : « *Crabas amont, filhos aval* [24] » (« Chèvres en amont, filles en aval »). Dans cette moitié de la France, la grande ligne de partage des eaux est l'ancien volcan effondré des monts Cantal. Il occupe près d'un millier de kilomètres carrés, ce qui en fait l'ensemble volcanique le plus vaste d'Europe. Du département auquel il donne son nom, des milliers d'hommes, femmes et enfants descendaient chaque année vers les plaines de Gascogne et d'Espagne, vers la Méditerranée et Marseille, vers Lyon et la vallée du Rhône, et vers le Poitou et le Bassin parisien [25].

C'était la zone de migration au long cours. Au nord et à l'ouest de la diagonale, les migrations saisonnières étaient généralement plus courtes. Les gens avaient là plus de chances de mourir à portée de vue de leur clocher, et n'avaient généralement qu'une connaissance passive du monde extérieur. Ils entendaient parler d'événements par des semi-nomades qui sillonnaient le pays : des fondeurs de cloches, des rémouleurs, des bouilleurs de cru et des colporteurs ; des négociants en grains et en vins ; des chanteurs et des cirques ambulants et des marchands d'orviétan ; des ramasseurs de cheveux qui revendaient leur récolte aux perruquiers, des sabotiers qui s'attiraient leur sympathie en apportant des nouvelles et des ragots, et parfois des lettres d'amour. Un manuel militaire de 1884 attirait l'attention de ses lecteurs sur certains de ces nomades locaux, qui pouvaient être de précieuses sources de renseignements sur une région :

> Les déserteurs, les voyageurs de passage, les gens sans aveu arrêtés par la gendarmerie. [...] Des chasseurs, des braconniers, des bergers, des charbonniers, des bûcherons [...]. Il est prudent d'en prendre plusieurs et de les questionner séparément. [...] Les contrebandiers et les colporteurs sont particulièrement propres à servir d'espions [26].

Les déplacements de masse dans ce pays de plaines étaient relativement modestes, mais pour ceux qui les entreprenaient, ils restaient de grandes odyssées. Au printemps, de longues processions de jeunes filles suivies d'ânes de bât portant les bagages et les marcheuses fatiguées partaient pour la Brie, la Beauce et le Gâtinais, où elles allaient biner les champs avant de rentrer en Bourgogne à temps pour la vendange. Les vastes terres à blés du Bassin parisien attiraient quant à elles d'impressionnants contingents de journaliers du nord de la France [27]. Aujourd'hui encore, à la fin de l'été et au début de l'automne, on voit déferler des groupes de moissonneurs immigrés qui voyagent en camion ou vivent dans des caravanes, et font fleurir de petites banlieues de cordes à linge et d'antennes satellites à l'orée des vignes. De temps en temps, on croise une famille d'ouvriers agricoles immigrés qui, absorbée par la route qui s'étire devant elle, marche en file indienne d'un pas qui ne semble lent que de loin.

Ces migrants périodiques avaient autrefois une présence plus perceptible, dans les villes comme dans les campagnes. Certains jours, les grandes places des villes de province s'emplissaient dès l'aube de centaines de familles qui avaient cheminé toute la nuit avec leur faucille enveloppée dans un linge. C'était la louée (ou, dans certaines régions, la « loue »), bourse du travail où les patrons venaient embaucher des saisonniers. Les moissonneurs portaient un épi de blé, les bergers une touffe de laine et les charretiers accrochaient leur fouet autour du cou. Les domestiques, dans leurs plus beaux habits, s'identifiaient par un bouquet ou quelques feuillages à la main. L'employeur leur faisait faire quelques pas pour s'assurer qu'ils n'étaient pas handicapés et leur examinaient les mains, dont les cals étaient censés attester de leur ardeur au travail. Une pièce glissée à la main scellait le contrat [28]. À mesure que la journée s'écoulait, la foule des candidats s'éclaircissait, et il ne restait que les plus vieux et les plus mal en point. Ceux qui étaient encore là à la tombée de la nuit avaient encore le recours de suivre la moisson pour glaner et chaumer, et ils pouvaient couvrir des centaines de kilomètres en l'espace d'un mois ou deux avant de retourner chez eux.

Dans les régions montagneuses, ce commerce d'êtres humains prenait des formes plus saisissantes. Jusqu'à la deuxième moitié du XIXe siècle, les voyageurs partant vers l'est à l'automne voyaient des essaims de petits garçons – auxquels se mêlaient parfois des filles déguisées – vêtus d'une toile brune grossière, de chapeaux à large bord et de souliers cloutés, trottiner vers Paris depuis le Dauphiné, la Savoie et le Piémont. Certains n'avaient pas plus de cinq ans. À la capitale, on les appelait les « hirondelles d'hiver », car ils apparaissaient dans les rues au moment même où les oiseaux s'envolaient vers le sud et où les premiers froids s'installaient [29].

Un mois plus tôt, les enfants de différents villages s'étaient retrouvés dans les plaines au pied des Alpes. Leurs parents leur avaient donné un peu d'argent, deux ou trois chemises pliées dans un mouchoir, une miche de pain noir dur comme la pierre, un passeport et parfois un vague plan indiquant les localités où ils pourraient faire étape chez des cousins ou amis. Ils parcouraient jusqu'à quatre-vingts kilomètres à pied par jour, dormaient dans des granges et amélioraient leur inusable miche de quelques œufs et pommes volés. Sur la longue route de la Savoie à Lyon, puis sur celle de Paris et du nord, ils avaient tout le temps de répéter leurs chansons et leurs cris de rue, et peut-être même d'apprendre quelques tours de passe-passe. Les garçons du Piémont avaient souvent un triangle ou un orgue de Barbarie ; d'autres transportaient une marmotte dans une cage ou un furet pour attraper les rats. La plupart des petits Savoyards passeraient les dix années suivantes à gratter la suie des cheminées parisiennes ou à monter de l'eau aux appartements dans des seaux en fer-blanc. Beaucoup travailleraient aussi comme courriers, cireurs de chaussures ou commissionnaires.

Les migrations enfantines furent par la suite assimilées à une forme d'esclavage et perçues comme une menace à l'ordre public, mais la loi ne s'intéressa véritablement au sort de ces gamins que dans les années 1870. Les adultes y voyaient une activité très organisée, respectable et nécessaire. Dans des villages du Dauphiné où la terre et les ressources manquaient, les petites gens gageaient souvent leurs enfants pour cinquante à quatre-vingts francs l'année. Les jeunes montagnards devaient se rendre seuls à la ville – Paris, Lyon ou Marseille, parfois Turin ou Milan. Arrivés à Paris, ils prenaient la direction d'une zone sordide des environs de la place Maubert dans le Quartier latin, ou allaient tout droit rue Guérin-Boisseau près de la porte Saint-Denis. Là, on leur donnait un lit et on leur apprenait l'art de la mendicité. Le lendemain matin, ils sortaient avec leurs marmottes et leurs sébiles par bandes de trois ou quatre. Ils menaient cette vie pendant trois à six ans, selon le contrat signé par leurs parents. Le soir, s'ils rentraient avec moins d'un franc, ils ne recevaient rien, mais au-delà, ils touchaient une commission de dix à vingt pour cent [30]. Il était convenu qu'ils devaient suivre chaque après-midi des cours de lecture et de catéchisme. Dans la bonne bourgeoisie parisienne, qui n'ignorait rien de ces arrangements, il était de bon ton – avant que la question des travailleurs migrants ne devînt un enjeu politique – de venir en aide à ces petits êtres venus des coins les plus reculés de France.

Les ramoneurs savoyards étaient soumis à un régime légèrement différent. En arrivant en ville, ils se séparaient en plusieurs groupes par villages d'origine. À chacun étaient affectés un dortoir et une cantine. Un immeuble spartiate d'une rue quelconque qui semblait se fondre au tissu parisien était en fait une colonie de Savoie dirigée par un maître ramoneur savoyard. Celui-ci était parfois aussi marchand de casseroles ou de peaux de lapin et profitait de ses tournées pour surveiller les garçons qui couraient les rues en criant « Haut en bas ! ». Si l'un volait de l'argent ou faisait une bêtise, il était puni selon la tradition savoyarde. Ceux qui tentaient de s'échapper vers les petites ruelles sombres étaient toujours rattrapés : les ramoneurs connaissaient aussi bien la ville que n'importe quel agent de police et mieux que la plupart des Parisiens. Dans les cas les plus graves, le coupable était exclu de la communauté.

Un enfant ainsi banni dans son exil n'avait plus qu'à aller chercher du travail en rejoignant avec ses genouillères et son hérisson la foule de gamins au chômage assemblés à la porte Saint-Denis et dans la rue Basse-du-Rempart, site de la future place de l'Opéra. Avec un peu de chance, il serait recueilli par une société de bienfaisance et bénéficierait d'un véritable apprentissage. Dans le cas contraire, il tomberait peut-être entre les griffes d'un « protecteur » qui le déguiserait et l'enverrait grossir la troupe des centaines de « petits jésus » qui racolaient sur les Champs-Élysées et dans d'autres quartiers périphériques de la ville.

S'ils échappaient à l'asphyxie, aux maladies pulmonaires et à la cécité, et ne tombaient jamais d'un toit, les petits ramoneurs pouvaient espérer s'établir un jour à leur compte comme installateurs de poêles à bois. Presque tous rentraient se marier au pays. Ils ne coupaient jamais les liens avec leur pays natal. Du toit des immeubles parisiens, lorsqu'il sortait d'une cheminée tout barbouillé de suie, le ramoneur savoyard devinait toujours la ligne des Alpes.

*

CES COHORTES de moissonneurs et ces bataillons d'enfants représentent environ 15 % du demi-million d'habitants qui parcouraient le pays. Leur mode de migration était relativement concentré et grégaire. D'autres nomades, comme les colporteurs et les contrebandiers signalés dans le manuel militaire, couvraient plus systématiquement le terrain, circulant dans le labyrinthe comme les sèves dans les veines d'un arbre.

À chaque début de saison, jusque dans les années 1870, des milliers de colporteurs quittaient leurs villages de montagne chargeant sur leur dos leur lourde « balle », qui pesait sa bonne centaine de livres, ou un coffre en pin. Un bâton fixé à l'arrière de leur fardeau leur permettait de se reposer sans avoir à le retirer. À l'intérieur, les marchandises étaient disposées dans de petits paniers et couvertes de carrés de tissu. Le poids était bien entendu un facteur déterminant. Les sacs de colporteurs étaient des chefs-d'œuvre d'emballage. Celui de l'un de ces marchands qui faisait la route en 1841 contenait 9 800 épingles, 6 084 bobines de fil, 3 888 boutons, 3 000 aiguilles, 36 dés à coudre, 36 peignes, 24 pièces de coton, 18 boîtes à priser, 96 plumes et crayons, 200 plumes d'oie, 24 paires de ciseaux et un assortiment d'œillets, couteaux, carnets, bretelles et savons. Entre autres articles très demandés, on trouvait aussi les colifichets religieux, les herbes médicinales, toutes les étoffes de soie et, après que l'afflux de botanistes et de touristes herborisants eut ouvert un marché pour cela, les plantes et graines alpines [31]. Un colporteur de Basse-Normandie mort à Longpont dans le Perche en 1788 avait laissé en dépôt sa balle au curé. C'était un coffre de quatre-vingt-dix centimètres de long par trente de large, garni de lisières et de bretelles en cuir. Il était subdivisé en sept cartons et sept tiroirs, qui contenaient 382 échantillons de 41 articles différents (deux tiroirs étaient vides), dont des chaînes de montre, des ciseaux, des sceaux, des boucles d'oreilles, des rasoirs, des couteaux, des rubans, des gants, des bas et une reconnaissance de dette pour la vente d'une montre en argent [32].

Mais quelques-unes de leurs marchandises, parmi les plus rentables, ne pesaient rien. Les colporteurs au long cours profitaient d'une croyance répandue qui investissait les montagnards de pouvoirs magiques. Une formule prononcée dans un dialecte étrange et incompréhensible pouvait être très convaincante. Certains proposaient des soins médicaux et vétérinaires. Ils perçaient les oreilles, arrachaient les dents et disaient la bonne aventure. Même après que la pratique fut interdite en 1756, des marchands ambulants béarnais passés en Espagne castraient des petits garçons que les parents espéraient placer dans un chœur de cathédrale [33]. Lors du voyage de retour, si leur route les menait par les chemins de Saint-Jacques-de-Compostelle jusqu'à Rocamadour et Le Puy-en-Velay, ils se faisaient volontiers passer pour des pèlerins et rentraient ainsi à bon compte chez eux en demandant l'asile d'une abbaye à l'autre [34].

Les merciers d'Auvergne étaient connus pour leur roublardise. Ils parvenaient à faire durer un seul coupon de tissu toute une saison en promettant à leurs acheteurs qu'un tailleur viendrait le lendemain tailler gratuitement leurs habits. Et de fait, le tailleur se présentait, prenait les mesures du client, emportait le coupon... et ne reparaissait jamais. Revers de la médaille, le vendeur malhonnête devait quadriller des zones bien plus vastes qu'un collègue qui savait gagner la confiance de sa clientèle [35].

Une autre forme d'escroquerie, « la pique », alimentait un commerce florissant : un curé de campagne compréhensif signait une lettre expliquant que le porteur avait essuyé de terribles calamités et le recommandait à la charité des braves gens : sa ferme avait brûlé, ses bêtes étaient malades, sa femme agonisait et on leur avait volé tout leur argent. L'auteur de la lettre avait naturellement droit à une part des bénéfices. Apparemment, les meilleures rédactrices de « piques » étaient les vieilles femmes. Un curé interrogé après l'arrestation de deux colporteurs allés « à la pique » reconnut avoir signé le faux document. Derrière ces exagérations, le fléau de la pauvreté était bien réel, et quiconque était prêt à faire des centaines de kilomètres à pied pour gagner sa vie en trompant la pitié d'autrui avait tout au moins l'avantage de soulager la pression sur les ressources du village.

*

S'IL N'Y AVAIT EU que d'honnêtes gens dans la population, une grande part de la France aurait été coupée du monde extérieur. La contrebande était également un secteur d'activité lucratif, qui assurait le maintien des minuscules voies de communication. Dans certaines régions, c'était même l'unique occupation économique. Les habitants de villages frontaliers comme Le Pont-de-Beauvoisin, à cheval sur la frontière entre la France et la Savoie, ne faisaient pas grand-chose d'autre. En Provence, plusieurs localités abandonnèrent l'agriculture pour le commerce interlope, et quelques monastères avaient des réserves d'alcool et de tabac étonnamment bien fournies. Nice, qui resta un comté autonome jusqu'en 1860, disposait de débouchés d'exportation à l'est vers l'Italie, et à l'ouest, sur l'autre rive du Var, vers la France [36].

La frontière franco-espagnole était une véritable passoire. À l'ouest, les collines du Pays basque étaient sillonnées en tous sens de sentiers de contrebande qu'utilisèrent par la suite des guérilleros, des résistants et des terroristes basques. À l'est, les Catalans et les Roussillonnais étaient à la tête d'une économie parallèle très dynamique. « On ne peut pas mettre un pied devant l'autre sans tomber sur une bande de contrebandiers armés », déplorait en 1773 l'auteur d'un rapport adressé au ministère des Affaires étrangères. Il ne s'agissait pas de simples silhouettes furtives qui se glissaient dans les broussailles. Ils se déplaçaient par brigades de cinquante, suivis d'une autre brigade chargée d'assurer leurs arrières. Ils étaient nourris, touchaient un salaire, et formaient une corporation organisée en hiérarchie, comme des soldats [37].

En Bretagne, des milliers de femmes aux jupons lourdement lestés de pains de sel et de mottes de beurre trop salé affluaient dans le Maine, affirmant attendre un enfant [38]. En 1773, le tribunal de la gabelle de Laval jugea plus de douze mille enfants pour faux saunage. Encore ce chiffre ne comprenait-il que les enfants pris avec plus de quinze livres de marchandises de contrebande [39]. En grandissant, certains rejoindraient ce qui était pratiquement un marché commun anglo-français : les marins bretons passaient de l'eau-de-vie à Plymouth, tandis que les Cornouaillais faisaient entrer du tabac à Roscoff.

Les voies maritimes qu'avaient empruntées les marchands gallo-romains et les envahisseurs normands restèrent plus fréquentées que jamais, et le furent plus encore après que Napoléon eut imposé le système continental (1806-1813). De part et d'autre de la Manche, les contrebandiers étaient réputés communiquer dans un argot commun. Ceux de Saint-Malo et de Granville pouvaient converser avec des insulaires de la Manche en français normand. Un touriste américain de passage dans le nord de la France en 1807 repéra des signes suspects qui semblaient indiquer que, malgré les mesures napoléoniennes, Calais et Boulogne entretenaient toujours d'excellentes relations commerciales avec Douvres et Hastings :

> Les œufs, le lard, la volaille et les légumes semblaient abonder, et, à ce que je compris, composaient le repas de la paysannerie deux fois par semaine au moins. Je fus surpris de cette évidente abondance dans une classe où je ne l'aurais pas attendue. Je crains qu'une part ne doive être imputée aux extraordinaires bénéfices de la contrebande qui se pratique le long de la côte [40].

Manifestement, si les barrières douanières étouffaient le commerce, elles n'accroissaient pas nécessairement l'isolement. La « forteresse France » était extraordinairement poreuse. Toute commémoration de l'unité européenne devrait saluer le souvenir des contrebandiers et colporteurs qui ont si bien contribué à maintenir l'ouverture des frontières.

*

Si le bien-être d'un pays se mesure à son niveau d'industrialisation et d'investissement, alors les allées et venues, la lésine et la parcimonie d'un demi-million de travailleurs migrants et de petits délinquants trahiraient la léthargie d'une économie arriérée. Si en revanche on prend en compte l'ensemble du territoire, ces comportements révéleraient plutôt une santé éclatante que la France n'a jamais totalement retrouvée. Des cartes démographiques par département semblent indiquer qu'à la fin du XIXe siècle, le pays entrait dans un nouvel âge sombre. Entre 1801 et 1911, la France gagna plus de dix millions d'habitants, mais dix-neuf départements, dont plusieurs proches de Paris, se dépeuplèrent. Quatorze autres enregistrèrent une hausse de moins de cinquante mille âmes. Aujourd'hui, trente-six départements, qui représentent 40 % de la superficie de la France, sont moins peuplés qu'ils ne l'étaient il y a un siècle et demi. Les migrations temporaires concernaient certes moins de 2 % de la population, mais elles eurent un effet vital : elles évitèrent au pays de se vider de sa substance en permettant aux richesses d'atteindre les régions moins productives.

Leurs retombées sont encore manifestes dans certaines régions de France : témoin les « maisons de lait » à deux étages des villages bourguignons, construites avec l'argent gagné par les nourrices [41] ; les villégiatures des porteurs d'eau en retraite dans le fin fond du Cantal ; les demeures étonnamment luxueuses qui commencèrent à fleurir à Barcelonnette et Aiguilles lorsque des marchands de parapluies rentrèrent d'Amérique du Sud dans les Alpes et quand les fromages du cru s'exportèrent vers la Méditerranée, puis traversèrent même l'Atlantique dans des caisses plombées.

Les mouvements de fourmis de la minorité nomade ont non seulement diffusé les richesses mais également retardé la croissance urbaine. Avant que les migrations permanentes ne deviennent la norme à la fin du XIXe siècle, Paris n'était pas le centre de gravité vorace de la France. La capitale était certes bien desservie par les grands cours d'eau du nord-est du pays – l'Yonne, la Seine, la Marne, l'Aisne et l'Oise – mais pas par ceux qui prennent leur source dans le Massif central. Les grandes voies de communications partant d'Auvergne étaient toutes orientées vers le sud. Une route commerciale vers Bordeaux, Toulouse, Montpellier ou Marseille, emplie de trains de mules et de pèlerins, était jugée préférable à un obscur sentier filant au nord, vers des pays où les gens parlaient une autre langue. Au début du XXe siècle encore, de nombreux villages du sud de l'Auvergne et du Périgord entretenaient des liens plus étroits avec l'Espagne qu'avec le nord de la Loire [42]. Les Basques avaient tout autant de chances d'avoir de la famille à Buenos Aires et, plus tard, à Manhattan, qu'à Paris.

Si l'on avait pu tracer toutes ces routes sur une carte, le résultat aurait davantage ressemblé à la Gaule romaine qu'aux réseaux routiers et ferroviaires du XXIe siècle, centrés sur Paris. Les premières cartes de l'alphabétisation révèlent le même schéma inattendu. Certaines régions réputées éloignées du phare de la civilisation présentaient en fait des taux d'alphabétisation surprenants : le Cantal, l'Isère, la Drôme, les départements des Alpes et la Savoie. Quand Balzac décrivit dans *Le Médecin de campagne* (1833) un missionnaire culturel qui avait entrepris « d'améliorer ce coin de terre encore inculte, et d'en civiliser les habitants jusqu'alors dépourvus d'intelligence [43] », il transposait la situation qui prévalait dans sa province natale de Touraine, largement analphabète, aux Alpes, qu'il connaissait très mal. De nombreux villages alpins avaient leurs propres écoles depuis des décennies, non par souci d'assurer à leur jeunesse une culture générale, mais pour former la génération suivante de colporteurs. On y enseignait le calcul, l'art de tenir des registres de comptes et le français des affaires. Les enfants de la région de l'Oisans, à l'est de Grenoble, copiaient et apprenaient par cœur des lettres types. L'exemple suivant illustrait ainsi ce qu'aurait pu envoyer à ses compatriotes un colporteur prospère qui avait fui la routine de son pays et s'était fixé à la capitale :

> Ainsi, cher ami, tu vois que l'on jouit de beaucoup plus de plaisirs que chez nous, où l'on ne va que chez un parent à un autre en leur souhaitant le bonjour. Je t'intéresse fort à venir faire la demeure à Paris afin que tu puisses y goûter de ses charmes [44].

L'idée que le salut des collectivités dépendait de petits efforts individuels a perduré dans les mentalités agricoles françaises.

Certaines attitudes qui paraissent fermées et protectionnistes sont plus révélatrices de l'histoire française que de l'histoire parisienne. Dans la Grande-Bretagne victorienne, la coïncidence catastrophique de l'urbanisation et de l'industrialisation créa d'immenses zones polluées et rongées par la misère et les maladies. En France, la plupart des ouvriers de l'industrie étaient soit des gens du pays, comme les tisserands de Normandie et de Lyon, soit des saisonniers, comme les montagnards qui suaient sang et eau pendant six ou sept mois dans les usines d'huile, de savon et de parfum d'Aix et de Marseille, puis rentraient au pays et achetaient une parcelle de terre [45]. La plupart des filatures et des usines étaient suffisamment petites pour passer outre aux lois interdisant le travail des enfants qui, jusqu'en 1874, ne s'appliquaient qu'aux ateliers de plus de vingt employés [46]. À la différence de l'industrie britannique, l'industrie française produisait essentiellement ce que l'on appelait les « articles de Paris » – des produits de luxe, tels les horloges, les bijoux, les meubles, les accessoires de mode, les ustensiles domestiques et les fleurs artificielles. Comme le relevait fièrement le Larousse de 1872, la France était peut-être en retard sur la Grande-Bretagne et l'Allemagne pour son industrie lourde, mais « elle n'a pas d'égale pour toutes les industries qui exigent de la grâce, de l'élégance, pour tout ce qui est affaire d'art plutôt que de métier [47] ».

Exception faite d'une poignée de centres industriels en pleine expansion comme Roubaix et Montluçon (voir p. 336 et 435), les villes françaises restaient repliées à l'intérieur de leurs murs. En 1860, lorsque la capitale repoussa ses limites urbaines pour englober plusieurs communes adjacentes – Montmartre, Grenelle, Vaugirard, etc. –, Honoré Daumier publia un dessin d'un couple de paysans lourdauds, en sabots et blouse, campés dans un champ labouré dont l'horizon ouvrait sur les toits de Paris, qui soupiraient : « Et dire que maintenant, on est Parisiens ! » En dépeignant cet océan suburbain de boue et la minuscule cité insulaire, le caricaturiste forçait à peine le trait. Dans la plupart des villes, on entendait arriver un travailleur migrant au martèlement métallique de ses chaussures cloutées sur le pavé. En 1839, Balzac décrivit l'entrée d'un apprenti itinérant de seize ans à Provins (Seine-et-Marne) par un matin d'octobre. Provins se trouvait sur l'un des grands axes menant vers l'est du pays et possédait des filatures, des tanneries, des briqueteries et une distillerie de betteraves à sucre. Elle fournissait des roses aux pépinières et aux pharmaciens (qui concoctaient des potions cordiales et des lotions à partir des pétales) et on y faisait commerce de grains, de farine, de vin, de laine et d'eau minérale. Elle tenait quatre grandes foires par an et n'était qu'à sept heures de Paris par la malle-poste.

> [Il] s'arrêta sur une petite place qui se trouve dans le bas de Provins. À cette heure, il put examiner sans être observé les différentes maisons situées sur cette place, qui forme un carré long. Les moulins assis sur les rivières de Provins allaient déjà. Leur bruit, répété par les échos de la haute ville, en harmonie avec l'air vif, avec les pimpantes clartés du matin, accusait la profondeur du silence, qui permettait d'entendre les ferrailles d'une diligence, à une lieue, sur la grande route. En cet endroit, nulle trace de commerce. À peine y voyait-on alors les luxueuses portes cochères des gens riches ! S'il y en avait, elles tournaient rarement sur leurs gonds, excepté celle de M. Martener, un médecin obligé d'avoir son cabriolet et de s'en servir [48].

La plupart des villes de France étaient en fait entourées sur plusieurs milliers de kilomètres carrés d'immenses conurbations faiblement peuplées, que les habitants quittaient l'espace de plusieurs jours, semaines ou mois. Même si la « journée » de travail durait plusieurs années, elle s'achevait toujours par un retour au pays. Nîmes et Lyon attiraient ainsi des ouvriers du textile de villages montagnards très éloignés. La plupart des migrations étaient rurales, et la majorité des migrants qui se rendaient en ville n'étaient pas de la chair à usine qui se laisserait broyer par des structures diaboliques : c'étaient des prestataires de services travaillant à leur compte. En 1838, sur les quelques vingt-trois mille émigrants savoyards disséminés dans toute la France, seuls deux mille travaillaient en usine, ce qui, de leur point de vue, revenait à dire qu'ils étaient au chaud et au sec, et avaient un gîte, un couvert et un salaire régulier.

Les étrangers qui viennent aujourd'hui s'établir dans des villages français espèrent s'intégrer et se faire accepter de la communauté. Ce genre de préoccupation était généralement étranger aux migrants intérieurs. Vers 1850, la moitié de la population de Paris venait des provinces et très peu se sentaient Parisiens. Dans leur exil, ils veillaient à dépenser aussi peu que possible. Mentalement, ils ne quittaient jamais leur pays. Ils n'avaient aucun contact avec les régions qu'ils traversaient et, une fois arrivés en ville, ils vivaient, comme les petits ramoneurs, dans des répliques miniaturisées de leur pays [49]. Dans certaines rues de Paris, les sons et les odeurs des villages et des petites villes de province étouffaient les sons et les odeurs de la capitale. Dans bien des cas, leurs cris de rue étaient tout ce que ces campagnards déracinés savaient de français. Les rétameurs et les ferrailleurs d'une vallée particulière du Cantal se concentraient autour de la rue de Lappe, près de la Bastille. Les porteurs d'eau et les manœuvres originaires de la vallée voisine étaient regroupés dans le même secteur et séparés de leurs compatriotes, non plus par la rivière Jordanne, mais par une rue. Tous les acteurs de la machination dont Alexandre Dumas s'est inspiré pour tisser l'intrigue de son *Comte de Monte-Cristo* venaient du même coin de Nîmes et habitaient le même quartier de Paris, entre la place du Châtelet et les Halles. Ils se retrouvaient et échangeaient les nouvelles du pays dans un café de la place Sainte-Opportune tenu par un compatriote. On retrouve encore parfois des traces de ces villages urbains, notamment près des gares ferroviaires, à travers le nom d'un café ou d'un restaurant, un plat régional, l'accent d'un serveur, ou une photo de vache dans un pâturage de montagne.

La France ressemblait elle-même à une gigantesque ville dont chaque quartier avait sa spécialité. Les maquignons venaient de Normandie, les taupiers et leurs apprentis de l'Orne, les dentellières de Caen et de Beauvais. Les bonnes arrivaient de Bretagne et de Guyenne. Au XVIIIe siècle, les impressionnantes coiffes amidonnées des Normandes étaient un spectacle courant autour du Bureau des nourrices de la rue Sainte-Apolline à Paris ; au XIXe siècle, elles laissèrent place aux capuches noires des Bourguignonnes qui suivaient les trains de bois flotté du Morvan [50].

La plupart de ces migrants étaient à quelques jours de marche de Paris. D'autres mettaient des semaines à traverser le pays à pied : les concierges et serruriers (et, partant, sans doute les crocheteurs) de Lyon, les chiffonniers d'Alsace, les chanteurs de la Haute-Marne, les mercenaires de Suisse (les fameux « gardes suisses »), les vitriers du Piémont, les cuisiniers de Montpellier, les montreurs d'ours et les rémouleurs des Pyrénées. L'Auvergne envoyait à la capitale des chapeliers et des scieurs de long du Forez, des ramasseurs de chiffons d'Ambert et du Mont-Dore, et les pelletiers de Saint-Oradoux qui déambulaient dans les rues sous une montagne de peaux de lapin, effrayant les enfants et dépeçant les chats errants [51]. Les charbonniers auvergnats, arrivés par l'Allier et le canal de Briare, étaient souvent aussi tenanciers de cafés et marchands de vin. C'étaient les fameux bougnats, auxquels Paris doit aujourd'hui certains de ses cafés les plus prestigieux – le Flore, le Dôme, la Coupole, les Deux-Magots. On trouve encore quelques cafés qui vendent du charbon, et récemment encore, près des trois quarts des bars-tabacs de la capitale étaient tenus par des Auvergnats et leurs descendants.

La carte des courants migratoires ne dégage aucune logique apparente. Une fois que des pionniers avaient ouvert la voie à leurs compatriotes, qu'une colonie s'était installée et s'était fait une clientèle, ces métiers trouvaient une dynamique qui assurait leur survie à long terme. Bientôt, la clientèle parisienne associait un produit ou un service donné à un costume régional ou à un accent particulier. Mais les producteurs et prestataires de services ne savaient pas toujours s'adapter aux changements économiques. À la fin du XVIIIe siècle, plusieurs villes des marches de Lorraine – Strasbourg, Troyes et Dijon – se trouvèrent ainsi submergées de cordonniers affamés, dont la plupart ne disposaient ni de cuir, ni d'un réel savoir-faire [52]. Des régions pauvres comme le Vercors et les Préalpes, de Digne à Grasse, qui auraient eu beaucoup à gagner à pratiquer l'émigration, restèrent renfermées sur elles-mêmes jusqu'à la fin du XIXe siècle, puis se dépeuplèrent brusquement. *A contrario*, personne ne sait pourquoi des milliers de maçons et d'ouvriers du bâtiment quittaient chaque année le Limousin, alors que les terres ne manquaient pas et qu'ils auraient eu de l'ouvrage dans la région [53]. La seule explication évidente est que les hommes qui avaient vécu loin de chez eux faisaient de meilleurs maris : ils avaient plus d'argent, plus de prestige et, surtout, des histoires plus intéressantes à raconter.

*

ON ASSOCIE en règle générale plus volontiers la soif de découverte du pays aux explorateurs, aux savants et aux touristes qu'aux travailleurs migrants. La curiosité était pourtant de toute évidence l'une des grandes motivations de ces exodes massifs. À une époque où la plupart des gens avaient peur de sortir de chez eux à la nuit tombée, les routes ouvertes par les migrants constituaient des passages relativement sûrs vers le monde qui s'étirait par-delà le pays.

L'exemple classique de cette découverte organisée de la France est le Tour de France des compagnons. L'expression date du début du XVIIIe siècle, mais l'institution est beaucoup plus ancienne. D'abord limité à la Provence et au Languedoc, le périple des compagnonnages s'étendit par la suite à la vallée de la Loire, à Paris, à la Bourgogne et à la vallée du Rhône. Contournant la Bretagne (mis à part Nantes), la Normandie, le Nord et le Nord-Est, et les montagnes, il décrivait un vague hexagone autour du Massif central. Chaque métier avait sa propre guilde, organisée sur un réseau de « mères » qui hébergeaient les jeunes artisans et leur trouvaient des chantiers à toutes les étapes de leur itinéraire*. En entrant chez les Compagnons, le jeune apprenti prenait le nom de son pays d'origine – « Libourne », « Bordelais », « Landais », etc. Après quoi, il séjournait plusieurs semaines ou mois dans un même lieu,

* Les apprentis de France et d'autres régions d'Europe dont le métier suppose la transformation d'une matière première (charpentiers, maçons, plombiers, boulangers, etc.) entreprennent toujours leur Tour de France et sont logés dans des auberges administrées par des « mères ». Les matches de football ont remplacé les batailles rangées entre corporations. Il existe trois ordres : le Compagnonnage du devoir, le Compagnonnage du devoir de liberté et l'Union compagnonnique des devoirs unis.

s'appliquant de longues heures à acquérir les techniques locales et à se familiariser avec le travail des matériaux de la région. Il était également tenu d'observer un ensemble de règles secrètes de l'ordre du Devoir dont dépendait sa corporation. Lorsque le moment venait de quitter un endroit pour en rejoindre un autre, le tintamarre d'un cortège de tambours et violons l'escortait jusqu'aux limites de la ville [54].

Un Tour durait en règle générale quatre à cinq ans, couvrait plus de deux mille kilomètres, le plus souvent dans le sens des aiguilles d'une montre et (si l'on en croit la « Ligne ordinaire du Tour de France » publiée en 1859 par un boulanger de Libourne [55]), passait par cent cinquante localités différentes. Certaines étaient des passages obligatoires, et les maçons et charpentiers devaient réaliser des chefs-d'œuvre dans les abbayes et les cathédrales. Pendant son voyage, l'apprenti était initié au sein de sa corporation. Après quoi, il devenait « Compagnon du Tour de France » et recevait alors un deuxième surnom évoquant ses mérites reconnus : « Lyonnais-la-Fidélité », « L'Estimable-le-Provençal », « Angoumois-le-Courageux », etc. Agricol Perdiguier, un ébéniste des faubourgs d'Avignon qui publia ses mémoires du Tour en 1854, fut ainsi baptisé Avignonnais-la-Vertu. Le compagnon se voyait également délivrer une canne ornée de rubans de couleur qui permettaient de l'identifier sur la route. Lorsqu'il avait achevé son Tour et rentrait dans ses foyers, on lui remettait un certificat et il gardait le titre de Compagnon jusqu'à la fin de ses jours.

Avec le Tour de France, les rivalités et querelles de clocher se déplaçaient sur la route. Des membres de différents ordres essayaient de s'assommer à coups de canne lorsqu'ils se croisaient en chemin ou quand une guilde tentait d'installer une nouvelle « mère » dans une ville. Les apprentis apprenaient très vite à se servir de leurs outils comme d'armes. Un manuel de règlements à l'intention des ouvriers, contremaîtres et compagnons publié en 1833 consacrait sept de ses trente pages aux attroupements séditieux, insultes et diffamations, parjures, menaces, coups et blessures et homicides [56]. Lorsque le boulanger de Libourne interrompit son Tour en 1840 pour rendre visite au vénérable ermite barbu du massif de la Sainte-Baume, le vieillard ne mâcha pas ses mots pour condamner les dérives violentes du Tour de France*. Ces rixes sectaires étaient à son sens un signe d'arriération, et il en voulait pour preuve le fait que parmi les compagnons venus se recueillir dans sa grotte, trois sur quatre étaient incapables d'écrire leur nom sur son registre de signatures des voyageurs [57].

Ces féroces bagarres, tout comme les chansons écrites par les compagnons poètes, contribuaient pourtant à forger un puissant sentiment communautaire. Un jour, la main-d'œuvre serait concentrée dans les usines et les villes, confrontée à l'ennemi sans visage du changement économique et de la répression politique. La solidarité serait alors une arme précieuse. L'opinion publique dans son ensemble adopterait bientôt une position qui était autrefois l'apanage des chefs de la police : les « hirondelles d'hiver » seraient perçues comme des étrangers et des agents de subversion. La mentalité de clocher qui dressait un petit pays contre un autre serait appliquée à des nations entières – l'Italie, l'Espagne, le Portugal et l'Algérie – et certains travailleurs migrants effectueraient des voyages qui auraient stupéfié leurs prédécesseurs du XIXe siècle, traversant la Méditerranée en barque, cachés dans des camions frigorifiques ou accrochés sous des wagons de trains à grande vitesse.

*

L'HISTOIRE SOCIALE semble démontrer que plus une expérience est partagée, moins il en reste de traces. Les récits inutilement détaillés de touristes ayant effectué de banals voyages en diligence se comptent par centaines, alors que les odyssées des migrants se sont effacées, comme la plupart des chemins qu'ils parcouraient à pied.

* L'un des trois principaux ordres des Compagnons, les Enfants de maître Jacques, prétendait que son fondateur était un Français qui avait participé à la construction du temple de Salomon à Jérusalem et s'était retiré à Sainte-Baume. Tous les ans en juillet, les Compagnons continuent de se rendre en pèlerinage aux grottes. Des reliques de leur sainte patronne, Marie-Madeleine, sont enchâssées dans la basilique voisine de Saint-Maximin, où l'on peut encore voir les graffitis de compagnons du XIXe siècle sur les murs et les colonnes de l'entrée.

Le témoignage que nous a laissé l'un des milliers de maçons qui quittaient chaque année le Limousin constitue une précieuse exception. Martin Nadaud, futur député socialiste, décrivit dans ses *Mémoires* son trajet éreintant jusqu'à Paris. Sa relation est succincte, surtout après Orléans, mais d'autres sources nous permettent de reconstituer ce qu'il a pu voir en chemin.

Nadaud était originaire du hameau de La Martinèche dans la Creuse. Il partit de chez lui à l'âge de quatorze ans, avec son père et son oncle. Le 26 mars 1830, jour du grand départ, sa mère éplorée l'accoutra d'un chapeau haut de forme, de souliers neufs et d'un costume de laine raide comme du carton. Veste, pantalon et gilet étaient en droguet, étoffe que l'on réserve aujourd'hui à la confection de tapis grossiers. Martin ferait l'essentiel du parcours à pied, mais dans ses beaux habits, il n'aurait pas l'air d'un gueux sur cette grand-rue de quatre cents kilomètres.

À Pontarion, leur première étape, les trois marcheurs retrouvèrent d'autres migrants venus de tous les coins du département. Tout le monde trinqua, puis les vieux qui les avaient accompagnés jusque là retournèrent au village « en [leur] recommandant surtout d'avoir de la conduite et de garder toujours un bon souvenir du pays ».

Ils perdirent bientôt de vue les pierres druidiques plantées en sentinelles sur une colline, derrière leur hameau. Pour Nadaud, ces mégalithes représentaient son pays et les maçons gaulois qui avaient « reconquis la patrie » face à l'occupant romain. Comme il n'y avait pas de route pour Guéret, ils prirent à travers bois, par des chemins de traverse boueux. Les branches secouaient une pluie froide qui les trempa jusqu'à la moelle. Le temps qu'ils arrivent à Bordessoule, à la limite de l'Indre, le jeune maçon avait les pieds meurtris et en sang : son père l'aida à retirer ses bas et lui enduisit la plante des pieds de graisse. L'auberge était un bouge immonde, comme il en existait tant d'autres pour les émigrants – bon marché, accueillante et sale. Tous les aubergistes établis sur cet itinéraire mettaient des draps propres sur les lits en novembre et les changeaient en mars. Il fallait donc se glisser tout habillé dans ce fourreau de crasse et s'envelopper la tête d'un linge pour ne pas que le visage touche le traversin. Malgré les puces et les punaises, les voyageurs fourbus trouvaient rapidement le sommeil.

La longue marche vers le nord était en soi un apprentissage : on s'habituait à marcher sur des pieds mouillés et écorchés de cloques en s'efforçant de suivre les vieux qui filaient à bon pas, à avaler de la nourriture moisie quand le corps était épuisé, et surtout à défendre l'honneur du *pays*. Au lever du jour, quand ils repartaient d'un village, les émigrants chantaient à pleins poumons et poussaient « les vieux cris des Creusois quand ils sont en train de danser au son de la musette dans [leurs] granges ». C'était leur façon de se donner du courage et d'intimider les gens du cru. Parfois, en cours de route, des bagarres éclataient, et leur issue était très vite connue sur toutes les voies de migration et jusque dans la colonie de maçons à Paris. Le jeune Nadaud avait souvent entendu parler de ces échauffourées aux veillées, et il ne tarda guère à en voir une de ses propres yeux lorsque des paysans cachés dans des haies les apostrophèrent en les comparant à des bandes d'oies et de dindes : « Mon émotion fut moins grande que ma curiosité. [...] Les plus hardis de notre bande s'attroupèrent. On voyait dans leur regard que ces insultes ne pouvaient pas rester impunies. »

Au troisième jour, à Salbris, des gendarmes les attendaient pour les escorter à leur gîte. Le lendemain, après une marche forcée parmi les pierres et les flaques de la morne Sologne, ils arrivèrent enfin en bordure de Loire et aperçurent au loin les clochers de la cathédrale d'Orléans. De là, des pataches les conduiraient jusqu'à Paris [58].

Avec ses quarante mille habitants, Orléans était la plus grande agglomération que les jeunes maçons eussent jamais vue. La vieille histoire du paysan parti pour Poitiers mais qui ne put jamais voir la ville « parce que les maisons l'en empêchent [59] » ne leur aurait pas paru aussi ridicule qu'à un citadin. C'était sans doute la première fois qu'ils contemplaient l'étrange phénomène d'une foule occupée à différentes activités et circulant en tous sens. C'était pourtant là une scène caractéristique du nouvel univers que les maçons eux-mêmes contribuaient à créer. À Orléans, ils remarquèrent avec satisfaction que le secteur de la construction était manifestement en plein essor. Les urbanistes bataillaient depuis quarante ans contre le passé. Les portes et les fortifications médiévales avaient été démolies, et il ne restait pratiquement plus aucune trace de la libératrice de la ville, Jeanne d'Arc. La nouvelle rue Jeanne d'Arc avait anéanti un amas de quartiers pauvres, mais du moins son dégagement permettait-il d'admirer la cathédrale sous son plus beau jour.

Les bureaux du départ de la compagnie de diligences étaient encombrés d'émigrants à destination de Paris. Des employés en livrée accueillaient ces paysans du Sud d'une moue dégoûtée, ostensiblement incommodés par l'odeur qu'ils dégageaient. Les pataches ne suffisaient jamais à embarquer tant de monde. Les derniers arrivés se retrouvaient donc entassés dans des coucous, minuscules cabriolets qui devaient sans doute leur appellation au fait qu'ils ressemblaient à de grosses pendules à coucou. Encore surnommés « pots de chambre », les coucous étaient tristement célèbres pour leurs chevaux asthmatiques et leurs cochers goguenards. Ils cahotaient si misérablement sur les ornières que les passagers étaient parfois éjectés de leur siège. Véritables engins de mort, ils filaient à tombeau ouvert sur les routes des environs de Paris et encombraient la place de la Concorde. Il était rare qu'un coucou effectue un si long parcours. Orléans était à cent vingt kilomètres de Paris, et par une bonne journée, la malle-poste assurait la liaison en huit heures. Dans une carriole branlante comme un coucou, avec un conducteur têtu qui s'arrêtait pour boire à chaque auberge et refusait de se laisser presser, les maçons auraient eu de la chance de partir à l'aube et d'arriver avant la nuit.

Comme les *matatus* du Kenya moderne, un coucou n'était jamais assez plein. Les passagers supplémentaires étaient serrés comme des harengs sur le siège du cocher ou se cramponnaient à l'arrière de la voiture. Ceux d'avant étaient surnommés les « lapins », ceux d'arrière les « singes ». Le coucou d'Orléans pouvait charger encore plus de clients. Quatre jeunes maçons furent encaqués dans l'équivalent de la troisième classe du coucou : un panier d'osier accroché sous l'essieu de la voiture, normalement réservé aux bagages.

Une fois installé, tout ce petit monde ne profitait plus beaucoup du paysage. À travers le brouillard de boue et de gravillons, la cargaison humaine nauséeuse aurait pu voir défiler les murs d'Orléans sur près de cinq kilomètres. Puis la route remontait de la vallée de la Loire vers le hameau de Montjoie et s'enfonçait dans la forêt d'Orléans. Peut-être les infortunés passagers sentirent-ils flotter une odeur de résine en approchant du hameau des bûcherons de Cercottes, mais ils ne virent sans doute pas l'ombre d'un arbre car la forêt avait été éclaircie sur une large bande de part et d'autre de la route, afin de donner du fil à retordre aux brigands de grands chemins.

Après la forêt, pendant plusieurs heures, il n'y avait plus que des plaines sableuses et les champs de blé de la Beauce battus par les vents. Le coucou brimbalant traversa la voie romaine reliant Sens à Chartres. Des signes de richesse commençaient à apparaître : un verger bien tenu, une large allée menant à un château. Ils traversèrent Arpajon et Longjumeau, assourdis par le fracas des charrettes amplifié par de hautes murailles, puis Antony et Sceaux, où l'on réunissait le bétail avant de le conduire à la ville. Lorsqu'ils repéraient un passager qui attendait sur le bas-côté, les cochers s'amusaient à l'apostropher : « Encore un pour Sceaux [60] ! » (« encore un pourceau ! »). Après Bourg-la-Reine et ses poteries et Arcueil et son aqueduc, la chaussée était meilleure et la circulation plus dense. À Montrouge, les routes de Versailles et de l'Ouest rejoignaient celle d'Orléans. De lourds tombereaux menés par des paysans somnolents sortaient de Paris et retournaient à la campagne.

Ils arrivèrent aux limites de la ville par la barrière d'Enfer. Ce n'était pas ce que l'on aurait pu appeler une entrée triomphale. Du panier accroché sous la voiture, les maçons ne distinguaient qu'un ballet de bottes et de pieds nus, de roues de diligences et d'attelages à chiens, et le bas d'affiches annonçant des enchères ou faisant la réclame de livres, de bains publics et de remèdes pour les dents. Ils descendirent la rue Saint-Jacques au pas clopinant de leur cheval harassé, passèrent devant l'Observatoire et la Sorbonne et arrivèrent au Pont-Neuf. Soudain, l'odeur du fleuve les étreignit, puis, sur le pavé plus propre de la Rive droite, ils aperçurent des jupes, des jupons et des souliers vernis, entendirent la cacophonie de cris en cent accents différents, humèrent les fumets de friture, et s'étonnèrent du luxe multicolore des déchets urbains : des bouts de papier, des bribes de bouquets, des trognons de pommes et de choux, et plus de crottin de cheval qu'il n'en aurait fallu à un village pour toute une année.

Lorsqu'ils descendirent enfin tout étourdis du coucou, les maçons devaient être pâles comme la mort. Mais le jeune Martin n'était pas encore arrivé : sa destination finale était Villemomble, dans les faubourgs de l'est parisien, où il travaillerait sur le chantier de son oncle. Son père le conduisit d'abord sur la grève inclinée près de l'Hôtel de Ville, et il lava ses mains noires dans la Seine. De hautes maisons hérissées de cheminées longeaient les deux rives à perte de vue. Chacun de ces magnifiques édifices délabrés comptait plus d'habitants qu'un hameau du Limousin. Une lumière terne éclairait quelques fenêtres, comme si un millier de minuscules veillées se tenaient dans un millier de minuscules pièces.

De l'autre côté du fleuve, sur la montagne Sainte-Geneviève, le dôme gris du Panthéon se détachait sur les nuages. Il dominait les masures du Quartier latin tel un phare éteint. Avant l'achèvement de la tour Eiffel, en 1889, son faîte était le plus haut point de Paris. Chaque maçon débarquant à la capitale savait que cet impressionnant monument spectral était l'œuvre de ses compatriotes. Après 1885, ils en connaissaient le nom par la chanson dont ils avaient fait leur hymne :

Les canaux et les ponts
De la Seine à la Meuse
Pourraient citer les noms
Des maçons de la Creuse.

De tous ces monuments
La France est orgueilleuse,
Elle en doit l'agrément
Aux maçons de la Creuse.

Voyez le Panthéon,
Voyez les Tuileries,
Le Louvre et l'Odéon,
Notre-Dame jolie :

Le Panthéon était à l'origine une église. Il fut dédié à la patronne de Paris, sainte Geneviève, dont la campagne de prières avait sauvé la ville au Ve siècle en détournant la fureur destructrice d'Attila le Hun sur Orléans. Le bâtiment avait été achevé en 1789, et le gouvernement révolutionnaire s'empressa de le consacrer aux héros laïques de l'État moderne. Des maçons de la Creuse avaient sculpté sur son fronton les lettres géantes en hommage aux illustres personnages de la nation dont les cendres reposaient dans sa crypte : « AUX GRANDS HOMMES LA PATRIE RECONNAISSANTE ».

Du sommet du Panthéon, des maçons avaient laissé leur regard se perdre par-delà l'océan de toits d'ardoise qui s'étiraient vers l'horizon comme une succession de crêtes. D'un coup d'œil, ils embrassaient une centaine de hameaux urbains dont les habitants parlaient une centaine de langues et ne savaient pratiquement rien les uns des autres. Cette vision leur rappelait douloureusement tout ce qui les séparait de leur *pays* : les carrefours étoilés de routes aux abords de Paris, les étendues de blé de la Beauce, puis, de l'autre côté de la Loire, les plaines aux pistes graveleuses et aux tribus hostiles, et enfin, à cinq jours de marche vers le sud, les collines accueillantes où les pierres druidiques taillées par des maçons gaulois montaient la garde sur les plateaux du Limousin et les montagnes d'Auvergne.

Bientôt, le train télescoperait ces distances. Les maçons, les nourrices, les bonnes et les colporteurs seraient transportés d'un bout à l'autre du pays comme par magie, et les petits coins de territoire où les saints régnaient sur de minuscules royaumes se déroberaient à la vue. De nouveaux mystères, plus étranges que des miracles, supplanteraient les anciens. Bien plus de gens que jamais quitteraient leur village pour de grandes aventures et n'y reviendraient jamais.

Interlude

Les soixante millions oubliés

COMME LES GÉNIES des pierres et les fées (voir chapitre 7), une immense population a presque entièrement disparu de la vie ordinaire. Nous avons déjà brièvement croisé plusieurs espèces dans les premiers chapitres de ce livre ; nous en rencontrerons encore bien d'autres avant la fin ; mais sans cet interlude, elles pourraient s'évanouir dans le paysage comme une harde de chamois dans les hauteurs des Alpes. Soixante millions de mammifères domestiques (selon un recensement de 1866) et d'innombrables animaux sauvages partageaient le territoire et le quotidien des habitants et exercèrent une influence profonde mais incalculable sur l'existence humaine. Beaucoup ont eux-mêmes contribué à hâter les changements qui les ont rayés de l'histoire de France.

*

NOUS SOMMES À PÉRONNE, cité fortifiée des bords de Somme, quelques années avant la Révolution. Dans une maison du tour de ville, une petite troupe bien entraînée s'est regroupée pour les derniers préparatifs d'une longue et périlleuse expédition. Chacun de ses membres porte un ballot compact attaché sur le dos. Ils ne connaissent que la loi de l'obéissance aveugle, et non celle qu'ils s'apprêtent à enfreindre pour la énième fois. Leur chef a fait son apprentissage et est maintenant autorisé à faire la route à vide. Les responsabilités, bien entendu, sont déjà un fardeau en soi. Les règles du métier sont peu nombreuses et simples, mais elles exigent du savoir-faire, de l'expérience et du courage. À cet égard, la petite escouade ferait l'envie d'un commandant militaire. Malgré les dangers imminents, les queues frétillent.

La caravane de chiens contrebandiers s'élance au claquement d'un fouet, tandis que le maître rentre se coucher. Quelque part dans la nuit, à l'endroit où la Picardie jouxte l'Artois, elle franchira l'une des frontières qui divise la France en zones de taxation. Aux barrières, un droit d'accise doit être acquitté sur pratiquement tout ce que les humains désirent : le tabac, l'alcool, le cuir, le sel et le fer. Des douaniers patrouillent les frontières. Lorsque les contrebandiers se font prendre, les hommes sont envoyés aux galères, les femmes et les enfants en prison. Les chiens, eux, sont exécutés sur place.

Le conducteur de la bande flaire la route. S'il détecte une odeur humaine, la meute doit plonger dans un fossé et attendre que la brigade s'éloigne. Une odeur de chien – un chien de douanier, peut-être –, et on change d'itinéraire, filant vers les marais pour aussitôt s'égailler dans la lande.

Après plusieurs heures d'excitation et de retard, l'expédition atteint enfin le village de destination et le moment est venu de mettre en action la deuxième phase du plan. Laissant les porteurs tapis dans les champs de blé et les taillis alentour, le chef de meute trottine vers une maison et gratte doucement à la porte. À l'intérieur, l'homme n'est pas seul. On se méfie des gabelous, coutumiers de ces visites nocturnes, qui traquent les indices de contrebande et fourrent le nez dans tous les recoins. La porte s'ouvre. L'animal traverse la pièce à pas feutrés et va se coucher en rond sur l'âtre, comme le chien de la famille. Enfin, le visiteur s'en va. L'homme laisse passer quelques minutes, puis scrute l'obscurité et siffle. Des chiens couverts de boue et de ronces arrivent ventre à terre. Puisant dans leur dernière once d'énergie, ils sautent autour du maître et lui font fête pour le féliciter de cette nouvelle mission réussie. Comme les humains mangent la même chose que leurs complices, ils auront droit à un festin bien mérité, suivi d'une longue journée paresseuse [1].

*

SOCIALEMENT ET GÉNÉTIQUEMENT, les chiens contrebandiers du Nord sont une espèce disparue. On dénombre actuellement en France plus de chiens domestiques (un pour cinq habitants) qu'au milieu du XIXe siècle (un pour dix-sept habitants). Malgré la diversité de leurs caractères physiques, les chiens du XXIe siècle n'ont plus qu'une sphère d'activité très restreinte. Avant la Deuxième Guerre mondiale, la population canine intervenait dans l'agriculture, l'industrie, le spectacle, la sécurité et la grande délinquance. En poussant un peu l'imagination et l'espérance de vie normale de l'espèce, un chien aurait pu être le héros d'un roman d'apprentissage du XIXe siècle, s'élevant de son humble condition de mendiant pour décrocher un poste à responsabilité dans une usine rurale ou une entreprise urbaine, et enfin – si l'affaire prospérait – se prélasser dans le luxe oisif d'une retraite bourgeoise, allant de temps en temps chercher le journal et jouissant depuis son balcon d'une vue sur le boulevard où ses anciens compères tiraient des carrioles, agitaient leur sébile, exécutaient des tours d'adresse et faisaient les poubelles aux portes de service des restaurants.

Dans bien des régions de France, la force de travail canine fut au cœur du lancement de la révolution industrielle. Dans les Ardennes, où la clouterie était l'une des grandes industries locales, un passant qui aurait épié l'intérieur d'une maison basse de cloutier aurait vu un petit chien marcher dans une roue creuse pour actionner les soufflets de forge [2]. Les villages du Jura qui n'avaient pas l'eau courante utilisaient des roues à chiens pour faire tourner les machines. Les chiens se relayaient toutes les deux heures, après quoi, le poil légèrement roussi par les jets d'étincelles, ils allaient réveiller leur remplaçant et avaient quartier libre. Les hommes, eux, travaillaient jusqu'à quinze heures par jour et étaient souvent rachitiques, myopes et estropiés – beaucoup arboraient un crochet en guise de main. Les chiens paraissaient plus adaptés au travail d'atelier. Comme les artisans des guildes professionnelles, ils se chargeaient eux-mêmes de leur formation. Les vieux enseignaient les ficelles du métier aux jeunes. Les chiennes allaitaient leurs petits en trottinant dans la roue, transmettant ainsi leur art à la génération suivante. Ces chiens de travail étaient de précieux alliés qui faisaient partie intégrante du foyer et avaient leur place sur les photos de famille.

La deuxième grande profession canine était le trait. Longtemps après l'interdiction de la traction canine dans certains départements, on continuait à transporter le lait, les fruits et légumes, le pain, le poisson, la viande, le courrier et parfois les écoliers dans des charrettes à chiens. Ces véhicules étaient le vélo et la voiture du pauvre. En 1925, plus d'un millier de chiens harnachés sillonnaient encore les routes du Loiret. Ces attelages (dont le principe avait été importé des Pays-Bas) étaient plus courants dans les régions au terrain plat, mais pendant la Première Guerre mondiale, ils réussissaient également à tirer des mitrailleuses jusqu'aux tranchées et à ramener les blessés [3]. Comme d'autres formes de transport silencieuses, ils ont été chassés des routes par l'automobile : le grondement soudain d'un moteur était trop terrifiant pour ces chiens habitués à réagir à la voix.

Dans l'esprit des citadins d'aujourd'hui, les chiens représentent avant tout une menace excrémentielle : les huit millions et quelques de chiens que compte le pays – dont deux cent mille à Paris – produisent quatre-vingts tonnes de déjections par jour et sont responsables de milliers de fractures osseuses. À l'époque où le fumier valait de l'or, rares étaient ceux qui trouvaient matière à s'en plaindre. Les chiens étaient au demeurant des acteurs à part entière de la vie urbaine. Charles Baudelaire lui-même, pourtant grand amateur de chats, se plaisait à les voir aller à leurs affaires, « excités par les puces, la passion, le besoin ou le devoir » : « ces chiens vigoureux [...] témoignent, par leurs aboiements triomphants, du plaisir orgueilleux qu'ils éprouvent à rivaliser avec les chevaux ».

L'« héroïsme de la vie moderne » n'était pas l'apanage exclusif de la race humaine :

> Je chante les chiens calamiteux, soit ceux qui errent solitaires, dans les ravines sinueuses des immenses villes, soit ceux qui ont dit à l'homme abandonné, avec des yeux clignotants et spirituels : « Prends-moi avec toi, et de nos deux misères nous ferons peut-être une espèce de bonheur [4] ! »

*

CE BONHEUR DÉLICAT était alors mieux partagé qu'en notre époque d'élevages en batterie. Vaches et chevaux vivaient aux côtés de leurs propriétaires [5]. On perçait parfois de grandes ouvertures dans les murs séparant la crèche de la maison pour permettre aux bêtes de participer à la vie du logis et aux humains de converser avec leurs compagnons de travail. En Bretagne, les cochons hauts sur pattes et au poil dur jouaient avec les enfants et avaient chacun un nom. En 1815, visitant le centre de la France, l'écrivain écossais Sir Archibald Alison s'étonna de trouver dans chaque ferme « une galerie d'êtres très disparates vivant dans la plus grande promiscuité » : « Les cochons semblent ici si habitués à être cordialement admis dans les maisons que quand, par quelque hasard, ils s'en trouvent exclus, on les voit gratter impatiemment à la porte avec leur museau [6]. »

Ces animaux qui étaient baptisés, habillés pour la messe et avaient leur place dans les intérieurs étaient naturellement bien traités, ou du moins n'avaient pas la vie plus dure que leurs maîtres. Lorsqu'ils n'avaient plus leur utilité aux champs, on continuait de les nourrir jusqu'à ce qu'ils meurent de leur belle mort [7]. Le fumier était en tout état de cause autrement précieux que la viande. Leurs propriétaires leur parlaient et leur chantaient des chansons. Dans certaines contrées, on entendait une étrange mélopée au moment des labours. Pour soutenir l'allure de ses bœufs et les exciter au travail, un bon bouvier les accompagnait de couplets si anciens qu'ils semblaient désaccordés : chaque vers s'achevait sur un trémolo soutenu, d'un quart de ton trop haut.

Selon les régions, il y avait pour cette pratique très répandue différents verbes qui ne figurent dans aucun dictionnaire : *kiauler*, *tioler*, *brioler*, *hôler*, *roiler*, *bouarer*, *arander*. À la fin du XIXe siècle, ces chants ne résonnaient plus que dans les provinces « arriérées » comme le Berry et le Morvan, et le terme *quiaulin* (du verbe *kiauler*) en vint à désigner un paysan mal dégrossi. Tout ceci semble remonter à une origine très ancienne [8]. Peut-être s'agissait-il des derniers sons humains hérités de la Gaule préromaine. La croyance populaire selon laquelle, à une certaine époque, les animaux dialoguaient avec les humains n'était peut-être pas aussi saugrenue qu'il y paraît [9].

De toutes les créatures qui partageaient la vie des hommes, la plus étonnante était l'ours brun des Pyrénées. Les visiteurs qui poussaient leurs incursions jusqu'aux vallées reculées du Couserans étaient souvent horrifiés de voir des enfants jouer avec des oursons, qui étaient toujours des orphelins rapportés par quelque chasseur. Pour tuer la mère, le « champion qui se disposait à cette sorte de combat » s'enveloppait de trois peaux de mouton superposées et s'armait d'un long poignard. Quand l'ours se cabrait et se jetait sur l'homme de laine, celui-ci détournait d'une main la mâchoire de la bête féroce et, de l'autre, lui enfonçait sa lame dans les reins, restant pris dans ce corps à corps jusqu'à ce que l'animal, vaincu par la douleur, s'effondre à ses pieds [10]. Les petits étaient ramenés au village où ils étaient élevés avec les enfants et le bétail de la ferme jusqu'à ce qu'ils soient assez grands pour être domptés. Un ours en captivité n'hibernait jamais mais mangeait étonnamment peu et ne revenait donc pas très cher à l'entretien.

Les ours du Jardin des plantes à Paris, passés entre les mains de dresseurs cosmopolites, connaissaient une palette impressionnante de numéros. Les ours danseurs des Pyrénées avaient un répertoire plus restreint : ils dansaient sous la conduite d'une baguette et jouaient parfois des saynètes, mimant un défilé militaire ou un peloton d'exécution. Les gens des vallées du Couserans avaient sans doute appris des gitans l'art de faire danser les ours au son du flageolet, avant de perfectionner légèrement le tour d'origine. Le village d'Ercé avait même une école pour les ours, où l'un de leurs aînés faisait office d'« instructeur ». La formation durait environ un an. En guise de cérémonie de diplôme, les jeunes recrues étaient attachées à un arbre tandis qu'on leur perçait la mâchoire au fer rouge pour y passer un anneau de fer par lequel ils seraient enchaînés [11].

Quelques-unes de ces parodies d'êtres humains au dandinement lourdaud et à la gueule muselée effectuaient des tournées terriblement longues, jusqu'en Allemagne et en Grande-Bretagne, voire en Amérique du Sud. Le public de ces tristes spectacles s'amusait sans doute tout autant du dresseur lui-même – représentant d'une espèce primitive surgi des confins de la France. Ne disait-on d'ailleurs pas d'un petit homme chétif et mal nippé qu'il était « fait comme un montreur d'ours » ?

Ces liens féodaux à sens unique revêtaient pour les humains plus d'importance que les maigres revenus que leur assurait l'ours. Dans les villes et villages retirés du monde pendant une partie de l'année, recroquevillés devant le spectre des avalanches et sous le poids écrasant du désœuvrement, même une bête sauvage dangereuse était une compagnie appréciable. Une autorité du pays de passage dans un village de montagne des Pyrénées fut un jour conduit auprès d'une vieille dame recommandée à sa charité. Son mari et elle avaient élevé un ours danseur, mais dans un coup de colère tel qu'en sont capables ces carnassiers, l'animal avait dévoré le mari.

> « Je n'ai rien, rien, disait la vieille à l'homme puissant. Pas même un toit pour nous abriter, moi et ma bête.
> — Comment, votre bête ? Celle qui a mangé votre mari ?
> — Hélas ! monsieur, reprit-elle, c'est tout ce qui me reste du pauvre homme [12]. »

*

LE SENTIMENTALISME animal n'apparut que vers le milieu du XIXe siècle, à l'époque où les animaux s'imposaient peu à peu comme compagnons de la sphère domestique. Il conforta le préjugé bourgeois qui voulait que les paysans traitaient toujours cruellement les animaux dont ils dépendaient au quotidien. Il existait certes une cruauté banalisée dans les pratiques courantes. On s'amusait ainsi à tirer à la cible sur des poules ou des oies. La volaille dans son ensemble était aussi peu considérée que les insectes le sont aujourd'hui. Des chevaux descendaient au fond des mines de charbon, comme à Rive-de-Gier, bourgade de la vallée noire qui s'étire au nord-est de Saint-Étienne, et dont on disait qu'elle était « le purgatoire des hommes, le paradis des femmes [car elle restaient à la maison et vivaient "en rentières"] et l'enfer des chevaux [13] ». Les chiens contrebandiers de Bretagne et du Maine n'avaient pas droit à autant d'égards que leurs collègues picards. Une famille du Maine, pays de grande gabelle, confiait son chien à des complices de Bretagne, en pays franc. Le chien était attaché, astreint à un long jeûne austère, puis relâché avec un paquet de sel sur le dos. Bien fou l'employé du fisc qui se serait risqué à arrêter un chien affamé et déchaîné rentrant chez son maître pour trouver sa pitance [14]. Jusqu'en 1850, sur la place du Combat à Paris, du côté mal famé du canal Saint-Martin, tous les dimanche après-midi et jours de fête, on organisait des combats de chiens entre eux ou contre toutes sortes de gros animaux – des taureaux, des ours, des cerfs, des sangliers ou des ânes – tandis que les hommes barbares pariaient et se délectaient de ces jeux sanguinaires. Au marché Saint-Germain, le plus inhumain des marchés aux chiens de Paris, on vendait des bâtards ramassés dans les rues pour les expériences de l'École de médecine toute proche [15].

La perception de la souffrance animale varie d'une génération à l'autre et d'un pays à l'autre. De nombreux visiteurs étrangers étaient frappés par la douceur des cochers français et les maudissaient parfois de ne pas fouetter leur cheval pour le lancer au galop. Les chevaux avaient en réalité davantage à souffrir de la bêtise, de l'ignorance et de l'inefficacité que de la violence délibérée. À mesure que les diligences des grandes lignes progressaient vers le sud, les solides percherons pour lesquels les voitures avaient été conçues cédaient leurs harnais à des chevaux grêles qui avaient toutes les peines du monde à tirer le lourd véhicule [16]. Le même pénible labeur échut aux petits chevaux cosaques hérités des invasions alliées de 1814 et de 1815 [17]. Les chevaux étaient censés partager les difficiles conditions de vie de leurs maîtres. Sur la côte nord du Finistère, on surnommait les patientes et infatigables petites juments des maraîchers de Roscoff les « bêtes de trente lieues » car elles pouvaient transporter des tombereaux de choux-fleurs et d'artichauts sur trente lieues (cent trente kilomètres) sans débrider, tout comme leurs propriétaires restaient le ventre creux tant qu'ils n'avaient pas vendu leur chargement à Rennes ou à Angers [18].

Le paysan rustre qui maltraitait ses chevaux existait davantage dans le mythe moral bourgeois que dans la réalité. À partir du milieu du XIXe siècle, les livres de lecture pour la jeunesse prônaient la bienveillance à l'égard des animaux. Par ces injonctions, on ne se souciait pas tant du bien-être de l'animal que du statut social de l'enfant, en lui faisant comprendre qu'un garçon ou une fille bien élevé ne se comportait pas comme un vulgaire paysan qui dormait avec ses animaux et les faisait travailler pour gagner sa vie [19].

Les animaux eux-mêmes étaient présentés comme des êtres angéliques placés sur terre pour le bien moral de l'humanité. Les revues populaires comme *Le Magasin pittoresque* publiaient des récits édifiants de bêtes philanthropes : « La singulière adresse d'une chèvre » (1833), « Attachement des animaux pour le pauvre » (1836), « Personnages illustres [...] nourris par des animaux » (1841), « L'amour maternel chez les chats » (1876), « Le langage des oreilles [des mules] » (1884), pour n'en citer que quelques-uns.

La Société protectrice des animaux, fondée en 1845, soit dix-neuf ans avant la Société protectrice de l'enfance, se proposait de « contribuer à la moralisation des masses ». La première loi contre la cruauté envers les animaux, la loi Grammont de 1850, proscrivait les combats d'animaux dans les villes et villages, non tant pour épargner des souffrances aux animaux, mais parce que les sports violents étaient réputés donner au prolétariat le goût de la rébellion [20].

Tout comme un autocollant du World Wildlife Fund sur la vitre d'une voiture n'empêche pas son conducteur de laisser derrière lui un sillage de cadavres écrasés sur le macadam*, le sentimentalisme pouvait tout à fait coexister avec une cruauté inconsciente. Les bourgeois qui embarquaient sur les paquebots en Méditerranée s'amusaient à tirer les dauphins au fusil [21]. Les chasseurs du dimanche pouvaient se montrer incroyablement sadiques dans leur manière d'éliminer leurs proies. L'idée reçue affirmant que les chasseurs connaissaient particulièrement bien leur gibier est on ne peut plus douteuse. À la fin du XIXe siècle, il se trouvait encore certains esprits naïfs pour penser que les marmottes transportaient des provisions dans leur tanière en chargeant leurs compagnes, puis en les traînant par la queue comme des chariots [22] et que les chamois et les bouquetins s'accrochaient par le bout des cornes aux rochers et restaient suspendus dans le vide en attendant de trouver un point pour amortir leur chute [23]. Une grande part de cette population sauvage de la France était pratiquement aussi méconnue que les populations humaines des colonies françaises.

*

LES VICTIMES de la circulation routière et l'étalement urbain sont des innovations modernes, mais il y a deux cents ans, certains signes indiquaient déjà que la découverte et la colonisation du pays promettaient la faune à la dévastation et à la mort. En ville, les animaux domestiques étaient protégés par la loi Grammont, mais dans la nature, les espèces sauvages

* Les excès de vitesse des automobilistes font des ravages significatifs sur les populations animales. On rencontre sur ces 950 000 kilomètres de morgue animale à ciel ouvert des espèces relativement rares ou peu communes : vipères, milans, martres. Les plus gros spécimens, comme les sangliers, les cerfs et, bien entendu, les humains, sont évacués des voies de circulation. Une loi de 1791, abrogée depuis longtemps, réprimait d'une amende les propriétaires de voitures qui fauchaient des animaux. La première référence à un massacre à grande échelle d'animaux sur la route semble être une entrée dans le *Journal* de Jules Renard (8 octobre 1906) : « L'auto vit des bêtes de la route, des poules surtout. Tous les cinquante kilomètres, il lui faut au moins une poule. »

n'étaient défendues que par de vagues limitations de prélèvements qui, pour la plupart des chasseurs, ne faisaient qu'ajouter au plaisir de la chasse celui de l'interdit.

Au début des années 1780, alors que d'inquiétants grondements menaçaient la monarchie, le géologue Horace-Bénédict de Saussure fut parmi les premiers à remarquer la catastrophe silencieuse qui était en train de s'abattre sur le règne animal. En revenant dans les massifs alpins qu'il avait explorés une vingtaine d'années plus tôt, il constata combien la marmotte, jadis omniprésente, s'était raréfiée :

> Malgré le peu de profit qu'on en retire, les gens de Chamouni chassent [les marmottes] avec beaucoup d'ardeur, aussi leur nombre diminue-t-il de la manière la plus sensible. Dans mes premiers voyages, j'en rencontrai un si grand nombre, que leurs sifflements répétés par les échos, leurs sauts, leur fuite sous les rochers étaient un grand amusement pour moi ; et cette année j'ai bien entendu de loin en loin quelques sifflets, mais je n'en ai pas vu une seule. Les chasseurs de Chamouni ont déjà entièrement expulsé ou détruit les bouquetins, communs autrefois sur leurs montagnes, et il est vraisemblable que dans moins d'un siècle, on n'y verra plus ni bouquetins, ni marmottes [24].

C'est là l'un des premiers témoignages de quelqu'un qui se désolait d'assister à la disparition d'une espèce. L'idée apparemment évidente d'extinction, inaugurée en 1796 par Georges Cuvier dans une communication sur le mammouth, resta longtemps un concept obscur, réservé aux savants. En 1825, à l'âge de vingt et un ans, George Sand notait avec désinvolture dans son journal pyrénéen : « Nous vivons d'ours et de chamois mais nous n'en voyons guère [25]. » (En fait de chamois, il est plus probable qu'on lui servait de la chèvre.) Le chamois avait, sans le savoir, joué un rôle clé dans l'exploration des Alpes. En 1844, ce fut l'échappée d'un troupeau de chamois par-delà une crête lointaine qui révéla à un botaniste l'existence d'un col inconnu entre le Simplon et le Grand-Saint-Bernard*. Un siècle plus tôt, une bande de chamois bondissant de roc en roc était un spectacle banal.

* Le chanoine J.A. Rion nomma sa découverte le col de Severen : il s'agit sans doute du col de Louvie, au nord du Grand-Saint-Bernard.

Désormais, comme l'isard, on n'en voyait plus qu'en été, au télescope, en lisière des glaciers et des champs de neige. De même, vers 1850, le bouquetin avait pratiquement déserté les Pyrénées et son habitat était circonscrit aux escarpements du massif de la Maladetta. Ailleurs qu'en Corse, il était de plus en plus rare d'apercevoir des mouflons. En 1800, il ne restait pratiquement plus un seul ours dans le Jura, et à la fin du XIXe siècle, les « oursaillers » pyrénéens en étaient réduits à faire venir leurs bêtes de Russie et des Balkans [26].

Certaines sous-espèces s'éteignirent sans doute avant même d'avoir été découvertes. Peu avant la Révolution, près de Luz-Saint-Sauveur, dans les Hautes-Pyrénées, des chasseurs capturèrent un jeune lynx dont ils avaient tué la mère. Jusqu'alors, très peu auraient imaginé que ces félins puissent s'acclimater sous des latitudes aussi méridionales [27]. On en tuait encore dans le Vercors en 1820, mais ils disparurent avant la fin du siècle. Dix ans plus tard, les chats sauvages décimés en montagne abondaient dans le bois de Boulogne, aux portes de Paris. Les castors du Rhône étaient au bord de l'extinction en 1840 – et la production locale de chapeaux de castor s'effondra avec eux.

L'éradication des espèces animales exigeait davantage de ruse et de détermination qu'il n'avait fallu en déployer pour exterminer les protestants des Cévennes. Les dénicheurs d'aigles se faisaient descendre le long des falaises sur des balancelles de planches pour atteindre les aires cachées dans les cavités des rochers. Ils éloignaient alors les parents à l'aide d'une torche de paille enflammée et fourraient les oisillons dans un sac [28]. Quand Chateaubriand arriva à pied au col du Mont-Cenis en 1803, il se vit offrir un aiglon orphelin :

> En entrant dans le village, je vis un paysan qui tenait un aiglon par les pieds. [...] Il mourut des mauvais traitements qu'on lui avait fait subir avant que je pusse le délivrer. Je me souvenais alors du pauvre petit Louis XVII [...] : quelle rapidité de chute et de malheur [29] !

D'un bout à l'autre de la Gascogne et de la Provence, on chassait les oiseaux migrateurs comestibles aux filets. À la fin septembre, lorsque les vols de palombes de Scandinavie et du Jura se dirigeaient vers le Pays basque, les villageois pyrénéens dressaient d'immenses trépieds de bois sur de longues perches et tiraient des filets verticaux en travers d'un goulet situé sur le trajet de migration. Posté dans une minuscule cabane de feuillages au sommet du pylône, un homme scrutait l'horizon. Les rabatteurs se cachaient derrière des écrans de verdure. Le guetteur tenait une palette en bois découpée à la forme d'un oiseau de proie. Quand la nuée migratrice était à une centaine de mètres de la pantière, il lançait son leurre dans les airs : la volée plongeait aussitôt et se prenait dans les filets qui se refermaient sur eux. C'était ensuite aux femmes qu'il incombait de tuer les oiseaux, et elles pouvaient en exterminer plusieurs centaines en quelques minutes d'un coup de dents dans la nuque [30].

En Provence, où les oiseaux chanteurs étaient une gourmandise, on trouvait sur les marchés des rossignols et des fauvettes noués ensemble par le bec. Les oiseaux étaient tenus pour des parasites qui dévoraient les olives et d'autres récoltes. Avant les campagnes d'information publiques du milieu du XIXe siècle [31] et l'ordonnance de 1862 interdisant de voler et de détruire les nids et les couvées des petits oiseaux [32], personne ne semblait avoir compris qu'ils détruisaient les insectes nuisibles. Quelques villageois plantaient devant chez eux des buissons donnant d'appétissantes baies rouges et n'avaient qu'à se pencher par la fenêtre pour abattre d'un coup de bâton les merles et les grives venus s'y percher [33]. Dès 1764, Tobias Smollett signala les prémices de ce qui ressemblait fort à un désastre écologique :

> Vous pouvez traverser tout le Sud de la France, ainsi que le comté de Nice, où il ne manque pas de taillis, bois et plantations, sans entendre le chant d'un merle, d'une grive, d'une linotte, d'un chardonneret ou d'aucune sorte d'oiseau. Tout n'est que silence et solitude. Les malheureux oiseaux sont détruits, ou poussés à chercher refuge dans d'autres pays par la persécution sauvage des gens, qui n'épargnent pas leur peine à les tuer et les attraper pour leur propre subsistance. C'est à peine si une hirondelle, un rouge-gorge, une mésange ou un

roitelet échappe aux fusils et aux pièges de ces infatigables giboyeurs [34].

La plupart des grands mammifères sauvages étaient déjà condamnés bien avant la flambée démographique humaine. La déforestation et les hivers rigoureux poussèrent d'immenses meutes de loups à descendre des forêts et des montagnes pour envahir des régions que l'on croyait domestiquées et civilisées depuis longtemps [35]. Les bandes se déplaçaient en file indienne, de sorte qu'il était difficile de deviner leurs effectifs à partir de la piste qu'elles laissaient dans la neige. À la fin de l'été 1842, les loups inondèrent la péninsule délimitée par les boucles de la Seine entre Rouen et Jumièges, en Haute-Normandie ; on les entendait hurler dans les collines surplombant la cité industrielle [36].

Les légendes de loups-garous reflétaient des peurs bien réelles. Si la jeune Emma de *Madame Bovary*, « ne s'amusait guère à la campagne », c'était entre autres raisons à cause des « loups qui couraient les champs la nuit ». Au lendemain de la Révolution, une loi mit à prix les loups : sur présentation de la tête de l'animal au préfet, les chasseurs touchaient une prime : vingt livres pour un louveteau, quarante pour un adulte, cinquante pour une louve pleine et cent cinquante pour un loup qui avait mordu des hommes ou des enfants [37]. Entre 1880 et 1890, on en abattait encore plus d'un millier chaque année. Des paroisses se regroupaient pour organiser des battues, fouettant les taillis avec des piques et des bâtons pour faire sortir les loups et les sangliers des bois. La coutume perdura bien après que le loup eut disparu des campagnes, et les battues restent une pratique communautaire majeure pour créer du lien social : à l'automne, dans le Jura, les hommes des villages de montagne se postent à intervalles réguliers sur les lacets d'une route sinueuse et attendent, fusil en main, le sanglier débuché de la forêt.

*

EN MONTAGNE, la principale menace qui pesait sur la faune sauvage ne tenait ni à l'autodéfense ni à ces moments de sociabilité, mais bien davantage à la propension suicidaire de l'homme. L'opiniâtreté des chasseurs de chamois frisait parfois la fureur [38] : « un air sauvage, quelque chose de hagard et de farouche, les fait reconnaître au milieu d'une foule, lors même qu'ils ne sont point dans leur costume. Et c'est sans doute cette mauvaise physionomie qui fait croire à quelques paysans superstitieux qu'ils sont sorciers [39]. » Comme les chercheurs de pierres précieuses et de cristaux qui fouillaient à grands périls les éboulis frais, les chasseurs de chamois risquaient leur vie pour presque rien. Ils amorçaient leur ascension à la nuit tombée, franchissaient d'un pas chancelant des glaciers grondants et cherchaient à monter plus haut que les bandes de chamois avant le lever du soleil. Ils partaient parfois pour plusieurs jours avec pour tout bagage un peu de fromage et de pain dans la poche, et traquaient toujours plus loin l'insaisissable chamois, se laissant entraîner dans les solitudes neigeuses. Leur course était souvent si longue et si pénible qu'ils ne pouvaient ramener que la peau de leur proie.

Chaque année, plusieurs faisaient des chutes mortelles ou trouvaient la mort dans les glaces. Il arrivait que l'on retrouve leur cadavre des années plus tard, parfaitement préservé. La plupart de ces intrépides passionnés savaient qu'ils ne feraient pas de vieux os. À Sixt, Saussure rencontra un chasseur savoyard qui avait perdu son père et son grand-père à la chasse et déclarait sans détour que son sac de chasse serait son « drap mortuaire ». Deux ans plus tard, il tomba du haut d'un précipice [40]. Dans les vallées, les veuves effarées fuyaient le sommeil car, disait-on, les hommes qui avaient péri en montagne revenaient hanter les songes de leurs proches pour leur dire où était leur corps et réclamer une sépulture décente.

Certaines espèces sauvages ne survécurent que parce que les hommes souhaitaient les laisser à l'état naturel ou les trouvaient trop petites pour qu'elles vaillent d'être apprivoisées : ce fut par exemple le cas des taureaux noirs de Camargue, qui devinrent plus lucratifs dans la deuxième moitié du XIXe siècle, après que l'impératrice Eugénie eut offert son soutien aux courses et aux combats espagnols [41], et des petits chevaux blancs rapides qui erraient en bandes de trente ou quarante dans les déserts de dunes des Landes, le delta de sel de Camargue et sur les plaines des environs de Fréjus.

En 1840, tandis que les routes, les plantations de pins et les canaux d'irrigation gagnaient sur les étendues désertes, il ne restait que quelques centaines de chevaux sauvages dans les Landes. La menace d'extinction aurait-elle aiguisé leur instinct ou devaient-ils simplement leur longévité à leur intelligence supérieure ? Un cheval connu dans tout le bassin d'Arcachon sous le nom de Napoléon avait passé deux ans en captivité avant de s'échapper entre mer et marais, vers les dunes de sables où poussait une bonne herbe. Rendu à son état primitif, il appliqua les tactiques qu'il avait apprises des humains à sa propre troupe. Les chevaux de Napoléon guettaient les envahisseurs depuis les crêtes des dunes. Quand les chasseurs approchaient, le troupeau filait vers la dune la plus haute et la plus escarpée, que les chevaux de selle, lestés par leurs cavaliers et ralentis par le terrain meuble, ne pourraient jamais gravir. Quand les humains encerclaient sa forteresse de sable, la troupe se disposait en pointe, les poulains devant et les juments derrière, et fondait sur le point le plus faible du cercle de cavaliers [42].

On ne sait rien de plus de ce mouvement de résistance animale. Napoléon est peut-être mort dans les dunes de Gascogne, à moins qu'il n'ait fini ses jours à la ville. Toujours est-il que vers 1850, il y avait plus de chevaux blancs enrôlés dans l'armée ou tirant des taxis parisiens qu'en liberté dans les Landes.

*

CES CHANGEMENTS se produisirent si rapidement que c'est à peine si la population humaine les perçut. L'extinction des espèces ne suscita aucun véritable désarroi, mais tout au plus un sentiment graduel et confus de déception, une vague impression qu'il suffisait de découvrir la vie sauvage pour qu'elle disparaisse. En 1910, quand le Tour de France cycliste passa pour la première fois par les Pyrénées, quelques journalistes se frottaient les mains à l'idée que des ours en maraude pourraient bien infléchir l'issue de la course en dévorant quelques coureurs. Mais l'ours n'avait plus foulé depuis longtemps les routes pierreuses de montagne que les concurrents s'éreintèrent à gravir*. À Nîmes, septième étape du Tour, l'irruption d'un petit chien fringant provoqua un grave carambolage, mais l'unique décès dû à une attaque animale fut le fait d'une méduse qui piqua un cycliste lors d'une journée de repos à Nice.

Alors que le règne animal voyait son rôle dans la société humaine se réduire à la peau de chagrin, quelques-uns de ses représentants accédaient au rang de héros. La fréquentation bienveillante d'une espèce distincte laissa bientôt place à une tendance à investir les bêtes de caractères anthropomorphiques. Aux migrations humaines vers les grandes villes répondit un exode des animaux vers les campagnes. Au milieu du XIXe siècle, il naissait en France des milliers de gens qui ne verraient pratiquement jamais une vache en chair et en os.

Le plus célèbre héros animal issu de cette entreprise de colonisation de la faune domestique fut un chien du nom de Barry, attaché au monastère du col du Grand-Saint-Bernard. Depuis le VIIIe siècle, les chanoines dressaient leurs dogues à ramener à l'hospice les voyageurs perdus dans le brouillard et la neige, faisant ainsi de leur profession de secouristes l'une des plus anciennes d'Europe. Une épidémie qui sévit en 1820 emporta tous les saint-bernard, n'épargnant qu'un seul individu [43]. Les moines reconstituèrent l'espèce primitive en croisant cet unique survivant avec une race proche du berger des Pyrénées. Contrairement à la plupart de leurs congénères, les saint-bernard ne demandaient qu'à sortir dès qu'une tempête s'annonçait et que des amas de neige formaient contreforts le long des épaisses murailles grises de leur forteresse. Ils patrouillaient le col et cherchaient les voyageurs en détresse, mais savaient également prévenir des dangers : ils s'étaient plus d'une fois distingués

* Il resterait aujourd'hui une quinzaine d'ours bruns dans les Pyrénées. La plupart ont été importés de Slovénie. La dernière femelle de souche pyrénéenne a été abattue par des chasseurs de sangliers près d'Urdos en octobre 2004.

pour s'être lancés à la poursuite de quelque étranger de passage qui n'avait, à leur sens, pas grand-chance d'arriver à bon port.

La plupart des gravures les représentent avec un joli petit tonnelet d'eau-de-vie accroché à leur collier. Ils transportaient en réalité une véritable trousse de survie : une petite corbeille d'aliments, une gourde de vin fortifiant et une couverture de laine. Ils connaissaient chaque arpent de la région bien avant que les hommes ne l'aient précisément cartographiée et avaient le réflexe d'aller chercher des renforts au village le plus proche s'ils se trouvaient plus loin du monastère.

Barry, dont le nom signifie « petit ours » en patois bernois, était en réalité moitié suisse et moitié italien, mais comme il avait vu le jour dans l'Empire napoléonien, il devint un héros national français. Il avait sauvé un moine en le détournant d'un chemin qui fut enseveli sous une avalanche quelques instants plus tard ; il avait arraché un petit garçon à la mort en lui faisant comprendre qu'il devait se mettre sur son dos et s'attacher à son cou et en le ramenant jusqu'à l'hospice ; en 1800, il faillit bien changer le cours de l'histoire européenne en refusant de laisser passer les soldats de Napoléon tant qu'ils n'avaient pas mis leur mousquet au bras. En 1900, quatre-vingt-six ans après sa mort, on lui édifia un impressionnant monument à l'entrée du cimetière des chiens d'Asnières-sur-Seine, proche banlieue parisienne. « Il sauva la vie à quarante personnes. Il fut tué par la quarante et unième ! » proclame l'inscription gravée sur sa stèle. L'histoire de ce quarante et unième sauvetage l'éleva au statut de martyr canin : par une nuit d'hiver, un voyageur épuisé gravissait à grand-peine la montagne lorsque, dans les tourbillons de neige, il vit soudain un énorme et puissant animal bondir sur lui. L'homme parvint à lui fracasser le crâne avec son bâton ferré. C'était Barry. Le brave chien fut porté à l'hospice de Berne, mais succomba peu après à ses blessures.

Telle était la légende de Barry le saint-bernard. En réalité, il avait survécu et en 1812, il fut envoyé à Berne où il coula une retraite heureuse et s'éteignit tranquillement deux ans plus tard. En hommage à sa carrière exceptionnelle, il fut naturalisé et exposé à la place d'honneur du musée de Berne, dans une vitrine surmontée d'hermines et coiffée d'une chouette éployée [44]. Son crâne fut par la suite modifié afin de lui donner plus de ressemblance avec le saint-bernard moderne, tout comme ses hauts faits furent enjolivés afin de lui prêter un caractère aussi humain que possible. Barry, qui avait fait du grand dehors sa patrie, devint après sa mort un héros de l'ère des chiens d'appartement. Par son exemple, il démontrait que, comme les sauvages et les paysans, les animaux pouvaient être avantageusement instruits des valeurs morales de la civilisation française.

Le cimetière des chiens d'Asnières-sur-Seine fut créé en 1899 après qu'une loi eut autorisé l'inhumation des animaux « dans une fosse située autant que possible à cent mètres des habitations de telle sorte que le cadavre soit recouvert d'une couche de terre ayant au moins un mètre d'épaisseur ». Le monument dédié à Barry surplombe désormais tous les Fifi, Kiki et Loulou qui, plutôt que du lait, de la chaleur et du fumier, offrirent à leur maîtres un réconfort psychologique. Ces compagnons étaient davantage des « humanimaux » que les créatures farouches du pays sauvage. À l'époque, les chiens des riches Français pouvaient voyager dans des wagons de train qui leur étaient spécialement affectés [45]. En 1903, le dépôt parisien des animaux malades, devenu un foyer de vermine, fut remplacé par un hospice digne de ce nom en banlieue, à Gennevilliers. Trois ans plus tard, les chiens de Paris disposaient de leur propre ambulance. La même année, une association de lutte contre la vivisection vit le jour et, deux ans après, l'un des plus fiers symboles du nouveau lien unissant les bêtes aux humains apparut dans les rues de Paris : des chiens chaussés de lunettes d'aviateur, trônant sur le siège avant des automobiles.

*

LOIN DES TROTTOIRS du Paris moderne souillés par les chiens, il subsiste quelques traces du monde où l'homme et l'animal entretenaient un harmonieux rapport d'indépendance.

Chaque printemps, soixante mille chevaux, vaches et moutons continuent de migrer vers les Pyrénées. À l'automne, on voit de grands troupeaux descendre des Alpes vers les plaines de Provence. Ces transhumances sont aujourd'hui perçues comme un précieux rappel d'un passé héroïque [46]. Les éleveurs qui déplacent leurs troupeaux d'estivages en hivernages peuvent désormais prétendre à des subventions publiques. Mais à l'heure actuelle, les brebis des Alpes ont rarement plus d'une dizaine de kilomètres à parcourir pour redescendre des montagnes : elles achèvent leur longue pérégrination en camion ou en train et souffrent souvent des brusques écarts de température.

Au siècle dernier, ces voyages duraient parfois plusieurs semaines. Selon la configuration du terrain, le trajet était plus ou moins long : les hauts pâturages du Jura et des Vosges et les plateaux déserts de l'Aubrac et des Causses n'étaient qu'à quelques journées de marche des fermes et des villages, mais il fallait compter beaucoup plus pour convoyer des troupeaux entre le sud des Landes ou le nord de l'Espagne et les Pyrénées, du Languedoc vers les Cévennes, ou pour gagner les herbages des Alpes depuis les plaines de Provence.

Le grand carrefour de ces mouvements périodiques du bétail était la Provence. Du désert de la Crau, un éventail de voies anciennes se déployait tel un réseau hydrographique. Certaines partaient à l'ouest vers le Languedoc, où les cultivateurs louaient leurs prairies après la vendange. D'autres remontaient vers les Cévennes et le Cantal sur plus de trois cents kilomètres. La plupart des routes provençales filaient vers les Alpes lointaines : elles longeaient la vallée du Rhône, passaient le pont du Gard, puis déviaient à l'est, vers les glaciers de l'Oisans ; contournaient la face nord du mont Ventoux ou embouquaient la vallée de la Durance vers Gap ; coupaient à l'est par les plaines sauvages du Var vers Digne, ou plus au sud, frôlaient le littoral méditerranéen, traversant Nice pour rejoindre le Piémont.

Ces drailles, ou carraires, qui étaient davantage des zones de transit que de véritables routes, sont probablement les plus anciens axes de circulation de France. Quelques-unes faisaient plus de trente mètres de large. « Les moutons convergent par milliers de contrées lointaines pour paître le thym des plaines pierreuses de la province narbonnaise [47] », observait déjà Pline l'Ancien dans son *Histoire naturelle.* Le bétail avait façonné le paysage et tracé un vaste labyrinthe de pistes bien avant l'apparition des grands singes. Certaines routes de pèlerinage, parmi les plus anciennes, sont sans doute antérieures aux saints. Des bandes nombreuses d'animaux, attirées par le miracle annuel du reverdissement de la nature, avaient devancé de plusieurs siècles les humains affluant vers les sanctuaires ou les villes d'eaux.

Dès que le soleil commençait à dessécher l'herbe, les plaines de Provence déversaient sur les chemins près d'un million de moutons, chèvres et vaches. Le passage de ces énormes caravanes créait une atmosphère particulière, soulevant des nuages de poussière et laissant dans son sillage un ruban de végétation à demi broutée. Plusieurs milliers de moutons et de chèvres progressant à moins d'un kilomètre et demi à l'heure pendant deux ou trois semaines avaient de quoi paralyser une grande part du pays. Les compagnies de diligences décalaient le départ de leurs voitures pour éviter les troupeaux susceptibles d'occuper un pont une demi-journée entière ou d'engorger l'étroit couloir suivant le Rhône.

Les récits de transhumances relatent volontiers les conflits qui ne manquaient pas d'éclater. Certaines communes hostiles, dont les terres étaient dévastées par des moutons affamés et piétinées par les vaches, payaient des gardes champêtres pour escorter les convois jusqu'aux limites de la région. Si d'aventure une épidémie empêchait les bergers de faire le voyage, des fermiers labouraient les drailles et tentaient de les usurper. Or, quand au début du XIXe siècle les pouvoirs publics voulurent réglementer la conduite des troupeaux, ils ne constatèrent que très peu d'animosité des sédentaires à l'égard des intrus. Les retombées de ces migrations saisonnières sur les communautés établies sur les trajets ont laissé leur empreinte sur les cent neuf toponymes comportant le mot « fumade » : tous ces lieux se trouvent sur des chemins et dans les zones de transhumance menant du Languedoc et de Provence vers le Rouergue et l'Auvergne.

Même en faisant abstraction de cette fumure providentielle des sols, la transhumance ne constituait en rien un fléau. Ces paquebots terrestres de bétail offraient un magnifique spectacle vivant. L'ancien Musée national des arts et traditions populaires de Paris présentait une superbe collection (constituée lors d'une mission dans les Alpes au début du XXe siècle) de sonnailles de draille et de colliers brodés que portaient les béliers meneurs des troupeaux transhumants. Les plus belles bêtes étaient parées et toilettées au moment du départ pour les alpages ou pour la bénédiction des animaux à l'église. Les vaches étaient coiffées de fleurs, pompons et fanions, et parfois de petites tours en bois contenant de minuscules cloches censées protéger le troupeau de la foudre.

Il arrivaient que quelques vaches et brebis s'écartent de la carraire pour divaguer dans les champs et jardins, mais les troupeaux transhumants n'avaient rien d'une cohue indisciplinée. Ils respectaient un ordre de marche immuable : en tête, le *menoun* (un bouc castré) menait la procession, suivi des chèvres à poil long, de l'innombrable troupe de brebis ou de vaches et des magnifiques chiens de berger blancs dont on disait que « c'était un honneur de les connaître [48] ». Des ânes fermaient le défilé, chargés des effets du berger et des agneaux trop jeunes pour suivre le pas de leurs mères.

En alpage, les bergers s'abritaient dans des « burons », des petits chalets ou des huttes en pierre sèche, qui furent pour la plupart abandonnés lorsque l'irrigation, les fourrages d'hiver et l'introduction de races plus spécialisées mirent un terme à cette pratique plurimillénaire. De nombreux burons de pierre ont subsisté, mais le type le plus courant d'habitat de berger a entièrement disparu : c'était une cabane couverte d'un toit de chaume conique et surélevée sur une perche fourchue. Le pâtre orientait à loisir cette meule de foin mobile afin de surveiller ses bêtes, un fusil à l'épaule prêt à tirer sur le premier prédateur venu [49]. On introduisait parfois une brebis dans un troupeau de vaches, dans l'espoir que les loups s'en prendraient à cette proie facile et ne s'attaqueraient pas au gros bétail. Mais l'agneau sacrificiel était souvent protégé par le troupeau qui, dès qu'il sentait un loup approcher, formait un cercle défensif [50]. Si l'on en croit les récits d'époque, les moutons n'avaient au demeurant pas grand-chose de commun avec les créatures fantasques et nerveuses que nous connaissons aujourd'hui. C'étaient des bêtes dures et maigres qui, sous leur toison rêche, savaient défendre leur territoire de montagne. Sur les cols de haute altitude au-dessus de Chamonix, on avait vu des troupeaux rivaux se ranger en ligne de bataille et engager d'impitoyables combats.

Au début de l'automne, le retour des vaches et des moutons en Provence mettait « comme un sourire de vie sur l'immensité du désert [51] », nous dit Paul Mariéton. Dans les Pyrénées, raconte pour sa part George Sand, « les bergers bronzés par le soleil, plus semblables à des Arabes qu'à des Français, marchaient par groupes dans leur pittoresque costume accompagnés de petits chevaux ou de mulets portant leur mobilier, c'est-à-dire quelques couvertures, des cordes, des chaînes et ces grands vases de cuivre où ils reçoivent et travaillent le laitage [52] ».

La descente d'estive était l'unique moment où le troupeau menaçait de rompre les rangs. Les animaux nés sur l'alpage voyaient pour la première fois le monde des humains. En se faufilant parmi les foules grouillantes des hameaux, ils écumaient de sueur et, pris de panique, s'emballaient dans les rues. Cette découverte de la civilisation était tout aussi traumatisante pour les chiens de berger des Pyrénées, qui ne craignaient pourtant pas d'affronter les ours. En 1788, le savant et homme politique Jean Dusaulx explora les Pyrénées. Un matin, alors qu'il s'apprêtait à quitter le village de Barèges, il fut invité à assister à un spectacle typique. On venait de ramener un chien de berger d'une région déserte de haute montagne :

> Le maître de ce bel animal l'avait fait entrer à reculons dans la maison dont il s'agit. Comme s'il fût tombé dans un piège, nous le vîmes éperdu, cramponné sur le plancher, considérant avec effroi les fenêtres, les murs et tout ce qui l'environnait. [...] Les Sauvages éprouvent, dit-on, les mêmes sensations que ce chien

des hautes Pyrénées, lorsqu'ils entrent pour la première fois dans nos demeures artificielles [53].

L'instinct nomade était toutefois plus fort que la peur. Le soleil tombant et les ombres allongées étaient des bergers auxquels on ne pouvait désobéir. Dans le Jura et dans les Vosges, où les montagnards louaient des vaches pour la saison du fromage, on disait que les animaux savaient exactement quand il était temps de partir [54]. Les citadins habitués aux troupeaux indisciplinés des campagnes du Nord et qui n'avaient jamais vu plus d'une douzaine de têtes à la fois pensaient qu'il s'agissait là d'une charmante légende paysanne, mais suffisamment de témoignages détaillés indiquent que ces bêtes remarquablement autonomes connaissaient mieux la géographie et le climat du pays que la plupart de ses habitants humains.

Par un matin d'octobre, quand l'air fraîchissait et quand l'herbe se faisant moins tendre sous la dent, une vache amorçait sa descente vers le pays d'en-bas. Leur gardien faisait alors son balluchon et l'accrochait aux cornes de sa bête de confiance. Une vache prenait la tête du cortège et les autres la suivaient, sans jamais essayer de la dépasser. Arrivées dans les vallées où des pistes commençaient à se dessiner de gauche et de droite, certaines se séparaient du groupe pour rejoindre leurs hameaux d'origine. À mesure que le troupeau se dispersait, le vacher n'avait plus à conduire que les animaux venus de son propre village. Il poursuivait ainsi sa route, jusqu'à ce que chaque vache ait retrouvé sa ferme et soit rentré dans la partie de la maison qui lui était dévolue, comme un fermier après une longue journée aux champs, pour chauffer le logis pour l'hiver et tenir compagnie aux humains par ses mâchonnements, ses ronchonnements et son odeur puissante, s'installant pour six mois de paresse et de ruminement, jusqu'à ce qu'un signe lui annonce que là-haut, sur les hauteurs, une belle herbe tendre reverdissait.

Deuxième partie

9

Cartes

Le soir du 10 août 1792, un homme de quarante-deux ans se tenait dans le beffroi de la collégiale de Dammartin-en-Goële, parmi tout un éventail d'instruments scientifiques. Il avait travaillé d'arrache-pied, priant pour que personne, sur la place, ne lève les yeux et ne voie scintiller l'éclat du verre et du métal. Le temps pressait. Comme des milliers d'autres monuments à la tyrannie et à la superstition, l'église de Dammartin avait été vendue par l'État. Elle pouvait du jour au lendemain être réduite en un tas de pierres de construction et d'antiquités [1].

Du haut du clocher condamné, l'homme colla un œil bleu étrangement dépourvu de cils à son télescope et au loin, par-delà ce qui est aujourd'hui l'aéroport Charles de Gaulle, il vit la masse indistincte de Paris. À l'heure qu'il était, son assistant avait dû atteindre les faubourgs et gravir le tertre parmi les vignes et les carrières pour rejoindre son poste d'observation sur les toits, quelque part entre les moulins de Montmartre. À sept lieues de distance, la colline de Dammartin lui apparaîtrait comme un minuscule îlot sur les plaines obscurcies. Il devrait bientôt allumer un réverbère dont la lumière serait projetée dans l'espace par un miroir parabolique pareil à celui qui avait récemment été installé dans le phare de Cordouan, gardant l'embouchure de la Gironde.

Le ciel s'assombrissait, mais notre homme ne distinguait toujours aucun signal. Cela augurait mal de cette expédition, l'une des plus ambitieuses de l'ère nouvelle qui s'ouvrait. Un halo s'élevait pourtant bien de la ville, mais il était trop rouge, trop diffus et trop au sud pour venir de Montmartre. Quelque chose brûlait au cœur de la cité. Une armée d'apprentis, d'artisans et de gardes nationaux, excitée par des rumeurs de conspiration et d'invasion, et encouragée par le soutien du citoyen Robespierre, avait déferlé du faubourg Saint-Antoine et des décombres de la Bastille sur le palais des Tuileries. Tandis qu'une marée de piques et de bonnets rouges inondait la cour du Carrousel, des coups de feu partaient des fenêtres et la manifestation tourna au bain de sang. Huit cents gardes suisses, domestiques du palais et aristocrates furent massacrés. Un incendie éclata dans les Tuileries et le rougeoiement du ciel transmit son message indéchiffrable aux campagnes alentour. Dans les circonstances, il aurait été pure folie d'allumer un signal sur les hauteurs de Montmartre. La flamme aurait pu donner à croire que les envahisseurs prussiens et autrichiens massaient leurs troupes sur les collines du nord de Paris [2].

Après avoir ordonné à ses gardes de déposer les armes, le roi avait descendu les marches du perron arrière de son palais et s'était livré aux représentants de l'Assemblée nationale. Conformément à la volonté manifeste du peuple, l'Assemblée le suspendit de ses fonctions. Cette « deuxième révolution française » signa la fin de l'ancienne monarchie. Cinq mois plus tard, en janvier 1793, Louis XVI serait décapité sur la place de la Concorde, au bout de son jardin.

*

QUATORZE MOIS auparavant, un petit groupe de scientifiques et d'ingénieurs-cartographes avait été reçu dans une salle du palais des Tuileries [3]. Louis XVI savait que ce serait certainement sa dernière audience. Une poignée de serviteurs de confiance était en train de préparer dans le plus grand secret la voiture qui devait l'emmener avec sa famille vers la sécurité d'un exil lointain. Ils partiraient pour la Lorraine dès le lendemain. Mais une passion captivante impose une notion du temps particulière. Le roi excellait à bricoler des mécanismes d'horlogerie. La précision des cartes et l'art moderne de la cartographie le fascinaient également, et il avait pleinement conscience de l'importance durable de ce projet.

Les savants étaient venus présenter à Sa Majesté une entreprise véritablement révolutionnaire et solliciter son approbation. L'un des membres de cet éminent aréopage, Charles de Borda, venait d'inventer le cercle répétiteur – deux petites lunettes à réticules fixées à des cercles de cuivre entrecroisés pivotant indépendamment sur un axe –, qui permettait de mesurer les angles entre deux points avec plus d'exactitude que jamais. Cet instrument serait utilisé pour mesurer à nouveau l'arc du méridien de l'Observatoire de Paris, de Dunkerque jusqu'à Barcelone. Lorsque l'on aurait déterminé par des observations astronomiques les latitudes des stations de départ et d'arrivée, on connaîtrait la taille de la Terre elle-même. Pour la première fois de l'histoire, il y aurait un étalon de longueur universel. Ce Graal de l'Âge de la Raison serait le présent de la France au monde : une seule unité de mesure qui serait, selon la formule de Condorcet, « pour tous les hommes, pour tous les temps ». Le mètre correspondrait exactement à un dix-millionième de la distance entre le pôle Nord et l'équateur. Il évincerait définitivement le « pied du roi » et toutes les autres mesures fantaisistes qui variaient d'un village à un autre [4]. Le monde libre et tout ce que sa terre et ses artisans produisaient seraient désormais exclusivement mesurés par les lois éternelles de la Nature et non plus par la longueur d'un bras, l'appétit d'une vache ou la décision arbitraire d'un despote. Louis XVI donna sa bénédiction au projet et retourna préparer sa fuite.

L'homme qui occupait le clocher de Dammartin en cette nuit de 1792 était un astronome originaire d'Amiens, ville qui se trouve être proche du tracé du méridien. Jean-Baptiste Delambre avait été chargé de mesurer la section septentrionale de l'arc, de Dunkerque à Rodez, sur quelque cent soixante-dix lieues (soit sept cent cinquante kilomètres). Son collègue, Pierre Méchain, mènerait les opérations sur le tronçon de Barcelone à Rodez, deux fois plus court mais plus montagneux et dont une partie n'avait jamais été relevée. Ils traceraient la méridienne par la technique de triangulation. Le principe en est simple : à partir de trois points clairement visibles – en l'occurrence, le clocher de Dammartin, un toit de Montmartre et l'église de Saint-Martin-du-Tertre –, on calcule les angles du triangle à l'aide du cercle répétiteur. Puis, on mesure la distance entre deux de ces points avec des règles placées bout à bout, ce qui fournit la base du triangle ; après quoi, une simple opération trigonométrique donne la longueur des deux autres côtés*. Une fois le premier triangle défini, les visées effectuées à partir d'un quatrième point d'observation permettent de calculer le triangle adjacent suivant. De proche en proche, les chaînes de triangles poursuivent ainsi leur progression rigide le long du méridien, jusqu'à la station d'arrivée où l'on aligne des règles sur une seconde base afin de vérifier les résultats.

Malheureusement, comme devait le constater Delambre à ses dépens, la Nature faisait souffler sur ses lois immuables un vent d'inconstance et se servait des hommes pour couvrir ses traces. Des variables telles que l'altitude, la réfraction atmosphérique ou encore la contraction et la dilatation des instruments de mesure sous l'effet de la chaleur et du froid n'étaient que broutilles en comparaison du chaos engendré par les humains. La première circumambulation de Paris qu'avait effectuée l'astronome, à une distance de six à sept lieues du centre, lui avait donné un amer avant-goût des difficultés qui guettaient son entreprise. La campagne française que l'on disait si figée était en mutation perpétuelle. Beaucoup de points de triangulation fixés par des expéditions antérieures avaient disparu. Des arbres avaient poussé tout autour des stations et bouchaient la vue ; des bâtiments avaient été déplacés ; des escaliers montant aux tours de châteaux s'étaient effondrés ; des églises avaient été murées ou démolies.

L'obstacle le plus sérieux tenait aux populations, qui avaient souvent bien du mal à saisir la nature fraternelle et égalitaire du projet. À Montjay, des citoyens exerçant leur droit démo-

* Pour ses bases, Delambre utilisa les tronçons rectilignes de la route de Lieusaint à Melun (près de Paris), et de celle reliant Le Vernet à Salses (parallèle au tracé de la voie Domitienne, près de Perpignan).

cratique à détruire toute chose nouvelle rasèrent la plateforme d'observation de Delambre. Dans la forêt d'Orléans, il ne réussit à élever son belvédère que parce que les villageois étaient occupés sur un autre site à renverser « une pyramide en pierre appelée le méridien, autrefois bâtie par les ci-devant seigneurs en signe de leur grandeur [5] ». (C'était un obélisque commémorant l'expédition de 1740 de Cassini.) Delambre fut contraint d'improviser des conférences publiques pour expliquer sa mission : il n'était pas Prussien, sa lunette n'était pas un appareil d'espionnage et les lettres de recommandation cachetées du sceau royal n'étaient pas des messages clandestins du citoyen Capet (que l'on appelait naguère Louis XVI). À Saint-Denis, où étaient enterrés les rois de France, une foule en furie s'en prit à sa voiture et y découvrit la collection d'objets les plus suspects qu'ils eussent jamais vus :

> On étale [les instruments] sur la place, et me voilà forcé de recommencer le cours de géodésie [...]. Le jour commençait à tomber ; on n'y voyait presque plus. L'auditoire était très nombreux : les premiers rangs entendaient sans comprendre ; les autres, plus éloignés, entendaient moins et ne voyaient rien. L'impatience et les murmures commençaient ; quelques voix proposaient un de ces moyens expéditifs si fort en usage dans ces temps, et qui tranchaient toutes les difficultés, mettaient fin à tous les doutes [6].

Plus au sud, les changements et le délabrement avaient balayé le paysage telle une crue dévastatrice. Il restait pratiquement aussi peu de traces du travail des premiers géodésiens que d'Arne Saknussemm dans le *Voyage au centre de la Terre* de Jules Verne. Quelques anciens se rappelaient avoir vu passer Cassini par leur village des années plus tôt, mais les tours et les pyramides de bois qu'il avait construites pour servir de repères de triangulation avaient été démontées pour en récupérer le bois ou abattues de crainte qu'il ne s'agisse d'ouvrages de signalisation ennemis. Autour de Bourges, les plaines avaient été dépouillées de tout relief architectural : on rapporta à Delambre qu'un représentant du peuple avait « fait tomber tous ces clochers qui s'élevaient orgueilleusement au-dessus de l'humble demeure des sans-culottes [7] ». À Rodez, le Temple de la Raison – l'ancienne cathédrale – était l'unique mire de triangulation d'origine qui subsistait dans tout l'Aveyron. Plus une contrée était isolée, plus le lien qui l'attachait à la vérité scientifique était ténu. À Bort-les-Orgues, lorsqu'un glissement de terrain inonda les rues de trois pieds de boue, les habitants incriminèrent le signal de Delambre, installé en surplomb de la ville, sur un étrange escarpement en forme de tuyaux d'orgues [8]. Ces coulées se produisaient tous les ans, mais pour une fois, leur cause était évidente. Sur les hauteurs nébuleuses de Puy Violent, au-dessus de Salers, la pyramide du « sorcier », perchée sur quatre troncs de trois toises et demie et coiffée de paille, fut rendue responsable de la mort de plusieurs vaches et d'une série d'incidents mineurs [9].

Sept ans et des milliers de kilomètres plus tard, après avoir eu à composer avec un temps exécrable, des routes impraticables et des paysans impossibles, la maladie, des plateformes précaires qui oscillaient dangereusement au vent parce que les menuisiers avaient lésiné sur les matériaux, la dépression nerveuse de Méchain et une attaque de chiens sauvages venus disperser les règles qui avaient été laborieusement alignées sur la base de Perpignan [10], Delambre exposa ses résultats au premier congrès scientifique mondial, réuni à Paris le 2 février 1799. En avril suivant, une règle de platine pur longue d'un mètre fut présentée à l'Assemblée nationale. Elle établissait la valeur du mètre définitif « pour tous les hommes et pour tous les temps », mais il faudrait encore attendre un siècle pour convaincre l'ensemble du pays d'adopter le système décimal.

Les relevés satellitaires ont depuis fait apparaître que le « mètre vrai », présenté comme un indice lié à la circonférence de la Terre, est trop court d'environ 0,23 millimètre. Comme par ironie, le mètre provisoire que l'Académie des sciences avait dû définir approximativement en 1793 sur la base des travaux de Cassini est plus proche d'environ 0,1 millimètre de l'étalon définitif. Mais le mètre de Delambre et Méchain bénéficiait de l'autorité de l'expérience. Cette barre de platine était à elle seule un monument à l'une des grandes expéditions de l'époque. Et comme toutes les grandes expéditions, ce voyage de la Méridienne déboucha sur bien plus de découvertes que n'en attendaient les explorateurs. Les valeurs éternelles dont se réclamait la République – liberté, égalité, fraternité et précision mathématique – s'étaient révélées extraordinairement précaires. Il n'avait pas fallu moins de sept années à deux hommes et à leurs assistants pour mesurer une étroite bande de terre. Au lieu de réduire le territoire national à la taille d'une carte et à une table de logarithmes, ils avaient montré combien la France recelait encore de recoins inexplorés.

*

LE PÉRIPLE DE DELAMBRE et Méchain n'était qu'un épisode d'une odyssée qui avait débuté bien avant leur naissance et se poursuivit longtemps après leur mort. Lorsqu'ils revinrent à Paris en 1799, plus d'un demi-siècle s'était écoulé depuis que le jeune géomètre de l'expédition Cassini avait été taillé en pièces par les habitants des Estables ; pourtant, la carte de France n'avait toujours pas été établie dans son intégralité. Les feuilles existantes comportaient au demeurant des zones qui ne donnaient que l'illusion d'avoir été explorées. Ce n'était pas très surprenant. Jamais une œuvre de pareille envergure n'avait été tentée auparavant. C'était la première carte détaillée d'un pays entier, fondée sur des levés topographiques systématiques et coordonnés [11]. Comme l'écrivit Cassini III* dans son introduction à la première feuille (Paris), publiée en 1750 :

> Lorsque l'on considère combien d'années, de voyages, de fatigues, de recherches, d'instruments, d'opérations et d'observations sont nécessaires pour parvenir à une description exacte du pays, on ne s'étonne point qu'un ouvrage dont l'étendue est immense, dont les progrès dépendent d'une suite d'observations faites sur les lieux, ne s'exécute qu'avec lenteur et précaution [12].

La longue aventure avait commencé dans un champ de Flandre en 1746, pendant la guerre de Succession d'Autriche.

* Pour des raisons pratiques, les Cassini sont numérotés comme des dynasties royales. Cassini Ier, II, III et IV : Jean-Dominique (1625-1712), Jacques (1677-1756), César-François Cassini de Thury, qui prit le nom du château familial de Normandie (1714-1784), et Jacques-Dominique (1748-1845).

Tandis que les armées françaises et autrichiennes dévastaient le pays, César-François Cassini de Thury l'immortalisait sur de magnifiques plans de camps militaires et champs de bataille. Il perpétuait ainsi la tradition familiale : son grand-père et son père avaient mesuré la méridienne de France en 1700. César-François lui-même avait participé à ces opérations dès son plus jeune âge. Il avait grandi à l'Observatoire de Paris, où son grand-père avait découvert quatre lunes de Saturne. À dix-huit ans, il s'était joint à l'expédition qui avait tracé une ligne perpendiculaire au méridien de Paris, de Saint-Malo à l'ouest, jusqu'à Strasbourg à l'est. L'année suivante, il adressait un mémoire à l'Académie des sciences sur l'importance des mesures géodésiques.

L'homme qui était né à l'intersection du méridien et de l'arc ouest-est connaissait mieux le pays que quiconque. Personne ne s'était enfoncé plus loin dans les provinces, en suivant non pas les fleuves et les routes, mais la ligne invisible de la vérité géométrique ; personne n'avait relevé le terrain du pays depuis autant de stations d'observation. Du haut des échafaudages dressés dans des forêts et des plaines, Cassini avait vu des panoramas sur lesquels jamais auparavant le regard de l'homme ne s'était posé. Il avait entendu des dialectes inconnus des lexicographes, et goûté plus de fromages que n'importe qui avant lui, de ceux d'Auvergne (malsains) jusqu'à ceux du Jura (délicieux) [13].

Lorsqu'il vit les plans de batailles de Cassini, Louis XV comprit aussitôt leur importance militaire. On avait demandé au savant d'apporter quelques instruments d'astronomie pour distraire le souverain. L'astronome fit bien plus : il parvint à le persuader de donner son aval à un projet si ambitieux et si coûteux que, par comparaison, le voyage de sept ans vers Saturne de la sonde qui porte le nom de son grand-père paraît bien modeste. Cassini fut officiellement chargé de lever une carte de l'ensemble du royaume à une échelle qui permettrait de distinguer les moindres hameaux.

Maintenant qu'il disposait d'un budget pour dresser une carte générale de la France, Cassini pouvait commencer à recruter une petite équipe d'ingénieurs-géographes. Il lui fallait des hommes alliant un mental solide à une excellente forme physique et, de préférence, sans attache affective. Les candidats devaient posséder des éléments d'astronomie et de trigonométrie, et aussi être capables de dessiner et de construire une plateforme d'observation. Et, comme les six mois de campagne topographique coïncidaient avec la saison des campagnes militaires, ils devaient être prêts à entrer en action à tout instant. L'armée exigeait pour sa part de ses propres géomètres qu'ils sachent « lire et écrire des langues étrangères et nager, afin que rien ne puisse les empêcher d'effectuer des reconnaissances urgentes et importantes [14] ». Ces savants athlétiques étaient les astronautes du XVIIIe siècle, à quelques différences notables près : ils étaient mal payés et ne pouvaient espérer tirer aucune gloire personnelle de leurs exploits ; ils seraient coupés du monde pendant de longues périodes ; et ils étaient assurés d'avoir à affronter des terriens hostiles.

*

POUR SA PREMIÈRE EXPÉDITION (1748-1749), Cassini engagea une douzaine de jeunes gens d'une vingtaine d'années. Ils étaient équipés d'instruments miniaturisés, certes moins précis que les originaux, mais suffisamment légers pour être transportés au sommet d'un clocher ou d'une montagne. Certaines provinces disposaient déjà de cartes fiables, mais une grande part du territoire que l'équipe de Cassini devait explorer n'avait jamais été relevée. Jusqu'alors, la plupart des cartographes s'étaient contentés de recopier des cartes anciennes, perpétuant ainsi les erreurs de leurs prédécesseurs. Des cartes des Alpes figuraient une plaine au beau milieu des montagnes, près de Chamonix et représentaient une impressionnante aiguille dénommée « La Mont. Maudite » à cinquante kilomètres à l'ouest du massif bien réel du mont Blanc. En 1792 encore, lorsque la Savoie fut annexée et rebaptisée « département du Mont-Blanc », la carte officielle du gouvernement ressemblait davantage à une œuvre de science-fiction optimiste qu'à un reflet de la réalité [15]. On y voyait une route contournant la base du mont Blanc et une voie carrossable franchissant les

2 764 mètres du col de l'Iseran – qui ne fut aménagé qu'en 1937. Les géomètres de Cassini, eux, travailleraient à partir d'une feuille blanche.

Leur tâche était bien plus compliquée que la triangulation du méridien confiée à Delambre. En arrivant dans un nouvel endroit, le géomètre se mettait tout d'abord en quête du curé, du seigneur ou du syndic local. L'affaire pouvait prendre une journée entière si d'aventure leur homme était parti aux champs ou au marché. Une fois en possession des autorisations d'accès au clocher ou à la plus haute tour, il constituait le canevas géométrique du lieu et en réalisait l'esquisse préliminaire. Après quoi, il demandait au curé, au seigneur ou au syndic de nommer – en français – les villages, hameaux et fermes, les châteaux et abbayes, les rivières et les bois, et de lui indiquer l'emplacement des routes, ponts, gués, écluses, moulins à vent, moulins à eau et gibets. Dans des régions aussi monotones que la Champagne ou les Landes, il notait parfois sur ses plans de minuscules points de repère : un arbre isolé, une tuilerie abandonnée, et même les pyramides provisoires à partir desquelles ses collègues et lui-même prenaient leurs visées.

Le soir à l'auberge, le géomètre inscrivait les noms sur sa carte et dessinait les collines et vallées, s'efforçant de ne pas salir son vélin tandis que les habitants du cru épiaient par-dessus son épaule ou conféraient pour décider du sort qu'ils devaient réserver à l'intrus.

Cette laborieuse opération était un curieux mélange de précision et d'approximation. Un curé berrichon évoqua la visite du cartographe en 1756 :

> Il prit trois stations dans ma paroisse, où je l'accompagnai. Il fit mention dans les mémoires de tous les objets qu'il put découvrir : hameaux, fermes, grands chemins, tours, clochers, etc. Pour s'assurer de son calcul, il faisait mesurer par son domestique, par pas communs, les distances de certains objets. Je me souviens que le petit podomètre lui rendit un jour un compte exact des pas qu'il y avait d'Issoudun à Graçon [*sic* pour Graçay : vingt-quatre kilomètres]. Il est vrai que pour certains objets qu'il ne pouvait découvrir, comme un domaine qui se trouvait dans une vallée, il s'informait de la

> distance de cet objet au clocher. [...] Si tous les ingénieurs ont été aussi fidèles dans leurs opérations que celui que j'ai vu travailler, leurs plumitifs doivent former des cartes très régulières [16].

L'inventaire de tous ces lieux et repères était en soi un véritable casse-tête. Il n'existait aucune nomenclature complète des villes et villages, et personne ne s'accordait sur leur orthographe. De nombreux toponymes locaux ne seraient jamais reportés sur les cartes ou ne survivraient que sous une forme corrompue [17]. Comme l'expliqua Cassini, certains propriétaires terriens voyaient dans ce recensement une occasion rêvée de refaçonner le paysage à leur image. Ils ne concevaient aucune raison d'identifier l'obscure ferme ou le hameau croulant qui disparaîtraient sous les splendides pelouses de leur nouveau parc, ou la ruine médiévale sur laquelle se déploieraient bientôt les ailes symétriques de leur château flambant neuf :

> Il a fallu donner des noms à tous ces nouveaux objets, les seigneurs se sont cru en droit de les nommer, et plusieurs ont compris sous la même dénomination plusieurs terres ou fiefs qui avaient chacun leur nom propre, et que les gens du lieu leur conservent toujours [18].

Malgré les ordres écrits du roi, des prêtres verrouillèrent à double tour la porte de leur clocher et plusieurs communes refusèrent de prêter leur concours aux savants. À mesure que leur canevas de triangles s'étendait au sud, vers la Provence et le Languedoc, les géomètres comprirent qu'il leur faudrait demander des lettres de recommandation à des autorités plus locales qu'un roi habitant la lointaine Versailles. Un homme qui travaillait le dimanche et n'avait rien à vendre pouvait bien être un percepteur, un espion ou un voleur de cloche à la solde d'un village rival. La profusion de lignes arachnéennes et de symboles runiques qu'il traçait sur sa carte n'expliquait pas forcément ce qu'il venait faire dans les parages. Les montagnards habitués à voir les collines et les plaines s'étirer à leurs pieds avaient généralement de meilleures notions de topographie, mais pour les gens des plaines ou des vallées encaissées, la représentation en deux dimensions des reliefs de la Terre depuis un point imaginaire de l'espace dépassait l'entendement. Le simple fait de dessiner était pour beaucoup une nouveauté stupéfiante. Bien après le début du XIXe siècle, les voyageurs dépliant leur carnet de croquis et leur chevalet attiraient des foules de plusieurs lieues à la ronde. Prosper Mérimée devint instantanément l'homme le plus célèbre de Vézelay lorsqu'il entreprit de dessiner la cathédrale à l'aide d'une chambre claire [19]. En 1818, lors d'un tour de Bretagne, l'artiste anglais Charles Stothard demanda à faire le portrait d'une jeune fille en costume local.

> Plusieurs Bretons s'assirent par terre, pour regarder le mouvement de la main de M. S..., d'autres se massaient autour de lui, et tentèrent même de toucher le crayon qu'il utilisait, pour voir, j'imagine, ce que pouvait être un tel petit instrument magique [20].

Dans certains endroits, l'arrivée d'un étranger débarquant avec des instruments fantastiques et un projet incompréhensible constituait rien de moins qu'un événement historique. Dans les index géographiques et les guides publiés des décennies plus tard, quelques localités ne valaient d'être mentionnées que pour « les ruines d'une pyramide érigée par Cassini ». Dans les petits villages, ces pratiques nouvelles alarmaient les populations. En 1773, non loin du village de Cuq, au cœur du Tarn, les habitants de Saint-Martin-de-Carnac délogèrent sans ménagement un jeune arpenteur d'Issoudun de la tour de leur église ruinée. Des épidémies dévastatrices avaient attisé les peurs et les rancœurs. Ses agresseurs armés de gourdins et de couteaux fondirent sur lui. Il parvint tant bien que mal à leur échapper. Quelques heures plus tard, on aperçut un homme aux mains ensanglantées et au crâne brisé tituber sur la route de Castres à Lavaur, à une demi-lieue au sud de Cuq. Il arriva enfin à une auberge d'étape tenue par « la veuve Jullia », qui fit appeler un docteur et un chirurgien. Le géographe survécut mais en fut quitte pour prendre sa retraite avec une pension d'invalidité [21].

Avant même qu'elle fût achevée, il était évident que la carte de France, avec ses orthographes normalisées et ses symboles unifiés, serait beaucoup plus cohérente que le pays lui-même.

*

LE DÉSASTRE COÛTEUX de la guerre de Sept Ans (1756-1763) engloutit le budget alloué au levé cartographique complet de la France. Épaulé par la maîtresse du roi, Madame de Pompadour, Cassini constitua une association réunissant cinquante donateurs. La première feuille, imprimée en 1750, servit de prospectus pour attirer les investisseurs. Centrée sur Paris – à une échelle juste assez grande pour figurer les différents quartiers – elle s'étirait de Dammartin au coin supérieur droit, jusqu'à Rambouillet, au coin inférieur gauche. Comme les cent quatre-vingts qui lui succéderaient, elle était tracée sur un vélin de vingt et un pouces de hauteur sur trente-trois de largeur (104 centimètres par 73 centimètres) à une échelle d'une ligne pour cent toises, soit environ au 1/86 400e*. La feuille de Paris était plus détaillée que les autres : les sentiers forestiers avaient été restitués avec le plus grand soin, en partie pour séduire les souscripteurs et en partie parce qu'elle comportait les domaines de nombreux mécènes de l'aristocratie. L'épigraphe empruntée à l'*Histoire naturelle* de Pline l'Ancien, l'un des premiers explorateurs de la Gaule, affichait un pessimisme prudent : « Aussi dussé-je manquer le but, il sera beau et glorieux d'avoir voulu y arriver. »

Qui se douterait aujourd'hui, en voyant un dessin bien renseigné de l'Hexagone dans une histoire de France digne de foi, qu'il fallut près de soixante-dix ans pour publier la carte Cassini et que les dernières feuilles (la Bretagne et le littoral des Landes) ne furent éditées qu'après la chute de Napoléon en 1815 ? Très peu de livres d'histoire font mention des cartes de Cassini, et moins encore des hommes qui les dressèrent. Sur les quatre-vingt-quinze géographes dont le nom apparaît sur les gravures, seule une petite douzaine ont laissé une trace. L'article que Michaud consacrait en 1855 à l'un des géodésiens dans sa *Biographie universelle* est à ce titre éloquent :

* Il y avait douze lignes dans un pouce, douze pouces dans un pied, six pieds dans une toise (un peu moins de deux mètres) et deux mille pieds dans une lieue.

Dupain-Montesson [prénom inconnu] : savant modeste et laborieux, oublié jusqu'ici de toutes les biographies et sur lequel on n'a pu recueillir que des renseignements incomplets.

Deux cartographes avaient amorcé une carrière prometteuse de peintres avant d'être recrutés par Cassini. Un homme quitta l'Église pour se joindre à l'expédition et un autre renonça à sa plume de dramaturge. Quelques-uns se reconvertirent dans l'enseignement et le professorat ; un arpenteur devint général. Le curé défroqué succomba à une maladie contagieuse en Californie du Sud où il était allé observer un passage de Vénus en 1769. Le « savant modeste et laborieux » initia le futur Louis XVI à l'art de la cartographie, et ce fut un peu grâce à lui que le roi apporta son soutien à l'expédition de Delambre et Méchain.

L'équipe qui porta un demi-million de hameaux sur la carte a hélas été effacée des annales de l'histoire de France. Mis à part son grand œuvre, il ne subsiste rien de ses aventures. En observant à la loupe la carte de la Lune que dessina Cassini Ier en 1679, l'œil détecte un message caché destiné à une femme qui était probablement l'épouse de l'astronome : une forme de cœur gravée au fond de la mer de la Sérénité, et un beau visage angélique dont la chevelure flottante se confond avec les replis montagneux du promontoire Héraclide [22]. La carte générale de France ne dissimule aucun secret de ce genre. Rien n'indique, par exemple, que le village des Estables fut le tombeau de l'homme qui vint le tirer de l'obscurité.

*

SI ELLES AVAIENT ÉTÉ CONSIGNÉES, les péripéties que vécurent les ingénieurs-géographes de Cassini durant les soixante-dix années passées à représenter le territoire national aurait pu composer les *Mille et Une Nuits* de l'exploration française. Un tel ouvrage aurait donné une juste idée des dimensions et de l'imprévisibilité du pays. Il aurait démontré que les provinces n'étaient pas simplement l'arrière-pays de Paris, avec la même impartialité que la carte, qui représentait chaque ferme et hameau à la même échelle que la capitale et les domaines royaux.

Toutes ces anecdotes n'auraient pas livré l'image d'un pays pétri d'ignorance et d'hostilité. Sur la 113e feuille de Cassini, figurant la région où l'on découvrit en 1799 l'enfant sauvage Victor de l'Aveyron (voir p. 29), se trouve une église du nom de Saint-Cirice. La tour qui la désigne est située à la pointe d'une éminence de hachures et d'ombres, entre un bois vert foncé et un coude du Tarn. Le foisonnement de fermes et de villages est trompeur. L'édit de Nantes était passé par là et avait laissé sa marque sur le paysage humain : la majeure partie de la population protestante avait fui et plus de la moitié des habitants de la région vivaient dans des fermes et des lieux-dits isolés. S'ils avaient pu démêler la forêt de pictogrammes et déchiffrer les toponymes, ils auraient été bien étonnés de voir leur maison entourée de tant de localités dont ils n'avaient jamais entendu parler – près de trois mille sur cette seule feuille.

Certains de ces hameaux ont disparu, mais le cimetière de Saint-Cirice est toujours là, accroché à flanc de coteau entre Broquiès et Brousse-le-Château, au-dessus d'un tunnel non éclairé construit à la fin du XIXe siècle pour une voie ferrée qui ne fut jamais posée. Ici, le Tarn s'est creusé une profonde gorge dans le calcaire. En automne et en hiver, en longeant la rive droite, un marcheur verrait un fleuve brumeux aussi large que le Rhône courant doucement à travers les vergers et les vignes ; mais dès que le soleil réchauffe la vallée et dissipe les brouillards, un torrent dévale au fond du défilé. Parfois, après de fortes pluies, des rochers calcaires se détachent de la paroi et vont se fracasser au fond du ravin.

En bordure du précipice, une croix de fer ornée d'une tête de mort et de deux os croisés surmonte deux sépultures placées dos à dos. Plusieurs inscriptions des pierres tombales de ce petit cimetière sont mal orthographiées. Aujourd'hui encore, pour quelques gens du pays, le français reste une langue étrangère difficile à manier. Mais l'épitaphe de cette stèle est irréprochablement gravée. Elle indique les noms d'un homme et d'une femme décédés en 1843, à un mois d'écart. L'un est trop pompeux et trop français pour être originaire de la région. Jacques-François Loiseleur-Deslongchamps venait d'une famille de drapiers de Dreux, ville marchande cossue à une bonne journée de marche de Paris. Il avait vingt-deux ans quand il arriva dans la région, au printemps 1769. Sa route s'arrêta à une quinzaine de kilomètres au nord du Tarn, dans une petite maison de ferme au pied du mont Lagast [23].

Ce promontoire isolé était bien connu dans le milieu des géomètres. De son sommet herbeux, on voit les volcans du Cantal au nord, la Montagne noire au sud et, sur l'horizon, la brume bleue d'un ciel méditerranéen. En 1739, à l'époque où Cassini II mesurait le méridien de Paris, un signal avait été dressé sur cette hauteur. Deslongchamps avait pour première consigne d'en construire un nouveau. Une réplique est aujourd'hui plantée au sommet – une pyramide tronquée de planches dressée sur quatre poteaux de bois, aux allures de fusée spatiale primitive. Tout près de là, les rafales et le murmure parasite des voix portées à travers l'éther bourdonnent dans les mâts en aluminium d'une antenne radio.

Le jeune ingénieur comptait plusieurs semaines pour relever la topographie de la région. Le village de Saint-Martin-de-Carnac, où l'un de ses collègues serait sauvagement agressé quelques années plus tard, se trouvait derrière les collines d'ajoncs, à quatorze lieues de là, dans un autre pays. Ici, à Lagast, bien que le signal d'origine eût été détruit, la population était légèrement plus accueillante. Un agriculteur du nom de Boudou, établi à la ferme du Vitarel au pied de la colline, offrit à l'étranger le gîte et le couvert. La conversation devait être malaisée car dans ces parages, personne ne parlait le français, mais l'homme du Nord avait sans doute des histoires intéressantes à raconter, et une paire de bras supplémentaire était toujours la bienvenue. Pour Deslongchamps, cette mission dans le Rouergue (ainsi que l'on nommait l'Aveyron avant la Révolution) était une remontée dans le temps. Il débarquait dans un monde sans horloge ni calendrier, où les femmes ressemblaient à Jeanne d'Arc dans leur cape, leur surcot et leurs sabots pointus [24].

Au cours de ce long été, Deslongchamps en vint à connaître les plis et replis du terrain mieux que n'importe quel autochtone. Il en vint également à faire plus ample connaissance avec la fille de Boudou, Marie-Jeanne, qui gardait les moutons de son père. Elle observait leur hôte prendre des mesures, bricoler avec des instruments toujours impeccablement propres, et veiller sur ses feuilles de papier comme un prêtre. Peut-être lui montra-t-elle les dolmens où l'on allait s'abriter des bourrasques, et peut-être l'initia-t-elle au goût délicieux des châtaignes de la dernière récolte cuites au sel dans des feuilles de figuier ou mélangées à un pot-pourri de pruneaux, de poires séchées, de pommes de terres et de raves [25]. Il lui apprit le nom de choses qui, pour elle, n'étaient jusqu'alors que la forêt, le fleuve ou le tas de cailloux. Un point dans l'oculaire du télescope était la cathédrale de Rodez ; l'étoile Polaire indiquait la direction de Paris. La colline à laquelle était adossée sa maison natale était un jalon d'une route invisible qui faisait le tour de la Terre.

Dans un pays où les filles étaient à peine mieux considérées que des serfs et où même les dames de la ville étaient séparées de leurs maris à l'église, une bergère instruite des arcanes de la triangulation et des degrés de latitude était une créature rare et singulière. Ils tombèrent amoureux et ce fut sans doute ce qui pouvait lui arriver de mieux. Au terme de deux saisons studieuses, Deslongchamps, qui devait être excellent randonneur, fut muté dans les Pyrénées, puis dans les Alpes. Il participa à l'établissement des cartes des glaciers et des vallées enneigées. Après quoi, très certainement à sa demande, il fut renvoyé dans le Rouergue en 1774 pour relever la région en amont du Tarn, vers Nant et Millau. Sa station était assez proche de Lagast pour qu'il se rende de temps en temps à la ferme. Il mit apparemment aussi longtemps à cartographier les vallonnements de ce secteur que les hautes montagnes de la frontière italienne.

Cinq ans après son arrivée dans le Rouergue, Jacques-François Loiseleur-Deslongchamps épousa Marie-Jeanne Boudou, qui venait de fêter ses dix-huit ans. Ils achetèrent une petite propriété à quatre lieues au sud dans l'axe de la méridienne, sur les rives du Tarn près de l'église de Saint-Cirice. La ferme était au lieu-dit Puech Cani, ce qui signifie « colline escarpée ». Plus tard, lorsque le père de Marie-Jeanne décéda, son mari hérita de la maison au pied du mont Lagast. La bâtisse isolée est encore debout, en l'état et inhabitée.

Nous ne savons pas grand-chose de leur longue vie commune. Deslongchamps se lança en politique. Il survécut à la Révolution et retourna dans le Tarn où les hivers étaient longs et les étés secs, et où la vigne venait bien dans le sol pierreux. Quand l'assistant de Méchain arriva au mont Lagast en 1797 pour reprendre le tracé du méridien, il fut enchanté de découvrir que le fermier quinquagénaire n'était autre que l'ancien cartographe Deslongchamps. N'importe quel historien troquerait volontiers des années de recherche pour savoir ce que les deux hommes ont pu se raconter ce soir-là dans la salle à manger de la ferme.

À quatre-vingt-dix ans, alors qu'il habitait toujours Puech Cani avec sa femme, Deslongchamps inventa un baromètre portatif qui fut présenté à François Arago, directeur des observations à l'Observatoire de Paris. Deslongchamps avait vécu assez vieux pour voir les dernières feuilles de Cassini publiées. Les plaques de métal sur lesquelles la maison natale de Marie-Jeanne avait été dessinée s'étaient déjà usées et l'on dressait maintenant de nouvelles cartes. Mais il savait que la cartographie de la France était encore loin d'être achevée. Son baromètre mesurait la pression atmosphérique, ce qui permettait de calculer l'altitude. Grâce à cet appareil portatif d'une grande précision, ses successeurs pourraient désormais ajouter une troisième dimension à leurs relevés : la hauteur des montagnes, qui demeurerait aussi constante que le méridien. Ces parties inaccessibles de la France seraient enfin répertoriées pour les générations futures, alors que le pays vivant changeait au fil du temps et transformait jusqu'à la carte la plus précise en une image du passé.

10

Empire

En 1804, une page était tournée sur les horreurs de la Révolution : à la guillotine, avait fait place la machine de guerre. Napoléon s'apprêtait à se couronner empereur. Entre la guerre de Sept Ans et la vente de la Louisiane (1803), l'empire colonial avait perdu la plupart de ses possessions d'Amérique du Nord et des Antilles, mais la France continentale s'étendait désormais irrésistiblement vers le nord, l'est et le sud. Plusieurs départements étaient venus s'ajouter aux quatre-vingt-trois d'origine. Les noms imaginés pour certains de ces nouveaux territoires évoquaient davantage de lointaines colonies que des États voisins : le Mont-Terrible (fantaisie inspirée du mont Terri, en Suisse), Jemmapes (corruption du nom picard de la ville belge de Jumape, ou Jemappes en français) et l'appellation plus prosaïque mais pittoresque de Forêts, pour la région gagnée sur le duché de Bouillon et une partie richement boisée du duché du Luxembourg.

À son apogée, l'Empire napoléonien comptait cent trente départements, depuis Hambourg au nord (département des Bouches-de-l'Elbe) jusqu'à Rome au sud (département du Tibre). À peine éditées, les cartes de l'Europe étaient périmées. Bonaparte était bien conscient que le territoire ne prendrait pas la pose en attendant que les cartographes en exécutent le relevé. Les cartes de Cassini ne faisaient certes pas apparaître les détails à la même échelle que celles du cadastre parcellaire, qui fixaient les limites des propriétés et l'assiette de l'impôt foncier, mais à tout prendre, mieux valait une carte complète qu'un assemblage hétéroclite de carrés minutieusement brodés et d'espaces vides. Le 26 octobre 1804, Bonaparte rappela à l'ordre son ministre de la Guerre, le général Berthier :

> Je crois que les ingénieurs géographes travaillent, mais je ne suis pas certain qu'ils travaillent sur de bonnes bases. On leur fait faire des cadastres, et non des cartes militaires ; d'où il suit que dans vingt années on n'aura rien. [...] Si l'on s'en était tenu à faire des cartes sur l'échelle de Cassini, on aurait déjà toute la frontière du Rhin. [...] Les ingénieurs avaient commencé en Corse un cadastre, qui dans le pays était regardé comme très mal fait [...]. Les ingénieurs sont trop maîtres de faire ce qu'ils veulent. Je n'avais pas demandé autre chose que de compléter la carte de Cassini. [...] L'expérience prouve que le plus grand défaut, en administration générale, est de vouloir faire trop ; cela conduit à ne point avoir ce dont on a besoin.

Il savait, bien entendu, que Cassini n'était pas infaillible et que, pendant que les géomètres s'affairaient sur la frontière meurtrie par les batailles, le cœur de l'Empire restait en partie inexploré. Quelques mois plus tôt à peine, son épouse avait confirmé combien la carte nationale laissait à désirer. Cet été-là, les régions septentrionales de l'Empire semblaient suffisamment sûres pour que Joséphine aille prendre les eaux à Aix-la-Chapelle. Et puisque cette ville avait été la capitale de Charlemagne, Napoléon songeait à y célébrer son sacre. À son retour de voyage, Joséphine aurait sans doute de précieuses informations à lui livrer sur son parcours. Il lui traça un itinéraire sur la carte : sa voiture l'emmènerait tout d'abord vers le nord-est jusqu'à Sedan, puis franchirait la colline du Dos du Loup avant de poursuivre vers Liège par le département des Forêts.

La route du XIXe siècle existe toujours. À quelques centaines de mètres à l'est de la nationale 58, elle s'enfonce en pleine forêt, traverse la frontière invisible de Belgique, puis plonge vers Bouillon en une descente vertigineuse. La carte de Cassini indique la route par deux lignes ombrées, longées de part et d'autre de pointillés – convention qui correspondait à une chaussée pavée et arborée. Le valet de l'empereur se souviendrait pendant des années de cette équipée :

> Dans les Ardennes, nous courûmes quelques dangers. L'Empereur avait déterminé la route que nous devions suivre ; malheureusement cette route n'était tracée que sur la carte. Elle devint si mauvaise que nous fûmes obligés, dans une descente très rapide, de soutenir les voitures avec des cordes. Joséphine effrayée voulut descendre malgré la pluie et la boue qui couvrait la route. [...] La voiture dans laquelle se trouvait madame Saint-Hilaire, première femme de chambre, versa. Elle n'arriva à Liège qu'un jour après nous. Aussitôt qu'on s'était aperçu de son absence, on envoya quelques cavaliers de l'escorte pour s'informer de la cause de ce retard, et protéger son voyage. Mais ces soins ne parurent pas suffisants à madame Saint-Hilaire, qui était très offensée que la cour entière ne fût pas bouleversée par son absence [1].

Un tableau représentatif de la France de 1804 pourrait figurer Napoléon à Notre-Dame de Paris, prenant sa couronne des mains du pape Pie VII, ou bien les cent mille hommes de la Grande Armée massés sur la côte de Boulogne et prêts à envahir l'Angleterre au premier signal de leur chef, mais il aurait tout aussi bien pu saisir dans un instantané l'impératrice et sa petite escorte pataugeant dans un bourbier quelque part au nord de Sedan.

Longtemps après que le pays eut été cartographié, les voyageurs perdus ou en détresse au beau milieu de l'Empire français étaient encore monnaie courante. Il suffit de comparer les feuilles de Cassini aux récits contemporains pour reconstituer des dizaines d'expéditions cauchemardesques. Un jeune officier du nom de Paul Thiébault, qui, en 1792, se trouvait dans la foule qui prit d'assaut les Tuileries, emprunta trois ans plus tard la route de Paris à Millau en compagnie de deux collègues. À ce point de son récit, ils étaient parvenus à un endroit où la carte annonçait une « route empierrée et bordée d'arbres » :

> N'ayant plus d'autre chemin à suivre que le lit des torrents et ne trouvant aucune habitation, nous nous égarâmes après avoir dépassé l'endroit où notre guide nous apprit qu'avait été tuée la bête du Gévaudan*. Cependant le jour baissait, et nous commencions à être assez en peine de la manière dont nous passerions la

* La bête du Gévaudan n'arriva jamais si loin au sud. Le guide parlait peut-être de la bête des Vaissettes, qui vivait dans un étang des environs, au lieu-dit Le Bouquet. La nuit, elle poussait un hurlement déchirant que l'on entendait à des kilomètres à la ronde.

nuit au milieu de ces montagnes arides, lorsque nous aperçûmes une maison au-delà d'une gorge assez profonde.

La maison s'appelait La Bastide. Elle figure sur la carte Cassini, sur un tronçon de route isolé, sous forme d'un petit bâtiment carré assorti d'une légende : « La Bastide – cabaret ». Bien que le toit ait été emporté par une tempête en 2004, on voit toujours les arches de pierre effondrées de l'ancien rez-de-chaussée. Ce fut là que Thiébault et ses camarades passèrent la nuit. Deux femmes de mine sournoise les accueillirent dans l'auberge déserte. Ayant découvert une trappe dans le plancher de leur chambre, les officiers se barricadèrent et choisirent de dormir tout habillés. Levés à la pointe du jour, ils demandèrent leur note. Pour le gîte et la misérable omelette qu'elle leur avait servie à dîner, l'hôtesse exigea un louis, somme que rapportait le lait d'une vache sur une année entière.

« Un louis ? Êtes-vous folle ?

— Ma foi vous n'avez pas à vous plaindre, reprit-elle avec humeur. On ne vous a fait aucun mal.

— Qui diable vous parle de mal ? répliqua-t-il. C'est de prix qu'il s'agit. »

[...] Comme nous dépassions la porte de la cour, nous nous trouvâmes face à face avec deux hommes armés, qui arrivaient par la route que nous avions suivie la veille, et qui, à mille pas, étaient suivis par d'autres hommes également armés. [...] Nous mîmes nos chevaux au grand trot et, de suite couverts par les murs de la maison, nous fûmes hors de portée avant qu'ils eussent délibéré sur ce qu'ils pouvaient encore entreprendre [2].

Plus que la représentation trompeuse et potentiellement funeste que sa carte faisait du réseau routier, Cassini se vit reprocher – sans doute par des gens qui ne s'aventuraient jamais très loin de leur paroisse – de n'indiquer que les axes principaux au détriment des chemins secondaires. Le géographe se défendit, expliquant que les routes « varient selon les saisons ». Une carte qui prétendrait tout figurer serait de surcroît une menace à l'ordre public, car elle inciterait le voyageur à se hasarder sur des routes détournées que personne ne devrait prendre sans un guide capable de lui éviter « les cavées et les précipices [3] ». Or, ses géomètres avaient manifestement péché par optimisme : en reliant Toulouse et Bordeaux, plus d'un voyageur dut se demander ce qu'il était advenu de ses ponts (fictifs) signalés à Verdun et Tonneins, et d'autres, dans les Alpes, furent certainement désappointés de constater que l'unique moyen de poursuivre leur progression sur la voie marquée « Grand chemin de France au Piémont » était de démonter leur diligence et de la charger à dos de mule [4].

*

TEL ÉTAIT DONC l'état visible de la France à l'aube du XIXe siècle : un chef-d'œuvre de cartographie quelque peu fallacieux, exécuté par des équipes parties de Paris plus d'un demi-siècle plus tôt. Cassini IV ne put jamais réviser la carte à laquelle sa famille avait consacré une partie de sa fortune. La Convention lui avait confisqué les planches gravées qui servaient à l'imprimer et ne les lui avait jamais restituées. Dans la foulée, il fut chassé de ses appartements de l'Observatoire, accusé de pointer des canons (des télescopes) sur le peuple de Paris, et jeté en prison, où il n'attendait plus qu'à « devenir un ex-vivant ». Il se serait certainement accordé à dire avec Baudelaire que « les nations n'ont de grands hommes que malgré elles [5] ».

Bien qu'elle se fût appropriée la carte de France, la jeune République ne manifestait aucune réelle volonté d'établir le levé de son domaine. Les géomètres de l'armée travaillaient en priorité sur le périmètre du pays – mais leur entreprise se heurtait à deux grandes difficultés. La première tenait à l'absence de mesures d'altitude fiables. Le traité des Pyrénées de 1659 définissait la frontière entre la France et l'Espagne comme « la ligne de crête des Pyrénées », mais il s'écoula plus de deux siècles avant que les remparts enneigés ne soient précisément mesurés et que les populations montagnardes des Pyrénées sachent enfin si elles étaient espagnoles ou françaises.

On craignait par ailleurs que les cartes des régions frontalières ne servent qu'à livrer sur un plateau d'argent la clé de la forteresse aux ennemis de la France. C'est la raison pour laquelle la carte de Cassini s'arrête brusquement sur le tracé des anciennes frontières, omettant scrupuleusement Nice (qui était pourtant la ville natale de Cassini Ier), la Savoie, la Corse et, parce qu'elle était trop au large de la Vendée pour passer sur la feuille, l'île d'Yeu. La France proprement dite est pareille à une île : au-delà de ses limites territoriales, mis à part quelques Notre-Dame flottant dans le vide, une petite pointe de terre portant la mention « Douvres » et quelques tronçons de routes, plus rien. Côté Alpes, le bout du monde est bordé de montagnes. Seules quelques légendes fascinantes laissent à penser qu'il y a quelque chose sur l'autre versant : « Col de la Traversette : trou qui fait de la main de l'homme traverse la montagne. » Côté Pyrénées, le relief plonge à pic vers un abîme sans fond et une ligne de faîte en dents de scie élève une palissade contre l'extérieur.

Ces imperfections étaient toutefois bien anodines par rapport à celles des cartes précédentes. Malgré l'ingérence des pouvoirs publics et l'absence de budget, la carte Cassini était un trésor national. Elle illuminait les ténèbres de l'intérieur des terres et eut un profond retentissement sur la société française. Elle tordait le cou à l'image parisianiste d'une étendue monotone de champs et de forêts, pour inspirer une vision romantique de la « France profonde ». Elle ouvrait le pays à l'imaginaire et distillait des indices sur les univers insoupçonnés qui se déployaient dans les interstices du maillage de routes. Avant Cassini, la plupart des cartes destinées aux voyageurs ne couvraient qu'une étroite bande de terre de trois à cinq kilomètres de part et d'autre du lit d'un fleuve ou du tracé d'une voie. La plupart, comme la « Description historique et topographique de la grande route de Paris à Reims », ne montraient pas grand-chose d'autre que ce qu'un voyageur aurait vu filer à travers la vitre d'une voiture par un jour de pluie. Elles n'étaient là que pour distraire le lecteur de la monotonie d'un long voyage et l'instruire de ce qu'il laissait sur son chemin. En soi, la carte n'était pas censée parler d'elle-même ; elle était une illustration du texte [6] :

> Aubervilliers : La qualité de son terroir n'a pas permis aux habitants d'y cultiver de la vigne ; ils ont considéré que les légumes pouvaient leur être d'un produit plus considérable, à cause de la proximité de Paris. Aussi ont-ils cultivé presque toutes leurs

terres en raison de cette considération. [...] Les habitants sont tous très laborieux.

Vaubuin [Vauxbuin, un faubourg de Soissons] : Sa position est un peu aquatique étant entouré de montagnes [*sic*] presque de tous les côtés.

Sermoise et environs : l'œil n'a pas le temps de se reposer sur un objet de paysage qu'il n'en rencontre un autre, non moins digne de sa satisfaction [7].

Le plus souvent, « l'œil » n'avait en réalité vu que très peu de ce qui était figuré sur la carte. Avant Cassini, pratiquement tout ce que l'on croyait savoir des provinces provenait de récits de seconde main. Dans les années 1830, l'inspecteur général des Monuments historiques lui-même, Prosper Mérimée, s'en remettait en partie à des ouï-dire pour planifier ses tournées d'inspection.

> On m'a souvent parlé d'un monument très ancien situé dans la montagne au sud-ouest de Perpignan. C'est, suivant les uns une mosquée ; suivant les autres une église de Templiers. Enfin, on m'a dit aussi que c'était une masure tellement ruinée, qu'il était presque impossible de déterminer l'époque de sa construction, quoi qu'il en soit, cela vaut bien une excursion à cheval de trois ou quatre jours [8].

Grâce à Cassini, Mérimée put tout au moins confirmer l'existence de ce mystérieux temple et en vérifier l'emplacement. (Il s'agissait en fait de l'église de Planès, un édifice du XIe siècle en forme d'étoile, que l'on appelait dans le pays « la mosquée ».)

Le fait est que très peu de gens possédaient la carte Cassini : elle coûtait très cher* et chaque feuille n'était tirée qu'à quelques centaines d'exemplaires. Il n'était en outre pas donné à tout le monde de lire une carte : personne n'aurait été offusqué si, dans son exposé, un géographe rappelait que deux sites voisins sur la carte pouvaient en réalité se trouver à plusieurs heures de marche l'un de l'autre [9]. L'important était de savoir que la carte existait. Bon nombre des explorateurs

* En 1756, la feuille se vendait à quatre livres et la carte complète à cinq cents livres, ce qui équivalait au salaire annuel d'un instituteur de village bien payé ou au revenu qu'un agriculteur pouvait espérer dégager d'une ferme prospère sur une année.

professionnels et occasionnels qui apparaissent dans la suite de ce livre avaient suivi du doigt les méandres de fleuves, déchiffré les noms dépaysants et scruté les petits symboles dessinés. Les feuilles étaient parfois découpées en rectangles et collées sur une toile afin de se replier aisément. On pouvait alors les glisser dans de petits coffrets et les ranger parmi les volumes de son cabinet de lecture [10].

La bibliothèque du château de Vizille, près de Grenoble, possède une collection complète disposée dans des étuis reliés comme une rangée de livres. Ces feuilles pliées étaient également tout indiquées pour voyager. Dans son compte rendu du voyage qu'il entreprit en 1839 dans les pays rhénans, Victor Hugo mentionne fièrement sa carte portative de Cassini : « J'ai pris, afin de regagner le temps perdu, la diligence pour Soissons : elle était parfaitement vide, ce qui, entre nous, ne m'a pas déplu. J'ai pu déployer à mon aise mes feuilles de Cassini sur la banquette du coupé. »

Dans l'esprit du poète, la carte était déjà par elle même un paysage lumineux. Sans ses feuilles de Cassini, son récit serait passé à côté de bien des détails pittoresques. La feuille de Soissons lui fournit le nom du petit hameau de La Folie. Il y vit également le coude bleu acier de l'Aisne et les petits bouquets de peinture rouge qui donnaient à Soissons des airs de corolle de fleur exotique. Ce soir-là à l'auberge, lorsqu'il coucha sur le papier ses impressions à la lumière d'une chandelle, le paysage qu'il avait entrevu dans la pénombre du crépuscule se dégagea de la carte comme une vision :

> Comme j'approchais de Soissons, le soir tombait. La nuit ouvrait déjà sa main pleine de fumée noire dans cette ravissante vallée où la route s'enfonce après le hameau de La Folie. [...] Cependant à travers les vapeurs qui rampaient pesamment dans la campagne on distinguait encore ce groupe de murailles, de toits et d'édifices qui est Soissons, à demi engagé dans le croissant d'acier de l'Aisne, comme une gerbe que la faucille va couper [11].

Les géomètres de Cassini marquèrent la fin de l'époque pionnière de l'exploration française et contribuèrent à inaugurer l'ère de la découverte de masse. Tout comme l'héroïne du *Nanon* de George Sand qui, préparant sa fuite, grave dans sa mémoire la carte de Cassini qu'elle voit dans une maison bourgeoise de Limoges avant de s'aventurer dans la nature hostile de la Brande [12], les voyageurs pouvaient désormais se lancer dans la traversée du pays en sachant plus ou moins où ils allaient. Les taches blanches et les erreurs inspirèrent de nouvelles cartes et, au milieu du XIXe siècle, en écho à la folie des cartes qui commençait à s'emparer du grand public, des revues populaires expliquaient à tout un chacun comment dresser le plan de son petit coin de campagne [13]. La coutume anglaise consistant à flâner dans la campagne en se laissant guider au hasard de ses pas parmi les haies rencontrait ses premiers adeptes en France.

Les clochers de village ne représentaient plus les totems de petits pays. Devenus des coordonnées d'un réseau qui filait par-delà l'horizon, ils consacraient un lien plus immédiat entre le paysage et l'esprit. Le clocher d'Illiers, surgissant des plaines au sud-ouest de Chartres, avait servi de point de triangulation au début des années 1750 et fit son entrée en littérature sous les traits du Combray fictif de Marcel Proust. En tirant de nouvelles lignes sur le territoire, le canevas de triangles avait frayé la voie à d'autres explorations, moins définissables :

> Au tournant d'un chemin, j'éprouvai tout à coup ce plaisir spécial qui ne ressemblait à aucun autre, à apercevoir les deux clochers de Martinville sur lesquels donnait le soleil couchant et que le mouvement de notre voiture et les lacets de notre chemin avaient l'air de faire changer de place, puis celui de Vieuxvicq qui, séparé d'eux par une colline et une vallée, et situé sur un plateau plus élevé dans le lointain, semblait pourtant tout voisin d'eux.
>
> En constatant, en notant la forme de leur flèche, le déplacement de leurs lignes, l'ensoleillement de leur surface, je sentais que je n'allais pas au bout de mon impression, que quelque chose était derrière ce mouvement, derrière cette clarté, quelque chose qu'ils semblaient contenir et dérober à la fois [14].

*

À LA DIFFÉRENCE de ces errances topographiques mentales, les grandes expéditions scientifiques qui succédèrent à celle de

Cassini et de Delambre ne nous sont connues que par leurs résultats : des cartes délimitant les différents *pays* de France en fonction de leurs pratiques agricoles, des recueils de chansons folkloriques et de traditions tribales, et des catalogues de types ethniques (voir p. 399). Le botaniste suisse Pyrame de Candolle passa six années (de 1806 à 1812) à étudier la flore de la France et découvrit plusieurs centaines d'espèces jusqu'alors inconnues en France et des centaines d'autres jamais répertoriées dans le monde [15]. L'érudit occitaniste Charles de Tourtoulon et le poète languedocien Octavien Bringuier parcoururent mille cinq cents kilomètres, tantôt décrivant des cercles, tantôt débouchant sur des culs-de-sac, afin de dessiner les quatre cents kilomètres de la ligne de démarcation entre domaine d'oc et domaine d'oïl (voir p. 85), depuis un hameau près de Soulac sur la côte atlantique, jusqu'aux environs de Guéret, sur la route qu'empruntaient les maçons en partance pour Paris [16].

La plus grande expédition de ces temps – par son ampleur, sinon par son éclat – fut celle qui succéda aux soixante-dix années d'arpentage de Cassini. En 1818, des géomètres de l'armée commencèrent à travailler sur la nouvelle carte de France : la carte de l'état-major. Chaque phase de cette entreprise mobilisa soixante-quinze officiers, ainsi qu'une petite armée de dessinateurs, de graveurs et, plus tard, de photographes. La première feuille (celle de Paris) fut publiée en 1821 et la dernière (celle de Corte, en Corse du Nord) en 1880 – date à laquelle les premiers relevés étaient déjà périmés. Ces militaires opérant en équipe et dans un monde qui, en un siècle, s'était un peu plus ouvert sur l'extérieur, étaient moins vulnérables que les pionniers de Cassini ; mais comme beaucoup n'avaient jamais demandé à être affectés à cette tâche, leur geste n'en fut pas moins héroïque. Ils bravèrent la chaleur écrasante des Landes où pas un arbre ne poussait, et scrutèrent à travers la brume des collines de sable qui prenaient un malin plaisir à se déplacer d'un mois sur l'autre ; ils bivouaquèrent sur des montagnes glaciales, attendant que les nuages se dissipent ; ils furent cloués au lit par la dysenterie et la fièvre en des lieux où il n'arrivait jamais rien, et passèrent des mois à effectuer des mesures dont ils savaient pertinemment qu'elles risquaient d'être très approximatives [17]. Parmi ces explorateurs, tous n'éprouvèrent pas la satisfaction d'un travail bien fait.

Si nous en savions davantage sur son déroulement, l'une de ces expéditions mériterait à elle seule un livre. Elle fut évoquée dans une veine épique, à la mesure de l'aventure, en 1843, soit huit ans après l'achèvement du travail de terrain :

> Toujours à pied, à travers champs, exposés à toutes les intempéries et toutes les mésaventures, entraînés à la piste capricieuse des couches souterraines, sans pouvoir calculer, comme les touristes ordinaires, la convenance des gîtes, les plus intrépides se trouvent ordinairement lassés, après quelques mois, de cette âpre chasse aux minéraux. MM. Dufrénoy et Élie de Beaumont, sans autres repos que ceux que l'hiver leur ordonnait pour la coordination de leurs matériaux, ont eu la constance de la soutenir pendant dix ans, de 1825 à 1835. Les traces de leurs pas sur le sol de France, durant ces minutieuses investigations, forment un développement de plus de vingt mille lieues [quatre-vingt neuf mille kilomètres]. Ils ne se sont pas contentés de l'étudier jusqu'à ses limites : toutes les fois que cela leur a semblé nécessaire, ils ont poursuivi jusque dans les pays voisins, en Angleterre, en Belgique, en Allemagne, en Italie, en Espagne [18].

La Carte géologique de France avait son origine dans une découverte quelque peu déconcertante du naturaliste Jean-Étienne Guettard : dans les années 1740, il s'était aperçu que la « géographie souterraine » du nord de la France semblait très proche de celle du sud de l'Angleterre. Contre toute apparence, la Manche ne formait en rien un grand obstacle à la continuité de la composition des sols. Guettard formula alors une hypothèse pour le moins audacieuse : les terrains de la partie septentrionale du pays formaient selon lui « de grandes bandes continues disposées concentriquement autour de la capitale » : « Si ma conjecture était vraie, je devais rencontrer dans d'autres provinces, et à peu près à même distance de Paris, ce que j'avais vu dans le Bas-Poitou et dans les provinces qu'il faut traverser pour y arriver [19]. »

Une série de missions de reconnaissance autour de la capitale confirma sa théorie. Sa Carte minéralogique, publiée en 1746, fournissait une description partielle de ce monde souterrain étonnamment cohérent. Elle faisait apparaître deux ceintures, désignées sous les termes de « bande marneuse » et « bande sablonneuse », qui franchissaient la Manche entre Bayeux et Boulogne. Sur la carte de Guettard, Paris ressemble à la capitale d'un royaume souterrain dont Londres marque l'extrême pointe nord.

Il se trouve que Paris est effectivement assise au centre de bandes concentriques de roches sédimentaires et d'escarpements, mais il est significatif que Guettard ait proposé avec autant d'avance sur son temps l'idée d'un schéma minéralogique centré sur Paris. Et il est tout aussi significatif que les résultats du géologue belge Omalius d'Halloy qui, à la demande de Napoléon, passa six années à topographier le sous-sol de l'Empire français, soient restés largement ignorés. On admettait que les grandes masses minérales ne connaissent pas les frontières politiques, mais la carte proprement dite avait des incidences nationales. L'École des mines de Paris accepta finalement d'appuyer le projet, non parce qu'il aurait pu révéler les ramifications des précieuses veines de charbon de Belgique et de la Sarre jusque dans la Flandre française et en Lorraine, mais parce que c'était désormais une question d'orgueil patriotique : la Grande-Bretagne avait dressé dès 1822 la première carte géologique fiable de tout un territoire. L'événement incita les pouvoirs publics à approuver la proposition qu'avait avancée le professeur de géologie Brochant de Villiers onze ans plus tôt, et les géologues purent enfin amorcer leur exploration minéralogique, qui ne déroulerait pas moins de quatre-vingt-dix mille kilomètres.

Dans l'introduction de leur Carte géologique de la France (1841), déployée sur deux mètres carrés et savamment codifiée par des couleurs – « l'un des plus beaux monuments scientifiques dont notre pays s'enorgueillisse », de l'avis de l'encyclopédie Larousse –, Dufrénoy et Élie de Beaumont dégageaient quelques conclusions rassurantes. Les anciennes provinces et *pays* n'étaient pas, affirmaient-ils, des circonscriptions arbitraires mais des divisions anciennes et indéracinables, « déterminées primitivement par la nature ». Du moins les générations qui avaient connu la fin de la monarchie et la chute de l'Empire avaient-elles ainsi la consolation de savoir que la France et sa capitale existeraient de toute éternité :

> Les limites de ces régions naturelles restent invariables au milieu des révolutions politiques, et elles pourraient même survivre à une révolution du globe qui déplacerait les limites de l'Océan et changerait le cours de rivières, car elles sont profondément inhérentes à la structure du sol [20].

À mesure qu'ils étendraient leurs tentacules sur tout le territoire, les réseaux routiers et ferrés prolongeraient « les faubourgs de Paris jusqu'aux frontières du royaume » et « permettraient de mieux saisir les dissemblances » de chaque *pays*. C'était là un thème qui reviendrait inlassablement dans la constitution d'une identité nationale, articulée tout à la fois sur l'exaltation de la diversité locale et sur l'importance suprême de Paris en tant que garant et régulateur de cette diversité.

*

La cartographie de la France fut en fin de compte une entreprise bien plus ambitieuse que quiconque ne l'avait escompté : Cassini avait mis soixante-dix ans à exécuter le levé de l'ensemble du territoire, et il en fallut presque autant au corps de l'état-major pour produire sa version notoirement incomplète. Un demi-siècle après l'ébauche de ses premières lignes, la Carte de l'état-major présentait encore bien des lacunes élémentaires : les parcours de voies ferrées traduisaient très approximativement la réalité, les routes étaient mal placées, des détails manquants avaient été repris sur des relevés cadastraux reposant sur des conventions différentes. Les hauteurs, souvent fausses, étaient indiquées par de vagues hachures en lieu et place des courbes de niveau [21]. En 1865, les opérations de nivellement (consistant à mesurer l'altitude de différents points d'un terrain par rapport au niveau de la mer) n'avaient été exécutées que dans deux départements : le Cher et la Seine. Les ingénieurs civils en étaient réduits à effectuer eux-mêmes des relevés topographiques des régions qu'ils étaient chargés d'aménager, et il leur arrivait inévitablement de tracer une nouvelle route ou voie ferrée en dépit du bon sens.

Même une fois que le grand public se fut accoutumé à la forme hexagonale de la France, rares étaient encore ceux qui avaient une image précise de la topographie du territoire national. En 1837, s'efforçant de se faire une idée cohérente de la configuration du pays, Stendhal rédigea une description des « cinq chaînes de France » : « Ce n'est qu'après avoir écrit [ces pages] pour moi que j'ai compris le sol de la France [22]. »

En 1838, l'état des connaissances géographiques était si déplorable que la Société de géographie jugea bon d'envoyer une délégation de savants au 8 chaussée du Maine, à la lisière sud de Paris. Un professeur à la retraite, M. Sanis, avait accompli un travail de bénédictin pour réaliser une maquette de la France en trois dimensions sur un terrain de quatre mille mètres carrés [23]. Mis à part quelques plans en relief des Alpes commandés par de riches touristes britanniques [24], il n'existait rien de tel nulle part ailleurs. Cet ancêtre du parc à thème de la « France miniature » représentait les lits des fleuves et rivières sculptés dans la pierre et reproduisait un système d'irrigation complexe. Deux barques à fond plat pouvant accueillir six passagers chacune naviguaient sur un bassin d'un mètre de profondeur bordant les côtes de la Méditerranée et de l'Atlantique, et allaient parfois s'échouer avec beaucoup de réalisme sur les récifs de la côte de Bretagne. La Normandie était plantée de branches de pommier et les Landes de quelques boutures de pins. Pour rendre compte des richesses minéralogiques du pays, M. Sanis avait creusé de minuscules puits dans lesquels il avait enfoncé ici un morceau de houille, là un cube de tourbe, et ailleurs d'autres échantillons idoines. Les montagnes, élevées en terre, étaient ravinées par les intempéries et devaient être remodelées après chaque pluie. « Les Vosges, les montagnes d'Auvergne, les Pyrénées et les Alpes ne peuvent pas être réduites aux proportions de la miniature sans perdre leurs effets pittoresques », notait bien inutilement le rapport de la Société. M. Sanis se proposait de reconstruire les reliefs en asphalte et d'ajouter des routes et les limites départementales, et de reporter sur des plaques de métal gravées à l'échelle « la forme et les dimensions de chaque ville ». La Société craignait qu'un tel luxe de détails ne menace de « répandre de l'obscurité sur ce tableau », mais elle le félicita néanmoins de son « zèle pour les progrès de la science ».

M. Sanis, dont l'œuvre héroïque repose aujourd'hui quelque part sous la gare Montparnasse, avait effectivement fait montre de bien plus de zèle que les gouvernements curieusement désinvoltes du XIXe siècle, qui opposèrent à l'immense soif de découverte du temps une force d'inertie tout aussi puissante. Il fallut attendre 1857 pour qu'une nouvelle expédition épique commence à disséminer sur tout le pays des plaques métalliques circulaires qui, scellées tantôt sur le parapet d'un pont, tantôt dans un mur d'église, ou encore sur le socle d'une croix de carrefour, pourraient évoquer les indices numériques d'une gigantesque chasse au trésor. Leur dessin formait en fait le canevas des points altimétriques indispensables à l'exécution du nivellement général de la France. L'opération fut conduite par l'ingénieur topographe du canal de Suez, Paul-Adrien Bourdaloue. En l'espace de huit ans, les repères espacés de mille mètres formèrent un réseau préliminaire de quinze mille kilomètres – et ce fut à ce moment précis que le gouvernement divisa par deux le budget alloué au projet [25].

Les conséquences désastreuses de cette indifférence des pouvoirs publics à l'égard de la vérité géographique n'auraient guère surpris Napoléon. Dans les brumes matinales du 1er septembre 1870, sur la route où la diligence de l'impératrice Joséphine s'était enlisée en 1804, les troupes françaises placées sous le commandement du général Ducrot battaient en retraite sous un feu nourri. Napoléon III, neveu de Bonaparte, avait perdu la bataille de Sedan avant même d'avoir entendu claquer les premières salves. Entre autres explications, on attribua cette défaite humiliante de la France devant la Prusse à la pénurie de cartes et aux lacunes criantes des cartes de l'état-major dont on disposait. La feuille de la région ne donnait en effet aucun moyen de savoir, par exemple, si les bois que les pilonnages de l'artillerie prussienne étaient en train de transformer en un champ de boue étaient jusqu'alors des broussailles ou des plantations, couvertes d'arbres à feuilles persistantes ou caduques.

Douze ans plus tard, la leçon n'avait toujours pas porté. Un correspondant de la Société géographique de Bordeaux traversait à pied les collines de la région de l'Entre-deux-Mers au nord de Saint-Émilion. L'armée française était en manœuvre. À travers la fumée des armes à feu qui flottait sur la campagne, le géographe vit distinctement des hommes en pantalon et képi rouges aller à la débandade, cherchant vainement à reconnaître les collines et les vallées, carte à la main. Seuls les soldats originaires de la région parvenaient à s'orienter. Les autres tentaient de se repérer aux routes, mais des années avaient passé depuis le levé de la carte et le plus simple exercice de manœuvre pouvait tourner au voyage de découverte. « De ce point de vue, conclut le géographe, la carte de l'état-major est absolument incomplète, elle en est resté où elle était jadis [26]. »

II

Le voyage en France, I : les avenues de Paris

Pour tout autre que les fugitifs, les soldats et les explorateurs professionnels, découvrir la France – avec ou sans carte – revenait essentiellement à se diriger dans le labyrinthe de routes, fleuves, canaux et voies ferrées. Voilà qui, avec le recul du temps, pourrait nous paraître témoigner de la marche régulière du progrès : les vitesses de déplacement augmentaient, les gens et les marchandises circulaient dans tout le pays avec de plus en plus de facilité, et les changements sociaux et économiques n'arrivaient plus à dos de colporteur ou de mule mais en diligence et en locomotive. Dans le siècle qui suivit la Révolution, l'étendue du réseau routier doubla pratiquement, et le nombre de canaux fut multiplié par cinq. On comptait en 1888 35 000 kilomètres de voie ferrée, contre vingt-deux en 1828. Au milieu du XIXe siècle, une voiture de roulage rapide pouvait parcourir quatre-vingts kilomètres par jour [1]. Sur des surfaces bien entretenues, la traction animale gagnait chaque année en efficacité : en 1815, un cheval tirait en moyenne 630 kilogrammes ; cinquante ans plus tard, on en chargeait 1 300 à un attelage [2].

Les routes s'améliorèrent plus vite que jamais depuis la conquête de la Gaule. Les chemins qui zigzaguaient à travers champs tel un paysan rentrant du cabaret furent rectifiés, les montagnes abruptes aplanies par des routes en épingle à cheveux, les fleuves impétueux domptés ou contournés par d'imperturbables canaux. Tant et si bien qu'il faudrait bientôt parcourir des centaines de kilomètres pour s'offrir quelques sensations fortes sur un pont de planches branlant ou dans une diligence frôlant un bord de précipice. Contemplant le panache d'une locomotive à vapeur qui filait dans le paysage à plus de quinze kilomètres à l'heure, Alfred de Vigny redoutait un avenir fait de changements incessants et prévisibles, où « chacun glissera sur sa ligne », et où le monde ne serait plus qu'une masse confuse et monotone : « Adieu, voyages lents, bruits lointains, [...] / Les retards de l'essieu, les détours imprévus des pentes variées, / Un ami rencontré, les heures oubliées, / L'espoir d'arriver tard dans un sauvage lieu. »

En 1844, à l'époque où il composa « La maison du berger », le poète habitait un appartement parisien à quelques minutes à pied de plusieurs lignes d'omnibus, de trois gares ferroviaires* et de l'un des fleuves les plus fréquentés de France. Il devait y regarder à deux fois avant de traverser la rue. Le simple fait qu'il ait pu imaginer voyager avec sa maîtresse dans une hutte de berger « parfumée » « allant doucement sur quatre roues » démontre qu'il n'avait déjà plus grande notion de ce à quoi pouvait ressembler le monde par-delà les limites de la capitale. Il vivait dans la France des grandes villes, cette France dont les routes rapides et les canaux étaient universellement salués comme des merveilles technologiques, et non cette autre France qui ne s'était toujours pas totalement remise de la chute de l'Empire romain.

Le développement des infrastructures ne fit que hâter les changements opérés dans la société française et décrits dans la deuxième partie de ce livre, mais la vie des habitants n'avait pas évolué proportionnellement à l'extension des routes et à la contraction des temps de trajet. Les récits historiques font généralement la part belle aux meilleures technologies de leur temps – des chevaux robustes et fringants remorquant des carrosses étincelants sur des routes à peine bosselées – mais ne donnent jamais à voir les scènes les plus ordinaires de la vie quotidienne : une vache broutant tranquillement sur une

* 124 rue Saint-Lazare (ligne du Pecq ouverte en 1837), 44 boulevard Montparnasse (ligne de Versailles ouverte en 1840) et 1 boulevard de l'Hôpital ou « Jardin des plantes » (ligne de Corbeil et Orléans ouverte en 1843).

grand-route à l'entrée d'une ville ; deux voitures bloquées pendant des heures l'une en face de l'autre sur une route si étroite que l'on parvient tout juste à ouvrir les portes ; un cheval, auquel on passe des planches de bois sous le ventre pour le tirer d'une fondrière bourbeuse[3] ; un paysan labourant la chaussée pour y semer son blé noir et ses pommes de terre.

*

L'UN DES PETITS OUVRAGES pratiques qui nous renseigne le mieux sur le voyage dans la France post-révolutionnaire est un guide de conversation français-allemand publié en 1799 par Caroline-Stéphanie-Félicité Du Crest de Saint-Aubin. Plus connue sous le nom de Mme de Genlis, l'auteur manifesta très tôt des talents pédagogiques : à six ans déjà, elle haranguait les paysans des environs du haut du balcon de son château familial, près d'Autun. Elle devint par la suite gouvernante du futur roi Louis-Philippe. Couturière accomplie, elle était excellente cavalière, harpiste virtuose et redoutable joueuse de billard. Ses romans historiques sont résolument inexacts, mais avec son *Manuel du voyageur à l'usage des Français en Allemagne et des Allemands en France*, elle nous a légué un inestimable document historique. Les phrases suivantes sont extraites de rubriques aux titres évocateurs : « Informations relatives à un projet de voyage », « Pour parler en route aux postillons de poste », et « Pour parler aux postes tandis qu'on attelle les chevaux ». Malgré leurs accents quelque peu mélodramatiques, les dialogues de ce genre s'entendaient tous les jours sur les routes de France.

> Écoutez postillon, allez bon train dans le beau chemin, et doucement en tournant, ou sur les ponts, ou dans les villes et les villages, et je vous donnerai bien pour boire, sinon je ne vous donnerai que l'ordonnance.
> Votre voiture est lourde et très chargée.
> Point du tout. Je vous assure qu'elle n'est ni lourde ni chargée.
> Ce cheval ne vaut rien. Il est rétif, il est ombrageux. Je n'en veux décidément point, je vous prie de m'en donner un autre.
>
> Pourra-t-on mettre une harpe dans son étui sur l'impériale ?

De quel genre est le chemin ?
Il est sablonneux
Il est parsemé de rochers.
Il est rempli de montagnes, de forêts, de précipices.
Il faut éviter de traverser les forêts au déclin du jour et durant la nuit.

Postillon ne prenez point de chemin de traverse. Je ne veux point quitter la grande route. Je ne le veux point absolument.
Mais le sable fatigue trop mes chevaux.
Je ne veux point quitter le grand chemin. Et vous ne pouvez le quitter sans ma permission, car la poste doit suivre la grand route, à moins que les voyageurs ne consentent à la quitter.

Postillon, arrêtez-vous ; il faut enrayer.
La descente est assez rapide et je veux qu'on enraye.
Regardez un peu si la malle est bien attachée et si rien ne s'est défait.
Je crois que les roues s'enflamment. Regardez-y.

Postillon, un homme vient de monter derrière la voiture ; faites-le descendre.
Postillon, laissez ce pauvre homme monter sur le siège de la voiture.
Il est si fatigué ! Laissez-le ; c'est un vieillard.
Montez mon ami. Montez, bon homme.
Bon homme, ne vous endormez pas sur ce siège, vous pourriez tomber. [...] Tenez-vous éveillé.

La cheville ouvrière a sauté.
La soupente a cassé.
La voiture a versé.

Les chevaux viennent de s'abattre.
N'y a-t-il personne de blessé ?
Non, Dieu merci.
Le cheval est très blessé. Il est mort.

Le postillon est évanoui ; faisons-lui respirer l'eau de Luce*.
Dégagez doucement le postillon de dessous le cheval.
Il a une grosse bosse à la tête. Ne faut-il pas appliquer une pièce de monnaie afin de l'aplatir ?

* Mélange d'huile de succin (ambre jaune), de chlorure d'ammonium et d'alcool.

Point du tout. Ce que vous proposez là, est une chose très dangereuse, qu'il faut bien se garder de faire.
Je mettrais seulement sur cette contusion de l'eau et du sel, ou de l'eau de Cologne étendue d'eau.
Pauvre homme ! Je compatis bien à votre souffrance, soyez-en sûr.

La plupart des routes sur lesquelles se jouaient ces petits drames avaient été créées par une main-d'œuvre forcée. Instituée en 1738 et honnie du peuple, la corvée resta le principal instrument de construction de voies publiques jusqu'à la Révolution. Dans certaines régions, presque toute la population masculine de douze à soixante-dix ans – à une époque où l'espérance de vie ne dépassait guère quarante ans – était astreinte à réparer et entretenir les voies et chemins jusqu'à quarante jours par an. La moyenne nationale n'était toutefois que d'une semaine. Les seuls qui n'étaient pas tenus de casser des cailloux, charrier des gravats et creuser des fossés étaient les seigneurs, les ecclésiastiques et leurs domestiques, ainsi que quelques professions indispensables : l'instituteur, le docteur et le berger de la commune. Les invalides étaient exemptés de corvée mais devaient payer un remplaçant s'ils en avaient les moyens. Si un homme manquait à l'appel, une femme prenait sa place. Les chevaux et les charrettes devaient parfois parcourir quatre lieues (dix-huit kilomètres) pour rejoindre leur chantier. Les réfractaires qui essayaient d'échapper à la réquisition étaient passibles d'une amende, d'une peine de prison, ou voyaient leur charge de travail augmenter – quand ils n'étaient pas escortés au chantier entre deux gendarmes [4].

L'injustice flagrante de la corvée était une source permanente de mécontentement. Les voitures des riches déboulaient à grand train, creusant des ornières sur la chaussée, et repartaient comme elles étaient venues. La grande majorité des corvoyeurs n'avaient aucune idée de la destination de la route et ne l'empruntaient d'ailleurs jamais. Elle servait surtout aux marchands et à la noblesse. Fenimore Cooper, qui voyagea dans le nord et l'est de la France en 1832, devina que la saison d'entretien et de réparation des routes dans une paroisse coïncidait souvent avec la visite de quelque notable local :

> Ainsi, lorsqu'il prenait à M. le Marquis l'envie de se rendre au château, on battait le rappel pour lui permettre d'arriver chez lui sans encombre avec ses amis et faire en sorte qu'ils se distraient durant leur séjour ; après quoi, la nature et les accidents reprenaient leurs droits sur tout cela. À vrai dire, on rencontre parfois dans ce vieux pays des chemins de traverse aussi déplorables que les pires routes de nos colonies les plus récentes [5].

Cette influence aristocratique a laissé son empreinte sur le paysage : parfois, un détour inattendu entraîne la route vers l'entrée d'un château, ou un raccourci dévoile un magnifique panorama sur un palais épiscopal. Si les châteaux de la Loire sont si bien desservis par des petites routes, c'est en partie parce que leurs propriétaires avaient l'art et la manière de mettre à profit la main-d'œuvre corvéable [6].

L'inefficacité de la corvée serait difficile à exagérer. Une route était souvent répartie entre plusieurs paroisses, et restait donc inutilisable tant que chacune n'avait pas achevé son tronçon. Certaines subdivisaient leur section en petits segments affectés à un corvoyeur, ce qui transformait l'entreprise en une course d'obstacles de minuscules chantiers. Un paysan qui tardait à combler un nid-de-poule ou avait cassé sa pelle pouvait bloquer la circulation de toute une région pendant des années. Une fois le travail d'été achevé, de nombreux villages laissaient délibérément leur œuvre se détériorer. Une bonne route risquait d'inciter des producteurs d'un bourg voisin à venir vendre leurs récoltes sur le marché local, coupant ainsi l'herbe sous le pied aux paysans de la commune [7]. Même pour un village assez riche pour exporter une part de sa production, la corvée n'en restait pas moins une charge écrasante. Soucieux de l'épargner à leurs administrés, les magistrats de La Souterraine, dans la Creuse, entreprirent de vigoureuses démarches pour faire dévier le tracé de la route Paris-Toulouse [8]. Ils y parvinrent si bien que La Souterraine est aujourd'hui encore à dix kilomètres de la grand-route – ce qui ne l'empêche pas, moyennant de petites libertés avec la vérité géographique, de se revendiquer comme « la ville naturellement entreprenante, au carrefour des grands axes de communication ».

À quelques exceptions notables près, les routes étaient dans l'ensemble très grossièrement réalisées – la chaussée était en général composée d'une assise de moellons plats recouverte d'une épaisse couche de pierraille et d'un revêtement de cailloux concassés ou de gravier, qui formait un tas de blocaille instable. Dès 1775, l'ingénieur en chef du Limousin, Pierre Trésaguet, proposa un procédé de construction qui réduisait de moitié la profondeur de l'encaissement, le ramenant à dix pouces (vingt-sept centimètres), mais cette innovation ne s'imposa que dans les années 1830, en même temps que les techniques révolutionnaires d'empierrement de l'ingénieur écossais John Loudon McAdam [9]. Entre-temps, la plupart des routes de France étaient conçues par des architectes plutôt que par des ingénieurs de travaux publics ; nombres de ponts étaient ainsi de magnifiques œuvres d'art, jusqu'au jour où ils s'effondraient dans le fleuve [10]. L'École nationale des ponts et chaussées vit le jour en 1791, mais elle ne pouvait transmettre du jour au lendemain son savoir-faire à l'échelle de tout un pays. Un siècle plus tard encore, le professeur chargé du « cours de routes » dans cet établissement partait du principe qu'aucune évidence n'était superflue :

> Sans tenir compte des profondeurs qui sont recouvertes par l'eau des mers, on remarque à la surface [du globe terrestre] de nombreuses protubérances, séparées par des parties creuses nommées *vallées*. Les protubérances s'appellent *montagnes*, lorsqu'elles s'élèvent à plus de 5 ou 600 mètres au-dessus du sol qui les environne, *monticules* ou *collines* lorsque la hauteur est moindre. Ces expressions n'ont rien d'absolu, et ce qui passe pour montagne en Beauce serait à peine une colline dans les Alpes.
>
> La route est dite [...] *en rampe* lorsque le profil en long va en montant, *en pente* quand il descend. Ces deux expressions sont relatives au sens dans lequel on suppose que l'on progresse sur la route. Si l'on se retourne pour la parcourir en sens contraire, les pentes deviennent des rampes et réciproquement [11].

*

ENTRE LA MÉDIOCRITÉ des techniques en usage, l'incompétence de la force de travail et sa fâcheuse tendance au sabordage, les travaux routiers ne pouvaient qu'être terriblement laborieux. En 1777, dans la généralité de Rouen (qui regroupait l'actuelle Seine-Maritime ainsi que quelques secteurs des départements limitrophes) trente-sept mille ouvriers et vingt-deux mille chevaux donnèrent chacun sept jours de travail non rétribué et ouvrirent une trentaine de kilomètres de voie [12]. C'était un très bon rythme. Dans les Landes, où les voitures s'enlisaient jusqu'aux essieux dans le sable, l'ingénieur Chambrelent calcula qu'une fois qu'une route avait atteint une longueur donnée, elle serait détruite par les efforts mêmes de sa construction : « À partir d'un certain état d'avancement linéaire, le mètre cube de pierre qui partait de l'origine pour aller continuer au loin la construction de la chaussée usait, avant même d'arriver au lieu d'emploi, plus d'un mètre cube de chaussée [13]. » Dans ce cas, la réalité physique rejoignait la superstition la plus perverse : plus on prolongeait une route, plus elle raccourcissait.

Le principal problème tenait au fait qu'avant l'avènement du chemin de fer, les constructeurs de route ne disposaient que de matériaux locaux. À la fin du XVIIIe siècle, les rouliers qui transportaient du vin de Paris à Orléans devaient ramener un chargement de pavés de grès lors du voyage de retour afin de contribuer à la réfection de la route [14], mais l'axe Paris-Orléans était exceptionnellement bien entretenu. Dans les régions calcaires comme la Bourgogne et le Languedoc, on voyait des hommes et des bêtes couverts de poussière avancer sur des routes d'une blancheur aveuglante. Dans les régions granitiques comme la Bretagne et l'Auvergne, les chaussées revêtues de pierres pointues et impossibles à casser étaient moins confortables que les simples surfaces de terre. Plus le sol était riche, plus les chemins étaient mauvais [15]. La pluie détrempait les routes poudreuses, les transformant en bourbiers, et les roues tranchantes des voitures creusaient ces bourbiers en fondrières, que le soleil séchait ensuite en un chaos miniature de crêtes et de ravines. Parfois, la seule partie du territoire sur laquelle il ne passait jamais aucune circulation était la route elle-même. En 1788, personne ne dut s'étonner de voir la statue équestre de Louis XVI couper par les champs et les haies pour gagner la grande place de Beauvais [16].

Le magnifique système routier qui finit par émerger était le triomphe des administrateurs et des ingénieurs qui avaient travaillé dans des conditions proches de la guerre de tranchées. Le baron Haussmann, qui rasa une grande part de Paris dans les années 1850 et 1860 pour en faire une ville salubre parcourue de grands boulevards et d'un immense réseau d'égouts à écoulement rapide, avait fait son purgatoire en province, où il occupa pendant des années divers postes de sous-préfet. À Poitiers d'abord, ville pratiquement coupée en deux par une colline abrupte que, faute de voitures de place, on grimpait à pied par des rues mal éclairées et pavées de cailloux pointus. L'année suivante, il quitta Poitiers pour Yssingeaux, dans la Haute-Loire. Parti en diligence, il se fit ensuite brimbaler dans une série de véhicules plus vétustes les uns que les autres et arriva enfin six jours plus tard dans un mauvais berlingot de louage. En 1833, il fut muté dans l'arrondissement de Nérac, qui ne comptait pas plus de cinquante kilomètres de routes et où l'on avait vu des chevaux disparaître dans des fondrières de boue [17]. « L'idée me passa par la tête de retourner à Paris, pour y dire : "J'aime mieux autre chose" [18]. »

Il n'y avait donc rien de surprenant à ce qu'une grande part des infrastructures romaines fût toujours en usage à l'aube de l'ère industrielle. Certaines voies gallo-romaines étaient inscrites sur la carte depuis le XVIIe siècle, non pour leur intérêt historique, mais parce qu'elles étaient les plus praticables [19]. Selon les régions, on les appelait le « *camin ferrat* » ou « chemin ferré », la « chaussée », le « chemin de César » ou le « chemin du Diable », car seuls César ou le diable auraient pu construire des routes si durables. Comme le fit remarquer en 1756 le marquis de Mirabeau, ces ouvrages avaient été « faits pour l'éternité », alors qu'« une médiocre colonie de taupes » suffisait à défoncer en un an de temps n'importe quelle route française [20].

Comme en témoigne la quantité prodigieuse de lieux-dits nommés « Le Grand Chemin » ou « La Chaussée », l'apport des Romains au développement de la France moderne ne s'est pas limité aux grandes artères de Provence et de la vallée du Rhône. On retrouvait des assises ou des empierrements romains sur de longues sections des routes d'Arles à Aix, de Clermont-Ferrand à Limoges, d'Arcachon à Bordeaux, sur l'ancienne route du sel de Saintes à Poitiers, sur la rive gauche du Lot entre Aiguillon et Lafitte, et un impressionnant revêtement de pavés parfaitement taillés sur les lacets qui s'élevaient des plaines d'Alsace jusqu'au mont Sainte-Odile. Des voies romaines desservaient même les campagnes les plus reculées du Poitou, de Champagne et du Morvan. En 1756, une partie de la route de Besançon à Langres, « entre Chalindrey et Grosses-Saules [était] si entière et solide, que le mouvement et le poids des voitures n'y laiss[ai]ent aucune impression ». En 1839, Mérimée trouva la même route très fréquentée et « en relativement bon état bien qu'on ne l'ait jamais réparée ». Au nord de Quimper, le « chemin de la duchesse Anne » était encore employé au début du XXe siècle [21]. L'admiration populaire pour ce « bon vieux César » n'était pas totalement infondée.

*

JUSQU'AU XVIIIe SIÈCLE, les meilleures routes de France étaient celles qui avaient été construites pour les rois : la « route du Sacre » de Reims, et les routes pavées reliant Paris à Versailles et Marly. On les surnommait les « avenues de Paris [22] ». Dans la logique de son temps, le grand ministre de Louis XIV, Colbert, engagea une grande entreprise de centralisation. En 1680, il ordonna aux intendants des pays d'élection (imposés directement par l'État) de « considérer la grande route des provinces à Paris comme la principale et la plus importante [puisque] la capitale du royaume […] est presque le centre de toute la consommation [23] ». Un grand axe filant droit vers la capitale avait plus de chance d'être financé qu'une simple route de proximité.

Les effets de cette politique de centralisation suivie sont flagrants sur les cartes retraçant l'extension progressive des réseaux routier et ferroviaire.

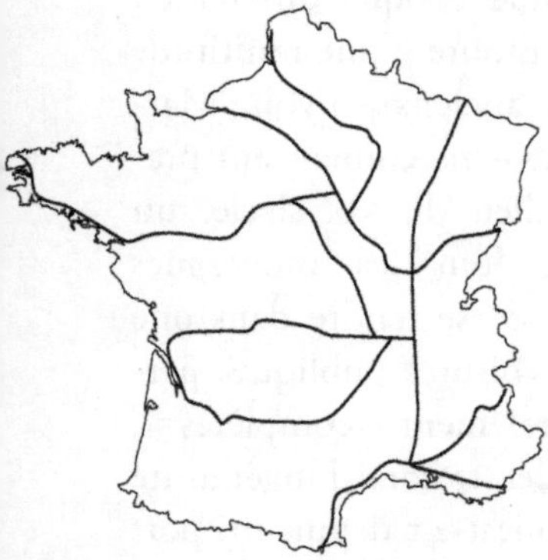

Routes principales de la Gaule romaine

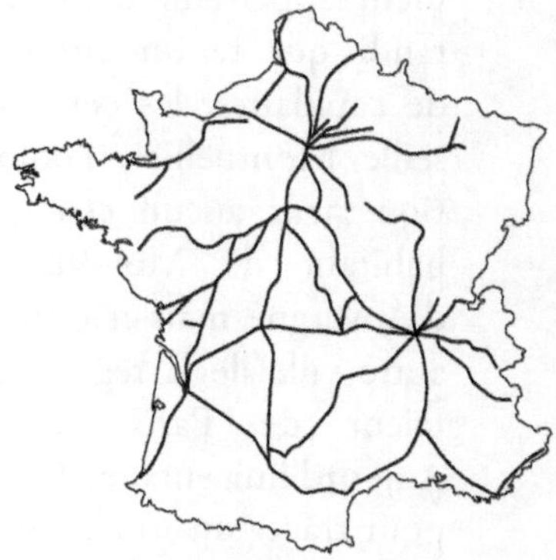

Routes de poste en 1643

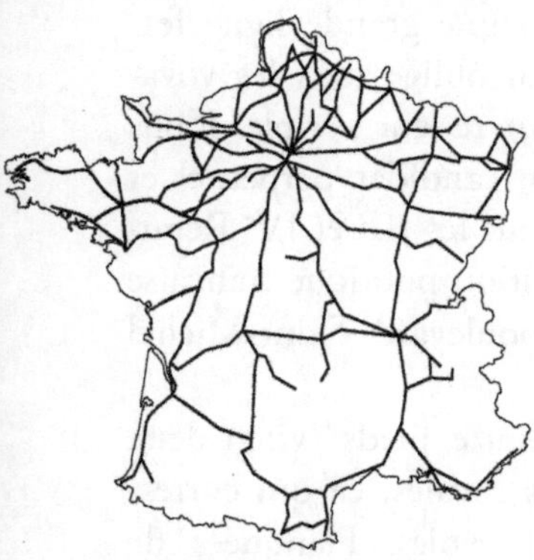

Routes de poste en 1748

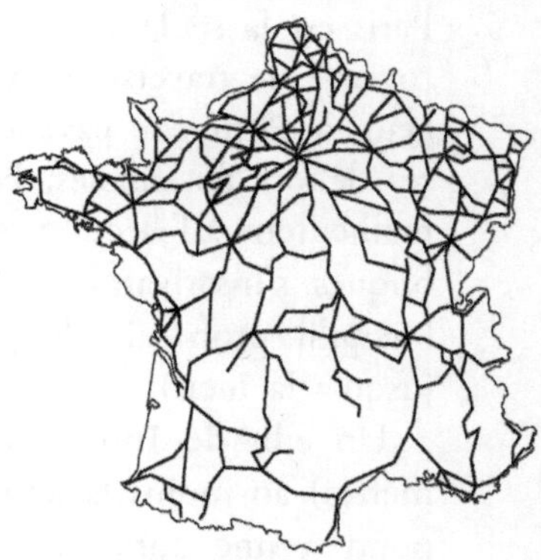

Routes de poste en 1810

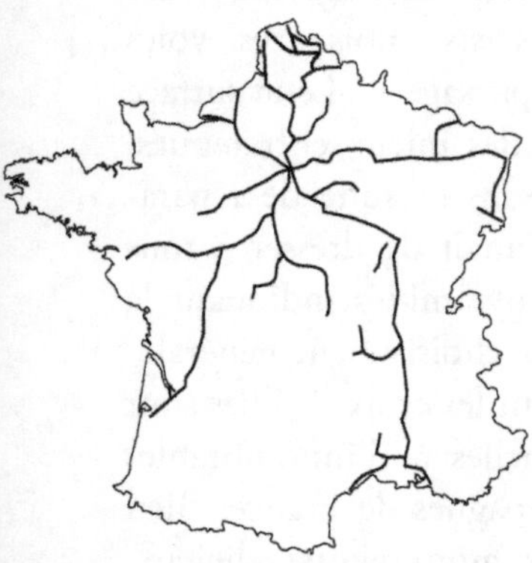

Voies ferrées en 1845

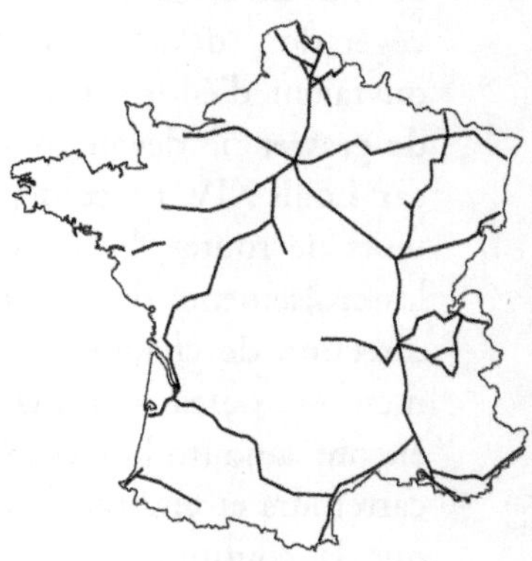

Autoroutes en 1986

La moitié inférieure de l'Hexagone semble systématiquement appartenir à un autre pays, à une époque différente : tandis que, tel un œuf fertilisé, Paris s'entoure d'une multitude de capillaires, les centres urbains plus anciens – Lyon, Marseille, Montpellier, Toulouse et Limoges – ne connaissent pratiquement aucun changement. Au milieu du XIXe siècle, un habitant de Moulins apercevait au loin les montagnes d'Auvergne mais n'avait aucun moyen de se rendre dans une autre ville de la région, car toutes les voitures publiques partaient de Paris et étaient généralement complètes [24]. Aujourd'hui encore, il faut déployer des trésors d'ingéniosité pour tracer un itinéraire nord-sud ou ouest-est depuis un port de la Manche – surtout en train – sans passer par la capitale. Paris est la seule ville de France qu'aucune grande ligne ferroviaire ne traverse et la seule aussi qui oblige tous les voyageurs à battre son pavé avant de poursuivre leur périple. (Sous ses dehors fantaisistes, Ferdinand Lop, candidat perpétuel et malheureux à l'élection présidentielle sous les IIIe et IVe Républiques, s'inscrivait dans la grande tradition politique française lorsqu'il proposait de prolonger le boulevard Saint-Michel jusqu'à la mer.)

Un édit de 1607 fixa à soixante-douze pieds (vingt-deux mètres) au moins la largeur des routes royales, ce qui correspond à une autoroute moderne à six voies. Flanquées de bermes de soixante pieds (dix-huit mètres) de large, où toute végétation devait être rasée tous les six mois, ces voies ouvraient d'énormes saignées dans le paysage [25]. Leur surface de gravier ne devait toutefois pas être des mieux entretenues, car Louis XIV ne se déplaçait jamais sans sa suite de réparateurs de routes [26]. Le même édit ordonnait de dresser à tous les croisements des croix, poteaux ou pyramides indiquant la direction de chaque chemin. Les villes choisissaient généralement des poteaux ; les villages préféraient les croix [27]. Elles sont encore aujourd'hui plantées en sentinelles à d'innombrables carrefours et embranchements des campagnes de France. Bien que la coutume locale en ait fait des monuments religieux, elles étaient à l'origine des bornes de signalisation et demeurent de précieuses aides à la navigation.

La première tentative sérieuse d'établissement d'un réseau intégré date de 1738 : Philibert Orry, alors contrôleur général des Finances, et Daniel Trudaine, futur directeur du service des Ponts et Chaussées, lancèrent un ambitieux programme d'aménagement routier dont la cheville ouvrière serait l'immense main-d'œuvre de la corvée. Il ne s'agissait plus simplement de réparer les anciens chemins du royaume, mais de percer de nouvelles artères à plusieurs voies [28], ce qui permettrait d'entretenir régulièrement les chaussées sans interrompre la circulation. La plupart des routes remarquablement longues et droites de France, que nous pensons généralement héritées des Romains, remontent en réalité à cette époque. Elles étaient souvent bordées d'arbres, non, comme le veut la légende, pour offrir de l'ombre aux troupes en mouvement, mais par pur souci esthétique. En fait, les arbres étaient plus gênants qu'autre chose : ils empêchaient la route de sécher après les pluies ; ils engorgeaient les fossés et offraient un refuge aux bandits [29]. En Normandie, les voyageurs se prenaient souvent aux branches retombantes des pommiers [30]. Mais les magnifiques avenues d'ormeaux, de frênes, d'érables et de bouleaux rompaient la terrible monotonie d'une voie rectiligne. Au XIXe siècle, ces avenues furent rénovées, et d'autres créées et embellies de peupliers et de platanes espacés de dix mètres. Les services de voirie abattent aujourd'hui beaucoup de ces vieux arbres dans lesquels des voitures viennent parfois s'encastrer.

Paradoxalement, les avancées pionnières qui donnèrent à la France les plus belles routes d'Europe étaient le fait de provinces qui eurent par la suite à souffrir d'un centralisme parisien de plus en plus exacerbé. La généralité du Languedoc avait déjà apporté la preuve que le financement local était plus efficace que le recours au travail forcé. À Toulouse, entre 1750 et 1786, les dépenses d'équipement routier passèrent de 1 200 livres à 198 000 livres par an. À la fin du siècle, les avenues de Toulouse, larges allées bordées d'ormes, allaient buter sur les contreforts des Pyrénées et des Cévennes. Aux trains de mules clinquants des petits négociants en grains succédèrent de lourdes charrettes rapides et des malles postales privées qui rayonnaient jusqu'à cent cinquante kilomètres autour de la ville [31].

La Flandre disposait également de belles routes lisses, qu'elle devait en partie aux mesures fiscales qui encourageaient l'usage de véhicules munis de roues à jantes larges [32]. En Alsace et en Lorraine, où l'économie dépendait étroitement des transports routiers, des chariots légers filaient vers Strasbourg à plus de douze kilomètres à l'heure. Mais la province qui servit de modèle au reste du pays fut le Limousin, où l'économiste Turgot, fervent partisan du libre-échange, et son ingénieur en chef Trésaguet aménagèrent les routes qu'Arthur Young trouva « établie[s] de la façon la plus parfaite, admirablement entretenue[s], semblable[s] à une allée de jardin, sans poussière, sable, pierres ou inégalités [33] ». Les voyageurs qui passaient par cette région miséreuse s'émerveillaient de parcourir à belle allure une route magnifique dont la moindre ornière avait été comblée par des billes de marbre grosses comme des noix. En 1789, François Marlin s'exaspérait de ce contraste saisissant :

> À un mille de Bourganeuf, un fâcheux poteau va vous dire en grosses lettres que vous sortez de la généralité de Limoges. [...] Mais pourquoi ce poteau? Le moindre charretier se serait bien aperçu qu'il n'était plus sur la *voie limousine* [34].

Devenu contrôleur général des Finances en 1774, Turgot milita pour la suppression de la corvée (qui ne fut définitivement abolie dans tout le royaume qu'en 1787). En 1775, il autorisa les voitures de louage – mais pas les berlines privées – à utiliser le système des relais de poste, jusqu'alors réservé aux messageries royales. Les voyageurs pouvaient désormais débattre le prix de la course à l'avance et savaient qu'ils ne seraient jamais à plus d'une trentaine de kilomètres d'un attelage frais et dispos. Pour la première fois depuis le Moyen Âge, les temps de parcours diminuèrent légèrement sur les longs trajets.

*

AVANT SA CHUTE, Turgot réussit également à imposer les deux perfectionnements les plus notables en matière de génie civil. Son ingénieur limousin, Pierre Trésaguet, plaidait inlassablement pour limiter le degré d'inclinaison des routes. Terriblement ennuyeuses en plaine, les grands axes tirés au cordeau du début du XVIIIe siècle étaient un cauchemar sur les terrains vallonnés. La vieille route partant de Morlaix vers l'est présente toujours une pente de 15 %, car le très impopulaire gouverneur militaire de Bretagne, le duc d'Aiguillon, préférait les lignes droites au tracé sinueux et bien mieux adapté de l'ancienne voie qui courait parallèlement à la nouvelle [35]. Grâce en partie à Trésaguet, la déclivité des rampes dépasse aujourd'hui rarement 8 %. Cela correspondait à la côte la plus abrupte qu'une mule lourdement chargée pouvait raisonnablement négocier*. À la différence des routes de montagne de Grande-Bretagne qui s'élèvent par une succession d'à-pics et de plats rappelant davantage des pyramides à degrés, celles de France couvrent des dénivelés beaucoup plus importants mais bien plus régulièrement, offrant des pentes douces qu'un cycliste lourdement chargé peut aisément grimper pendant des heures.

Cette simple innovation révolutionna les déplacements. Les noms de certains raidillons reviennent inlassablement dans les récits de voyage, tels des monstres dans l'*Odyssée* : « la célèbre rampe de Reventin [près de Vienne], qui autrefois arrêtait les grosses charrettes de Provence pendant plusieurs heures » ; « la terrible rampe de Laffrey [36] », près de Vizille où Napoléon harangua et rallia à sa cause le régiment envoyé l'arrêter à son retour de l'île d'Elbe, et qui est toujours signalée comme

* À en juger par les prescriptions d'un manuel militaire de 1884, nous ne pouvons que nous féliciter que la construction de la grande majorité des routes ait été confiée à des ingénieurs :

Pente de 25 % : limite jusqu'à laquelle les troupes des trois armes peuvent se mouvoir en bon ordre.

Pente de 33 % : Accessible aux chevaux montés, aux voitures légères.

Pente de 50 % : Accessible aux mulets.

Pente de 100 % [totalement verticale] : Escarpement qu'un fantassin peut encore franchir en s'aidant de ses mains [37].

« dangereuse » ; et le redoutable mont Tarare qui se trouve sur la plus courte des artères partant de Paris vers Lyon et le Sud. Il fallait, dit-on, deux heures pour gravir le Tarare et autant pour le descendre [38]. À la montée, il n'était pas jusqu'aux voitures les plus légères qui devaient être déchargées et remorquées par des bœufs. Pendant des siècles, les voyageurs eurent à subir un baptême de boue en pénétrant dans la vallée du Rhône. Les ingénieurs qui aplanirent ces monstres furent glorifiés comme des héros nationaux [39]. Bien que leurs dix-sept ponts fussent invisibles depuis la route, les lacets qui montaient à l'assaut du col de Saverne sur l'axe principal reliant la France à l'Alsace devinrent une attraction à part entière :

> Le chemin qui descend des Vosges dans Saverne, est l'un des chefs-d'œuvre de l'homme. Vingt fois s'avançant, vingt fois revenant sur lui-même, serpentant avec adresse sur l'escarpe des abîmes, sa pente insensible et douce semble se jouer de la roideur des rochers, et consoler le voyageur des obstacles que la nature prétendit mettre à ses jouissances [40].

Le plus formidable de ces « obstacles » était la barrière des Alpes. L'itinéraire qu'avait pu suivre Hannibal avec ses éléphants en 218 av. J.-C. était l'un des mystères archéologiques les plus fréquents de l'époque [41], car jusqu'en 1810, les véhicules sur roues ne pouvaient franchir le sommet alpin qu'à l'extrême sud, par le col de Tende, où les rafales hurlantes du mistral renversaient parfois les mules et leurs conducteurs dans le précipice [42]. En 1800, au prix de lourdes pertes, Bonaparte avait traversé les Alpes par le col du Grand-Saint-Bernard – non sur le puissant destrier blanc que l'on voit sur le tableau de David (1801) fièrement cabré devant un roc gravé du nom de Napoléon à côté de celui d'Hannibal, mais sur une mule empruntée à un paysan du cru. Après la bataille du Nil, alors que la flotte britannique bloquait tous les ports de la Méditerranée, le principal passage vers l'Italie était le col du Mont-Cenis. En 1810, une nouvelle route fut percée et le cortège de chaises à porteurs, de litières et de mules laissa place à une procession de chariots et diligences. Jusqu'à la fin de la guerre et la réouverture des liaisons maritimes, une petite cinquantaine de véhicules allant de Lyon à Turin attaquaient chaque jour l'ascension du Mont-Cenis, perché à 2 081 mètres, par une route sinueuse accusant une pente à 7 % sur près de dix kilomètres. Le bulletin officiel, l'*État général des routes de poste de l'Empire français*, annonça l'ouverture du col pour encourager les marchands à l'emprunter :

> En exécution des ordres de Sa Majesté, le passage du Mont-Cenis a été rendu praticable et commode. Les voitures peuvent traverser la montagne dans toutes les saisons et sans danger. On a établi 25 maisons de refuge sur différents points. Elles sont habitées par des cantonniers qui tiennent auberge et vendent, à des prix fixés par M. le Maire du Mont-Cenis, des comestibles et autres objets. [...] Une partie d'eux est continuellement occupée à parcourir la route pour la déblayer et pour assister les voyageurs dans leurs besoins [43].

Le deuxième tableau de la traversée des Alpes, exécuté quarante-sept ans plus tard par Delaroche et dépeignant un Napoléon avachi sur une mule trempée (voir illustration n° 19), n'est pas beaucoup moins héroïque que le cheval mythique de David, mais un arrière-fond alpin de gargotes et de boutiques de souvenirs affichant des tarifs réglementés aurait ôté à la scène tout son éclat. Le Premier Consul lui-même était bien conscient de la valeur économique de cet espace naturel grandiose, et la prolifération de stations de ski dans les Alpes modernes ne l'aurait certainement pas surpris. « Vous ferez dessiner les plus belles vues de vos Alpes pour la manufacture de porcelaine de Sèvres [44] », avait-il ordonné au préfet des Hautes-Alpes qu'il venait tout juste de nommer. Quand la guerre serait finie, les colporteurs et les mendiants italiens afflueraient par le col pour harponner les touristes étrangers, alimentant ainsi un commerce qui maintiendrait la circulation sur les grandes artères de l'Empire.

Les cantonniers qui patrouillaient le col représentaient la seconde innovation capitale de Turgot et Trésaguet. Chaque cantonnier était chargé d'entretenir environ cinq kilomètres de voirie. Selon les règlements en vigueur au XIXe siècle, il devait être sur les chemins « sans désemparer » douze heures par jour d'avril à septembre, et du lever au coucher du soleil les six autres mois de l'année. Il prenait ses repas sur la route à des heures fixées par son agent voyer. « Les pluies, les neiges ou autres intempéries » ne pouvaient être un prétexte d'absence, mais il était néanmoins « autorisé à se faire des abris fixes ou portatifs qui n'embarrassent ni la voie publique ni les propriétés riveraines, et qui soient à la vue du chemin, à moins de 10 mètres de distance, pour qu'on puisse toujours constater la présence de ces ouvriers ». Il lui incombait de fournir ses propres outils, à l'exception d'un anneau en fer remis par l'administration, à l'aide duquel il devait vérifier que les pierres cassées répandues sur la voie correspondaient aux dimensions prescrites [45]. Cet anneau de six centimètres de diamètre correspondait à peu près à la règle fixée par McAdam, qui exigeait pour ses revêtements qu'aucune pierre ne fût trop grosse pour passer dans la bouche du cantonnier.

Au-delà de son évidente utilité, la création du corps des cantonniers eut un effet stimulant sur la vie quotidienne dans la France rurale. Ermite muni de sa massette, ses pelles et sa brouette, le cantonnier était un colon des régions retirées. On rencontre encore sur de nombreuses routes de petites cabanes de pierre sèche et des maisons isolées sur lesquelles une enseigne de peinture écaillée porte le mot « Cantonnier ». En tant qu'ouvrier salarié d'une commune, le réparateur de routes contribuait à l'économie villageoise. Il faisait aussi office de messager et relayait les potins. Les touristes de la bourgeoisie et les réformateurs sociaux voyaient dans cet homme exposé aux éléments sur les bords de route, luttant contre les forces de la nature avec son seau et sa pelle, l'incarnation de la misère prolétaire ; le cantonnier, lui, appréciait tous les avantages de sa situation : la sécurité de l'emploi, le prestige attaché à sa fonction, et surtout la veste bleue et le chapeau orné d'une bande de cuivre sur laquelle était découpé en jolies lettres son titre : « Cantonnier ». En 1812, après la retraite de Russie, à Napoléon qui lui demandait ce qu'il souhaitait en récompense de la bravoure dont il avait fait preuve lors du passage de la Bérézina, un grenadier du Vivarais répondit : « Voilà, Sire : puisque c'est en votre pouvoir, je désirerais être nommé, après la guerre, cantonnier à vie dans mon pays [46]. » Contrairement à ses officiers, Napoléon ne vit rien de ridicule dans la requête de son grognard.

Ce fut encore Napoléon qui consolida les techniques pionnières prônées par les ingénieurs du XVIIIe siècle, en plaçant les deux cent vingt-neuf routes impériales sous le contrôle de l'administration centrale. Plus tard, en 1836, l'État prendrait également en charge l'entretien des chemins vicinaux reliant les villages entre eux. Ce système routier ne connut pratiquement aucune évolution significative jusque dans les années 1960. Une carte dynamique du réseau sur deux siècles montrerait un épaississement progressif des principales artères interurbaines séparées par un enchevêtrement vacillant de lignes plus fines. Quatorze routes « de grande voirie » formaient une étoile dont les branches partaient de Paris vers les frontières et étaient numérotées dans le sens des aiguilles d'une montre. C'étaient les grandes « avenues » qui permirent à Paris de se développer plus vite que toute autre ville de France. Elles étendaient l'empire parisien dans toute la France, et l'Empire français dans toute l'Europe. Elles permirent également aux Alliés de prendre le contrôle du pays en 1814 et d'expédier l'empereur déchu en diligence à Fréjus en exactement sept jours. De là, Napoléon embarqua pour son petit royaume insulaire d'Elbe où, s'indignant de trouver des collines que même les mules peinaient à gravir, il entreprit de faire de cette île « l'entrepôt du commerce universel » et « un point de contact pour toutes les nations [47] », et s'empressa de lancer un programme de construction de routes doté d'un budget de soixante mille francs.

12

Voyager en France, II : le lièvre et la tortue

L'EXTRAORDINAIRE emprise du maillage routier sur le territoire de la France moderne aurait stupéfié jusqu'aux plus fervents partisans de la construction de routes. Avant l'avènement du chemin de fer, beaucoup étaient persuadés que la prospérité de la nation reposait sur les canaux et les rivières canalisées. Au premier siècle de notre ère, Strabon s'émerveillait de « l'harmonieux arrangement » des fleuves de la Gaule. Ce célèbre passage de sa *Géographie* hantait les esprits progressistes. Il semblait décrire une France promise à un avenir brillant et efficace, mais rappelait que près de deux millénaires plus tard, le pays n'avait toujours pas accompli sa destinée :

> Le pays se trouve arrosé dans tous les sens par des fleuves, qui descendent, soit des Alpes, soit du mont Cemmène et du mont Pyréné, et qui vont se jeter, les premiers, dans l'Océan et les autres dans notre mer Intérieure. [...] Ces fleuves [...] sont de plus si heureusement distribués entre eux qu'on peut faire passer aisément les marchandises d'une mer à l'autre : à la vérité, il faut user de charrois dans une partie du trajet, mais c'est sur un espace peu étendu et d'ailleurs tout en plaine, [...] et la plus grande partie du trajet se fait bien par la voie des fleuves, qu'on remonte et qu'on descend alternativement [1].

La France disposait de plus de six mille cinq cents kilomètres de rivières navigables, auxquelles s'ajoutaient un millier de kilomètres de canaux à la Révolution et quelque cinq mille kilomètres à la fin du XIXe siècle. Mille kilomètres supplémentaires de cours d'eau étaient réputés navigables à certaines époques de l'année, fût-ce à sens unique. Une grande partie du bois utilisé pour bâtir et chauffer Paris avait été acheminé au fil du courant depuis le Morvan par de rudes flotteurs portant chapeaux de paille et manteaux en peaux de loup, qui parlaient un jargon particulier aux gens du fleuve. Le bois d'Auvergne destiné à Bordeaux était chargé sur des « courpets », chalands grossièrement assemblés à franc-bord et calfatés de mousse, qui résistaient tout juste à l'impétuosité des torrents de printemps pour arriver à Libourne, où ils étaient démontés et vendus en bois de chauffe [2].

Les petites rivières qui ne sont plus aujourd'hui fréquentées que par les pêcheurs et les canoteurs timorés accueillaient autrefois des embarcations à fond plat dans une eau si peu profonde que les bateliers pouvaient marcher à côté de leur bateau [3]. Un rapport de 1810 sur le département de la Dordogne décrivait le cours de trente-huit rivières mais recensait également cinq cent soixante autres « ruisseaux principaux » et huit cent cinquante « petits ruisseaux [4] ». La moindre *riviérette*, fût-elle à peine visible, était traitée comme une précieuse artère commerciale, et ses berges étaient constamment entretenues et consolidées. On voit encore souvent le long de ruisselets s'écoulant tranquillement en pleine campagne des vestiges de maçonnerie et de parements de pierre, qui pourraient faire croire qu'ils arrosèrent un jour une ville industrielle. Dans le Lot et dans le Tarn, le fleuve était un cordon vital pour les villages riverains. De minuscules ports et pontons s'égrenaient le long de leurs rivages, tels des comptoirs commerciaux sur l'Amazone. Quelques rivières moyennes comme la Vienne ressemblent aujourd'hui à des autoroutes abandonnées de quelque civilisation ancienne. D'étroits sentiers courent vers leurs rives comme autant de bretelles d'accès, mais ils ne mènent qu'à une grappe de maisons au bord de l'eau, parfois annoncée par un panonceau comme « Le Port ».

Le fait que soixante et un des quatre-vingt-trois départements d'origine aient été nommés d'après le fleuve qui les traverse – même si son cours était destructeur et torrentiel, ou encombré de rochers et barré de rapides – témoigne de l'importance primordiale que l'on attachait aux transports fluviaux. Les études statistiques des nouveaux départements consacraient généralement dix fois plus de pages aux cours d'eau qu'aux routes. Les rivières et les canaux étaient porteurs de grands espoirs de richesse et de vitalité, et il existait déjà de prodigieux ouvrages d'art propres à inspirer les ingénieurs : le pont du Gard et l'aqueduc qui avait approvisionné Nîmes jusqu'au IXe siècle, ou encore l'aqueduc inachevé de Maintenon (1685-1688), qui devait acheminer les eaux de l'Eure sur quatre-vingts kilomètres pour alimenter les fontaines de Versailles.

Avec ses deux cents kilomètres de conduites d'eau, Versailles était à lui seul une vitrine de merveilles hydrauliques. Tandis que le petit peuple versaillais en était réduit à puiser dans des mares saumâtres, une belle eau importée à grands frais emplissait des parterres dont le lustre prolongeait les miroirs de la galerie des Glaces, et des fontaines qui dessinaient dans les airs leurs arabesques musicales. La nature fut asservie au centre politique. La machine de Marly, gigantesque station de pompage, dévia les eaux de la Seine ; celles de l'Eure seraient amenées depuis Maintenon. On envisageait même de capter celles de la lointaine Loire pour les faire venir au domaine royal. Dans les jardins du palais, huit bronzes représentaient les grands fleuves et rivières de France, paisibles géants allongés, accompagnés de chérubins figurant de petits affluents*.

Louis XIV entreprit toutefois un autre projet pharaonique, sans doute le plus ambitieux de son temps : le percement du canal du Midi. Plus ancien canal en exploitation d'Europe, il déroule deux cent cinquante kilomètres, rythmés par soixante-trois écluses et cent trente ponts, de Sète jusqu'au cœur de Toulouse, en passant par Béziers, Carcassonne, et culminant sur la faille géologique séparant les Pyrénées de la Montagne

* La Seine et la Marne, la Loire et le Loiret, le Rhône et la Saône, la Garonne et la Dordogne. Un préjugé favorable au foyer de polarisation du nord fit choisir pour compagnon de la Loire le modeste Loiret, dont le cours s'étire sur une dizaine de kilomètres au sud d'Orléans, plutôt que l'Allier (quatre cent douze kilomètres) ou le Cher (trois cent vingt kilomètres), qui prennent leur source en Auvergne.

noire, le seuil de Naurouze. Ce magnifique musée de prouesses technologiques en plein air fut imaginé par un ancien fermier général de Béziers, Pierre-Paul Riquet, qui y consacra son immense fortune bâtie sur la gabelle, et mourut d'épuisement huit mois avant l'inauguration de son ouvrage en 1681. Le chantier employa jusqu'à dix mille hommes et femmes en même temps et apporta quarante-cinq mille cyprès et platanes dans la plaine du Lauragais, ainsi que des millions d'iris, afin de consolider et embellir les berges. Ces plantations donnèrent lieu à l'une des plus importantes migrations végétales de l'histoire en temps de paix.

Des barges tirées par des chevaux, transportant des oranges, du vin et des huiles d'Italie et d'Espagne, des céréales et du coton du Languedoc, des remèdes et des épices du Levant et de la côte des Barbaresques, transbordaient leur chargement à Toulouse sur des sapines ou coutrillons, embarcations fluviales plus légères et plus aptes à négocier les seuils des moulins à eau et les hauts-fonds de la basse Garonne. À Agen, celles-ci embarquaient des pruneaux et autres fruits séchés destinés aux grands navires transatlantiques de Bordeaux. À la remonte, elles ramenaient du sucre, du café et du tabac des Amériques. On rêvait de voir un jour « l'isthme gaulois » bénéficier de tous les avantages d'une île. Si l'on parvenait à dégager et canaliser la Garonne, des bâtiments de haute mer pourraient relier directement la Méditerranée à l'Atlantique sans avoir à contourner la péninsule ibérique. Le Languedoc et l'Aquitaine se trouveraient alors au centre d'un fleuve de commerce d'envergure mondiale et le système hydrographique interocéanique et naturellement efficace qu'avait décrit Strabon deviendrait réalité.

Le premier coup de pioche du canal latéral à la Garonne fut enfin donné en 1839, sous la monarchie de Juillet (1830-1848), période au cours de laquelle furent percés plus de canaux que jamais. Malgré son nom bien prosaïque, ce nouveau tronçon achevait de donner corps au canal des Deux-Mers, qui établit la jonction entre Sète et Bordeaux en 1857 – au moment même où était inaugurée la première ligne ferroviaire Bordeaux-Sète. La compagnie des chemins de fer acheta la concession d'exploitation du canal de la Garonne et asphyxia le commerce fluvial en imposant aux bateliers des taxes prohibitives. Le canal du Midi avait fait du Lauragais et de la région toulousaine les greniers à blé du Sud. Il avait mis fin aux redoutables crues annuelles qui dévastaient la région et, avec le réseau routier, lui avait ouvert d'immenses nouveaux marchés. Les spéculateurs en céréales avaient tapissé le paysage de champs de blé et de châteaux. Mais lorsque le train arriva, le blé du Bassin parisien livra une rude concurrence à la production locale. Pendant des siècles, des envahisseurs avaient franchi le seuil de Naurouze. Après les Celtes, les Romains, les Wisigoths, les Arabes, les croisés albigeois, le Prince Noir et le duc de Wellington, c'était désormais le capitalisme moderne qui déferlait et, hypocrite inconscient, reprenait d'une main ce qu'il donnait de l'autre.

*

LES CANAUX, dont on avait un temps pensé qu'ils seraient les grandes routes par lesquelles la civilisation pénétrerait jusque dans les coins les plus reculés, acquirent en fin de compte une réputation de lenteur et de contrainte. Le « bateau ivre » d'Arthur Rimbaud (1871) n'amorce son périple qu'après s'être libéré de ses haleurs massacrés, quittant « les fleuves impassibles » pour les flots turbulents du grand large. De nombreux récits de l'époque héroïque de la construction de canaux et de la maîtrise des fleuves resteront tus à jamais. À commencer par celui du baron Boissel de Monville, dont le voyage précurseur a été relégué à l'obscurité presque totale, alors qu'il fut le premier à descendre le Rhône depuis la frontière suisse jusqu'au point où le fleuve redevient véritablement navigable. Cet aventurier téméraire voulait démontrer que le Rhône pouvait constituer une grande voie commerciale avec la Savoie et la Suisse. Sous la Terreur, à l'automne 1794, déguisé en paysan, il franchit ses cataractes à bord d'une barque entourée sur tout son pourtour d'une bande de fer, et avec un équipage terrifié qui déserta avant d'atteindre la Perte du Rhône, où le fleuve disparaissait par une étroite gorge dans un gouffre souterrain. Sa coquille de noix se fracassa sur les écueils et fut recrachée cent mètres en aval, après la renaissance du Rhône. Deux semaines plus tard, le baron l'avait reconstruite et voguait jusqu'à Surjoux [5].

Cet exploit édifiant mais finalement inutile* appartenait à une époque où les voyageurs au long cours ne manquaient pas une occasion d'emprunter les voies d'eau, espérant vivre une expérience palpitante. Un touriste réalisant un tour de France effectuait volontiers la moitié de son périple par les fleuves et les canaux : parti en diligence de Paris à Chalon-sur-Saône, il prenait le coche d'eau jusqu'à Lyon, puis descendait le Rhône jusqu'à Avignon ; de là, il montait à bord d'une barque de poste pour Montpellier et Béziers, changeait pour une péniche à destination de Toulouse, puis empruntait un bateau fluvial jusqu'à Bordeaux, et un autre pour Blaye et l'estuaire de la Gironde ; une diligence ou une voiture de louage l'emmenait ensuite à Nantes, par Saintes et La Rochelle, et il remontait la Loire en voilier ou en vapeur jusqu'à Tours, Blois ou Orléans. Il avait alors encore le choix de rentrer sur Paris par la route ou par un réseau de canaux rejoignant la Seine et Montereau. De là, le service quotidien du coche d'eau de Nogent-sur-Seine gagnait Paris en un jour et une nuit [6]. Ce fut par ce coche de voyageurs que Napoléon découvrit Paris à l'âge de quinze ans, et c'est encore par cette ligne que, au début de *L'Éducation sentimentale*, Frédéric Moreau quitte la capitale. Par rapport à la route cahoteuse et au tohu-bohu de masures et de mendiants des barrières de Paris, le fleuve était une avenue royale, s'écoulant majestueusement vers les tours de Notre-Dame.

Le bateau était en outre moins cher et plus confortable. Les diligences, qui se donnaient parfois le nom prétentieux de « vélocifères », étaient des véhicules lourds et encombrants, pareils à d'énormes scarabées, composés de trois parties : à

* La Perte du Rhône fut par la suite dynamitée pour faciliter le flottage du bois par le fleuve. La chute était l'une des grandes attractions touristiques de l'est de la France jusqu'en 1948, date à laquelle les eaux du barrage de Génissiat engloutirent le belvédère, le salon de thé et la passerelle de bois glissante [7].

l'avant, le coupé était protégé par d'épais rideaux de cuir puant et graisseux ; l'intérieur, compartiment principal, était capitonné et muni d'une infinité de petites poches et filets pour les cartons à chapeau et les divers effets des voyageurs ; au-dessus du coupé, l'impériale était exposée à tous vents et à la pluie, mais du moins ses occupants pouvaient-ils s'assurer que le postillon, monté sur l'un des timoniers avec ses bottes gargantuesques de bois et de métal, ne s'endormait pas. (C'étaient les fameuses bottes des sept lieues des contes de fées, ainsi nommées pour la distance qui séparait généralement les relais de poste.) La suspension du véhicule était assurée par des courroies de cuir clouées à des blocs de bois [8], qui faisaient du trajet en diligence un vrai supplice, même pour les voyageurs les plus fortunés, qui prévoyaient des coussins d'air en tissu imperméable et des chauffe-pieds garnis de fourrure d'agneau [9]. L'écrivain américain Bayard Taylor décrivit les effroyables conditions de transport de la ligne Auxerre-Paris dans le récit de sa randonnée à travers l'Europe :

> Je ne la reprendrais pour rien au monde, dût-on me payer. On avait entassé douze personnes dans une boîte qui n'aurait pas été assez large pour contenir une vache, et jamais menuisier n'assembla les angles de ses bureaux de manière plus solide que ne l'était l'emboîture de nos genoux et autres extrémités. Le sort m'a doté d'une généreuse stature, et personne mieux qu'un grand ne peut savoir ce qu'est la torture de rester assis des heures durant avec les articulations prises dans un étau fixe. Entre l'atmosphère étouffante – car les passagers refusaient d'ouvrir les fenêtres de peur d'attraper froid – et le manque de sommeil, j'étais dans un tel état de somnolence que ma tête roulait continuellement sur ma voisine d'à côté, solide campagnarde qui la repoussait aussitôt avec indignation. [...]
>
> Nous restâmes ainsi serrés et suffocants toute la nuit, et jamais matin ne fut plus attendu que celui qui nous révéla Paris. Les cheveux en bataille, l'œil hagard et mauvais, débraillés dans nos vêtements poussiéreux, nous entrâmes dans la joyeuse capitale, bénissant chaque pavé sur lequel nous posions les pieds [10].

Le coche de l'Yonne effectuait le même trajet et, sous sa cabane peinte de vert, offrait une grande pièce commune bordée de bancs, plusieurs cabines joliment décorées, de plus beaux panoramas et des passagers autrement enjoués. Les vapeurs du Rhône étaient certes plus exigus et plus sales, mais les gens qui pénétraient en Provence par le fleuve dépeignaient généralement le pays sous des couleurs plus favorables que ceux qui y étaient arrivés par la route. Dans son *Voyage d'une ignorante dans le midi de la France* (1835), la comtesse Gasparin concéda, du haut de sa superbe, que les points de vue admirables compensaient amplement « la foule incommode » qui bloquait les allées de ses paquets et bagages et ne faisait aucun cas de la distinction entre première et seconde classe [11]. Les passagers voyaient se dérouler au fil de l'eau une fresque animée de châteaux perchés sur leurs promontoires, de vignes, de maisons de campagne et de gens qui les saluaient depuis les berges. Ils humaient l'air tiède de la Méditerranée ; ils apercevaient au levant le sommet blanc du mont Ventoux et les tours du palais des Papes d'Avignon ; et, au moment d'accoster près du pont Saint-Bénézet, ils entonnaient invariablement en chœur « Sur le pont d'Avignon ».

Lors du voyage de remontée, quand il arrivait que le courant immobilise pendant des heures leur embarcation, ils se consolaient en songeant aux malheureux passagers des diligences qui avaient à affronter les charretiers de Provence, tristement célèbres pour refuser systématiquement de céder le passage aux attelages arrivant en sens inverse, sauf si leur cheval de tête avait quatre pieds blancs, auquel cas, conformément à une ancienne coutume, ils avaient la priorité [12]. « Deux ou trois fois, raconta Stendhal, ma pauvre petite calèche a été sur le point d'être brisée par les énormes charrettes à six chevaux venant de Provence. [...] Il est vrai que j'ai des pistolets, mais ces charretiers sont capables de n'en avoir peur qu'après que j'aurais tiré [13]. »

Les bateliers faisaient eux aussi leur propre loi, mais leurs passagers, jusqu'aux plus raffinés, se laissaient gagner par l'humeur chamailleuse des gens d'eau. Dans toute la France, quand deux bateaux se croisaient, des salves d'injures fusaient d'un bord à l'autre : on se répandait en railleries sur la ridicule lenteur du concurrent, la laideur de son équipage et en propos égrillards sur la profession supposée des femme, filles et mère du capitaine. Ce barrage d'invectives se poursuivait tant que l'on était à portée de vue et jusqu'à ce qu'on ne pût plus s'entendre. Le même rituel se répétait à chaque fois que l'on passait devant des maisons de campagne ornant les berges – quand les maîtres, épouses, enfants et domestiques étaient aux fenêtres – au besoin, avec des porte-voix [14].

Ces bateaux étaient les espaces publics de la nouvelle France, où les barrières de classe s'estompaient, où les gens avaient des potins et des nouvelles à échanger, et où – à en juger par les nombreux récits de voyages fluviaux – les rencontres fortuites conduisaient fréquemment à des aventures sentimentales. L'émoi qui saisit le Frédéric Moreau de Flaubert sur le vapeur de Nogent n'avait rien d'exceptionnel :

> Le pont était sali par des écales de noix, des bouts de cigare, des pelures de poires, des détritus de charcuterie apportée dans du papier ; trois ébénistes, en blouse, stationnaient devant la cantine ; un joueur de harpe en haillons se reposait, accoudé sur son instrument ; on entendait par intervalles le bruit du charbon de terre dans le fourneau, un éclat de voix, un rire ; et le capitaine, sur la passerelle, marchait d'un tambour à l'autre, sans s'arrêter. Frédéric, pour rejoindre sa place, poussa la grille des Premières, dérangea deux chasseurs avec leurs chiens.
>
> Ce fut comme une apparition.
>
> Elle était assise, au milieu du banc, toute seule. [...] Un long châle à bandes violettes était placé derrière son dos, sur le bordage de cuivre. [...] Mais, entraîné par les franges, il glissait peu à peu, il allait tomber dans l'eau. Frédéric fit un bond et le rattrapa. Elle lui dit :
>
> « Je vous remercie Monsieur. »
>
> Leurs yeux se rencontrèrent [15].

*

Ce plaisir sans mélange n'était toutefois pas l'apanage de toutes les croisières fluviales. Dans son *Manuel du voyageur* bilingue, Mme de Genlis préparait ses lecteurs au pire. (Le premier dialogue vient nous rappeler que même en choisissant de partir par la route, on échappait rarement à la périlleuse traversée d'un fleuve.)

Cocher ou postillon, arrêtez-vous, je veux descendre avant d'entrer dans le bac.
Oh ! il n'y a pas de danger, les chevaux sont doux.
Je veux descendre, vous dis-je, et entrer à pied dans le bac.

Combien m'en coûtera-t-il pour avoir la petite chambre à moi seul ? Et combien faut-il donner quand on est dans la grande chambre avec tous les autres passagers ?
Dans ce nombre, se trouve-t-il des femmes ?

Comment serons-nous nourris ?
Assez mal. Vous n'aurez que de la viande fumée et salée, des pommes de terre et du fromage. Je vous conseille d'emporter quelques provisions particulières, ce qui est surtout bien nécessaire pour les vieillards, les femmes et les enfants.

Je souffre extrêmement, je vais vomir. Donnez-moi le vase.
L'odeur du goudron me fait mal au cœur.
Le vent est-il toujours aussi contraire / aussi mauvais ?
J'ai mal aux dents.
Arriverons-nous bientôt ?

La sérénité des statues de fleuves bordant les miroirs d'eau de Versailles était trompeuse. La divine providence semblait avoir voulu les rivières de France plus pittoresques que fonctionnelles. Certains tronçons fréquentés par de grands bateaux de passagers n'étaient pas aussi sûrs qu'ils le paraissaient. En déroulant ses boucles vers Le Havre, la Seine était agitée de courants traîtres. Avant l'ouverture des premières lignes de vapeur (Le Havre-Rouen en 1821, puis Rouen-Paris en 1836), certains voyageurs préféraient éviter les caprices des méandres entre Rouen et Paris et faire le trajet par étapes, partant en bateau, poursuivant à cheval, pour ensuite reprendre un bateau, marcher quelques lieues, attraper le bateau de nuit pour Poissy et rejoindre Paris en coucou [16].

Sur la frontière orientale de la France, le Rhin était un modèle de productivité fluviale. D'immenses trains de flottage assemblés en radeaux de trois cents mètres de long convoyaient du bois d'œuvre aux Pays-Bas. Descendant le fleuve pendant trois semaines d'affilée, ces constructions avaient l'air de villages flottants, avec leurs propres pontons, salles à manger, cuisines, étables et ponts panoramiques, et suffisamment de pain, de viande et de bière pour sustenter un équipage de cinq cents hommes, le propriétaire et ses amis [17]. Ces ouvrages étaient probablement les plus gros véhicules qui existaient. Des foules se massaient sur les berges pour les regarder passer. Par comparaison, le Rhône était un parcours de fête foraine. Sur la carte de Cassini, il égrenait quatre cent cinquante et un îlots entre Lyon et Avignon. Mariniers et passagers choisissaient le plus souvent de débarquer et de poursuivre à pied ou à cheval par les berges, tandis que le courant dirigeait leur bateau entre, ou parfois contre, les puissantes piles du pont médiéval de Pont-Saint-Esprit [18].

La Loire, berceau proclamé de la civilisation française, décevait beaucoup de voyageurs par ses hauts-fonds, ses saules grêles et ses rives brumeuses et uniformes. Les châteaux de la Renaissance apparaissant de lieue en lieue rompaient agréablement la monotonie, et il se trouvait presque toujours à bord un intarissable spécialiste d'anecdotes de l'histoire de France pour donner vie au spectacle des rives. Lors de sa descente de la Loire, Stendhal connut un mélange caractéristique d'ennui et d'aventure. Son vapeur quitta Tours à cinq heures et demie du matin. Dix minutes plus tard, il était échoué sur un banc de sable, enveloppé d'un brouillard glacial. Au bout du plusieurs heures, un grand bateau piloté par un enfant de quinze ans le sortit de ce mauvais pas, mais le mit en travers du cours du fleuve. Le haleur qui tirait un bateau à la remonte parvint à arrêter juste à temps ses huit chevaux. Tout au long des quelques heures qui suivirent, chacun bâtit sa propre version de l'accident : « Les dames des *premières* ayant eu beaucoup plus de peur encore que les paysannes, leurs récits étaient bien plus romanesques. » À Ancenis, « on avait abaissé la cheminée de tôle » pour permettre au bateau de passer sous le pont ; mais elle racla les poutres vermoulues et couvrit les passagers « de petits éclats de bois ».

Stendhal expliqua qu'en racontant « ce petit malheur », son « but secret » était d'engager le lecteur « à ne pas prendre au tragique les accidents de passeport, de quarantaine et de versades qui viennent souvent contrarier les plus jolies courses ». Les transports modernes suscitaient des espoirs de confort et de commodité, mais un voyageur dans un bon état d'esprit arrivait à éviter la mauvaise humeur, « comme une folie, comme une cause d'éclipse pour les choses curieuses qui vous environnent, peut-être, et au milieu desquelles on ne repassera jamais [19] ».

*

CES VOIES FLUVIALES étaient animées par des bateaux à vapeur qui ne seraient plus là pour très longtemps. Les « inexplosibles », nouveaux modèles à basse pression qui, jusqu'à l'arrivée du chemin de fer à Nantes en 1851, montaient et descendaient la Loire en crachotant, n'avançaient guère plus vite qu'un cheval de trait. Les canaux étaient encore plus lents. La barque de poste de Toulouse à Sète mettait un quart d'heure à franchir chaque écluse, et le somptueux canal du Midi lui-même était fermé pour entretien jusqu'à deux mois par an [20]. « Pour ceux qui ont longtemps été secoués sur les hautes routes en diligences » – et qui toléraient de passer la nuit en promiscuité avec deux cents individus « des basses classes » –, la barque de poste n'était « pas un moyen désagréable de se déplacer [21] », assurait le guide Murray, référence du voyageur anglais. Mais pour les marchands et les industriels, elle était d'une lenteur désespérante. Michel Chevalier était un réformateur saint-simonien qui rêvait de voir les steamers et les trains donner naissance à une coopérative industrielle mondiale, propre à galvaniser les paysans par « le spectacle d'une vitesse prodigieuse ». En 1838, il soulignait le fait regrettable que, peu de temps auparavant encore, le temps qu'une petite péniche partie de Mons arrivât à Paris (à trois cent cinquante kilomètres de distance), un médiocre voilier pouvait traverser l'Atlantique jusqu'à la Guadeloupe, déposer son chargement et prendre une nouvelle cargaison, revenir à Bordeaux, repartir pour le golfe du Mexique et rentrer en France en passant par La Nouvelle-Orléans [22].

En 1876, lorsque Robert Louis Stevenson et son ami descendirent en canoë à voile les canaux qui relaient la Sambre à l'Oise et la Belgique à Paris, le réseau de canaux était déjà en partie dévolu à l'industrie du loisir. À la dernière écluse avant Landrecies, les deux compères s'arrêtèrent fumer une pipe.

> Un vieil homme vivace, que je pense avoir été le diable, s'approcha et m'interrogea sur notre voyage. Le cœur débordant, je mis à nu pour lui tous nos projets. Il dit que c'était l'entreprise la plus sotte dont il ait jamais entendu parler. Enfin, ne savais-je pas, me demanda-t-il, que ce n'était rien que des écluses, des écluses, encore des écluses, tout le long du chemin ? sans parler du fait que, à cette saison de l'année, nous trouverions l'Oise complètement à sec ? « Prenez donc le train, mon petit jeune homme, dit-il, et retournez-vous-en chez vos parents [23]. »

L'homme de l'écluse avait visiblement tout le temps de bavarder. Le plaisir et la prospérité ne voyageaient pas nécessairement à grande vitesse. Si l'on en croit les statistiques économiques de l'époque, la population était de plus en plus industrieuse, mais la convivialité demeurait un élément essentiel du commerce. Au début du XXe siècle, les vins de Bourgogne continuaient de descendre avec une délicieuse lenteur le canal de Bourgogne et le canal du Charolais vers la capitale dévorante.

Le temps passait lentement sur les péniches. Les gens qui voyaient ces embarcations basses chargées de barriques glisser dans un paysage ensoleillé savaient que tout le vin ne serait pas mis en bouteille et vendu dans les villes. En cours de route, le coulage atteignait des proportions étonnantes et une partie du vin revenait dans son pays d'origine. À l'été 1900, lors d'une réunion viticole à Dijon, des négociants mécontents pointèrent du doigt l'un des plus heureux inconvénients du transport par canaux :

> Les mariniers voyageant pendant quelques semaines sans contrôle, au milieu de fûts pleins, se livrent à des dégustations d'autant plus importantes que la marchandise est de meilleure qualité. Ils n'hésitent pas à faire participer les riverains – éclusiers et autres – à leurs soustractions. Les compagnies refusent d'endosser les responsabilités qu'elle pourraient encourir de ce fait [24].

*

MIS À PART QUELQUES feuilles de platane à la dérive sur les eaux brunes, le vol zigzagant d'une libellule, le roulement silencieux d'un cycliste sur le chemin de halage bitumé ou une péniche de plaisance pilotée par un capitaine nerveux et un équipage paresseux, on ne détecte aujourd'hui que peu de mouvement sur le canal du Midi. Avant d'apercevoir les premiers signes de l'industrie aérospatiale dans la banlieue de Toulouse, on a peine à imaginer que c'était autrefois l'une des grandes artères commerciales d'Europe occidentale. Ou plus justement, à imaginer le canal tel que l'on pourrait croire qu'il faudrait l'imaginer. Bien que le trafic commercial soit maintenant quasi inexistant, le canal du Midi est plus fréquenté aujourd'hui qu'il ne l'était avant la mise en service des premières liaisons ferroviaires. Aux quelque cent soixante-dix chalands qui naviguaient sur le canal à son apogée a fait place une flotte de péniches de location deux fois plus importante [25].

L'expérience dominante d'une époque donnée se mesure généralement à ses moyens de transport les plus rapides. Quatre-vingt-six pour cent des Français n'ont jamais pris l'avion et la grande majorité de la population n'a jamais mis les pieds dans un TGV, alors que dans les histoires à venir, ces deux modes de transport seront emblématiques de la France du début du XXIe siècle. Cette vision faussée par la vitesse est plus difficile à rectifier pour des périodes effacées de la mémoire vivante. La réforme de Turgot a certainement rapproché Paris des mille deux cents villes et villages qui longeaient les routes de poste en 1775, mais très peu de gens empruntaient alors les messageries rapides. Au milieu du XIXe siècle, pendant la moitié de l'année, de nombreuses bourgades du nord de Paris n'étaient reliées au monde extérieur que par des gués [26]. Dans bien des localités, le fracas des roues de voiture faisait courir les gens à leur fenêtre. Un pasteur se promenant en Provence dans les années 1830 eut tous les maux du monde à traverser la grand-rue de Bédoin, au pied du mont Ventoux, tant était compacte la foule de curieux accourus pour voir son véhicule [27].

Un voyage en diligence était une aventure dont on gardait le souvenir jusqu'à la fin de ses jours. En 1827, la *Gazette universelle de Lyon* recommandait aux chefs de famille de « songer par précaution à leur testament » avant de s'embarquer dans une expédition aussi téméraire [28]. Le journal partait naturellement du principe qu'un passager de diligence était un homme fortuné. Proportionnellement, un siège dans une diligence rapide revenait aussi cher qu'un billet d'avion de première classe aujourd'hui. En 1830, un trajet de Paris à Calais par la malle-poste coûtait quarante-neuf francs, ce qui correspondait au salaire mensuel d'un domestique ou à un dîner dans un grand restaurant parisien. Si l'on trouvait si souvent des nourrices dans les diligences, c'était uniquement parce que les employeurs prenaient en charge leur voyage. Les places d'impériale, à ciel ouvert, étaient meilleur marché, mais la plupart des « compagnons rustres et mal éduqués [29] » que le guide Murray prédisait aux amateurs d'air frais n'avaient probablement pas payé leur place : pour un écu brillant, les cochers, notoirement corrompus, laissaient souvent monter des piétons afin qu'ils puissent entrer dans une ville après la fermeture des portes pour la nuit [30].

Une fois que l'échelle de la locomotion humaine eut été réétalonnée en fonction des machines à vapeur et des voitures circulant à belle allure sur les routes macadamisées, toute autre forme de transport parut trop lente pour être digne d'intérêt. De la fenêtre d'une diligence ou d'un wagon de train, le reste de la France semblait cloué sur place. Bientôt, la marche fut associée aux paysans nonchalants et aux touristes qui, comme Robert Louis Stevenson, avaient tout leur temps. Mais Stevenson détenait sans doute le record du voyage le plus lent jamais entrepris à travers les Cévennes. Deux ans après son excursion en canoë, il lui fallut douze jours pour aller avec son âne du Monastier à Saint-Jean-du-Gard, par un itinéraire tortueux d'environ deux cents kilomètres. À un moment donné, un gros paysan « vêtu de la veste verdâtre de la contrée » les dépassa. Il « s'arrêta pour regarder [leur] pitoyable avance » :

> « Votre baudet, dit-il, il est très vieux ? »
>
> Je lui répondis que je ne le pensais pas.
>
> « Alors, supposa-t-il, il vient de fort loin ? »
>
> Je lui répondis que nous venions seulement de quitter Le Monastier.

« Et vous marchez comme ça ! » s'écria-t-il. Et rejetant la tête en arrière il partit d'un long et cordial éclat de rire [31].

L'homme à la veste verte vivait dans un monde où il était normal de faire quatre-vingts kilomètres à pied en une journée. Les gens qui voyageaient assis eurent tôt fait d'oublier la leçon élémentaire du lièvre et de la tortue. Au milieu du XXe siècle, tout un univers de transports à énergie humaine avait disparu du paysage.

La marche n'était qu'un moyen de locomotion parmi bien d'autres. Les habitants du Marais poitevin évoluaient dans leur milieu aquatique à l'aide d'une perche de frêne de quinze pieds emboîtée dans une bille palmée qui leur permettait de sauter des canaux de sept à huit mètres de largeur [32]. Les bergers des Landes passaient des journées entières sur des échasses, s'adossant parfois à un bâton en forme de trépied pour se reposer. Juchés à trois mètres au-dessus de terre, ils tricotaient des vêtements de laine et repéraient d'un coup d'œil sur l'horizon leurs brebis égarées. De loin, on les comparait à de minuscules clochers ou à des araignées géantes. Ils pouvaient couvrir jusqu'à soixante-dix kilomètres par jour, avançant par grandes enjambées à huit kilomètres à l'heure. Quand l'impératrice Marie-Louise, seconde épouse de Napoléon, traversa les Landes pour se rendre à Bayonne, son carrosse fut escorté sur plusieurs lieues par des bergers sur échasses qui auraient aisément pu doubler les chevaux [33]. C'était une façon de se déplacer si efficace que dans les Landes le courrier continua d'être livré par des facteurs montés sur échasses jusque dans les années 1930.

Dans de nombreuses régions de France, l'échelle des vitesses se trouva totalement bouleversée. Sur un terrain difficile, une voiture à cheval était plus lente qu'une mule, elle-même plus lente qu'un être humain. Les touristes à cheval se faisaient souvent accompagner par des guides à pied. Dans les Alpes, on utilisait des raquettes pour accéder à des replis que ni la route ni le rail ne pénétreraient jamais. (Les skis ne furent introduits dans les Alpes françaises qu'en 1891, par Henri Duhamel qui avait acquis une paire de « patins à neige », sans mode d'emploi, à l'Exposition universelle de 1878.) Des groupes de quatre ou cinq marcheurs avançaient en file indienne, se relayant pour tracer la voie dans la neige épaisse. Des crampons fixés à des semelles de bois et aux sabots des chevaux permettaient de franchir des glaciers et de travailler des prairies presque verticales [34].

En pays montagneux, l'activité économique reposait sur des modes de transport utilisant la force de gravité. Dans les forêts des Vosges, on entendait d'étranges crissements sur des lieues à la ronde. Jusque dans les années 1940, les promeneurs apercevaient parfois un bûcheron au teint pâle courir jambes tendues entre les arbres, adossé à un impressionnant empilement de troncs pesant ses deux tonnes cinq. Appelées *raftons* en Lorraine et *schlittes* en Alsace, les luges chargées de bûches dévalaient des chemins à rails de bois par trains de huit à dix. Leurs patins de frêne graissés glissaient sur des viaducs de rondins qui grinçaient sous le poids et dessinaient sur les flancs de la montagne de longs serpents descendant en pente douce vers les affluents du Rhin, d'où les grumes seraient flottées jusqu'à Strasbourg et Colmar. Pour freiner, les schlitteurs n'avaient que leurs jambes [35]. En bordure de ces chemins de schlittage, des croix de bois marquaient les sites d'accidents mortels.

À l'heure où pratiquement tous les véhicules sont équipés de freins, ces méthodes nous paraissent plus dangereuses qu'efficaces, mais on les utilisait autrefois couramment et on y prenait même plaisir. Les montagnards s'asseyaient sur des pentes herbeuses et, se métamorphosant en luges humaines, filaient vers la vallée comme des boulets de canon. Un botaniste visitant les Pyrénées juste avant la Révolution se laissa tenter par l'expérience de ce genre de train express à gravité. Il n'eut qu'un regret : les spécimens botaniques défilaient trop vite pour qu'il eût le temps de les identifier.

> Nous croyions nager en suivant le cours toujours égal d'un fleuve majestueux ; tantôt emportés dans une herbe si élevée que nous ne pouvions nous voir les uns les autres, nous appelant sans cesse pour ne point nous séparer, évitant les arbrisseaux, les blocs de granit et tous les obstacles imprévus, il nous semblait voguer parmi les écueils et les dangers sur des mers orageuses. C'est ainsi que

nous franchîmes avec une vitesse inconcevable, avec une espèce de délire même, et sans péril, les pentes les plus escarpées [36].

Avant l'apparition des bicyclettes et des skis, ces vitesses vertigineuses étaient probablement les plus élevées jamais atteintes par des humains non motorisés. Un récit de la descente de la face nord du mont Ventoux après un pèlerinage nous permet d'avancer une estimation. Chaque année, le 14 septembre, des pèlerins gravissaient « le géant de Provence » pour se recueillir à la chapelle du sommet, où un ermite nommé par l'évêque de Carpentras veillait sur quelques fragments de la Sainte Croix. L'ascension prenait le plus clair de la journée, mais le chemin du retour était étonnamment bref :

> Les montagnards [...] redescendaient par les ubacs, rien qu'en se laissant glisser, assis à croupetons sur une double planche de trois empans carrés, qu'ils enrayaient soudain en plantant un bâton devant, lorsqu'elle allait trop vite ou frôlait un précipice.
>
> Ils descendaient par ce moyen dans moins d'une demi-heure ; et il faut songer que le mont Ventoux a dix-neuf cent soixante mètres d'altitude sur la mer [37] !

En dévalant ainsi près de mille cinq cents mètres sur vingt kilomètres à une vitesse moyenne de quarante kilomètres à l'heure, un pèlerin sur planche serait arrivé en bas de la côte huit minutes à peine derrière un cycliste du Tour de France moderne.

*

CONFRONTÉE À un compteur de vitesse historique correctement réglé, la vision uniformisée de cette ère de progrès paraît aussi douteuse qu'un horaire de diligence du XIXe siècle. Dans les années 1830, Paris n'était théoriquement qu'à vingt-cinq heures du port de Calais et à trente-six heures de Londres. Mais ces chiffres masquent une réalité bien différente. Ils reflètent davantage des records de vitesse que des temps de trajet effectifs. Les horaires des compagnies de diligence étaient destinés à attirer les passagers, et non à constituer les archives de l'histoire. Ils partaient toujours du principe que le voyage s'effectuerait dans des conditions idéales, et ne comptaient pas les heures passées à attendre que l'on relaie les chevaux et que les repas soient servis. Ils se référaient en outre aux itinéraires les plus rapides [38]. Dans les faits, la durée du parcours variait considérablement d'une région à une autre. Une carte isochrone de la France, mesurant les distances temporelles à partir de Paris, ferait apparaître un pays contracté au nord et au nord-est, remonté vers Paris le long de la vallée du Rhône, mais laissant une immense péninsule à l'ouest (en Bretagne) et un vaste sous-continent saillant au centre et au sud. De grandes parties du Languedoc et de la côte méditerranéenne s'étireraient loin dans la mer. Londres serait plus près que pratiquement toute la vallée de la Loire.

Les récits de voyage personnels ne coïncident d'ailleurs jamais avec les indicateurs des compagnies. L'incident que nous rapportons ici date de 1736, mais il aurait tout aussi bien pu se produire à n'importe quel moment après 1850. Par un jour d'été, au centre de Strasbourg, un jeune artiste graveur d'Allemagne s'apprêtait à embarquer sur le coche rapide pour Paris, où il espérait faire fortune. Johan Georg Wille et un ami avaient marché deux cent cinquante kilomètres depuis Usingen, au nord de Francfort. Arrivés assez tôt pour enregistrer la valise de Wille au bureau des diligences, ils prirent le temps de monter au sommet de la tour de la cathédrale de Strasbourg, le plus haut monument du monde. De ce belvédère, ils virent toute la plaine d'Alsace et les montagnes des Vosges, où la voiture irait bientôt bon train vers Paris.

Cet intermède touristique et le petit déjeuner d'adieu durèrent trop longtemps. Lorsqu'ils revinrent sur la place, le coche était parti et se trouvait déjà à mi-chemin du premier relais, celui de Saverne, à quarante bons kilomètres au nord-est.

> Comment faire ? Je ne voyais d'autre remède que de courir pour le rattraper. Il avait plu, il pleuvait encore de temps en temps ; le pavé était glissant, et je n'avais d'autre appui que ma faible épée. Depuis Strasbourg jusqu'à Saverne, il y a sept lieues. Je l'arpentais, ce chemin, autant que possible sans m'arrêter, sans

boire ni manger, et je ne joignais le coche que lorsqu'il entrait dans la cour de l'auberge de Saverne, où il devait passer la nuit [39].

Dans ce cas précis, la tortue était la diligence et le lièvre l'être humain. Selon un ingénieur des chemins de fer qui fit le trajet plus d'une trentaine de fois entre 1830 et 1852, la diligence de Lyon à Paris prenait généralement trois jours et trois nuits, voire quatre jours par mauvais temps. La malle-poste ne mettait que quarante-deux heures, et « on y rencontrait une société plus convenable », mais elle coûtait deux fois plus cher et ne pouvait accueillir que quatre passagers [40]. La vitesse moyenne réelle de la ligne Paris-Lyon au milieu du XIXe siècle, en comptant les arrêts, était donc inférieure à sept kilomètres à l'heure – ce qui était deux fois plus lent que les mouvements des empereurs romains à travers la Gaule [41] et à peine deux fois plus rapide que le rythme de Stevenson et son âne.

*

EN 1843, UN VOYAGEUR désespéré, prêt à toutes les dépenses, assisté à chaque relais ou presque par des gens empressés, et disposant de la liaison rapide la plus moderne de son temps pour effectuer la dernière étape jusqu'à Paris, pouvait tout de même connaître d'intolérables retards. Le 9 septembre, Victor Hugo était en vacances avec sa maîtresse Juliette Drouet. Le matin même, ils avaient quitté l'île d'Oléron par le bac de Rochefort. Dans un café, l'écrivain attrapa un journal et apprit que, cinq jours plus tôt, sa fille Léopoldine, fraîchement mariée, s'était noyée dans un accident de canotage sur la Seine à Villequier.

Pour la première fois de sa vie, Hugo fut incapable d'écrire. Mais Juliette Drouet tint le journal de leur odyssée de cinq cent cinquante kilomètres. D'après l'*Annuaire des postes* de 1843, le trajet aurait dû prendre quarante heures.

À six heures du matin, Hugo et sa maîtresse partirent pour La Rochelle où ils passèrent la nuit. Le lendemain, un dimanche, tandis qu'ils prenaient place à bord de la diligence pour Saumur, le conducteur claqua si fort la portière du coupé que la vitre se brisa en éclats. À Niort, les chevaux foncèrent tête baissée dans la grille de l'octroi parce que le postillon et le conducteur s'étaient endormis. Le lundi matin, avant de traverser la Loire à Saumur, deux des quatre chevaux furent dételés et franchirent le pont en marchant devant la voiture – afin d'échapper à la taxe sur les diligences à quatre chevaux.

Ils repartirent de Saumur à dix heures du soir. À Blois, l'aubergiste leur présenta un déjeuner de fraises, de melons et d'andouillettes à moitié grillées juste au moment où le cocher faisait remonter les passagers en voiture. Juliette Drouet subodora un stratagème bien rodé. (Les aubergistes partageaient souvent avec les conducteurs les bénéfices sur les repas non consommés [42].) Le mardi après-midi à trois heures, ils arrivèrent à la gare d'Orléans, inaugurée au mois de mai précédent :

> À quatre heures, nous sommes dans les palans qui enlèvent la diligence sur son train pour la poser sur une espèce de plancher à roues. La diligence du reste est fortement attachée à ce plancher par des chaînes et des crampons de fer. [...] Nous passons devant plusieurs stations dont nous brûlons la plupart. [...] Dans les plus importantes, il y a des cantines très approvisionnées et très appétissantes [43].

Ils arrivèrent à Paris le mardi à huit heures du soir, pas moins de soixante-quatorze heures après leur départ de Rochefort, mais six jours après que Léopoldine eut été enterrée dans le cimetière de Villequier donnant sur la Seine.

La dernière étape – dans la caisse d'une diligence fixée à une plateforme de wagon roulant à trente kilomètres à l'heure – incarnait un mode de locomotion à la charnière entre deux époques du voyage. Bientôt, la voie ferrée viderait les routes et précipiterait à la ruine les auberges de relais. Elle enclaverait de grandes parties du pays tout en donnant aux passagers l'illusion que la France était désormais ouverte à la découverte.

Hugo avait déjà assisté à la disparition progressive de la France. Il avait déjà repassé dans son esprit de longs voyages au cours desquels il ne voyait que la croupe du cheval, le fouet du cocher, les ailes d'un moulin à vent battant les airs, et l'uniforme d'un soldat demandant à inspecter son passeport. Avec Juliette Drouet, il avait pris la diligence du Sud jusqu'à Bordeaux, dont il avait admiré le pont à dix-sept arches, la place Royale posée au bord de l'eau, et la forêt de mâts et de gréements qui semblait montrer que l'activité économique ne commençait que quand la France tournait le regard ailleurs que sur elle-même. « Cent cinquante lieues en trente-six heures. Ce que j'ai vu ? J'ai vu Étampes, Orléans, Blois, Tours, Poitiers et Angoulême. »

Mais de ces villes de province, il ne lui restait plus que des images projetées sur la lanterne magique de la vitre de la diligence. Orléans était « une chandelle sur une table » et une fille pâle servant un bouillon maigre ; Blois était un pont ; Tours « un cadran qui marque neuf heures du matin » ; Poitiers « un canard aux navets » ; Angoulême « une lanterne allumée au gaz » et une affiche de vaudeville. « Voilà ce qu'est la France quand on la voit en malle-poste. Que sera-ce lorsqu'on la verra en chemin de fer [44] ? »

Le resserrement de l'espace et l'attrait magnétique de Paris n'étaient pas uniquement des réalités physiques et politiques. Les écrivains qui se lanceraient à la découverte du pays à l'âge des commodités devraient dérouler des paysages qui avaient été enroulés dans les spirales compactes de ressorts d'horloge. À la fin des années 1840, Gérard de Nerval quitta Paris pour aller rendre visite à son ami Alexandre Dumas à Bruxelles. Il dépensa deux cents francs et mit huit jours par l'ancienne route de Flandre [45]. Le chemin de fer avait conduit les compagnies de diligences à la banqueroute, ne laissant qu'un réseau décousu d'omnibus intermittents qui ne desservaient que les courtes distances. Autrefois, le trajet se faisait en trois jours par la diligence. Depuis l'apparition du train, jamais les voyages n'avaient été plus lents.

Hugo avait pour sa part découvert en 1821 son moyen de transport préféré, en allant de Paris à Dreux voir la jeune fille qu'il espérait épouser. Au lendemain de son arrivée, il écrivit à Alfred de Vigny pour lui parler du véhicule qui ouvrait de nouvelles perspectives et révolutionna sa vision du monde :

Me voilà donc ici depuis hier, visitant Dreux, et me disposant à prendre la route de Nonancourt.

J'ai fait tout le voyage à pied, par un soleil ardent et des chemins sans ombre d'ombre. Je suis harassé, mais tout glorieux d'avoir fait vingt lieues sur mes jambes ; je regarde toutes les voitures en pitié ; si vous étiez avec moi en ce moment, jamais vous n'auriez vu plus insolent bipède. Quand je pense qu'il faut à [Alexandre] Soumet un cabriolet pour aller du Luxembourg à la Chaussée d'Antin, je serais tenté de me croire d'une nature supérieure à la sienne, comme animal. Cette expérience m'a prouvé qu'on peut marcher avec ses pieds [46].

13

Colonisation

Les nouvelles routes et voies ferrées qui pénétraient au plus profond de la France du XIXe siècle n'étaient pas des chemins enchantés menant à des mondes intemporels. Lorsqu'ils visitaient de petites contrées isolées qu'ils ne reverraient jamais, les voyageurs sortis des cités monumentales, marquées d'événements historiques comme autant de dates sur un calendrier, s'imaginaient volontiers découvrir un passé miraculeusement préservé. Or, comme le Paris de Baudelaire, le pays, lui aussi, changeait « plus vite que le cœur d'un mortel [1] ».

Les touristes qui, en trois siècles, semblent avoir fouillé tous les recoins secrets de la France (voir chapitres 15 à 17), ne voyaient en fait qu'un fragment de la longue histoire du pays. Pour « découvrir » les provinces et « conquérir » les Alpes, ils suivaient en réalité une poignée d'itinéraires déjà bien balisés. Ils constataient les avantages et inconvénients de régimes politiques aussi instables que le ciel. Les visiteurs étrangers parlaient de la France et « des Français » en termes généraux, mais oubliaient à quel point leur exploration du sol national était superficielle. Ils se rendaient sur des sites de champs de bataille et de forteresses, mais n'avaient aucune idée de l'interminable guerre que les populations livraient à leur environnement.

La transformation physique de la France et les rapports orageux qu'entretenaient les habitants, l'État et le territoire sont à peine perceptibles en toile de fond de leurs albums et cartes postales, mais, comme leurs successeurs modernes, ces touristes participaient d'un processus ancien de création et de destruction, amorcé en des temps où ni la France, ni même la Gaule n'existaient. Avant de laisser leurs aventures animer le tableau, dégageons-le de son cadre et de ses visages souriants pour mieux observer son arrière-plan.

*

LE SOIR DU 29 AVRIL 1832, un vapeur battant pavillon sarde jeta l'ancre dans une calanque de la baie de Marseille, à vingt-cinq kilomètres au large de la côte désolée des collines de l'Estaque. Un canot se détacha du navire et conduisit à terre une femme enveloppée dans une cape d'homme. Debout sur la grève, frissonnant dans l'air marin, elle attendit l'estafette qui, au lever du jour, lui apporterait les nouvelles de Marseille. Lorsqu'elle vit son cheval apparaître dans les lueurs de l'aube, elle espérait entendre que son débarquement avait déclenché une insurrection royaliste qui ferait tache d'huile dans tout le midi de la France et, par des moyens qu'elle pouvait imaginer mais non décrire, rétablirait un Bourbon sur le trône.

Ces dix dernières années, la duchesse de Berry, jeune mère de l'héritier des Bourbons, avait sillonné la France, établi des œuvres de charité, conquis par son charme des gens de toutes sensibilités politiques et créé un climat d'émulation dans la bonne société parisienne. Depuis qu'elle avait séjourné dans la nouvelle station balnéaire de Dieppe, les petits ports de pêche de la Manche étaient pris d'assaut [2]. Grâce à la « bonne duchesse », d'autres lieux de villégiature fleurissaient déjà le long de cette côte septentrionale. Elle conférait aux endroits qu'elle daignait visiter un peu de la splendeur de l'histoire de France : en 1820, à vingt-deux ans à peine, elle avait vu un fanatique armé d'un couteau assassiner son mari sur les marches de l'Opéra de Paris. Sept mois plus tard elle donna naissance au garçon que les royalistes appelaient « l'enfant du miracle », le dernier Bourbon, « tendre fleur qui sors d'un tombeau », « le rejeton qui deviendra la tige » (Victor Hugo).

Depuis lors, son pays s'était comporté comme s'il était aveugle à sa destinée divine. Abstraction faite de la Révolution et du règne de l'imposteur corse, Napoléon Bonaparte, la

France avait été gouvernée depuis 1774 par trois frères : Louis XVI, guillotiné en 1793, Louis XVIII, qui faisait remonter le début de son règne à 1795, année où le petit dauphin était mort en prison, et Charles X, beau-père de la duchesse, poussé à l'exil par trois jours d'émeutes orchestrées par des intellectuels et des ouvriers. La révolution de 1830 avait accouché d'un monarque constitutionnel, Louis-Philippe, qui aux yeux des légitimistes n'était guère plus qu'un simple fonctionnaire. La censure et la noblesse héréditaire avaient été abolies et de timides réformes électorales avaient porté le corps électoral à près de 3 % de la population masculine de plus de vingt et un ans. La duchesse avait suivi son beau-père en exil.

Ce matin-là, dans la froidure des bords de Méditerranée, le messager usa d'euphémismes délicats pour annoncer la nouvelle à l'instigatrice de l'invasion royaliste, qui avait trouvé refuge dans une auberge du hameau de La Folie : le soulèvement promis n'avait été qu'un piètre attroupement dans les rues de Marseille. Malgré sa déception, la duchesse, accompagnée d'un petit groupe de partisans et d'admirateurs, résolut de s'enfoncer dans le pays qu'elle aimait et semblait mieux connaître que toute autre personne de son rang. À six cent cinquante kilomètres au nord, la vaste Vendée, retranchée derrière ses douves naturelles et ses fortifications de verdure, fourmillait de ces paysans profondément attachés au roi et à l'Église que ses lectures d'histoires et récits romantiques lui avaient rendus familiers. Elle n'était encore que petite fille quand l'armée révolutionnaire avait repris la Vendée aux Chouans rebelles, au terme de quatre années d'une guerre sans merci qui réduisit des villes à néant et massacra les populations de pays entiers. Ce que l'on appelait alors « la Vendée » couvrait pratiquement tout l'ouest de la France : la répression s'était abattue sur huit départements, de la côte atlantique au cœur de la vallée de la Loire, et du Poitou à la Manche. La région, toujours considérée comme un foyer d'instabilité politique, était depuis sous occupation militaire.

La duchesse avait effectué une tournée de la Vendée en 1828. Elle avait vu de ses propres yeux les cicatrices de la guerre et le pays lui avait rappelé l'atmosphère romantique de l'Irlande et des Highlands écossais. Elle vit des bâtisses ruinées, des villages sordides et les orphelins des dix mille « martyrs » qui avaient affronté des régiments d'artillerie avec des fourches, convaincus que cette mission suicidaire leur vaudrait le paradis. Elle avait descendu la Loire jusqu'à Nantes sous une pluie battante, passant sous les remparts de châteaux débordant de gens qui l'acclamaient. Elle avait été accueillie par des guirlandes, des arcs de triomphe en carton, des fleurs de lys et des chœurs de petits enfants. Elle avait rencontré des hommes de rang et de talent qui se trouvaient évincés des charges publiques pour leurs sympathies royalistes [3].

Désormais, tandis que, faisant fi des conseils des légitimistes qui l'avaient abritée, elle se dirigeait vers l'ouest en direction de Toulouse, d'abord à pied, puis en cabriolet, Marie-Caroline songeait peut-être à l'odieux Napoléon qui, dix-sept ans plus tôt, avait débarqué un peu plus loin sur la même côte, près du village de pêcheurs de Cannes. Napoléon avait atteint Gap et peut-être même Grenoble avant que la nouvelle de son retour d'Elbe ne fût parvenue à Paris. À cette époque, la ligne de télégraphe s'arrêtait à Lyon ; un cavalier avait fait tout le chemin depuis la côte à bride abattue pour transmettre la dépêche. On voyait maintenant le télégraphe agiter ses bras grêles dans plus de cinq cents localités, gesticulant comme des insectes du haut des tours et des clochers de cathédrales. Comme les opérateurs devaient déchiffrer les signaux à la lunette, le premier système de télécommunications du monde n'était pas toujours à l'abri de quelques ratés. Huit ans plus tôt, à cause du mauvais temps qui régnait sur la Bourgogne, la nouvelle de la mort de son propre mari, arrivée à Lyon depuis Paris, semblait avoir été griffonnée sur un bout de papier déchiré :

> LE MINISTRE DE L'INTÉRIEUR AU PRÉFET DU RHÔNE. LE ------ VIENT DE PÉRIR VICTIME D'UN ASSASSINAT [...] SI LA TRANQUILLITÉ PUBLIQUE POUVAIT ÊTRE COMPROMISE À LYON, VOUS USEREZ AVEC FERMETÉ ET SAGESSE DE ------ [4].

Malheureusement pour la duchesse, il faisait beau en ce mois d'avril. Et lorsque, au matin suivant, elle se réveilla dans une cabane de berger quelque part au nord de Marseille, la France entière commentait déjà l'étonnante nouvelle au petit déjeuner.

La duchesse de Berry entra en Vendée en mai et publia aussitôt une proclamation « aux habitants des fidèles provinces de l'Ouest » :

> Je n'ai pas craint de traverser la France, au milieu des dangers, pour accomplir une promesse sacrée [...]. Je suis enfin parmi ce peuple de héros. [...] Je me place à votre tête, sûre de vaincre avec de pareils hommes [5].

Dans les faits, l'insurrection de Vendée se résuma à quelques offensives désespérées contre des postes militaires. De petites escouades de paysans dirigées par de vieux officiers nostalgiques et munies pour toutes armes d'antiques mousquets et de leur optimisme, furent matées en un tournemain par l'armée d'occupation. La conspiration se solda par quelques martyrs supplémentaires et la déclaration de l'état de siège dans une grande part de l'ouest de la France. Délaissant les sentiers et les haies du bocage, la duchesse partit pour Nantes, déguisée en paysanne. Les soldats, pensait-elle, n'iraient jamais la chercher dans une ville moderne et prospère de cent mille habitants qui n'avaient aucun intérêt à renverser le gouvernement de Paris. Elle arriva par un jour de marché. Parmi la foule qui affluait de toutes parts, personne ne remarqua la fausse paysanne, sauf peut-être au moment où elle retira ses godillots qui lui faisaient mal et ses bas de laine rêche, révélant deux pieds d'une parfaite blancheur. Elle s'empressa de les frotter de terre noire et se remit bien vite en chemin pour rejoindre la demeure de deux dames royalistes au centre de Nantes.

Elle resta cachée pendant cinq mois dans la maison du 3 rue Haute-du-Château, qui donnait sur les jardins de l'ancienne résidence des ducs de Bretagne et les prairies de bords de Loire.

Un jour, à la fin de l'automne, des soldats vinrent perquisitionner l'immeuble de fond en comble. La duchesse avait été trahie par un agent double. Leurs recherches restèrent vaines, mais deux gendarmes restés garder la maison allumèrent un feu dans la mansarde où la duchesse s'était glissée dans une cachette, derrière la plaque de cheminée. Voyant que la tourbe brûlait mal, ils jetèrent dans l'âtre une pile de vieux numéros de *La Quotidienne*, le journal royaliste. La robe de la duchesse prit feu et elle sortit précipitamment.

Quelques instants plus tard, une dépêche télégraphique partit de Nantes vers le nord, pour le Mont-Saint-Michel, puis traversa la Normandie vers l'est jusqu'à Montmartre, d'où elle fut relayée à la station installée sur le toit du Louvre et décodée à l'intention du ministre de l'Intérieur :

> LA DUCHESSE DE BERRY VIENT D'ÊTRE ARRÊTÉE.
> ELLE EST AU CHÂTEAU DE NANTES.

Cette même année, après que la duchesse eut été transférée à la prison forteresse de Blaye sur l'estuaire de la Gironde, on apprit qu'elle attendait un enfant. Lors de son séjour en Italie, elle avait épousé en secret un obscur comte italien. Elle ne pouvait dès lors plus décemment prétendre être l'incarnation vivante des Bourbons et le scandale acheva de discréditer la rébellion avortée de Vendée. Cette fois-ci, il ne se trouva personne pour attribuer la naissance de son enfant à un miracle.

*

POUR CERTAINS, la duchesse de Berry était une héroïne solitaire qui s'efforça de libérer un peuple vaincu du joug de ses oppresseurs ; pour d'autres, elle était la représentante utopique d'une dynastie féodale, prête à sacrifier des milliers de vies pour satisfaire sa soif de pouvoir. Depuis les profondeurs humides du bocage, il était difficile d'avoir une vue d'ensemble de la situation, mais au cours des mois suivants, à mesure que le gouvernement reprenait la haute main sur la Vendée, il devint évident que la duchesse appartenait au même système de pouvoir parisien que celui qui avait écrasé sa tentative de soulèvement.

Son invasion eut pour effet d'achever la pacification et la colonisation de l'ouest de la France. Les troubles de Vendée rappelèrent au gouvernement qu'une région peu urbanisée et mal reliée à la capitale constituait une menace politique. Un immense programme de construction de routes fut lancé : trente-huit « routes stratégiques » d'une longueur totale de près de mille cinq cents kilomètres quadrillèrent la région, de Poitiers à Nantes et de La Rochelle à Saumur. On rasa des forêts entières et l'on fit combler les chemins creux [6]. En moins de dix ans, on avait effacé pratiquement toutes les traces de la guerre de Vendée. Le seul projet de travaux publics comparable dans toute l'histoire de France fut le maillage de routes militaires construit le long des crêtes des Cévennes entre la fin du XVIIe siècle et le début du XVIIIe [7]. Ces sentiers de guerre magistralement réalisés, dont certains ont été restaurés en itinéraires touristiques, permirent aux régiments d'artillerie de pénétrer les forêts de châtaigniers et de pilonner des hameaux isolés où les « fanatiques » protestants se cachaient de leurs persécuteurs. Des groupes d'attaque pouvaient alors fondre sur les hameaux pour massacrer ce qu'il restait de la population. Comme l'occupation militaire de la Vendée royaliste, il s'agissait non d'une croisade religieuse mais d'une opération sécuritaire visant à renforcer le pouvoir central.

Le 6 juin 1832, les lecteurs de la presse nationale remarquèrent peut-être une singulière conjonction d'événements. L'escarmouche la plus violente de l'insurrection vendéenne, au village du Chêne, venait de se conclure par la défaite de quatre cents paysans face à un bataillon au grand complet. Ce soir-là, au centre de Paris, des soldats massacrèrent huit cents émeutiers dans les étroites ruelles entourant l'église Saint-Merry. (C'était la révolte populaire dont Victor Hugo fit le point culminant de ses *Misérables*.) Le régime censé défendre les principes libéraux de la révolution de 1830 s'était révélé aussi brutalement répressif que l'ancienne monarchie. La troisième information venait de la colonie d'Alger, conquise en 1830 dans les derniers jours du règne de Charles X. Le 4 juin, deux bataillons d'infanterie légère d'Afrique avaient été constitués. Toutes les recrues étaient des repris de justice, condamnés pour crimes graves par les tribunaux civils et militaires. Les « Bat' d'Af' » étouffèrent la révolte nationaliste des tribus algériennes avec une efficacité implacable.

Un historien cherchant à interpréter la portée de ces événements se trouve dans la même position qu'un passant dans une ruelle de Montmartre qui aurait levé le regard sur les saccades des ailes du télégraphe au moment où il transmettait ces informations codées à la ville déployée à ses pieds. Faut-il y voir des actes de violence d'État perpétrés contre des populations qui, hors de la tutelle coloniale, auraient pu vivre en paix ? Ou davantage une expression politique de profondes fractures au sein de la société ? Les provinces de France étaient-elles incapables de cohabiter sans ennemis intérieurs ? Les citoyens de la France moderne qui furent victimes de persécutions officielles trouveront peut-être révélateur qu'au lendemain du soulèvement de Vendée, les deux camps se fussent accordés à penser que le véritable méchant de l'affaire était le Juif converti qui avait trahi la duchesse de Berry.

C'était peut-être simplement que la centralisation du pouvoir rendait le pays vulnérable aux invasions. La France a été reconquise à plusieurs reprises par la troupe. Les gouvernements successifs ont écrasé des révolutions en 1832, 1848, 1871 et en 1968. Ils ont mené des coups d'État ou, pour le dire plus élégamment, voté des lois d'urgence, en 1851 et 1940. La petite invasion de la duchesse de Berry n'avait rien d'une grande première. Elle ne fut tournée en dérision que parce qu'elle échoua. Huit ans plus tard, en août 1840, le neveu de Napoléon se ridiculisa à son tour en affrétant un paquebot à vapeur depuis Londres pour débarquer à Boulogne-sur-Mer avec soixante hommes d'équipage et un vautour en cage censé figurer l'aigle impérial. Il se proclama nouveau chef d'État, fut arrêté pour avoir laissé partir par mégarde un coup de feu qui blessa un grenadier à la figure, et fut emprisonné à la forteresse de Ham, au beau milieu des marais impraticables de la Somme. Pourtant, deux ans après s'être évadé déguisé en ouvrier, une planche sur l'épaule pour dissimuler son visage, Louis-Napoléon était élu président de la République française. République qu'il renversa au bout de trois ans pour s'arroger ensuite le titre d'empereur Napoléon III et instaurer le Second Empire, prouvant ainsi, comme l'écrivit Baudelaire, que « le premier venu peut, en s'emparant du télégraphe et de l'Imprimerie nationale, gouverner une grande nation [8] ».

La duchesse du Berry elle-même dut à certains moments percevoir un enchaînement d'événements qui dépassait largement la sphère de la politique et de l'ambition personnelle. Elle avait dormi dans les garrigues de thym de Provence et s'était cachée dans les fossés de Vendée. Elle avait frotté sur ses pieds nus la terre de l'estuaire de la Loire et avait vu le ciel capricieux tantôt se rallier à ses projets, tantôt se liguer avec ses ennemis. Sur l'échelle graduée par les pierres dressées et les drailles de transhumance, par les cathédrales et les routes, ces détours de l'histoire politique paraissaient un sentier étroit dans un immense paysage en mutation constante.

*

LA PACIFICATION DES provinces de l'Ouest s'inscrivait dans un bien plus ambitieux processus de colonisation, au sens politique comme au sens étymologique du terme (du latin *colere*, « cultiver »). En soi, l'insubordination de la population n'était pas un problème insoluble. Mais alliée à l'âpreté du territoire, elle devenait un obstacle au développement dont seule la logique économique viendrait à bout. Des postes avancés du pouvoir central établis dans l'ouest de la France avaient été la proie du climat, du terrain et de changements naturels irréversibles. Dans les années 1620, Richelieu avait restructuré sa ville de Brouage, en lisière des marais poitevins, afin d'offrir à la France un grand port maritime sur l'Atlantique et un tremplin stratégique pour conquérir le bastion protestant de La Rochelle. Accoudée aux remparts de la citadelle, la nièce de Mazarin avait laissé son regard errer sur la flotte de bâtiments de guerre et les plages solitaires, songeant à son bien-aimé, le jeune Louis XIV, marié contre son gré à l'infante d'Espagne.

Les huguenots de La Rochelle et leurs alliés anglais furent soumis et le roi fit anéantir les fortifications de la ville. Mais un ennemi autrement acharné et insidieux harcelait depuis bien plus longtemps la côte française, sapant les falaises de

Normandie, bloquant les ports de Méditerranée et redessinant les contours de la frontière atlantique. Le port de Brouage s'ensablait et les sauniers abandonnèrent la ville. La place forte cosmopolite qui avait vu appareiller des navires pour la Louisiane et le Québec devint une île de maisons blanches et basses, échouée dans une lande marécageuse. Elle fut par la suite reconvertie en prison d'État. Quand François Marlin passa à Brouage en 1772, l'océan avait reculé de trois mille mètres à l'ouest et laissé dans son sillage une plaine de végétation putride et une colonie dépérissante de soldats achetés au prix fort pour y prendre garnison. Le curé local, qui s'était exilé dans cette Sibérie atlantique pour expier ses fautes, confia au voyageur que les habitants étaient déjà vieux et décrépits à quarante ans, rongés par les miasmes pestilentiels qui s'élevaient des laisses de vase dans lesquelles les remparts s'enfonçaient inexorablement [9].

Napoléon Bonaparte lui-même eut bien du mal à marquer cet Ouest factieux de son empreinte. En 1804, il fit transférer la préfecture de Vendée de Fontenay-le-Peuple (nom révolutionnaire de Fontenay-le-Comte) à La Roche-sur-Yon, misérable bourgade dévastée par les guerres de Vendée. Le Premier consul y fit édifier une cité moderne qu'il baptisa Napoléon ou Napoléonville* et la repeupla d'un contingent de soldats et de fonctionnaires. Il s'agissait de mettre en place une nouvelle classe dominante importée, dont l'action ne puisse être bridée par aucune allégeance personnelle envers la région. Pendant les quatre années suivantes, « la ville la plus morne de France » (ainsi que la qualifiait le guide Murray de 1854) s'éleva lentement du néant. Napoléonville était conçue pour accueillir quinze mille habitants, mais le terrain dictait ses propres contraintes et la population du bocage refusait de s'amalgamer [10].

Les citadelles tout en angles de Vauban – Gravelines, Maubeuge, Neuf-Brisach, Belfort, etc. – étaient généralement aussi décriées que le sont aujourd'hui les barres de logements des

* Renommée Bourbon-Vendée à la Restauration, puis Napoléon-Vendée en 1848, elle retrouva en 1870 son nom d'origine de La Roche-sur-Yon.

années 1960, mais avec ses maisons construites à moindres frais en pisé et ses bâtiments publics sans visage ceinturés de boulevards sans arbres, Napoléonville établissait un nouveau modèle de laideur urbaine. Quand Bonaparte y revint en 1808, il découvrit « le plus repoussant spectacle de désordre et de malpropreté ». Des canards et des oies barbotaient dans des égouts à ciel ouvert. En fait de monuments municipaux, il n'y avait qu'un arc de triomphe en bois détrempé et un pitoyable obélisque. La Roche-sur-Yon dut attendre plus d'un siècle pour atteindre l'objectif de peuplement qui lui avait été assigné. Les six grandes routes percées pour permettre aux troupes de se déployer dans toutes les directions restèrent les artères d'un corps sans vie jusqu'à l'arrivée du train en 1866.

Par leur brutalité, ces actes de colonisation marquèrent profondément l'histoire politique et administrative, mais ne furent que de minuscules points sur la carte physique de la France. La plus spectaculaire de ces initiatives colonisatrices menées dans les provinces de l'Ouest – l'éradication et le démantèlement du bocage – fut un acte de vandalisme écologique à grande échelle, mais n'était encore qu'un échantillon des ravages à venir. S'il ne subsiste aujourd'hui que de rares exemples des hauts talus et des interminables tunnels verts caractéristiques des paysages bocagers, ce n'est pas le fait de la reconquête militaire mais des débuts d'une agriculture à grande échelle qui a réquisitionné et enrégimenté les populations rurales et leurs damiers de champs. Au milieu du XIXe siècle, le maillage de haies accueillantes mais encombrantes commençait à reculer devant un désert fertile de blé. L'hiver était devenu une saison de travail. Les anciens se rappelaient l'époque où ils restaient bavarder tard dans la nuit au lieu de se coucher à une heure raisonnable.

*

DANS D'AUTRES RÉGIONS de France, ce fut l'urbanisation qui colonisa le territoire, à un rythme qui se mesurerait toutefois davantage en siècles qu'en années. Sur les cent quarante et une villes qui virent leur population plus que tripler entre

1810 et 1910, quarante-huit étaient des satellites de Paris. Trente-sept autres se trouvaient dans les zones industrielles du Nord et du Pas-de-Calais, d'Alsace et de Lorraine et des centres miniers et manufacturiers de Lyon et de Saint-Étienne. En 1851, Paris et ses banlieues concentraient près d'un dixième des habitants de la France. En 1911, le reste du pays n'était plus occupé que par les quatre cinquièmes de la population [11].

De nombreuses villes gardèrent leurs anciennes murailles. Les grands mouvements migratoires internes qui vidèrent les campagnes n'étaient pas un phénomène exclusivement rural. Les canaux et le chemin de fer furent certes vecteurs de prospérité pour des villages isolés, mais ils arrachèrent également leur population à des villes bien établies. Aix-en-Provence démolit ses vieux remparts et se dota d'un barrage et d'un canal (conçus par François Zola, père de l'écrivain) pour acheminer l'eau potable jusqu'à la ville. Mais tandis que sa voisine, Marseille, doubla de taille en moins d'un demi-siècle, s'étirant sur la côte et dans les collines chaudes et sèches, Aix préserva sa forme et ses dimensions, tel un fruit en conserve. Sa population, comme le disent les démographes, stagna : vingt-quatre mille habitants en 1807 ; vingt-cinq mille en 1920. Malgré les pressions exercées par des hommes d'affaires locaux, Aix resta ignorée du chemin de fer jusqu'en 1870, date à laquelle une bifurcation de la ligne Gap-Avignon la raccorda aux Alpes et au Rhône. Jusqu'en 1877, son unique liaison avec Marseille était la route qui traversait des collines pelées où l'odeur du thym était neutralisée par les vapeurs méphitiques des usines de soude.

L'exemple de Beaucaire fournit l'illustration la plus spectaculaire de la faculté du chemin de fer à dépeupler une ville. Depuis le début du Moyen Âge, cette cité posée sur les bords du Rhône organisait chaque année du 21 au 28 juillet une immense foire internationale qui constituait le principal lien commercial de la France avec la Turquie, la Grèce et le Moyen-Orient. La foire, disait-on, rapportait autant d'argent en une semaine que le port de Marseille en un an. Or, au milieu du XIXe siècle, cette capitale des échanges méditerranéens amorça son déclin. Le train la relia à Lyon, Paris, Marseille et aux régions séricicoles des Cévennes et détourna du même coup son négoce. Beaucaire fut victime du même paradoxe que vingt autres grandes agglomérations, dont la population stagna ou diminua au cours du XIXᵉ siècle ; onze d'entre elles furent desservies par la voie ferrée dans les années 1850, et quinze ans plus tard, toutes sauf trois avaient une gare. La foire de Beaucaire continuait de se tenir tous les mois de juillet, mais l'immense campement des marchands, acheteurs et forains qui se comptaient autrefois par milliers, se réduisait année après année à la peau de chagrin. Ce fut bientôt une manifestation plus pittoresque que rentable. Le large cours brun du Rhône paraissait lui-même s'étrécir et s'alanguir. Dans *Lou Pouèmo dóu Rose* (*Le Poème du Rhône,* 1896), Frédéric Mistral évoquait l'époque qu'avaient connue ses parents comme des temps reculés, comparant « la trace rongée » par les câbles des péniches sur les quais de pierre aux ornières creusées par les roues des chars sur les voies romaines [12]. Le champ de foire de Beaucaire est désormais une longue berge plate envahie de mauvaises herbes et de détritus et hantée par des promeneurs de chiens et des adolescents désœuvrés.

Par bonheur, la vitalité économique n'est pas l'unique étalon de la prospérité urbaine. À l'heure où de nombreuses villes sont enserrées par de mornes champs de béton gris, l'étalement urbain fait figure de regrettable effet secondaire de leur grandeur et décadence. La laideur abyssale du nord de Paris et les banlieues désespérantes de Marseille sont pour le voyageur en quête d'émotions esthétiques une vive déception. Pourtant, jusqu'à la moitié du XIXᵉ siècle, les faubourgs de Marseille étaient l'un des grands sites touristiques du Midi. L'amphithéâtre de collines auquel est adossée la ville était couvert de minuscules cabanons, ou *bastidous* [13]. « De tous côtés, racontait Stendhal, on voit une petite maison d'une blancheur éclatante se détachant sur la verdure pâle des oliviers [14]. » Les murets entourant chaque propriété dessinaient un labyrinthe aussi étendu qu'une ville [15]. Il y avait à la fin du XVIIᵉ siècle plus de six mille cabanons, dont beaucoup appartenaient à des gens qui ne disposaient en ville que d'une petite pièce sans soleil (et s'abstenaient scrupuleusement de déclarer leur résidence secondaire au fisc). En 1738, un voyageur prussien en dénombra plus de vingt mille, ce qui était certainement exagéré mais nous fournit une bonne idée de l'effet visuel [16].

Ce fut la peur qui poussa les Marseillais à découvrir et coloniser leur arrière-pays, tout comme leurs ancêtres avaient fui les pirates en allant se réfugier dans les hameaux forteresses surplombant la côte. Si un navire soupçonné de porter la peste entrait dans le port, la population se repliait aussitôt vers les hauteurs. Mais l'effroyable épidémie de 1720 s'était propagée bien au-delà des collines et avait franchi le mur de la peste, élevé sur deux mètres de hauteur et barrant sur plusieurs kilomètres l'accès aux monts de Vaucluse. Le cabanon était avant tout un agrément de la vie. Ce mode de colonisation, guidé par le plaisir plutôt que par un souci patrimonial, marqua le développement urbain de la France méridionale et centrale.

La famille de Paul Cézanne et leurs compatriotes aixois appréciaient tout autant leurs campagnes rustiques qu'avant eux les Romains qui fondèrent la cité. Des maisonnettes de pierre sèche, des ateliers et des restaurants de plein air parsemaient les abords de la montagne Sainte-Victoire. Nîmes avait sa colonie de *mazets*, Sète et Béziers leur ceinture de *baraquettes*, Hyères et Toulon leurs villas, *bastidons* et *bastidettes*. Chacun de ces pied-à-terre était meublé d'une table et de quelques chaises, et posé sur un carré de terre où poussaient un olivier, un figuier ou un amandier et quelques pieds de vigne qui donnaient du raisin de table et grimpaient sur la tonnelle [17]. Il n'y avait pas besoin de grand-chose d'autre : un instrument de musique, des boules de pétanque et un fusil pour tirer les oiseaux. Pendant la semaine, les murs blancs scintillaient sur les coteaux comme autant de minuscules phares. Dès le samedi ou le dimanche venu, les gens de Marseille quittaient leur port nauséabond – rendu encore plus fétide par les égouts qui s'écoulaient des flancs bâtis en contre-haut – et partaient pour le cabanon, suivant à pied un âne portant des provisions et des enfants dans ses paniers et un vieillard sur le dos.

Le même exode joyeux se produisait le long du Rhône, dans les hauteurs du Lyonnais et de l'Auvergne, où les marchands et les commerçants de Clermont-Ferrand et de Thiers achetaient un petit vignoble et une maison de plain-pied (la *tonne*, ou *tonnelle*). Ils fêteraient leur récolte dans cette retraite, et en dépenseraient les bénéfices pour inviter leurs amis et voisins à un bon repas. Selon le spécialiste de l'Auvergne des *Français peints par eux-mêmes* (1840-1842), les Auvergnats réputés pour leur avarice ne faisaient en fait qu'économiser pour ces journées mémorables de réjouissances : « Et l'amphitryon n'est satisfait que, lorsqu'au sortir de la table, les facultés locomotives de ses convives sont gravement compromises [18]. »

*

PLUS AU NORD, le climat plus rigoureux inspirait un autre modèle de développement suburbain. Demeurées un privilège bourgeois jusqu'à la fin du XIXe siècle, les échappées champêtres de fin de semaine étaient tout de même entrées dans les mœurs de milliers de citadins. Les magazines populaires prodiguaient toutes sortes de conseils pour organiser sa « maison de campagne » – terme qui s'appliquait aussi bien à de modestes pavillons qu'à de grandes demeures : comment élever des poules, faire pousser des chrysanthèmes, éviter de s'ennuyer au contact de la nature. Les « grands départs », exode estival de proportions entomologiques qui provoque chaque année des centaines de kilomètres d'embouteillages aux sorties de Paris, procèdent d'une longue histoire. Selon une estimation, vers 1855 déjà, trente mille Parisiens quittaient la capitale tous les étés [19].

Avant le chemin de fer, l'implantation des résidences d'été suivait des voies de colonisation préhistoriques, le long des fleuves bordés de berges hautes et de grottes de calcaire. À la veille de la Révolution, les bords de Seine, naguère inhabités [20], se garnirent de pavillons. Sur les adrets des vallées de la Loire et de ses affluents, on vit apparaître de luxueuses maisonnettes, équipées de cuisines et de communs pour satisfaire les hordes de touristes anglais qui payaient mille francs pour une location de six mois, et plus s'ils voulaient la récolte de fruits. À la fin du XIXe siècle les habitations creusées à flanc de falaises des troglodytes hier encore si dédaignés, furent peu à peu reconverties en maisons de vacances [21]. Il y avait même dans les environs de Tours une grotte coquettement aménagée, comportant une enfilade de pièces et un salon Empire, et ornée de moulures et sculptures de l'époque [22].

Cette poussée suburbaine ne semblait guère en France susciter de ces inquiétudes qu'éveillait chez les Anglais victoriens l'avancée des faubourgs et des villes qui souillaient la campagne. Quiconque était arrivé à Paris ou en était reparti par la Champagne, la Brie, la Beauce, la Sologne ou les plaines du nord avait découvert une inoubliable sensation d'espace. C'était en partie parce qu'ils savaient ce qu'était un pays dépeuplé que tant de Français s'alarmaient de la lente croissance démographique. Dans un pays de « friches », la colonisation était un progrès encourageant. Lorsque le futur Napoléon III élabora un programme d'« extinction du paupérisme » qui aurait couvert le territoire d'usines et de fermes modèles, porté par son enthousiasme social, il imaginait déjà ces « colonies » combler tous les espaces vides de France et essaimer jusqu'en Algérie et en Amérique [23].

Jusqu'à la fin du XIXe siècle, on ne trouve dans la littérature française que peu d'équivalents du sentiment qu'exprimait William Wordsworth face à l'irrésistible pénétration du chemin de fer : « Où que le voyageur dirige ses pas / Il voit la nature nue s'effacer / Ou disparaître » (*L'Excursion*, 1814). « N'est-il plus un coin de sol anglais à l'abri / De ce fol assaut ? » (« The Kendal-Windermere Railway », 1844). En France, la plus célèbre élégie sur ce thème du paysage en pleine mutation est la « Tristesse d'Olympio » de Victor Hugo (1837). Le poète évoque l'ancienne conciergerie d'un hameau des environs de Bièvres, à une douzaine de kilomètres au sud-ouest de Paris, dans laquelle il avait loué une chambre pour sa maîtresse. Un romantique anglais n'aurait guère vu dans les changements que relève Hugo matière à s'affliger. La route abrupte et sablonneuse sur laquelle la bien-aimée laissait l'empreinte de son pied a été pavée, et les roues de charrette ont usé la borne où elle s'asseyait pour attendre son amant. Un muret a été élevé autour de la fontaine. Mais ailleurs, la nature reprend ses droits : « La forêt ici manque et là s'est agrandie », « nos chambres de feuillage en halliers sont changées ». Rien n'indique encore que Bièvres accueillerait un jour une boulangerie industrielle, la zone d'activité Burospace, le centre d'entraînement du RAID et le parking Victor-Hugo.

> D'autres auront nos champs, nos sentiers, nos retraites.
> Ton bois, ma bien-aimée, est à des inconnus.

*

LA COLONISATION industrielle est, elle aussi, passée relativement inaperçue dans la peinture et la littérature françaises. Paris était déjà en voie de désindustrialisation dans les années 1830, lorsque les ateliers quittaient la ville au profit des spéculateurs immobiliers. Jusque très tard au XIXe siècle, les cheminées d'usines et les panaches de fumée flottant dans le ciel étaient décrits comme d'intéressantes nouveautés, et l'on voulait davantage voir dans les tribus fatiguées d'ouvriers d'effroyables exceptions que le visage de l'avenir.

La vallée du Gier, entre Lyon et Saint-Étienne, était autrefois un ruban de débris noirs émaillé de taudis bas et enfumés. Depuis Andrézieux, petite commune des bords de Loire au nord de Saint-Étienne, des chevaux tiraient des wagons de mine sur une voie ferrée qui, au lieu de couper par les collines, longeait les moindres courbes du relief comme une route de montagne [24]. (Inaugurée en 1828, cette ligne d'une vingtaine de kilomètres était le premier chemin de fer du pays, et elle fut ouverte aux passagers en 1832.) Cependant, comme le fit remarquer en 1858 un touriste français qui avait couru le monde, cette « petite désolation » était bien peu de chose pour qui avait vu les brouillards industriels de Grande-Bretagne et les zones minières et manufacturières des Flandres et des Ardennes. Ici, du moins, il y avait « plus d'arbres que de cheminées, et de brins d'herbe que de morceaux de houille », et « le ciel [était] parfaitement visible [25] ». Lyon elle-même, avec le claquement continuel de ses soixante mille métiers à tisser et ses « fleuves de charbon mont[ant] au firmament [26] » (Baudelaire), était limitée par son cadre, étroitement resserré entre les derniers plissements du Massif central et le talus du plateau de la Dombes, et son économie reposait encore largement sur les ateliers familiaux disséminés dans les campagnes alentour.

La grande exception était le Nord industriel, qui formait pratiquement un pays à part, à cheval sur la frontière belge (cette zone fut au demeurant soustraite à la France sous l'Occupation, et directement administrée par le IIIe Reich). Lille, Tourcoing et Roubaix, grands centres de production textile, avaient déjà derrière elles une longue tradition de développement industriel. Elles fonctionnaient comme une seule et même agglomération depuis plus de deux siècles lorsque, en 1968, elles furent officiellement regroupées au sein de la communauté urbaine de Lille. Au début du XVIIIe siècle, on ne trouvait déjà plus beaucoup de toits de chaume et de rues non pavées à Roubaix. Un réseau serré de canaux reliait ces villes tentaculaires au reste de la Flandre, qui avait suffisamment de ressources agricoles pour nourrir une vaste population ouvrière, venue pour près de moitié de Belgique.

Dans le reste du pays, l'industrialisation suivait un schéma qui rappelle celui des zones industrielles périurbaines d'aujourd'hui. Les usines étaient bâties à proximité des forêts, des rivières et des veines de houille qui les alimentaient, et non à l'intérieur des cités et métropoles anciennes, ce qui explique que certaines grandes villes industrielles du XIXe siècle ne soient pratiquement jamais mentionnées dans aucun autre contexte : Le Creusot, Decazeville, Montceau-les-Mines, Rive-de-Gier, etc. Sur les cartes Cassini de la fin du XVIIIe siècle, la plupart de ces localités sont presque imperceptibles, comme les premières photographies de comètes lointaines. En Alsace, Strasbourg ou Colmar, capitales des départements du Haut-Rhin et du Bas-Rhin, étaient totalement dépourvues de fabriques, car celles-ci s'établirent dans les vallées encaissées des Vosges, où elles bénéficiaient des traditions claniques de la main-d'œuvre rurale [27].

Il ne faut toutefois pas imaginer que ces installations s'implantèrent du jour au lendemain sur des paysages vierges. Les bruyantes filatures de coton de Sotteville et de Saint-Sever, dans les faubourgs de Rouen [28], ainsi que les hauts-fourneaux et le profil noir des villages bordant la Meuse en Belgique, concentraient en réalité d'anciennes fabriques locales dispersées. Les campagnes de nombreuses régions françaises ne sont aujourd'hui « pures » que grâce aux programmes de préservation de l'environnement financés par l'État au XXe siècle. Un paysage préindustriel type de Picardie ou des Ardennes était un fatras de forges fumantes, de champs noirs et nauséabonds où l'on étendait le chanvre à sécher, et de pitoyables colonies de moulins à vent branlants, à côté desquels les éoliennes modernes qui semblent faire la roue sur les lignes de crête sont une vision exaltante [29]. Les employés de ces industries traditionnelles ne faisaient généralement pas de vieux os. Il était certains métiers dans lesquels, pour diverses raisons, on trouvait rarement des personnes âgées : les rouisseurs de chanvre, exposés aux eaux stagnantes et glacées ; les tisserands, qui travaillaient de longues heures dans des caves humides, respirant les mauvaises vapeurs des lampes ; les batteurs et vanneurs de céréales, vulnérables à la poussière ; les scieurs de long, sujets aux accidents et, à force de transpirer dans le froid, aux fluxions de poitrine ; et les charbonniers, affaiblis par la malnutrition et le manque de lumière [30].

L'industrie dans toute son horreur était cachée dans des zones rurales reculées, où il n'y avait jamais eu l'ombre d'une bourgade et où peu d'étrangers pénétraient. Au XVIIIe siècle, le village d'Aubin s'étirait sur une longue rue de mansardes dans la forêt de châtaigniers de l'Aveyron [31]. À trois kilomètres au nord, au-dessus de la vallée du Lot, il y avait l'une des merveilles naturelles du sud de la France : la montagne brûlante de Fontaynes. De nuit, en se penchant sur l'un des petits cratères creusés dans la montagne, on voyait flamber un grand feu. Des dépôts de houille brûlaient continuellement et emplissaient d'une fumée âcre les caves des hameaux voisins. Sous son nuage noir, Aubin avait des allures de ville industrielle sans industrie. L'air empestait le soufre, et les maisons, les habitants et les cochons étaient couverts de suie ; mais du moins le charbon ne manquait pas, et les villageois pouvaient veiller tard à bon compte pour filer, chanter et se raconter les histoires de ces envahisseurs anglais qui, selon une légende locale, avaient mis le feu à la montagne des années auparavant, ou des soldats qui, avant la Révolution, avaient tenté d'accaparer les dépôts de charbon pour le roi et sa cour, mais avaient été repoussés par une poignée de vignerons et de charbonniers, « armés seulement de leur colère [32] ».

En 1826, le duc Decazes, ancien ministre de la Police, Premier ministre et ambassadeur en Grande-Bretagne, acheta une concession minière près du hameau de La Salle, à trois kilomètres au nord d'Aubin. Le Lot était non navigable pendant le plus clair de l'année et il n'y avait pas de voie ferrée, mais Decazes avait compris que l'exploitation de la houille pouvait servir à extraire le minerai de fer, également présent dans la région. L'industrie moderne réussit là où les soldats du roi avaient échoué. En cinq ans, une cité ouvrière fleurit dans la vallée. On l'appela Decazeville, bien que Decazes lui-même n'eût pas manifesté grand intérêt pour son agencement. Plusieurs années s'écoulèrent avant qu'elle ne se dote d'« écoles libres » (financées par un impôt sur le salaire des ouvriers) et un autre demi-siècle avant qu'elle n'ait un hôpital.

Les mineurs de Decazeville travaillaient dans un labyrinthe de tunnels à demi éboulés et de veines de charbon en incandescence. Au terme de longues heures passées au fond, ils remontaient vers un paysage de hauts-fourneaux et de laminneries où les chants d'oiseaux et le sifflement du vent étaient étouffés par le hurlement des camions sur des rails d'acier et le battement incessant des marteaux-pilons à vapeur. Les mineurs et les ouvriers fondeurs étaient payés en coupons émis par la compagnie et estampillés de l'image d'une cheminée de brique occultant à moitié le paysage montueux. Faute de cultivateurs, on importait de très loin et à prix d'or des denrées alimentaires rancies. Peu à peu, Aubin forma le long de la route de la vallée noire un long cordon qui l'unissait à sa voisine, Cransac [33]. Au milieu du XIXe siècle, cette petite conurbation avait des maisons de gages et des cafés tapageurs qui servaient un alcool de betterave et de l'absinthe à des mineurs aux yeux chassieux cernés de noir, et à des femmes mieux habillées et aux manières plus policées que leurs mères paysannes.

En 1865, la compagnie fit faillite et Decazeville découvrit le fléau moderne du chômage. Trois ans plus tard, la famille Schneider, propriétaire des fonderies du Creusot, créa une nouvelle entreprise. Ses trois mille employés pouvaient apparemment « trouver à Decazeville toutes les ressources qui peuvent être nécessaires au point de vue matériel, moral et religieux [34] » – phrase qui évoque fort bien la misère d'une population à laquelle on fournissait tout ce qu'une réunion d'administrateurs avait jugé « nécessaire ». En 1869, Aubin connut sa première grève, preuve que les hauts-fourneaux avaient également forgé une nouvelle race d'ouvriers. On fit donner la troupe et quatorze grévistes, dont un enfant, tombèrent sous les balles des soldats.

*

L'ÂGE NOUVEAU DE l'esclavage industriel et de la solidarité prolétarienne a ses monuments dans le cratère géant de « La Découverte », mine à ciel ouvert de Decazeville restée en exploitation jusqu'en 1965, dans les crassiers du Pas-de-Calais et dans les houillères abandonnées de Flandre et de Lorraine. Quelques-uns de ces monstres industriels, préservés par des éco-musées, connaîtront probablement une retraite beaucoup plus longue que ne le fut leur vie active. Mais l'autre grande transformation industrielle de la France se fond maintenant presque au paysage.

Les mûriers qui égayent les campagnes de Provence, des Cévennes et de Corse sont les témoins pittoresques de la ruée vers l'or agricole qui se produisit au milieu du XIXe siècle, lorsque l'essor des communications et l'apparition de caisses de crédit permirent aux paysans de tourner le dos à la polyculture vivrière et fourragère pour planter une seule culture de rapport. Tous les printemps, les mûriers étaient dénudés de leurs feuilles vertes et brillantes pour nourrir les vers à soie ; la repousse, plus coriace, était réservée aux chèvres. Cette récolte défigurait le paysage, laissant derrière elle des hectares d'arbres dégarnis, pareils à des balais de fagots fichés en terre. À l'exception des terrasses broussailleuses et délabrées taillées à flanc de collines, et des magnaneries désaffectées où, dans une atmosphère douce, les vers à soie mâchonnaient les feuilles dans un bruit pareil au roulement continu de la pluie et du vent, rien dans le décor verdoyant des deux rives du Rhône ne rappelle que dans ces pays d'agriculture industrielle, la vie était tout aussi rude et précaire que dans les fonderies et les mines de charbon.

En 1852, la maladie de la pébrine, commença à se propager dans les élevages de ver à soie. Le temps que Louis Pasteur en découvre la cause et trouve un traitement, le secteur de la sériciculture s'était effondré et, depuis l'ouverture du canal de Suez, il subissait la concurrence des soies importées à moindre coût d'Extrême-Orient. Un ver avait apporté la prospérité et un micro-organisme la reprenait. Vers la même époque, l'oïdium s'attaqua aux vignes que les petits propriétaires s'étaient empressés de planter sur leurs arpents de seigle et de blé. On remplaça les souches malades par des ceps américains. Puis, en 1863, des vignerons du Gard remarquèrent que les feuilles et les racines de leurs nouveaux plants viraient au brun, puis au noir. Le phylloxéra envahit des zones entières et finit par ravager plus de deux millions et demi d'hectares de vignobles, de Nice à la Bourgogne, et de Narbonne jusqu'à la Loire [35]. Cette épidémie conforta beaucoup de paysans dans l'idée qu'ils n'auraient jamais dû renoncer à leurs anciennes habitudes. Le puceron venu d'outre-Atlantique contribua plus que toute autre chose à hâter la colonisation française de l'Algérie. Des milliers de gens quittèrent la région ou se livrèrent à la merci des industries du Nord, abandonnant un pays pierreux qui était plus vert et plus joli à voir que jamais.

*

CES CHANGEMENTS politiques et économiques ont imprimé des marques visibles et palpables sur l'ensemble du territoire. De nombreuses usines du XIXe siècle sont toujours en exploitation, et chaque bourg ou village a au moins un monument aux morts, une rue nommée d'après un général ou une bataille, et un bâtiment au fronton gravé des emblèmes de l'un des deux Empires ou des cinq Républiques.

Des mutations bien plus profondes modifièrent le visage de la France au XIXe siècle, mais à une si grande échelle que l'on peut traverser le pays de part en part sans les remarquer, et sans même se douter que bon nombre des paysages qui nous paraissent typiquement et éternellement français sont en réalité plus jeunes que la tour Eiffel. Chacun sait aujourd'hui que le XIXe siècle fut une époque de grands chambardements, mais beaucoup de contemporains regardaient les routes, les voies ferrées, l'instruction et l'hygiène comme des innovations mineures par rapport à la transformation radicale et irréversible de leur environnement physique. Les seuls points de comparaison évidents sont l'éradication de la forêt d'Argonne au cours de la Première Guerre mondiale, les pilonnages massifs de la Seconde Guerre mondiale qui aplanirent la Normandie et les incendies qui, chaque année, dévorent des milliers d'hectares de forêts sur les côtes méditerranéenne et atlantique. Mais ces tragédies relèvent d'une tout autre catégorie de changement. Les seuls êtres humains dont l'expérience fut peut-être la plus proche de celle des Français du XIXe siècle furent les hommes de l'âge de pierre, qui virent les volcans du Massif central remodeler leurs montagnes.

La transformation avait débuté par de petites conquêtes individuelles, sur des ronciers et des gâtines. Elle se poursuivit par la création de propriétés monastiques et de domaines royaux, puis par les projets pharaoniques financés par l'État et des entrepreneurs privés. Au milieu du XIXe siècle, d'immenses étendues furent ainsi domestiquées, au rythme de plusieurs centaines d'hectares par jour [36]. La Bretagne vit disparaître en un demi-siècle la moitié de ses landes, labourées et amendées par des escouades de travailleurs nomades et des colonies d'orphelins et d'enfants abandonnés recrutés par de gros propriétaires terriens [37]. Pour les gens du Nord, habitués à des champs symétriques plantés en rangs serrés et raccordés aux circuits d'approvisionnement des villes, une lande sans chemins parcourue d'une poignée de moutons galeux ressemblait davantage à une friche qu'aux ressources communes d'une économie pastorale. Bien peu se souviendraient un jour que ces « régions de bruyères » avaient elles-mêmes été laborieusement gagnées sur les marais et les halliers.

Cette hantise nationale des terres incultes trouvait un écho dans la politique publique et les initiatives privées. On entreprit d'assécher des friches marécageuses et d'irriguer des déserts arides. Des milliers de gens bénéficièrent alors d'une bien meilleure qualité de vie. La Dombes, au nord-est de Lyon, était autrefois « un hôpital humide caché dans le brouillard [38] » où les quatre cinquièmes de la population était atteints du paludisme. Vingt ans après le début des grands travaux d'assèchement et de reforestation des années 1850, l'espérance de vie moyenne était passée de vingt-cinq à trente-cinq ans. La Sologne sablonneuse fut draguée, drainée et boisée par de grands propriétaires fonciers, parmi lesquels l'empereur Napoléon III. Au début du XXe siècle, les Solognots, qui s'estimaient jadis en bonne santé lorsqu'ils n'avaient qu'une fièvre des marais, vivaient plus longtemps que leurs parents et les dépassaient de plusieurs centimètres [39]. Dans la Double, trou noir agricole de fougères et de marais entre le Libournais viticole et les prairies charentaises, des missionnaires trappistes s'établirent en 1868 sur une colline proche du village d'Échourgnac où le paludisme était endémique. Ils asséchèrent les terres et plantèrent des arbres [40]. Aujourd'hui, seuls la terre blanche poussiéreuse, les étangs de pisciculture bien entretenus et l'affaissement de la route permettent d'imaginer la physionomie de l'ancienne Double.

De grandes parties de la France méditerranéenne furent métamorphosées en l'espace d'une génération. Les champs d'artichauts et de fraises de la plaine de Carpentras ne survivent sous le soleil d'été que grâce aux anciens canaux de Craponne et de Pierrelatte prolongés au milieu du XIXe siècle [41], et à l'immense vivier de main-d'œuvre immigrée à bon marché. Il faut désormais pédaler des heures dans la chaleur pour voir, plus au sud, le désert caillouteux de la Crau, inchangé depuis la nuit des temps – bien que sur toute cette zone, il n'y ait pas à gratter beaucoup pour retrouver sous la fine couche de sol arable la steppe, « la Crau inculte et aride – la Crau immense et pierreuse [42] » que chantait Frédéric Mistral.

Dans la plaine du Roussillon, où l'on a rénové des canaux d'irrigation du Moyen Âge et creusé des puits artésiens, la terre semblerait prête à retrouver en quelques jours ses craquelures originelles si la main de l'homme cessait de l'abreuver. Sous le col de la Peira Dreita, où les coteaux des Corbières plongent vers la Méditerranée, des nuages de poussière balaient la plaine, voilant Perpignan et le sommet enneigé du Canigou. Sur la plaine proprement dite, dans le vacarme des avions à réaction et des tombereaux de mine, on devine encore la Vallée de la mort catalane parmi les vestiges des baraquements de la zone militaire de Rivesaltes, où vingt mille Républicains espagnols, Tziganes et Juifs furent internés avec leurs enfants par les autorités françaises en 1941 et passèrent les derniers mois de leur vie à faire fleurir le désert [43].

La plus grande œuvre de transformation délibérée du paysage fut la création d'une région géographique totalement nouvelle dans le quart Sud-Ouest. Il y a moins de deux siècles, le département des Landes était essentiellement une friche de huit cent mille hectares, de cinq jours de long sur trois jours de large. C'était le domaine de l'ajonc, du genêt, de la bruyère, de l'hélianthème et des canches et lichens. Par temps clair, on voyait parfois se découper sur l'horizon la ligne blanche des Pyrénées, à cent cinquante kilomètres au sud. En hiver, l'ombre des nuages flottait sur les flaques d'eaux stagnantes alimentées par les pluies. Sur leur socle calcaire imperméable, les Landes étaient pareilles à un pot de fleur sans trou de drainage, très légèrement incliné vers la barrière de dunes de la côte atlantique [44]. Il fallait faire paître une dizaine de moutons sur douze hectares de lande pour fertiliser un demi-hectare de terre noire et grasse. Avec un cheptel d'une centaine de têtes d'ovins, une famille de dix personnes avait à peine de quoi vivre en paria dans son modeste chalet de bois.

Il ne reste aujourd'hui pas un centimètre carré des Landes primitives. Le village magnifiquement restauré de Marquèze, posé à l'extrémité d'une petite voie ferrée près de Sabres, est une image en négatif de la colonie originelle : ce qui était jadis une oasis d'arbres dans une lande infinie est aujourd'hui une clairière dans la plus grande forêt artificielle d'Europe. La loi de 1857 prescrivant « l'assainissement et la mise en valeur des landes de Gascogne » accéléra le drainage et le boisement qui s'effectuaient de façon décousue depuis les temps préhistoriques[45]. Napoléon III soutenait avec ferveur ce projet et acquit huit mille hectares de terres incultes dans les Landes pour y créer une ferme expérimentale à laquelle il donna le nom de Solférino, en hommage à sa victoire contre les Autrichiens. Cent soixante-deux communes des Landes et de la Gironde furent contraintes de transformer leurs terres communales en plantations de pins ou, à défaut, de les céder à des promoteurs. Des milliers d'hectares partirent à l'encan. Aujourd'hui encore, les Landes sont presque entièrement aux mains de propriétaires privés, l'État n'ayant conservé que 7 % de leur superficie totale. Mais en moins de temps qu'il n'en faut à un plant pour faire ses premières branches, le mode de vie agro-pastoral avait subi un coup fatal. Des forges, des raffineries et des papeteries s'élevèrent dans la pinède. L'ancien art des résiniers, qui recueillaient la sève de pin à l'aide d'un hapchot (hachette à fer courbe) dans une coupelle de terre cuite, devint une industrie lucrative. La colophane, la poix et la térébenthine quittaient la forêt et revenaient sous forme d'argent sonnant et trébuchant, bouleversant du même coup la hiérarchie complexe des fermiers, métayers et journaliers.

En 1889, à un voyageur arrivant à Biarritz par le train de Bordeaux un vieil homme demanda s'il était vrai que les Landes avaient changé depuis la dernière fois qu'il les avait vues, quarante ans plus tôt :

> Vous me demandez comment j'ai trouvé les Landes? Mais je ne les ai pas vues. Peu après Bordeaux, le train a pénétré dans une interminable forêt de pins et de chênes, coupée çà et là de champs cultivés où paissent de fort beaux animaux. Cependant, j'avais fort bien retenu ma géographie : « Les Landes, vaste plateau de sables stériles, couvert d'eau pendant l'hiver et brûlé par le soleil d'été. Population misérable, minée par les fièvres et par la pellagre (maladie spéciale à cette région). Élevage de moutons de petite race[46]. »

On ne connaît maintenant plus les paysages vides des Landes que par les photographies de Félix Arnaudin, ethnologue timide qui renonça à une carrière aux Ponts et Chaussées pour parcourir à pied et en vélo la Grande Lande (qui s'étend au nord et à l'ouest de Mont-de-Marsan) de 1875 jusqu'en 1921, armé de son embarrassante chambre noire allemande, afin de fixer en images le crépuscule d'un mode de vie pastoral. Les gens du pays le prenaient pour un fou quand il les payait pour reconstituer des scènes qu'il avait vues dans son enfance à Labouheyre. « La forêt [...] borne implacablement la vue, hébète la pensée », écrivit-il, comme si les Landes étaient plongées dans l'obscurité d'une mémoire déclinante.

Ses clichés tordirent le cou au mythe d'une peuplade attardée de sauvages à la peau jaune et incapables « d'articuler des pensées ordinaires », qui passaient leurs journées perchés sur des échasses [47]. Mais la nostalgie a toujours sa propre histoire à raconter. Arnaudin était un solitaire farouchement indépendant qui choisit de rester dans ses Landes natales. Il fut plus un explorateur de son propre pays qu'un Landais typique. À mesure que la prospérité gagnait les campagnes, de nombreux ruraux allaient s'installer en ville ou quittaient tout bonnement la région. La population des plus grandes villes des Landes doubla tandis que le département perdait des habitants. Ce déclin se poursuivait encore au lendemain de la Seconde Guerre mondiale. La plupart des jeunes Landais n'aspiraient qu'à échapper à l'isolement de la ferme familiale et à choisir librement leur mari ou leur femme. Ils se réjouissaient de pouvoir acheter des meubles et des vêtements de Paris, de se faire soigner plutôt par un médecin que par un rebouteux, d'accrocher de temps en temps un nouveau tableau à leur mur, de prendre le train pour aller voir la mer à Capbreton ou Mimizan. Ils préféraient travailler pour un patron à Bayonne ou à Bordeaux que dépendre indéfiniment du système digestif d'une brebis.

> Le Landais des villes [...] n'a aucune espèce d'analogie avec l'être à demi sauvage dont j'ai essayé de décrire les diverses variétés. Le citadin landais est au résultat un homme comme un autre ; il lit *Le Siècle* et *La Presse*, va au café, s'occupe de la question d'Orient, raisonne ou déraisonne aussi bien qu'aucun citadin des quatre-vingt-six départements [48].

Soucieux de préserver le côté pittoresque de son récit, l'auteur du chapitre sur les Landais dans *Les Français peints par eux-mêmes* s'abstenait se préciser que beaucoup de ces citoyens cosmopolites qui parlaient politique dans les cafés de Dax et de Mont-de-Marsan étaient des réfugiés volontaires de l'interminable lande.

*

CERTAINES BATAILLES DE ce *Guerre et paix* des hommes et de la terre furent trop épiques et trop lointaines pour faire grande impression aux lecteurs de la presse. L'immense catastrophe écologique qui s'était abattue sur l'est et le sud du pays s'était déroulée trop lentement et sur trop de siècles pour soulever un vent de panique. Elle ne laissa que peu de traces dans les œuvres des artistes et des écrivains. Il fallut attendre les terribles crues de 1856, lorsque le Rhône submergea Lyon tandis que la Loire et le Cher faisaient de Tours un port en bordure d'un gigantesque lac, pour que les pouvoirs publics s'en émeuvent. L'opinion, elle, ne s'inquiéta que plus tard – ou pas du tout.

La Révolution semblait avoir fait office de catalyseur. Les anciens domaines aristocratiques et monastiques étaient tombés aux mains d'une paysannerie qui considérait le défrichage comme la base de toute agriculture. Dans des régions déjà semi-arides, les résultats furent désastreux : ici, c'étaient des champs emportés par les crues, là, des montagnes dénudées et ailleurs des phénomènes climatiques étranges et destructeurs. Dans les Corbières, le débat écologique prit la forme que nous connaissons si bien aujourd'hui, opposant des « droits individuels » évidents à un bien général bien moins apparent [49]. Que pesaient les pleurnicheries d'un citadin qui déplorait la laideur des montagnes chauves face à l'argument autrement puissant d'hectares de prairies pris sur la forêt de chasse d'un aristocrate ?

Les prophètes de malheur les plus éloquents furent les hauts fonctionnaires. Jean-Baptise Rougier de Labergerie, préfet de l'Yonne, publia ainsi plusieurs pamphlets sur les effets à long terme de la déforestation [50]. Son rapport alarmant sur *Les*

Forêts de France dans leurs rapports avec les climats, les températures et l'ordre des saisons parut en 1817. Dans les années 1830, alors que l'État cédait des milliers d'hectares de forêts domaniales, on l'accusait encore d'exagérer le problème.

Pierre-Henri Dugied, nommé préfet des Basses-Alpes en 1818, était une autre de ces voix qui criaient dans ce désert fait de la main de l'homme. Il avait entendu dans sa nouvelle circonscription d'étranges récits, et en particulier que plus de terres avaient disparu au cours des trente années précédentes que toutes celles que les crues avaient pu emporter. Il entreprit une tournée d'inspection. D'un bout à l'autre de son département, de Castellane à Digne et jusqu'à Barcelonnette, il ne vit que « des rochers nus », des « vallées couvertes de cailloux dans presque toute leur largeur et sillonnées seulement de quelques filets d'eau » et « de vastes prairies noirâtres que l'on croirait formées de terre végétale, mais qui [ne sont] que le résultat de la décomposition d'ardoises incomplètes, sans cesse altérées par l'intempérie des saisons ». Les buis et les ajoncs qui poussaient dans des fissures de rochers étaient arrachés pour servir d'engrais. Les troupeaux transhumants emplissaient toujours la plaine chaque année pour arracher ce qu'il restait de végétation, exposant les roches friables au gel et au soleil et piétinant les débris. Les sommets dégarnis de forêts ne retenaient plus les nuages et, quand la pluie arrivait, elle tombait en orage. Elle ruisselait sur les pentes abruptes, entraînait les sols vers le Drac et la Durance, les déversait dans le Rhône et envasait le delta de la Camargue [51].

Comme Rougier de Labergerie, Dugied comprit que ces régions isolées n'étaient pas des sphères à part mais des organes vitaux de la nation. Il était convaincu que la déforestation des Alpes était à l'origine des sécheresses, des gelées tardives et des « vents inconnus » qui décimaient les oliveraies de Provence et les vignobles de Bourgogne. Si le gouvernement ne se hâtait pas d'y remédier, il serait bientôt trop tard pour « rétablir les climats ».

Or le gouvernement ne se hâta aucunement. Cette prise de conscience des tendances écocides de la population rurale coïncidait avec la première poussée anarchique de l'industrie moderne. En réalité, l'idée que des paysans pyromanes au coup de hache facile fussent en train de détruire leur propre environnement, guidés par quelque instinct primaire, était dangereusement simpliste. Elle fut par la suite reprise pour justifier les expropriations foncières en Algérie : on reprocha aux paysans indigènes d'avoir créé le désert du Sahara. Pourtant, en métropole, l'État lui-même avait encouragé les défrichements en taxant les terres vaines et vagues et en exigeant un approvisionnement régulier des villes en denrées alimentaires. L'industrie ne fit qu'accélérer ce processus de destruction. Les verreries, les papeteries et les fabriques de porcelaine, les briqueteries, les chaufours et les filatures engloutissaient des forêts entières dans leurs chaudières. La Picardie et les Flandres avaient perdu leurs derniers arbres et bosquets bien avant que le front de l'Ouest ne les transforment en tranchées de boue [52]. Dans les Pyrénées, des chantiers navals du XVIIIe siècle avaient percé de larges saignées dans les forêts pour transporter les arbres vers les fleuves et la côte [53]. Désormais, les habitants des hautes vallées vivaient dans des zones de désastre semi-permanent ; dès que les premières neiges commençaient à s'épaissir sur les sommets, ils baissaient la voix, retiraient les clarines de leurs troupeaux, et tendaient l'oreille, guettant anxieusement l'onde de choc qui écraserait un village avant même l'avalanche qui, sans aucun arbre pour l'arrêter, déferlerait à la vitesse d'un train express [54].

L'échelle de la catastrophe apparaît clairement sur les photographies prises par le service de restauration des terrains de montagne des Eaux et Forêts entre 1885 et la Première Guerre mondiale [55]. Sur bon nombre de ces clichés, la Provence est méconnaissable : des montagnes qui marquaient autrefois les frontières de la France comme si ces frontières étaient immuables semblent avoir été réduites en pièces par un million de cantonniers ; le sommet délavé et lunaire du mont Ventoux et les cailloux noirs et pointus qui dévalent du col de la Bonette sur la route la plus haute d'Europe ne sont que d'infimes vestiges du désert qui jadis couvrait une bonne partie du sud-est de la France. Les petites pyramides régulières des régions minières du Nord sont des monuments pittoresques par rapport aux cônes d'éboulis titanesques des Alpes et de leurs contreforts.

La catastrophe écologique n'a commencé à pénétrer les esprits qu'à la fin du XIXe siècle, lorsque des géographes populaires, écrivant pour des lecteurs qui avaient étudié la géographie à l'école, pouvaient instiller un sentiment de perte en convoquant l'orgueil national. « Les Alpes françaises vaudraient la Suisse et le Tyrol si leurs meilleures forêts n'avaient pas mordu la poussière [56] », s'indignait ainsi Onésime Reclus. Même si la cause n'était pas identifiée, les effets se faisaient sentir dans le reste du pays : les hommes aussi étaient entraînés vers les plaines et les villes. Ils inondaient les faubourgs industriels et laissaient dans les montagnes un peuplement plus clairsemé que jamais.

Certains, cependant, s'accrochèrent avec une étonnante ténacité à des lopins de plus en plus menacés jusque dans les années 1880 et 1890 – alors qu'à cette époque, les gens des Alpes donnaient déjà un nouveau nom à leurs montagnes : « les ruines [57] ».

*

QUELQUES-UNS DE ces occupants des « ruines », parmi les plus obstinés, vivaient au cœur du massif du Dévoluy. À deux cols à l'est du col Bayard, culminant à mille deux cents mètres sur la route de Gap à Grenoble qu'avait empruntée Napoléon en rentrant de l'île d'Elbe, le village de Chaudun abritait plus de deux cents âmes, une église du XVe siècle, une petite école et quelques arpents épuisés de prairies et de hêtraies. En 1860, dans le cadre du programme de « restauration » des montagnes, l'administration forestière proposa de racheter les terres communales de Chaudun gravement touchées par l'érosion, mais les habitants refusèrent. Ils restèrent dans le village sans ombre de leurs ancêtres, regardant le visage de la montagne vieillir et leurs sols se pétrifier [58].

Jusqu'au jour où il ne leur resta pas même un sillon à cultiver. Les torrents avaient emporté les champs d'avoine et de seigle ; le plus clair de la forêt avait disparu ; quelques pommes de terre poussaient dans un terreau amené des vallées. Lorsqu'ils virent leur patrimoine réduit à un tas de gravats, les villageois écrivirent au gouvernement, le suppliant de racheter leurs parcelles stériles. L'acte de vente fut signé en août 1895, et la population de Chaudun abandonna sa dernière misérable récolte aux intempéries. « Quand les gens ont dû quitter leur village, ils ont tous pleuré, raconta le dernier survivant. Ils prenaient conscience à cet instant précis du geste de trahison qu'ils venaient d'accomplir [59]. »

C'était peut-être l'issue inévitable de plusieurs millénaires d'occupation humaine. Mais peu après le départ des hommes, les premières pousses d'une nouvelle forêt illuminèrent la montagne. Des millions de graines sortaient de terre sur des pentes qui avaient été stabilisées par des barrages, des terrasses et des tunnels de drainage. Cette fois-ci, la puissance colonisatrice était l'État français et la flore et la faune qu'il protégeait. Les maisons des anciens occupants s'effondrèrent devant l'avancée des mélèzes plantés par les Eaux et Forêts. Une végétation proche de la forêt vierge, peuplée de cerfs et de mouflons, recouvrit le cirque de Chaudun. Cet espace est désormais classé en zone naturelle d'intérêt écologique, faunistique et floristique (ZNIEFF). Les randonneurs qui suivent le sentier balisé trouvent là un paysage à des années-lumière des vallées alpines polluées, où des milliers de touristes en voiture et en camping-car vont admirer les glaciers en retrait des parcs nationaux. Si les anciens habitants de Chaudun pouvaient revenir sur leurs ruines, ils penseraient sans doute que le désastre avait été évité. Le village abandonné a maintenant un gîte forestier, à moins de deux heures de marche du parking du col de Gleize. La demande pour accéder au « patrimoine culturel » de la région a conduit à « la réintroduction contrôlée de l'homme [60] » dans le massif du Dévoluy. La prochaine invasion a déjà commencé.

14

Les merveilles de la France

TANDIS QUE LES HABITANTS des hauteurs découvraient les plaines et les vallées, une nouvelle espèce d'homme migrateur avait pris le chemin des montagnes. Les premiers individus avaient été aperçus au milieu du XVIIIe siècle. Au moment où le village de Chaudun rendait son dernier soupir, ils avaient essaimé dans tout le pays. En France, on les appelait « les touristes ». Le terme était emprunté à l'anglais, en référence au « Grand Tour », voyage éducatif que les jeunes aristocrates britanniques faisaient sur le Continent, le plus souvent à destination de Florence, Venise, Rome et Naples [1].

Les premiers touristes étaient presque exclusivement des Britanniques ; on les rencontrait surtout dans les Alpes et les Pyrénées, et à diverses étapes des trois grands itinéraires partant de Paris pour Lyon et l'Italie [2]. Défiant en apparence le bon sens et les limites physiques humaines, ils voyageaient pour le plaisir, pour s'instruire ou pour leur santé. Contrairement aux explorateurs, ils ne couraient pas le monde par simple goût de la découverte. Au lieu d'observer et de consigner ce qu'ils voyaient, ils transformaient les objets de leur curiosité. Ils réinventaient le passé, habillaient les indigènes de couleurs assorties à leurs préjugés, et en venaient à se forger une vision bien à eux des villes et des paysages.

Sitôt apparue, cette nouvelle race de voyageur proliféra et se diversifia : les spécimens solitaires faiblissaient, tandis que le type qui marchait en troupe gagnait en force. Mais la variété du touriste des origines était encore très répandue en 1858, lorsque le philosophe et historien Hippolyte Taine en proposa une définition :

> Les jambes longues, le corps maigre, la tète penchée en avant, les pieds larges et forts, les mains vigoureuses, excellentes pour serrer et accrocher. Elle est munie de cannes, de bâtons ferrés, de parapluies, de manteaux, de pardessus en caoutchouc. [...] Elle arpente le terrain d'une façon admirable. [...]
>
> J'ai trouvé et ramassé à Eaux-Chaudes le journal de l'un de ces touristes marcheurs. Il est intitulé *Mes Impressions* :
>
> 3 août : Traversée du glacier. Mon soulier droit se déchire. Arrivée au sommet [de la Maladetta]. Vue de trois bouteilles laissées par les précédents touristes. [...] Au retour, je suis fêté par les guides. Cornemuse le soir à ma porte, gros bouquet avec un ruban. Total : cent soixante-huit francs.
>
> 15 août : Départ des Pyrénées. Trois cent quatre-vingt-onze lieues en un mois, tant à pied qu'à cheval et en voiture. Onze ascensions, dix-huit excursions. J'ai usé deux bâtons ferrés, un pardessus, trois pantalons, cinq paires de souliers. Bonne année.
>
> P. S. Pays sublime. Mon esprit plie sous ces grandes émotions [3].

La légende héroï-comique du tourisme français était née un siècle plus tôt, juste derrière la frontière de Savoie, le 21 juin 1741. Cet après-midi-là, le recteur de Chamonix et ses ouailles furent surpris d'entendre leurs montagnes renvoyer des échos de coups de pistolet et de claquements de fouet. Quelques heures plus tard, ils remarquèrent une étrange caravane qui s'éreintait inexplicablement à remonter la gorge profonde de l'Arve. Huit gentlemen anglais et cinq domestiques, « tous bien armés », négociaient le torrent avec des chevaux exténués, dont certains avaient déferré en chemin [4].

Depuis qu'il avait pris résidence à Genève, le chef de l'expédition, William « Boxing » Windham, était fasciné par ces lointaines montagnes blanches où l'on disait qu'il y avait de vastes champs de glace appelés des glacières. Il résolut de partir à l'assaut des Montagnes Maudites, mais ne trouva naturellement personne d'assez téméraire pour l'accompagner. Or, l'explorateur Richard Pococke, de retour d'Égypte et du Levant, faisait justement étape en ville avant de rentrer à Londres. Avec six autres jeunes Anglais désœuvrés venus compléter leur éducation à Genève, Windham et Pococke se mirent en chemin le 19 juin. Il leur fallut trois jours pour atteindre Chamonix, au pied du glacier du Montenvers.

Jusqu'à présent, seuls quelques intrépides directeurs des gabelles, des évêques en tournée et les cartographes des ducs de Savoie avaient poussé jusqu'à Chamonix [5]. Les villageois, en revanche, avaient vu du pays. Ils allaient vendre des peaux de chamois, des cristaux et du miel à Genève ; leurs bergers, excellents fromagers, étaient demandés dans toute la région ; et beaucoup avaient endossé leur balle de colporteur et étaient partis à pied vers Paris, en passant par Dijon et Langres, d'où ils affirmaient apercevoir leurs montagnes à l'horizon [6]. À tout moment donné, près d'un tiers des Chamoniards vivaient à Paris.

La petite troupe d'Anglais refusa l'hospitalité qui lui était offerte et planta son camp à la sortie du village. Des gardes furent postés tout autour et des feux brûlèrent toute la nuit. Des dizaines d'années plus tard encore, les vieux de Chamonix régalaient leurs visiteurs d'anecdotes sur ces Anglais sur le qui-vive, prêts à repousser bravement des brebis échappées et des gamins curieux. Excellents imitateurs, les Chamoniards prirent sans doute un malin plaisir à exagérer les précautions de l'équipe de Windham [7]. Mais Windham lui-même exagéra l'ignorance de ses hôtes. Les peuplades « primitives » étaient une composante essentielle des espaces sauvages qu'il était venu explorer. Au matin, interrogeant les autochtones sur les glaciers, il eut la satisfaction d'entendre des histoires « ridicules » (mais guère surprenantes) de sorcières tenant sabbat sur la glace.

Après avoir recruté des guides et des porteurs, et relevé ce qu'il prit pour l'admiration des villageois à l'égard de sa vaillante équipe, Windham et ses compagnons traversèrent à grands efforts « un dégât affreux » amassé par les avalanches de neige, chancelèrent sur des rebords de précipices et suivirent la piste mille fois foulée par les chasseurs jusqu'au sommet du Montenvers [8]. (Soixante ans plus tard, l'impératrice Joséphine suivit le même itinéraire, escortée de soixante-huit guides et de ses dames de compagnie.) De cette éminence, ils virent « un spectacle indescriptible » : « Il faut s'imaginer le lac [Léman] agité d'une grosse bise et gelé tout d'un coup [9]. » Ce décor que l'on aurait plus volontiers attendu du Groenland fut par la suite dénommé – pour ne pas dire sous-titré – la mer de Glace.

La contribution majeure de William Windham au développement du tourisme ne fut pas tant sa découverte des « glacières des Alpes » que sa sensibilité romantique importée. Son récit défraya les conversations des salons genevois. Publié en 1774 dans toutes les revues européennes, il connut aussitôt un grand retentissement. Soudain, les montagnes furent à la mode. Pour la plupart de ses contemporains, des abrupts glacés étaient à peu près aussi engageants qu'un village sale ou une église gothique délabrée. « Que pensez-vous de ces horreurs ? » demanda une dame de la bonne société à Jean Dusaulx lorsqu'il arriva dans les Pyrénées en 1788 [10]. Elle parlait de ce que l'on appellerait bientôt un « site ». Mais les montagnes n'étaient alors que des étendues incultes qui se trouvaient être verticales. Jusqu'à la fin du XVIIIe siècle, très peu de récits de voyages en Provence font mention du mont Ventoux, qui semble aujourd'hui dominer et articuler le paysage. Rares étaient ceux qui avaient même idée de ce qu'était une montagne. En 1792, un prêtre fuyant la Terreur fut stupéfait de voir se dresser devant lui d'énormes masses rocheuses qu'une demi-journée ne suffisait pas à escalader : « Je m'étais représenté une montagne comme une élévation monstrueuse [...] mais pour l'ordinaire isolée [11]. »

Pour ceux qui s'étaient un jour posé la question, les montagnes – et les gens qui les peuplaient – étaient des vestiges du monde primitif. La Terre, comme la race humaine, progressait à petits pas vers un état de perfection, qui serait atteint « quand les pentes auront ce degré d'inclinaison où il n'y a plus d'éboulement possible, quand la végétation [...] s'assoira en paix sur les cadavres des montagnes [12] ». « Des pierres si grossières, et des habitants si laids ! » s'exclama Horace Walpole après avoir passé quatre jours à traverser les Alpes et vu son petit épagneul emporté dans la gueule d'un loup en plein jour. « J'espère bien ne jamais les revoir [13]. »

Après l'expédition de Windham, les Alpes savoyardes furent envahies par les touristes. « On ne peut jamais rien mentionner de curieux ou de singulier sans s'entendre répliquer [...] Cher monsieur, tout cela est bien joli : mais croyez moi, il n'y a rien de tel que les glacières de Savoie [14] », s'exaspérait en 1799 le médecin écossais John Moore. À la fin du siècle, on pouvait atteindre la mer de Glace à cheval, et un refuge de montagne, le « Temple de la Nature », accueillait les touristes pour la nuit. Il y aurait même pu y avoir une vraie route si Napoléon avait accédé à la demande des Chamoniards. « Ces gens-là entendent mal leur intérêt, contra le Premier consul. Qu'est-ce que les dames auraient à raconter si l'on pouvait aller au Montanvert et sur la Mer de Glace en carrosse [15] ? » Lorsque le poète Shelley visita ce « désert peuplé par les orages seuls [16] », le « désert » comptait suffisamment d'auberges pour loger plusieurs fois la population locale. Un curieux assortiment de commis voyageurs, de professeurs, de peintres, de botanistes, d'aristocrates oisifs et de « blondes aventurières » se retrouvait le soir dans un silence solennel autour de la table d'hôte [17]. Comme plus de la moitié des touristes étaient des Anglais, c'étaient les manières anglaises qui prévalaient. Certains venaient voir la mer de Glace, d'autres escalader le sommet qui venait d'être identifiée comme le plus haut d'Europe : le mont Blanc, gravi pour la première fois en 1786 par un berger du pays et un docteur. Un siècle plus tard, presque tous les géants des Alpes avaient été conquis plusieurs fois. Grâce à des guides diplomates, de nombreux excursionnistes repartaient avec l'agréable impression d'avoir été les premiers à faire l'ascension du pic sur lequel s'était porté leur choix [18].

*

À L'ÉPOQUE DE l'équipée de Windham, dans les parties plus plates de la France, le tourisme était pour ainsi dire inexistant. Il n'y avait pas grand-chose pour permettre à un voyageur de programmer un tour du pays et beaucoup pour l'inciter à rester chez lui. Les ouvrages pratiques n'avaient pas ou peu évolué depuis le guide du pèlerin à Saint-Jacques-de-Compostelle, publié au XIIe siècle. Écrit par un moine de Cluny, il décrivait les principaux itinéraires et lieux saints, les gîtes et les tables, les temps de trajet estimés entre chaque étape et le type d'accueil que pouvait espérer le pèlerin. Globalement, il donnait à comprendre que plus on s'éloignait du nord civilisé, plus le milieu devenait difficile. Au-delà de la Garonne, on parlait une langue « rustique » et incompréhensible ; les Landes (« trois jours à pied ») étaient une région infestée de mouches gigantesques et de sables mouvants, où il était impossible de se procurer de la viande, du poisson, du pain, du vin et de l'eau ; les Gascons étaient ivrognes, lascifs, loquaces, railleurs, mal vêtus et – ce qui n'était pas forcément un bien – accueillants [19].

Plusieurs siècles plus tard, les guides touristiques étaient toujours de la même veine. Les auteurs partaient du principe que leur lecteur était parisien ou que, du moins, il prenait pour point de départ Paris car, comme l'expliquait la préface du *Nouveau voyage de France* (1740), « pour bien se former le goût, et pour bien connaître les mœurs, les coutumes et le gouvernement d'un État, l'on doit commencer par étudier la capitale et la cour [20] ». Pour des raisons évidentes, la plupart de ces livres se bornaient à décrire ce que l'on pouvait voir le long des routes de poste. Jean Ogée avait ainsi complété le titre de son « atlas itinéraire » des grands chemins de Bretagne (1769), précisant : « avec tous les objets remarquables qui se rencontrent à une demi-lieue à droite et à gauche ». On partait du principe qu'en soi, les sites n'étaient pas le but du voyage. La vocation première d'un guide était de distraire le voyageur d'un long parcours ennuyeux, lui fournissant quelques détails historiques dont il pourrait avoir besoin pour chasser sa lassitude et ennuyer ses compagnons de route. Celui de John Breval, « sur plusieurs parties de l'Europe » (1738), s'adressait à cette « classe de lecteurs » capables de tirer plaisir de « la plaine la plus désolée ou [du] village le plus inhabité [21] » pour autant qu'ils aient au moins une date et un nom à mettre dessus.

Faute de disposer de plus amples données géographiques, la grande majorité des rédacteurs allaient puiser les faits dans des éditions précédentes, elles-mêmes plagiées sur des ouvrages encore plus anciens. Ils décrivaient de cette façon des monuments qui n'existaient plus depuis longtemps comme s'ils les avaient réellement visités [22]. Beaucoup ne s'attendaient visiblement pas à ce que l'utilisateur se fie à leurs indications et brossaient des tableaux précis de villes de province imaginaires. François Marlin appréciait le *Dictionnaire universel de la France* de Robert de Hesseln (1771) pour son faible encombrement car, écrivait-il, « il est commode, en parcourant la France, de l'avoir tout entière en six volumes dans les poches de sa voiture ». Malheureusement, en arrivant dans la capitale de la Lozère en 1790, il se rendit compte que les informateurs locaux de Hesseln l'avaient parfois abandonné : « Monsieur Robert a pris la peine de placer la ville de Mende sur une montagne, et il la fait triangulaire et très peuplée ; il n'y a là que trois erreurs [23]. »

À la fin du XIXe siècle encore, de nombreux auteurs, trompés de loin par la blancheur éclatante de son sommet calcaire, signalaient « les neiges éternelles » du mont Ventoux [24]. En 1888, l'un de ces « spécialistes », qui ignorait manifestement que le Gerbier-de-Jonc devait son nom à de deux mots signifiant « rocher » et « montagne », ne craignait pas de broder sur la présence « des joncs croissant en touffes épaisses sur un marécage désolé » couvrant cette hauteur totalement aride. Comme beaucoup de ses collègues, il ne s'était probablement jamais aventuré au-delà des boulevards extérieurs de Paris, sauf peut-être en train [25].

*

AVANT LA RÉVOLUTION, les sites les plus visités de France et des régions voisines composaient une courte liste : les places et monuments de Paris et les châteaux des environs : Fontainebleau, Versailles et Chantilly ; quelques autres villes que l'on disait jolies, du moins de loin – Bordeaux et ses quais, Lyon et sa conurbation en bordure du Rhône, Marseille et ses faubourgs ; et les chantiers navals de Toulon et de Rochefort. Le Mont-Saint-Michel fourmillait déjà de cabarets et de boutiques de souvenirs au XVIIIe siècle. Les principales attractions naturelles étaient les glaciers de Savoie ; l'amphithéâtre de rochers du cirque de Gavarnie dans les Pyrénées ; la Perte du Rhône, où le fleuve disparaissait dans une grotte souterraine ; la source résurgente de la Fontaine de Vaucluse ; et la source de la Seine, qui n'avait rien d'extraordinaire mais présentait l'avantage d'être proche d'une grande route de poste. Les prodiges modernes comme le canal du Midi, les jardins et la pagode de Chanteloup, près d'Amboise sur la Loire, et le pont de Tours étaient des sites touristiques à part entière. Les cathédrales faisaient couler beaucoup moins d'encre que les ruines romaines, et surtout que les arches, les amphithéâtres et les temples d'Autun, de Saintes, de Nîmes, d'Orange et d'Arles, et que l'aqueduc du pont du Gard, quoique, même en été, il y eût de fortes chances pour qu'il fût désert [26]. C'était là à peu près tout ce qui aurait pu retenir un voyageur en route pour les merveilles d'Italie. L'*Itinéraire des routes les plus fréquentées* (1783) recommandait « de passer dans quelques unes des villes principales quinze jours ou trois semaines », assurant à ses lecteurs que, « avec un peu de discernement, [ils] pourr[aient] [se] flatter de connaître la France et les Français [27] ».

Quelques hauts lieux du tourisme français, célèbres depuis le Moyen Âge, commençaient à montrer leur âge. La province du Dauphiné avait même une forme primitive de circuit touristique appelé « Les sept merveilles du Dauphiné », qui en comptaient en fait quinze [28]. Ces « merveilles » étaient un pêle-mêle de structures et de phénomènes naturels que la légende locale avait décrétés miraculeux : la Fontaine vineuse, qui fit par la suite la fortune d'une société d'eau minérale en bouteille ; le Pré qui tremble (un grande motte de tourbe ronde au milieu d'un marais) ; la Montagne inaccessible (le mont Aiguille) dont on savait qu'il avait été gravi en 1492 sur ordre de Charles VIII mais qui était toujours décrit au milieu du XIXe siècle comme une pyramide renversée ; la Manne de Briançon (phénomène lié à la sève des mélèzes) ; et la Tour sans venin, perchée sur une montagne glaciale au-dessus de Grenoble, où jamais on ne vit de serpent.

La Tour sans venin, qui devait sans doute son nom à saint Vérin, est maintenant tristement abandonnée, et pas uniquement des serpents. Un détour par ces lieux que l'on disait merveilleux il y a deux cents ans constitue aujourd'hui un voyage étrangement décevant. Très peu de curieux visitent encore les grottes de Bétharram, les carrières d'ardoise d'Angers ou le lac sans fond de Signy, dans les Ardennes. Parmi le classement des vingt-cinq sites touristiques les plus fréquentés de France en 1996 (en dehors des casinos et des stations de ski), le seul qui puisse être qualifié de miraculeux est la chapelle de la Médaille miraculeuse de la rue du Bac à Paris, où la Vierge Marie avait ordonné en 1830 de faire frapper une médaille. Les pionniers du tourisme seraient sidérés par la taille des guides de France modernes en plusieurs volumes et plus encore stupéfaits de ne pas y trouver certains des puits, cataractes et grottes autrefois si célèbres. Pour des raisons similaires, les générations futures se demanderont peut-être pourquoi les vacanciers du début du XXIe siècle se pressaient dans les paysages désolés de Camargue, dans le Marais poitevin infesté de mouches, ou sur les plages écrasées de soleil de la Côte d'Azur.

Le processus de découverte de la France consistait en partie à déterminer ce qui valait la peine d'être découvert et comment, au juste, l'apprécier pleinement. Les touristes de la fin du XVIIIe et du début du XIXe étaient à la charnière entre l'époque des pèlerinages et celle du tourisme de masse. Mis à part quelques attractions locales comme la fausse « maison de Pétrarque et de Laure » de la Fontaine-de-Vaucluse, les lieux qu'ils visitaient n'avaient pas été commercialisés, intégrés à des voyages organisés ni expliqués par une foison de brochures et de panneaux d'information. Au XIIe siècle, les lecteurs du guide de Saint-Jacques-de-Compostelle savaient exactement ce qu'ils avaient à faire en arrivant aux Alyscamps (« Champs Elysées »), la nécropole romaine des environs d'Arles. Ils devaient, « conformément à la coutume, intercéder pour les morts par des prières, des psaumes et des aumônes [29] ». Les guides modernes ne proposaient aucun objectif pratique comme celui de sauver des âmes de l'Antiquité. Le *Guide pittoresque, portatif et complet du voyageur en France* (1842) conseillait simplement les Alyscamps dans le cadre d'une « promenade agréable pour la variété des sites et des paysages [30] ». Un autre ouvrage y voyait une occasion de « prendre note et dessin [31] ». Mais la plupart des Français de passage à Arles déployaient bien plus de zèle à chercher les indices des gloires passées auprès des

Arlésiennes à la beauté légendaire, dont on pensait qu'elles descendaient des Grecs.

Les merveilles tels les puits magiques et les arbres sacrés n'avaient rien pour impressionner la nouvelle génération de voyageurs. En 1811, un historien alsacien, Georges Depping, publia le premier guide complet des « curiosités naturelles » de la France. Il consacra tout un chapitre aux sept merveilles du Dauphiné, les analysant « d'une manière qui ne laissera plus de doute sur leur nullité ». Il concédait toutefois que les étranges formations rocheuses et sources volcaniques présentaient un indéniable intérêt esthétique et scientifique, et engageait les touristes à admirer leur beauté, à observer les mécanismes de la nature et à s'émerveiller de la crédulité de leurs ancêtres [32].

*

LE PREMIER GUIDE publié en France à l'intention de cette espèce nouvelle de touristes éclairés fut l'un des plus passionnés, des plus consciencieux et des plus inutiles jamais écrits. Les premiers fascicules des *Voyages dans les départements de la France* de Joseph Lavallée parurent en 1792. Révolutionnaire converti, Lavallée voulait montrer à ces Parisiens dédaigneux que les provinces étaient tout aussi intéressantes que leur capitale surdimensionnée. Avec ses collaborateurs, il entreprit de couvrir tout le pays en traçant une ligne ininterrompue à travers tous les départements, sans jamais repasser deux fois par le même.

Au-delà de son itinéraire excentrique mais théoriquement rationnel, le livre était original à plusieurs égards. D'abord parce qu'il semble que Lavallée et son équipe aient véritablement effectué le voyage. (Le dessin de Valenciennes présente la ville de très loin car l'artiste redoutait d'être pris pour un espion et abattu. Le chapitre sur la Loire-Inférieure passe à côté de la plus grande partie du département car les routes étaient impraticables et les vents empêchèrent le bateau d'accoster à Quiberon [33].) Ensuite parce que le livre devait être vendu dans tout le pays, dans chaque bourg disposant d'un maître de poste. Et enfin parce qu'il redéfinissait les sites qu'un touriste patriote se devait de voir. Dédaignant les vieilles cathédrales lugubres, il vantait les usines, les promenades publiques et les nouvelles cités d'habitation. Ses commentaires sur Nancy sont à ce titre caractéristiques :

> Les casernes sont magnifiques, l'hôpital est beau. [...] Les autres édifices, tels que les églises, par exemple, sont méprisables, et là, comme dans bien d'autres lieux, l'évêque était mieux logé que le Dieu qu'il feignait d'encenser [34].

Ce guide se distinguait également en ceci qu'il disait du bien des provinciaux, mais ici encore, le Breton faisait exception à la règle : victime ignorante de l'oppression de l'aristocratie, il buvait jusqu'à s'abîmer dans un état de fureur suicidaire, « et l'air gémit souvent des coups effrénés que sa tête en délire assène contre les murailles insensibles [35] ».

En dépit de leur rhétorique extravagante, les *Voyages* de Lavallée ont contribué à imposer un concept que nous associons aujourd'hui à la notion de civilisation : la conviction que la beauté naturelle et l'intérêt historique font partie de la richesse d'un pays. C'était encore une idée nouvelle à l'époque où certains administrateurs envoyés dans les nouveaux départements intégrèrent des sites pittoresques dans les enquêtes sur les ressources de leur circonscription. La description de l'Ariège que rédigea en 1800 Jean-Baptiste Mercadier est l'un des premiers documents officiels à évoquer le potentiel économique des attractions touristiques. Il faisait état de « grottes pleines de stalactites », de dépôts de fossiles, de sources d'eaux minérales et de la fontaine de Bélesta qui avait bien failli être transformée en horreur industrielle par un propriétaire de scierie. Il citait également les châteaux en ruine perchés sur les hauteurs de l'Ariège, et en particulier Montségur « célèbre par la défaite des Albigeois qui y furent massacrés [36] ». C'est la première référence au « tourisme cathare [37] », qui est aujourd'hui une source de revenus vitale pour la région.

Ici encore, le pays que l'on appelait invariablement « l'Angleterre » joua un rôle essentiel. Après la chute de Napoléon, la curiosité et les taux de change poussèrent les touristes britanniques à traverser la Manche en nombre. Comme l'expliquait Morris Birkbeck dans ses *Notes on a Journey Through France* (1815), « douze années se sont écoulées depuis qu'est apparu un récit authentique sur l'état intérieur de la France, qui est donc, pour ainsi dire, un pays inconnu [38] ». Les récits étrangers étaient traduits en français et révélaient à ses propres habitants un monde magique de trésors insoupçonnés. À défaut de sources d'information directes, Walter Scott avait dû largement inventer la France qu'il décrivit dans *Quentin Durward ou L'Écossais à la cour de Louis XI* (1823), mais dès sa parution en France, le roman suscita un véritable engouement pour la vallée de la Loire [39]. Stendhal, qui détestait la Bretagne, reconnut que grâce aux descriptions de Scott, la misère et la laideur du paysage lui procuraient de délicieuses émotions [40]. Une porcherie drapée d'écharpes de brume devenait tout d'un coup un objet d'infinie fascination.

Bien qu'ils soient impossibles à quantifier, on imagine aisément les effets de cette invasion au lendemain de la campagne de 1815. Les « clergymen boutonnés » et les « vieilles ladies munies d'album [41] » qui débarquaient à Calais et à Boulogne offraient un spectacle suffisamment insolite pour que chacun se retourne sur leur passage. Dans les années 1820, des villages entiers virent sans doute le peintre J. M. W. Turner esquisser des paysages le long de la Seine et de la Loire, descendant de la diligence pour parcourir à pied les derniers kilomètres avant d'entrer dans un bourg [42]. D'autres durent également remarquer Henry Wadsworth Longfellow qui arpentait les berges de la Loire d'Orléans à Tours, engageant la conversation avec des paysans dans les vignobles, et semblait habiter un autre univers :

> La paysannerie était encore occupée à ses tâches ; et un chien qui aboyait de temps à autre, et le bruit lointain d'une cloche du soir, ajoutaient au romantisme de la scène. La réalité de tant de rêves d'enfance, de tant de rêveries poétiques de jeunesse était devant moi. J'étais là, au coucher du soleil, au milieu des luxuriants vignobles de France !
>
> La première personne que je rencontrai était une pauvre vieille, un peu courbée par l'âge, ramassant des raisins dans un grand panier. [...]

« Vous n'êtes sûrement pas d'ici, Monsieur.
— En effet, mon pays est très loin d'ici.
— À combien ?
— Plus de mille lieues. »
La vieille femme parut incrédule.
« Plus de mille lieues ! » répéta-t-elle pendant un bon moment.
« Et pourquoi êtes vous venu si loin de chez vous ?
— Pour voyager ; – pour voir comment vous vivez dans ce pays.
— Vous ne connaissez donc personne dans le vôtre [43] ? »

Les visiteurs britanniques et américains voyageaient le long des routes commerciales comme des commis voyageurs qui n'avaient rien à vendre, et colonisaient également des régions négligées. À la fin du XVIIIe siècle, Calais était pratiquement bilingue [44]. Après Waterloo, la population de Tours et de la Touraine doubla presque [45]. Les Britanniques avaient découvert Pau pendant la guerre d'Indépendance espagnole. Ils y revinrent en temps de paix pour jouir de l'air tonifiant, de la vue sur les Pyrénées et, bientôt, de leurs propres villas, des bowlings et du premier terrain de golf du continent. Dans un pays où l'on tenait encore les gens d'un canton voisin pour des étrangers, les touristes qui parcouraient le territoire avec autant d'aisance que s'il se fût agi d'une énorme prairie de village réussirent bien mieux que les plus fervents patriotes tel Lavallée à éveiller un sentiment d'orgueil national.

*

MALHEUREUSEMENT, ces étrangers sensibles avaient été devancés sur la piste des trésors nationaux. Une multitude de ferrailleurs et de marchands d'antiquités s'étaient engouffrés dans la brèche ouverte par la vente des biens confisqués à l'Église et à l'aristocratie. On les appelait la « Bande noire ». Dans *Le Curé de village*, Balzac décrit l'un de ces spéculateurs parasites – un certain Sauviat, rétameur industrieux qui avait par le passé sillonné l'Auvergne en troquant des marmites et des assiettes contre de la vieille ferraille :

En 1793, il put acquérir un château vendu nationalement, et le dépeça. Le gain qu'il fit, il le répéta sans doute sur plusieurs points de la sphère où il opérait. Plus tard, ces premiers succès lui donnèrent l'idée de proposer une affaire en grand à l'un de ses compatriotes à Paris. Ainsi, la Bande noire, si célèbre par ses dévastations, naquit dans la cervelle du vieux Sauviat, le marchand forain [46].

Des pilleurs d'épaves entreprenants de la même eau que Sauviat repéraient les richesses architecturales de la France aussi sûrement que s'ils avaient possédé un guide moderne recensant les sites trois étoiles. Entre-temps, les Français continuaient d'écrire des ouvrages touristiques dans la plus totale ignorance des trésors qui étaient en train d'être saccagés. Ils citaient Carcassonne pour ses filatures, mais n'avaient pas une ligne pour ses remparts médiévaux. Un rapport de 1807 sur le département du Gers affirmait que d'inestimables ouvrages du XVIe siècle étaient pillés et vendus au poids comme papier d'emballage, et que seuls les touristes anglais les sauvaient. « Si cette destruction continue encore deux ou trois ans, il n'y aura plus moyen d'étudier chez nous l'histoire et la littérature nationales dans les originaux [47]. » Vingt ans plus tard, le romancier Pigault-Lebrun en visite à Orange faisait négligemment remarquer que l'« on ne [pouvait] marcher ici sans fouler aux pieds quelque chose qui [eût] appartenu aux Romains [48] ».

On attribue généralement ces déprédations à certains groupes qui poursuivaient des objectifs bien particuliers : les huguenots, les sans-culottes anticléricaux, les envahisseurs prussiens et les pillards de la Bande noire. Or la Bande noire n'a jamais existé en tant qu'institution. Certains de ses associés, parmi les plus avisés, ont peut-être même limité le processus de destruction en trouvant des débouchés à leurs prises. Le cloître de l'abbaye de Saint-Michel-de-Cuxa, dans les Pyrénées-Orientales, est aujourd'hui visible au musée des Cloîtres de Manhattan, aux côtés de ceux de quatre autres églises médiévales françaises. Sans la Bande noire, ces ensembles auraient pu subir le même sort que les visages de saints et linteaux sculptés, dont n'importe quel paysan du cru qui prenait la peine de grimper une côte avec une brouette ornait sa masure. (On rencontre encore de-ci delà des témoignages de ces rapines : un fragment de colonne de la basilique de Saint-Denis, par exemple, sert aujourd'hui d'arrêt de porte à un café-restaurant du quartier.)

La grande majorité des dégâts n'est pas le fait de marchands sans scrupules, mais de petits larcins, de négligences, de réparations faites à la va-vite et de restaurations ignorantes. Un maréchal-ferrant installa sa forge dans les vestiges de la cathédrale de Mâcon. L'église de La Charité-sur-Loire fut investie par les poules et les enfants. À Poitiers, un marchand de sel s'établit à Notre-Dame-de-la-Grande, où des résidus de ses réserves continuent de ronger la pierre. Les façades gothiques de la collégiale Saint-Gengoult de Toul sont encore à demi occultées par les vitrines d'un agent immobilier, d'une échoppe de cordonnier et de la boutique Marie-Jo.

L'Église participa à la dégradation de ses propres biens. Les chanoines de la cathédrale d'Autun démolirent le superbe tombeau de saint Lazare ainsi que sa miniature en marbre de l'édifice d'origine, et décapitèrent le Christ ornant le tympan, qui est aujourd'hui considéré comme un chef-d'œuvre de la sculpture romane. En 1825, on défonça à la masse des figures de pierre sculptées sur la façade de la cathédrale de Reims, au cas où elles tomberaient sur le roi lors de la cérémonie de couronnement. L'État était lui-même un propriétaire fruste et maladroit : il convertit le Mont-Saint-Michel en prison, le palais des Papes en caserne et, après avoir présidé à son démantèlement presque total, l'abbaye de Cluny en haras national. Il laissa par la suite le tracé d'un canal et d'une voie ferrée passer au beau milieu de l'antique nécropole d'Arles.

Les poètes et amateurs d'art venaient à peine d'apprendre l'existence de ce pays magique qu'ils le trouvèrent en ruine. Les ruines avaient toutefois un charme bien à elles. Pour les générations qui avaient grandi à l'ombre de la Révolution, les cathédrales et les châteaux étaient auréolés du mystère des temps anciens et des certitudes imaginaires de l'enfance. Ces édifices venaient de l'autre côté de l'abîme historique. Charles Nodier, qui collabora à une série très appréciée de *Voyages pittoresques**

* Le terme « *pittoresque* » doit ici s'entendre dans son acception première, c'est-à-dire « digne d'être peint ».

et romantiques dans l'ancienne France (à partir de 1820), se décrivait comme « un voyageur obscur, mais religieux, au travers des ruines de la patrie », un « pèlerin » en quête d'un dieu. Chaque tome de cette collection était illustré de magnifiques gravures de ruines infestées de chauves-souris et recouvertes de lierre sous des ciels d'orage : les dentelles de pierre déchiquetées de l'abbaye de Jumièges, dont on continuait de démembrer les restes pour les vendre morceau par morceau, semblaient appartenir au même passé oublié que les vestiges romains d'Orange livrés à l'abandon.

Ces récits s'adressaient moins à un public savant qu'à des lecteurs sensibles à l'art : « Ce voyage n'est pas un voyage de découvertes, c'est un voyage d'impressions [49]. » Par bonheur, l'érudition dominait. Pour Charles Nodier, Victor Hugo et d'autres écrivains modernes, les ruines n'étaient pas simplement la caisse de résonance de l'âme romantique, mais des indices de l'identité nationale qui méritaient d'être étudiés et préservés. Le sauveur de nombreuses églises et monuments qui sont désormais des étapes incontournables d'itinéraires touristiques fut Prosper Mérimée, l'auteur de *Carmen*. En 1834, il inaugura le poste d'inspecteur général des Monuments historiques. Entre 1834 et 1852, il passa près de trois ans sur les routes, pour découvrir ce que l'on appelle aujourd'hui « le patrimoine » et batailler contre des autorités locales qui tenaient les marteaux de démolition pour les instruments du progrès [50]. Il eut à endurer de longues soirées ennuyeuses dans de « misérables trous » et des dîners officiels qui ne lui laissaient plus le temps d'évaluer par lui-même les attraits des femmes locales [51]. Il se rendit en Auvergne et en Corse. Il harcela des hommes politiques à Paris et parvint à faire inscrire près de quatre mille édifices à la liste des monuments historiques. Sans lui, une compagnie de chemin de fer aurait abattu le pont d'Avignon. Les basiliques de Vézelay et de Saint-Denis, les cathédrales de Strasbourg et de Laon et des quartiers entiers de nombreuses villes médiévales auraient disparu à jamais [52].

À l'heure où tout le monde est d'accord avec Mérimée, on imagine mal la solitude dans laquelle il œuvra. Jusqu'en 1870, un magazine populaire relevait que les maisons médiévales à pignon pointu et à charpente apparente étaient encore très courantes dans de nombreux villages normands, mais que très peu « méritaient d'être préservées » :

> Elles ne conviennent plus guère aux besoins de la vie moderne. [...] Si elles reposent la vue de la platitude du plâtre et de l'insignifiance du moellon, elles appellent à l'esprit des époques médiocrement heureuses, les existences rétrécies et comme ratatinées [53].

La plupart de ces vieilles maisons seraient détruites par les bombardements alliés de la Seconde Guerre mondiale. Les rares qui en réchappèrent sont aujourd'hui les objets d'une vénération qui confine au fétichisme. Parallèlement, des bâtiments encore plus anciens qu'avait identifiés Mérimée sont toujours délaissés et malmenés : les antiques cabanes de pierre qui dominent les plateaux des Causses comme des guérites délaissées sont jonchées de détritus ; à Bagneux, un énorme dolmen est enfermé derrière des grilles de métal tel un ours en cage. Les mégalithes préhistoriques étaient plus appréciés des voyageurs romantiques que de nos contemporains, peut-être parce que leur beauté tient moins à des détails architecturaux qu'à une subtile alliance avec le paysage. Dans ses notes sur l'ouest de la France, Mérimée évoquait les destructions infligées par l'Église catholique à ces symboles de cultes païens, mais il remarqua également une forme plus récente d'iconoclasme qu'une longue et ignominieuse carrière attendait :

> Les Ponts et Chaussées leur ont fait subir une persécution bien plus rigoureuse que les conciles que je citais tout à l'heure. Depuis mon voyage dans le Morbihan, on a cassé les plus beaux menhirs d'Erdeven pour ne pas faire dévier une route de quelques mètres [54].

*

APRÈS TANT DE jours dans les provinces, tant de nuits d'insomnie dans des villes somnolentes, impatient de retrouver Paris, Mérimée aurait probablement pu écrire un rapport tout aussi accablant sur la nouvelle industrie touristique et sur les principaux obstacles à son développement : des hôtels déplorables et une nourriture infecte.

Les choses s'étaient certes beaucoup améliorées depuis la Révolution : les lignes de diligence étaient plus fiables, les routes plus rapides et des ponts enjambaient des passages naguère infranchissables. Il y avait moins de brigands à l'affût dans les forêts, et leurs cadavres imperméabilisés au goudron ne pendaient plus aux gibets des bords de route pour terrifier les voyageurs qu'ils avaient terrorisés de leur vivant. Une génération plus tôt à peine, le voyage en France s'était avéré intolérablement ennuyeux même pour un membre de la famille royale. En 1778, à l'âge de treize ans, le duc de Montpensier fut envoyé en excursion pédagogique à l'abbaye de La Trappe, dans le Perche. Quoiqu'il fût accompagné d'un artiste, d'un botaniste et de Mme de Genlis, chargée de l'instruire de l'histoire des lieux qu'ils passaient, il ne goûta pas son expérience de touriste :

> Nous sommes partis de Versailles à neuf heures et demie et arrivés [à Mortagne] à six heures. Nous avons parcouru ce soir toute la ville qui est affreuse. On nous a fait remarquer un vieux puits abominable comme étant un des plus beaux morceaux de la ville. Nous sommes ici dans une très mauvaise auberge. Cependant les lits et les draps sont propres [55].

Ce fut sans doute à sa gouvernante Mme de Genlis qu'il dut d'avoir des draps propres, si l'on en juge par le chapitre de son guide de conversation portant sur l'hôtellerie :

> Il sent bien mauvais ici.
> Il faut balayer la chambre, et brûler du sucre et du vinaigre. Précaution qu'on doit toujours prendre en entrant dans une chambre d'auberge.
> Apportez-nous des draps, et bien blancs, je les examinerai avec soin, je vous en avertis.
> J'ai des draps à moi. Mais je prends toujours les draps de l'auberge afin de les mettre immédiatement sur le matelas, ensuite je pose mes draps par dessus [56].

Avant que les touristes étrangers ne débarquent avec leur argent et leurs exigences, la majorité des hôtels étaient en fait de simples auberges de poste. On y mangeait à la table commune et les chambres spartiates se résumaient parfois à un mauvais grabat dans la cuisine ou la salle commune. La table était généralement occupée par des représentants de commerce qui se servaient dans la soupière avant les dames et n'avaient manifestement besoin que de très peu de sommeil.

Seuls les grands hôtels proposaient des chambres privées. Ailleurs, de nombreux voyageurs devaient se résigner à partager le lit d'un membre de la famille de l'aubergiste ou d'un compagnon de route. En 1728, un guide des usages consacrait plusieurs paragraphes à cette situation délicate : « S'il arrivait qu'à cause du mauvais logement on dût coucher dans la chambre de la personne pour qui on doit avoir du respect, la civilité est de la laisser déshabiller et coucher la première ; [...] et se coucher sans bruit, demeurant tranquille et paisible durant la nuit. » Le matin, il n'était pas question de se montrer nu, ni même de se regarder dans un miroir et de se peigner, et moins encore si le lit était dans la cuisine, « où il peut voler des cheveux dans les plats [57] ».

À l'écart des grandes routes, en fait d'« auberge », on ne trouvait souvent qu'une ferme dont le propriétaire était si habitué à ce qu'on lui demande l'hospitalité qu'il avait installé des lits infestés de puces dans une grange [58]. Bien après le début du XIXe siècle, la plupart de ces aubergistes improvisés refusaient de faire payer le gîte et le couvert à leurs hôtes et s'offusquaient si ceux-ci tentaient de les dédommager. Les touristes – et plus particulièrement les touristes français – qui s'aventuraient dans les contrées les plus sauvages semblaient trouver normal que leur témérité fût récompensée et se plaignaient amèrement des logeurs qui essayaient de tirer quelque profit. Les « deux amis » qui publièrent en 1835 un guide « artistique » des Pyrénées mettaient en garde contre « le vrai type du montagnard, qui est curieux, intéressé, avide, grossier et ignorant [59]». À leur grand dam, les habitants de Sainte-Marie-de-Campan les envoyèrent au diable, arguant qu'ils étaient trop pauvres pour les héberger. Le cordonnier qui leur permit aimablement de dormir sur le pavé de son échoppe dut être surpris du nombre croissant de gens qui vinrent frapper à sa porte après le passage des « deux amis » : le guide donne son nom et son adresse dans sa liste d'hôtels, ainsi que celle de Don Fanlo, à Panticouse, de l'autre côté de la frontière espagnole, qui, « sans être aubergiste, offre une hospitalité généreuse et ne réclame des étrangers que les frais qui lui sont occasionnés [60] ».

Après la chute de Napoléon, lorsque le commerce et le tourisme reprirent, on vit apparaître davantage d'hôtels dignes de ce nom. Des enseignes comme l'Hôtel des Alliés, des Anglais ou des Américains étaient ordinairement gage de confort (le terme même de « confort » fut d'ailleurs emprunté à l'anglais pour désigner les commodités de la vie). Les hôteliers des grandes villes envoyaient des domestiques à la rencontre de la diligence. En 1812, à peine descendus de leur véhicule sur la place d'Auxerre, Georges Depping et ses compagnons de voyage furent assaillis par une nuée de servantes chantant les louanges de leurs établissements respectifs.

> Ce fut la beauté qui l'emporta. Tous les voyageurs se rangèrent spontanément du côté de la plus jolie des solliciteuses, au grand dépit des autres, qui cherchèrent encore à entraîner ceux qui restaient un peu en arrière. Mais la première, semblable à une bonne bergère, eut soin de les écarter de son troupeau et parvint à le conduire tout entier à l'Auberge du Léopard [61].

L'aubergiste pouvait également cumuler les fonctions de maître de poste, marchand de bois, marchand de tabac et maire. En dépit de ces monopoles, les tarifs s'alignèrent très rapidement dans tout le pays, ce qui n'était pas pour arranger les voyageurs français dont la devise valait beaucoup moins que la livre ou le dollar. Victor Hugo définit dans *Les Misérables* la vocation des aubergistes : « râper l'homme, plumer la femme, éplucher l'enfant » ; et « savoir de combien l'ombre use le miroir et tarifer cela [62] ». Un repas coûtait environ trois francs, vin compris si l'auberge se trouvait dans une région viticole ; pour la pension complète, il fallait compter entre six et huit francs par jour, à une époque où le salaire moyen journalier d'un ouvrier était d'un franc cinquante.

Les touristes américains et britanniques ne trouvaient habituellement rien à redire aux prix, mais étaient souvent horrifiés par le manque d'hygiène. « N'oubliez pas d'emporter dans vos bagages un pain de savon », conseillait le guide Murray, ajoutant : « les installations destinées aux ablutions personnelles laissent beaucoup à désirer ». Il n'était pas rare que les repas soient servis dans les chambres, aux murs et au sol « noirs d'années de crasse accumulée » et grouillantes de punaises [63]. La femme de chambre de Mme Cradock en tua quatre cent quatre-vingts dans une seule pièce en quelques jours [64]. On voyait parfois dans la cuisine un chien se débattre avec des boyaux. Dans la cour d'une auberge des environs de Lyon, Philip Thicknesse s'étonna de voir déposer des épinards dans une corbeille plate, apparemment destinée aux chiens. Ce soir-là, la servante les présenta à sa table. (« Je les lui ai renversés sur la tête, avec le plat [65]. »)

Pour beaucoup d'étrangers, l'expédition la plus pénible n'était pas le passage d'un col des Alpes ni un voyage de nuit sur une mauvaise route, mais l'incontournable visite des cabinets d'aisance. Les exigences des Britanniques finirent par transformer les hôtels en établissements efficaces et impersonnels que les Français jugeaient sans âme et intimidants, mais les résultats n'étaient pas toujours à la hauteur des attentes des étrangers. À Nîmes, en 1763, Tobias Smollett trouva « le temple de Cloacine » « dans un état absolument scandaleux » :

> La servante me dit que sa maîtresse l'avait fait bâtir spécialement pour les voyageurs anglais ; mais elle regrettait maintenant amèrement ce qu'elle avait fait, car tous les Français qui fréquentaient sa maison, au lieu d'utiliser le siège, laissaient leurs offrandes sur le sol, qu'elle était obligée de faire nettoyer trois ou quatre fois par jour [66].

Les touristes se laisseraient plus tard troubler par les bidets et décontenancer par les deux marchepieds de part et d'autre d'un petit trou noir, mais avant même l'apparition de ces commodités modernes, ils avaient d'autres mystères à élucider. En 1812, un voyageur de passage dans le Béarn logé au quatrième et dernier étage d'un lit superposé fut réveillé en pleine nuit par un bruit singulier de craquements de poulies et de cordes assorti d'une désagréable odeur. Dans l'obscurité, une voix lui chuchota : « Ce n'est rien, Monsieur, c'est le vicaire qui monte [67] ! » C'était ainsi que l'on appelait dans la région le pot de chambre. Dans un pays qui respecte toujours le droit de chacun à se soulager, au besoin en public, on ne s'encombrait pas de manières en ce domaine. Tout le monde pouvait utiliser à sa guise l'emplacement réservé à cet effet dans une cour de ferme. Dans les villages, des espaces abrités tels que les ponts ou les allées couvertes étaient, selon le *Grand Dictionnaire universel*, « le water-closet de plusieurs générations, mais le grand air est encore là comme désinfectant [68]. »

En ville, les toilettes publiques pouvaient être étonnamment agréables. Dans son guide de Paris de 1832, Richard s'attacha tout particulièrement à mentionner « les cabinets d'aisance qui sont très en vogue ». Certains, comme ceux de l'entrée du musée du Louvre, étaient plus propres que ceux des appartements particuliers et ne coûtaient que quinze centimes. Un exemple éclatant, rue du Faubourg-du-Temple, « méritait le détour d'un point de vue technique [69] ». Ces cabinets furent peu à peu munis de portes pour préserver l'intimité des occupants, et elles étaient souvent marquées du chiffre « 100 ». En Provence les citadins ouvraient parfois une alcôve dans un coin de la maison et en vendaient le produit à un ramasseur de fumier. Dans les années 1860, cet échange de bons procédés s'était étendu aux routes caillouteuses des environs de Nice, Antibes et Saint-Raphaël. Les passagers des voitures publiques qui jadis devaient se cacher derrière des buissons trouvaient de petites huttes en maçonnerie ornées de pampres et de rosiers grimpants et portant une inscription en français ou en patois nissard, joliment tournée par des paysans qui se disputaient le précieux engrais : « Ici on est bien », « Ici on est mieux » ou encore « *Ma questo è necessario* [70] ».

*

L'AUTRE GRANDE nécessité de la vie est un sujet si vaste qu'une encyclopédie suffirait à peine à le traiter. Une telle encyclopédie se concentrerait toutefois sur les curiosités et exceptions. Le régime alimentaire classique était en règle générale trop insipide pour valoir d'être mentionné, à moins qu'il ne fût extraordinairement mauvais, ce qui explique que dans les romans du XIXe siècle, les grands repas soient volontiers décrits avec le même luxe de détails que des événements remarquables tels que les orgies – avec lesquelles ils coïncident d'ailleurs souvent.

Bien peu se seraient doutés que la France deviendrait un jour la grande destination internationale des amateurs de gastronomie. Ailleurs que dans les maisons riches et quelques restaurants, il n'y avait pour ainsi dire pas de « recettes ». Le terme même faisait essentiellement référence à des préparations pharmaceutiques, relevant de la magie – « Ouvrez un pigeon vivant d'un seul coup de couteau, de la tête à la queue, et appliquez-le tout chaud sur la tête de l'enfant [71] » – ou issues de la sagesse paysanne. On disait dans le Roussillon que les canards criaient « *naps ! naps !* » parce qu'ils s'accommodaient très bien avec des navets (*nap* en catalan) [72]. Les mariages insolites de saveurs n'était apparemment pas la grande préoccupation de gens pour qui le summum du plaisir culinaire était un estomac bien rempli. On racontait l'histoire de quatre jeunes gens de Saint-Brieuc qui imaginaient ce qu'ils voudraient manger si leurs vœux les plus fous pouvaient être exaucés. L'un songea à « une saucisse longue comme de Lamballe à Saint-Brieuc », un autre à « des fèves au lard fumé qui seraient grosses comme des pouces de pied », le troisième choisit « une mer tout en graisse » avec une écuelle de bois pour l'écumer, et le quatrième protesta car les autres avaient « pris pour eux tout ce qu'il y avait de bon [73] ».

De nombreuses villes revendiquent aujourd'hui une spécialité « traditionnelle ». Il s'agit le plus souvent d'une variante faussement raffinée de l'andouille rustique d'autrefois. Mais l'andouille, avec son goût prononcé, était un mets rare. Pour les touristes qui se risquaient hors de Paris, le vrai goût de la France était celui du pain rassis. D'une région à l'autre, il était plus ou moins marqué, en fonction de la quantité de combustible dont on disposait. Un manuel d'architecture publié à Toulouse en 1820 expliquait que le four public devait être assez grand pour « cuire en vingt-quatre heures tout le pain nécessaire à la consommation de la semaine [74] ». Dans les Alpes, on produisait en une seule fournée assez de pain pour une année entière, voire pour deux ou trois ans. Il était cuit, au moins une fois, puis accroché au-dessus de l'âtre ou mis à sécher au soleil. La « miche » était parfois un simple biscuit de farine d'orge et de haricot. Pour la rendre comestible et lui donner une couleur plus appétissante, on la trempait dans du babeurre ou du petit-lait – ou, chez les riches, dans du vin blanc.

C'était là un pain qui avait vécu un an avec les gens qui l'avaient pétri, un pain dur comme la pierre, insensible aux changements de temps et capable de parcourir de grandes distances. Les variétés les plus coriaces sortaient des garde-manger comme des chips fossilisées qu'il fallait casser au marteau, faire bouillir cinq fois avec quelques pommes de terre et peut-être parfumer au lait [75]. La plupart des voyageurs tremblaient à l'idée d'avoir à manger le pain des campagnes et prévoyaient des provisions de biscuits. En Auvergne, un mélange de farine de seigle et de son produisait une épaisse pâte noire et visqueuse que l'on faisait descendre avec des quantités d'eau ou de petit-lait. Dans le Sud-Ouest, où le maïs remplaça peu à peu le millet, la pâte était tranchée et frite dans la graisse ou sous la cendre de l'âtre. Les gens qui en mangeaient tous les jours de leur vie trouvaient ces galettes délicieuses avec des sardines salées ou de la soupe d'orties – mais ils étaient bien les seuls.

Dans ces provinces de grande indigence gastronomique, les touristes devaient se sentir bien malheureux en dévorant leurs lapins et poulets, mais ils bénéficiaient en général d'un régime beaucoup plus riche que les ruraux qui les accueillaient. Dans la grande majorité des régions de France, la viande était un luxe réservé aux grandes occasions. En 1844, un agronome envoyé en mission d'inspection officielle en Anjou révéla que malgré les tonnes de viande qu'ils exportaient à Paris, les Angevins étaient pratiquement végétariens. Leur souper se composait de pain, de soupe (aux choux, aux pommes de terre ou à l'oignon), d'un légume et d'un œuf dur. Ils ajoutaient parfois à ce menu un morceau de fromage, quelques noix en hiver et, le dimanche, juste ce qu'il fallait de lard salé pour changer la saveur du pain [76].

À la table de la ferme, la viande ne venait pas nécessairement de l'étable ou de l'écurie. Le seul gros animal que l'on ne mangeait jamais, sauf en temps de disette, était le loup, que l'on trouvait infect [77]. Le renard, affirmaient certains paysans de Bourgogne, était « un morceau délicat, lorsqu'on a pu l'exposer dans un jardin quinze jours à la gelée, suspendu à un prunier [78] ». Dans le Morvan et dans les Landes, les écureuils roux, qui se laissaient approcher d'assez près pour tomber sous le bâton d'un vieillard, finissaient à la marmite [79]. Les chasseurs des Alpes allaient tirer de leurs terriers les marmottes qui, avant d'hiberner, se purgent opportunément l'estomac et les intestins ; elles étaient ensuite bouillies et parfois laissées à tremper vingt-quatre heures pour les débarrasser de leur odeur musquée. Leur chair avait une texture grasse et un léger goût de suie. On réservait la graisse pour la frotter sur les parties atteintes de rhumatismes et la brûler dans les lampes [80]. Les ours des Pyrénées dévoraient parfois des êtres humains, mais les montagnards ne songèrent à les consommer qu'après que les touristes eurent créé un marché pour les gibiers exotiques. « Quelquefois, quand on a tué un ours, on vous sert un *beaftack* de cette viande, qui est très bonne [81] », lisait-on dans un guide des environs de Toulouse édité en 1834.

À première vue, on conçoit mal que quiconque ait pu survivre avec un régime traditionnel aussi pauvre. Le révolutionnaire socialiste Proudhon, qui avait grandi à Besançon, assure que, grâce à une alimentation végétale composée de *gaudes* (bouillies de maïs), de pommes de terre et de soupes de légumes, les membres de sa famille devinrent « gros et forts », alors qu'ils auraient dû s'en trouver rachitiques et malingres. Les régimes décrits dans de nombreux mémoires ou dans les « pensions alimentaires » détaillées de certains testaments trahissent en effet des carences fatales en vitamines et en protéines. Dans certains cas, l'essentiel de l'apport calorique venait exclusivement des céréales, sous forme de pain. En réalité, comme les vaches qu'il gardait, Proudhon passait également une bonne part de ses journées à grignoter tout ce qui lui tombait sous la dent, se gavant d'épis de maïs, de graines de pavots, de pois, de raiponce, de salsifis des prés, de cerises, de raisins, d'églantines, de mûres et de prunelles [82]. Dans les régions plus ensoleillées, cette manne pouvait être encore plus substantielle. En approchant d'Avignon, Agricol Perdiguier (voir p. 208) se gorgea de pêches, de raisins, d'abricots et de figues et de plus de variétés de fruits sauvages qu'il n'aurait su en nommer en français [83]. Le fait qu'il y eût plus de trois millions de ruches en France en 1862 (soit une pour treize habitants) indique que le régime de base n'était pas toujours aussi spartiate qu'il y paraît [84]. Dans un paysage culinaire austère, un coing enrobé de miel et rôti sous la cendre pouvait être un inoubliable régal [85].

Avant que l'agriculture industrielle ne tapisse le territoire de céréales, la faune et la flore comestibles étaient plus variées et plus abondantes. Sous sa carcasse d'athlète, l'homme sauvage d'Iraty était probablement végétarien. Victor de l'Aveyron, qui fut capturé près de Saint-Sernin, avait peut-être mangé du poulet, du canard et des écrevisses, mais ne goûta certainement jamais aucun des autres plats inscrits au « Menu de l'Enfant sauvage » que propose aujourd'hui l'hôtel de Saint-Sernin (roquefort, soufflé glacé et liqueur de noix) [86]. Memmie, la fillette sauvage trouvée en 1731 dans les bois de Songy en Champagne, s'était nourrie de lièvres et de grenouilles crus, assortis de feuilles et de racines qu'elle déterrait d'un pouce et d'un index musclés [87].

Les touristes modernes qui, après avoir traversé des zones agricoles luxuriantes, se retrouvent face à un insolent steak frites et une laitue flétrie galvanisée à l'huile voient dans leur assiette les effets d'un processus amorcé il y a plus d'un siècle. Lorsque le chemin de fer commença à expédier les touristes vers les provinces et les produits des campagnes vers les villes, la carte gastronomique de la France sembla soudain déborder de vie. Dans les revues parisiennes, les auteurs d'articles géographiques s'extasiaient sur les spécialités de chaque région : du beurre d'Isigny, des pommes du Pays de Caux, des cerises de Montmorency, des artichauts de Laon, de la moutarde et du cassis de Dijon, des truffes du Périgord, des pruneaux de Tours et d'Agen, du chocolat de Bayonne [88]. Loin de représenter l'âme d'un terroir, certaines de ces spécialités n'étaient que le reflet des talents publicitaires d'un seul épicier. Elles arrivaient rarement jusqu'à la table du voyageur, et n'étaient d'ailleurs pas toujours faciles à se procurer dans leur région d'origine. Les environs de Dijon n'étaient pas particulièrement riches en cassis avant qu'un cafetier entreprenant, parti en voyage exploratoire à Paris en 1841, eût remarqué que les Parisiens appréciaient grandement cette petite baie noire, et se mît à commercialiser sa liqueur artisanale comme une spécialité du pays. Paradoxalement, il était souvent difficile de trouver du bon vin dans les régions viticoles. Un connaisseur de vins français trouvait davantage de quoi satisfaire son palais à Londres, Paris ou Tours (où il y avait une importante colonie britannique) que dans les provinces françaises où ceux qui avaient les moyens de boire du vin préféraient arroser leurs repas d'eau-de-vie de marc [89].

Les produits des campagnes transportés à Paris et vendus sur les étals des marchandes des quatre-saisons et des épiciers contribuèrent à forger une image mythique des provinces. Dans la partie culinaire de son *Nouveau manuel complet de la maîtresse de maison* (1852), Mme Pariset exigeait visiblement deux ingrédients de base : une maison à Paris et une bonne pour aller faire les courses aux Halles. Ses recettes demandaient en effet de l'huile d'olive d'Aix, de la farine de maïs de Bourgogne, du gruau de froment de Bretagne, du lard fumé de Strasbourg et du fromage de Gruyère, mais les plats – des ragoûts et des soupes relativement modestes dans lesquels le chou occupait une place prépondérante – ne revendiquaient pas leur origine dans les provinces françaises mais aux « meilleures tables ».

Il s'agissait essentiellement de tables parisiennes. En 1889, on prétendait que la capitale comptait cent restaurants pour une librairie. « Un voyage nutritif dans Paris, qui n'eût été presque rien autrefois, devient aujourd'hui presque aussi long à faire qu'un voyage autour du monde [90]. » Ce fut de Paris que beaucoup de « spécialités régionales » arrivèrent dans les provinces. En 1880, la famille bourbonnaise de l'écrivain-paysan Émile Guillaumin s'offusquait de voir des neveux de Paris en visite s'accroupir au bord des étangs pour capturer des grenouilles dans un sac : « Personne ne sachant les préparer, le neveu était obligé de s'en occuper lui-même [91]. »

Le tourisme étranger prospérait depuis un siècle quand des cohortes nombreuses de Français et de Françaises se lancèrent enfin par elles-mêmes sur les routes, à la découverte de la France. Mais là encore, les plus fins gourmets préféraient explorer les provinces à la carte, dans un restaurant parisien. Le séjour d'Alexandre Dumas à Roscoff en 1869 constitue l'un des voyages de découverte les plus révélateurs entrepris par un Français. Roscoff était alors le potager de l'ouest de la France. Chaque année, des centaines de bateaux chargés d'oignons et d'artichauts quittaient le petit port pour l'Angleterre, apparemment parce qu'un jour, un homme courageux et batailleur avait réussi à vendre ses oignons à Londres en déployant une pancarte sur laquelle il avait inscrit : « *The English onion is not good* [92] ». Mais lorsque Dumas s'installa à Roscoff pour rédiger son *Dictionnaire de cuisine*, son imagination le sustenta davantage que les produits du terroir : « Avec notre abondance de poisson, nous manquons à peu près de tout le reste. Des artichauts durs comme des boulets, des haricots verts plein d'eau, absence complète de beurre frais [93]. » Sa cuisinière, Marie, l'avait prévenu qu'il ne sortirait rien de bon de cette expédition. Excédée, elle le planta là et rentra à Paris, creuset de toutes les merveilles culinaires de la France.

15

Scènes de la vie indigène

CENT CINQUANTE ANS après l'expédition de Windham aux glaciers de Savoie, alors que les cyclistes grimpaient à l'assaut des Pyrénées à la force du mollet et que les premières voitures s'essoufflaient sur les routes poussiéreuses de France, on imaginait mal qu'il pût rester le moindre recoin à explorer – même si le fait que le plus grand canyon d'Europe ait réussi à échapper à la vue de tous jusqu'en 1896, avant d'être découvert à une petite trentaine de kilomètres d'une capitale départementale (voir p. 421), démontre que la reconnaissance du territoire n'était pas aussi complète qu'on le pensait. En 1869, un journal parisien calcula qu'il serait bientôt possible de faire « le tour du monde en quatre-vingts jours [1] » en passant par le tunnel du Mont-Cenis et le canal de Suez [2]. Jules Verne lut cet article et en reprit le titre pour son fameux roman de 1873, dans lequel la traversée de la France n'occupe pas plus de quatre lignes dans le journal de Phileas Fogg :

> Quitté Londres mercredi 2 octobre 8 heures 45 soir.
> Arrivé à Paris jeudi 3 octobre 7 heures 20 matin.
> Quitté Paris jeudi 8 heures 40 matin.
> Arrivé par le Mont-Cenis à Turin vendredi 4 octobre 6 heures 35 matin.

Grâce au chemin de fer, on pouvait parcourir la France de bout en bout en moins d'une journée, à condition de prendre pour points de départ et d'arrivée une grande ville. Dans les années 1860, selon Joseph Méry, le collaborateur de Dumas, Paris n'était qu'à « trente-trois cigares de Marseille [3] ». Le romancier et écrivain de voyage Amédée Achard attendait avec impatience l'ouverture d'un embranchement qui ne mettrait plus la station balnéaire de Trouville « qu'à la distance de quatre cigares du boulevard des Italiens [4] ». Ce qui, pour un train circulant à une vitesse maximale de soixante et un kilomètres à l'heure, représente à peu près un cigare tous les vingt-cinq kilomètres. Les travailleurs migrants mesuraient plutôt les distances en miches de pain et en cuir de souliers qu'en cigares, mais dès qu'ils eurent compris que quelques heures dans un wagon de troisième classe revenaient moins cher que cinq jours sur les routes, eux aussi commencèrent à prendre le train [5].

Le monsieur qui publia un récit de voyage anachronique *De Paris à Nice en quatre-vingts jours* (1889) dans une ancienne diligence restaurée se posait en pionnier du passé, en cicérone de l'époque où les gens voyageaient véritablement au lieu de « [se transporter] d'un point à un autre [6] ». Il savait que le plaisir et la découverte étaient inversement proportionnels à la vitesse. Plus un mode de transport était rapide, moins on voyait de pays et plus le temps paraissait long. Les gens qui, hier encore, chantaient en chœur et se racontaient des histoires dans les diligences bringuebalantes, apprirent avec le train à détester leurs voisins de compartiment. Le ton héroïque des désagréments partagés fit place à l'impatience grincheuse du voyageur moderne. En 1882, après « six semaines de voyages ferroviaires à travers la France », au moment où il tentait de se faire une place dans un coin de wagon de l'express en provenance de Marseille « chargé d'Allemands qui occupaient toutes les fenêtres avec la même vigueur qu'ils mettent à occuper les autres positions stratégiques », Henry James en vint à se demander si le jeu en valait vraiment la chandelle : « la mortelle salle d'attente, l'attente insupportable de ses bagages, l'absence de porteurs sur le quai, le train bondé et despotique. » L'amnésie était désormais la meilleure consolation du voyageur : « Par bonheur, un voyage en chemin de fer ressemble beaucoup à une traversée : on en oublie les misères en arrivant au port [7]. »

Jamais jusqu'alors personne n'avait pu traverser le pays en se tenant dans une si morne ignorance. Dans les années 1850, le chemin de fer drainait déjà le trafic des grandes routes partant de Paris [8]. Vers l'est, celle qui filait par les grandes plaines de la Brie était aussi vide qu'avant la Révolution. Le plan Freycinet de 1879, qui injecta plusieurs milliards de francs dans l'extension du réseau ferré afin de doper l'économie, mit en faillite tous les maréchaux-ferrants, charretiers, aubergistes et paysans dont le gagne-pain dépendait des voyageurs affamés et de leurs chevaux. Les vaches et les poules reprirent leurs droits au beau milieu de la chaussée. Les étroits couloirs dont les anciens guides touristiques évoquaient les points d'intérêt de part et d'autre des routes de poste s'étrécirent encore. À l'âge de la vapeur, le monde extérieur semblait se rapetisser et s'effacer.

Victor Hugo avait remarqué ce phénomène lors de son voyage à Bordeaux en diligence. Il était maintenant palpable même sur les fleuves. Le guide de Théodore Ogier à l'intention des clients du train ou du vapeur entre Lyon à Avignon (1854) se demandait comment les touristes trouveraient à s'occuper quand leur véhicule atteindrait la vitesse de libération et abrégerait les distances entre les villes. Tandis que le *Ville d'Avignon* et le *Missouri* s'éloignaient de Lyon en crachant des bouffées de fumée blanche, les passagers avaient tout loisir d'admirer la manufacture de tabac, la prison, l'hippodrome, mais, passé l'abattoir,

> nous voici arrivés à un point où il nous est impossible de faire l'examen détaillé de tout ce qui se présente à la vue ; car la rapidité de la marche du bateau devient telle, que bourgs, hameaux, fermes, châteaux, plaines et montagnes, vallées et ravins, tout fuit devant nous, tout s'efface, tout se confond en un clin d'œil. Nous verrons beaucoup, mais nous apprendrons peu [9].

*

LES POLITICIENS progressistes d'alors auraient été enchantés par les histoires modernes de la France du XIXe siècle, avec leurs panoramas uniformisés de paysages indistincts et de trains filant à tout allure, leurs statistiques de kilomètres-passagers et de temps de trajet rythmant la marche de la nation vers le progrès comme les bornes kilométriques lumineuses du tunnel du Mont-Cenis [10]. La plupart de ceux qui assistèrent au déploiement du réseau ferré voyaient tout autre chose.

Un homme rentrant au pays après une longue absence dans les années 1860 ou 1870 aurait fait plus de découvertes dès les premiers instants de son retour qu'un touriste embarqué dans un tour de France en quatre-vingts jours. Il aurait pu arriver par le chemin de fer – pas dans un wagon, mais « le long des *rail-ways* », car le remblai plat et bien drainé était souvent la meilleure route de la région [11], et les trains de desserte locale circulaient assez lentement pour que les riverains aient le temps de reconnaître tous les visages des habitués derrière les vitres des compartiments [12].

Nous pouvons imaginer la scène. De part et d'autre de la voie, les champs sont plus grands et plus monotones, s'étirant vers l'horizon au lieu de se blottir autour du bourg. Certains ont l'air moins bien entretenus qu'autrefois. Les anciennes parcelles de céréales ont été livrées au bétail pour nourrir les cheminots. Les ouvriers sont repartis, mais ils laissent une cicatrice aussi profonde que leurs tunnels et leurs tranchées : le souvenir de leurs débauches des jours de paie, leurs bribes de dialectes et de gros mots, leur incroyable rudesse. Accrochés à des échelles de corde, ils posaient des pains de dynamite dans les rochers et s'écartaient aussitôt de la paroi en se repoussant sur les jambes, assez loin en général, pour échapper au souffle de l'explosion [13]. Les terrassiers, hommes et femmes, étaient des missionnaires violents d'un nouveau monde où le temps se mesurait en minutes et la valeur d'une vie humaine en argent [14].

Même de loin, on devine les indices d'une nouvelle prospérité : l'éclat du verre aux fenêtres et du zinc des toitures, le profil des cheminées de fours à chaux qui se détache sur l'horizon et un clocher en béton. Les femmes ne viennent plus chercher l'eau à la sortie du village depuis qu'un homme du pays, qui a fait fortune à Paris dans le négoce du charbon, a financé un système d'adduction d'eau et une fontaine pour commémorer sa générosité. Les vieilles portes de la ville ont été démontées et n'importe qui peut maintenant pénétrer dans les rues après la tombée de la nuit [15]. Le bourg aussi a changé : sur la façade ouest de l'église, on a encastré le visage rond d'une horloge, aussi gros qu'une rosace de cathédrale. De l'autre côté de la place, celle de la mairie indique une heure différente – la moyenne approximative de toutes les cloches des villages alentour qui, pendant trente minutes ou plus, sonnent les unes après les autres la même heure. Les chronomètres des mécaniciens du chemin de fer ont apporté l'heure de Paris. L'heure légale chevauche les différents méridiens et ignore la course du soleil : l'heure de Paris a vingt minutes de retard sur celle de Nice et vingt-sept minutes d'avance sur celle de Brest, où les passagers arrivent systématiquement à la gare longtemps après le départ de leur train. Les clepsydres et les cadrans solaires portatifs seront bientôt des objets de collection. Comme le système métrique, encore très peu utilisé un siècle après son introduction, l'heure officielle est perçue comme une intolérable ingérence bureaucratique [16]. À Berthouville, en Normandie, le sonneur de cloches bouleverse les habitudes des animaux et des hommes en passant de l'heure d'hiver à l'heure d'été d'un jour sur l'autre, au lieu de procéder par changements insensibles tout au long de l'année [17].

Un nouveau panneau routier et des placards affichés devant la mairie annoncent que la commune a elle-même été rebaptisée. Son ancien nom a été traduit en français. Dans les Alpes-Maritimes, San-Salvador (en gavot alpin) devient Saint-Sauveur, puis Saint-Sauveur-sur-Tinée, pour le distinguer des trente-neuf autres Saint-Sauveur avec lesquels il partage maintenant le territoire national. L'administration des Postes a exigé de mettre un terme à cette confusion. Or étrangement, par commodité administrative, on conservera des noms de vieux *pays* : Vachères-en-Quint, Rochefort-en-Valdaine, Aubry-en-Exmes, Conches-en-Ouche, et ainsi de suite [18]. D'autres communes, qui ont soudain pris conscience de leur place dans le contexte national, ont demandé à changer de nom. Craignant que son toponyme n'évoque pour les étrangers le souvenir des fièvres des marais et des membres tremblotants, le village de

Tremblevif dans la Sologne marécageuse (dont le nom, issu du latin, signifie en réalité « le village des trembles »), se fait appeler Saint-Viâtre en 1854 [19]. Merdogne devient Gergovie en 1865, car le site de la victoire mémorable des Gaulois contre Jules César vaut mieux que cette fâcheuse dénomination [20].

*

CES CHAMBARDEMENTS de la vie locale et bien d'autres alimentent les conversations sur la place, le dimanche, quand les femmes sont à la messe. Les hommes parlent toujours le vieux patois, mais leur discours est émaillé de mots français aussi incongrus que des messieurs en haut-de-forme à une fête votive : agriculture, démocratie, économie, salaires. La politique est arrivée avec les conscrits et les ouvriers nomades, les facteurs et les ingénieurs du chemin de fer, les apôtres du socialisme envoyés par le comité central de Paris, et les voyageurs de commerce qui ont troqué leurs orviétans pour des manifestes [21]. Au café, les portraits de Napoléon et de la Vierge Marie, collés au mur avec une boulette de levure, ont été remplacés par les photographies de leaders politiques [22]. Certaines seront arrachées par le gendarme, sur ordre de Paris. Quelques citoyens du village ont voté aux élections législatives de 1831. Ils étaient bien plus nombreux à déposer leur bulletin dans l'urne en 1849, après la révolution de Février, puis à donner leur voix à Napoléon III lors du plébiscite de 1852, influencés par la tournée générale du patron de l'usine locale, les menaces de licenciement, ou la conviction que Napoléon III était la réincarnation de Napoléon Bonaparte, auquel on prêtait volontiers des pouvoirs surnaturels [23].

Après le coup d'État du nouveau Napoléon en décembre 1851, nombre de villes et de villages, surtout dans le Sud-Est, se sont soulevés contre le dictateur [24]. La répression brutale de cette insurrection et la paranoïa d'un État policier dont les espions voyagent en train et consignent tous les commentaires « subversifs » de paysans ivres, confèrent un vernis de sophistication politique à ces conflits locaux. Mais pour l'homme qui revient au pays, l'ordre ancien transparaît encore sous les slogans socialistes et la propagande impériale. Lorsqu'il va signaler son retour dans la commune à la mairie, il trouve le fils aîné du plus riche fermier du canton trônant dans une pièce blanchie à la chaux, entre une photographie de l'empereur et un cagibi où sont stockées les archives municipales. La démocratie – ou le semblant de démocratie – a engendré ses propres chefs dynastiques [25]. Des maires restent en poste plus de trente ans d'affilée. Joseph Pic, premier magistrat du village pyrénéen d'Audressein pendant trente-six ans (1884-1919) et inventeur d'une batteuse hydraulique qui reste l'attraction principale du bourg, était tout à la fois cultivateur, menuisier, industriel et éleveur. Dans ces circonstances, la ligne entre corruption et honneur tribal est ténue. Le vaudevilliste Eugène Labiche définit le maire comme « l'habitant de la commune dont la demeure est entourée des chemins les mieux entretenus [26] » et comme, depuis onze ans, Labiche était lui-même maire de Souvigny-en-Sologne où il possédait neuf mille hectares de terre (soit un cinquième de la commune), il était bien placé pour le dire.

Dans les provinces, la politique n'est pas encore la « science sans cœur [27] » des idéologues et des carriéristes. Le droit de vote est le droit de porter un coup à l'ennemi d'hier : des étrangers fouinards, des familles enrichies sous la Révolution, le village voisin, les cagots et les Juifs, voire les forces du mal. En Corrèze, un médecin de campagne passant pour un sorcier bienveillant avait fait l'objet d'une véritable vénération parmi ses concitoyens. Les paysans rognaient des éclats de bois sur son cabriolet et sur les bancs de sa salle d'attente pour s'en faire des talismans. Chacun était persuadé qu'il avait transmis le secret de guérir à son fils, et celui-ci fut dûment élu au conseil général [28]. Les électeurs ne voyaient pas toujours les partis politiques tels que nous les présentent les histoires de France. À Nîmes, les allégeances politiques correspondaient à la ligne de fracture entre catholiques et protestants, et remontaient à la Réforme [29]. Dans les provinces de l'Ouest, l'ancien schisme entre « bleus » républicains et « blancs » royalistes perdura jusque dans les premières décennies du XXe siècle.

Malgré les signes de régénération, l'enfant du pays rentré chez lui ne restera sans doute pas. La gare a apporté quelques emplois, une dame du village garde le passage à niveau [30] et une autre tient le bureau de poste [31], mais les jeunes partent à la ville, où ils trouvent de meilleures positions et où les rues sont éclairées la nuit. D'un bout à l'autre du pays, la population des petites villes et des villages diminue, et les chiffres ne remonteront pas avant les années 1960. À la fin du XIXe siècle, deux Français sur dix ne vivront plus dans leur département d'origine. Et ceux qui restent commencent à se sentir étrangers dans leur propre pays.

*

LES ARMÉES DE voyageurs bourgeois qui sillonnaient le pays en train à des vitesses prodigieuses avaient réglé leur montre sur l'horloge de la gare. À leurs yeux, les habitants de la France des provinces étaient davantage des reliques du passé que les citoyens d'un nouveau monde.

Ces bourgeois et leur culture étaient très largement parisiens, qu'ils fussent ou non originaires de Paris. Une grande part de tout ce que l'on a pu par la suite percevoir comme étant éminemment français était en réalité propre à Paris, ou une imitation d'un fait purement parisien. Une simple analyse des lieux de naissance et de décès de cinq cent vingt artistes, architectes, écrivains et compositeurs, de la fin du XVIIe siècle au début du XXe, révèle que la grande majorité des artisans de la culture « française » travaillaient à Paris et y passaient le plus clair de leur vie (pour prendre leur retraite dans des villégiatures satellites de la capitale, sur la côte normande ou la Côte d'Azur), et que plus d'un tiers étaient Parisiens de naissance*. Ceux qui venaient des provinces ne laissèrent derrière eux que leur fantôme gris, sous forme d'une statue érigée par la municipalité sur la place du village.

De nombreuses villes de province avaient une industrie du livre très active (la bibliographie du présent ouvrage contient des titres de maisons d'édition disséminées dans vingt-six villes

* Lieu de naissance / lieu de décès : Paris : 169/367 ; provinces : 296/128 ; colonies françaises : 9/3 ; autres pays : 26/22.

de France), mais très peu de grands écrivains furent publiés ailleurs qu'à la capitale. Devenir Parisien ou disposer d'un réseau de contacts à Paris était une étape incontournable pour tous les métiers, même pour le prétendu « paysan » Arthur Rimbaud, qui s'installa à Paris juste après son dix-septième anniversaire et s'employa aussitôt à perdre son accent du Nord. Émile Zola quitta Aix-en-Provence à l'âge de dix-huit ans et se défit de tous ses traits provinciaux dès qu'il foula le pavé de la capitale. Dans ses premières lettres à son ami d'enfance Paul Cézanne, c'était déjà en Parisien qu'il écrivait, jetant un œil condescendant sur « le pays de la bouillabaisse et de l'aïoli », le décor de carte postale des « pins ondulant au souffle des brises » et des « gorges arides ». Des hauteurs de Paris, Aix-en-Provence était « petit, monotone, mesquin [32] ».

Dans des villes animées comme Angers, Nantes, Nancy, Strasbourg, Dijon, Lyon, Toulouse, Montpellier et Marseille, les manifestations d'orgueil municipal se multipliaient à mesure que s'insinuait un sentiment d'infériorité. Une bonne part de la littérature provinciale s'attachait à faire l'éloge des vertus locales, soulignant par là même, en creux, le prestige de Paris. Le pouvoir central avait fait en sorte que les plus beaux tableaux et objets d'art trouvent leur place au Louvre, ne laissant aux musées de province que des portraits de célébrités locales et quelques vitrines vermoulues garnies d'échantillons des arts et artisanats locaux. Napoléon pilla l'Italie ; les gouvernements suivants dépouillèrent les provinces [33]. À la capitale, la littérature provinciale était représentée par des recueils de chansons et légendes populaires, aseptisées et enjolivées à l'usage du marché parisien par des écrivains qui oubliaient peu à peu ce qu'était la vie de l'autre côté des boulevards extérieurs [34]. En rentrant dans sa « terre de granit recouverte de chênes », le poète breton Auguste Brizeux, exilé à Paris depuis son enfance, acheta pour l'occasion un « costume folklorique [35] » dans l'espoir de passer inaperçu. George Sand prit sous son aile plusieurs poètes de province mais, pour préserver à leurs œuvres leur charme provincial, elle les expurgea de toute trace d'affectation, d'images recherchées et, dans un cas, rajouta même des fautes d'orthographe [36]. Les provinces (qui, en 1880, représentaient 99,9 % du territoire et 94 % de la population*) en vinrent à incarner les vertus charmantes de simplicité, d'humilité et d'authenticité à une époque où l'on tenait la complexité, l'arrogance et l'artifice délibéré pour les plus admirables qualités littéraires.

Dans la mesure où l'essentiel des écrits sur la France était publié à Paris et destiné à un lectorat parisien – ou à des bourgeois de province pour lesquels Paris était la référence ultime – l'état de guerre civile culturelle n'apparaissait jamais aussi clairement dans les livres que dans la vraie vie. Un cycliste en vacances en Vendée en 1892 constata que quelques remarques désobligeantes sur les Parisiens suffisaient à lui assurer le concours et le respect des paysans du cru, qui éprouvaient une « antipathie instinctive [37] » pour la capitale. Le terme même de « Parisien » est encore une insulte dans de nombreuses régions de France, et le touriste étranger sachant dénigrer Paris a toujours de bonnes chances d'être traité avec bienveillance, même par les représentants de l'État.

*

LES CHAMPS DE BATAILLE sur lesquels s'affrontaient ces deux cultures ne ressemblent plus à des scènes de lutte sociale. La plupart des stations thermales et balnéaires sont aujourd'hui des endroits si agréables à visiter qu'il est surprenant qu'elles n'aient pas engagé davantage d'anthropologues et d'historiens à s'y intéresser. Les villes d'eaux, en particulier, sont des lieux tranquilles et pittoresques pleins d'hôtels muséesques au décor délicieusement défraîchi. Ils pratiquent généralement des tarifs raisonnables, grâce au patronage soutenu d'un service de santé publique convaincu des effets thérapeutiques de l'eau de source. Dans les plus petites stations thermales, les vertus curatives de l'eau apparaissent au premier coup d'œil. Les rues de Lamalou-les-Bains, spécialisé en traumatologie, fourmillent de

* Ces chiffres sont dérivés des statistiques du département de la Seine, sachant qu'en 1880, certaines agglomérations des départements limitrophes pouvaient être considérées comme des banlieues de Paris.

victimes de la route zigzaguant entre les voitures sur leurs béquilles. À Eugénie-les-Bains, une robuste population saisonnière brave l'ironie manifeste des panneaux bornant la grand-rue et proclamant la station « premier village minceur de France ».

La spécialité de chacun de ces établissements était autrefois plus évidente encore. Quand le chemin de fer mit l'Auvergne et les Pyrénées en communication avec Paris et les autres capitales d'Europe, des hameaux qui, depuis l'époque de l'Empire romain, ne voyaient arriver les curistes qu'au compte-gouttes, se trouvèrent soudain inondés de malades qui présentaient tous la même pathologie. Barèges, réputé d'un bout à l'autre de l'Europe pour soigner les invalides, se trouve à 1 200 mètres d'altitude dans une morne vallée au pied du col du Tourmalet [38], « que rien, mis à part l'espoir de retrouver la santé, ne rendrait tolérable plus d'une heure ou deux [39] ». Des soldats mutilés, assis autour du bassin d'une grande salle en contrebas, fumaient leur pipe dans les vapeurs sulfureuses tandis que des femmes du village pansaient leurs blessures. Un peu plus bas, Bagnères-de-Bigorre ressemblait à un dispensaire fondé par un plaisantin sadique : la moitié de ses curistes étaient des « personnes travaillées par une mélancolie suicide », l'autre moitié des hypocondriaques [40]. Plus à l'est, Aulus-les-Bains, hameau en cul-de-sac dans la vallée des ours dansants, était très couru des « invalides de l'amour » et « des jeunes gens atteints de maladies honteuses », car en 1822, ses eaux rougeâtres avaient soulagé de ses souffrances un lieutenant syphilitique. (L'eau aurait en fait eu la propriété de neutraliser les effets du mercure que l'on administrait aux patients syphilitiques.) Le régiment du lieutenant fit circuler la bonne nouvelle et, en 1849, Aulus avait trois hôtels, un nouveau pont et une avenue ombragée d'acacias [41]. Il résista à la découverte d'un traitement pour la syphilis et se targue aujourd'hui d'être « la station du cholestérol ».

La vertigineuse route thermale des Pyrénées fut percée et achevée sous Napoléon III. Elle traverse les Pyrénées d'ouest en est, traçant un long ruban sinueux entre les thermes que l'impératrice Eugénie mit à la mode en y séjournant à ses retours d'Espagne. Quelques villages pyrénéens avaient connu une petite ruée vers l'or, mais la manne providentielle des eaux minérales promettait un rush d'une tout autre envergure. À peine relié au monde extérieur par la route thermale ou le train, le moindre village disposant d'une source minérale et administré par un maire ambitieux s'inventait une notoriété remontant à l'époque romaine et exigeait de faire ajouter « les Bains » à son toponyme. Un médecin local se faisait nommer inspecteur des Eaux et publiait un prospectus singulièrement enthousiaste dans lequel il prouvait que la source, dont les origines se perdaient dans les brumes du temps, était l'unique traitement fiable pour les lésions ou les affections dont il se trouvait précisément être spécialiste [42].

Le jour où la valeur médicinale des eaux est officiellement reconnue est le plus grand jour de l'histoire du village. La nouvelle fontaine de pierre dressée sur la place est un monument au progrès et à la prospérité à venir. Son fronton n'est pas gravé de quelque devise optimiste en latin ou en français, mais des résultats des analyses chimiques réalisées par le laboratoire municipal : « Eau dont les qualités organoleptiques sont remarquables, fraîche, légère et très pure d'un point de vue organique et bactériologique. [...] Analyse des agents pathogènes : négatif. [...] Approuvée par le ministère de la Santé [43]. »

Avant de pouvoir recevoir les malades et les mourants, on tue les loups et les ours ou on les place dans une ménagerie, on interdit la grand-rue aux moutons et aux cochons, on enferme les pauvres et les fous à l'hospice municipal. Une ancienne auberge de poste a été restaurée et quelques maisons ont été bâties à la hâte pour accroître la capacité d'accueil du village. Si l'on parvient à trouver un entrepreneur, on aménagera un petit parc planté d'arbres et garni de bancs, on habillera une villageoise qui parle un peu français d'un bel uniforme blanc et elle encaissera les entrées dans une guérite. L'agencement des bains proprement dits respecte scrupuleusement la hiérarchie sociale. Les grands personnages aux titres ronflants et les industriels dont le nom apparaîtra dans les éditions suivantes du prospectus du docteur, reçoivent leurs gobelets d'eau et leurs douches écossaises dans un hall de marbre.

En contrebas, les petits bourgeois et les soldats pensionnés se baignent dans une eau qui a déjà rincé les riches.

Bientôt, des calèches chargées d'invalides font la navette entre la gare et l'hôtel et, chaque matin, une procession silencieuse se dirige vers le hall de marbre [44]. Des tuberculeux aux yeux comme des soucoupes glissent un regard curieux par la portière de chaises à porteurs manœuvrées par de solides montagnards. Ceux qui n'ont pas consulté le médecin de l'établissement, qui conseille aussi sur l'hébergement, devront attendre leur tour. Au bout de quelque temps, les sentiers de promenade tracés autour du village sont émaillés de tombes de curistes venus trop tard et de villageois qui ont participé à la construction de la route [45]. Presque partout, la population s'accroît d'un an sur l'autre : Eaux-Bonnes, rue parisienne coincée dans une vallée encaissée des Pyrénées, comptait trois cents invalides en 1830 et six mille quatre cents en 1856. La même année, Cauterets, sur la route au sud de Lourdes, accueillait seize mille visiteurs – près de deux cents pour chaque habitant permanent.

Les autres régions de montagne eurent tôt fait de se mettre au diapason. Des *spas* agrémentés de théâtres et de boulevards sortaient de terre du jour au lendemain ou presque, tels les villages et citadelles bâtis en une nuit par la fée Mélusine. La population de Vichy augmentait presque aussi vite que celle de Paris. Aix-les-Bains, sur les rives du lac du Bourget, recevait deux cent soixante curistes étrangers en 1784, et près de dix mille un siècle plus tard, parmi lesquels trois mille Britanniques et deux mille Américains. Dans les hôtels, les orchestres jouaient le « God Save the Queen » et le 4 juillet était jour de fête. Aix-les-Bains devait son succès à son casino, où les gens du pays avaient le droit de travailler mais pas de jouer [46]. Il se trouva quelques médecins pour s'affliger de la tournure que prenaient les choses. Les gens ne venaient plus prendre les eaux parce qu'ils étaient malades, mais parce qu'ils appréciaient la station et ses attractions. Le docteur qui signait ses pamphlets sous le pseudonyme de « Dr Speleus » prêchait dans le désert lorsqu'il mettait en garde ces invalides rayonnants de santé contre ce à quoi ils s'exposaient en renonçant aux douches et à l'eau minérale pour s'étourdir de divertissements mondains :

> C'est un assaut continuel de toilettes, de dépenses de toutes natures, de folies de toutes espèces, de fatuité, de vanité, de suffisance, de tromperies et de mensonges. Chacun veut à l'envi surpasser son voisin et l'éclipser par les qualités du corps, de l'esprit, de la naissance et de la fortune, et chacun se creuse par là un abîme certain qui cache toujours déceptions, ruines et regrets [47].

*

UNE PAREILLE ÉPIDÉMIE de frivolité se déclencha le long des façades maritimes du pays. Dans les récits de voyageurs, la mer resta une force impétueuse et destructrice jusqu'au début du XIXe siècle – quand soudain, le soleil sortit et l'on découvrit à l'air marin des propriétés salutaires. La côte devint un havre civilisé pour échapper aux maux de la civilisation [48]. Dieppe, d'où il partait chaque semaine depuis 1824 un vapeur pour Brighton, fut la première station balnéaire à attirer des visiteurs en nombre. Puis les touristes envahirent Boulogne, Trouville et d'autres plages moins en vogue, où les pionniers britanniques révélèrent aux touristes français les plaisirs et les bienfaits des bains de mer. Parmi les scènes peintes par les premiers impressionnistes sur la côte de Normandie, beaucoup étaient aussi modernes que leurs tableaux d'usines et de gares : des parasols et des auvents rayés sur la plage, des familles bien habillées assises sur des chaises paillées jouant avec des filets de pêche, le drapeau du casino claquant dans la brise légère, et des villas blanches qui, contrairement aux anciennes maisons du littoral, ouvraient sur la mer et arboraient des façades aussi lourdes et fioriturées que les pâtisseries des boutiques.

Si l'on imagine aisément l'effet de ces bouleversements sur la population locale, il est plus difficile d'en évaluer la portée véritable. L'avènement d'un tourisme de masse dans une région encore vierge – ou qui n'était encore souillée que par des activités à petite échelle – fut certainement traumatisant [49]. Dans les stations des côtes de la Manche, des terrains furent expropriés, des gens déplacés et tous les prix flambèrent. Les ouvriers du bâtiment érigeaient leurs propres villages provisoires, approvisionnés par leurs propres épiceries. Dans certains cas, tandis que la ville touristique prenait corps, les seuls emplois proposés aux gens du pays étaient le ramassage des ordures et le nettoyage des toilettes. Comme au bon vieux temps, il y avait des bagarres entre les autochtones et les ouvriers nomades qui n'avaient que mépris pour les paysans et les « sales Bretons ». Tout comme des plantes et des fleurs inconnues, importées d'autres régions de France et d'Europe [50], se répandaient le long de la côte et de la voie de chemin de fer, la prostitution propagea la syphilis sur les itinéraires touristiques.

Quelques villages restèrent en chantier pendant près d'un siècle et étaient encore flambant neufs quand ils furent à nouveau rasés sous les bombardements aériens de la Seconde Guerre mondiale. Cabourg-les-Bains, fondé en 1855, demeura un terrain vague de ciment et d'asphalte pendant plusieurs années avant de se doter d'un croissant d'élégantes villas et de promenades éclairées de becs de gaz. Des villes nouvelles comme Berck, Berneval, Deauville et Le Touquet-Paris-Plage furent créées de toutes pièces par des spéculateurs, promues par des journalistes actionnaires et préparées comme si l'on attendait une évacuation de masse organisée en fonction du rang social. Le guide Conty des côtes de Normandie (1889) prenait soin de préciser à quel type de clientèle s'adressait chaque station, afin d'éviter tout embarras au touriste : Mers était une station « que j'appellerai le bain sans gêne », idéale pour les petits-bourgeois et leurs familles ; Agon-Coutainville était réservée aux commerçants et négociants aisés (avec sa « plage des libraires », où les « libraires viennent [...] oublier qu'ils sont libraires ») ; Landemer-Gréville était pour les « artistes » et Étretat pour les « célébrités artistiques » ; Houlgate, « véritable palais d'été fréquenté par les familles aristocratiques », offrait un « sable doux et fin, digne des pieds les plus élégants et les plus délicats » ; Arromanches était plutôt « recommandée aux baigneurs qui aiment à vivre chez eux avec une simplicité toute patriarcale [51] » (c'est-à-dire aux « petites bourses »). Quelques « bains de mer » sans grand cachet, que le guide ne mentionne pas, recevaient les enfants de pauvres envoyés en sanatorium par l'Assistance publique.

La côte normande n'avait connu aucun mouvement de cette ampleur depuis les invasions vikings et la guerre de Cent Ans. De tous les villages cités ci-dessus, un seul – le « village de pêcheurs » d'Étretat avec sa route caillouteuse et sa petite auberge bon marché – figurait dans l'édition de 1854 du guide Murray de la France.

Après le départ des ouvriers, la population locale se retrouva plongée dans un nouvel univers plein de surprises. Des familles bourgeoises entraient dans les fermes sans y être invitées et mettaient le nez dans des barques retournées dans lesquelles, supposaient-elles, les familles de pêcheurs vivaient à l'année [52]. Les modèles réduits de bateaux et les tableaux naïfs accrochés dans les chapelles en remerciement à la Vierge étaient examinés comme de charmantes curiosités par des touristes qui visitaient la chapelle comme un musée d'ethnologie.

De la Bretagne à la Provence, des gens qui avaient assisté à la modernisation et à l'urbanisation de leur pays, qui travaillaient dans des conserveries et ressentaient les effets des fluctuations de marchés lointains sur leur industrie, virent soudain arriver des étrangers qui leur demandaient d'incarner des stéréotypes primitifs. Aucun voyage à la mer n'était complet sans un récit de première main de naufrageurs accrochant des lanternes aux cornes de leurs bœufs pour simuler les fanaux d'un bateau et ainsi attirer les navires vers le récif pour ensuite arracher les bagues aux doigts des noyés [53]. D'intrépides voyageurs visitaient les pontons de Brest et de Rochefort pour voir les forçats se faire rosser de coups. Les familles plus distinguées se contentaient de récits d'insoutenables épreuves. Lors d'une promenade à pied en Bretagne en 1847, le jeune Gustave Flaubert assista à Carnac à l'enterrement d'un pêcheur noyé et observa à la lueur des bougies les traits de la veuve, « sa bouche idiote et crispée, grelottante de désespoir, et toute sa pauvre figure qui pleurait comme un orage [54] ». Des dizaines de récits similaires s'étendent sur de pittoresques souffrances. En 1837, sur les rives du bassin d'Arcachon, unique lieu abrité sur tout le littoral acéré de la façade atlantique, un conseiller municipal en vacances vit dans le terrible naufrage qui venait de se produire une source d'inspiration et d'édification [55] :

> Nous interrogeâmes ces nobles débris d'un désastre qui couvrit ces rivages solitaires de crêpe de deuil et accabla de chagrin les hameaux environnants. Ils pointèrent un doigt vers l'immense golfe qui, peu de temps auparavant, engloutit soixante-dix-huit de leurs infortunés compagnons. [...] Nous aurions aimé rester parmi eux pour étudier leurs coutumes et entendre les récits de leurs périlleuses aventures. Cela aurait complété le tableau émotionnel de notre voyage [56].

La catastrophe d'Arcachon avait eu lieu en haute mer, par-delà la langue de terre sableuse de Cap-Ferret, où les pêcheurs jetaient leurs filets, guettant les signes précurseurs de tempête avant de rentrer prudemment dans le bassin, vers l'immense dune du Pyla. La plupart des naufrages se produisaient en vue de la côte. Des vacanciers observaient parfois « le spectacle curieux et saisissant [57] » depuis la plage. À Ostende en 1845, lors d'un bal dans un établissement de bains, les danseurs regardèrent deux navires sombrer dans le port. Massés sur la terrasse dans leurs tenues de soirée, ils tendaient l'oreille, espérant entendre les cris de détresse portés par le vent.

Un dessin humoristique de 1906 caricature un couple de bourgeois s'entretenant avec une paysanne bretonne sur la colline dominant sa cabane de pêcheur plantée sur la grève : « Vous avez perdu vos deux fils et votre mari dans un naufrage ?... Ça, c'est intéressant. Racontez-nous donc comment [58]. » Au début du XXe siècle, cette curiosité malsaine commençait à passer de mode, mais à la mer et dans les *spas*, on s'amusait encore beaucoup à railler les indigènes. Les petits-bourgeois qui se sentaient un peu perdus dans la belle société du Grand Hôtel pouvaient encore se rabattre sur les autochtones pour faire valoir leur raffinement. Le guide Conty recommandait toute une palette de pèlerinages et pardons grotesques et une visite à la plage du Tréport, où les femmes de pêcheurs braillardes tiraient les chaluts à la corde. « Jugez du spectacle lorsque la corde casse [59] ! » Vers la fin des années 1880, avec la vogue des premières cartes postales photographiques, les photographes venaient des villes pour convaincre les provinciaux de mettre en scène des activités « typiques » de leur pays [60]. Les femmes allaient fouiller dans leurs malles et enfilaient les vieux costumes de leurs grands-mères. Des hommes à l'air matois et à la tignasse terrifiante s'asseyaient autour d'une bouteille et faisaient semblant d'être ivres. Des paysans d'Auvergne restaient pendant plusieurs secondes dans une pose pétrifiée pour simuler sous l'œil du photographe une bourrée endiablée. Si la plupart de ces scènes paraissent si invraisemblables, c'est parce qu'elles dépeignent un monde qui avait déjà disparu depuis longtemps.

*

PERSONNE NE SAIT exactement comment les personnages des cartes postales vivaient cette intrusion condescendante. Les touristes indiscrets étaient sans doute moins exaspérants que les conseillers municipaux qui s'employaient à policer les villageois, de peur qu'ils n'effarouchent les visiteurs. À Dieppe, femmes et enfants devaient désormais porter des chaussures en public [61]. Quand le train eut fait d'Arcachon la station de bains préférée des Bordelais, on prescrivit aux hommes de porter des « pantalons amples » et aux femmes de se couvrir les jambes « de grandes robes leur tombant sur les talons », tenue pratiquement impossible pour la pêche aux coques. Les enfants n'avaient plus le droit de se baigner « au mépris de toute pudeur » « dans les lieux où des gens respectables se promènent en permanence [62] ». La plage étant par ailleurs censée être un espace naturel, il fallait la débarrasser de toute trace de travail, mais aussi de ses algues, poissons morts, cabanes et autochtones.

Toutes ces mesures n'étaient pas forcément du goût des touristes. Le spectacle des corps nus, parfois observés à travers des télescopes installés à des points stratégiques au-dessus de la plage, était l'un des principaux charmes du bord de mer. Certains hommes partaient en vacances, non pour explorer une nouvelle région du pays, mais pour découvrir des parties jusqu'alors inexplorées de l'anatomie féminine. Un peu plus au sud, près de la frontière espagnole, Biarritz était un village de pêcheurs aux toits rouges et volets verts [63]. Les Basques allaient se baigner dans l'océan et se retrouvaient en amoureux dans une grotte appelée la Chambre d'Amour. Pour les touristes du sexe fort, Biarritz était une destination de choix, d'abord pour le trajet depuis Bayonne, qu'ils effectuaient assis à côté d'une jolie Basquaise (elles étaient toujours jolies) dans un « cacolet » (un double fauteuil d'osier placé sur le dos d'un cheval [64]), et ensuite pour le charmant tableau qu'offraient les grisettes de Bayonne s'ébattant dans les vagues en tenue légère. Victor Hugo passa à Biarritz l'un de ses jours les plus heureux, à épier les jupons courts et les chemises trouées des jeunes filles.

> Je n'ai qu'une peur, c'est que [Biarritz] ne devienne à la mode. [...] Il mettra des peupliers sur ses mornes, des rampes à ses dunes, des escaliers à ses précipices, des kiosques à ses rochers, des bancs à ses grottes, des pantalons à ses baigneuses [65].

Ce type de voyeurisme était tout à fait admis, mais tout le monde ne se satisfaisait pas d'une simple considération esthétique. Le tourisme sexuel sévissait bien avant les vols à bas prix pour les Philippines. Le monsieur qui acheta « plus de vingt fois » du lait et de la crème à des fillettes de la vallée de Chamonix « pour avoir le plaisir d'effleurer de sa bouche un peu vieillie les lèvres appétissantes de ces jeunes nymphes des Alpes [66] » n'a plus rien à nos yeux du sympathique bon vivant que voyaient en lui ses compagnons. En 1889, deux Parisiens en excursion près de la station pyrénéenne de Vernet-les-Bains s'entichèrent du « clair et charmant sourire » d'une petite bohémienne et ne cachèrent pas leur déception lorsque les parents refusèrent de la leur vendre comme souvenir vivant [67].

Si, faute d'avoir laissé des témoignages écrits, les pêcheurs et les paysans font inévitablement figure de victimes passives, plusieurs anecdotes révèlent que les indigènes savaient fort bien défendre leur honneur. À Pont-Aven – petit port breton réputé pour sa farine et son cidre, qui était déjà célèbre en 1886 lorsque Paul Gauguin y alla chercher « le primitif » –, un Anglais qui refusait de se découvrir au passage d'une procession religieuse fut malmené par les villageois et contraint de se plier aux bonnes manières [68]. Un autre de ses compatriotes, qu'une pêcheuse de Boulogne-sur-Mer portait sur son dos de sa chaloupe à la plage, eut la fâcheuse idée de tester la fermeté des cuisses de son portefaix ; il fut aussitôt désarçonné et s'étala de tout son long dans l'eau, « au grand amusement de tous [69] ».

Les indigènes, eux aussi, avaient soif de découvertes ethnologiques. Au Grand Hôtel de Cabourg, à l'heure où la lumière électrique inondait la salle à manger et où les pêcheurs et marchands venaient avec femmes et enfants coller le nez au vitrage pour contempler le luxueux spectacle qui s'y déroulait, Marcel Proust se sentait aussi mal à l'aise qu'une créature exotique dans un « immense et merveilleux aquarium [70] ». Ces étrangers comiques offraient certes un divertissement bienvenu, mais ils apportaient surtout toute une palette de nouveaux emplois : baigneuses, garçons d'ascenseur, femmes de chambre, vendeurs, serveuses et cuisinières. Des hommes et des femmes jusqu'alors à la merci d'une mer fantasque pouvaient désormais louer aux touristes des barques et du matériel de pêche, des chaises longues et des ânes. Ils fabriquaient des antiquités rustiques et vendaient des tableaux attribués à des artistes locaux mais « exécutés à Paris par des rapins de troisième catégorie [71] ». L'ancien métier de mendiant n'avait jamais mieux payé. Sur le chemin des villes d'eaux des Pyrénées, les touristes étaient assaillis d'essaims de petites filles qui leur tendaient des bouquets de fleurs par la vitre des voitures, prenaient leur argent, et récupéraient d'un geste vif leur bouquet pour aller le vendre au groupe suivant [72]. Dans la vallée d'Ossau, Hippolyte Taine fut plus importuné par les quémandeurs que par les mouches :

> Vous regardez de toutes petites filles, qui marchent à peine, assises au pas de leur porte et occupées à manger une pomme : elles viennent en trébuchant vous tendre la main. [...] Si vous êtes assis sur une colline, vous voyez tomber du ciel deux ou trois enfants qui vous apportent des papillons, des pierres, des plantes curieuses, des bouquets de fleurs. Si vous approchez d'une étable, le propriétaire sort avec une écuelle de lait et veut à toute force vous le vendre. Un jour que je regardais un petit taureau, le bouvier me proposa de l'acheter [73].

Certains touristes voyaient peut-être dans ces sollicitations l'ultime déchéance d'un peuple fier et ancien, mais pour le bouvier, la présence de cet étranger était une occasion de faire une affaire. Beaucoup de ses compatriotes avaient émigré, et plusieurs villages étaient en train de dépérir. Un paysan qui avait la chance de vivre sur un itinéraire touristique avait plus d'espoir de rester dans son pays natal.

*

LA FACE SOMBRE de cette rencontre de deux mondes était plus visible dans les laboratoires et les bureaux que dans les villes d'eaux et les stations balnéaires. Quelques anthropologues, fourvoyés par le regard sélectif des photographes de cartes postales, crurent reconnaître dans les « gueules » de paysans de Picardie et des côtes bretonnes des types néandertaliens. Arcades sourcilières aplaties, lèvres épaisses, peau basanée et « expression sinistre » étaient autant de traits inhabituels, mais, comme l'affirmait en 1872 un article de la revue de la Société anthropologique de Paris, cela ne faisait que prouver que les individus en question appartenaient à une race ancienne en voie d'extinction. Peut-être représentaient-ils les habitants de l'Europe au début de l'époque quaternaire ? « Si cette opinion de notre savant collègue est un jour démontrée, ce sera une des belles découvertes de notre époque. On ne saurait donc trop rechercher partout ce type si sporadique et si rare [74]. »

Ces pionniers de l'anthropologie étaient parfois tout aussi indélicats que les touristes qui pénétraient chez les gens sans y être invités. Dans les années 1870, ils prélevèrent dans un cimetière de l'Aveyron soixante crânes de défunts dont la famille proche était encore en vie [75]. Le spectacle de la nudité intéressait aussi les scientifiques, qui parvinrent à convaincre des indigènes de dévoiler leurs caractères ataviques devant l'objectif de la chambre noire. Cependant que les touristes affluaient vers des contrées vierges de la France avant qu'elles ne soient déflorées par d'autres touristes, les scientifiques se précipitaient vers des provinces lointaines, telles la Provence, la Savoie, la Corse et les forêts de la Thiérache, près de la frontière belge, pour acheter des cartes postales et mesurer des crânes, mais, comme le souligna l'un de leurs collègues, « les recherches anthropométriques y seraient très difficiles et peut-être même dangereuses [76] ». En ce domaine, on connaissait mieux les colonies que la France proprement dite. « Jusqu'ici les anthropologistes ont décrit et mesuré plus de nègres que de Français [77] », rappelait en 1879 Paul Broca, fondateur de la Société d'anthropologie, à ses confrères.

En France, deux idées contradictoires dominaient cette discipline embryonnaire. La première était que si les sauvages suburbains des villes industrielles, les « classes dangereuses » qui offusquaient tant les classes moyennes, étaient basanés et rachitiques, ce n'était pas tant à cause de leurs déplorables conditions de vie que parce qu'ils appartenaient à des races très primitives. La deuxième affirmait que les Gaulois vaincus étaient l'épine dorsale de la nation et que, malgré plusieurs siècles d'invasions et de brassages, la population de la France incarnait quelque chose de continu et de profond [78].

La plupart des anthropologues admettaient qu'il n'existait pas de Français « pur [79] ». Ils savaient aussi que les termes de « Gaulois » et de « Celte » étaient des concepts flous qui dissimulaient un immense corpus d'ignorance. Malheureusement, quelques-unes de leurs théories hâtives devaient s'avérer extrêmement séduisantes. Napoléon III et, à sa suite, le maréchal Pétain et Jean-Marie Le Pen, exploitèrent le mythe du Gaulois impétueux, vaniteux mais fondamentalement brave pour étayer leur image de la patrie : les fiers Gaulois étaient aux antipodes des races méditerranéennes épaisses et basanées, mais se distinguaient également des barbares enrégimentés d'outre-Rhin. Il importait tout particulièrement de montrer que les Lorrains, vivant sous la menace, puis sous la réalité d'une invasion allemande, étaient avant tout de vrais Gaulois.

C'était en partie parce qu'elle racontait des histoires passionnantes de persistance d'êtres primitifs dans le monde moderne que cette nouvelle discipline faisait vibrer une corde sensible. Une science qui parvenait à reconnaître dans le livreur de charbon une relique préhistorique ne pouvait que trouver une large audience [80]. Elle semblait également corroborer les éléments apportés par d'autres disciplines. Les études statistiques tendaient à démontrer que les « extrémités » de la France – c'est-à-dire presque toutes les régions plus proches de la mer que de Paris – constituaient en réalité un autre pays. La célèbre « Carte de la France éclairée et de la France obscure » du baron Dupin (1824) avait fait ressortir le degré d'instruction ou de « civilisation » de chaque département par une palette de nuances, du blanc pur pour les plus avancés (Paris et l'Île-de-France) jusqu'au noir le plus profond (l'Auvergne). D'autres versions furent par la suite publiées sous le titre moins délicat de « Carte de l'Ignorance ». En 1837, les tableaux statistiques d'Adolphe d'Angeville classant les départements selon des critères d'instruction et d'illettrisme, de taille des individus, de conformisme et de criminalité, coupaient le pays en deux par une ligne allant de Saint-Malo à Genève. Il fallut un certain temps avant que l'on ne démontre que ces différences géographiques étaient circonstancielles et temporaires, et non génétiques.

Lorsque les faits ne collaient pas au schéma, il suffisait de les adapter. Paul Broca appuya ses conclusions anthropologiques sur la morphologie des crânes, distinguant les caractères brachycéphales (aussi larges que longs) des types dolichocéphales (allongés) [81]. Les crânes parisiens prouvaient selon lui que les traits de supériorité raciale coïncidaient avec les classes sociales et que, par conséquent, la bourgeoisie parisienne se trouvait au sommet de la pyramide socio-anthropologique : « Le crâne des bourgeois modernes est plus volumineux que celui des prolétaires. » Pourtant, les crânes basques étaient plus grands que ceux des Parisiens. Cette observation ne laissait pas d'inquiéter les spécialistes, d'autant plus que les échantillons étudiés provenaient du cimetière d'un village « arriéré et ignorant », qui n'avait que très récemment été tiré de son « état végétatif » par la pénétration de l'industrie et du commerce [82]. Mais naturellement, ajoutait d'un ton goguenard l'auteur qui rendait compte de ces travaux, « M. Broca est loin d'en conclure que les Basques soient plus intelligents que les Parisiens [83] ».

Comme la plupart de leurs collègues des sociétés savantes, les anthropologues vendaient leurs résultats en les éclairant de leurs interprétations, mais ils eurent tout de même le mérite d'accumuler un grand nombre d'informations précieuses sur la vie quotidienne dans la France du XIXe siècle : ils collectèrent ainsi des outils, sculptures, objets de dévotion et gages d'amour ; décryptèrent les « systèmes d'écritures figuratives » et « procédés de comptabilité » qu'utilisaient les paysans bretons, par ailleurs illettrés [84] ; relevèrent les particularismes linguistiques de la langue basque, dont ils affirmaient l'origine préhistorique, en citant pour preuve que tous les mots désignant des animaux domestiques et des plantes cultivées était empruntés à d'autres langues. Quelques-uns des traits les plus frappants que les anthropologues associaient à des caractères raciaux, étaient en réalité dus à une pratique qui resta très répandue dans une grande part de l'Europe jusqu'à la fin du XIXe siècle. Dans certaines régions, notamment en Gascogne et en Auvergne, on attachait les nourrissons avec des lanières dans des berceaux presque plats, en leur enserrant la tête dans une alvéole de bois. En grandissant, le crâne prenait la forme de cette alvéole et, lorsqu'il arrivait en âge de faire ses premiers pas, le bébé avait une grosse tête et un front large et aplati. Comme les bébés tournent instinctivement la tête vers la lumière en se réveillant, le résultat était souvent étonnamment asymétrique. Par la suite, pour empêcher le cerveau en croissance de fendre la boîte crânienne (selon des sages-femmes interrogées dans la première décennie du XXe siècle), on comprimait la tête de l'enfant dans un béguin bien ajusté ou, chez les familles plus cossues du Languedoc, dans une bande de tissu fort appelé le *sarro-cap*. Beaucoup d'hommes et de femmes portaient ce serre-tête toute leur vie et avaient l'impression d'être nus dès qu'ils le retiraient [85].

Les anthropologues mesureurs de crânes dressèrent une géographie de la France aujourd'hui totalement disparue. Plus de la moitié des hommes et des femmes internés en 1833 dans les hospices de Rouen et presque toute la population de certaines parties du Languedoc présentaient une déformation crânienne et une autre difformité : un nez aquilin obtenu en comprimant le cartilage et en étirant le bout du nez, ou des oreilles écrasées et échancrées par des bandelettes serrées, qui finissaient par ressembler à des bouts de chiffon aplatis au fer à repasser. Des démarches et des gestuelles particulières caractérisaient une population donnée, tout comme les champs en culture coloraient son territoire. La façon dont les individus marchaient et regardaient le monde pouvait trahir leur origine aussi sûrement que leur accent. Une élongation du crâne vers l'arrière déplace le centre de gravité du corps ; les muscles de la nuque essaient alors de compenser, ce qui modifie l'angle de vision, surtout quand ce processus a déformé l'orbite.

Ces particularités physiques ont été gommées en l'espace d'une génération, mais les préjugés scientifiques qui les associaient à des signes d'infériorité devaient persister comme la relique d'une société ancienne.

*

DE TOUS LES ARTEFACTS recueillis pour les musées et représentés sur les cartes postales, les plus spectaculaires étaient les costumes locaux. Apparemment, l'habit traditionnel variait autrefois d'un petit *pays* à un autre, comme le dialecte et l'architecture vernaculaire. Mais les modes locales avaient commencé à disparaître avant la Révolution [86]. L'incroyable coiffe pyramidale de dentelle que portaient les femmes du Pays de Caux ne se voyait déjà plus beaucoup dans les années 1820 ; elle est sans doute plus courante aujourd'hui, avec le retour en force des festivals folkloriques et du tourisme patrimonial. « Il n'y a plus de costumes nationaux en France, se désolait Mérimée en 1834. Je croyais en trouver en Provence, point. Des robes de Wesserling ; des bonnets comme les cuisinières en portent à Paris [87]. » Des centaines de voyageurs déçus, qui avaient vu des gravures pittoresques dans des livres, firent la même réflexion. La Bretagne était toujours une mosaïque de modes vestimentaires [88], mais les Bretons eux-mêmes remisèrent leurs vieux vêtements dès qu'ils purent acheter des robes et des chemises plus douces et plus colorées à la boutique du chef-lieu de canton ou dans un grand magasin parisien [89].

Les ethnologues espéraient que le costume régional leur ouvrirait une fenêtre magique sur le passé celte ou druidique. Ils ne tardèrent pas à constater que même les modes qui semblaient propres à la Bretagne venaient de Paris. Les chapeaux ronds des Bretons étaient autrefois courants dans toute l'Europe, et ils persistèrent simplement plus longtemps dans des contrées où le temps passait plus lentement et où les tailleurs travaillaient sur d'anciens patrons [90]. Le style *glazig* (le petit bleu) de Quimper était apparu à la suite de la mise en vente de drap bleu qui avait été utilisé pour les uniformes des guerres napoléoniennes. Les pourpoints et les bicornes que les hommes arboraient jusque dans les années 1820 dans certaines parties du sud de l'Auvergne, couraient les rues de Paris une génération plus tôt. La plupart des modes locales avaient moins d'un siècle. La coiffe en velours des Arlésiennes ne devait strictement rien aux colons grecs de l'Antiquité : elle était apparue vers 1830. Les gros nœuds noirs des Alsaciennes n'avaient que dix ans quand, après la défaite de 1870 face à la Prusse, elles devinrent un emblème patriotique des provinces perdues.

Les Parisiens eurent une occasion de contempler quelques-unes de ces curiosités provinciales à l'Exposition universelle de 1878. La IIIe République célébrait le redressement de la nation après la guerre franco-prussienne, et rendait hommage à la capitale qui avait survécu à l'anarchie de la Commune. Les vêtements constituaient une composante essentielle de l'Exposition : ils incarnaient l'extraordinaire diversité de la France et démontraient que la mode et la frivolité constituaient un secteur économique remarquablement porteur. Les modes urbaines modernes étaient exposées au palais du Champ-de-Mars, près du site de la future tour Eiffel, tandis que de l'autre côté de la Seine, le palais du Trocadéro était réservé aux costumes régionaux [91]. Le Trocadéro abriterait bientôt un nouveau musée d'ethnographie, dont une part des trésors avait déjà trouvé sa place dans des vitrines [92].

Les explorateurs français avaient ramené de magnifiques échantillons de costumes tribaux d'Afrique du Nord, de Nouvelle-Calédonie, des Amériques et du cercle arctique, mais le costume traditionnel français s'était avéré étrangement insaisissable. Un costume de la Montagne noire avait été confectionné de mémoire pour le musée par un vieux tisserand, car le collecteur local n'avait pas réussi à trouver de pièce authentique [93]. Cinq villes et le département de Savoie avaient envoyé des « costumes populaires ». Les cinq autres exposants étaient parisiens. Parmi eux, La Belle Jardinière, le grand magasin qui vendait du prêt-à-porter depuis 1824. Ses costumes régionaux auraient eu plus de chance d'être portés pour un bal élégant que dans un village de province, mais personne n'aurait accusé ses tailleurs d'avoir failli à l'authenticité. Les mannequins costumés étaient là pour représenter le monde charmant et pittoresque des provinces – un territoire à demi remémoré et à demi inventé, où les divisions tribales étaient jadis aussi nettes qu'elles l'étaient en cette année 1878 dans la foule de costumes noirs et de vestes prolétariennes qui se déversait dans les salles d'exposition.

16

Provinces perdues

En 1842, GRÂCE aux efforts extraordinaires d'un maître d'école de trente-deux ans, François-Adolphe Blondel, plus aucun des six cent cinquante habitants du petit village normand de Raffetot ne pouvait encore ignorer qu'il appartenait non seulement à un village, un pays et une province, mais aussi à une grande nation appelée la France [1]. Après avoir quitté son hameau natal des environs de Dieppe, M. Blondel avait travaillé dur pour réussir le concours des instituteurs et il s'appliquait à son métier avec autant de zèle que la République en attendait de lui. Même après la loi Guizot de 1833, qui imposait à toutes les communes d'au moins cinq cents habitants d'ouvrir une école de garçons*, de nombreux instituteurs de village étaient à peine plus que des factotums : ils assistaient le curé à la messe, sonnaient les cloches, chantaient dans la chorale de la paroisse et gagnaient autant qu'un journalier, parfois un peu plus s'ils savaient lire et écrire. Mais désormais, ils bénéficiaient d'une vraie formation, d'un salaire et d'une retraite.

M. Blondel était un exemple éclatant de cette nouvelle génération de maîtres. Il avait déjà été récompensé de la médaille de bronze et de la médaille d'argent pour les cours

* Ces écoles pouvaient être publiques ou privées. La loi Falloux de 1850 ne fit que renforcer le rôle dominant de l'Église catholique. Les écoles primaires de filles furent obligatoires en 1867. Puis, en 1881-1882, les lois Jules Ferry rendirent l'instruction gratuite, obligatoire et laïque pour tous les garçons et filles de six à treize ans.

qu'il dispensait gratuitement aux adultes de la communauté. À côté de sa petite salle de classe dans la mairie, il avait remis en ordre les archives municipales et inscrit sur un tableau d'honneur le nom de tous ses prédécesseurs depuis 1668. (Comme des centaines de villages français, Raffetot n'avait pas attendu l'aube de la démocratie pour embaucher un instituteur.) Dans la classe de M. Blondel, les horizons limités du canton semblaient ouvrir sur une nouvelle dimension : quand ils levaient la tête de leurs pupitres, les élèves voyaient les couleurs vives des drapeaux de pays étrangers peints au plafond.

Un jour, observant le carré de terre qui faisait office de jardin d'école, M. Blondel y vit une occasion de faire œuvre pédagogique. Il rassembla des rochers, des touffes de buis, des piquets de tente et quelques longueurs de corde. Puis, il entreprit de transformer le jardin en une carte politique de la France, comme il l'expliqua dans la gazette locale, *Le Progrès de Bolbec* :

> J'avais un arbuste à ma disposition, je l'ai planté sur l'emplacement de Paris et j'y ai suspendu un drapeau aux couleurs nationales. [...] Un de ces drapeaux recouvert d'un crêpe flotte sur l'Alsace-Lorraine et rappelle aux enfants et aux passants un des plus grands deuils de la patrie.

Après avoir creusé au bâton les rivières dans le sol, il compléta son paysage interactif par une mer de sable rouge et des frontières de buis. M. Blondel fut alors en mesure de faire répéter à son armée d'écoliers la guerre qui, un jour, vengerait la France et rendrait l'Alsace-Lorraine à la patrie :

> L'élève se place près de Paris, remonte la Marne, passe à Châlons, s'engage dans le canal de la Marne au Rhin [...], reconnaît Nancy, coupe la nouvelle frontière, passe à Sarrebourg, à Strasbourg et se trouve sur le Rhin. Puis l'enfant revient sur Paris par la même route qu'il a suivie.

Beaucoup de ces élèves et de leurs enfants referaient dans la réalité ce parcours vers Strasbourg. Parmi les noms que M. Blondel inscrivait chaque matin dans le cahier d'appel, trente furent par la suite gravés sur le monument aux morts de la Première Guerre mondiale érigé sur la place de Raffetot.

*

LES ENFANTS QUI traversaient au pas cadencé le jardin de l'école de Raffetot grandissaient dans une république qui utilisait la défaite militaire qu'avait essuyée le régime précédent en 1870 comme moyen d'instiller à ses citoyens l'amour de la patrie. Les « provinces perdues » et les « villes perdues » d'Alsace et de Lorraine étaient les pièces manquantes qui animeraient la nouvelle génération d'un désir d'unité national et, selon le manuel d'instruction à l'usage des instituteurs produit par Ernest Lavisse (professeur à la Sorbonne et ancien précepteur du prince impérial), l'inciteraient à « donner à la République de bons citoyens, de bons travailleurs et de bons soldats ». Dans le nouveau catéchisme républicain, le Christ, la Vierge Marie et le Saint-Esprit avaient cédé la place à Vercingétorix, chef des Gaulois, Jeanne d'Arc, Turgot, Vauban et d'autres personnalités trop anciennes pour prêter à polémique. « La patrie n'est pas votre village, votre province, c'est toute la France, écrivait Lavisse. La patrie est comme une grande famille [2]. » Par rapport aux homélies de même teneur qui se pratiquaient dans les écoles britanniques et allemandes, le nationalisme pédagogique français brillait par son absence de triomphalisme, pour ne pas dire par sa componction : « Les défaites de Poitiers, d'Azincourt, de Waterloo, de Sedan sont pour tous des souvenirs douloureux [3]. »

En 1907, Lavisse se rendit au Nouvion-en-Thiérache (au cœur du pays que, quelques années plus tôt, les anthropologues redoutaient tant) pour prononcer un discours à la cérémonie annuelle de distribution des prix. Lavisse était né au Nouvion mais avait depuis fort longtemps transcendé ses origines. Dans un mélange déroutant de préjugés bourgeois et de rhétorique politique, il assura aux enfants qu'eux aussi cesseraient d'incarner l'image stéréotypée du paysan pour devenir des citoyens de cette chose vague et glorieuse qu'était la patrie :

> Petits habitants d'un canton de la Thiérache herbagère et forestière, vous qui avez l'esprit prompt et pratique, l'humeur querelleuse, et qui gardez dans votre parler des mots et des tours de la langue picarde, vous ne ressemblez guère aux petits Bretons qui, de leurs rochers, regardent en rêvant l'Atlantique et parlent la vieille langue des Celtes, ni aux petits Provençaux qui s'exclament en langue romane aux bords de la Méditerranée. Il fut un temps où la Picardie était plus étrangère à la Bretagne et à la Provence que ne le sont aujourd'hui à la France l'Amérique ou les Indes. [...] Mes enfants, notre patrie, ce n'est donc pas seulement un territoire, c'est une œuvre humaine, commencée depuis des siècles, que nous continuons, que vous continuerez [4].

Les écoliers ne se rappelleraient pas nécessairement cette leçon d'unité nationale – si tant est qu'ils la comprirent. À la veille de la Première Guerre mondiale, près de la moitié des recrues et bon nombre des futurs officiers ignoraient que la France avait dû céder des territoires à l'Allemagne en 1870 [5]. L'Alsace et la Lorraine auraient tout aussi bien pu être des pays étrangers.

En tout état de cause, la construction d'un sentiment d'identité nationale n'était pas ce que la plupart des gens attendaient de l'école. Dans bien des localités, l'instruction était apparue comme un besoin impérieux à la faveur de la conscription [6]. Quand leur fils avait quitté le foyer, les parents sentaient soudain tout le poids de l'analphabétisme lorsque des lettres arrivaient du régiment, écrites par un camarade – et parfois émaillées de plaisanteries grossières et d'injures, si celui-ci avait un humour douteux [7] – et qu'ils devaient les faire lire à haute voix par le facteur sur le pas de la porte [8].

L'instruction n'était pas pour autant systématiquement associée à l'école. Les taux d'alphabétisation étaient déjà relativement élevés parmi les protestants et les Juifs, qui lisaient la Bible, et dans des régions où les garçons étaient formés au métier de commis voyageur. Nombre de parents rechignaient à envoyer leurs fils et leurs filles à l'école quand ils avaient besoin de bras pour la moisson. Les inspecteurs constataient souvent qu'au lieu d'être scolarisées, les filles étaient placées dans de sordides ateliers de couture, où elles passaient la journée parmi des parentes et voisines, apprenant les traditions et les valeurs locales qui constituaient pour les mères le socle d'une bonne éducation [9]. Beaucoup de parents craignaient surtout qu'une fois qu'ils auraient appris à parler et à écrire le français comme des Parisiens, leurs enfants ne partent à la ville pour ne plus jamais revenir au pays.

*

LEURS CRAINTES ÉTAIENT fondées. Un siècle après le rapport révolutionnaire de l'abbé Grégoire (voir p. 76), la IIIe République déploya son armée de pédagogues sur la frontière sauvage de la langue [10]. L'éradication des patois comme langues maternelles devint la pierre angulaire de la politique éducative. Les écoliers étaient sanctionnés dès qu'ils prononçaient des mots appris sur les genoux de leur mère. Un élève surpris à parler patois devait tenir un bâton ou un autre signe d'infamie, qu'il s'empresserait de passer au contrevenant suivant. Celui qui avait toujours le symbole à la fin de la journée écopait d'une punition : il était battu, ou devait faire des lignes, ou encore nettoyer les toilettes [11]. (Ce système de *signum* était en fait hérité des séminaires, où il avait autrefois été employé pour encourager les élèves à parler en latin plutôt qu'en français [12].)

Il y aurait des dizaines de façons de raconter comment la majorité des Français est devenue francophone. Pour les non-francophones, le passage sur les bancs de l'école fut souvent une expérience traumatisante et humiliante, et plus encore dans les régions où la langue locale ressemblait le moins au français : l'Alsace, la Bretagne, le Pays basque, la Catalogne, les villes flamingantes du Nord et la Corse. En Bretagne, quelques personnes âgées se rappellent encore aujourd'hui l'extrême difficulté de l'apprentissage du français – « Une langue dont les mots sont comme des boîtes à moitié vides, encore ne sait-on pas très bien ce qu'il y a dedans [13] » –, les insultes continuelles de maîtres sarcastiques et d'articles de presse ruisselants de condescendance. En Bretagne, être patriote semblait revenir à dénigrer son propre *pays*. La fameuse Bécassine, créée en 1905, en vint à représenter l'image de la Bretagne que se faisaient les gens d'ailleurs : cette petite bonne bretonne employée à Paris s'attirait toutes sortes de petites misères cocasses parce qu'elle ne comprenait pas le français le plus élémentaire. Son visage rond et ridicule n'avait pas d'oreilles et parfois pas de bouche. Son costume était plus picard que breton, et son français approximatif n'avait strictement rien de commun avec le breton, mais ses caractères ethniques n'avaient aucune espèce d'importance [14]. On l'avait faite bretonne parce qu'elle était stupide et parce que les membres de sa famille étaient sournois et âpres au gain.

Des années plus tard, alors que l'instruction et l'emploi courant du français étaient acquis, les efforts missionnaires des éducateurs de la IIIe République évoqueraient à certaines franges de la société une campagne coloniale visant à oblitérer les cultures locales. Les mouvements indépendantistes apparus au XXe siècle voyaient dans l'ignorance arrogante et chauvine des Parisiens un élément à part entière d'un système de répression organisée. Bécassine eut elle-même droit aux honneurs d'un coup de force paramilitaire. Par un dimanche de 1939, trois « commandos » bretons pénétrèrent au musée Grévin où était exposée une statue de cire de Bécassine, et rendirent justice à toutes les bonnes bretonnes qui avaient un jour été raillées et exploitées par des patrons parisiens en la brisant en mille morceaux.

Or, comme par un fait exprès, contrairement aux précédentes luttes anticolonialistes de Corse et d'Algérie, ces mouvements régionalistes étaient eux-mêmes le produit du système éducatif de la IIIe République. La plupart des individus qui se sentaient bretons avaient d'abord appris à se considérer comme des Français [15]. Aucun séparatiste ne fut jamais unilingue, même s'il aspirait à renouer avec l'époque où la plupart de ses compatriotes l'étaient. « C'est que les bretonnants n'ont jamais eu conscience, dans les temps modernes, d'appartenir à une entité nommée Bretagne, expliquait Pierre-Jakez Hélias en 1975. Ils se disent Bretons quand ils sont hors de Bretagne, mais ils ne savent pas très bien où elle finit [16]. » Le nationalisme breton n'était lié que de très loin à d'anciennes rébellions locales contre l'impôt et la conscription. Il se fondait sur une image moderne de l'État comme unité culturelle ou administrative, et devait sa nostalgie violente à une image du pays propagée par le système d'éducation nationale.

En fait, loin d'être perçu comme un signe d'arriération, l'orgueil régional était largement considéré comme un aspect fondamental du patriotisme [17]. La décentralisation mesurée était en fait l'un des axes de la politique officielle depuis les années 1860 [18]. De nombreux instituteurs s'intéressaient de très près à l'histoire locale et se désolaient de voir les langues et dialectes de leur région s'éteindre. Certains faisaient la classe aussi bien en patois qu'en français et étaient convaincus que le bilinguisme était une richesse [19]. S'ils obligeaient leurs élèves à parler français, ce n'était pas pour étouffer des cultures minoritaires, mais parce qu'ils tenaient à ce que leurs élèves réussissent aux examens et aient ainsi les moyens de découvrir le monde extérieur et d'améliorer le sort de leur famille [20]. La Bretagne souffrit davantage que la plupart des autres régions, surtout après les lois anticléricales de 1901 et la tentative d'interdire la messe en breton [21]. La République française ne mena toutefois jamais contre sa population un assaut linguistique d'aussi grande ampleur que celui qu'eurent à subir les habitants d'Alsace-Lorraine après leur rattachement forcé à l'Allemagne en 1870.

Le recul du basque, du breton, du catalan, du corse et du flamand face au raz-de-marée du français participait d'un processus bien plus ancien et plus complexe d'évolution sociale et matérielle. Le français officiel était diffusé dans tout le pays par la conscription, le chemin de fer, la presse, les touristes et les chansons populaires, que l'on ne pouvait pas chanter en patois sans perdre les rimes [22]. La IIIe République a peut-être même prolongé la vie de certains dialectes en encourageant l'usage du français, car elle offrait par là même aux enfants une nouvelle occasion d'espièglerie. En 1887, cinq ans après l'institution de l'instruction primaire gratuite et obligatoire, un linguiste étudiant un dialecte de Mayenne observa un phénomène que l'on remarque encore aujourd'hui :

> Le patois de Montjean n'existe plus guère que chez les vieillards et les enfants. Les vieillards le parlent sérieusement; les enfants exagèrent

à plaisir la prononciation de leurs grands parents et aiment à parler patois, parce qu'à l'école on leur enseigne à parler français [23].

*

LA PATRIE QUE la jeunesse découvrait en classe transparaît dans toute sa diversité dans les livres de lecture et de géographie de l'époque. Les personnages principaux de ces manuels étaient généralement des enfants animés d'une curiosité boulimique pour tout ce qui avait trait à la géographie, et accompagnés d'un pédagogue pétri de connaissances factuelles indiscutables. Dans le *Voyage en France* d'Amable Tastu (1846), un père et ses enfants contemplent le paysage industriel du Creusot : « Vous allez me demander, mes enfants, ce que c'est qu'un haut-fourneau et un four à réverbère, déclare le père. Je vais tâcher de vous l'expliquer en peu de mots, à l'aide de notes que j'ai empruntées à quelques ouvrages [24]. »

Certains de ces récits de petits touristes affichaient un nationalisme pharisaïque, notamment après la perte de l'Alsace-Lorraine [25]. Dans *Le Tour de France* de Marie de Grandmaison (1893), deux jeunes garçons sillonnent le pays à bicyclette (c'est d'ailleurs la première référence qui associe le fameux « tour de France » des apprentis au cyclisme). En arrivant à Strasbourg, capitale d'Alsace, ils sont pleins d'admiration pour les enfants qui s'apprêtent à fuir « l'odieux joug allemand » en émigrant en France :

> « Viens, frère, imitons-les ; on ne respire pas à l'aise, tout y sent l'oppression.
>
> — Oui, dit Marcel, quittons cette belle Alsace, mais avec l'espoir d'y revenir un jour en vainqueurs. »

Cela étant, les garçons peuvent eux-mêmes se montrer tout à fait odieux dans leurs réflexions sur les provinces françaises :

> « Ah ! l'Auvergne ! Pourquoi les gens de ce pays sont-ils si crédules ?
>
> — Parce que, reprit Marcel, ce sol volcanique offre les aspects les plus bizarres et que l'esprit se prête aisément au merveilleux, quand la nature qui vous environne est, elle-même, une incroyable merveille. »

Si Marcel et Robert peuvent proférer ce type d'ineptie géo-ethnique, c'est parce qu'ils viennent d'une banlieue cossue de Paris. En général, les jeunes personnages de manuels scolaires étaient des provinciaux qui incarnaient les vertus de leur région. *Trois mois sous la neige : journal d'un jeune habitant du Jura* (15e édition, 1886) était une leçon de courage et de patience [26]. Les héros des *Petits voyageurs* de P.-C. Briand, « description pittoresque de cette belle contrée » (1834), étaient originaires de la « petite île » de Corse, mais se sentaient « de véritables Français [27] » – ce qui redorait l'image des Corses, que l'esprit populaire assimilait volontiers à d'affreux bandits toujours occupés à régler quelque vendetta [28].

Le meilleur de tous ces ouvrages était *Le Tour de France par deux enfants* d'Augustine Bruno, sous-titré « devoir et patrie, livre de lecture courante » (1877), qui fit la joie de générations d'écoliers. Les deux garçons quittent Phalsbourg, dans la Lorraine sous occupation allemande, pour tenter de retrouver leur oncle Frantz après la mort de leur père, un menuisier dont la dernière volonté était d'émigrer en France. Leurs aventures réalistes les entraînent tout d'abord vers le sud, jusqu'à Marseille, où ils embarquent sur un bateau à destination de Bordeaux en passant par la Méditerranée et le canal du Midi ; puis ils traversent le nord du pays, de la Bretagne à la Flandre, avant de rentrer chez eux fleurir la tombe de leur père. De là, ils prennent un train pour Paris, dont les rues, mises bout à bout, « feraient une rue longue de neuf cents kilomètres, c'est-à-dire plus longue que le chemin de Paris à Marseille ». Les orphelins se débrouillent tout seuls et apprennent à connaître le pays, non de la bouche de quelque pédant voyageant avec une bibliothèque entière dans les poches, mais à travers les hommes et les femmes qu'ils rencontrent en chemin et qui gagnent leur vie à la sueur de leur front. Leur périple ne s'achève pas à Paris, mais dans une ferme de la Beauce ravagée par la guerre franco-prussienne, qui ne tardera pas à se relever à la force des bras et du patriotisme.

Les historiens adultes qui considèrent le petit livre lumineux d'Augustine Bruno avec une sollicitude narquoise devraient essayer de décrire un pays entier, avec ses habitants, sa production agricole, sa géographie et son climat, dans un récit capable de maintenir un enfant en haleine. *Le Tour de France par deux enfants*, qui en était à sa 386e édition en 1922, a donné à des millions de gens une image vivante et factuelle de la France. Quelques-unes des expériences et observations d'André et Julien Volden sont plus célèbres que de grands événements de l'histoire de France : le naufrage dans la Manche, le cheval de trait maltraité, le marteau-pilon à vapeur incroyablement précis de la fonderie du Creusot qui pouvait enfoncer un bouchon dans une bouteille de vin, ou la ferme auberge du Dauphiné :

> Les gens qui entraient parlaient tous patois entre eux ; les deux enfants, assis à l'écart et ne comprenant pas un mot de ce qui se disait, se sentaient bien isolés dans cette ferme étrangère. Le petit Julien finit par quitter sa chaise, et, s'approchant d'André, vint se planter debout entre les jambes de son frère. Il s'assit à moitié sur ses genoux, et, le regardant d'un air d'affection un peu triste, il lui dit tout bas :
>
> « Pourquoi donc tous les gens de ce pays-ci ne parlent-ils pas français ?
>
> — C'est que tous n'ont pas pu aller à l'école. Mais dans un certain nombre d'années il n'en sera plus ainsi et par toute la France on saura parler la langue de la patrie. »
>
> À ce moment la porte d'en face s'ouvrit de nouveau : c'étaient les enfants de l'hôtelière qui revenaient de l'école.
>
> « André, s'écria Julien, ces enfants doivent savoir le français, puisqu'ils vont à l'école. Quel bonheur ! Nous pourrons causer ensemble [29]. »

*

UNE FOIS QU'ELLES eurent quitté les bancs de l'école, les générations qui avaient été nourries de ces lectures furent incitées à découvrir la France par elles-mêmes, à travers une gigantesque campagne d'autopromotion nationale qui se poursuit au XXIe siècle. Les journaux et les revues illustrées exhortaient leurs lecteurs à visiter la France méconnue et si dédaignée des touristes fortunés, et tout particulièrement les « provinces perdues » d'Alsace et de Lorraine [30]. Des régions restées pratiquement inexplorées jusque dans les années 1880 et qui ne figuraient que dans très peu de guides étaient présentées comme des destinations de vacances : les Ardennes, l'Argonne et le Morvan, les vallées de la Dordogne et du Lot, les gorges du Tarn où ne passait aucune route, les gorges de l'Ardèche aux falaises creusées de grottes, le massif du Vercors avec sa toute nouvelle infrastructure de routes et de tunnels vertigineux [31], et le Cantal isolé, où le viaduc de Garabit réalisé par Gustave Eiffel (1884) était célébré comme une merveille du monde moderne.

C'était l'époque où les gens commençaient à dire, comme ils continuent de le dire, qu'« en France, le pays que l'on connaît le moins, c'est la France [32] ». Le fait d'avoir perdu une partie de son territoire semblait avoir fait prendre conscience à la nation de ses trésors inexploités. La France avait colonisé l'Afrique du Nord et l'Indochine, mais elle avait oublié de coloniser son propre territoire. Les populations rurales affluaient vers les villes, abandonnant les campagnes aux forces de la nature et aux invasions étrangères. Il était du devoir patriotique de tout citoyen français de partir en vacances dans des endroits peu courus, qui se révéleraient tout aussi spectaculaires que les Alpes à la réputation surfaite. Le *Magasin pittoresque* imagina un touriste parisien, que l'on aurait enlevé et à qui on aurait bandé les yeux pour l'emmener sur les rives du lac Chambon, au cœur de l'Auvergne. En retirant son bandeau, il se retrouverait dans un paysage époustouflant de montagnes pareilles à des nuages amoncelés et de lacs étincelants, et aurait peine à se croire encore en France [33].

Des historiens et des hommes politiques locaux, des académies et sociétés géographiques de province, des compagnies ferroviaires et des journalistes furent le fer de lance de cette opération de revalorisation de la France. Ils rebaptisèrent plusieurs régions afin de leur donner une image plus attractive : la côte provençale devint la Côte d'Azur en 1877. Puis, on inventa la Côte d'Émeraude en Bretagne, la Côte sauvage en Vendée, et la Côte d'Argent en vint à désigner le cordon du littoral atlantique entre Royan et Bayonne. Des « Petites Suisse » surgirent de toutes parts, à commencer par le Morvan et le Limousin, délaissés des touristes mondains [34]. Depuis, il est presque devenu obligatoire pour la moindre région un tant soit peu montueuse de revendiquer une analogie avec la Suisse. À l'heure où nous écrivons ces lignes, il existe ainsi pas moins de dix « Suisse » en France, depuis la « Suisse normande » (à quatre-vingts kilomètres au nord-est des « Alpes mancelles »), jusqu'à la « Suisse niçoise », en passant par la « Suisse d'Alsace ».

En 1874, le géographe Adolphe Joanne et un petit groupe d'écrivains et de personnalités politiques de gauche fondèrent le Club alpin français. Avec sa devise « En avant, quand même ! », cette « société de savants et de touristes » se proposait de « découvrir la France, pour la plus grande instruction des Français ». Le Club se mit en quête de correspondants locaux pour l'assister dans son entreprise, et assura avoir « découvert, non seulement à Paris, mais au fond des provinces les plus reculées, des savants, des écrivains et des artistes qui s'ignoraient eux-mêmes [35] ». L'année suivante, le Comité des promenades de Gérardmer (Vosges) ouvrit la voie en créant des aménagements pour les vacanciers, et d'un bout à l'autre du pays, des offices du tourisme lui emboîtèrent le pas. Ces associations missionnaires formèrent des guides et des porteurs, persuadèrent des villages rivaux de travailler main dans la main, tracèrent des sentiers pédestres balisés et organisèrent des « caravanes scolaires » et des « colonies de vacances » pour les écoliers de France. Elles engagèrent également les hôtels à afficher leurs tarifs et à s'abstenir de matraquer les touristes. Bien avant les congés payés de 1936, une nouvelle géographie économique de la France se dessinait : les Vosges étaient les Alpes de la petite bourgeoisie, et les montagnes d'Auvergne les Pyrénées du pauvre*.

* Ou tout du moins, du demi-pauvre. Vers 1885, un instituteur comme M. Blondel avait un salaire annuel d'environ 1 200 francs ; les institutrices étaient payées moitié moins. Un ouvrier de la région parisienne gagnait en moyenne 7 francs par jour. Pour une semaine de vacances dans une ville d'eaux d'Auvergne, un Parisien célibataire pouvait prévoir de dépenser les sommes suivantes : billet de train aller-retour : 35 fr. ; pension complète : 50 fr. ; excursions, location d'ânes, pourboires, etc. : 20 fr. ; rafraîchissements et souvenirs : 30 fr. ; une carte : 2 fr. ; cinq cartes postales et affranchissement : 1 fr. Total : 138 fr.

Ces clubs touristiques étaient des pionniers dans la grande lignée des cartographes du XVIIIe siècle. Ils firent non seulement connaître des régions obscures de la France, mais ils les découvrirent. En 1882, deux membres du Club alpin tombèrent par hasard sur une stupéfiante « cité de pierres » sur les hauts plateaux sauvages du Causse noir. Les formations de roches dolomitiques qui surgissent de la forêt de chênes et de broussailles comme des gratte-ciel en ruine sont visibles à plusieurs kilomètres à la ronde, mais aucune carte n'avait jamais fait la moindre mention de ce site. Le chaos inhabité de colonnes et de ravines fut baptisé Montpellier-le-Vieux, parce que, selon certains, des bergers du coin lui avaient donné le nom de la seule ville qu'ils connaissaient, mais cette dénomination résultait sans doute d'un malentendu : « Lou clapas », qui signifie « tas de pierre », était aussi le sobriquet dont on affublait en patois local Montpellier [36].

La découverte du « vieux tas de pierres » fut l'un des premiers triomphes du Club alpin, un trésor enfoui repris aux provinces sauvages. Une maquette à l'échelle de « la Citadelle du diable » fut présentée à l'Exposition universelle de 1889, et elle fascina les foules venues admirer la tour Eiffel. Un an plus tôt, la femme de lettres anglaise Matilda Betham-Edwards avait vu l'original lorsque, à l'âge de cinquante-trois ans, partie en voiture du village du Rozier, dans les gorges du Tarn, elle avait gravi une route presque verticale sur le versant nord du Causse noir pour rejoindre « ces vastes hauteurs embaumées de fleurs, à près de neuf cents mètres au-dessus du niveau de la mer, balayées par l'air pur d'une demi-douzaine de chaînes montagneuses ». Elle arriva à la fermette délabrée de Maubert dont le propriétaire, qui s'imaginait déjà en aubergiste, lui fit visiter le chaos de Montpellier-le-Vieux.

Par bonheur, Mme Betham-Edwards prodigua quelques conseils judicieux au fermier et à son épouse, une femme « très vive, jolie, aimable et intelligente », mais qui « négligeait malheureusement son apparence, portant les cheveux défaits et une robe de souillon ». Un touriste français avait pris place avec son guide autour d'une omelette à la table de la maison de ferme. Mme Betham-Edwards eut une vision de l'avenir : une nappe pour le petit déjeuner, un jardin fleuri en lieu et place du tas de fumier, des tapis et des fauteuils dans les meilleures chambres, et même « des plateaux, des cloches et des loquets de porte ».

> Comme cette utopie ne pouvait être réalisée dans l'année, je discutais avec nos hôtes du « confort », tandis qu'ils sortaient un alcool après l'autre – du rhum, de l'eau-de-vie de coing, que sais-je encore ! – pour nous remettre de nos efforts. Cependant que je conversais sur ce sujet instructif, la jolie petite maîtresse souillonne de la Cité du Diable se tourna vers son mari : « C'est cela ! nous devons absolument acheter des lavabos, mon chéri [37] ! »

*

LES ROCHERS DE Montpellier-le-Vieux portent aujourd'hui les noms ronflants que leur attribua un avocat parisien, Édouard-Alfred Martel : le nez de Cyrano, le sphinx, les yeux du blaireau, la porte de Mycène, etc. Le « Christophe Colomb des Enfers [38] » était né à Pontoise en 1859. Après des vacances dans les Pyrénées avec ses parents, Martel se passionna pour l'univers souterrain des antres et des grottes. De 1888 à 1913, il effectua chaque année des expéditions dans des coins de France totalement écartés, puis dans quatorze autres pays, dont l'Irlande et les États-Unis. Avec son fidèle assistant, le forgeron Louis Armand, il reconnut et releva la plupart des cavernes et labyrinthes souterrains qui continuent à ce jour d'attirer des millions de visiteurs : la grotte de Dargilan, le gouffre de Padirac, l'aven Armand, l'abîme de Bramabiau. Il se suspendit à des échelles de corde qui vrillaient sous ses pieds, franchit des chaos d'éboulis avec un canoë sur la tête et une bougie coincée entre les dents, et passa des heures à grelotter dans d'immenses grottes iridescentes, vêtu d'un costume de laine, d'un chapeau melon et de bottes percées pour évacuer l'eau.

Martel fut le héros populaire de l'ère nouvelle de l'exploration nationale. Il écrivit des dizaines de livres, dont la plupart connurent un succès retentissant et dont un seul, *Les Abîmes*, est toujours édité. Les récits de ses aventures vécues étaient tout aussi palpitants que les fantaisies de son romancier préféré,

Jules Verne. En témoigne sa description de la descente dans le gouffre de Padirac :

> Je descends le premier. [...] En huit minutes, je suis en bas de l'échelle. [...] : je me détache avec plaisir de la corde [...]. Et je lève la tête. [...] On se croirait au fond d'un télescope, ayant pour objectif un morceau circulaire de ciel bleu ; la lumière verticale éclaire de reflets, que je n'ai encore perçus nulle part, les parois du puits, taillées en falaises ou en encorbellements, et formées par des strates calcaires superposées ; au bord du trou émergent les têtes toutes petites de mes compagnons, couchés à plat ventre pour me regarder : comme ils semblent loin et haut ! À l'orifice et aux moindres saillies du colossal entonnoir, pendent gracieusement de longues touffes de plantes amies de l'ombre et de l'humidité. [...] Au milieu d'elles, le câble du téléphone, qui nous rattache aux vivants, semble un noir fil d'araignée tendu en travers de l'abîme [39].

Des alpinistes britanniques et américains avaient conquis les plus hauts sommets de France ; Martel rendit un peu de son orgueil à la nation en conquérant les plus profonds abîmes. Il se comparait volontiers à un représentant de commerce dévoué à la patrie faisant « de la réclame pour les compatriotes qui ont sous la main, dans les beautés naturelles de leur territoire, une source de fortune non exploitée [40] ». Dans ses livres, ces compatriotes font figure de naïfs superstitieux, tandis que Martel apparaît sous les traits du missionnaire démystificateur, du magicien du Pays de la Technologie qui, avec ses éblouissants rubans de magnésium, illumine les antres dans lesquels le diable était tapi. Une gravure des *Abîmes* le représente debout dans une niche, telle la Vierge Marie, dominant ses compagnons, une bougie fixée au rebord de son chapeau [41].

Les cultivateurs avaient beau craindre les démons des cavernes, cela ne les empêchait nullement de déverser toutes sortes d'immondices dans ces trous. Ce que Martel redoutait le plus était le moment où il sentirait craquer et coller sous ses semelles le sol répugnant du fond, qu'il appelait la « soupe de carcasses » et que les gens du pays récoltaient comme engrais et pigment. Les guides modernes perpétuent volontiers les récits de paysans effarés, mettant les valeureux aventuriers en garde contre les esprits vengeurs. En réalité, les explorations de Martel suscitaient une réaction moins flatteuse. Des centaines de gens se massaient autour de la bouche du gouffre et transformaient le spectacle en fête de village. Des chiens pantelants projetaient une pluie de pierraille dans l'aven, tandis que les violons et les accordéons rendaient inaudible la liaison téléphonique [42]. De vieilles femmes se signaient et pointaient l'index au ciel en disant : « Pour sûr vous y descendrez, nos bons Messieurs, mais vous n'en remonterez jamais plus. » Ou bien, elles secouaient la tête en marmonnant : « *Y o dé nésci de touto mèno* » (Il y a des fous de toute espèce). Les hommes, quant à eux, s'interrogeaient sur les intentions de Martel et de son équipe : « C'est y pour faire un trou comme ça dans votre pays, que vous venez tirer le plan de celui-là [43] ? » Ils étaient bien loin de se douter qu'un jour, le trou béant de leur causse vaudrait bien plus qu'une mine d'or.

*

QUICONQUE A EXPLORÉ une caverne ou une gorge en France a probablement suivi un « sentier Martel » ou admiré la vue depuis l'un des « points sublimes » de Martel. Le père de la spéléologie découvrit plus de deux cents cavernes et rivières souterraines et a donné son nom à plus de sites que la plupart des saints. Il fut pourtant lui-même stupéfait par le monstre géologique qui fut mis en lumière en 1905.

Il y a à peine plus de cent ans, quand Paris avait un métro et que la tour Eiffel accusait des signes de vieillissement, l'une des merveilles naturelles du Vieux Continent n'était connue que de quelques coupeurs de buis et sculpteurs qui ne voyaient aucune raison de signaler au monde extérieur cette entaille incommode qui balafrait leur plateau. Le grand canyon du Verdon creuse sur vingt et un kilomètres l'étonnant paysage calcaire des Préalpes de Castellane [44]. La deuxième ville de France se trouve à quatre-vingt-quinze kilomètres au sud-ouest. Nombre de boules de buis qui dessinaient des ogives sur les boulevards poussiéreux de Marseille avaient vu le jour sur des souches noueuses accrochées au roc du plus long et du plus profond canyon d'Europe. Les hommes des hameaux établis de part et d'autre de la gorge descendaient à la corde les parois du précipice pour aller couper le meilleur bois destiné à la fabrication des boules de pétanque ; à six cents mètres sous leurs pieds, les eaux vert métallique du Verdon dévalaient dans l'étroit défilé, creusant sur leur passage le lit de gravier et sculptant de nouvelles grottes.

À l'extrémité orientale de ce titanesque fossé, le bourg de Castellane est bâti sur une route romaine qui reliait la Durance à la Méditerranée et la voie Aurélienne à la voie Domitienne. Napoléon y avait fait étape en remontant vers Paris en 1815. À l'extrémité occidentale du canyon, le village de Moustiers-Sainte-Marie était célèbre pour ses faïences et l'étoile dorée qu'un chevalier de retour des croisades avait suspendue à une chaîne entre deux falaises. Ces deux localités étaient décrites dans les guides touristiques. Celui de Charles Bertram Black sur le sud de la France (1885) mentionnait même une route entre Castellane et Moustiers, dont sa carte aurait pu lui faire supposer l'existence [45]. Entre-temps, les gorges du Verdon restaient totalement inconnues du reste du monde.

Il est presque aussi intéressant d'imaginer *ne pas* découvrir les gorges du Verdon que de les explorer. Depuis la route qui arrive à Moustiers par l'ouest, un formidable rempart rocheux barre l'horizon du couchant. Le soleil du soir pose un rehaut d'argent sur sa crête et trahit la très faible épaisseur de la muraille : il y a forcément quelque chose derrière. Mais en montant vers Moustiers après avoir traversé le plateau de Valensole battu par les vents, personne n'aurait songé à prolonger sa course pour aller s'aventurer sur les falaises et les escarpements qui dégringolaient à pic vers des espaces mal cartographiés. La plupart des voyageurs auraient déjà trouvé de quoi largement assouvir leur appétit de désolation grandiose. L'entrée de la gorge proprement dite est si étroite que, même de près, elle se dérobe à la vue, bien que la scène soit aujourd'hui difficile à se représenter. En 1975, des barrages hydroélectriques ont créé le lac de Sainte-Croix, qui submerge trente-six kilomètres carrés et a fait du village de Bauduen, jadis accroché à flanc de colline, une station touristique de bord de lac.

Un jour de 1896, les habitants de Rougon, petit hameau proche du rebord nord-est du canyon, furent stupéfaits de voir approcher un petit groupe d'hommes avec un âne chargé d'un canot en toile démonté. De temps immémorial, c'était la première fois que l'on voyait un bateau dans le pays. Le chef de l'expédition, l'ingénieur naval Armand Janet, leur expliqua qu'il revenait des profondeurs de la faille, ce qui semblait impossible. Il avait négocié la rivière jusqu'à l'entrée orientale de la gorge, mais après avoir affronté de terrifiants rapides, ses guides locaux avaient refusé de poursuivre et il fut contraint de couper court à sa tentative.

Neuf ans plus tard, le ministère de l'Agriculture commanda à Édouard Martel une étude hydrologique de la région. On espérait pouvoir dompter le cours du Verdon afin d'irriguer les champs écrasés de soleil du Var et de fournir à Toulon et Marseille des ressources en eau potable. Martel, accompagné d'Armand Janet, de Louis Armand, d'un ingénieur agronome, d'un instituteur de la région, de deux cantonniers et de plusieurs porteurs, descendit en canot les gorges du Verdon sur toute leur longueur, prenant des photographies avec le seul appareil qui avait résisté aux flots furieux du torrent et qui, contre toute attente, continuait de fonctionner. Deux de leurs frêles esquifs se fracassèrent sur les rochers. Les explorateurs mirent trois jours entiers à parcourir seize kilomètres de rivière. Ils ressortirent enfin du canyon à dix heures du matin le 14 août 1905, près du vieux pont romain d'Aiguines, depuis lors englouti par le lac.

L'année suivante, Martel décrivit par le menu son équipée dans les comptes rendus de la Société géographique et dans les colonnes de la revue grand public *Le Tour du Monde*, et révéla au monde cette « merveille américaine de France [46] », trente-sept ans après l'expédition pionnière de John Wesley Powell dans le Grand Canyon du Colorado. Il n'avait qu'un regret : ce « nouveau joyau de la riche couronne de la belle France » se prêtait mal au tourisme. Et il ne se trompait pas en prédisant que les gorges du Verdon resteraient « pour longtemps, sans doute, invisibles ou du moins invisitables ».

En 1947, on ouvrit une route longeant le bord méridional de la gorge : la Corniche sublime n'usurpe en rien son nom. Sur la rive nord, la route des Crêtes fut achevée en 1973. Ces deux tronçons forment une circuit grisant de cent kilomètres. La zone inconnue et dangereuse se trouve maintenant de l'autre côté de la route, loin du canyon, à l'endroit où une vallée monte doucement vers les collines de la partie vierge de la carte. Quelques pistes de terre conduisent vers des broussailles, sur le Grand Plan de Canjuers, plateau karstique criblé de dolines et de torrents souterrains. On aperçoit parfois de loin un nuage de poussière s'élevant des collines, et si, bravant les panneaux d'avertissement, le voyageur s'enfonce un peu dans les broussailles, il repérera peut-être sous leurs tenues de camouflage quelques occupants de la zone militaire de Canjuers.

*

LA DÉCOUVERTE DES gorges du Verdon révéla également à la nation à quel point elle s'ignorait. Jusqu'en 1906, le site géographique le plus spectaculaire de France aurait tout aussi bien pu exister dans une autre dimension ; pourtant, sur tout le pourtour de la lèvre du canyon, Martel et Janet avaient trouvé du bétail venu s'abreuver dans des mares, « des ruines dont l'histoire est inconnue » et, au fond des gorges mêmes, des résidus charriés par le torrent – des planches de bois venant de moulins et de cabanes et « les débris d'une passerelle venue d'on ne sait où ».

La « merveille nouvellement découverte » était connue depuis des siècles. La première carte précise des environs était parsemée de toponymes qui, comme les roches stratifiées, retracent un long voyage dans le temps. Les noms que choisit Martel, inspirés de Jules Verne, n'étaient que la dernière couche de couleur de ce tableau : le Plateau des fossiles, la Voûte d'Émeraude, l'Étroit de la Quille... D'autres, plus anciens, avaient acquis une patine moderne : l'ancien lieu-dit Bourogne s'appelait désormais Boulogne, et le pont du hameau de Soleis était devenu le faussement mystérieux Pont-de-Soleils.

Mais sous la graphie française, on devinait aisément les formes occitanes primitives, qui témoignaient du long combat que les habitants eurent à livrer contre leur territoire : les Baumes-Fères (les grottes sauvages), le Maugué (le gué mauvais), le pas de Vaumale (la vallée mauvaise). Dans les collines qui surplombent l'entrée nord du canyon, une étable se dresse sur le site d'un ancien sanctuaire des chevaliers du Temple. Son nom, Saint-Maymes, était en fait dérivé de celui de l'évêque romain saint Maxime. Plus à l'ouest, Saint-Maurice était probablement la forme christianisée du vocable païen signifiant « marais ». Il y avait dans ce secteur très peu d'autres noms de saints, ce qui semble indiquer que l'occupation humaine des gorges était antérieure aux routes romaines – si tant est qu'elles fussent romaines – qui passaient à l'est et à l'ouest du canyon.

L'érosion du temps avait grignoté les noms les plus anciens, ne leur laissant que quelques voyelles aériennes. Ayen, nom d'un col de la bordure septentrionale, n'a aucune origine connue. Ce pourrait être une réminiscence d'un terme gaulois pour « pierre » (*aginn*), employé par les hommes de l'âge de fer dont on découvrit par la suite des sépultures à Soleis, à moins qu'il ne s'agisse d'une relique isolée d'une langue jamais répertoriée, parlée à l'époque où la rivière entaillait encore son lit dans la roche.

17

Voyage au centre de la France

LA DERNIÈRE GRANDE découverte géographique en France mit fin de façon spectaculaire à l'ère des touristes pionniers. Quand les gorges du Verdon furent dévoilées au monde en 1906, on était déjà entré dans une nouvelle ère de l'exploration, grâce, entre autres, à une machine miraculeuse qui désenclava les campagnes dépeuplées et rendit vie à des routes abandonnées au profit du chemin de fer.

Par une nuit de mai 1891, peu avant l'aube, un petit groupe d'hommes s'était rassemblé au sommet d'une hauteur près de Thivars, au sud-ouest de Chartres. Ils avaient braqué leurs lanternes au sud pour prévenir de leur présence et scrutaient la longue voie déserte. Soudain, une voix cria : « Gare ! Gare ! »

> Brusquement, trois ombres surgissent des ténèbres, passent comme une vision fugitive et disparaissent dans la nuit. L'un de nous crie : « Qui est-ce ? » « Mills », répond-on. Aussitôt d'enfourcher nos montures et de revenir à toute vitesse vers Chartres, à l'Hôtel du Grand Monarque, où était le contrôle [1].

George Pilkington Mills, le coureur amateur britannique, était bien parti pour remporter le premier Bordeaux-Paris. Les deux autres ombres étaient des cyclistes qui se relayaient pour « filer » les concurrents (courir dans le sillage d'un autre cycliste réduit la résistance au vent et permet de gagner jusqu'à un tiers de rendement). Les organisateurs avaient prévu des rafraîchissements et des lits dans des villes émaillant le parcours, mais c'était à peine si les coureurs s'arrêtaient pour attraper quelques provisions à la volée avant de poursuivre leur course effrénée vers la capitale. Ils virent le soleil se coucher sur les plaines du Poitou, et poindre sur la forêt de Rambouillet. Quand Mills franchit la ligne d'arrivée à la porte de Saint-Cloud, à l'orée de Paris, il avait couvert les cinq cent soixante-seize kilomètres en vingt-six heures et trente-cinq minutes – soit une vitesse moyenne de 21,5 kilomètres à l'heure.

Inspiré par le Bordeaux-Paris, le rédacteur en chef du *Petit Journal* orchestra une course encore plus longue : l'aller-retour entre Paris et Brest [2]. Cette fois, une victoire française était assurée, puisque seuls des Français étaient autorisés à concourir. Le 6 septembre 1891, dès six heures du matin, des milliers de badauds se pressaient dans les rues de Paris pour voir passer sur les boulevards deux cent six cyclistes se dirigeant vers l'Arc de triomphe et le bois de Boulogne. Plus loin, dans la campagne normande, des paysans avaient dressé des tables sur les bas-côtés pour avoir la joie de voir leur lait, leurs pommes, leur cidre et leurs gâteaux engloutis par des sportifs affamés. (La tradition s'est maintenue jusqu'à aujourd'hui sur le Paris-Brest-Paris, une épreuve ouverte à tous les amateurs bien préparés.) Quelques concurrents se revigoraient de quelques prises de tabac et goulées de champagne ; d'autres se contentaient de pain et de bouillon de viande.

Le favori était Charles Terront, un professionnel de trente-quatre ans monté sur une machine équipée de pneumatiques Michelin démontables – une toute nouvelle invention. Il arriva à Brest le 7 septembre à cinq heures du soir (heure de Paris), une heure derrière le premier, avala une poire et un peu de soupe et repartit cinq minutes plus tard. À Guingamp, il dépassa le leader, qui dormait à l'auberge, et retraversa la frontière bretonne à midi le lendemain. À Mortagne, des gens étaient accourus de tout le *pays* pour assister au passage des bicyclettistes. Quand Terront déboula dans la ville à la nuit tombée, il fut salué par un tonnerre d'applaudissements et des tirs de feu d'artifice. Ce fut couvert de fleurs qu'il continua. Quelques kilomètres plus loin, il fit une chute à cause d'une branche morte. Sanglotant d'épuisement, il poussa son vélo jusqu'à l'atelier du forgeron le plus proche, qui lui répara son pédalier et le remit en selle. Le lendemain matin à cinq heures et demie, dix mille personnes virent Terront, entouré d'une flottille de cyclistes locaux, franchir la ligne sur le boulevard Maillot, le bras levé en signe de triomphe. Il avait chevauché son vélo Humber pendant soixante et onze heures et trente-sept minutes, couvrant mille deux cents kilomètres à une moyenne de 16,8 kilomètres à l'heure. Il dévora quatre repas, dormit vingt-six heures d'affilée, puis fit de nouveau la preuve de sa vigueur en participant à dix-huit banquets consécutifs donnés en son honneur [3].

*

LES JOURNALISTES dépeignaient en des termes homériques ces exploits sur de longues distances, qui aujourd'hui encore continuent d'inspirer les coureurs amateurs mais donnent une vision légèrement faussée de l'expérience commune. L'homme qui vit George Pilkington Mills lui filer sous le nez sur la colline des environs de Thivars était un enseignant de Chartres qui consacra deux délicieuses semaines de vacances à parcourir une centaine de kilomètres par jour sur des terrains accidentés (« une distance que l'on ne doit pas dépasser si l'on veut voir et retenir quelque chose [4] »). Parti de chez lui, il pédala jusqu'aux Pyrénées et au retour, traversa l'Auvergne. Il gravit sans férir le redoutable col du Tourmalet (2 115 mètres) quinze ans avant que le Tour de France, toujours prompt à bâtir sa propre légende, n'en fasse tout un plat en 1910 [5]. Des centaines d'autres excursionnistes, hommes et femmes, avaient déjà allègrement sillonné les Pyrénées à vélo, mais le Tour de France s'est si bien entendu à vendre son histoire épique que tout le monde est aujourd'hui persuadé que le premier cycliste à réussir l'ascension du Tourmalet fut le meneur du Tour de France de 1910, qui atteignit le sommet ruisselant de sueur et crépi de poussière et hurla à la face des organisateurs : « Assassins ! »

Nombre d'historiens actuels sous-estiment gravement l'influence de la bicyclette sur la vie quotidienne, n'y voyant généralement qu'un instrument de torture masochiste. Des vérités toutes simples ont été oubliées. Comme chacun ou presque le savait il y a un siècle, le secret du cyclisme pour un adulte consiste à pédaler avec juste assez de force pour maintenir la machine en équilibre, puis d'augmenter très progressivement sa vitesse, sans pour autant s'essouffler au point de ne pas pouvoir discuter ou chantonner un petit air. De cette façon, en buvant et en mangeant régulièrement, un individu en relativement bonne forme et sans esprit de compétition peut grimper un pic, chargé de bagages, sur une pente sévère mais constante conçue pour une mule du XVIIIe siècle.

Pour des générations qui n'avaient pas été gâtées par l'automatisation, il était tout à fait banal de parcourir des centaines de kilomètres à vélo. En 1895, quand notre enseignant de Chartres entreprit sa petite randonnée estivale de mille six cents kilomètres, les vieux tapeculs du passé n'étaient plus qu'un lointain souvenir. Avec ses roulements à billes et ses jantes rembourrées de pneumatiques, sa machine ressemblait à bien des égards à un vélo moderne. Beaucoup de vélocipèdes étaient plus légers et plus fiables que les engins éreintants que l'on voit aujourd'hui dans nos rues. Il existait des modèles pliants, qui passaient dans une valise [6], et d'autres équipés de bandages à gonflement automatique [7]. Le dérailleur, qui permettait de changer de vitesse sans démonter la roue arrière, apparut en 1912. Les systèmes de freinage, en revanche, n'en étaient encore qu'à leurs balbutiements. Bien des cyclistes recommandaient d'attacher une grosse branche au montant de selle avant d'entamer une descente, mais, comme le précisait un cyclotouriste de la première heure, cette technique ne valait qu'« en l'absence de poussière, de boue, de tournants brusques, et surtout de gardes champêtres, à qui l'on ferait difficilement croire qu'on trimballe ce bagage derrière soi depuis Paris [8] ».

Dès que le commerce proposa des vélos d'occasion et des imitations bon marché de marques réputées, des millions de gens se trouvèrent affranchis de leurs horizons proches par ce cheval mécanique auquel le forgeron du coin pouvait remplacer les membres et donner une deuxième vie. Avec un vélo, un garçon pouvait aller chercher du travail ou une fiancée par-delà les limites de son canton et être rentré à temps pour souper. C'est du reste la raison pour laquelle la bicyclette passe pour avoir permis à la population française de gagner quelques centimètres en réduisant le nombre de mariages consanguins. Elle était utilisée par les ouvriers agricoles et les banlieusards, par le facteur, le curé du village, le gendarme et l'armée française, laquelle, comme tant d'autres en Europe, déployait plusieurs bataillons cyclistes en appui de sa cavalerie.

Avant la Première Guerre mondiale, on recensait près de quatre millions de bicyclettes en France, soit une pour dix habitants : 3 552 000 étaient déclarées aux impôts, mais il devait y avoir bien plus de ces « chevaux sans fourrage » dissimulés dans des granges. Il était désormais possible de parcourir de longues distances à une vitesse vivifiante, en bénéficiant de ces vues panoramiques au-dessus des haies autrefois réservées aux voyageurs juchés sur les toits des diligences. La plupart des villes proposaient des vélos en location, et il en coûtait moins d'un franc pour embarquer le sien en train. Les compagnies de chemin de fer endossaient la responsabilité pour tout dommage [9]. Le Touring Club de France, fondé en 1890 sur le modèle du Cyclists' Touring Club britannique, revendiquait cent dix mille membres en 1911 [10]. Des cartes spécialement destinées aux cyclistes furent éditées, indiquant les côtes abruptes, les passages dangereux, les routes pavées et goudronnées et, dans les villes, les trottoirs cyclables [11]. Dans son *European Travel for Women* (1900), Mary Cadwalader Jones recommandait à ces dames la petite reine comme moyen de découvrir la France. Son unique mise en garde portait sur la règle obligeant théoriquement à rouler à droite : « On ne sait jamais trop bien à quoi s'en tenir, car il est des villes et des quartiers où l'on circule à droite, d'autres à gauche. Par conséquent, si vous vous déplacez en bicyclette, soyez toujours attentives [12]. »

*

CETTE OUVERTURE de la frontière intérieure fut magnifiquement incarnée par la plus formidable de toutes les courses cyclistes. Le Tour de France est né d'un coup publicitaire inventé par un journaliste, Géo Lefèvre, et son patron, Henri Desgrange, champion cycliste et rédacteur en chef du magazine sportif *L'Auto*. Le premier Tour (1903) couvrit deux mille quatre cent quarante kilomètres répartis sur six étapes, chacune durant plus de vingt-quatre heures : Paris, Lyon, Marseille, Toulouse, Bordeaux, Nantes, Paris. Le tracé suivait le chemin traditionnellement emprunté par les apprentis compagnons lors de leur Tour de France. Il était idéal pour les premières versions de l'épreuve, à une époque où les voitures des accompagnateurs étaient incapables d'attaquer les montagnes. Sur les soixante coureurs au départ, vingt et un survivants épuisés furent accueillis à l'arrivée à Paris par une foule de cent mille personnes.

Dès sa première édition, le Tour de France était une sorte de grande fête nationale, l'occasion d'une joyeuse balade de reconnaissance sur les terres communales, dont se régalent encore chaque été des millions de spectateurs qui ne s'intéressent pas au sport. Pour ceux qui suivaient le Tour dans les quotidiens et contemplaient les photos floues de héros maculés de boue sur les routes de France, de la suie noire du Nord à la poussière blanche du Midi, le « sol sacré » de la nation devint le décor d'une aventure annuelle, qu'Henri Desgrange racontait dans une prose lyrique de bande dessinée épique.

Républicain de gauche, Desgrange s'enthousiasma pour le premier vainqueur du Tour de France. Maurice Garin était d'origine italienne. Il venait de la vallée d'Aoste, par-delà le mont Blanc. Comme des milliers de ses compatriotes, il était parti de chez lui enfant et était monté jusqu'en Belgique à pied, où il exerça le métier de ramoneur. Il avait depuis lors été naturalisé français et s'était installé à Lens, dans le Pas-de-Calais. « Le Petit Ramoneur » était autant un symbole d'unité nationale que Zinédine Zidane, le Kabyle algérien né en France, capitaine de l'équipe de football qui remporta la Coupe du monde en 1998. Les agressions contre les travailleurs immigrés italiens se multipliaient. Des Italiens démunis acceptaient les tâches les plus indignes dont personne d'autre ne voulait et se voyaient accusés de tirer les salaires vers le bas. Mais cette violence s'expliquait autant par la xénophobie que par l'atmosphère tendue qui régnait dans les usines. En 1893, cinquante Italiens furent abattus ou tabassés à mort par une foule d'émeutiers dans les salines d'Aigues-Mortes. Cette chasse à l'homme meurtrière dura trois jours. Les coupables furent arrêtés, jugés, et acquittés. Dans un pays encore divisé par l'affaire Dreyfus, l'unité nationale n'était apparemment qu'un rêve lointain. Desgrange se dit que son Tour de France contribuerait à refermer ces blessures tout en remontant le moral de la nation. Son éditorial puissant, paru dans *L'Auto* le premier jour de la course, avait des accents d'appel aux armes pacifique :

> Du geste large et puissant que Zola, dans *La Terre*, donne à son laboureur, *L'Auto*, journal d'idées et d'action va lancer à travers la France, dès aujourd'hui, les inconscients et rudes semeurs d'énergie que sont les grands routiers professionnels [13].

Malheureusement, le Tour jeta plus d'huile sur le feu qu'il n'aplanit les différends. Desgrange, le Parisien, fut lui-même éberlué par ce qu'il découvrit de la France profonde : des visages ahuris attirés par les lampes à acétylène des points de contrôle comme des papillons de nuit ; « des ménagères braillardes » dans un faubourg de Moulins, « qui n'ont même pas la décence de porter un bonnet ». « Peut-on vraiment se trouver plus loin de Paris [14] ? » Durant la deuxième étape de l'édition 1904 du Tour, à trois heures du matin, « le Petit Ramoneur », « le Boucher de Sens » (Lucien Pothier), « le Diable rouge » (Giovanni Gerbi) et un coureur dont on ne connaissait que le vrai nom (Antoine Faure) atteignirent le sommet du col de la République, près de la ville industrielle de Saint-Étienne. Une troupe les attendait dans les bois. Faure, l'enfant du pays, fut acclamé sur son passage ; les autres furent rossés de coups. L'Italien Gerbi se retira de la course avec plusieurs doigts cassés. À Nîmes, l'étape suivante, une émeute éclata parce que le favori local, Ferdinand Payan, avait été disqualifié pour avoir roulé dans le sillage d'une voiture. Tout le long du parcours, on semait la route de clous et de tessons de bouteille, on droguait les boissons, on sciait les cadres des vélos et on dévissait les moyeux de roues à la faveur de la nuit.

Le Tour de France permit à des millions de gens de se faire pour la première fois une idée véritable de la forme et des dimensions de la France, mais il apporta aussi la preuve indubitable que le pays aux mille petits *pays* était toujours bien vivant.

*

LE TOUR NE réussit peut-être pas à unifier le pays, mais il fit beaucoup pour dissiper le sentiment qu'il ne restait plus rien à découvrir. Personne ne pouvait plus désormais se permettre d'écrire un guide comme les *Voyages en France* de Charles Delattre (1842), où l'auteur assurait s'être battu avec un ours, avoir échappé à des contrebandiers espagnols, s'être enlisé dans un marais des Landes et avoir bien failli se noyer dans le mascaret de la Dordogne. Rien de tout cela n'était vrai, mais au moins, en ce temps-là, il pouvait espérer que ses lecteurs le croiraient. Les touristes britanniques étaient déjà en quête de sites « vierges », où ils ne risqueraient pas de tomber sur des compatriotes. *Le Magasin pittoresque* déplorait autrefois les « terres vaines » qui couvraient une grande part du pays. Il regrettait maintenant que le moindre arpent soit cultivé. La nature commençait à ressembler à la forêt de Fontainebleau, avec ses panneaux indicateurs et ses boutiques de bagatelles en bois sculpté [15]. La route de Bayonne à Biarritz était engorgée par la circulation et empestée de relents de gargotes [16]. D'un bout à l'autre des Pyrénées, les flancs rocheux étaient placardés de réclames pour des hôtels [17].

D'année en année, les montagnes que Desgrange dépeignait dans ses chroniques du Tour comme des géants malfaisants paraissaient moins hautes. Une route enjambant la crête des Vosges avait été achevée en 1860 [18]. La superbe route des Grandes Alpes, ouverte à la circulation civile avant la Première Guerre mondiale, permettait en été de descendre d'une traite du lac Léman jusqu'à Nice [19]. La Côte d'Azur elle-même commençait à prendre l'apparence de cette vaste conurbation de villas sécurisées qui s'étend aujourd'hui de Saint-Tropez aux autoroutes parsemées d'éclats de verre de Monaco, et envahit jusqu'aux hauteurs autrefois inhabitées, où des coulées de boue et l'odeur des égouts nous rappellent à chaque instant l'urbanisation forcenée [20]. La végétation indigène a été détrônée par le mimosa australien et les bosquets et pelouses à l'anglaise [21]. Cent ans auparavant, Nice était un havre paisible où quelques voyageurs attendaient que le vent tourne avant de faire voile vers Gênes. En 1897, Augustus Hare y trouva « une grande ville moderne et laide, avec des boutiques parisiennes et une esplanade aveuglante le long de la mer [22] ».

Les automobiles avaient beau être plus rares que les bicyclettes (il y en avait quatre mille sur les routes de France en 1901, et quatre-vingt-onze mille en 1913), les dégâts qu'elles engendraient dépassaient de loin les avantages qu'elles offraient à une poignée de nantis. En 1901, l'Automobile Club dauphinois décida d'organiser son concours de côte, la Course de Côte de Laffrey, au début du printemps, car la route serait « encombrée de ces nombreuses voitures qui la parcourent continuellement pendant la belle saison [23] ». Vingt-cinq ans plus tard, Rudyard Kipling, roulant de Cannes à Monte-Carlo, se retrouva sur une route encombrée par les véhicules d'autres conducteurs. Ce n'était qu'un « flot ininterrompu de trafic » : « L'automobile a fait de la Riviera un enfer – un enfer nauséabond et bruyant [24]. »

Ce pays qui avait autrefois paru si immense semblait grouiller de vie comme un étang poissonneux quand l'eau se retire. Dans ce monde toujours plus resserré, quelques localités isolées et leur minuscule population en vinrent à jouer un rôle disproportionné dans l'image que la nation se faisait d'elle-même : les îles bretonnes d'Houat et Hoëdic, les Causses, presque désertées et arides, et Saint-Véran, le village le plus haut d'Europe, qui compte aujourd'hui huit hôtels et deux musées de la vie quotidienne.

La disparition rapide de cette France mystérieuse et le désir de croire qu'elle existait encore sont à l'origine de l'un des grands succès littéraires de 1913 : *Le Grand Meaulnes*, le roman d'Alain-Fournier. Ce récit des nostalgies de l'enfance, campé dans le Bourbonnais rural, laissait entrevoir les charmes de *la France profonde*, lieu éloigné mais familier, microcosme peuplé de choses simples évocatrices d'un autre âge : le poêle de la salle de classe glaciale, les élèves en sabots qui sentaient le foin, le gendarme et les braconniers, le sol de terre battue de l'épicerie, le silence de la campagne. Les seuls étrangers à passer parfois le seuil de la classe étaient des bohémiens d'un cirque itinérant, des « mariniers pris par les glaces dans le canal, apprentis, voyageurs immobilisés par la neige [25] ».

Dans *Le Grand Meaulnes*, la méchanceté et la vulgarité étaient associées aux faubourgs industriels de la ville voisine de Montluçon et à leur « insupportable grasseyement [26] ». Montluçon elle-même avait doublé de volume en moins d'un siècle. « Le Birmingham français » était maintenant une hideuse étendue d'usines, d'entrepôts et de dépôts ferroviaires. Dans les vraies classes d'Épineuil-le-Fleuriel où avait enseigné le père d'Alain-Fournier, le poêle, les sabots et les galoches des élèves, leurs cartables en cuir, quelques-uns des livres, du mobilier et des bougies, et même les briques et les tuiles du toit de l'école seraient arrivés de Montluçon par la route, par le train et le canal. Mais le passé du *Grand Meaulnes* appartenait à l'enfance, non à l'histoire. L'exploration était une forme d'évasion. Le narrateur lui-même quitte son foyer pour ne revenir qu'adulte au pays enchanté de la France rurale, où les voyages les plus longs étaient ceux du laboureur qui suivait son sillon d'un bout à l'autre de son champ.

*

LONGTEMPS APRÈS la disparition de ce pays enchanté, le 14 juillet 2000, le plus grand pique-nique de l'histoire eut lieu le long du méridien de Paris. Le gouvernement français avait décidé que la première fête nationale du nouveau millénaire marquerait le souvenir de la méridienne mesurée par Delambre et Méchain à la fin du XVIIIe siècle. Dix mille arbres – des chênes dans le Nord, des pins dans le Centre, des oliviers dans le Sud – devaient être plantés sur le tracé de cette ligne imaginaire, qui deviendrait par là même une réalité verdoyante.

Le jour même, des nappes de bistrot en vichy rouge furent alignées bout à bout sur six cents kilomètres de long, traversant le territoire de trois cent trente-sept villes et villages, de la Méditerranée (Perpignan) à la côte de la Manche (Dunkerque).

Le ciel était couvert, et ce jour-là, l'étape du Tour de France fut remportée par un coureur espagnol de Navarre, mais rien n'aurait pu gâcher un événement qui invitait les citoyens à afficher leur fierté nationale en assistant à des fêtes villageoises et en consommant les produits du terroir. Plus de douze mille maires prirent part à un déjeuner offert par le Sénat dans les jardins du Luxembourg. Deux mille pigeons voyageurs, suivis par un cameraman embarqué à bord d'un hélicoptère, filèrent vers le sud à partir de Dunkerque, avant d'être vendus aux enchères au bénéfice d'œuvres caritatives. Des coureurs à pied, des cyclistes, des motards, des cavaliers et des aéronautes se relayèrent dans une course de vingt-quatre heures dont le point d'arrivée était le centre de la France. Malgré la pluie, plusieurs millions de personnes vinrent goûter aux joies du pique-nique et célébrer l'unité nationale et la diversité culturelle « dans un esprit de solidarité et de respect mutuel [27] ».

Bien qu'il eût depuis longtemps été écarté au profit du méridien de Greenwich comme ligne internationalement reconnue de longitude zéro, l'ancien méridien de Paris fut perçu comme le point de ralliement idéal de cette célébration nationale. Il rappelait la naissance de la République, sans éveiller le souvenir du bain de sang qui avait accompagné cet enfantement. Abstraction faite des géomètres qui avaient manqué être lynchés par leurs concitoyens, le méridien symbolisait la fraternité et l'égalité. Il rattachait le Nord flamingant au Sud catalan. Paris était bien entendu le point crucial, mais en malmenant un peu la ligne droite, on pouvait aussi prétendre que son tracé passait par les cathédrales gothiques d'Amiens et de Bourges et par les remparts de Carcassonne. Autant de joyaux patrimoniaux suspendus à la parure de la capitale. « L'incroyable pique-nique », comme l'affaire fut officiellement baptisée, renforçait l'impression qu'en dépit du chômage, des conflits raciaux et de la mondialisation, la

France était une seule et même nation, cohérente et menant sa destinée d'une main sûre.

Pour les besoins de la course de relais, il fut décrété que le centre de la France se trouvait dans le village de Treignat, dont le nom signifie probablement « lieu par où l'on passe ». Le 14 juillet, le secrétaire d'État au Patrimoine et à la Décentralisation culturelle fut expédié à près de deux cent cinquante kilomètres au sud du défilé officiel sur les Champs-Élysées, dans la bourgade de La Chapelle-Saint-Ursin, pour y être photographié avec les deux cent trente maires de communes dont le nom contenait « La Chapelle ». Puis, de là, il fut transféré jusqu'au « centre du pays ». Il arriva à Treignat en fin d'après-midi, juste à temps pour participer au Pique-nique des langues d'oc et d'oïl, et pour voir arriver des deux extrémités du pays les concurrents de la course de relais, couverts de la gadoue du centre de la France.

*

SI LE MÉRIDIEN était un symbole relativement inoffensif, le centre de la France, en revanche, était un véritable champ de mines. Trois petites villes, sans compter Treignat, se présentent actuellement comme le véritable centre géographique de la France. Chacune appuie sa revendication par un monument [28]. À Vesdun, c'est une mosaïque représentant une carte de France sur un fond blanc circulaire, que certains ont comparé fort méchamment à un camembert. Huit kilomètres plus loin, à Saulzais-le-Potier, c'est une petite tour de pierre surmontée d'un drapeau français, gravée d'une inscription évoquant « les calculs de l'éminent mathématicien et astronome, l'abbé Théophile Moreux ». À une vingtaine de kilomètres vers le nord, Bruère-Allichamps exhibe fièrement une borne routière du IIIe siècle qui servait autrefois de *trivium*, marquant la jonction entre trois voies romaines. Au VIe siècle, elle fut transformée en sarcophage ; en 1758, elle fut déterrée dans un champ et, en 1799, on l'érigea au carrefour du centre-ville, d'où elle aurait sans doute été retirée, puisqu'elle se dresse au milieu de la route nationale vers Paris, si Adolphe Joanne, géographe populaire, n'y avait vu le centre mathématique de la France.

Dans les autres bourgs de la région, on trouve des cartes postales humoristiques qui présentent les trois monuments avec la légende : « LES 3 CENTRES DE LA FRANCE ». En fait, il y a maintenant trop de centres de la France pour les faire tous tenir sur une carte postale. Les méthodes de calcul varient, tout comme au demeurant la définition de la France. Certains y incluent la Corse et les îles de l'Atlantique et de la Méditerranée. Parmi les calculs anciens, quelques-uns furent effectués avant que Nice et la Savoie ne soient rattachées à la France, en 1860 ; d'autres encore remontent au temps où le pays avait perdu l'Alsace et la Lorraine, en 1870, ce qui effaçait du même coup tout le coin nord-est de l'Hexagone. Personne ne semble s'en être autrement inquiété jusqu'au milieu du XIXe siècle, lorsque l'on commença à envisager le pays comme une entité mesurable. En 1855, pendant la guerre de Crimée, le duc de Mortemart fit bâtir une haute tour octogonale sur une colline à la sortie de Saint-Armand-Montrond. Dans l'esprit de son instigateur, le Belvédère devait être un monument à la « gloire immortelle » de l'armée française à la bataille de Sébastopol [29] ; mais le point de vue depuis la tour était si magnifique, et la tour elle-même si proche du cœur présumé du pays, que tout le monde finit par se convaincre qu'elle indiquait le centre de la France.

Quiconque entreprend aujourd'hui de se mettre en quête de ce lieu semi-mythique qu'est le centre de la France s'expose à un périple aussi long que tortueux. Ce point insaisissable est marqué en divers lieux par des panneaux de bois en forme d'index pointé, des poteaux de béton, des petits drapeaux et une silhouette gravée du pays. Or, tandis que les côtes bougent et que des îles disparaissent, le centre de la France continuera de danser dans les bois et les haies du Berry et du Bourbonnais.

En attendant, les trois centres traditionnels, eux, ont conclu une trêve. Afin de promouvoir le patrimoine culturel de la région, tous s'unissent pour rendre hommage à leur enfant le plus célèbre, Alain-Fournier. La maison et la salle de classe qui ont servi de modèles au *Grand Meaulnes* ont été converties en musée. Une « route du Grand Meaulnes », dûment balisée, est prévue. Avec le temps, Alain-Fournier et son roman ont fini par représenter ce concept de plus en plus nostalgique qu'est le *pays*, bien que le livre lui-même situe davantage ce domaine perdu dans l'imaginaire que dans l'espace. Ses coordonnées sont les souvenirs et les désirs. Ses points de triangulation sont la hauteur que confère l'âge, et les lointaines lumières de l'enfance. Aucune carte n'aiderait à découvrir le domaine perdu. Il n'apparaît que dans la pénombre totale de la campagne, quand le cheval du héros s'est égaré et qu'il se retrouve complètement perdu, à quelques kilomètres de chez lui.

*

La France a un tout nouveau centre, calculé par l'Institut géographique national qui, par quelque coïncidence, le situe dans un champ à quelques dizaines de mètres de l'aire de repos dite du « Grand Meaulnes », sur l'axe sud de l'A71.

Impossible de se perdre sur cet axe qui, depuis l'achèvement du viaduc de Millau, relie Paris et le nord de la France à la Méditerranée. À la différence des affiches artisanales qui marquent tout près de là les différents centres du pays, d'immenses panneaux lumineux occultent le paysage et connectent les usagers de l'autoroute au flux d'informations sur le trafic et la météo. Quand Alain-Fournier publia son roman en 1913, rares étaient ceux qui avaient éprouvé ce sentiment d'être une pièce mobile de la machine nationale. Jusqu'au 1er août 1914, jamais une seule nouvelle n'était parvenue en même temps à l'ensemble de la population.

Cet après-midi-là, dans le Limousin, les gens entendirent sonner le tocsin, qui annonçait généralement la grêle. Ils levèrent les yeux vers un ciel d'un bleu immaculé. Dans plusieurs villages, de la Bretagne aux Alpes, des pompiers se précipitèrent au-dehors, cherchant à localiser le foyer de l'incendie. À Montjoux, petite ville de l'arrondissement de Montélimar, une voiture s'arrêta dans un crissement de freins devant la mairie. Un gendarme en sortit d'un bond et livra un colis. Peu après, dans les champs, des paysans décontenancés virent filer des cyclistes à toute allure sur la route, des affiches roulées sous les bras. Près de Sigottier, un certain Albert R. croisa un garçon qui courait vers son village. Celui-ci lui expliqua qu'il allait annoncer la déclaration de guerre et rassembler tous les hommes du bourg. Albert R. éclata de rire et, croyant à une farce, souhaita bonne chance au plaisantin.

Dans les localités où les journaux étaient rares et où les nouvelles s'échangeaient surtout au marché hebdomadaire, l'annonce de la guerre prit la population totalement au dépourvu. À en croire une enquête menée en 1915 par le recteur de l'université de Grenoble, elle fut « effarée » et « frappée de stupeur ». Le 31 juillet, un premier indice inquiéta les gens de La Motte-de-Galaure, qui vivaient à trois kilomètres à peine de l'axe fréquenté du couloir rhodanien : ils reçurent ordre de tenir les chevaux prêts pour la réquisition [30]. Quelques hommes entonnèrent la Marseillaise, persuadés de rentrer chez eux au bout de quelques semaines, auréolés de gloire ; mais la plupart gardèrent le silence, atterrés. On parla de se cacher dans les bois [31]. À Plan, dans l'Isère, « les mobilisés de notre paisible localité ne sont pas partis avec l'enthousiasme de leurs camarades des grands centres, mais plutôt résignés, par devoir patriotique [32] ».

Dans certaines régions des Alpes, les hommes étaient occupés à la fenaison dans les pâturages d'altitude lorsque des messagers leur apportèrent la nouvelle. Certains durent partir pour la gare, dans la vallée voisine, sans prendre le temps de faire leurs adieux à leurs proches. Au col de l'Ange Gardien, où les routes du col d'Izoard et des villages du Queyras descendent en épingle à cheveux jusqu'à la grande artère ouvrant vers le reste de la France, un monument érigé après la Première Guerre mondiale dresse la liste des morts village par village : Abriès, Aiguilles, Arvieux, Château-Ville-Vieille, Molines, Ristolas, Saint-Véran. C'est là que se rassemblèrent les hommes et les jeunes garçons venus des vallées alentour, comme les troupeaux avant l'hivernage. L'inscription du monument ne parle ni de gloire, ni d'honneur. Elle évoque la tristesse de ces jeunes gens dont le foyer était d'abord leur village, puis leur *pays*, et en dernier lieu, la France :

> Du col proche de ce tertre,
> ILS ont jeté un dernier regard d'adieu vers leurs foyers…
> C'est ici où le sacrifice a été consenti…

*

À EN JUGER PAR les dossiers des soldats dont on sait où ils sont tombés, certains de ces villageois découvrirent une France qu'aucun être humain n'avait jamais vue. La forêt de l'Argonne est l'un des plus grands vestiges des zones frontalières boisées qui séparaient autrefois les tribus gauloises [33]. Au bout de quatre ans à servir de ligne de front, la forêt avait disparu. Des soldats venus de toute la France se retrouvèrent dans un paysage dépourvu de points de repère, ne pouvant se guider qu'à la lueur des fusées éclairantes et des tirs ennemis. Ils colonisèrent ce nouveau territoire en y creusant des trous individuels, qui devinrent des tranchées et des tunnels et coupaient parfois les tranchées allemandes. Ils campèrent sous des huttes de branches et de feuillages comme d'antiques Gaulois. Des chevaux qui avaient foulé toute leur vie les mêmes sentiers ruraux transportaient des soldats mutilés à travers des champs sans herbe. Sur la hauteur qui domine Dombasle, où Arthur Young avait fait un bout de chemin avec une femme des environs en 1789, les soldats se traînaient dans une lourde boue jaunâtre, essayant de rejoindre les restes squelettiques d'une église. Le *pays* n'était plus qu'un « secteur ».

Parmi les milliers d'hommes qui perdirent la vie durant ce premier été de la Grande Guerre se trouvait le lieutenant Fournier, dont le roman serait bientôt considéré comme un adieu prophétique à cette France des lieux secrets et inviolés. Le matin du 22 septembre 1914, il commandait une patrouille de reconnaissance dans les bois, au sud de Verdun. Les gars de sa section étaient originaires du Gers. Sauf à quitter effectivement le pays, ils auraient difficilement pu se trouver plus loin de chez eux.

Les cartes du secteur étaient chamboulées presque d'un jour à l'autre. Même quelqu'un qui avait passé sa vie dans la forêt s'y serait perdu. Sans le savoir, la patrouille du lieutenant Fournier passa derrière les lignes ennemies. Un sergent se souvint de cet instant :

> Soudain une fusillade crépite derrière nous, le fossé de la lisière du bois nous offre un abri favorable d'où nous essayons de comprendre ce qui arrive... Combien de temps dure l'attente ? Une minute, deux peut-être [...]. « Baïonnette au canon ! crie le Capitaine, en avant ! » Une fois debout, j'aperçois l'ennemi à genoux dans un fossé [...]. Mon œil note tel ou tel camarade qui sans un autre mouvement, laisse tomber son fusil et s'écrase sur le sol, la face en avant... [...] Je trouve l'abri, derrière un hêtre, deux camarades s'approchent du même hêtre, tous deux s'écroulent, sur mon dos, sur mes pieds. Ce que je pense, « Ils » me gênent [...]. Je n'entends plus les coups de revolver que tirait à trois mètres de moi le lieutenant Fournier [34].

Les Allemands enterrèrent les cadavres conformément au règlement : deux rangs de dix, tête-bêche, le vingt et unième déposé sur les autres.

Les feuilles de quatre automnes tombèrent sur la tombe, puis le sol fut à nouveau labouré pendant l'offensive sur la Meuse et l'Argonne, en 1918. Après l'armistice, alors que des vieillards se chargeaient de combler les trous et les tranchées à l'aide de longues pelles, plus personne ne savait où chercher les morts de 1914 [35].

*

AUTREFOIS, LES visiteurs venaient en Argonne pour voir Varennes, où Louis XVI et Marie-Antoinette avaient été arrêtés et renvoyés à Paris. Maintenant, ce sont les vestiges de la Première Guerre mondiale qui les attirent. Des panneaux d'information reproduisent des extraits de journaux tenus par des soldats français, allemands et américains. Les tunnels et les tranchées sont ouverts à l'exploration touristique. Mais la forêt elle-même existe dans plusieurs dimensions temporelles. Loin des lieux de commémoration, il n'est pas toujours possible de faire la distinction entre les cratères de bombes et les tranchées, les vallons sculptés par les racines et les précipitations, les bas-côtés de la route du XVIIIe siècle et les fossés, et les terrassements plus récents des forestiers qui négocient entre les trous et les obus intacts avec des excavatrices, voire des chevaux quand le terrain est impraticable.

Au sud de Verdun, la forêt est coupée en deux par un véritable Loch Ness routier : vingt kilomètres de descentes vertigineuses, suivies presque aussitôt de montées abruptes. Sur ce relief, le cycliste a l'impression de fuir, puis d'être cloué au sol par la tension soudaine de ses mollets, et de s'enfuir à nouveau. C'est la tranchée de Calonne, du nom du ministre des Finances de Louis XVI qui fit percer la route pour relier son château au reste du monde. Entre 1914 et 1918, la tranchée de Calonne marquait, dans les faits, la frontière orientale de la France.

Au pied d'un de ces coteaux, une sente étroite s'enfonce sous les arbres. Au bout de cinq cents mètres, elle débouche sur une petite clairière, où se dresse ce qui ressemble à une sépulture préhistorique protégée par une pyramide de verre. Au printemps 1991, après quatorze années de recherche, un homme de la région qui connaissait les bois pour y être venu chasser retrouva quelques douilles d'un revolver français, puis des cartouches qui n'avaient jamais été tirées. L'équipement désuet d'un régiment de réservistes de 1914 était éparpillé dans la clairière : une gourde fabriquée en 1877, des godillots plus vieux que les hommes qui les avaient portés, et l'étoffe rouge vif du pantalon qui fit partie intégrante de l'uniforme français jusqu'en 1915. Dans une fosse rectangulaire, il découvrit leurs ossements. Un avant-bras portait encore les barres d'un lieutenant [36].

Le site est aujourd'hui indiqué sur la carte Michelin, par le petit triangle noir qui signifie « curiosité ». Un drapeau français flotte au-dessus de la tombe. Quant au lieu en lui-même, il n'a absolument rien de symbolique. L'auteur du *Grand Meaulnes* était mort près de la route qui mène vers le centre de la France, mais bien loin du pays magique de son roman. Près de cinq cents kilomètres séparent la forêt de l'Argonne des contreforts du Massif central. Mais avec un vent favorable, le narrateur cycliste de son roman aurait aisément pu couvrir cette distance en trois ou quatre jours, « descendre et s'enfoncer dans le creux des paysages ; découvrir comme à coups d'ailes les lointains de la route qui s'écartent et fleurissent à votre approche, traverser un village dans l'espace d'un instant et l'emporter tout entier d'un coup d'œil ». Une telle sensation de découverte et d'évasion aurait fait paraître bien trop court le long voyage de retour.

Épilogue

Secrets

CERTAINS VOYAGEURS viennent maintenant en France chercher des espaces s'étirant au-delà de ce qui se prête à la découverte. Le cône volcanique du Gerbier-de-Jonc attire ainsi des vagues de touristes *new age*, animés d'un sens du mystère qui aurait davantage parlé à la raison des anciens habitants de la région que les inexplicables activités des cartographes. Les colonnes lamelleuses du Gerbier-de-Jonc s'élèvent au centre du triangle des Bermudes de la France. À ce qu'il se dit, ses roches magnétiques dérégleraient les instruments de navigation des avions. Depuis 1964, plus de vingt appareils se sont écrasés au sol ou volatilisés dans ce secteur. Plusieurs siècles auparavant, d'étranges croix apparaissaient dans le ciel et l'on voyait des boules de feu danser au-dessus des prairies. Avec le temps, les démons ont changé, mais leur habitat demeure presque identique.

Le Gerbier-de-Jonc lui-même a perdu un peu de sa mystique, et plus de cent cinquante mètres d'altitude depuis qu'un éboulement a rogné son sommet en 1821 [1]. Un marché itinérant vient parfois s'installer à ses pieds pour profiter d'une clientèle venue voir la grange qui se targue d'abriter la source « traditionnelle » de la Loire, le restaurant qui affirme être à la véritable source de la Loire indiquée sur un plan cadastral, et les panneaux d'information qui expliquent que, puisque le Gerbier-de-Jonc est comme une éponge posée sur un lit de granit, il n'y a donc pas *une*, mais *des* sources de la Loire.

Aujourd'hui, la porte d'accès à des mondes parallèles la plus en vogue est le Pech de Bugarach, sur la frange sud-ouest du massif des Corbières. Tout comme le Gerbier-de-Jonc, le Bugarach est une personnalité géologique qui dégage une étrange présence téléphotographique : même de loin, il semble appartenir à un autre paysage. Son récif de calcaire jurassique émerge du moutonnement des collines presque désertes comme l'écaille dorsale d'un gigantesque dinosaure. Vu du ciel, on le compare volontiers à un point d'interrogation. Le méridien de Paris passe à quelques mètres de son sommet, qui aurait servi de crypte à l'arche d'alliance et de lieu de débarquement à divers vaisseaux transdimensionnels – c'est pourtant un plateau si étroit que Pierre Méchain, qui, en 1795, s'abrita plusieurs jours des effroyables coups de vent dans une ferme accrochée à flanc de roc, eut à peine assez de place pour y planter les étais de son signal de triangulation [2].

Des étrangers vivent parmi la petite population locale, fouillant le ventre de la montagne dans l'espoir d'y trouver des traces du trésor des cathares, le Saint Graal, l'ultime demeure terrestre du Christ et la rivière souterraine qui file vers la Méditerranée, à une cinquantaine de kilomètres à l'est, ou bien, selon certains, vers le centre de la Terre. Une vieille femme en minijupe qui vit de mendicité se prend pour Marie-Madeleine. Dans les villages disséminés autour du mont (Rennes-les-Bains, Rennes-le-Château et le bourg de Bugarach), des pèlerins d'un nouveau genre et d'inoffensifs illuminés, exaltés par les fantômes de la pensée rationnelle, s'absorbent dans l'étude de bribes de renseignements mystiques : des légendes locales sorties de leur contexte, des inscriptions latines mal interprétées, des histoires de prêtre cupide dont la rumeur affirmait qu'il avait scellé un pacte avec Satan. Les gens qui assassinèrent le géomètre de Cassini il y a deux cent soixante ans étaient peut-être tout aussi intrigués par les calculs hiéroglyphiques qu'ils retrouvèrent dans sa sacoche. Au cimetière de Rennes-le-Château, des tombes ont été dérangées, et à l'occasion dynamitées, par des explorateurs lancés sur la piste d'antiques secrets. Le maire de la commune, un parachutiste à la retraite, a appris à vivre avec ces chercheurs de vérité. Leur argent a financé de nouvelles toilettes publiques et l'on songe à étendre le village aux versants de la colline. Les secrets cachés sont une ressource économique vitale.

*

COMME LES CARTOGRAPHES du XVIIIe siècle l'avaient appris dans leur chair, découvrir n'est pas savoir. Après l'expédition de la Méridienne, le nom exotique de Bugarach apparut sur les cartes, à l'aplomb exact de Paris et traversé d'une infinité de lignes de triangulation, tel un terminus grouillant d'activité. Pourtant, la région elle-même était presque totalement inconnue du monde extérieur.

Mais que savait-on d'ailleurs des autres *pays* alignés sur la même longitude ? Un siècle après que l'expédition Cassini eut dressé le premier signal de triangulation au sommet du Pech de Bugarach, sur le point du méridien aujourd'hui occupé par la pyramide de verre de la cour du Louvre, un quartier sinistre et décrépit de taudis médiévaux s'étendait juste au-dessous de l'esplanade actuelle. Un passant qui se serait faufilé derrière les palissades de bois qui délimitaient ce fatras y aurait trouvé une église en ruine, des jardins envahis d'herbes folles et des portes condamnées, la voûte d'un bâtiment disparu et un terrain vague jonché de blocs de pierre qui attendaient d'être utilisés pour le nouveau Louvre. Parfois, quelques silhouettes se détachaient sur les décombres – des parasites et des mendiants, quelques représentants des artistes et poètes qui avaient établi là une petite colonie, ou les clients furtifs d'un bordel homosexuel. Très peu de Parisiens connaissaient de près ou de loin le quartier du Doyenné. « Nos neveux se refuseront à croire que pareille barbarie ait existé [...] au cœur de Paris, en face du palais où trois dynasties ont reçu l'élite de la France et de l'Europe », écrivait Balzac en 1846, poursuivant :

> Lorsqu'on passe en cabriolet le long de ce demi-quartier mort, et que le regard s'engage dans la ruelle du Doyenné, l'âme a froid, l'on se demande qui peut demeurer là, ce qui doit s'y passer le soir, à l'heure où cette ruelle se change en coupe-gorge, et où les

vices de Paris, enveloppés du manteau de la nuit, se donnent pleine carrière [3].

Trente ans plus tard, quand le Louvre eut été reconstruit et quand l'asphalte eut enterré les taudis du Doyenné, un promeneur longeant le méridien vers le nord passait devant la Comédie-Française et la Bibliothèque nationale, traversait le nouveau boulevard Haussmann pour rejoindre les moulins de Montmartre puis, par-delà les fortifications et les barrières d'octroi, pénétrait dans un périmètre sordide et battu par les vents, où de méchantes cabanes côtoyaient des usines et où les rues de Paris s'arrêtaient avant de toucher les routes de campagne. C'était la « Zone », repaire présumé de criminels et de dégénérés soupçonnés de tramer des complots pour renverser le gouvernement. Bien avant les bidonvilles de la France moderne, les banlieues étaient devenues un dépotoir.

La plupart des grandes villes avaient leur classe de parias et leur ceinture de taudis, mais très peu étaient plus conscientes des « classes dangereuses » sur l'horizon de la cité, et plus réticentes à les incorporer. Paris, noyau culturel et commercial de la nation, était pleine de monuments commémorant des batailles, des dynasties et des régimes politiques, mais, alors que certains événements étaient célébrés dans des fastes étourdissants, bien d'autres furent effacés des mémoires. Aujourd'hui encore, des spécialistes d'histoire de France peuvent être surpris par d'obscures catastrophes qui, comme les gorges du Verdon, se dérobent dans un paysage que l'on croyait intégralement cartographié. Très peu savent qu'en 1803, les bohémiens furent raflés par milliers, séparés de leurs enfants et déportés dans des camps de travail [4]. Bien moins encore ont entendu parler de la persécution des cagots.

Certains pans de l'histoire de France ne sont sortis de l'ombre que pour être aussitôt réenfouis. Il y a maintenant un petit musée des Cagots dans le village pyrénéen d'Arreau, mais aucun de ses visiteurs ne devinerait que de violentes discriminations ont un jour agité le sud-ouest de la France. L'exposition ravive un préjugé ancestral pour mettre sur le même pied les cagots que l'on disait hauts comme trois pommes, et les « petites gens » des montagnes exploités par les « grands » (seigneurs et ecclésiastiques). Dans cette vision de l'histoire, les cagots n'étaient pas une caste persécutée, mais une adorable peuplade de Hobbits nichée dans les pittoresques Pyrénées.

La France a souvent découvert son propre passé comme un voyageur contraint de traverser sans carte un territoire dangereux et solitaire. Plusieurs décennies se sont écoulées avant que l'extermination sauvage des communards parisiens en 1871 ne soit reconnue comme un fait historique. Il a fallu plus de temps encore à l'État français pour admettre que le régime de Vichy avait mis plus de zèle à rafler les Juifs que n'en attendaient les nazis. Si chaque village de France ou presque a son monument à la gloire d'héroïques résistants tués par « les Allemands », il n'y a rien à Vichy qui rappelle le génocide au visiteur.

De temps à autre, un secret vient au jour comme un vieux bagnard ressortant de prison longtemps après la disparition du régime qui l'a enfermé. La nuit du 17 octobre 1961, la police parisienne encercla des milliers d'Algériens français qui manifestaient pacifiquement pour protester contre le couvre-feu dont ils faisaient l'objet. Bien que les rapports aient disparu et que des divergences subsistent entre les chiffres officiels et les estimations des historiens, il est certain que de nombreux Algériens ont été torturés, mutilés et jetés dans des poubelles, et que près de deux cents ont été tabassés par les policiers et poussés dans la Seine où ils ont péri noyés, en plein cœur du Paris touristique. En 2001, malgré les protestations virulentes des partis d'extrême droite et de la police parisienne, une plaque commémorative discrète a été posée, à hauteur de genou, sur le parapet du pont Saint-Michel [5]. À ce jour, les quatre cinquièmes de la population française ignorent encore totalement ce qui s'est passé ce 17 octobre 1961.

À la fin 2005, alors que nous écrivions ces pages, des villes et des bourgades situées sur le méridien se laissaient découvrir par le reste du pays. Des voitures brûlaient dans les banlieues hideuses et surpeuplées d'Aubervilliers, de Saint-Ouen et de Saint-Denis. Un couvre-feu était décrété à Amiens et à

Orléans. Les pouvoirs publics invoquaient une loi remontant à la guerre coloniale de 1955 en Algérie pour proclamer l'état d'urgence. La presse publiait des conversations en ligne venues de ces *terrae incognitae* du bout de la ligne de métro, avec force notes de bas de page explicatives pour rendre compréhensible leur forme de français. Un ministre de l'Intérieur qualifiait les émeutiers de « racailles ». Dans les conversations privées, on utilisait des termes plus insultants.

Ces « racailles », ce sont les enfants et petits-enfants d'immigrés. La cause immédiate de ce que les autorités appelaient des « émeutes » fut la mort de deux jeunes adolescents qui s'électrocutèrent accidentellement en essayant d'échapper à une patrouille de police. Dans les banlieues, chacun sait que les non-Blancs se font systématiquement harceler et humilier par la police. Si la République française ne fait officiellement aucune distinction entre les groupes ethniques, beaucoup de ses citoyens font la différence, et la plupart des employeurs préfèrent des visages blancs. Tout comme les anciens immigrants de Bretagne, de Bourgogne, d'Auvergne, de Savoie, d'Italie et d'Espagne, les Africains et les Arabes ont été incités à venir nourrir et nettoyer les villes. Autrefois, les immigrés vivaient dans des bidonvilles ; aujourd'hui, ils habitent des quartiers déshumanisés par les voitures. Ils n'ont pas su « s'intégrer » à la République française.

Il y a trente ans, les Français d'origine arabe que je connaissais sortaient avec une photocopie de leur carte d'identité, car la police leur demandait leurs papiers et les déchirait. Mais au moins, ils avaient du travail. Aujourd'hui, on rend les chômeurs responsables des défaillances de l'État. L'insurrection a touché deux cent soixante-quatorze villes et le tourisme s'en est ressenti. Au XXIe siècle, il reste bien des pans de la France à découvrir.

Chronologie

1532 : Union de la Bretagne à la France.

1539 : Ordonnance de Villers-Cotterêts qui établit le français comme langue officielle de tous les documents légaux.

1589-1610 : Règne de Henri IV ; la Basse-Navarre et les comtés de Foix et d'Auvergne sont rattachés la France.

1610 : Accession au trône de Louis XIII qui règne de 1624 à 1643 ; ministère du cardinal de Richelieu (jusqu'à sa mort en 1642).

1620 : Le Béarn est uni à la France.

1643 : Louis XIV, roi de France ; ministère du cardinal Mazarin (de 1643 à 1661).

1648 : Paix de Westphalie : la France annexe plusieurs parties d'Alsace et de Lorraine.

1659 : Traité des Pyrénées : la France obtient le Roussillon et des régions avoisinantes, la plus grande partie de l'Artois et une partie des Pays-Bas espagnols.

1661-1715 : Règne de Louis XIV. Conquête en Flandres, en Franche-Comté et en Alsace. Le Nivernais et le Dauphiné d'Auvergne sont intégrés au domaine royal.

1667-1682 : Construction du canal du Midi.

1685 : Révocation de l'édit de Nantes.

1702-1710 : Guerre des Camisards (persécution des protestants dans les Cévennes).

1715-1723 : Régence de Philippe d'Orléans.

1726-1743 : Ministère du cardinal de Fleury.

1741 : *Juin* – Expédition de William Windham à Chamonix.

1743-1774 : Règne de Louis XV.

1756-1815 : Publication de la carte de France de Cassini.

1766 : Rattachement de la Lorraine à la France.

1768 : Gênes cède la Corse à la France.

1774 : Accession au trône de Louis XVI.

1775 : Les voitures publiques sont autorisées à utiliser les relais de poste.

1786 : *8 août* – Première ascension attestée du mont Blanc.

1789 : *14 juillet* – Prise de la Bastille. *Août* – Abolition des droits et privilèges féodaux. *Novembre* – Nationalisation des biens du clergé.

1790 : *15 janvier* – La France est divisée en quatre-vingt-trois départements.

1790 : *Août* – Publication du « Rapport sur la nécessité et les moyens d'anéantir les patois et d'universaliser l'usage de la langue française » de l'abbé Grégoire.

1791 : *Juin* – Arrestation de Louis XVI et de Marie-Antoinette. *Août* – Les Juifs accèdent à la pleine citoyenneté. *Septembre* – Réunion à la France d'Avignon et du Comtat Venaissin (qui fera plus tard partie du Vaucluse).

1792-1798 : Expédition de la Méridienne dirigée par Jean-Baptiste Delambre et Pierre Méchain.

1793 : *21 janvier* – Exécution de Louis XVI. *16 octobre* – Exécution de Marie-Antoinette.

1794 : *28 juillet* – Exécution de Robespierre. *Septembre* – Expédition de Boissel de Monville sur le Rhône.

1795-1799 : Directoire.

1799 : *9 novembre (18 Brumaire)* – Coup d'État : Napoléon Bonaparte devient Premier consul.

1801 : Premier recensement de la population française.

1804 : Sacre de Napoléon Ier.

1814 : Première abdication de Napoléon ; première Restauration.

1815 : *18 juin* – Bataille de Waterloo.

1815-1824 : Règne de Louis XVIII.

1824 : Avènement de Charles X.

1828 : *1er octobre* – Ouverture de la première ligne de chemin de fer en France, entre Saint-Étienne et Andrézieux (ouverte aux voyageurs en 1832 ; la vapeur remplace les chevaux en 1844).

1830 : *Juin* – Prise d'Alger. Révolution de Juillet. Abdication de Charles X. Couronnement de Louis-Philippe.

1832 : *Avril-mai* – Insurrection de Vendée menée par la duchesse de Berry.

1833 : *Juin* – Loi de François Guizot sur l'éducation : chaque commune de cinq cents habitants ou plus doit ouvrir une école primaire de garçons (puis de filles, à partir de 1836).

1834-1852 : Prosper Mérimée, premier inspecteur général des Monuments historiques, parcourt la France.

1836 : L'État assure l'entretien des chemins vicinaux.

1841 : Première carte géologique complète de la France. *Juin à septembre* – Émeutes antifiscales.

1848 : Révolution de février. Proclamation du suffrage universel masculin. *Juin* – Répression du soulèvement ouvrier.

1851 : *2 décembre* – Coup d'État de Louis-Napoléon Bonaparte (empereur Napoléon III, 1852-1870).

Chronologie

1852 : Début de l'épidémie de pébrine (maladie des vers à soie).

1856 : Le canal latéral à la Garonne relie la mer Méditerranée à l'océan Atlantique.

1857 : Boisement de plus d'un million d'hectares dans les Landes.

1858 : *Février à juillet* – La Vierge apparaît à Bernadette Soubirous à Lourdes.

1860 : Le comté de Nice et le duché de Savoie sont annexés à la France.

1863 : Début de l'épidémie de phylloxéra (maladie des vignes).

1870 : *Septembre* – Défaite de la France à Sedan face à la Prusse ; siège de Paris ; la France perd l'Alsace et la Lorraine. Formation de la Ligue du Midi à Marseille. Proclamation de la IIIe République.

1871 : Élection du conseil de la Commune de Paris (en mars) qui sera écrasée en mai par les troupes gouvernementales.

1873 : G.-I. Ascoli identifie le franco-provençal.

1874 : Fondation du Club alpin français.

1879 : L'État finance la construction de voies ferrées d'intérêt local et de canaux à petit gabarit (plan Freycinet) : 696 gares ou arrêts en 1854 ; 4 801 en 1885 (6 516 en 2006).

1882 : Ouverture du Musée d'ethnographie au palais du Trocadéro, à Paris.

1882 : *Avril* – Loi sur la restauration et la conservation des terrains en montagne.

1881-1882 : L'instruction devient gratuite, laïque et obligatoire pour les garçons et filles de six à treize ans (lois Jules Ferry).

1888-1913 : Explorations souterraines d'Édouard-Alfred Martel.

1889 : Exposition universelle et inauguration de la tour Eiffel.

1893 : *Août* – Massacre des travailleurs immigrés italiens à Aigues-Mortes.

1898 : *13 janvier* – « J'accuse ! » : lettre ouverte d'Émile Zola sur l'affaire Dreyfus.

1900 : *19 juillet* – Inauguration de la première ligne de métro parisienne.

1901-1904 : Lois et décrets anticléricaux (ministères de Pierre Waldeck-Rousseau et d'Émile Combes).

1903 : *1er-19 juillet* – Premier Tour de France cycliste (six étapes, 2 428 kilomètres).

1904 : *8 avril* – Accords de l'« Entente cordiale » entre la France et la Grande-Bretagne.

1905 : *Août* – Exploration des gorges du Verdon.

1909 : *Avril* – Béatification de Jeanne d'Arc.

1911 : Protectorat français au Maroc.

1914 : *1er août* – Ordre de mobilisation générale.

1918 : *11 novembre* – Armistice.

Notes

Première partie

1. Le continent inexploré

1. Ferdinand de Lanoye, « Voyage aux volcans de la France centrale », p. 302.
2. John Murray *et al.*, *A Handbook for Travellers in France*, p. 392.
3. Albin Mazon, *Voyage aux pays volcaniques du Vivarais*, p. 271 ; Onésime Reclus, *France, Algérie et colonies*, p. 60 ; George Sand, *Le Marquis de Villemer*, p. 228.
4. Judith Devlin, *The Superstitious Mind...*, p. 39-41.
5. La « France » faisait généralement référence à la province d'Île-de-France. Voir par exemple Antoine-Nicolas Duchesne, « Relation d'un voyage à Reims à l'occasion du sacre de Louis XVI », p. 114 ; Edward Wright, *Some Observations Made in Travelling Through France, Italy, etc.*, p. 14.
6. George Sand, *op. cit.*, p. 242 n. 20.
7. Claude de Varennes, *Le Voyage de France, dressé pour la commodité des François et des Estrangers*, p. 2.
8. Stendhal, *Voyages en France*, p. 190. Rousselan s'appelle aujourd'hui Rousseland, et se situe entre Francheville et Saint-Igny sur la N 151.
9. Stendhal, *ibid.*, p. 11-12.
10. Honoré de Balzac, *Scènes de la vie de province*, dans *La Comédie humaine*, t. 4, p. 361.
11. Richard Cobb, *The Police and the People. French Popular Protest, 1789-1820*, p. 167.
12. Voir par exemple Edward Harrison Barker, *Wanderings by Southern Waters, Eastern Aquitaine*, p. 27 et 122.
13. George Sand, *Nanon*, p. 143.
14. Eugène Grandsire, « La Sologne », p. 3.
15. Adrien-César Égron, « Essai statistique sur une partie des départements de la Marne et des Ardennes », p. 305.
16. Alfred de Vigny, « La maison du berger », v. 279.
17. Jules Duval, « Sol agricole de la France ».

18. Assemblée nationale, *Archives parlementaires de 1787 à 1860*, vol. IX, p. 745.
19. Henri Cavaillès, *La Route française, son histoire, sa fonction*, p. 16.
20. Jules César, *La Guerre des Gaules*, livre VII, 1-4.
21. Napoléon Peyrat, *Histoire des pasteurs du désert*, t. II, p. 427 ; voir aussi Jules Rouquette, *Jean Cavalier, le héros des Cévennes*, p. 4.
22. Richard Cobb, *op. cit.*, p. 337.
23. Jean-Pierre Riou, dans Michèle Tilloy *et al.*, *Histoire et clandestinité du Moyen Âge à la Première Guerre mondiale*, p. 221.
24. Jean-Marc-Gaspard Itard, *De l'éducation d'un homme sauvage.*
25. Pierre Buffault, « Forêts et gaves du pays d'Aspe », p. 343.
26. Léopold-Alexandre-Guillaume de Folin, « Une excursion à la forêt d'Iraty », p. 73 ; Henry Russell, *Biarritz and Basque Countries*, p. 58. Une autre « fille sauvage » pyrénéenne a été découverte près d'Andorre en 1839.
27. Jean-Claude Duclos *et al.*, *Louis Mandrin, malfaiteur ou bandit au grand cœur ?*
28. Pierre Barral, « Depuis quand les paysans se sentent-ils français ? ».
29. À propos de cet ancien terme, voir Colin Jones, *The Great Nation : France from Louis XV to Napoleon*, p. XX.
30. Henri Cavaillès, *op. cit.*, p. 277 ; Alfred de Foville, *La France économique : statistique raisonnée et comparative*, p. 297-298.
31. Arthur Young, *Voyages en France pendant les années 1787, 1788 et 1789*, t. 1, p. 243, 242, 107, 89, 83.
32. Robert Tombs, *France 1814-1914*, p. 233.
33. Eugen Weber, *La Fin des terroirs : la modernisation de la France rurale, 1870-1914*, p. 93.
34. Voir par exemple John Merriman, *The Margins of City Life*, p. 199 (Perpignan).
35. Nathan Pinkney, *Travels Through the South of France...*, p. 142.
36. Victor Hugo, *Quatre-vingt-treize*, dans *Œuvres complètes, Romans III*, 1re partie, p. 2-3 (Molac est désigné fautivement sous le nom de « Meulac »).
37. Jacques Cambry, *Voyage dans le Finistère, ou État de ce département en 1794 et 1795*, vol. I, p. 53.
38. Jacques Peuchet et P.-G. Chanlaire, *Description topographique et statistique de la France*, t. 3, « Vendée », p. 16.
39. Alexandre Dumas, *Mes mémoires*, t. 7, p. 97-98. À propos des conséquences militaires : Bertrand Lasserre, *Les Cent Jours en Vendée*, p. 24.
40. Jean de La Bruyère, *Les Caractères*, « De l'homme », n° 128, Paris, Imprimerie des frères Mame, 1808, p. 78.

2. Les tribus de France, I

1. Edwin Asa Dix, *A Midsummer Drive Through the Pyrenees*, p. 169-177 ; Anon., « Hameau de Goust, dans les Pyrénées » et Anon., *De la Loire aux Pyrénées*, p. 206-207 ; *Le Magasin pittoresque*, 1878, p. 377-378 ; Paul Perret, *Les Pyrénées françaises*, vol. 2 : *Le Pays Basque et la Basse-Navarre*, p. 390-391 ; les autres renseignements m'ont été fournis par Nathalie Barou.

2. Laurence Fontaine, *Le Voyage et la mémoire : colporteurs de l'Oisans au XIXe siècle*, p. 17.

3. Michel Chevalier, « La vallée de l'Ariège et la République d'Andorre », p. 627.

4. *Le Magasin pittoresque*, 1864, p. 273.

5. Jacques-Antoine Creuzé-Latouche, *Description topographique du district de Chatelleraud*, p. 24-25.

6. Nicolas-Edmé Restif de la Bretonne, *La Vie de mon père*, p. 50-51.

7. *Ibid.*, p. 108.

8. Henri A. de Conty, *Côtes de Normandie*, p. 127 ; François Marlin, *Voyages d'un français*, t. 1, p. 300 ; *Le Magasin pittoresque*, 1844, p. 223-234 ; Dawson Turner, *Account of a Tour in Normandy*, t. 1, p. 9.

9. Gustave Lagneau, « Sur l'incurvation lombo-sacrée comme caractère ethnique », p. 634-635 ; Tobias Smollett, *Travels through France and Italy*, lettre 4.

10. A. Gazier, « Lettres à Grégoire sur les patois de France », 1879, sér. 3, t. 1, p. 54 ; Hans Caspar Hirzel, *Le Socrate rustique*, p. 325 ; Gustave Lagneau, « Notice-questionnaire sur l'anthropologie de la France », p. 377 ; Joseph Lavallée et Louis Brion de La Tour, *Voyage dans les départements de la France*, t. 4, « Pas-de-Calais », p. 22.

11. Anatole Roujou, « Sur quelques races ou sous-races locales observées en France », p. 252-255.

12. Beylet, « Demi-sauvages de la Provence ».

13. Paul Topinard, « Discussion sur les moyennes », p. 33.

14. Émile Guillaumin, *La Vie d'un simple*, p. 59.

15. François Marlin, *op. cit.*, t. 2, p. 137.

16. *Ibid.*, p. 62 ; autres cartes morales : Adrien-César Égron, « Des voyages en France », p. 11-12 ; Stendhal, *Voyages en France*, p. 50-51.

17. Jean-Baptiste-Maurice Biélawski, *Récits d'un touriste auvergnat*, p. 96 ; Hyacinthe de Charencey, *Ethnographie euskarienne* ; Julien Girard de Rialle, *Les Peuples de l'Asie et de l'Europe : notions d'ethnologie*, p. 185 ; Adolphe Joanne, *Géographie du département du Morbihan* (1888), p. 28 ; A. Mahé de La Bourdonnais, *Voyage en Basse-Bretagne*.

18. Amédée Aufauvre, *Hyères et sa vallée : guide historique, médical, topographique*, p. 153 ; Pierre-Augustin Boissier de Sauvages, *Dictionnaire languedocien-français*, p. V.

19. Lunemann, « Le pays des Basques », p. 54-55.

20. Hervé Le Bras et Emmanuel Todd, *L'Invention de la France. Atlas anthropologique et politique*, p. 23 ; Michelle Perrot, *Histoire de la vie privée*, p. 127.

21. François Marlin, *op. cit.*, t. 2, p. 81 et 97 ; t. 1, p. 66 ; t. 4, p. 117 ; t. 2, p. 157 ; t. 4, p. 37.

22. *Ibid.*, t. 2, p. 280.

23. Edward Harrison Barker, *Wanderings by Southern Waters, Eastern Aquitaine*, p. 214.

24. Eugen Weber, *La Fin des terroirs : la modernisation de la France rurale, 1870-1914*, p. 93.

25. Voir par exemple La Champ-Raphaël, dans Albert Du Boys, *Album du Vivarais*, p. 241.

26. Alain Corbin, *Les Cloches de la terre*, p. 58.

27. Par exemple, Xavier de Planhol, *Géographie historique de la France*, p. 191-192 ; Onésime Reclus, *France, Algérie et colonies*, p. 454-470.

28. *Newsweek*, 1er octobre 1962.

29. Weber, *op. cit.*, p. 162.

30. Alain Corbin, *op. cit.*, p. 86.

31. Charles-Marie d'Irumberry Salaberry, *Mon voyage au Mont d'Or*, p. 17.

32. *La Feuille villageoise*, 1792-1793, p. 247-248.

33. François Arago, « Du danger de sonner les cloches pendant les orages » ; voir aussi « Sonner les cloches pendant l'orage : vingt-quatre clochers frappés par la foudre », *Le Magasin pittoresque*, 1888, sér. 2, t. 6, p. 195.

34. Alain Corbin, *op. cit.*, p. 102.

35. *Ibid.*, p. 99 et 300.

36. Georges Augustins, « Mobilité résidentielle et alliance matrimoniale dans une commune du Morbihan ».

37. Émile Levasseur, *La Population française : histoire de la population avant 1789*, t. 1, p. 342.

38. Marie Kita Tambourin, dans Jean-Claude Paronnaud, « Les Cagots » ; voir aussi Xavier de Planhol, *op. cit.*, p. 240.

39. Alan Baker, *Fraternity among the French Peasantry* ; Peter Jones, *Liberty and Locality in Revolutionary France*, p. 50-54.

40. François Marlin, *op. cit.*, t. 2, p. 346-350.

41. Eugène Bonnemère, *Histoire des paysans depuis la fin du Moyen Âge jusqu'à nos jours*, t. 2, p. 445 ; André Laville ; Charles Letourneau, « Le Clan primitif ».

42. Nicolas-François-Joseph Richard, « Coutume de la Bresse », p. 224.

43. Eugène Bonnemère, *op. cit.*, t. 2, p. 341-346 ; Hans Caspar Hirzel, *Le Socrate rustique*, p. 326-327 et 370-384 ; A. Legoyt, dans *Les Français peints par eux-mêmes…*, *Province 2*, p. 209-211.

44. Peter Jones, *The Peasantry in the French Revolution*, p. 171.

45. Voir par exemple Charles Burguburu, « Le Système métrique en Lot-et-Garonne » ; François Emmanuel Fodéré, *Voyage aux Alpes Maritimes*, t. 1, p. XXIII ; Jacques Peuchet et P.-G. Chanlaire, *Description topographique et statistique de la France*, *passim* ; Eugen Weber, *op. cit.*, p. 30-32.

46. Arsène Dumont, « Uchizy : une colonie de Sarrazins en Bourgogne », p. 444.

47. Jacques Peuchet et P.-G. Chanlaire, *op. cit.*, t. 2, « Isère », p. 43.

48. Soulet, dans Michèle Tilloy *et al.*, *Histoire et clandestinité du Moyen Âge à la Première Guerre mondiale*, p. 239.

49. Capt. G…, « Notice sur le village de Mandeure ».

50. Par exemple, Pérégrin, *Excursions pyrénéennes : une flânerie aux Pène-Taillade et Pourry*, p. 65.

51. George Sussman, *Selling Mother's Milk*, p. 21.

52. Martine Segalen, *Mari et femme dans la société paysanne*, p. 49-51.

53. Judith Devlin, *The Superstitious Mind…*, p. 363. Une autre sorcière fut brûlée à Tarbes en 1862 (Edwin Asa Dix, *op. cit.*, p. 326), et l'on fit

un grand feu de joie des hardes d'une autre encore à Rodez, vers 1830 (E. Maurin, « Une sorcière en Rouergue »).

54. Voir par exemple à ce propos Alain Corbin, *Le Village des cannibales.*

3. Les tribus de France, II

1. Vital Collet, « Sobriquets caractérisant les habitants de villages lorrains » ; Henri-Adolphe Labourasse, « Anciens us, coutumes, légendes, superstitions, préjugés, etc. du département de la Meuse », p. 198-224.

2. Honoré de Balzac, *Scènes de la vie de province*, dans *La Comédie humaine*, t. 4, p. 359.

3. F. Pyat, dans *Les Français peints par eux-mêmes…, Province 2*, p. 330 ; Gustave Lagneau, « Notice-questionnaire sur l'anthropologie de la France », p. 394-395 ; Jean-Baptiste-Charles Legendre, comte de Luçay, *Description du département du Cher*, p. 70-71 ; Onésime Reclus, *France, Algérie et colonies*, p. 403 ; André Rolland de Denus, *Dictionnaire des appellations ethniques de la France et de ses colonies*, p. 72 ; Léon de Wailly, *Curiosités philologiques, géographiques et ethnologiques*, p. 330-331.

4. Pierre Lagarenne, « Notice sur le patois saintongeais », p. 135 ; Gustave Lagneau, *op. cit.*, p. 404 ; Gustave Lagneau, « Sur les Gavaches » ; Pierre Larousse, *Grand Dictionnaire universel du* XIX*e* *siècle*, « Gavache », vol. VIII, p. 1093.

5. Edward Harrison Barker, *Wanderings by Southern Waters, Eastern Aquitaine*, p. 195 et 212.

6. Auguste Vitu, « Voyage en France. Le Puy-de-Dôme ».

7. François Marlin, *Voyages d'un français*, t. 1, p. 37 ; Mortillet, « Sur les silex taillés du Grand-Pressigay », p. 200.

8. Paul Sébillot, *Traditions et superstitions de la Haute-Bretagne*, t. I, p. 27.

9. Abel Hugo, *France pittoresque* ; Firmin Lagardelle, « Notes anthropologiques sur les colliberts, huttiers et nioleurs des marais mouillés de la Sèvre » ; Gustave Lagneau, « Notice-questionnaire sur l'anthropologie de la France », p. 347 et 365 ; Jean-Baptiste Saint-Lager, *Études sur les causes du crétinisme et du goître endémique*, p. 86.

10. Guillaume-Marie-Anne Brune, *Voyage pittoresque et sentimental dans plusieurs des provinces occidentales de la France*, p. 136.

11. *Ibid.*, p. 129-137 ; cf. Jean-Alexandre Cavoleau, *Description abrégée du département de la Vendée.*

12. Charles Rabot, « Les marais du Bas-Poitou », p. 382.

13. Charles Massé-Isidore, *La Vendée poétique et pittoresque*, p. 276-290 ; aussi Charles Arnauld, *Histoire de Maillezais* ; M. Baugier, « Le Marais de la Sèvre, ses aspects, ses habitants ».

14. Eugène Dally, « Sur les cagots des Pyrénées » ; René Descazeaux, *Les Cagots : histoire d'un secret* ; A. H. Keane, « Cagots » ; Gustave Lagneau, *op. cit.*, p. 401-404 ; Émile Magitot, « Moulages de doigts recueillis sur des cagots » ; Francisque Michel, *Histoire des races maudites de la France et de*

l'Espagne ; Jean-Justin Monlezun, *Histoire de la Gascogne depuis les temps les plus reculés jusqu'à nos jours,* p. 242 ; V. de Rochas, *Les Parias de France et d'Espagne (Cagots et Bohémiens).*

15. Lucien-Louis Lande, « Les Cagots et leurs congénères », p. 434.

16. René Descazeaux, *op. cit.*, p. 49.

17. Francisque Michel, *op. cit.*, t. 1, p. 133-134.

18. Anon., *Un voyage d'artiste : guide dans les Pyrénées par deux amis,* p. 78 ; E. Ernest Bilbrough, *Twixt France and Spain,* p. 99 ; Jean Bonnecaze, « Mœurs et génie des Béarnais (1786) », p. 80 ; Louisa Stuart Costello, *Béarn and the Pyrenees,* t. 2, p. 260-310 ; C. P. V., « Cagots » ; Edwin Asa Dix, *A Midsummer Drive Through the Pyrenees,* p. 243-244 ; Louis Domairon, *Le Voyageur françois...*, t. 33 (1790), p. 349 ; Elizabeth Gaskell, « An Accursed Race » ; H. L., « Cacous et cagots » ; Abbé Haristoy, « Les paroisses du pays basque pendant la période révolutionnaire : Ciboure » ; J. B. J., *Guide du voyageur aux bains de Bagnères, Barèges, St-Sauveur et Cauteretz,* p. 286 ; Adolphe Joanne, *Itinéraire général de la France : Les Pyrénées,* p. LII ; Gustave Lagneau, dans *Dictionnaire encyclopédique,* vol. XI (1870), p. 534-557 ; Lucien-Louis Lande, *op. cit.*, p. 444-446 ; Lunemann, « Le pays des Basques », p. 47 ; Louis Ramond de Carbonnières, *Observations faites dans les Pyrénées pour servir de suite à des observations sur les Alpes* ; Ambroise Richard et Achille Armand Lheureux, *Voyage de deux amis en Italie par le Midi de la France,* p. 78 ; Jean-Baptiste Saint-Lager, *op. cit.*, p. 70 ; Francisque Michel, *op. cit.* ; Charles Richard Weld, *The Pyrenees, West and East,* p. 99 .

En Bretagne : Marcel Calvez, « Les accusations de contagion comme argument d'exclusion : l'exemple des caqueux de Bretagne » ; Adolphe Chéruel, *Dictionnaire historique des institutions, mœurs et coutumes de la France* (article « Cagots ») ; Mary-Ann Constantine, *Breton Ballads,* p. 85-119 ; A. de Courcy, dans *Les Français peints par eux-mêmes..., Province 3,* p. 33 ; Léon Lallemand, *Histoire de la charité,* p 133-134; Lucien-Louis Lande, *op. cit.*, p. 446-447 ; Francisque Michel, *op. cit.*, t. 1, p. 62 ; Anne Plumptre, *A Narrative of a Three Years' Residence in France...*, t. 3, p. 232-233 ; Édouard Vallin, *Voyage en Bretagne. Finistère,* p. 84.

Dans les environs de Bordeaux : Justus Zintzerling, *Voyage dans la vieille France...*, p. 227-278.

19. Francisque Michel, *op. cit.*

20. *Ibid.*, t. 1, p. 126-130.

21. *Ibid.*, t. 1, p. 136.

22. *Ibid.*, t. 1, p. 170 ; André Rolland de Denus, *op. cit.*, p. 117.

23. René Descazeaux, *op. cit.*, p. 67.

24. Gustave Lagneau, « Notice-questionnaire sur l'anthropologie de la France », p. 402 ; Lucien-Louis Lande, *op. cit.*, p. 438 ; Philippe Le Bas, *France. Dictionnaire encyclopédique* (« Cagot ») ; *Le Magasin pittoresque,* 1841, p. 295 ; Paul Perret, *Les Pyrénées françaises,* vol. 1 *: Lourdes, Argelès, Cauterets, Luz, Saint-Sauveur, Barèges,* p. 66 ; Jean-Baptiste Saint-Lager, *op. cit.*, p. 71.

25. Jean Bonnecaze, *op. cit.*, p. 79-80 ; Lucien-Louis Lande, *op. cit.*, p. 436 ; Francisque Michel, *op. cit.*, t. 1, p. 34 ; Charles-Athanase Walckenaer, « Sur les Vaudois, les Cagots et les chrétiens primitifs », p. 330-334.

26. René Descazeaux, *op. cit.*, p. 19 ; J. Lajard et Félix Regnault, *De l'existence de la lèpre atténuée chez les cagots des Pyrénées* ; Lucien-Louis Lande, *op. cit.*, p. 447 ; cf. Dr H.-Marcel Fay, *Lépreux et cagots du sud-ouest.*

27. Jacques Cambry, *Voyage dans le Finistère, ou État de ce département en 1794 et 1795*, t. 3, p. 146-147.

28. Francisque Michel, *op. cit.*, t. 2, p. 158.

29. René Descazeaux, *op. cit.* ; Gilbert Loubès, *L'Énigme des cagots : histoire d'une exclusion* ; Jean-Claude Paronnaud, « Les Cagots ».

30. Voir par exemple à ce propos Agricol Perdiguier, *Question vitale sur le compagnonnage et la classe ouvrière.*

31. Jean-Baptiste Saint-Lager, *op. cit.*, p. 84.

32. Francisque Michel, *op. cit.*, t. 2, p. 150-151 ; voir aussi Wentworth Webster, *Légendes basques*, p. 263-264.

33. Marie Kita Tambourin, « La maison et son nom à Baïgorry », dans Jean-Claude Paronnaud, *op. cit.*

34. François Marlin, *Voyages d'un français*, t. 1, p. 47-48.

35. Gustave Lagneau, « Notice-questionnaire sur l'anthropologie de la France », p. 382-386 ; « Sur les habitants de l'Aveyron et les Sarrasins de France », p. 170-173 ; etc.

36. Arsène Dumont, « Uchizy : une colonie de Sarrazins en Bourgogne », p. 445.

37. Anon., « Plombières et ses environs », p. 347 ; *Bulletins de la Société d'anthropologie de Paris*, 1874, p. 704-705 ; P. Dorveaux, « Opinion de quelques médecins sur les rebouteurs du Val-d'Ajol » ; Hans Caspar Hirzel, *Le Socrate rustique*, p. 389-391 ; Louis Lévêque, « Une famille de rebouteurs lorrains ».

4. O òc sí bai ya win oui oyi awè jo ja oua

1. Joseph Lavallée et Louis Brion de La Tour, *Voyage dans les départements de la France*, t. 2, « Ille-et-Vilaine », p. 7.

2. Michel de Certeau *et al.*, *Une politique de la langue. La Révolution française et les patois : l'enquête de Grégoire.* Les réponses au questionnaire figurent dans A. Gazier, « Lettres à Grégoire sur les patois de France ».

3. A. Gazier, *op. cit.*, 1877, sér. 2, t. 4, p. 215.

4. A. Gazier, *op. cit.*, 1878, sér. 2, t. 5, p. 243-245.

5. Michel de Certeau *et al.*, *op. cit.*, p. 261.

6. A. Gazier, *op. cit.*, 1877, sér. 2, t. 4, p. 233.

7. A. Gazier, *op. cit.*, 1878, sér. 2, t. 5, p. 256.

8. Michel de Certeau *et al.*, *op. cit.*, p. 221.

9. Philippe Vigier, « Diffusion d'une langue nationale et résistance des patois en France au XIXe siècle », p. 194-195.

10. Marie-Noëlle Bourguet, *Déchiffrer la France : la statistique départementale à l'époque napoléonienne*, p. 135-138 ; Romieu, dans Heather Williams, « Writing to Paris : Poets, Nobles and Savages in Nineteenth-Century Brittany », p. 476 ; Jean Savant, *Les Préfets de Napoléon.*

11. Pierre Larousse, *Grand Dictionnaire universel du XIXe siècle*, « Dauphinois », vol. VI, p. 151 ; voir aussi Xavier Roux, *Les Alpes, histoire et souvenirs*, p. 250.

12. Anon., *Glossaire genevois*..., p. IX ; Marie-Marguerite Brun, *Essay d'un dictionnaire comtois-françois* ; I. Dhauteville, *Le Français alsacien : fautes de prononciation et germanismes* ; C.-F.-J.-B. de Gabrielli, *Manuel du provençal ou les Provençalismes corrigés*, p. 4-5 ; J.-F. Michel, *Dictionnaire des expressions vicieuses*... ; Étienne Molard, *Le Mauvais Langage corrigé* ; Émile Pomier, *Manuel des locutions vicieuses*... ; Joseph Sigart, *Glossaire étymologique montois*..., p. 6. Cf. Pierre-Moïse Callet, *Glossaire vaudois*, p. 6 ; Hippolyte-François Jaubert, *Glossaire du Centre de la France* ; Francisque Mège, *Souvenirs de la langue d'Auvergne*, p. 18.

13. Pierre Larousse, *op. cit.*, « Picard », vol. XII, p. 936-937 ; Henri Burgaud Des Marets, *Glossaire du patois rochelais*... (« Rochelais »).

14. Abbé Albert, curé de Seynes, dans Michel de Certeau *et al.*, *op. cit.*, p. 256.

15. Jean de La Fontaine *et al.*, *Voyages des poètes français (XVIIe et XVIIIe siècles)*, p. 102-103.

16. Jules Gilliéron et Edmond Edmont, *Atlas linguistique de la France* ; Léon Lamouche, « Note sur la classification des dialectes de la langue d'oc » ; Général Plazanet, « Essai d'une carte des patois du Midi » ; Adolphe-Louis Terracher, *Les Aires morphologiques dans les parlers populaires du nord-ouest de l'Angoumois*, t. 1, p. 28-31, 62 et 241.

17. Voir Agricol Perdiguier, *Mémoires d'un compagnon*, p. 381.

18. René Arripe, *Les Siffleurs d'Aas* ; *Bulletins de la Société d'anthropologie de Paris*, 1892, p. 15-22 ; *Le Magasin pittoresque*, 1892, sér. 2, t. 10, p. 18-19.

19. Almire Lepelletier, *Voyage en Bretagne [...] avec [...] l'iconographie des principaux types de forçats*, p. 530.

20. Charlotte Louisa Hawkins Dempster, *The Maritime Alps and Their Seaboard*, p. 37.

21. C. Beauquier, « Vocabulaire étymologique des provincialismes usités dans le département du Doubs », p. 232.

22. Par exemple Albert Dauzat, « Glossaire étymologique du patois de Vinzelles », p. 288 ; Bernard Sarrieu, « Le parler de Bagnères-de-Luchon et de sa vallée », p. 389.

23. A. Gazier, *op. cit.*, 1874, sér. 1, t. 5, p. 426.

24. Terme relevé par Félix Arnaudin, *Contes populaires recueillis dans la Grande-Lande, le Born, les Petites-Landes et le Marensin*, p. 8.

25. A. Gazier, *op. cit.*, 1877, sér. 2, t. 3, p. 238.

26. Henri Boiraud, *Contribution à l'étude historique des congés et des vacances scolaires en France*, p. 105-106 ; A. Gazier, *op. cit.*, 1878, sér. 2, t. 5, p. 11 ; Baron Achille Raverat, *À travers le Dauphiné. Voyage pittoresque et artistique*, p. 205.

27. A. Gazier, *op. cit.*, 1877, sér. 2, t. 4, p. 215 ; Eugen Weber, *La Fin des terroirs : la modernisation de la France rurale, 1870-1914*, p. 134-135.

28. C.-F.-J.-B. de Gabrielli, *op. cit.*, p. 7 ; François Marlin, *Voyages d'un français*, t. 1, p. 410-411.

29. A. Gazier, *op. cit.*, 1879, sér. 3, t. 1, p. 184-185.

30. Maxime Séguin de Pazzis, *Mémoire statistique sur le département de Vaucluse*, p. 48.

31. Jacques Peuchet et P.-G. Chanlaire, *Description topographique et statistique de la France*, t. 2, « Lys », p. 21 ; « Meurte », p. 28. À propos de la persistance du flamand : William Henry Hurlbert, *France and the Republic...*, p. 332.

32. http://brezhoneg.gwalarn.org/istor/gregoire.html ; voir aussi Françoise Raison-Jourde, *La Colonie auvergnate de Paris au* XIX*e siècle*, p. 357 (Cantal) ; Stendhal, *Voyages en France*, p. 294 (Bretagne).

33. Eugen Weber, *op. cit.*, p. 452 ; voir aussi Valentin Jamerey-Duval, *Mémoires. Enfance et éducation d'un paysan au* XVIII*e siècle*, p. 118, à propos de l'incompréhensible jargon parisien qu'il s'était improvisé.

34. Pierre-Jean Rousselot, « Les modifications phonétiques du langage étudiées dans le patois d'une famille de Cellefrouin », p. 223.

35. J. Ian Press, dans M. Parry *et al.*, *The Changing Voices of Europe*, p. 217.

36. Rosalind Temple, dans *ibid.*, p. 194.

37. Jean Brunhes, *La Géographie humaine*, p. 308-310 ; Georges Duby, *Histoire de la France rurale*, t. 3, p. 304.

38. Paul Planté, « Les matériels aratoires du Midi méditerranéen au XIXe siècle ».

39. Paul Topinard, *L'Homme dans la nature*, p. 82.

40. Robert Specklin, « Études sur les origines de la France (fin) » ; voir aussi Paul Vidal de La Blache, *Tableau de la géographie de la France*, t. 2.

41. Assemblée nationale, *Archives parlementaires de 1787 à 1860*, notamment vol. IX, p. 698-748 ; vol. XI, p. 119-268. La proposition de Robert de Hasseln, topographe du roi, de diviser la France en 9 carrés parfaits, eux-mêmes subdivisés en 9 pays, 81 districts et 729 territoires, a fort heureusement été abandonnée ; Louis Dussieux, *Géographie historique de la France*, p.176-177 ; Xavier de Planhol, *Géographie historique de la France*, p. 323.

42. Assemblée nationale, *op. cit.*, vol. IX, p. 744 (11 nov. 1789).

43. Assemblée nationale, *op. cit.*, vol. XI, p. 122 (8 janv. 1790).

44. Assemblée nationale, *op. cit.*, vol. XI, p. 185 (Saint-Malo) ; p. 170 (provinces basques et Béarn).

45. Voir par exemple Sarah Bernhardt, *Ma double vie : mémoires*, p. 2 ; George Sand, *Jeanne*, p. 53.

5. Vivre en France, I : le visage du musée

1. Raoul Blanchard, « L'habitation en Queyras », p. 32.

2. Olwen H. Hufton, *The Poor of Eighteenth-Century France*, p. 68 ; Eugen Weber, *La Fin des terroirs : la modernisation de la France rurale, 1870-1914*, p. 253-261.

3. Émile Chevallier, *De l'assistance dans les campagnes : indigence, prévoyance, assistance*, p. 77.

4. Voir Jean-Pierre Gutton, *Naissance du vieillard* ; Peter McPhee, *A Social History of France, 1780-1880*, p. 237.

5. Émile Guillaumin, *La Vie d'un simple*, p. 93-94.

6. J. Carrier, « Folklore ou vieilles coutumes des habitants de la paroisse de Saint-Amand-de-Coly », p. 403 ; A. Gazier, « Lettres à Grégoire sur les patois de France », 1879, sér. 3, t. 1, p. 70.

7. Eugen Weber, *op. cit.*, p. 33.

8. Horace-Bénédict de Saussure, *Voyages dans les Alpes*, t. 2, p. 390.

9. Richard Boyle Bernard, *A Tour Through Some Parts of France, Switzerland, Savoy, Germany and Belgium*, p. 152-153 ; John Moore, *A View of Society and Manners in France, Switzerland, and Germany*, t. 1, p. 219 ; Horace-Bénédict de Saussure, *op. cit.*, t. 2, p. 488.

10. Judith Devlin, *The Superstitious Mind...*, p. 52 ; Gaston Vuillier, « Chez les magiciens et les sorciers de la Corrèze », p. 532.

11. Sudhir Hazareesingh, *La Saint-Napoléon, quand le 14 juillet se fêtait le 15 août.*

12. Daniel Fabre *et al.*, « Des lieux où l'on "cause" », p. 7.

13. Jean-Charles-François Ladoucette, « Mœurs et usages des Hautes-Alpes », p. 132 ; Horace-Bénédict de Saussure, *op. cit.*, t. 2, p. 153-154.

14. Raoul Blanchard, *op. cit.*, p. 32.

15. George Sand, *Histoire de ma vie*, vol. 8, p. 164.

16. Guy Thuillier, *Pour une histoire du quotidien au XIXe siècle en Nivernais*, p. 206 ; aussi Pierre Jean-Baptiste Legrand d'Aussy, *Voyage d'Auvergne*, p. 280-281.

17. Jules Renard, *Journal, 1887-1910*, 16 janv. 1889 et 24 déc. 1908.

18. *Ibid.*, 6 mars 1894 ; Nicolas-Edmé Restif de la Bretonne, *La Vie de mon père*, p. 192.

19. Joseph Lavallée et Louis Brion de La Tour, *Voyage dans les départements de la France*, t. 5, « Rhin-et-Moselle », p. 8 ; Jacques Peuchet et P.-G. Chanlaire, *Description topographique et statistique de la France*, t. 3, « Pas-de-Calais », p. 15.

20. T. Delord dans *Les Français peints par eux-mêmes..., Province 2*, p. 61.

21. Jacques Peuchet et P.-G. Chanlaire, *op. cit.*, t. 3, « Pas-de-Calais », p. 37.

22. Armand Audiganne, *Les Populations ouvrières et les industries de la France*, t. 1, p. 28-29.

23. Daniel Fabre *et al.*, *op. cit.*, p. 7.

24. Honoré de Balzac, *Eugénie Grandet*, dans *La Comédie humaine*, t. 3, p. 1027.

25. *Cahiers de doléances [...] de Cahors*, p. 34-35.

26. *Cahiers de doléances [...] du Rozel.*

27. *Cahiers de doléances [...] de Cahors*, p. 63, 58.

28. *Cahier de doléances [...] de Saint-Forget* (Yvelines), Service éducatif des Archives départementales.

29. Émile Chevallier, *op. cit.*, p. 79-80 ; voir par exemple Jean-Jacques Rousseau, *Les Confessions*, t. 1, p. 4.

30. *Cahiers de doléances [...] de Cahors*, p. 105.

31. Voir Peter Jones, *The Peasantry in the French Revolution*, p. 58-67.

32. *Cahiers de doléances [...] de Cahors*, p. 111-112.

33. Hippolyte-Adolphe Taine, *Les Origines de la France contemporaine. L'Ancien Régime*, t. 2, p. 205.

34. John Durant Breval, *Remarks on Several Parts of Europe, Relating Chiefly to Their Antiquities and History*, p. 57.
35. Anon., « *Nouvelles agricoles* », p. 374.
36. Victor Yvart, « Observations de l'embrasement spontané d'un tas de fumier », p. 251-253.
37. Fernand Braudel, *L'Identité de la France*, t. 3, p. 24.
38. *Cahier de doléances de Pompey*, http://www.auburtin.fr/genealogie/cahier/Pompey.htm.
39. Émile Guillaumin, *op. cit.*, p. 179.
40. Olwen H. Hufton, *op. cit.*, p. 23-24.
41. Hippolyte-Adolphe Taine, *op. cit.*, t. 2, p. 213.
42. Jean-Marie Déguignet, *Mémoires d'un paysan bas-breton, 1834-1905*, p. 45.
43. Robert Darnton, *The Great Cat Massacre, and Other Episodes in French Cultural History*, p. 33-34.
44. Germain Martin et Paul Martenot, *Contribution à l'histoire des classes rurales en France au XIXe siècle : la Côte-d'Or*, p. 495.
45. Eugen Weber, *op. cit.*, p. 259 n. (citant Pierre et Marie-Claire Bourdieu).
46. Michelle Perrot, *Histoire de la vie privée*, p. 144.
47. Olwen H. Hufton, *op. cit.*, p. 327 ; Michelle Perrot, *op. cit.*, p. 601.
48. Olwen H. Hufton, *op. cit.*, p. 345-346.

6. Vivre en France, II : une vie simple

1. Arthur Young, *Voyages en France pendant les années 1787, 1788 et 1789*, t. 1, p. 101, 383, 360, 163, 485, 102.
2. *Ibid.*, p. 127.
3. *Ibid.*, p. 229.
4. François-René de Chateaubriand, *Mémoires d'outre-tombe*, t. 1, p. 12, 4.
5. Arthur Young, *op. cit.*, t. 1, p. 319.
6. Fernand Braudel, *L'Identité de la France*, t. 3, p. 117 ; Edmond Demolins, *Les Français d'aujourd'hui : les types sociaux du Midi et du Centre*, p. 79-85 et 428 ; Joseph-Pierre Durand, « Sur l'action des milieux géologiques dans l'Aveyron », p. 137 ; André Fel, « Petite culture, 1750-1850 » ; Jacques Peuchet et P.-G. Chanlaire, *Description topographique et statistique de la France*, t. 1, « Corrèze », p. 8-9 ; Hippolyte-Adolphe Taine, *Voyage aux Pyrénées*, p. 130.
7. Nicolas Haillant et Albert Virtel, « Choix de proverbes et dictons patois de Damas », p. 18, 16 et 17 ; Joseph Dejardin et J. Stecher, *Dictionnaire des spots ou Proverbes wallons*, p. 287 ; Eugen Weber, *La Fin des terroirs : la modernisation de la France rurale, 1870-1914*, p. 39-40 et 498 n.
8. François de Fontanges, *La Fuite du Roi (20 juin 1791)* ; François-Florent Valori, *Précis historique du voyage entrepris par S. M. Louis XVI, le 21 juin 1791*.
9. François Ploux, « Politique, rumeurs et solidarités territoriales ».

10. Voir par exemple Robert Gildea, « Province and Nation », dans Malcolm Crook, *Revolutionary France, 1788-1880*, p. 158-162 (à propos de la Ligue du Midi et du séparatisme).

11. Jean-Baptiste-Germain Fabry, *Itinéraire de Buonaparte...* ; Friedrich Ludwig von Waldburg-Truchsess, *Nouvelle relation de l'itinéraire de Napoléon.*

12. Friedrich Ludwig von Waldburg-Truchsess, *op. cit.*, p. 37-38.

13. Fernand Braudel, *op. cit.*, p. 127.

14. Arthur Young, *op. cit.*, p. 330.

15. *Ibid.*, p. 212.

16. Voir par exemple James Lehning, *Peasant and French...*, p. 87-88.

17. Roger Price, *The Modernization of Rural France*, p. 151.

18. Richard Cobb, *The Police and the People. French Popular Protest, 1789-1820*, p. 258-259.

19. Alexandre Deferrière, *Archives statistiques de la France*, t. 2, p. 436 (rapport de Dupin, Préfet des Deux-Sèvres).

20. Maxime Du Camp, *Souvenirs littéraires*, p. 603.

21. P. Jouanne, « Maison rurale d'enfants, fondée à Ry ».

22. Claude Carlier, *Traité des bêtes à laine...*, t. 1, p. 115.

23. Baron F. d'Artigues, « Pierre, le métayer », p. 126.

24. G. Capus, « Études sur la taupe ».

25. Eugen Weber, *op. cit.*, p. 327.

26. Olwen H. Hufton, *The Poor of Eighteenth-Century France*, p. 210-211.

27. Jean-Marie Déguignet, *Mémoires d'un paysan bas-breton, 1834-1905*, p. 71 ; Olwen H. Hufton, *op. cit.*, p. 111.

28. Alexandre Privat d'Anglemont, *Paris anecdote*, chap. 1, 4, 6 et 8.

29. Amans-Alexis Monteil, *Description du département de l'Aveiron*, t. 2, p. 89-90, 105, 111-114, 136, 177, 209 et 273.

30. Henri-Adolphe Labourasse, « Anciens us, coutumes, légendes, superstitions, préjugés, etc. du département de la Meuse », p. 180.

31. Paul Sébillot, *Coutumes populaires de la Haute-Bretagne*, p. 223.

32. *Ibid.*, p. 219.

33. Jean-Paul Aron *et al.*, *Anthropologie du conscrit français* ; Émile Levasseur, *La Population française : histoire de la population avant 1789*, t. 1, p. 385-387.

34. Nathan Pinkney, *Travels Through the South of France...*, p. 36.

35. Voir par exemple John Overton Choules, *Young Americans Abroad...*, p. 168 ; Horace Greeley, *Glances at Europe...*, p. 160 ; Hervé Le Bras et Emmanuel Todd, *L'Invention de la France. Atlas anthropologique et politique*, p. 179 ; William Morris, *Letters Sent Home...*, p. 16 ; Mordecai Manuel Noah, *Travels in England, France, Spain and the Barbary States*, p. 210 et 224 ; François Perrin-Dulac, *Description générale du département de l'Isère*, t. 1, p. 207-208 ; Arthur Young, *op. cit.*, p. 78.

36. Jacques Peuchet et P.-G. Chanlaire, *op. cit.*, t. 2, « Orne », p. 35.

37. Laurent-Jean-Baptiste Bérenger-Féraud, *Superstitions et survivances étudiées au point de vue de leur origine et de leur transformation*, t. 1, p. 2-5.

38. Par exemple à La Teste : Jean-Florimond Boudon de Saint-Amans, « Voyage agricole, botanique et pittoresque, dans une partie des Landes », p. 196-198.
39. Pierre Jean-Baptiste Legrand d'Aussy, *Voyage d'Auvergne*, p. 284.
40. François Marlin, *Voyages d'un français*, t. 1, p. 215-216.
41. Jacques Peuchet et P.-G. Chanlaire, *op. cit.*, t. 1, « Hautes-Alpes », p. 18 et 20.
42. *Ibid.*, t. 2, « Orne », p. 35.
43. Michelle Perrot, *Histoire de la vie privée*, p. 150 et 189.
44. Eugen Weber, *op. cit.*, p. 255-256.
45. Nicolas Haillant et Albert Virtel, *op. cit.*, p. 10.
46. Eugène Pintard, « Proverbes du Vexin », p. 109.
47. Laura Strumingher, « Rural Parents, Children and Primary Schools ; France 1830-1880 », p. 136.
48. Martine Segalen, *Mari et femme dans la société paysanne*, p. 171.
49. *Ibid.*, p. 152.
50. *Ibid.*, p. 26.
51. Olwen H. Hufton, *op. cit.*, p. 38-41 ; Martine Segalen, *op. cit.*, p. 173-180.
52. A. de Bejarry, « Mœurs et usages du Bas-Poitou » ; Arnold van Gennep, *Manuel de folklore français contemporain*, t. 1, p. 264 ; Martine Segalen, *op. cit.*, p. 22-23.
53. Martine Segalen, *op. cit.*, p. 23.
54. *Ibid.*
55. Pierre-Jakez Hélias, *Le Cheval d'orgueil*, p. 426.
56. Jean-Marie Déguignet, *op. cit.*, p. 34.
57. Olwen H. Hufton, *op. cit.*, p. 321.
58. George Sand, *La Mare au diable.*
59. André Rolland de Denus, *Dictionnaire des appellations ethniques de la France et de ses colonies*, p. 215.
60. Paul Sébillot, *Traditions et superstitions de la Haute-Bretagne*, t. 1, p. 248 ; George Sand, *Légendes rustiques*, p. 50.
61. Charles-Nicolas-Sigisbert Sonnini de Manoncourt, *Manuel des propriétaires ruraux et de tous les habitans de la campagne*, p. 188-189.
62. Arthur Young, *op. cit.*, p. 329.
63. *Ibid.*, p. 341.

7. Fées, Vierges, divinités et prêtres

1. Strabon, *Géographie*, Livre IV, 1, 2.
2. Vincent de Chausenque, *Les Pyrénées ou Voyages pédestres dans toutes les régions de ces montagnes*, t. 1, p. 224 ; J. B. J., *Guide du voyageur aux bains de Bagnères, Barèges, St-Sauveur et Cauteretz*, p. 264.
3. P. Laboulinière, *Annuaire statistique du département des Hautes-Pyrénées*, p. 318 ; Denys Shyne Lawlor, *Pilgrimages in the Pyrenees and Landes*, p. XVI.
4. George Sand, *Correspondance : 1812-1876*, vol. 1, p. 12.

5. J. B. J., *op. cit.*, p. 140-141.

6. Ruth Harris, *Lourdes : Body and Spirit in the Secular Age*, p. 25.

7. Récit de Bernardette dans Ruth Harris, *op. cit.*, p. 72.

8. Jean-Baptiste-Marie Joudou, *Guide des voyageurs à Bagnères-de-Bigorre et dans les environs*, p. 24.

9. Ruth Harris, *op. cit.*, p. 73.

10. *Ibid.*, p. 77-79 ; Peter Sahlins, *Forest Rites : The War of the Demoiselles in Nineteenth-Century France*, p. 43-45.

11. Michel Chevalier, *La Vie humaine dans les Pyrénées ariégeoises*, p. 724-726.

12. Peter Sahlins, *op. cit.*

13. Ruth Harris, *op. cit.*, p. 31.

14. Édouard Harlé, « Le pont de la Basilique de Lourdes », p. 146-150.

15. Henry Blackburn, *The Pyrenees : A Description of Summer Life at French Watering Places*, p. 90.

16. *Ibid.*, p. 92.

17. Xavier de Planhol, *Géographie historique de la France*, p. 169.

18. Jean-Mary Couderc, « Les toponymes "Saint-Martin" dans nos campagnes ».

19. Adolphe d'Angeville, *Essai sur la statistique de la population française*, p. XXVII ; Jean-Paul Aron *et al.*, *Anthropologie du conscrit français* ; Charles Dupin, *Forces productives et commerciales de la France*, p. 39 ; Dominique Julia et Daniel Milo, « Une culture passante » ; Pierre Nora, *Les Lieux de mémoire*, t. 2.

20. Paul Sébillot, *Traditions et superstitions de la Haute-Bretagne*, t. 1, p. 334.

21. Ralph Gibson, *A Social History of French Catholicism, 1789-1914*, p. 19.

22. Édouard Piette et J. Sacaze, « La montagne d'Espiaup », p. 237.

23. François Marlin, *Voyages d'un français*, t. 2, p. 365 ; t. 4, p. 364.

24. Laurent-Jean-Baptiste Bérenger-Féraud, *Superstitions et survivances étudiées au point de vue de leur origine et de leur transformation*, t. 1, p. 523-524.

25. Louis Duval, *Gargantua en Normandie…*

26. Par exemple, Émile Souvestre, *En Bretagne*, p. 224-225.

27. Édouard Piette et J. Sacaze, *op. cit.* ; voir aussi Paul Sébillot, *op. cit.*, t. 1, p. 48-52.

28. Édouard Piette et J. Sacaze, *op. cit.*, p. 240-241.

29. Judith Devlin, *The Superstitious Mind…*, p. 7 ; Ralph Gibson, *op. cit.*, p. 144.

30. Laurent-Jean-Baptiste Bérenger-Féraud, *op. cit.*, t. 2, p. 518.

31. http://catholique-lepuy.cef.fr/Notre-Dame-de-la-Faye.html

32. Jean Dusaulx, *Voyage à Barège et dans les Hautes-Pyrénées*, t. 2, p. 48-53 ; Jean-Florimond Boudon de Saint-Amans, *Fragmens d'un voyage sentimental et pittoresque dans les Pyrénées*, p. 127-152.

33. Amaury-Louis-R. Boué de Villiers, *Le Pèlerinage de la Fontaine Sainte-Clothilde aux Andelys.*

34. Henry Blackburn, *op. cit.*, p. 92.

35. Voir par exemple J. Delvincourt, *Impressions sincères d'un touriste sur le pèlerinage de La Louvesc*, p. 4 ; Georges Bernard Depping, *Voyage de Paris à Neufchâtel en Suisse*, p. 53-54.
36. Laurent-Jean-Baptiste Bérenger-Féraud, *op. cit.*, t. 2, chap. 4.
37. Gérard de Nerval, *Œuvres complètes*, t. 2, p. 957-958 (*Les Illuminés*, « Les confidences de Nicolas »).
38. Eugen Weber, *La Fin des terroirs : la modernisation de la France rurale, 1870-1914*, p. 513.
39. Timothy Tackett, *Priest and Parish in Eighteenth-Century France*, p. 155.
40. Ralph Gibson, *op. cit.*, p. 136.
41. *Ibid.*, p. 19.
42. Eugen Weber, *op. cit.*, p. 529 n.
43. A. Gazier, « Lettres à Grégoire sur les patois de France », 1876, sér. 2, t. 2, p. 31.
44. Timothy Tackett, *Religion, Revolution, and Regional Culture in Eighteenth-Century France*, p. 52-54.
45. Timothy Tackett, *Priest and Parish in Eighteenth-Century France*, p. 213.
46. Timothy Tackett, *Religion, Revolution, and Regional Culture in Eighteenth-Century France*, p 205-219.
47. Michel de Certeau *et al.*, *Une politique de la langue. La Révolution française et les patois : l'enquête de Grégoire*, p. 211.
48. Ralph Gibson, *op. cit.*, p. 237 ; Peter Jones, *Politics and Rural Society : the Southern Massif Central*, p. 268.
49. Paul Sébillot, *op. cit.*, t. 1, p. 330-333 ; René Largillière, *Les Saints et l'organisation chrétienne primitive dans l'Armorique bretonne*, p. 126-131.
50. Judith Devlin, *op. cit*, p. 8.
51. Voir par exemple Jean Bonnecaze, « Mœurs et génie des Béarnais (1786) », p. 72-73 ; Paul Sébillot, *op. cit.*, t. 1, p. 177.
52. Jean-François Bladé, « Quatorze superstitions populaires de la Gascogne », p. 31 ; Paul Sébillot, *op. cit.*, t. 1, p. 310.
53. Voir par exemple Rosa Agullana, « Mon enfance », p. 110 ; Jean-François Bladé, *op. cit.*, p. 17 ; George Sand, *Légendes rustiques*, p. 75 ; Paul Sébillot, *op. cit.*, t. 1, p. 148.
54. Paul Sébillot, *op. cit.*, t. 1, p. 79.
55. Ralph Gibson, *op. cit.*, p. 137.
56. Adolphe de Chesnel, *Coutumes, mythes et traditions des provinces de France*, p. 128 (Plouradou) ; Judith Devlin, *op. cit.*, p. 10 (Sourdeau) ; Amaury-Louis-R. Boué de Villiers, *op. cit.*, p. 46-49.
57. Laurent-Jean-Baptiste Bérenger-Féraud, *op. cit.*, t. 3, p. 515.
58. Sylvestre Bonnard, « Le culte de saint Greluchon » ; Eugen Weber, *op. cit.*, p. 502. Voir aussi George Sand, *Promenades autour d'un village*, p. 17.
59. Ernest Renan, *Souvenirs d'enfance et de jeunesse*, p. 17.
60. *Ibid.*, p. 58.
61. Eugen Weber, *op. cit.*, p. 501 ; Laurent-Jean-Baptiste Bérenger-Féraud, *op. cit.*, t. 1, p. 461 et 452-453.
62. Ralph Gibson, *op. cit.*, p. 271.

63. Paul Sébillot, *op. cit.*, t. 2, p. 97.
64. Léon Pineau, « Les Remèdes populaires », p. 177.
65. Jean-Marie Déguignet, *Mémoires d'un paysan bas-breton, 1834-1905*, p. 79.
66. Françoise Loux et Richard Philippe, « Recettes françaises de médecine populaire ».
67. Jean-Marie Déguignet, *op. cit.*, p. 83.
68. Voir par exemple Gaston Vuillier, « Chez les magiciens et les sorciers de la Corrèze », p. 511-518.
69. Victor-Eugène Ardouin-Dumazet, *Voyage en France*, sér. 35, « Rouergue et Albigeois » ; voir aussi Albin Mazon, *Voyage autour de Privas*, p. 390.
70. Ralph Gibson, *op. cit.*, p. 138.
71. Jacques Peuchet et P.-G. Chanlaire, *Description topographique et statistique de la France*, t. 3, « Haute-Vienne », p. 43 ; Stendhal, *Voyages en France*, p. 309 (Uzerche).

8. Migrations

1. Adolphe Blanqui, *Voyage à Madrid*, p. 237-238.
2. Stendhal, *Mémoires d'un touriste*, t. 1, p. 54.
3. Auguste Jal, *De Paris à Naples : études de mœurs, de marine et d'art*, t. 1, 35-38.
4. Georges Lefebvre, *La Grande Peur de 1789*, p. 79.
5. *Ibid.*, p. 82.
6. Fernand Braudel, *L'Identité de la France*, t. 3, p. 252 ; Dominique Julia et D. Milo, « Une culture passante », p. 470 ; François Ploux, *De bouche à oreille*, p. 30.
7. Alexandre Dumas, *Mes mémoires*, t. 2, p. 83-85.
8. Honoré de Balzac, *Les Marana*, dans *La Comédie humaine*, t. 10, p. 1073 ; voir aussi François Ploux, *op. cit.*, p. 33 (la nouvelle mit trois heures et demie à atteindre Bicêtre).
9. Anon., « Sur les signaux des Gaulois » ; Jules César, *La Guerre des Gaules*, livre VII, 3, et VI, 3 ; A. Cestre, « Les vigies celto-romaines établies le long du Rhin pour la transmission des dépêches ». À propos du télégraphe aérien, voir Ernest Soulange, *Inventions et découvertes*, p. 137.
10. Georges Lefebvre, *op. cit.*, p. 198-199.
11. Jean-Christian-Marc Boudin, *Traité de géographie et de statistique médicales*, p. 348-352 ; Xavier de Planhol, *Géographie historique de la France*, p. 329-330 ; Charles Richard Weld, *Auvergne, Piedmont, and Savoy : a Summer Ramble*, p. 57.
12. Georges Lefebvre, *op. cit.*, p. 201.
13. Sudhir Hazareesingh, *The Légend of Napoléon*, p. 51.
14. Georges Lefebvre, *op. cit.*, p. 86-87.
15. Jacques Peuchet et P.-G. Chanlaire, *Description topographique et statistique de la France*, t. 1, « Finistère », p. 11, etc. ; Assemblée nationale, *Archives parlementaires de 1787 à 1860*, vol. II, p. 7.

16. Pierre Goubert, *Beauvais et le Beauvaisis de 1600 à 1730*, p. 89 ; voir aussi Malaucène : Ferdinand Saurel et Alfred Saurel, *Histoire de la ville de Malaucène et de son territoire*, t. 1, p. 57-60.

17. Fernand Braudel, *op. cit.*, p. 228-232 ; Jacques Peuchet et P.-G. Chanlaire, *op. cit.*, t. 1, « Calvados », p. 10.

18. Robert Louis Stevenson, *Voyages avec un âne dans les Cévennes*, p. 83.

19. Leslie Page Moch, *Paths to the City : Regional Migration in Nineteenth-Century France*, p. 49-50. Le nom de la voie Regordane est peut-être dérivé du gaulois *rigo*, « roi ».

20. *Ibid.*, citant R. Thinthoin (« Le commerce en Gévaudan au XVIIIe siècle », *Revue du Gévaudan*, n° 16, 1970), p. 49-50.

21. Robert Louis Stevenson, *op. cit.*, p. 69-70.

22. Xavier de Planhol, *op. cit.*, p. 218-219.

23. Olwen H. Hufton, *The Poor of Eighteenth-Century France*, p. 72 ; Xavier de Planhol, *op. cit.*, p. 279 et 323-330.

24. Leslie Page Moch, *op. cit.*, p. 68.

25. Eugen Weber, *La Fin des terroirs : la modernisation de la France rurale, 1870-1914*, p. 405 ; Laurent Wirth, *Un équilibre perdu...*

26. État-major de l'armée de terre, *Aide-mémoire de l'officier d'état-major en campagne*, p. 118.

27. Dureau de la Malle, « Fragmens d'un voyage en France », p. 250 ; voir aussi Robert Gildea, *Education in Provincial France, 1800-1914*, p. 10.

28. Noël Parfait, « Le Beauceron », dans *Les Français peints par eux-mêmes..., Province 2*, p. 104-105 ; Amand-Narcisse Masson de Saint-Amand, *Lettres d'un voyageur à l'embouchure de la Seine*, p. 129.

29. Vincent Campenon, *Voyage à Chambéry*, p. 64-67 ; Antoinette-Joséphine-Anne Drohojowska, *Une saison à Nice, Chambéry et Savoie*, p. 128-130 ; Olwen H. Hufton, *op. cit.*, p. 98 ; Jean-Charles-François Ladoucette, *Histoire, topographie, antiquités, usages, dialectes des Hautes-Alpes* ; Jacques Peuchet et P.-G. Chanlaire, *op. cit.*, t. 1, « Jura », p. 14.

30. Arnould Frémy, « Le Normand », dans *Les Français peints par eux-mêmes..., Province 2*, p. 145-152, et Georges d'Alcy, « Le Dauphinois », *ibid.*, *Province 3*, p. 135 ; Jeanne Gaillard, « Les migrants à Paris au XIXe siècle » ; Jocelyne George, « Les Varois de Paris : évolution et fonctions d'originaires » ; Antoinette-Joséphine-Anne Drohojowska, *op. cit.*, p. 128-130 et 131-133 ; Michelle Perrot, *Histoire de la vie privée*, p. 231 ; Françoise Raison-Jourde, *La Colonie auvergnate de Paris au XIXe siècle* et « Endogamie et stratégie d'implantation professionnelle des migrants auvergnats à Paris au XIXe siècle » ; Robert Tombs, *France 1814-1914*, p. 238 ; Eugen Weber, *op. cit.*, p. 409.

31. Henri Ferrand, *L'Oisans et la région de la Meidje, du Pelvoux et de la Barre des Escrins*, p. 109.

32. Albert Babeau, *La Vie rurale dans l'ancienne France*, p. 80-81 ; http://montlhery.com/colporteur.htm (Mai 2011) ; voir aussi Laurence Fontaine, *Le Voyage et la mémoire : colporteurs de l'Oisans au XIXe siècle*, p. 107 ; Eugen Weber, *op. cit.*, p. 406.

33. Olwen H. Hufton, *op. cit.*, p. 89.

34. Albert Babeau, *La Province sous l'Ancien Régime*, t. 2, p. 103 ; Olwen H. Hufton, *op. cit.*, p. 125 ; voir aussi Guillaume Manier, *Pèlerinage d'un paysan picard à Saint-Jacques de Compostelle*, p. 35.

35. Laurence Fontaine, *op. cit.*, p. 107 ; Olwen H. Hufton, *op. cit.*, p. 83-84 ; Paul Roux, « Les riches colporteurs », p. 211.
36. Pachoud, « Tournée en Provence en 1828 », vol. 43, p. 312.
37. Olwen H. Hufton, *op. cit.*, p. 298–300.
38. Peter McPhee, *A Social History of France, 1780-1880,* p. 23.
39. Olwen H. Hufton, *op. cit.*, p. 291.
40. Nathan Pinkney, *Travels Through the South of France...*, p. 33.
41. Germain Martin et Paul Martenot, *Contribution à l'histoire des classes rurales en France au* XIX*e siècle : la Côte-d'Or*, p. 489-490.
42. Rose Duroux, *Les Auvergnats de Castille...* ; Paul Girardin, « Voyage en France, par Ardouin-Dumazet », p. 447 ; aussi A. Legoyt, dans *Les Français peints par eux-mêmes..., Province 2*, p. 214 ; Leslie Page Moch, *op. cit.* ; Françoise Raison-Jourde, *op. cit.*, p. 187-188.
43. Honoré de Balzac, *Le Médecin de campagne*, dans *La Comédie humaine*, t. 9, p. 407.
44. Laurence Fontaine, *op. cit.*, p. 26.
45. Armand Audiganne, *Les Populations ouvrières et les industries de la France*, t. 2, p. 242-243.
46. Par exemple Jules Simon, *L'Ouvrière*, p. 50 ; Jeanne Bouvier, *Mes mémoires ou 59 années d'activité industrielle, sociale et intellectuelle d'une ouvrière, 1876-1935*, p. 56 ; A. Frémy, dans *Les Français peints par eux-mêmes..., Province 1.*
47. Pierre Larousse, *Grand Dictionnaire universel du* XIX*e siècle*, « France », vol. VIII, p. 726.
48. Honoré de Balzac, *Pierrette*, dans *La Comédie humaine.*, t. 4, p. 29-30.
49. Eugen Weber, *op. cit.*, p. 74.
50. Paul de Kock, *La Grande Ville : nouveau tableau de Paris*, t. 1, p. 7-16 ; George Sussman, *Selling Mother's Milk.*
51. Henry Clément, *La Désertion des campagnes en pays limousin*, p. 7.
52. Olwen H. Hufton, *op. cit.*, p. 97.
53. Xavier de Planhol, *op. cit.*, p. 442-443.
54. J.-B.-E Arnaud, *Mémoires d'un compagnon du tour de France* ; Agricol Perdiguier, *Mémoires d'un compagnon* et *Question vitale sur le compagnonnage et la classe ouvrière* ; voir aussi Jacques-Louis Ménétra, *Journal de ma vie* ; Xavier de Planhol, *op. cit.*, p. 330-331.
55. J.-B.-E Arnaud, *op. cit.*, p. 12-16.
56. Léopold Malepeyre, *Code des ouvriers...*
57. J.-B.-E Arnaud, *op. cit.*, p. 295.
58. Martin Nadaud, *Mémoires de Léonard, ancien garçon maçon*, p. 24-39 ; Gillian Tindall, *The Journey of Martin Nadaud.* D'autres détails sont tirés de Henri Cavaillès, *La Route française, son histoire, sa fonction*, p. 161 ; Eusèbe Girault de Saint-Fargeau, *Guide pittoresque, portatif et complet du voyageur en France...* ; Eugène Grandsire, « La Sologne » ; L. D. M., *Itinéraire complet de la France...* ; Murray *et al.*, *A Handbook for Travellers in France* ; Grigorii Vladimirovitch Orlov, *Voyage dans une partie de la France*, t. 1, p. 24 ; Jacques Peuchet et P.-G. Chanlaire, *op. cit.*, t. 1, « Creuse », p. 23 ; Françoise Raison-Jourde, *op. cit.*, p. 84-85 ; George Sand, *Jeanne*, p. 45 ; George Sand, *Histoire de ma vie*, vol. 8, p. 6.

59. A. Gazier, « Lettres à Grégoire sur les patois de France », 1879, sér. 3, t. 1, p. 70.

60. Achille Jubinal, « Le conducteur de coucou », p. 286.

Interlude. Les soixante millions oubliés

1. Joseph Lavallée et Louis Brion de La Tour, *Voyage dans les départements de la France*, t. 5, « Somme », p. 23-24 ; cf. Victor Gaillard, « Le contrebandier », dans *Les Français peints par eux-mêmes..., Province 1*, p. 58-59. Les chiens étaient des bergers picards, dont la lignée issue de croisements n'est pas directement apparentée à la race actuelle du même nom.

2. Joseph Barberet, *Le Travail en France*, t. 4, p. 190 ; I.-A. Rayeur, « À travers l'Ardenne française » ; Edward Harrison Barker, *Wanderings by Southern Waters, Eastern Aquitaine*, p. 113-114 ; à propos du Jura, voir aussi Joseph-Marie Lequinio, *Voyage dans le Jura*, t. 1, p. 275-276.

3. *Le Magasin pittoresque*, 1908, sér. 3, t. 9, p. 300 ; 1911, p. 167.

4. Charles Baudelaire, « Les Bons chiens », *Œuvres complètes*, t. 1, p. 361.

5. Voir par exemple Jean-Baptiste Huet de Coëtlizan (?), *Recherches économiques et statistiques sur le département de la Loire-Inférieure*, p. 409.

6. Sir Archibald Alison, *Travels in France During the Years 1814-15*, t. 2, p. 22 ; voir aussi Arsène Dumont, « Étude sur la natalité dans le canton de Fouesnant », p. 426.

7. Michelle Perrot, *Histoire de la vie privée*, p. 529.

8. André Rolland de Denus, *Dictionnaire des appellations ethniques de la France et de ses colonies*, p. 327 et 421 ; George Sand, *La Mare au diable* ; Eugen Weber, *La Fin des terroirs : la modernisation de la France rurale, 1870-1914*, p. 613.

9. Par exemple Wentworth Webster, *Les Loisirs d'un étranger au pays basque*, p. 102.

10. Jean Dusaulx, *Voyage à Barège et dans les Hautes-Pyrénées*, t. 2, p. 186-187 ; voir aussi Ellis Veryard, *An Account of Divers Choice Remarks...*, p. 111.

11. www.midi-pyrenees.biz/mp/ariege/ariegeerce.htm.

12. Marie Constance Albertine Montaran, *Mes pensées en voyage : excursions dans les Pyrénées*, p. 237-238.

13. Armand Audiganne, *Les Populations ouvrières et les industries de la France*, t. 2, p. 100-101.

14. Olwen H. Hufton, *The Poor of Eighteenth-Century France*, p. 291-292.

15. Jules Janin, « Le marchand de chiens », p. 235-236.

16. Alexandre Dumas, *Impressions de voyage : de Paris à Cadix*, p. 28.

17. Richard Brinsley Peake, *The Characteristic Costume of France...* (« A Trip to Versailles »).

18. Anon., « Les jardins de Roscoff », p. 47.

19. Voir par exemple Anne-François-Joachim Fréville, *Histoire des chiens célèbres...*

20. Peter McPhee, *A Social History of France, 1780-1880*, p. 256.

21. Alfred Busquet, *Poésies* ; Emma Roberts, *Notes of an Overland Journey Through France and Egypt to Bombay*, p. 45-46.

22. Joseph Lavallée et Louis Brion de La Tour, *op. cit.*, t. 2, « Drôme », p. 25-27.

23. Barthélémy Chaix, *Préoccupations statistiques, géographiques, pittoresques et synoptiques du département des Hautes-Alpes*, p. 220 (citant l'abbé Albert).

24. Horace-Bénédict de Saussure, *Voyages dans les Alpes*, t. 2, p. 153.

25. George Sand, *Histoire de ma vie*, vol. 8, p. 131.

26. Xavier de Planhol, *Géographie historique de la France*, p. 440.

27. Jean Dusaulx, *op. cit.*, t. 2, p. 13-14 ; Jean-Florimond Boudon de Saint-Amans, *Fragmens d'un voyage sentimental et pittoresque dans les Pyrénées*, p. 75 ; voir aussi Alfred Edmund Brehm, *L'Homme et les animaux : description populaire des races humaines et du règne animal*, t. 1, p. 302.

28. Jean-Charles-François Ladoucette, « Mœurs et usages des Hautes-Alpes », p. 33.

29. François-René de Chateaubriand, *Mémoires d'outre-tombe*, t. 2, p. 14, 6.

30. Charles Richard Weld, *The Pyrenees, West and East*, p. 225-229.

31. Anon., « Contre la chasse aux petits oiseaux » ; voir aussi *Le Magasin pittoresque*, 1883, sér. 2, t. 1, p. 407 et 1887, sér. 2, t. 5, p. 114.

32. Anon., « Contre la chasse aux petits oiseaux » ; *Le Magasin pittoresque*, 1862, p. 402 ; 1868, p. 366 ; 1884, sér. 2, t. 2, p. 303.

33. Albin Mazon, *Voyage aux pays volcaniques du Vivarais*, p.192.

34. Tobias Smollett, *Travels through France and Italy*, lettre 20 ; aussi *Le Magasin pittoresque*, 1868, p. 366.

35. Voir par exemple Henri de Crignelle, *Le Morvan, a District of France : its Sports, Vineyards and Forests*, p. 225-237.

36. Alfred Edmund Brehm, *op. cit.*, t. 1, p. 482.

37. Alexandre Deferrière, *Archives statistiques de la France*, p. 435 (rapport de Dupin, Préfet des Deux-Sèvres) ; Charles-Nicolas-Sigisbert Sonnini de Manoncourt, *Manuel des propriétaires ruraux et de tous les habitans de la campagne*, p. 167.

38. Philippe-Xavier Leschevin, *Voyage à Genève et dans la vallée de Chamouni*, p. 326-327.

39. Horace-Bénédict de Saussure, *op. cit.*, t. 2, p. 152.

40. *Ibid.*, t. 2, p. 151.

41. Alfred Edmund Brehm, *op. cit.*, t. 2, p. 665-666.

42. *Ibid.*, t. 2, p. 324 ; *Le Magasin pittoresque*, 1841, p. 250-251.

43. Alfred Edmund Brehm, *op. cit.*, t. 1, p. 404-406.

44. *Ibid.*, t. 1, p. 406-407 ; *Le Magasin pittoresque*, 1846, p. 200.

45. Peter McPhee, *A Social History of France, 1780-1880*, p. 256.

46. François Bernard, « Transhumance » ; Joseph-Étienne Michel, *Statistique du département des Bouches du Rhône*, p. 198-206 ; Jacques Peuchet et P.-G. Chanlaire, *Description topographique et statistique de la France*, t. 1, « Bouches-du-Rhône », p. 10.

47. Pline l'Ancien, *Histoire naturelle*, livre XXI, XXXI.

48. Henry Blackburn, *The Pyrenees : a Description of Summer Life at French Watering Places*, p. 239.

49. Sabine Baring-Gould, *The Deserts of Southern France...*, p. 112 (illustr.).
50. Guy de Maupassant, « En Bretagne », p. 77.
51. Paul Mariéton, *La Terre provençale*, p. 401.
52. George Sand, *Histoire de ma vie*, vol. 8, p. 136.
53. Jean Dusaulx, *op. cit.*, t. 1, p. 159-160.
54. Joseph-Marie Lequinio, *op. cit.*, t. 1, p. 384-385 ; voir aussi Jacques Peuchet et P.-G. Chanlaire, *op. cit.*, t. 2, « Jura », p. 9 ; Pierre Jean-Baptiste Legrand d'Aussy, *Voyage d'Auvergne*, p. 281 ; Paul Mariéton, *op. cit.*, p. 401.

Deuxième partie

9. Cartes

1. L'expédition du méridien est relatée dans Jean-Baptiste Delambre et Pierre Méchain, *Base du système métrique décimal...* ; ces témoignages sont analysés et repris dans Ken Alder, *Mesurer le monde...*
2. Ken Alder, *Mesurer le monde...*, p. 62-63.
3. *Ibid.*, p. 53-54.
4. Charles Burguburu, « Le système métrique en Lot-et-Garonne » ; Jacques Peuchet et P.-G. Chanlaire, *Description topographique et statistique de la France, passim.*
5. Ken Alder, *op. cit.*, p. 172.
6. Jean-Baptiste Delambre et Pierre Méchain, *op. cit.*, t. 1, p. 33-34.
7. *Ibid.*, t. 1, p. 73-74.
8. *Ibid.*, t. 1, p. 80.
9. Gilbert Coudon, « Quand Jean-Baptiste Delambre arpentait le Cantal ».
10. Ken Alder, *op. cit.*, p. 358.
11. César-François Cassini de Thury, *Avertissement ou Introduction à la Carte générale et particulière de la France* et *Introduction à la seconde feuille occidentale de la Carte de la France* ; Guillaume de Fontanges, *Le Service géographique de l'Armée* ; L. Gallois, « L'Académie des Sciences et les origines de la Carte de Cassini » ; Josef W. Konvitz, *Cartography in France, 1660-1848* ; Monique Pelletier, *La Carte de Cassini* ; Monique Pelletier et Henriette Ozanne, *Portraits de la France : les Cartes, témoins de l'histoire.*
12. César-François Cassini de Thury, *Avertissement...*, p. 9.
13. Josef W. Konvitz, *op. cit.*, p. 14.
14. *Ibid.*, p. 39 (en 1762).
15. Département du Mont-Blanc (cy-devant Savoie). Décrété par la Convention Nationale le 27 novembre 1792 ; Georges Reverdy, *Atlas historique des routes de France*, p. 123.
16. Monique Pelletier, *op. cit.*, p. 97-100.
17. Jules Ronjat, « Restitution de quelques noms de lieux dans l'Oisans » ; Edward Whymper, *Escalades dans les Alpes de 1860 à 1869*, p. 21.
18. César-François Cassini de Thury, *Avertissement...*, p. 10.
19. Prosper Mérimée, *Correspondance générale*, t. 1, p. 309-310.

20. Anna Eliza Bray, *Letters Written During a Tour Through Normandy, Britanny* [sic], *and Other Parts of France*, p. 225 ; voir aussi Guillaume-Marie-Anne Brune, *Voyage pittoresque et sentimental dans plusieurs des provinces occidentales de la France*, p. 149.

21. Rémy Cazals, *Histoire de Castres, Mazamet, la Montagne*, p. 162 ; François de Dainville, *Cartes anciennes du Languedoc, XVIe-XVIIIe siècles*, p. 134.

22. Françoise Launay, « La Dame de la Lune ». Les allées menant au château familial de Thury-en-Valois sont toutefois mises en valeur en vert et semblent dessiner un symbole maçonnique.

23. Jean-Michel Cosson *et al.*, *Les Mystères de l'Aveyron* ; Jean-Baptiste Delambre et Pierre Méchain, *op. cit.*, t. 1, p. 305 ; etc.

24. Amans-Alexis Monteil, *Description du département de l'Aveiron*, t. 1, p. 149.

25. *Ibid.*, t. 2, p. 37.

10. Empire

1. Constant Wairy, *Mémoires de Constant, premier valet de chambre de l'Empereur*, t. 3, p. 148-150 ; voir aussi René-Louis marquis d'Argenson, *Mémoires et journal inédit*, p. 198 (voyage de Marie Leczinska en 1725) ; Alphonse de Beauchamp, *Histoire des campagnes de 1814 et de 1815*, t. 1, p. 181 (Napoléon à Montier-en-Der).

2. Paul Thiébault, *Mémoires du général Bon Thiébault*, t. 2, p. 11-13.

3. Monique Pelletier, *La Carte de Cassini*, p. 108. Les premières cartes routières sont apparues au début du XVIIIe siècle : Guy Arbellot, *Autour des routes de poste : les premières cartes routières de la France*, p. 775 ; Josef W. Konvitz, *Cartography in France, 1660-1848*, p. 114 ; Georges Reverdy, *Atlas historique des routes de France*, p. 7.

4. Voir par exemple François Emmanuel Fodéré, *Voyage aux Alpes Maritimes*, t. 1, p. 158.

5. Charles Baudelaire, *Œuvres complètes*, t. 1, p. 654 (« Journaux intimes »).

6. Voir par exemple Dom Guillaume Coutans, *Description historique et topographique de la grande route de Paris à Reims* ; Jean Ogée, *Atlas itinéraire de Bretagne*.

7. Dom Guillaume Coutans, *op. cit.*

8. Prosper Mérimée, *Correspondance générale*, t. 1, p. 288-289 (2 juillet 1834).

9. Jean-Louis Dupain-Triel, *La France connue sous ses plus utiles rapports*, p. 3-4 ; Jacques Peuchet et P.-G. Chanlaire, *Description topographique et statistique de la France*, t. 1, « Hautes-Alpes », p. 16.

10. Béatrice Pacha et Ludovic Miran, *Cartes et plans imprimés de 1564 à 1815*, p. 37.

11. Victor Hugo, *Voyages*, dans *Œuvres complètes*, t. 13, p. 32.

12. George Sand, *Nanon*, p. 122.

13. Anon., « Les meilleurs atlas » ; Anon., « Manière de lever la carte du pays que l'on habite ».

14. Marcel Proust, *À la recherche du temps perdu*, t. 1, p. 177-178.

15. Conrad Malte-Brun, « Rapports sur deux voyages [...] par M. Decandolle, professeur de botanique », p. 240 ; voir aussi à ce propos les voyages botaniques de George Bentham en 1820 et 1825 (*Catalogue des plantes indigènes des Pyrénées et du Bas-Languedoc, avec des observations sur les espèces nouvelles ou peu connues*).

16. Général Plazanet, « Essai d'une carte des patois du Midi ».

17. Colonel Coraboeuf, « Levée de la carte de France » ; Guillaume de Fontanges, *Le Service géographique de l'Armée* ; L. Gallois, « L'Académie des Sciences et les origines de la Carte de Cassini » ; Josef W. Konvitz, *op. cit.* ; V.-A. Malte-Brun, « Esquisse historique des grandes cartes topographiques » ; « État d'avancement et réduction de prix de la Carte de France ».

18. Anon., « La Carte géologique de France », p. 206 ; voir aussi Brochant de Villiers, « Notice sur la carte géologique générale » ; Philippe Buache, *Carte minéralogique* (1746) ; *Tableau d'assemblage des six feuilles de la Carte géologique.*

19. Anon., « La carte géologique de France », p. 27-28.

20. *Ibid.*, p. 208.

21. Victor-Eugène Ardouin-Dumazet, « À travers l'Entre-deux-Mers et le Bazadais » ; H. Josse, « Construction, révision et vulgarisation de la Carte de France », p. 471 ; Wentworth Webster, *Les Loisirs d'un étranger au pays basque*, p. 343.

22. Stendhal, *Voyages en France*, p. 60.

23. A.-F. Barbié du Bocage *et al.*, « Rapport [sur la carte en relief de M. Sanis] ».

24. Voir par exemple Henriette d'Angeville, *Une excursion à Chamouny en 1790*, p. 7-8.

25. H. Bourdiol, « Importance d'un nivellement général de la France ».

26. Victor-Eugène Ardouin-Dumazet, *op. cit.*, p. 103-104.

11. Le voyage en France, I : les avenues de Paris

1. Henri Cavaillès, *La Route française, son histoire, sa fonction*, p. 245.

2. Roger Price, *The Modernization of Rural France*, p. 270.

3. Georges Duby, *Histoire de la France rurale*, t. 3, p. 183.

4. Albert Babeau, *Le Village sous l'Ancien Régime*, p. 236-238 ; Henri Cavaillès, *op. cit.*, p. 87-96 ; Victor Flour de Saint-Genis, *Cahier de doléances du tiers-état de la paroisse de Saint-Beury [Beurizot] en Auxois*, p. 11 ; Germain Martin et Paul Martenot, *Contribution à l'histoire des classes rurales en France au XIX*[e] *siècle : la Côte-d'Or*, p. 415-416 ; Charles de Robillard de Beaurepaire, *Les Ponts-et-Chaussées dans la Généralité de Rouen*, p. 24-25 ; Charles-Nicolas-Sigisbert Sonnini de Manoncourt, *Manuel des propriétaires ruraux et de tous les habitans de la campagne*, p. 79-80 ; Eugène-Jean-Marie Vignon, *Études historiques sur l'administration des voies publiques en France*, t. 3, p. 14-24.

5. James Fenimore Cooper, *A Residence in France*, p. 313-314.

6. Olwen H. Hufton, *The Poor of Eighteenth-Century France*, p. 189-190 et note 3.

7. Henri Cavaillès, *op. cit.*, p. 120 ; voir aussi le cahier de doléances de Maron, Meurthe-et-Moselle, n° 23.

8. Jacques Peuchet et P.-G. Chanlaire, *Description topographique et statistique de la France*, t. 1, « Creuse », p. 38.

9. Henri Cavaillès, *op. cit.*, p. 90.

10. Charles de Robillard de Beaurepaire, *op. cit.*, p. 25.

11. Charles-Léon Durand-Claye, *Cours de routes : professé à l'École des Ponts et Chaussées*, p. 90.

12. Charles de Robillard de Beaurepaire, *op. cit.*, p. 14.

13. Henri Cavaillès, *op. cit.*, p. 282.

14. François Marlin, *Voyages d'un français*, t. 1, p. 274.

15. Voir par exemple Antoine-Nicolas Duchesne, *Voyage de Antoine-Nicolas Duchesne au Havre et en Haute Normandie, 1762*, p. 61 ; Dominique de Pradt, *Voyage agronomique en Auvergne*, p. 106-107.

16. Pierre Goubert, *Beauvais et le Beauvaisis de 1600 à 1730*, p. 90.

17. Georges-Eugène Haussmann, *Mémoires du Baron Haussmann, I : Avant l'Hôtel de Ville*, p. 52 (Poitiers) ; p. 67-71 (Yssingeaux) ; p. 90-91 (Nérac).

18. *Ibid.*, p. 91.

19. Voir par exemple Guillaume Delisle, *Carte des comtéz de Haynaut, de Namur et de Cambrésis.*

20. Victor Riqueti, marquis de Mirabeau, *L'Ami des hommes, ou Traité de la population*, p. 183.

21. Joseph Lavallée et Louis Brion de La Tour, *Voyage dans les départements de la France*, t. 1, « Bouches-du-Rhône », p. 10 (Arles) ; Pierre Jean-Baptiste Legrand d'Aussy, *Voyage d'Auvergne*, p. 36-37 (Clermont) ; Jean-Florimond Boudon de Saint-Amans, « Voyage agricole, botanique et pittoresque, dans une partie des Landes », p. 214 (Arcachon) ; Louis-Jacques-Marie Bizeul, « Voie romaine de Nantes vers Limoges », p. 259 (Saintes) ; Jean-Florimond Boudon de Saint-Amans, *Description abrégée du département de Lot et Garonne*, p. 22 (Aiguillon) ; Charles Grad, *L'Alsace, le pays et ses habitants*, p. 614-615 et Aimé Reinhard, *Le Mont Sainte-Odile et ses environs* ; Dom Jourdain, « Mémoire sur les voies romaines dans le pays des Séquanais », p. 191 et Prosper Mérimée, *Correspondance générale*, t. 2, p. 253 (Chalindrey) ; Jacques Peuchet et P.-G. Chanlaire, *op. cit.*, t. 3, « Deux-Sèvres », p. 36 ; Jean-Marie Abgrall, « Étude de la voie romaine et du chemin de pèlerinage des Sept Saints de Bretagne entre Quimper et Saint-Pol-de-Léon » (Quimper).

22. Henri Cavaillès, *op. cit.*, p. 57.

23. *Ibid.*, p. 54 et 58.

24. Charles Richard Weld, *Auvergne, Piedmont, and Savoy : a Summer Ramble*, p. 54.

25. Henri Gautier, *Traité des ponts où il est parlé de ceux des Romains et de ceux des modernes*, p. 193-194 ; voir aussi Assemblée nationale, *Archives parlementaires de 1787 à 1860*, vol. 2, p. 7.

26. Pierre Goubert, *op. cit.*, p. 90.

27. Henri Gautier, *op. cit.*, p. 194 ; Ernest Veuclin, *Les Croix des grands chemins.*

28. Guy Arbellot, « La grande mutation des routes de France au milieu du XVIIIe siècle », p. 766-769.
29. François-Michel Lecreulx, *Description abrégée du département de la Meurthe*, p. 8-10 ; François Marlin, *op. cit.*, t. 2, p. 135.
30. Antoine-Nicolas Duchesne, *op. cit.*, p. 62.
31. Robert Forster, *The Nobility of Toulouse in the Eighteenth Century*, p. 67.
32. Paul-François Barbault-Royer, *Voyage dans les départemens du Nord, de la Lys, de l'Escaut, etc.*, p. 93 ; Joseph Lavallée et Louis Brion de La Tour, *op. cit.*, t. 5, « Jemmapes », p. 23.
33. Arthur Young, *Voyages en France pendant les années 1787, 1788 et 1789*, t. 1, p. 101.
34. François Marlin, *op. cit.*, t. 2, p. 141-142.
35. Julien Trévédy, *Voyages dans le département actuel des Côtes-du-Nord : 1775-1785*, p. 5.
36. Stendhal, *Voyages en France*, p. 146 et 395.
37. État-major de l'armée de terre, *Aide-mémoire de l'officier d'état-major en campagne*, p. 161.
38. Voir par exemple Jean-Jacques Bouchard, *Les Confessions de Jean-Jacques Bouchard, parisien*, p. 95.
39. Henri Cavaillès, *op. cit.*, p. 198.
40. Joseph Lavallée et Louis Brion de La Tour, *op. cit.*, t. 5, « Rhône », p. 8.
41. Voir par exemple Edward Whymper, *Escalades dans les Alpes de 1860 à 1869*, p. 52 (« Ville-Vieille s'enorgueillit d'une auberge qui a pour enseigne un éléphant »).
42. Jeremy Black, *The British Abroad. The Grand Tour in the Eighteenth Century*, p. 31.
43. Henri Cavaillès, *op. cit.*, p. 188-189.
44. Jean-Charles-François Ladoucette, « Anecdotes sur Napoléon », p. 73.
45. Préfecture du Calvados, *Livret de cantonnier*.
46. Jean Volane, *En Vivarais...*, p. 154-155.
47. Pons de l'Hérault, *Souvenirs et anecdotes de l'île d'Elbe*, p. 292 et 298.

12. Voyager en France, II : le lièvre et la tortue

1. Strabon, *Géographie*, livre IV, 1, 2.
2. Edward Harrison Barker, *Two Summers in Guyenne : a Chronicle of the Wayside and Waterside*, p. 147-148 ; Olwen H. Hufton, *The Poor of Eighteenth-Century France*, p. 121 ; Colonel Leca, « La Loire navigable ».
3. Henri Cavaillès, *La Route française, son histoire, sa fonction*, p. 264 ; Richard Cobb, *The Police and the People. French Popular Protest, 1789-1820*, p. 283.
4. Jacques Peuchet et P.-G. Chanlaire, *Description topographique et statistique de la France*, t. 1, « Dordogne », p. 8.

5. T. C. G. Boissel, *Voyage pittoresque et navigation exécutée sur une partie du Rhône, réputée non navigable. Moyens de rendre ce trajet utile au commerce* ; Jacques Peuchet et P.-G. Chanlaire, *op. cit.*, t. 1, « Ain », p. 5.

6. Nicolas-Edmé Restif de la Bretonne, *La Vie de mon père*, p. 274 ; Louis Bonnard, *Le Voyage en France à travers les siècles*, p. 77 ; Richard Cobb, *Paris and its Provinces, 1792-1802*, et *The French and Their Revolution* ; William Edward Frye, *After Waterloo, Reminiscences of European Travel, 1815-1819*, p. 97.

7. Onésime Reclus, *France, Algérie et colonies*, p. 328.

8. John Carr, *The Stranger in France*, p. 32-33 ; Murray *et al.*, *A Handbook for Travellers in France*, p. XXV–XXVI.

9. Élisabeth-Félicie Bayle-Mouillard, *Manuel des dames...*, p. 249-251.

10. J. Bayard Taylor, *Views A-Foot, or Europe Seen with Knapsack and Staff*, p. 362-363.

11. Valérie de Gasparin, *Voyage d'une ignorante dans le midi de la France et l'Italie*, t. 1, p. 30.

12. Frédéric Mistral, *Mes origines : mémoires et récits*, p. 189.

13. Stendhal, *Voyages en France*, p. 135 ; voir aussi Assemblée nationale, *Archives parlementaires de 1787 à 1860*, sér. 1, t. 36, p. 310 (22 décembre 1791).

14. Jacques Courtois, *Voyage de M*** en Périgord*, p. 45 ; Anna Francesca Cradock, *Journal de Mme Cradock : voyage en France*, p. 260 ; Jean-Baptiste Fleutelot, *Journal manuscrit d'un voyage de Dijon en Provence*, p. 11 ; Amand-Narcisse Masson de Saint-Amand, *Lettres d'un voyageur à l'embouchure de la Seine*, p. 92.

15. Gustave Flaubert, *L'Éducation sentimentale*, 1re partie, chap. 1.

16. Jean-Marie Roland de La Platière, *Voyage en France, 1769*, p. 13.

17. Joseph Lavallée et Louis Brion de La Tour, *Voyage dans les départements de la France*, t. 5, « La Roër », p. 8-9 ; Jacques Peuchet et P.-G. Chanlaire, *op. cit.*, t. 3, « Rhin-et-Moselle », p. 5-6.

18. Voir par exemple Louis Coulon, *Le Fidèle Conducteur...*, p. 162 ; Tobias Smollett, *Travels through France and Italy*, lettre 9 ; Philip Thicknesse, *A Year's Journey Through France and Part of Spain*, t. 1, p. 59.

19. Stendhal, *op. cit.*, p. 219-226.

20. M. et Mme Mercier-Thoinnet, *Souvenirs de voyage*, p. 24.

21. Murray *et al.*, *op. cit.*, p. 455.

22. Michel Chevalier, *Des intérêts matériels en France : travaux publics, routes, canaux, chemins de fer*, p. 215.

23. Robert Louis Stevenson, *Croisière à l'intérieur des terres*, « À Landrecies », dans *Œuvres*, t. 1, p. 36-37.

24. Germain Martin et Paul Martenot, *Contribution à l'histoire des classes rurales en France au XIXe siècle : la Côte-d'Or*, p. 411.

25. Robert Forster, *The Nobility of Toulouse in the Eighteenth Century*, p. 69-70.

26. Ronald H. Hubscher, *L'Agriculture et la société rurale dans le Pas-de-Calais*, p. 376 n. 77.

27. Émilien Frossard, *Tableau pittoresque, scientifique et moral de Nisme et de ses environs à 20 lieues à la ronde* t. 1, p. 80.

28. Eugen Weber, *La Fin des terroirs : la modernisation de la France rurale, 1870-1914*, p. 289 n. (citant Gilbert Garrier).

29. Murray *et al.*, *op. cit.*, p. XXV.

30. Paul-François Barbault-Royer, *Voyage dans les départemens du Nord, de la Lys, de l'Escaut, etc.*, p. 170-172 ; Henry Blackburn, *Normandy Picturesque*, p. 239.

31. Robert Louis Stevenson, *Voyages avec un âne dans les Cévennes*, p. 50.

32. Firmin Lagardelle, « Notes anthropologiques sur les colliberts, huttiers et nioleurs des marais mouillés de la Sèvre », p. 210.

33. Jean-Florimond Boudon de Saint-Amans, « Voyage agricole, botanique et pittoresque, dans une partie des Landes », p. 35 et 66 ; voir aussi Administration centrale des Landes, *Description du département des Landes*, p. 2 ; Adolphe Best *et al.*, « Landes de Gascogne », p. 354 ; Denys Shyne Lawlor, *Pilgrimages in the Pyrenees and Landes*, p. 545 ; Amable Tastu *et al.*, *Alpes et Pyrénées : arabesques littéraires*, p. 297.

34. Horace-Bénédict de Saussure, *Voyages dans les Alpes*, t. 1, p. 479 ; Barthélémy Chaix, *Préoccupations statistiques, géographiques, pittoresques et synoptiques du département des Hautes-Alpes*, p. 77 ; Jean-Charles-François Ladoucette, « Mœurs et usages des Hautes-Alpes », p. 140.

35. Charles Grad, *L'Alsace, le pays et ses habitants*, p. 23-26 ; François-Antoine Robischung, *Mémoires d'un guide octogénaire, échos des vallées d'Alsace et de Lorraine*, p. 88 ; Pierre Valin, *Le Vosgien*.

36. Jean-Florimond Boudon de Saint-Amans, *Fragmens d'un voyage sentimental et pittoresque dans les Pyrénées*, p. 29-30 ; autres témoignages : Jean Dusaulx, *Voyage à Barège et dans les Hautes-Pyrénées*, t. 1, p. 171-172 (Pyrénées) ; Évariste Thévenin, *En vacance : Alsace et Vosges*, p. 76-77 (Vosges).

37. Frédéric Mistral, *op. cit.*, p. 222.

38. Guy Arbellot, « La grande mutation des routes de France au milieu du XVIIIe siècle » (temps de trajets depuis Paris) ; Théodore Aynard, *Voyages au temps jadis en France, en Angleterre* ; Michel Chevalier, *Des intérêts matériels en France : travaux publics, routes, canaux, chemins de fer*, p. 305-307 (diligences) ; C. Viard, *Annuaire des postes pour 1843* (horaires du courrier). À titre d'exemple, en 1721, Louis de Rouvroy de Saint-Simon (*Papiers inédits*, p. 127-137) fit le trajet de Paris à Bayonne en dix-sept jours ; en 1815, Théodore Aynard (*op. cit.*, p. 117) rallia Lyon à Paris en six jours ; en 1843, le courrier mettait cinq jours à arriver à Paris depuis le Finistère, certaines parties d'Auvergne et toutes les provinces méditerranéennes et pyrénéennes ; six jours depuis quelques régions des Basses-Alpes ; et six à neuf jours depuis la Corse.

39. Johan Georg Wille, *Mémoires et journal de J. G. Wille, graveur du roi*, t. 1, p. 50 ; voir aussi Charles Maclean, *An Excursion in France, and Other Parts of the Continent of Europe*, p. 180 : « certains d'entre nous, partis à pied avant la diligence, marchâmes jusqu'au relais suivant [quatorze kilomètres entre Cavignac et Saint-André-de-Cubzac], et nous avions déjeuné avant que les autres n'arrivent ».

40. Théodore Aynard, *op. cit.*, p. 215

41. Louis Bonnard, *op. cit.*, p. 12.

42. Carl Gustaf Bernhard, *Through France with Berzelius. Live Scholars and Dead Volcanoes*, p. 56 ; Amaury Duval, *Souvenirs (1829-1830)*, p. 43 n.

43. Victor Hugo, *Voyages* dans *Œuvres complètes*, t. 13, p. 989-994
44. *Ibid.*, p. 751.
45. Gérard de Nerval, *Œuvres complètes*, t. 3 (« Voyage au Nord »).
46. Victor Hugo, *Œuvres complètes de Victor Hugo. Correspondance I, Lettres à la fiancée*, lettre à Alfred de Vigny, 20 juillet 1821, p. 327.

13. Colonisation

1. Charles Baudelaire, *Les Fleurs du mal*, « Le Cygne ».
2. Arthur Duplessis, « Paris à Dieppe », p. 321 ; Michelle Perrot, *Histoire de la vie privée*, p. 302.
3. Alfred Nettement, *Mémoires historiques de S. A. R. Madame, duchesse de Berry* ; Joseph-Alexis Walsh, *Suite aux Lettres vendéennes, ou Relation du voyage de S.A.R. Madame, duchesse de Berry.*
4. François Ploux, *De bouche à oreille*, p. 33.
5. Alfred Nettement, *op. cit.*, t. 3, p. 127-128
6. Henri Cavaillès, *La Route française, son histoire, sa fonction*, p. 184 et 202-203 ; Henri Proust, « Le progrès agricole dans le Bocage » ; Eugen Weber, *La Fin des terroirs : la modernisation de la France rurale, 1870-1914*, p. 286-287.
7. Henri Cavaillès, *op. cit.*, p. 60 ; François de Dainville, *Cartes anciennes du Languedoc, XVIe-XVIIIe siècles*, p. 78 ; Alfred de Foville, *Enquête sur les conditions de l'habitation en France*, t. 2, p. 95 ; figure 13.
8. Charles Baudelaire, *Mon cœur mis à nu*, p. XXV, dans *Œuvres complètes*, t. 1, p. 692.
9. François Marlin, *Voyages d'un français*, t. 4, p. 295.
10. Anon., « Documents sur la fondation de la ville de Napoléon-Vendée » ; Jean Savant, *Les Préfets de Napoléon*, p. 43, 74 et 61 (à propos de Pontivy-Napoléonville).
11. Voir par exemple M. C. Cleary, *Peasants, Politicians and Producers...*, p. 11-12 ; Adolphe Joanne, *Dictionnaire géographique, administratif, postal, statistique, archéologique, etc. de la France, de l'Algérie et des colonies*, t. 1, p. LX ; Leslie Page Moch, *Paths to the City : Regional Migration in Nineteenth-Century France*, p. 22.
12. Frédéric Mistral, *Lou Pouèmo dóu Rose*, chant III.
13. Armand Audiganne, *Les Populations ouvrières et les industries de la France*, t. 2, p. 150-151 ; Claude Jordan, *Voyages historiques de l'Europe : qui comprend tout ce qu'il y a de plus curieux en France*, p. 33-34 ; Joseph Lavallée et Louis Brion de La Tour, *Voyage dans les départements de la France*, t. 1, « Bouches-du-Rhône », p. 60 ; François Marlin, *op. cit.*, t. 1, p. 94 ; Michot de La Cauw, *Voyage philosophique, politique et pittoresque, nouvellement fait en France*, p. 31 ; Pachoud, « Tournée en Provence en 1828 », t. 44, p. 162-163 ; Anne Plumptre, *A Narrative of a Three Years' Residence in France...*, t. 2, p. 194-195.
14. Stendhal, *Voyages en France*, p. 713.
15. Gabriel-François Coyer, *Voyages d'Italie et de Hollande*, t. 1, p. 109.

16. Karl Ludwig von Pöllnitz, *The Memoirs of Charles-Lewis, Baron de Pollnitz*, t. 4, p. 103.

17. Armand Audiganne, *op. cit.*, t. 2, p. 150-151 ; Amédée Aufauvre, *Hyères et sa vallée : guide historique, médical, topographique*, p. 147 ; Leslie Page Moch, *op. cit.*, p. 86 ; S. Papon, *Voyage dans le département des Alpes Maritimes*, p. 10.

18. A. Legoyt, dans *Les Français peints par eux-mêmes…*, *Province 2*, p. 223.

19. Michelle Perrot, *op. cit.*, p. 301

20. Tobias Smollett, *Travels through France and Italy*, lettre 6.

21. Sabine Baring-Gould, *Cliff Castles and Cave Dwellings of Europe*, p. 39.

22. Louis Capitan, « Dessins d'habitations dans le rocher », p. 581.

23. Louis-Napoléon Bonaparte, *Extinction du paupérisme.*

24. François Caron, *Histoire des chemins de fer en France. Volume 1 : 1740-1883*, p. 85 ; H. Blerzy, « Études sur les travaux publics. Routes, chemins et tramways », p. 656-657.

25. Alfred Tonnellé, *Trois mois dans les Pyrénées et dans le Midi*, p. 514.

26. Charles Baudelaire, *Les Fleurs du mal*, « Paysage ».

27. Armand Audiganne, *op. cit.*, t. 1, p. 163-168.

28. *Ibid.*, t. 1, p. 55.

29. Voir par exemple Xavier de Planhol, *Géographie historique de la France*, p. 276

30. Conrad Malte-Brun, « Population du département de l'Aisne », p. 269.

31. Amans-Alexis Monteil, *Description du département de l'Aveiron*, t. 1, p. 63-65.

32. Jacques Peuchet et P.-G. Chanlaire, *Description topographique et statistique de la France*, t. 1, « Aveiron », p. 4 ; Amans-Alexis Monteil, *op. cit.*, t. 1, p. 58.

33. Edward Harrison Barker, *Wanderings by Southern Waters, Eastern Aquitaine*, p. 337-338.

34. Pierre Larousse, *Grand Dictionnaire universel du XIXe siècle*, « Decazeville », vol. VI, p. 218.

35. Voir par exemple Jeanne Bouvier, *Mes mémoires ou 59 années d'activité industrielle, sociale et intellectuelle d'une ouvrière, 1876-1935*, p. 56 ; Peter McPhee, dans Malcolm Crook, *Revolutionary France, 1788-1880*, p. 143 ; Leslie Page Moch, *op. cit.*, p. 47.

36. Peter McPhee, *A Social History of France, 1780-1880*, p. 223 ; Keith Sutton, « Reclamation of Wasteland During the 18th and 19th Centuries ».

37. Anon., « Colonies bretonnes d'orphelins et d'enfants abandonnés ».

38. Onésime Reclus, *France, Algérie et colonies*, p. 76-77.

39. F. Pyat, dans *Les Français peints par eux-mêmes…*, *Province 2*, p. 236.

40. Edward Harrison Barker, *Two Summers in Guyenne : a Chronicle of the Wayside and Waterside*, p. 246-247.

41. Georges Duby, *Histoire de la France rurale*, t. 3, p. 195.

42. Frédéric Mistral, *Mirèio*, chant VIII, 25.

43. Voir à ce propos Anne Grynberg, *Les Camps de la honte : les internés juifs*, p. 202-207.

44. Edmond About, *Maître Pierre*, p. 107.

45. François-Jérôme-Léonard de Mortemart de Boisse, *Voyage dans les Landes de Gascogne.*

46. Charles-Ernest Guignet, « À travers les Landes », p. 140-141.

47. Voir par exemple M. Rosenstein, « Promenade sur les côtes du Golfe de Gascogne [...] par M. J. Thoré », p. 347-354 ; Jean-Florimond Boudon de Saint-Amans, « Voyage agricole, botanique et pittoresque, dans une partie des Landes » ; Victor Gaillard, « L'habitant des Landes », dans *Les Français peints par eux-mêmes..., Province 2*, p. 113-115.

48. Victor Gaillard, *op. cit.*, p. 120.

49. Peter McPhee, *Revolution and Environment in Southern France...*

50. Pierre-Henri Dugied, *Projet de boisement des Basses-Alpes présenté à S. E. le Ministre Secrétaire d'État de l'Intérieur* ; Peter McPhee, *Revolution and Environment in Southern France...* ; Benoît Coutancier, *Restaurer la montagne* ; Pierre Chevallier et Marie-José Couailhac, *L'Administration des Eaux et Forêts dans le département de l'Isère au XIXe siècle* ; voir aussi Joseph Fauchet, *Description abrégée du département du Var*, p. 11-13 ; Stanislas-Victor Grangent *et al.*, *Description abrégée du département du Gard*, p. 21.

51. Pierre-Henri Dugied, *op. cit.*, p. 3 et 17.

52. Georges Duby, *op. cit.*, t. 3, p. 197.

53. Pierre Buffault, « Forêts et gaves du pays d'Aspe », p. 343 (le « chemin de la mâture »).

54. Jean Dusaulx, *Voyage à Barège et dans les Hautes-Pyrénées*, t. 1, p. 108.

55. Benoît Coutancier, *op. cit.*

56. Onésime Reclus, *op. cit.*, p. 88.

57. *Ibid.*, p. 89.

58. Benoît Coutancier, *op. cit.*

59. M. Chabre, http://glaizil.over-blog.com/article-chaudun-le-village-abandonne-52372967.html.

60. *Bois-Forêt.Info*, 26 septembre 2002.

14. Les merveilles de la France

1. Voir par exemple Adrien-César Égron, « Des voyages en France », p. 17 n.

2. Ces itinéraires sont décrits par Pierre-Étienne-Denis Leduc, *Maître Pierre ou Le Savant de village. Entretiens sur la Géographie de la France.*

3. Hippolyte-Adolphe Taine, *Voyage aux Pyrénées*, p. 282-283.

4. William Windham et Pierre Martel, *An Account of the Glacieres [sic] or Ice Alps in Savoy.*

5. Charles Durier, *Le Mont Blanc*, p. 52 ; Henri Ferrand, *Premiers voyages à Chamouni : lettres... 1741-1742*, p. 6 ; William Windham et Pierre Martel, *Relations de leurs deux voyages aux glaciers de Chamonix* ; Max Bruchet, *La Savoie d'après les anciens voyageurs.*

6. Charles Durier, *op. cit.*, p. 52 ; Louis-Alexandre de La Rochefoucauld d'Anville, *Relation inédite d'un voyage aux glacières de Savoie en 1762*, p. 31.

7. Philippe-Xavier Leschevin, *Voyage à Genève et dans la vallée de Chamouni*, p. 326 ; Horace-Bénédict de Saussure, *Voyages dans les Alpes*, t. 2, p. 165-156.

8. William Windham, et Pierre Martel, *An Account of the Glacieres [sic] or Ice Alps in Savoy*, p. 6-7.

9. *Ibid.*, p. 8.

10. Jean Dusaulx, *Voyage à Barège et dans les Hautes-Pyrénées*, t. 1, p. 57 ; voir aussi Louis Bonnard, *Le Voyage en France à travers les siècles*, p. 59 ; François-Marie Fortis, *Amélie, ou Voyage à Aix-les-Bains et aux environs*, t. 1, p. 111 ; Justin Jourdan, *Excursions dans Toulouse et le département de la Haute-Garonne*, p. 141 ; Jacques Peuchet et P.-G. Chanlaire, *Description topographique et statistique de la France*, t. 1, « Hautes-Alpes », p. 6.

11. Abbé Desnoues, *Mon émigration : journal inédit d'un voyage en Savoye (septembre 1792)*, p. 16.

12. Louis Ramond, *Observations faites dans les Pyrénées*, p. 29, cité dans Grigorii Vladimirovitch Orlov, *Voyage dans une partie de la France*, t. 2, p. 90-91.

13. Horace Walpole, lettre à Richard West, Turin, 11 novembre 1739.

14. John Moore, *A View of Society and Manners in France, Switzerland, and Germany*, t. 1, p. 186.

15. François-Marie Fortis, *op. cit.*, t. 2, p. 237.

16. Percy Bysshe Shelley, « Vers écrits dans la vallée de Chamouni », 1816.

17. Amédée Achard, *Une saison à Aix-les-Bains*, p. 281-282.

18. En 1819, les premiers excursionnistes à revendiquer l'ascension du pic de Rochebrune, par exemple, y trouvèrent une croix de bois et un jalon : Henri Ferrand, *Le Pays briançonnais, de Briançon au Viso*, p. 41.

19. William Melczer, *The Pilgrim's Guide to Santiago de Compostela*, p. 90-91.

20. Jean-Aymar Piganiol de La Force, *Nouveau voyage de France*, t. 1, p. VI. Voir aussi Louette, *Itinéraire complet de la France...*

21. John Durant Breval, *Remarks on Several Parts of Europe, Relating Chiefly to Their Antiquities and History*, p. 1-2.

22. Voir par exemple Jean-Aymar Piganiol de La Force, *op. cit.* ; Jean-Pierre Papon, *Voyage littéraire de Provence...*

23. François Marlin, *Voyages d'un français*, t. 3, p. 65 et 148 ; Robert de Hesseln, *Dictionnaire universel de la France*, t. 6, p. 369-370 ; voir aussi Jean-Pierre Papon, *op. cit.*

24. Louis Barron, *Le Rhône*, 224-225 ; voir aussi Gustave Flaubert, *Par les champs et par les grèves. Voyages et carnets de voyages*, p. 355 ; Eusèbe Girault de Saint-Fargeau, *Guide pittoresque, portatif et complet du voyageur en France...*, p. 490 ; Murray *et al.*, *A Handbook for Travellers in France*, p. 444 ; Jacques Peuchet et P.-G. Chanlaire, *op. cit.*, t. 3, « Vaucluse », p. 7 ; Pigault-Lebrun et Victor Augier, *Voyage dans le midi de la France*, p. 44.

25. Louis Barron, *La Loire*, p. 23.

26. Voir par exemple Ambroise Richard et Achille Armand Lheureux, *Voyage de deux amis en Italie par le Midi de la France*, p. 12-13 ; Philip Thicknesse, *A Year's Journey Through France and Part of Spain*, t. 1, p. 63.

27. Louis Dutens, *Itinéraire des routes les plus fréquentées...*, p. 17.

28. Voir par exemple Nicolas Chorier, *Histoire générale de Dauphiné*, t. 1, chap. 12 ; Claude-Marin Saugrain, *Nouveau voyage de France...*, p. 125 ; Nathaniel William Wraxall, *Voyage en France*, t. 1, chap. 7.

29. William Melczer, *op. cit.*, p. 97.

30. Eusèbe Girault de Saint-Fargeau, *op. cit.*, p. 72.

31. Pierre-César Briand, *Les Petits voyageurs en France, ou Description pittoresque de cette belle contrée*, p. X.

32. Georges Bernard Depping, *Merveilles et beautés de la nature en France*, p. 606-614. On trouvera d'autres listes dans Eusèbe Girault de Saint-Fargeau, *op. cit.*, p. XIII et suiv., et Jean de La Roche (*Voyage d'un amateur des arts en Flandre, dans les Pays-Bas, en Hollande, en France, en Savoye, en Italie, en Suisse*), le premier à utiliser un système d'étoiles pour hiérarchiser « les Articles [...] que l'on se reprocherait le plus de ne pas voir ».

33. Joseph Lavallée et Louis Brion de La Tour, *Voyage dans les départements de la France*, t. 4, « Nord », p. 18 ; « Loire-Inférieure », p. 3.

34. *Ibid.*, t. 3, « Meurthe », p. 12.

35. *Ibid.*, t. 1, « Côtes-du-Nord », p. 8.

36. Jean-Baptiste Mercadier de Belesta, *Ébauche d'une description abrégée du département de l'Ariège*, p. 60-65.

37. *Ibid.*, p. 63

38. Morris Birkbeck, *Notes on a Journey Through France*, p. 3.

39. Ian Warrell, *Turner on the Loire*, p. 18-19.

40. Stendhal, *Voyages en France*, p. 282.

41. André Hallays, *En flânant à travers la France, De Bretagne en Saintonge*, t. 8, p. 85.

42. Ian Warrell, *op. cit.*, p. 115.

43. Henry Wadsworth Longfellow, *Outre-Mer : a Pilgrimage Beyond the Sea*, p. 94-96.

44. Joseph Lavallée et Louis Brion de La Tour, *op. cit.*, t. 4, « Pas-de-Calais », p. 25.

45. J. H. Holdsworth, *Memoranda on Tours and Touraine : Including Remarks on the Climate [...] also on the Wines and Mineral Waters of France* ; Grigorii Vladimirovitch Orlov, *op. cit.*, t. 1, p. 64.

46. Honoré de Balzac, *Le Curé de village*, dans *La Comédie humaine*, t. 4, p. 643.

47. Jacques Peuchet et P.-G. Chanlaire, *op. cit.*, t. 1, « Gers », p. 1.

48. Pigault-Lebrun et Victor Augier, *op. cit.*, p. 39.

49. Charles Nodier *et al.*, *Voyages pittoresques et romantiques dans l'ancienne France. Ancienne Normandie*, p. 5.

50. Prosper Mérimée, *Notes d'un voyage dans le Midi de la France* ; *Notes d'un voyage dans l'Ouest de la France* ; *Notes d'un voyage en Auvergne* ; et *Notes d'un voyage en Corse* ; Alan Raitt, *Prosper Mérimée*, p. 139-146.

51. Prosper Mérimée, *Correspondance générale*, t. 1, p. 327.

52. Alan Raitt, *op. cit.*, p. 154.

53. Émile Thérond, « Bernay (Département de l'Eure) », p. 31.

54. Prosper Mérimée, « Des monuments dits celtiques ou druidiques ».

55. Clarisse Bader, *Les princes d'Orléans à la Trappe en 1788...*, p. 9.

56. Mme de Genlis, *Manuel du voyageur, ou Recueil de dialogues, de lettres, etc.*, p. 49-50.

57. Antoine de Courtin, *Nouveau traité de la civilité qui se pratique en France parmi les honnestes gens*, p. 202-203.

58. Voir par exemple Dr Émile Bailly, *Les Vacances d'un accoucheur. Trois semaines d'excursions en Velay et en Vivarais*, p. 7.

59. Anon., *Un voyage d'artiste : guide dans les Pyrénées par deux amis*, p. 32.

60. *Ibid.*, p. 103-104 et 136.

61. Georges Bernard Depping, *Voyage de Paris à Neufchâtel en Suisse*, p. 277-278.

62. Victor Hugo, *Les Misérables*, dans *Œuvres complètes, Romans II*, p. 3, 2 et 9 ; voir aussi Alexandre Dumas, *Mes mémoires*, t. 7, p. 106-107.

63. Murray *et al.*, *op. cit.*, p. XXIX.

64. Anna Francesca Cradock, *Journal de Mme Cradock : voyage en France*, p. 260.

65. Philip Thicknesse, *op. cit.*, t. 2, p. 106-108.

66. Tobias Smollett, *Travels through France and Italy*, lettre 12.

67. Georges Bernard Depping, *Voyage de Paris à Neufchâtel en Suisse*, p. 261-262.

68. Pierre Larousse, *Grand Dictionnaire universel du XIXe siècle*, « Fosses d'aisance », vol. VIII, p. 634.

69. Jean-Marie-Vincent Audin, *Le Véritable Conducteur parisien...*, p. 61, 191 et 206 ; cf. Rev. W. Hughes, *A Tour Through Several of the Midland and Western Departments of France*, p. 158.

70. Alphonse Karr, *De loin et de près*, p. 232-235.

71. Paul Haan, « Pratiques empiriques des Flandres », p.127.

72. Antonin Perbosc, « Le langage des bêtes », p. 282.

73. Paul Sébillot, *Coutumes populaires de la Haute-Bretagne*, p. 327-328.

74. Armand-Joseph-Marie de Saint-Félix, *Architecture rurale, théorique et pratique, à l'usage des propriétaires et des ouvriers de la campagne*, p. 26.

75. Antoine Marie Lefebvre d'Hellancourt, *Le Voyage de Dhellancourt en Oisans (1785)*, p. 9-10.

76. Anon., « Nourriture des cultivateurs ».

77. Henri de Crignelle, *Le Morvan, a District of France : its Sports, Vineyards and Forests*, p. 278 ; Charles Richard Weld, *Notes on Burgundy*, p. 208.

78. Nicolas-Edmé Restif de la Bretonne, *La Vie de mon père*, p. 215.

79. Jean-Florimond Boudon de Saint-Amans, « Voyage agricole, botanique et pittoresque, dans une partie des Landes », p. 15 ; Charles Richard Weld, *Notes on Burgundy*, p. 212-213.

80. Horace-Bénédict de Saussure, *op. cit.*, t. 2, p. 153 ; Albert Montémont, *Voyage aux Alpes et en Italie, ou Lettres en prose et en vers*, t. 1, p. 137 ; William Windham et Pierre Martel, *Relations de leurs deux voyages aux glaciers de Chamonix*, p. 58.

81. Dagalier, *Guide des étrangers dans Toulouse et ses environs*, p. 208.

82. Pierre-Joseph Proudhon, *Mémoires sur ma vie*, p. 26-27.

83. Agricol Perdiguier, *Mémoires d'un compagnon*, p. 62-63.

84. Maurice Girard, *Les Abeilles : organes et fonctions, éducation et produits, miel et cire.*

85. Louis Barron, *La Garonne*, p. 296 ; Jean-François Marmontel, *Mémoires*, p. 50.

86. Jean-Marc-Gaspard Itard, *De l'éducation d'un homme sauvage.*

87. Charles-Marie de La Condamine, *Histoire d'une jeune fille sauvage, trouvée dans les bois à l'âge de dix ans.*

88. Voir par exemple O. MacCarthy, « Productions gastronomiques de la France » ; on trouvera un témoignage antérieur dans Heinrich August Ottokar Reichard, *Guide des voyageurs en France* (« carte gastronomique »).

89. Xavier de Planhol, *Géographie historique de la France*, p. 267-268.

90. Joseph Barberet, *Le Travail en France*, t. 6, p. 166.

91. Émile Guillaumin, *La Vie d'un simple*, p. 250.

92. Alexandre Dumas, *Grand Dictionnaire de cuisine*, p. 1059.

93. *Ibid.*, p. 116-126.

15. Scènes de la vie indigène

1. Anon., « Le tour du monde en 80 jours ».

2. A. Chérot, « Circulation des voyageurs et des marchandises dans le Tunnel du Mont-Cenis », p. 323 ; Vivien de Saint-Martin, « Achèvement du tunnel du Mont Cenis », p. 379-397.

3. Ernest Merson, *Journal d'un journaliste en voyage*, p. 210.

4. Amédée Achard, *La Vie errante*, p. 115.

5. Anon., *Petit almanach national pour Paris et les départements...*, p. 96.

6. Prosper Gauthier de Clagny, *De Paris à Nice en quatre-vingts jours*, p. 2.

7. Henry James, *Voyage en France*, p. 261-262 ; à propos des manières des passagers dans les trains, voir Édouard Siebecker, *Physiologie des chemins de fer*, p. 119-121.

8. Louis Bonnard, *Le Voyage en France à travers les siècles*, p. 135 ; Henri Cavaillès, *La Route française, son histoire, sa fonction*, p. 225 et 276-277 ; Xavier Marmier, *Les Mémoires d'un orphelin*, p. 2 ; *Le Magasin pittoresque*, 1854, p. 21 ; Charles Lenthéric, *La Grèce & l'Orient en Provence*, p. 291 ; Murray *et al.*, *A Handbook for Travellers in France*, p. 505 ; Eugen Weber, *La Fin des terroirs : la modernisation de la France rurale, 1870-1914*, p. 316 et 320.

9. Théodore Ogier, *Voyage de Lyon à Avignon par le chemin de fer et le Rhône*, p. 19 ; voir également Hippolyte-Jules Demolière *et al.*, *De Paris à Bordeaux* ; Étienne-Laurent-Jean Mazade, *Itinéraire ou Passe-temps de Lyon à Mâcon, par la diligence d'eau.*

10. Vivien de Saint-Martin, *op. cit.*, p. 393-394.

11. Adrien-César Égron, « Coup d'œil général sur les chemins de fer en France », p. 223-224.

12. Émile Guillaumin, *La Vie d'un simple*, p. 268.

13. Charles Richard Weld, *Auvergne, Piedmont, and Savoy : a Summer Ramble*, p. 268.

14. Voir par exemple Frédéric Le Play, *Les Ouvriers des deux mondes*, p. 104.

15. Pour l'exemple de Poitiers, voir Robert Favreau, *Histoire de Poitiers.*

16. François Arago, *Astronomie populaire* ; Wilhelm de Nordling, « L'Unification des heures », *Bulletin de la Société de géographie*, p. 111-137 ; Guy Thuillier, *Pour une histoire du quotidien au* XIX*e siècle en Nivernais*, p. 206 ; à propos des décalages horaires, voir par exemple Anon., *Journal d'un voyage de Genève à Paris, par la diligence*, p. 115 ; William Miller, *Wintering in the Riviera*, p. 26-27 ; à propos des moyens anciens de connaître l'heure, voir S. Papon, *Voyage dans le département des Alpes Maritimes*, p. 95 ; J. B. Davis, *The Ancient and Modern History of Nice*, p. 19.

17. Alain Corbin, *Les Cloches de la terre*, p. 113.

18. Martin de la Soudière, « Lieux-dits : nommer, dé-nommer, re-nommer », p. 70-72.

19. Onésime Reclus, *France, Algérie et colonies*, p. 133.

20. *Ibid.*, p. 32 ; *Le Magasin pittoresque*, 1903, sér. 3, t. 4, p. 491 ; Conseil d'État, arrêt n° 240630 du 3 février 2003.

21. Maurice Agulhon, *La République au village* ; Edward Berenson, *Populist Religion and Left-Wing Politics in France, 1830-1852*, p. 127-136.

22. Edward Berenson, *op. cit.*, p. 131 et 149.

23. Sudhir Hazareesingh, *The Legend of Napoleon.*

24. Tony Judt, *Socialism in Provence 1871-1914.*

25. Armand Audiganne, *Les Populations ouvrières et les industries de la France*, t. 2, p. 223 (Villeneuvette) ; Peter Jones, *The Peasantry in the French Revolution*, p. 255 ; Barnett Singer, *Village Notables in Nineteenth-Century France*, p. 40 ; Eugen Weber, *op. cit.*, p. 694.

26. Fernand Laudet, « Monsieur le maire », p. 152 ; voir également Philip Gilbert Hamerton, *Round my House : Notes of Rural Life in France in Peace and War*, p. 58.

27. Charles Baudelaire, *Correspondance*, t. 1, p. 579.

28. Gaston Vuillier, « Chez les magiciens et les sorciers de la Corrèze », p. 507.

29. Armand Audiganne, *op. cit.*, t. 2, p. 165-168 ; Leslie Page Moch, *Paths to the City : Regional Migration in Nineteenth-Century France*, p. 105-106 ; Émile de La Bédollière, « Le Languedocien », dans *Les Français peints par eux-mêmes…, Province 2*, p. 54-56.

30. Gordon Home, *Normandy, the Scenery and Romance of its Ancient Towns*, chap. 1.

31. L'annuaire de Viard (C. Viard, *Annuaire des postes pour 1843 ou Manuel du Service de la poste aux lettres*) montre que sur 1 938 directeurs de bureaux de poste, 1 092 étaient des femmes, mais une seule dirigeait un bureau de chef-lieu de département.

32. Émile Zola, *Correspondance*, t. 1, p. 96.

33. Albert Babeau, *La Ville sous l'Ancien Régime*, t. 2, p. 338 ; Philippe de Chennevières, « Les musées de province » ; Chantal Georgel, *La Jeunesse des musées*, p. 109 ; Édouard Pommier, « Naissance des musées de province », dans Pierre Nora, *Les Lieux de mémoire*, t. 2.

34. Anne-Marie Thiesse, *La Création des identités nationales.*

35. Heather Williams, « Writing to Paris : Poets, Nobles and Savages in Nineteenth-Century Brittany », p. 483.

36. Voir notamment la correspondance de George Sand avec Charles Poncy.

37. Régis Brochet, *En bicyclette au Bocage vendéen : notes et impressions*, p. 43.

38. A. Bar, « Barèges (Hautes-Pyrénées) » ; Jean Dusaulx, *Voyage à Barège et dans les Hautes-Pyrénées*, t. 1, p. 206-208 ; Jules Leclercq, *Promenades dans les Pyrénées*, p. 23 ; Jean-Florimond Boudon de Saint-Amans, *Fragmens d'un voyage sentimental et pittoresque dans les Pyrénées*, p. 122.

39. John Murray, *op. cit.*, p. 230.

40. Dagalier, *Guide des étrangers dans Toulouse et ses environs*, p. 213-214.

41. Émile Labroue, « À travers les Pyrénées : Aulus », p. 164.

42. Anon., « Plombières et ses environs » ; Geneviève Frieh-Vurpas, *Aix-les-Bains, ville d'eau de la Belle Époque* ; Guy de Maupassant, *Mont Oriol* ; Antoine-Grimoald Monnet, *Les Bains du Mont-Dore en 1786*.

43. Inscription sur la fontaine de Saint-Martin-Vésubie.

44. Voir par exemple J. Girardin, *Souvenirs des Pyrénées* ; Hippolyte-Adolphe Taine, *Voyage aux Pyrénées* (sur Eaux-Bonnes).

45. J. Girardin, *op. cit.*

46. François-Marie Fortis, comte de, *Amélie, ou Voyage à Aix-les-Bains et aux environs*, t. 1, p. 80-85 ; Geneviève Frieh-Vurpas, *op. cit.*, p. 11 et 28.

47. Dr Speleus, *Çà et là dans les Pyrénées*, p. XV.

48. Alain Corbin, *Le Territoire du vide* ; Alice Garner, *A Shifting Shore*, p. 80.

49. Alain Corbin, *Le Territoire du vide* ; Bretagne : Henry Céard, *Terrains à vendre au bord de la mer* ; Léon Warenghem, *En Bretagne* ; Dieppe : Michelle Perrot, *Histoire de la vie privée*, p. 302 ; Royan : *Le Magasin pittoresque*, 1891, sér. 2, t. 9, p. 252.

50. Dr Blanchet, « Plantes nouvellement découvertes dans les départements des Landes et des Basses-Pyrénées », p. 61-64.

51. Henri A. de Conty, *Côtes de Normandie*.

52. Alice Garner, *op. cit.*, p. 109, 113, 140.

53. Voir par exemple Arthur Mangin, *Le Désert et le monde sauvage*, p. 13.

54. Gustave Flaubert, *Par les champs et par les grèves. Voyages et carnets de voyages*, p. 106.

55. Alice Garner, *op. cit.*, p. 68-70.

56. *Ibid.*, p. 97-98.

57. Alain Corbin, *Le Territoire du vide*, p. 235 (citant Émile Souvestre) et 245.

58. Charles Huard, *Paris, province, étranger : cent dessins*.

59. Henri A. de Conty, *op. cit.*, p. 342.

60. Alice Garner, *op. cit.*, p. 176.

61. Arthur Duplessis, « Paris à Dieppe », p. 321.

62. Alice Garner, *op. cit.*, p. 109.

63. Voir par exemple Henry Russell, *Biarritz and Basque Countries*, p. 1-15.

64. E. Doussault, « Fontarabie (Espagne) », p. 98 ; Prosper de Lagarde, *Voyage dans le pays basque et aux bains de Biarritz*, p. 74-78 ; Henry Wadsworth Longfellow, *Outre-Mer : a Pilgrimage Beyond the Sea*, p. 163.

65. Victor Hugo, *Voyages*, dans *Œuvres complètes*, t. 13, p. 775.

66. Albert Montémont, *Voyage aux Alpes et en Italie*, t. 1, p. 57-58.

67. Maurice Gratiot, *Deux Parisiens dans le Val d'Andorre*, p. 16-17.

68. Benjamin Champney, *Sixty Years' Memories of Art and Artists*, chap. 16.

69. Alice Garner, *op. cit.*, p. 107.

70. Marcel Proust, *À la recherche du temps perdu*, t. 2, p. 41.

71. Henri A. de Conty, *op. cit.*, p. 27.

72. Henry Blackburn, *The Pyrenees : a Description of Summer Life at French Watering Places*, p. 35.

73. Hippolyte-Adolphe Taine, *op. cit.*, p. 133.

74. Anatole Roujou, « Sur quelques types humains trouvés en France » ; « Quelques observations anthropologiques sur le département du Puy-de-Dôme ».

75. Joseph-Pierre Durand, « Sur l'action des milieux géologiques dans l'Aveyron », p. 141.

76. Charles Fauvelle, « Photographies de criminels », p. 958.

77. Paul Broca, *Instructions générales pour les recherches anthropologiques à faire sur le vivant*, p. 6.

78. Louis-Antoine-François de Marchangy, *La Gaule poétique* ; Amédée Thierry, *Histoire des Gaulois…*, t. 1, p. V ; Anne-Marie Thiesse, *op. cit.*

79. Voir par exemple Paul Broca, « Recherches sur l'ethnologie de la France » ; Gustave Lagneau, « Les Gaëls et les Celtes », « Notice-questionnaire sur l'anthropologie de la France » et « De l'anthropologie de la France ».

80. Voir par exemple William Frédéric Edwards, *Des caractères physiologiques des races humaines considérés dans leurs rapports avec l'histoire*, p. 39-41 ; Gustave Lagneau, « De l'anthropologie de la France » ; Anatole Roujou, *op. cit.* ; Amédée Thierry, *op. cit.*, t. 1, p. LXX.

81. Paul Broca, « Sur les caractères des crânes des Basques », p. 580-582.

82. *Ibid.*, p. 588.

83. *Ibid.*, p. 588.

84. Armand Landrin, « Écriture figurative et comptabilité en Bretagne ».

85. Jacques de Bonald, « En Morvan », p. 259 ; Fernand Delisle, « Sur les déformations artificielles du crâne dans les Deux-Sèvres et la Haute-Garonne » ; Jacques Gélis, « Refaire le corps. Les déformations volontaires du corps de l'enfant à la naissance » ; Jean Guérin, « Les nourrissons » ; Gustave Lagneau, « Notice-questionnaire sur l'anthropologie de la France », p. 337 et 361 ; Dr Ludger Lunier, « Recherches sur quelques déformations du crâne, observées dans le département des Deux-Sèvres » et « Sur quelques déformations du crâne ».

86. Albert Babeau, *La Vie rurale dans l'ancienne France*, p. 44 ; Joseph Lavallée et Louis Brion de La Tour, *Voyage dans les départements de la France*, t. 3, « Marne », p. 45 et « Moselle », p. 27 ; Amand-Narcisse Masson de Saint-Amand, *Lettres d'un voyageur à l'embouchure de la Seine*, p. 2 ; Grigorii Vladimirovitch Orlov, *Voyage dans une partie de la France*, t. 1, p. 309 ; S.

Papon, *op. cit.*, p. 101 ; Jacques Peuchet et P.-G. Chanlaire, *Description topographique et statistique de la France*, t. 1, « Creuse », p. 35 ; Alexandre Piédagnel, *Jadis, souvenirs et fantaisies*, p. 192-193.

87. Prosper Mérimée, *Correspondance générale*, t. 1, p. 332.

88. Voir par exemple Narcisse Quellien, « Quelques particularités de certains costumes bretons », et Victor Segalen, « Journal de voyage », p. 95 (le pays Bigouden).

89. Pierre-Jakez Hélias, *Le Cheval d'orgueil*, p. 424 ; Germain Martin et Paul Martenot, *Contribution à l'histoire des classes rurales en France au XIXe siècle : la Côte-d'Or*, p. 491-492.

90. Xavier de Planhol, *Géographie historique de la France*, p. 344 et 355.

91. *Exposition universelle internationale de 1878, à Paris*, p. 460-470.

92. Ernest-Théodore Hamy, *Les Origines du Musée d'Ethnographie* ; Anne-Marie Thiesse, *op. cit.*, p. 197-207 ; voir également à propos de Quimper : Oscar-Amédée Watteville Du Grabe, *Rapport adressé à M. le Ministre de l'Instruction Publique sur le Muséum ethnographique des missions scientifiques* ; Anon., « Le musée ethnographique de Quimper ».

93. Anne-Marie Thiesse, *op. cit.*

16. Provinces perdues

1. François-Adolphe Blondel, « Carte en relief de la France » ; à propos de M. Blondel : Guy Turquer et David Raillot : http://perso.wanadoo.fr/dieppe76/personnages.html.

2. Eugen Weber, *La Fin des terroirs : la modernisation de la France rurale, 1870-1914*, p. 480.

3. Ernest Lavisse et François Picavet, *Instruction morale et civique...*, p. 315.

4. Ernest Lavisse, *Discours à des enfants*, p. 35-37.

5. Eugen Weber, *op. cit.*, p. 166.

6. Alan Forrest, *Napoleon's Men : The Soldiers of the Revolution and Empire*, p. 44-50. Exemples de lettres : p. 119-120.

7. Émile Guillaumin, *La Vie d'un simple*, p. 205.

8. Noémie Dondel Du Faouëdic, *Le Journal d'une pensionnaire en vacances*, p. 177.

9. Laura Strumingher, « Rural Parents, Children and Primary Schools ; France 1830-1880 », p. 134-136.

10. Voir Robert Gildea, *Education in Provincial France, 1800-1914*.

11. Michel Baris, *Langue d'oïl contre langue d'oc*, p. 45-46 ; M. L. de Serbois, *Souvenirs de voyages en Bretagne et en Grèce*, p. 214.

12. Joseph Sigart, *Glossaire étymologique montois...*, p. 25.

13. Pierre-Jakez Hélias, *Le Cheval d'orgueil*, p. 533.

14. Marie-Anne Couderc, *Bécassine inconnue*, p. 10.

15. Xavier de Planhol, *Géographie historique de la France*, p. 369.

16. Pierre-Jakez Hélias, *op. cit.*, p. 535.

17. Anne-Marie Thiesse, *Ils apprenaient la France : l'exaltation des régions dans le discours patriotique*.

18. Sudhir Hazareesingh, *From Subject to Citizen…*

19. Michel Baris, *op. cit.*, p. 47 et 65.

20. Pierre-Jakez Hélias, *op. cit.*, p. 192.

21. J. Ian Press, dans M. Parry, *et al.*, *The Changing Voices of Europe.* Les pancartes dans les bus qui interdisaient de cracher et de parler Breton sont un mythe : Fanch Broudic, « Il est interdit de cracher par terre et de parler breton ».

22. Pierre-Jean Rousselot, « Les modifications phonétiques du langage étudiées dans le patois d'une famille de Cellefrouin », p. 223.

23. Georges Dottin, « Notes sur le patois de Montjean (Mayenne) ».

24. Amable Tastu, *Voyage en France*, p. 23.

25. Voir par exemple Sylva Consul, *Les Petits Touristes : premier voyage de vacances* ; Charles Delattre, *Le Jeune Industriel, ou Voyages instructifs de Charles d'Hennery avec sa famille* ; Paul Desarènes, *La Famille de Blanzac ou Promenades en Limousin* ; Édouard Decaudin-Labesse, *Notre pays de France : le Roi du biniou (Bretagne).*

26. Jacques Porchat, *Trois mois sous la neige : journal d'un jeune habitant du Jura…*, p. 6.

27. Pierre-César Briand, *Les Petits voyageurs en France, ou Description pittoresque de cette belle contrée*, p. I.

28. Voir par exemple Thomas Forester, *Rambles in the Islands of Corsica and Sardinia* ; Abbé de Lemps, *Panorama de la Corse…* ; Louise Liodet, *La Corse à vol d'oiseau.*

29. G. Bruno, *Le Tour de France par deux enfants : devoir et patrie*, p. 165-166.

30. Voir par exemple Paul Joanne, *Vosges, Alsace et Ardennes*, p. 13 et les tomes « Alsace-Lorraine » de la série de Victor-Eugène Ardouin-Dumazet : *Voyage en France*, *Les Provinces perdues* (sér. 48-50), réintitulée en 1919 *Les Provinces délivrées* (sér. 60-62).

31. Henri Ferrand, *Le Vercors, le Royannais et les quatre montagnes* ; Adolphe Joanne et Élisée Reclus, « Excursions dans le Dauphiné », p. 385-387.

32. Voir par exemple H. Armaignac, « Les Cévennes et la région des Causses », p. 361 (citant Édouard-Alfred Martel) ; Victor Dujardin, *Voyages aux Pyrénées. Souvenirs du Midi par un homme du nord ; Le Roussillon*, p. 510.

33. Anon., « Le lac Chambon », *Le Magasin pittoresque*, Paris, 1846, p. 8.

34. Ernest Beauguitte, « Au cœur de l'Argonne » ; Eugène Grandsire, « Les bords de la Creuse », p. 67 ; Dr Philipps, *Vacances en Limousin*, p. 12 ; Heinrich August Ottokar Reichard, *Guide des voyageurs en France*, p. 8 ; *Les Français peints par eux-mêmes…, Province 2*, p. 365.

35. Pierre Larousse, *Grand Dictionnaire universel du XIXe siècle*, « Club alpin français », vol. XVI, p. 549.

36. Matilda Betham-Edwards, *The Roof of France, or the Causses of the Lozère*, p. 279-299 ; voir aussi H. Armaignac, *op. cit.*, p. 374-275 ; Jules Gourdault, *La France pittoresque*, p. 193-195.

37. Matilda Betham-Edwards, *op. cit.*, p. 298-289.

38. Sabine Baring-Gould, *The Deserts of Southern France…*, p. 27.

39. Édouard-Alfred Martel, « Le gouffre du puits de Padirac » et *Les Abîmes...*, p. 262-263.
40. Édouard-Alfred Martel, *Les Cévennes et la région des Causses...*, p. 1.
41. Édouard-Alfred Martel, *Les Abîmes...*, p. 321.
42. Édouard-Alfred Martel, « Dans les cavernes des Causses (dixième campagne souterraine) ».
43. Édouard-Alfred Martel, *Les Abîmes...*, p. 14.
44. Édouard-Alfred Martel, « La France inconnue : Fontaine-l'Évêque et les avens de Canjuers ; le grand cañon du Verdon » ; Onésime Reclus, *Le Plus Beau Royaume sous le ciel*, p. 355.
45. Charles Bertram Black, *The South of France. East Half*, p. 166.
46. Édouard-Alfred Martel et Armand Janet, « L'exploration du Grand Cañon du Verdon », p. 596.

17. Voyage au centre de la France

1. C. Briault, *Les Pyrénées et l'Auvergne à bicyclette : Chartres à Gavarnie par Bordeaux, retour par Clermont*, p. 5.
2. Michel Dargenton, « Paris-Brest-Paris ».
3. E. Gendry, *Sport vélocipédique : les champions français*, p. 1-10.
4. C. Briault, *op. cit.*, p. 17.
5. Voir par exemple Henri A. de Conty, *Les Pyrénées occidentales et centrales et le sud-ouest de la France*, p. 309.
6. Jules Marcadet, « Les étapes de la bicyclette », p. 285 (illustration).
7. Édouard Bonnafé, « Bicyclette à gonflement automatique », *Le Magasin pittoresque*, 1909, sér. 3, t. 10, p. 184.
8. Jean Bertot, *La France en bicyclette : étapes d'un touriste : de Paris à Grenoble et à Marseille...*, p. 92 ; Albert Rougelet, *Zigzags folâtres*, « Vers les rives du Bourget, raid cyclofantastique », p. 53.
9. Mary Cadwalader Jones, *European Travel for Women*, p. 71 ; voir aussi Georges Curtel, *En bicyclette à travers l'Engadine, la Valteline, le Tyrol et l'Italie du Nord.*
10. Louis Bonnard, *Le Voyage en France à travers les siècles*, p. 147-148.
11. Karl Baedeker, *Le Nord-Est de la France...*, p. XXXVIII.
12. Mary Cadwalader Jones, *op. cit.*, p. 16.
13. Gérard Ejnès *et al.*, *Tour de France, 100 ans, 1903-2003*, t. 1, p. 20.
14. *Ibid.*, p. 26.
15. Arthur Mangin, *Le Désert et le monde sauvage*, p. 6.
16. *Le Magasin pittoresque*, 1858, p. 160.
17. Maurice Gratiot, *Deux Parisiens dans le Val d'Andorre...*, p. 141.
18. Charles Grad, *L'Alsace, le pays et ses habitants*, p. 431.
19. Colonel Humbert, « La grande route automobiliste des Alpes, du Léman à la Méditerranée », *À travers le monde*, 1911 (p. 169-170) ; Charles Giraut, *Carnets de route*, p. 300 ; Jean-Pierre Martin, *La Traversée des Alpes. Cols, routes et tunnels*, p. 35.
20. Jean Bernoulli, *Lettres sur différens sujets, écrites pendant le cours d'un voyage par l'Allemagne, la Suisse, la France méridionale et l'Italie, en 1774 et*

1775..., t. 3, p. 6 ; James Nash, *The Guide to Nice...*, p. 153 ; Comte Fernand de Rességuier, *En wagon de Toulouse à Rome*, p. 5 ; Arthur Young, *Voyages en France pendant les années 1787, 1788 et 1789*, t. 1, p. 436-437.

21. Augustus J. C. Hare, *The Rivieras*, p. 28 et 31.

22. *Ibid.*, p. 51.

23. Jean-Pierre Martin, *op. cit.*, p. 41.

24. Rudyard Kipling, « Motoring Diaries », p. 85.

25. Alain-Fournier, *Le Grand Meaulnes*, 2e partie, chap. 3.

26. *Ibid.*, chap. 5.

27. *L'Humanité*, 14 juillet 2000 ; *Le Monde*, 16 juillet 2000 ; http://www.culture.gouv.fr/culture/actualites/conferen/picnic.htm ; http://14juillet.senat.fr/banquet2000/piquenique.html.

28. Voir les photographies des centres de la France réalisées par J. Zeven et E. Wertwijn : http://www.kunstgeografie.nl/centre.mich.htm.

29. Adolphe Joanne, *Dictionnaire géographique, administratif, postal, statistique, archéologique, etc. de la France, de l'Algérie et des colonies*, p. 58 ; Paul Joanne, *Dictionnaire géographique et administratif de la France et de ses colonies*, vol. 7, p. 4034 ; Onésime Reclus, *France, Algérie et colonies*, p. 4-5.

30. J. J. Becker, « L'appel de guerre en Dauphiné », p. 34-37.

31. René Bonnet, *Enfance limousine*, p. 27-29 ; Eugen Weber, *La Fin des terroirs : la modernisation de la France rurale, 1870-1914*, p. 74 n.

32. J. J. Becker, *op. cit.*, p. 37.

33. Xavier de Planhol, *Géographie historique de la France*, p. 26-29 ; Strabon, *Géographie*, Livre IV, 3, 5.

34. Alain Denizot et Jean Louis, *L'Énigme Alain-Fournier*, p. 45-46 (Sergent Bacqué).

35. Rudyard Kipling, *Souvenirs de France*, p. 42.

36. Alain Denizot et Jean Louis, *op. cit.* ; voir aussi Robert Gibson, *The End of Youth : The Life and Work of Alain-Fournier*, p. 304-305.

ÉPILOGUE
Secrets

1. Karl Baedeker, *Le Sud-Est de la France...*, p. 53 ; Albert Du Boys, *Album du Vivarais*, p. 243.

2. Jean-Baptiste Delambre et Pierre Méchain, *Base du système métrique décimal...*, t. 1, p. 69-70 ; Ken Alder, *Mesurer le monde...*, p. 302-305.

3. Honoré de Balzac, *La Cousine Bette*, dans *La Comédie humaine*, t. 7, p. 100.

4. Lunemann, « Le pays des Basques », p. 47-48 ; Charles-Athanase Walckenaer, « Sur la diversité des races d'hommes qui habitent les Pyrénées », p. 74-75.

5. Mary Stevens, « Commemorative Fever ? French Memorials to the Veterans of the Conflicts in North Africa ».

Références

ABGRALL, Jean-Marie, « Étude de la voie romaine et du chemin de pèlerinage des Sept Saints de Bretagne entre Quimper et Saint-Pol-de-Léon », *Association bretonne*, t. 30, Saint-Brieuc, R. Prud'homme, 1912 (p. 202-230).

ABOUT, Edmond, *Maître Pierre*, Paris, Hachette, 1858.

ACHARD, Amédée, *Une saison à Aix-les-Bains*, Paris, E. Bourdin, 1850.

—, *La Vie errante*, Paris, E. Dentu, 1869.

ADAM, Lucien, *Les Patois lorrains*, Nancy, Grosjean-Maupin ; Paris, Maisonneuve, 1881.

ADMINISTRATION CENTRALE DES LANDES, *Description du département des Landes*, Paris, Impr. de la République, An VII (1799).

AGULHON, Maurice, *La République au village*, 2e éd., Paris, Le Seuil, 1979.

AGULLANA, Rosa, « Mon enfance », dans *Archives de Gascogne*, Paris, M. Trinckvel, 1993 (p. 107-119).

ALAIN-FOURNIER, *Le Grand Meaulnes*, Paris, Émile Paul, 1913.

ALDER, Ken, *Mesurer le monde, 1792-1799 : l'incroyable histoire de l'invention du mètre*, Paris, Flammarion, coll. Champs, 2008 (traduit par Martine Devilliers-Argoac'h).

ALISON, Sir Archibald *et al.*, *Travels in France During the Years 1814-15*, 2 tomes, 2e éd., Édimbourg, 1816.

ANGEVILLE, Adolphe d', *Essai sur la statistique de la population française*, introduction d'Emmanuel Le Roy Ladurie, Paris, Mouton, 1969.

ANGEVILLE, Henriette d', *Une excursion à Chamouny en 1790*, Bourg, Imprimeur de Villefranche, 1886.

ANON., *Journal d'un voyage de Genève à Paris, par la diligence*, Genève, J.-E. Didier ; Paris, Bureau des nouveaux livres classiques, 1792.

ANON., *Glossaire genevois, ou Recueil étymologique des termes dont se compose le dialecte de Genève : avec les principales locutions défectueuses en usage dans cette ville*, 2e éd., Genève, Barbezat ; Paris, Delarue, 1827.

ANON., « Hameau de Goust, dans les Pyrénées », *Nouvelles annales des voyages*, t. 37, Paris, Gide fils, 1828 (p. 109-113).

ANON., *Un voyage d'artiste : guide dans les Pyrénées par deux amis*, Paris, Ch. Gosselin, E. Renduel ; Toulouse, Dagalier, 1835.

ANON., *De la Loire aux Pyrénées*, Lille, Lefort, 1840.

ANON., *« Nouvelles agricoles », Annales agricoles et littéraires de la Dordogne : journal de la ferme-modèle et des comices agricoles du département*, Périgueux, Imprimerie Dupont, 1840 (p. 372-375).

ANON., *Petit almanach national pour Paris et les départements, ou Ce que les Français ont besoin de savoir*, Paris, L.L. Lefèvre, 1842.

ANON., « La carte géologique de France », *Le Magasin pittoresque*, Paris, 1843 (p. 26-28 et 205-208).

ANON., « Nourriture des cultivateurs », *Le Magasin pittoresque*, Paris, 1844 (p. 66-67).

ANON., « Les jardins de Roscoff », *Le Magasin pittoresque*, Paris, 1846 (p. 47-48).

ANON., « Sur les signaux des Gaulois », *Le Magasin pittoresque*, Paris, 1848 (p. 190-191).

ANON., « Colonies bretonnes d'orphelins et d'enfants abandonnés », *Le Magasin pittoresque*, Paris, 1849 (p. 279-280).

ANON., « Contre la chasse aux petits oiseaux », *Le Magasin pittoresque*, Paris, 1851 (p. 35-36).

ANON., « Les meilleurs atlas », *Le Magasin pittoresque*, Paris, 1855 (p. 21-23, 389 et 173-175).

ANON., « Documents sur la fondation de la ville de Napoléon-Vendée », *Revue des provinces de l'Ouest*, Nantes, Guéraud, 1856 (p. 170-179).

ANON., « Manière de lever la carte du pays que l'on habite », *Le Magasin pittoresque*, Paris, 1856 (p. 355-358).

ANON., « Plombières et ses environs », *Le Tour du monde : nouveau journal des voyages*, t. 15, Paris, Hachette, 1867 (p. 337-352).

ANON., « Le tour du monde en 80 jours », *Annales des voyages*, t. 203, Paris, Challamel aîné, 1869 (p. 239).

ANON., « Le musée ethnographique de Quimper », *Le Magasin pittoresque*, sér. 2, t. 4, Paris, 1886 (p. 216-218).

ARAGO, François, *Astronomie populaire*, t. 1, Paris, Gide, 1864.

—, « Du danger de sonner les cloches pendant les orages », *Le Magasin pittoresque*, Paris, 1851 (p. 206-207).

ARBELLOT, Guy, *Autour des routes de poste : les premières cartes routières de la France*, Paris, Bibliothèque nationale, Musée de la Poste, 1992.

—, « La grande mutation des routes de France au milieu du XVIIIe siècle », *Annales ESC*, 28e année, n° 3, 1973 (p. 765-791).

ARDOUIN-DUMAZET, Victor-Eugène, *Voyage en France*, sér. 35, « Rouergue et Albigeois », Paris, Berger-Levreau, 1904.

—, « À travers l'Entre-deux-Mers et le Bazadais », *Bulletin de la Société de géographie commerciale de Bordeaux*, n° 1, 1882 (p. 102-108).

ARGENSON, René-Louis, marquis d', *Mémoires et journal inédit*, t. 1, Paris, Charpentier, 1857.

ARMAIGNAC, H., « Les Cévennes et la région des Causses », *Bulletin de la Société de géographie commerciale de Bordeaux*, sér. 2, A. 13, 1890 (p. 361-385).

ARNAUD, J.-B.-E., *Mémoires d'un compagnon du tour de France*, Rochefort, Librairie Giraud, 1859.

ARNAUDIN, Félix, *Contes populaires recueillis dans la Grande-Lande, le Born, les Petites-Landes et le Marensin*, Paris, Émile Lechevalier ; Bordeaux, Mme Veuve Moquet, 1887.

ARNAULD, Charles, *Histoire de Maillezais*, Niort, Robin & Cie, Libraires-Éditeurs, 1840 (?).

ARON, Jean-Paul, Paul DUMONT et Emmanuel LE ROY LADURIE, *Anthropologie du conscrit français*, Paris et La Haye, Mouton, 1972.

ARRIPE, René, *Les Siffleurs d'Aas*, Imprimerie de la Monnaie, Pau, 1984.

ARTIGUES, Baron F. d', « Pierre, le métayer », dans *Archives de Gascogne*, Paris, M. Trinckvel, 1993 (p. 125-140).

ASSEMBLÉE NATIONALE, *Archives parlementaires de 1787 à 1860*, 1re sér., 50 tomes, Paris, Paul Dupont, 1877.

AUDIGANNE, Armand, *Les Populations ouvrières et les industries de la France*, 2 tomes, 2e éd., Paris, Capelle, 1860.

AUDIN, Jean-Marie-Vincent, *Le Véritable Conducteur parisien, ou le plus complet, le plus nouveau et le meilleur guide des étrangers à Paris*, « Par Richard », Paris, Terry, 1828 ; Éditions Les Yeux Ouverts, 1970.

AUFAUVRE, Amédée, *Hyères et sa vallée : guide historique, médical, topographique*, Paris, Hachette, 1861.

AUGUSTINS, Georges, « Mobilité résidentielle et alliance matrimoniale dans une commune du Morbihan », *Ethnologie française*, 1981, n° 4 (p. 319-328).

AYNARD, Théodore, *Voyages au temps jadis en France, en Angleterre [...]*, Lyon, Imprimerie de Mougin-Rusand, 1888.

BABEAU, Albert, *La Province sous l'Ancien Régime*, 2 tomes, Paris, Firmin-Didot, 1894.

—, *La Vie rurale dans l'ancienne France*, Paris, Didier, 1883.

—, *Le Village sous l'Ancien Régime*, Paris, Didier, 1878.

—, *La Ville sous l'Ancien Régime*, 2 tomes, Paris, Didier, 1884.

BADER, Clarisse, *Les Princes d'Orléans à la Trappe en 1788 : journal de voyage du duc de Montpensier (inédit)*, Impr. de N.-D. de Montligeon, La Chapelle-Montligeon, 1895.

BAEDEKER, Karl, *Le Nord-Est de la France de Paris aux Ardennes, aux Vosges et au Rhône : manuel du voyageur* (7e éd.), Leipzig et Paris, K. Baedeker, 1903.

—, *Le Sud-Est de la France, du Jura à la Méditerranée, et y compris la Corse : manuel du voyageur* (7e éd. rev. et mise à jour), Leipzig et Paris, K. Baedeker, 1901.

BAILLY, Émile (Dr), *Les Vacances d'un accoucheur. Trois semaines d'excursions en Velay et en Vivarais*, Paris, Hennuyer, 1881.

BAKER, Alan, *Fraternity among the French Peasantry : Sociability and Voluntary Associations in the Loire Valley, 1815-1914*, Cambridge, Cambridge University Press, 1999.

BALZAC, Honoré de, *La Comédie humaine*, 12 tomes, Paris, Gallimard, « Bibliothèque de la Pléiade », 1976-1981.

BAR, A. de (illustr. ; texte anon.), « Barèges (Hautes-Pyrénées) », *Le Magasin pittoresque*, Paris, 1879 (p. 124).

BARBAULT-ROYER, Paul-François, *Voyage dans les départemens du Nord, de la Lys, de l'Escaut, etc.*, Paris, Lepetit, 1800.

BARBERET, Joseph, *Le Travail en France*, 7 tomes, Paris, Hachette, 1866-1890.

BARBIÉ DU BOCAGE, A.-F. *et al.*, « Rapport [sur la carte en relief de M. Sanis] », *Bulletin de la Société de géographie*, sér. 2, t. 10, 1838 (p. 280-288).

BARING-GOULD, Sabine, *Cliff Castles and Cave Dwellings of Europe*, Londres, Seeley & Co., 1911.

—, *The Deserts of Southern France : An Introduction to the Limestone and Chalk Plateaux of Ancient Aquitaine*, t. 1, Londres, Methuen Publications, 1894.

BARIS, Michel, *Langue d'oïl contre langue d'oc*, Lyon, Fédérop, 1978.

BARKER, Edward Harrison, *Two Summers in Guyenne : a Chronicle of the Wayside and Waterside*, Londres, R. Bentley and Son, 1894.

—, *Wanderings by Southern Waters, Eastern Aquitaine*, Londres, R. Bentley and Son, 1893.

BARRAL, Pierre, « Depuis quand les paysans se sentent-ils français ? », *Ruralia*, n° 3, 1998.

BARRON, Louis, *La Garonne*, Paris, H. Laurens, 1891.

—, *La Loire*, Paris, H. Laurens, 1888.

—, *Le Rhône*, Paris, H. Laurens, 1891.

BAUDELAIRE, Charles, *Correspondance*, 2 tomes (édition de Claude Pichois), Paris, Gallimard, « Bibliothèque de la Pléiade », 1973.

—, *Œuvres complètes*, 2 tomes (édition de Claude Pichois), Paris, Gallimard, « Bibliothèque de la Pléiade », 1975-1976.

BAUGIER, M., « Le marais de la Sèvre, ses aspects, ses habitants », *Mémoires de la Société de statistique du département des Deux-Sèvres*, Niort, 1839-1840 (p. 140-150).

BAYLE-MOUILLARD, Élisabeth-Félicie, *Manuel des dames, ou L'Art de l'élégance, sous le rapport de la toilette, des honneurs de la maison, des plaisirs, des occupations agréables*, Paris, Roret, 1833.

BEAUCHAMP, Alphonse de, *Histoire des campagnes de 1814 et de 1815*, 4 tomes, Paris, Le Normant, 1816.

BEAUGUITTE, Ernest, « Au cœur de l'Argonne », *Le Magasin pittoresque*, sér. 3, t. 2, Paris, 1901 (p. 642-646).

BEAUQUIER, C., « Vocabulaire étymologique des provincialismes usités dans le département du Doubs », *Mémoires de la Société d'émulation du Doubs*, Besançon, 1880 (p. 221-429).

BECKER, J. J., « L'appel de guerre en Dauphiné », *Le Mouvement social*, n° 49, Paris, Éditions ouvrières, oct.-déc. 1964 (p. 32-44).

BEJARRY, A. de, « Mœurs et usages du Bas-Poitou », *Bulletin de la Société archéologique de Nantes*, t. 1, 1859-1861 (p. 529-536).

BENTHAM, George, *Catalogue des plantes indigènes des Pyrénées et du Bas-Languedoc, avec des observations sur les espèces nouvelles ou peu connues ; précédé d'une Notice sur un voyage botanique fait dans les Pyrénées pendant l'été de 1825*, Paris, Madame Huzard, 1826.

BÉRENGER-FÉRAUD, Laurent-Jean-Baptiste, *Superstitions et survivances étudiées au point de vue de leur origine et de leur transformation*, 5 tomes, Paris, E. Leroux, 1896.

BERENSON, Edward, *Populist Religion and Left-Wing Politics in France, 1830-1852*, Princeton, Princeton University Press, 1984.

BERNARD, François, « Transhumance », *Nouveau Dictionnaire d'économie politique*, t. 2, Paris, Guillaumin, 1900 (p. 1050-1051).

BERNARD, Richard Boyle, *A Tour Through Some Parts of France, Switzerland, Savoy, Germany and Belgium*, Philadelphie, Edward Earle, 1815.

BERNARD, R.-J., « L'Alimentation paysanne en Gévaudan au XVIIIe siècle », *Annales. Économie, sociétés, civilisations*, 24e A., n° 6, 1969 (p. 1449-1467).

BERNHARD, Carl Gustaf, *Through France with Berzelius. Live Scholars and Dead Volcanoes*, Oxford, Pergamon, 1989.

BERNHARDT, Sarah, *Ma double vie : mémoires*, Paris, E. Fasquelle, 1907.

BERNOULLI, Jean, *Lettres sur différens sujets, écrites pendant le cours d'un voyage par l'Allemagne, la Suisse, la France méridionale et l'Italie, en 1774 et 1775 : avec des additions & des notes plus nouvelles, concernant l'histoire naturelle, les beaux-arts, l'astronomie & d'autres matières*, 3 tomes, Berlin, G. J. Decker, 1777-1779.

BERTOT, Jean, *La France en bicyclette : étapes d'un touriste : de Paris à Grenoble et à Marseille...*, Paris, Librairies-imprimeries réunies, 1894.

BEST, Adolphe *et al.* (illustr. ; texte anon.), « Landes de Gascogne », *Le Magasin pittoresque*, 1835 (p. 353-354).

BETHAM-EDWARDS, Matilda, *The Roof of France, or the Causses of the Lozère*, Londres, Richard Bentley and Son, 1889.

BEYLET, « Demi-sauvages de la Provence », *Bulletin de la Société de géographie*, sér. 2, t. 6, 1836 (p. 56-60).

BIÉLAWSKI, Jean-Baptiste-Maurice, *Récits d'un touriste auvergnat*, Yssoire, C. Caffard, 1888.

BILBROUGH, E. Ernest, *Twixt France and Spain, or A Spring in the Pyrenees*, Londres, Sampson Low, Marston, Searle, and Rivington, 1883.

BIRKBECK, Morris, *Notes on a Journey Through France*, Londres, William Phillips, 1815.

BIZEUL, Louis-Jacques-Marie, « Voie romaine de Nantes vers Limoges », *Annales de la Société académique de Nantes*, 1844 (p. 258-308).

BLACK, Charles Bertram, *The South of France. East Half*, Édimbourg, A. and C. Black, 1885.

BLACK, Jeremy, *The British Abroad. The Grand Tour in the Eighteenth Century*, Stroud, A. Sutton, 1992 ; 1997.

BLACKBURN, Henry, *The Pyrenees : a Description of Summer Life at French Watering Places*, Londres, chez Sampson Low, Marston, Searle, & Rivington, 1881.

—, *Normandy Picturesque*, Londres, William Clowes and Sons, Stamford Street & Charing Cross, 1870.

BLADÉ, Jean-François, « Quatorze superstitions populaires de la Gascogne », *Revue de l'Agenais*, t. 10, Agen, P. Noubel, 1883 (p. 17-31).

BLANCHARD, Raoul, « L'habitation en Queyras », *La Géographie*, t. 19, 1909 (p. 15-44).

BLANCHET, Dr, « Plantes nouvellement découvertes dans les départements des Landes et des Basses-Pyrénées », *Bulletin de la Société de Borda*, A. 7, Dax, E. Campion, 1882 (p. 61-67).

BLANQUI, Adolphe, *Voyage à Madrid*, Paris, Dondey-Dupré père et fils, 1826.

BLERZY, H., « Études sur les travaux publics. Routes, chemins et tramways », *Revue des Deux Mondes*, 1er juin 1878 (p. 628-658).

BLONDEL, François-Adolphe, « Carte en relief de la France », *Bulletin de l'année, Société normande de géographie*, Rouen, 1882 (p. 387-389).

BOIRAUD, Henri, *Contribution à l'étude historique des congés et des vacances scolaires en France*, Paris, J. Vrin, 1971.

BOISSEL, T. C. G. (Boissel de Monville), *Voyage pittoresque et navigation exécutée sur une partie du Rhône, réputée non navigable. Moyens de rendre ce trajet utile au commerce*, Paris, Dupont, An III (1795).

BOISSIER DE SAUVAGES, Pierre-Augustin, *Dictionnaire languedocien-français*, Nîmes, Gaude, 1785.

BONALD, Jacques de, « En Morvan », *Le Magasin pittoresque*, sér. 3, t. 3, Paris, 1902 (p. 257-260).

BONAPARTE, Louis-Napoléon, *Extinction du paupérisme*, Paris, Tremblaire, 1848.

BONNARD, Louis, *Le Voyage en France à travers les siècles*, Paris, Touring-Club de France, 1927.

BONNARD, Sylvestre, « Le culte de Saint Greluchon », *L'Intermédiaire des chercheurs et curieux*, Paris, B. Duprat, 15 mars 1933 (p. 221-226).

BONNECASE, Julien, « L'Institution de l'"Héritière" dans le Béarn moderne », *Revue philomathique de Bordeaux et du Sud-Ouest*, Bordeaux, Société Philomatique, 1920 (p. 1-6).

BONNECAZE, Jean, « Mœurs et génie des Béarnais (1786) », *Bulletin de la Société des sciences, lettres et arts de Pau*, Pau, 1910 (p. 69-98).

BONNEMÈRE, Eugène, *Histoire des paysans depuis la fin du Moyen Âge jusqu'à nos jours*, t. 2, Paris, F. Chamerot, 1856.

BONNET, René, *Enfance limousine*, chez l'auteur, 1954.

BOUCHARD, Jean-Jacques, *Les Confessions de Jean-Jacques Bouchard, parisien*, Paris, Isidore Liseux, 1881.

BOUDIN, Jean-Christian-Marc, *Traité de géographie et de statistique médicales*, Paris, J.-B. Baillière et fils, 1857.

BOUÉ DE VILLIERS, Amaury-Louis-R., *Le Pèlerinage de la Fontaine Sainte-Clothilde aux Andelys*, Paris, A. Le Chevalier ; Rouen, Lanctin, 1870.

BOURDIEU, Pierre et Marie-Claude, « Le paysan et la photographie », *Revue française de sociologie*, n° 6, 1965 (p. 164-174).

BOURDIOL, H., « Importance d'un nivellement général de la France », *Bulletin de la Société de géographie*, sér. 5, t. 10, 1865 (p. 177-196).

BOURGUET, Marie-Noëlle, *Déchiffrer la France : la statistique départementale à l'époque napoléonienne*, Paris, Éditions des Archives contemporaines, 1988 ; 1989.

BOURRIT, Marc-Théodore, *Itinéraire de Genève, Lausanne et Chamouni*, Genève, J. E. Didier, 1791.

BOUVIER, Jeanne, *Mes mémoires ou 59 années d'activité industrielle, sociale et intellectuelle d'une ouvrière, 1876-1935*, Paris, Maspero, 1983.

BRAUDEL, Fernand, *L'Identité de la France*, 3 tomes, Paris, Arthaud-Flammarion, 1986.

BRAY, Anna Eliza (Mrs. Charles Stothard), *Letters Written During a Tour Through Normandy, Britanny* [sic], *and Other Parts of France*, Londres, Longman, Hurst, Rees, Orme and Brown, 1820.

BREHM, Alfred Edmund, *L'Homme et les animaux : description populaire des races humaines et du règne animal*, 2 tomes, Paris, J. B. Baillière et Fils, 1869-1885.

—, *Les Mammifères, caractères, mœurs, chasses, combats, captivité, domesticité, acclimatation, usages et produits*, t. 1, Paris, J.-B. Baillière et fils, s. d., A. E. Brehm (édition française revue par Z. Gerbe).

BRETON, Jules, *Œuvres poétiques : Les Champs et la mer - Jeanne*, Paris, Alphonse Lemerre, 1887.

BREVAL, John Durant, *Remarks on Several Parts of Europe, Relating Chiefly to Their Antiquities and History*, Londres, H. Lintot, 1738.

BRIAND, Pierre-César, *Les Petits voyageurs en France, ou Description pittoresque de cette belle contrée*, Paris, Thiériot, 1834.

BRIAULT, C., *Les Pyrénées et l'Auvergne à bicyclette : Chartres à Gavarnie par Bordeaux, retour par Clermont*, Chartres, Impr. industrielle et commerciale, 1895.

BROCA, Paul, *Instructions générales pour les recherches anthropologiques à faire sur le vivant*, Paris, G. Masson, 1879.

—, « Recherches sur l'ethnologie de la France », *Bulletins de la Société d'anthropologie de Paris*, 1859-1860 (p. 6-15).

—, « Sur les caractères des crânes des Basques », *Bulletins de la Société d'anthropologie de Paris*, 1862 (p. 579-591).

BROCHANT DE VILLIERS, « Notice sur la carte géologique générale », *Comptes rendus hebdomadaires des séances de l'Académie des sciences*, t. 1, 30 novembre 1835, Paris, Bachelier (p. 423-429).

BROCHET, Régis, *En bicyclette au Bocage vendéen : notes et impressions*, Fontenay-le-Comte, A. Baud, 1893.

BROUDIC, Fanch, « Il est interdit de cracher par terre et de parler breton », *Bulletin de la Société archéologique du Finistère*, 2001 (p. 363-370).

BRUCHET, Max, *La Savoie d'après les anciens voyageurs*, Annecy, Impr. de Hérisson frères, 1908.

BRUN, Marie-Marguerite, *Essay d'un dictionnaire comtois-françois*, Besançon, Vve Cl. Rochet, 1753.

BRUNE, Guillaume-Marie-Anne, *Voyage pittoresque et sentimental dans plusieurs des provinces occidentales de la France*, Londres et Paris, Letellier, 1788.

BRUNHES, Jean, *La Géographie humaine*, 3e éd., Paris, Presses universitaires de France, 1956.

BRUNO, G. (Augustine Fouillée), *Le Tour de France par deux enfants : devoir et patrie*, Paris, Librairie classique Eugène Belin, 1877.

BUFFAULT, Pierre, « Forêts et gaves du pays d'Aspe », *Bulletin de la Société de géographie commerciale de Bordeaux*, sér. 2, A. 25, 1903 (p. 341-356 et 361-371).

BURGAUD DES MARETS, Henri, *Glossaire du patois rochelais ; suivi d'une Liste des expressions vicieuses usitées à La Rochelle*, Paris, Firmin-Didot, 1861.

BURGUBURU, Charles, « Le système métrique en Lot-et-Garonne », *Revue de l'Agenais*, t. 54, Agen, 1927 (p. 302-305).

BUSQUET, Alfred, *Poésies*, Paris, Hachette, 1884.

Cahiers de doléances de la paroisse du Rozel, présenté par Christian Leroy, 1999. Voir http://perso.orange.fr/ch.leroy/cahiers.htm.

Cahiers de Doléances de la Sénéchaussée de Cahors pour les États-Généraux de 1789, présenté par Victor Fourastié, Cahors, A. Coueslant, 1908.

CALLET, Pierre-Moïse, *Glossaire vaudois*, Lausanne, G. Bridel, 1861.

CALVEZ, Marcel, « Les accusations de contagion comme argument d'exclusion : l'exemple des caqueux de Bretagne », *Ethnologie française*, 1992, n° 1 (p. 56-60).

CAMBRY, Jacques, *Description du département de l'Oise*, 3 tomes, Paris, P. Didot l'aîné, An XI (1803) ; 2 tomes (présenté par Jacques Gury), Maxwell coop., 1992.

—, *Voyage dans le Finistère, ou État de ce département en 1794 et 1795*, 3 tomes, Paris, Imprimerie du cercle social, An VII (1798).

CAMPENON, Vincent, *Voyage à Chambéry*, Paris, Didot Jeune, 1797.

CAPITAN, Louis, « Dessins d'habitations dans le rocher », *Bulletins de la Société d'anthropologie de Paris*, 1892 (p. 581-582).

CAPUS, G., « Études sur la taupe », *Le Magasin pittoresque*, sér. 2, t. 2, Paris, 1884 (p. 303-306).

CARLIER, Claude, *Traité des bêtes à laine, ou Méthode d'élever et de gouverner les troupeaux aux champs et à la bergerie*, 2 tomes, Paris, Vallat-la-Chapelle, 1770.

CARON, François, *Histoire des chemins de fer en France. Volume 1 : 1740-1883*, Paris, Fayard, 1997.

CARR, John, *The Stranger in France or A Tour from Devonshire to Paris*, Londres, J. Johnson, 1803.

CARRIER, J., « Folklore ou vieilles coutumes des habitants de la paroisse de Saint-Amand-de-Coly », *Bulletin de la Société historique et archéologique du Périgord*, Périgueux, 1893 (p. 396-404).

CASSINI DE THURY, César-François, *Avertissement ou Introduction à la Carte générale et particulière de la France*, s.n., 1750 (?).

—, *Introduction à la seconde feuille occidentale de la Carte de la France*, Paris, Impr. H.-L. Guérin et L.-F. Delatour, 1754.

CAVAILLÈS, Henri, *La Route française, son histoire, sa fonction*, Paris, Armand Colin, 1946.

CAVOLEAU, Jean-Alexandre, *Description abrégée du département de la Vendée*, Fontenay-le-Peuple, Robuchon, An IX (1800).

CAZALS, Rémy (présenté par), *Histoire de Castres, Mazamet, la Montagne*, Toulouse, Privat, 1992.

CÉARD, Henry, *Terrains à vendre au bord de la mer*, Paris, E. Fasquelle, 1906.

CERTEAU, Michel de, Dominique JULIA et Jacques REVEL, *Une politique de la langue. La Révolution française et les patois : l'enquête de Grégoire*, Paris, Gallimard, coll. « Bibliothèque des Histoires », 1975.

CESTRE, A., « Les vigies celto-romaines établies le long du Rhin pour la transmission des dépêches », *Annales des voyages, de la géographie, de l'histoire et de l'archéologie*, t. 206, Paris, Challamel aîné, 1870 (p. 131-140).

CHAIX, Barthélémy, *Préoccupations statistiques, géographiques, pittoresques et synoptiques du département des Hautes-Alpes*, Grenoble, F. Allier Éd., 1845.

CHAMPNEY, Benjamin, *Sixty Years' Memories of Art and Artists*, Boston, s.n., 1899 ; New York, Garland Reprint, 1977.

CHARENCEY, Hyacinthe de, *Ethnographie euskarienne. Étude sur l'origine des Basques, d'après les données de la linguistique*, Paris, s.n., 1889.

CHATEAUBRIAND, François-René, vicomte de, *Mémoires d'outre-tombe*, 2 tomes (présenté par J.-C. Berchet), Paris, Classiques Garnier, Bordas, 1989-1992.

CHAUSENQUE, Vincent de, *Les Pyrénées ou Voyages pédestres dans toutes les régions de ces montagnes*, 2 tomes, Noubel, Agen, 1854.

CHENNEVIÈRES, Philippe de, « Les musées de province », *Gazette des Beaux-Arts*, février 1865 (p. 118-131).

CHÉROT, A., « Circulation des voyageurs et des marchandises dans le Tunnel du Mont-Cenis », *Journal des économistes*, mai 1875 (p. 322-324).

CHÉRUEL, Adolphe, *Dictionnaire historique des institutions, mœurs et coutumes de la France*, t. 1, Paris, Hachette, 1899 (7e édition).

CHESNEL, Adolphe de, *Coutumes, mythes et traditions des provinces de France*, Paris, Périsse frères, 1846.

CHEVALIER, Michel, *Des intérêts matériels en France : travaux publics, routes, canaux, chemins de fer*, Paris, C. Gosselin et W. Coquebert, 1838.

—, « La vallée de l'Ariège et la République d'Andorre », *Revue des Deux Mondes*, 1er décembre 1837 (p. 618-642).

—, *La Vie humaine dans les Pyrénées ariégeoises*, Paris, Éd. M. Th. Genin, 1956.

CHEVALLIER, Émile, *De l'assistance dans les campagnes : indigence, prévoyance, assistance*, Paris, A. Rousseau, 1889.

CHEVALLIER, Pierre et Marie-José COUAILHAC, *L'Administration des Eaux et Forêts dans le département de l'Isère au XIXe siècle*, Grenoble, Centre de recherche d'histoire économique, sociale et institutionnelle, 1983.

CHORIER, Nicolas, *Histoire générale de Dauphiné, 1661-1672*, 2 tomes, Valence, Chevrier Imprimeur, 1869-1878.

CHOULES, John Overton, *Young Americans Abroad, or Vacation in Europe*, Boston, Gould and Lincoln, 1852.

CLEARY, M. C., *Peasants, Politicians and Producers : the Organisation of Agriculture in France since 1918*, Cambridge, Cambridge University Press, 1989.

CLÉMENT, Henry, *La Désertion des campagnes en pays limousin*, Paris, Secrétariat de la Société d'économie sociale, 1909.

COBB, Richard, *The Police and the People. French Popular Protest, 1789-1820*, Oxford, Oxford University Press, 1970 ; 1972.

—, *Paris and its Provinces, 1792-1802*, Oxford, Oxford University Press, 1975.

—, *The French and Their Revolution* (présenté par David Gilmour), Londres, John Murray, 1998.

COLLET, Vital, « Sobriquets caractérisant les habitants de villages lorrains », *Le Pays lorrain*, Nancy, 1908 (p. 442-449).

CONSTANTINE, Mary-Ann, *Breton Ballads*, Aberystwyth, CMCS, 1996.

CONSUL, Sylva, *Les Petits Touristes : premier voyage de vacances*, Paris, Tolra, 1892.

CONTY, Henri A. de, *Côtes de Normandie*, Paris, Administration des guides Conty, 1889.

—, *Les Pyrénées occidentales et centrales et le sud-ouest de la France*, Paris, Administration des guides Conty, 1899.

COOPER, James Fenimore, *A Residence in France*, Paris, Baudru, 1836. [*Séjour d'une famille américaine en France*, Paris, C. Gosselin, 1838.]

CORABŒUF, Colonel, « Levée de la carte de France », *Bulletin de la Société de géographie*, sér. 1, t. 8, 1827 (p. 239-240).

CORBIN, Alain, *Les Cloches de la terre, Paysage sonore et culture sensible dans les campagnes au XIXe siècle*, Paris, Albin Michel, 1994.

—, *Le Territoire du vide*, Paris, Aubier, 1988.

—, *Le Village des cannibales*, Paris, Aubier, 1990.

COSSON, Jean-Michel *et al.*, *Les Mystères de l'Aveyron*, Clermont-Ferrand, De Borée, 1999.

COSTELLO, Louisa Stuart, *Béarn and the Pyrenees : A Legendary Tour to the Country of Henri Quatre*, 2 tomes, Londres, R. Bentley, 1844.

COUDERC, Jean-Mary, « Les toponymes "Saint-Martin" dans nos campagnes », *Mémoires de la Société archéologique de Touraine*, t. 62, Tours, 1997.

COUDERC, Marie-Anne, *Bécassine inconnue*, Paris, Éditions du CNRS, 2000.

COUDON, Gilbert, « Quand Jean-Baptiste Delambre arpentait le Cantal », http://gilbert.coudon.chez-alice.fr/delambre.htm.

COULON, Louis, *Le Fidèle Conducteur pour les voyages de France, d'Allemagne, d'Angleterre et d'Espagne : montrant exactement les raretez et choses remarquables qui se trouvent en chaque ville, et les distances d'icelles, avec un dénombrement des batailles qui s'y sont données*, Troyes, Nicolas Houdot ; Paris, Gervais Clouzier, 1654.

COURTIN, Antoine de, *Nouveau traité de la civilité qui se pratique en France parmi les honnestes gens*, Paris, L. Josse et C. Robustel, 1728.

COURTOIS, Jacques, *Voyage de M*** en Périgord*, Paris, Gabriel Valleyre, 1762.

COUTANCIER, Benoît, *Restaurer la montagne : Photographies des eaux et forêts du XIXe siècle*, Catalogue d'exposition, Paris, Somogy éd. d'art ; Arles, Museon Arlaten, 2004.

COUTANS, Dom Guillaume, *Description historique et topographique de la grande route de Paris à Reims*, Paris, Vente, 1775.

COYER, Gabriel-François, *Voyages d'Italie et de Hollande*, 2 tomes, Paris, Vve Duchesne, 1775.

C. P. V., « Cagots », *L'Intermédiaire des chercheurs et curieux*, Paris, B. Duprat, 10 décembre 1901 (p. 845-846).

CRADOCK, Anna Francesca, *Journal de Mme Cradock : voyage en France*, Paris, Perrin, 1896 (traduit par Mme. O. Delphin-Balleyguier).

CREUZÉ-LATOUCHE, Jacques-Antoine, *Description topographique du district de Chatelleraud*, Châtellerault, Impr. P. J. B. Guimbert, 1790.

CRIGNELLE, Henri de, *Le Morvan, a District of France : its Sports, Vineyards and Forests*, Londres, Saunders & Otley, 1851 (traduit par William Jesse) [*Le Morvan : Ses chasses, ses Vignobles et ses Forêts*, Précy-sous-Thil, Éditions de l'Armançon, 2004 (1851)].

CROOK, Malcolm (présenté par), *Revolutionary France, 1788-1880*, Oxford, Oxford University Press, 2002.

CURTEL, Georges (« W. Quick »), *En bicyclette à travers l'Engadine, la Valteline, le Tyrol et l'Italie du Nord*, Saint-Étienne, Théolier, 1893.

DAGALIER (libraire), *Guide des étrangers dans Toulouse et ses environs : contenant des notices historiques et descriptives sur les monumens ou édifices publics ou privés, anciens et modernes, sur les musées, bibliothèques,... etc., sur tous les établissemens ayant rapport à l'industrie ou au commerce...*, Toulouse, Dagalier, 1834.

DAINVILLE, François de, *Cartes anciennes du Languedoc, XVIe-XVIIIe siècles*, Montpellier, Société Languedocienne de Géographie, 1961.

DALLY, Eugène, « Sur les cagots des Pyrénées », *Bulletins de la Société d'anthropologie de Paris*, 1867 (p. 111-114).

DARGENTON, Michel, « Paris-Brest-Paris », www.memoire-du-cyclisme.net/pbp_livre.

DARNTON, Robert, *The Great Cat Massacre, and Other Episodes in French Cultural History*, Londres, Allen Lane, 1984 ; 1985.

DAUZAT, Albert, « Glossaire étymologique du patois de Vinzelles », *Revue des langues romanes*, t. 56, 1913 (p. 285-412).

DAVIS, J. B., *The Ancient and Modern History of Nice*, Londres, s.n., 1807.

DEFERRIÈRE, Alexandre, *Archives statistiques de la France*, 3 tomes, Paris, Deferrière, 1804-1805.

DÉGUIGNET, Jean-Marie, *Mémoires d'un paysan bas-breton, 1834-1905*, Plougastel-Daoulas, An Here, 1998.

DEJARDIN, Joseph et J. STECHER, *Dictionnaire des spots ou Proverbes wallons*, Liège, F. Renard ; Paris, Auguste Durand ; et Londres, Barthès et Lowell, 1863.

DELAMBRE, Jean-Baptiste et Pierre MÉCHAIN, *Base du système métrique décimal, ou Mesure de l'arc du méridien compris entre les parallèles de Dunkerque et Barcelone*, 3 tomes, Paris, Baudouin, 1806-1810.

DELATTRE, Charles, *Curiosités naturelles de la France*, Limoges, F.-F. Ardant frères, 1842 (?) ; également publié sous le titre de *Voyages en France, des-*

cription de ses curiosités naturelles, notices sur les villes, etc., Paris, M. Ardant frères, 1851.

—, *Le Jeune Industriel, ou Voyages instructifs de Charles d'Hennery avec sa famille*, Paris, M. Ardant frères, 1846.

DELISLE, Fernand, « Sur les déformations artificielles du crâne dans les Deux-Sèvres et la Haute-Garonne », *Bulletins de la Société d'anthropologie de Paris*, 1889 (p. 649-659).

DELISLE, Guillaume, *Carte des comtéz de Haynaut, de Namur et de Cambrésis*, Paris, chez l'auteur ; Amsterdam, L. Renard, 1706.

DELVINCOURT, J., *Impressions sincères d'un touriste sur le pèlerinage de La Louvesc*, Montpellier, Impr. de Grollier, 1884.

DEMOLIÈRE, Hippolyte-Jules *et al.*, *De Paris à Bordeaux* (guide Moléri), Paris, Hachette, 1855.

DEMOLINS, Edmond, *Les Français d'aujourd'hui : les types sociaux du Midi et du Centre*, Paris, Firmin-Didot, 1898.

DEMPSTER, Charlotte Louisa Hawkins, *The Maritime Alps and Their Seaboard*, Londres, Longmans, Green, 1885.

DENIZOT, Alain et Jean LOUIS, *L'Énigme Alain-Fournier*, Paris, Nouvelles Éditions Latines, 2000.

DEPPING, Georges Bernard, *Merveilles et beautés de la nature en France*, Paris, Alexis Eymery, 1811.

—, *Voyage de Paris à Neufchâtel en Suisse*, Paris, Alexis Eymery, 1813.

DESARÈNES, Paul, *La Famille de Blanzac ou Promenades en Limousin*, Paris et Limoges, M. Ardant frères, 1849. Édition ultérieure (1856) attribuée à l'abbé Jouhanneaud. 1856.

DESCAZEAUX, René, *Les Cagots : histoire d'un secret*, Pau, Éditions Princi Negue, 2002.

DESNOUES, abbé, *Mon émigration : journal inédit d'un voyage en Savoye (septembre 1792)*, Orléans, H. Herluison, 1899.

DEVLIN, Judith, *The Superstitious Mind. French Peasants and the Supernatural in the Nineteenth Century*, New Haven et Londres, Yale University Press, 1987.

DHAUTEVILLE, I., *Le Français alsacien : fautes de prononciation et germanismes*, Strasbourg, Deriveaux, 1852.

Dictionnaire encyclopédique des sciences médicales (sous la direction de M. Amédée Deschambres), 1re sér., Paris, G. Masson, 1869-1889.

DIX, Edwin Asa, *A Midsummer Drive Through the Pyrenees*, New York et Londres, G. P. Putnam's sons, 1890.

DOMAIRON, Louis, *Le Voyageur françois, ou la Connoissance de l'ancien et du nouveau monde*, t. 29-42, Paris, Moutard, 1788-1795.

DONDEL DU FAOUËDIC, Noémie, *Le Journal d'une pensionnaire en vacances*, Vannes, Impr. de Lafolye frères, 1905.

DORVEAUX, P., « Opinion de quelques médecins sur les rebouteurs du Val-d'Ajol », *Le Pays lorrain*, Nancy, 1911 (p. 562-567).

DOTTIN, Georges, « Notes sur le patois de Montjean (Mayenne) », *Revue des patois gallo-romans*, Paris, Honoré Champion, 1887 (p. 172-176).

DOUSSAULT, E., « Fontarabie (Espagne) », *Le Tour du monde : nouveau journal des voyages*, t. 29, Paris, Hachette, 1875 (p. 97-112).

DROHOJOWSKA, Antoinette-Joséphine-Anne, *Une saison à Nice, Chambéry et Savoie*, Paris, C. Douniol, 1860.

DU BOYS, Albert, *Album du Vivarais*, Grenoble, Prudhomme, 1842.

DUBY, Georges *et al.* (présenté par), *Histoire de la France rurale*, 4 tomes, Paris, Le Seuil, 1976.

DU CAMP, Maxime, *Souvenirs littéraires*, Paris, Hachette, 1892 ; Aubier, 1994.

DUCHESNE, Antoine-Nicolas, *Voyage de Antoine-Nicolas Duchesne au Havre et en Haute Normandie, 1762*, s.l., s.n., 1898.

—, « Relation d'un voyage à Reims à l'occasion du sacre de Louis XVI », 1775 ; *Travaux de l'Académie nationale de Reims*, Reims, 1902 (p. 21-140).

DUCKETT, William, *Dictionnaire de la conversation et de la lecture : inventaire raisonné des notions générales les plus indispensables à tous, par une société de savants et de gens de lettres*, 27 tomes, 2e éd. Paris, Lévy Frères, puis Firmin-Didot, 1853-1858.

DUCLOS, Jean-Claude *et al.*, *Louis Mandrin, malfaiteur ou bandit au grand cœur ?*, Grenoble, catalogue d'exposition du Musée dauphinois, 2005.

DUGIED, Pierre-Henri, *Projet de boisement des Basses-Alpes présenté à S. E. le Ministre Secrétaire d'État de l'Intérieur*, Paris, Imprimerie royale, 1819.

DUJARDIN, Victor, *Voyages aux Pyrénées. Souvenirs du Midi par un homme du nord ; Le Roussillon*, Céret, L. Lamiot, 1890.

DUMAS, Alexandre, *Impressions de voyage : de Paris à Cadix*, Paris, Calmann-Lévy, 1847 ; François Bourrin, 1989.

—, *Grand Dictionnaire de cuisine*, Paris, Lemerrre, 1878.

—, *Mes mémoires*, 10 tomes, Paris, M. Lévy frères, 1863-1884.

DUMONT, Arsène, « Étude sur la natalité dans le canton de Fouesnant », *Bulletins de la Société d'anthropologie de Paris*, Paris, Masson, 1890 (p. 415-446).

—, « Uchizy : une colonie de Sarrazins en Bourgogne », *Bulletins de la Société d'anthropologie de Paris*, Paris, Masson, 1894 (p. 444-449).

DUPAIN-TRIEL, Jean-Louis, *La France connue sous ses plus utiles rapports, ou Nouveau dictionnaire universel de la France, dressé d'après la Carte, en 180 feuilles, de Cassiny*, Paris, Impr. de L. Cellot, 1785.

DUPIN, Charles, *Forces productives et commerciales de la France*, Paris, Bachelier, 1827.

DUPLESSIS, Arthur, « Paris à Dieppe », dans *Paris, ou Le Livre des Cent-et-Un*, t. 15, Paris, Ladvocat, 1834.

DURAND, Joseph-Pierre, « Sur l'action des milieux géologiques dans l'Aveyron », *Bulletins de la Société d'anthropologie de Paris*, 1868 (p. 135-147).

DURAND-CLAYE, Charles-Léon, *Cours de routes : professé à l'École des Ponts et Chaussées*, Paris, Baudry, 1895.

DUREAU DE LA MALLE, « Fragmens d'un voyage en France », *Nouvelles annales des voyages*, t. 29, Paris, Gide fils, 1826 (p. 249-257).

DURIER, Charles, *Le Mont Blanc*, Paris, Sandoz et Fischbacher, 1877.

DUROUX, Rose, *Les Auvergnats de Castille. Renaissance et mort d'une migration au XIXe siècle*, Publications de la Faculté des Lettres, Université Blaise Pascal, Clermont-Ferrand, 1992.

DUSAULX, Jean, *Voyage à Barège et dans les Hautes-Pyrénées*, 2 tomes, Paris, Didot Jeune, 1796.

DUSSIEUX, Louis, *Géographie historique de la France*, Paris, Firmin-Didot, 1843.

DUTENS, Louis, *Itinéraire des routes les plus fréquentées, ou Journal d'un voyage aux villes principales de l'Europe, où l'on a marqué... le temps employé à aller d'une poste à l'autre, les distances en milles anglois,... les choses remarquables à voir...*, 4e éd., Paris, T. Barrois jeune, 1783.

DUVAL, Amaury, *Souvenirs (1829-1830)*, Paris, E. Plon, Nourrit et Cie, 1885.

DUVAL, Jules, « Sol agricole de la France », *Le Magasin pittoresque*, Paris, 1867 (p. 198).

DUVAL, Louis, *Gargantua en Normandie : étude archéologique et philologique*, Alençon, Marchand-Saillant, 1880.

EDWARDS, William Frédéric, *Des caractères physiologiques des races humaines considérés dans leurs rapports avec l'histoire*, Paris, Dondey-Dupré, 1841.

ÉGRON, Adrien-César, « Des voyages en France », *Nouvelles annales des voyages*, t. 45, Paris, Gide fils, 1830 (p. 5-29).

—, « Essai statistique sur une partie des départements de la Marne et des Ardennes », *Nouvelles annales des voyages*, t. 52, Paris, Gide fils, 1831 (p. 304-326).

—, « Coup d'œil général sur les chemins de fer en France », *Nouvelles annales des voyages*, t. 73, Paris, Gide fils, 1837 (p. 223-231).

EJNÈS, Gérard *et al.*, *Tour de France, 100 ans, 1903-2003*, 3 tomes, Paris, L'Équipe, 2002.

ÉTAT-MAJOR DE L'ARMÉE DE TERRE, *Aide-mémoire de l'officier d'état-major en campagne*, Paris, Imprimerie nationale, 1884.

Exposition universelle internationale de 1878, à Paris, Catalogue officiel, t. 2, Paris, Imprimerie nationale, 1878.

FABRE, Daniel, Jacques LACROIX et Gaston LANNEAU, « Des lieux où l'on "cause" », *Ethnologie française*, 1980, n° 1 (p. 7-26).

FABRY, Jean-Baptiste-Germain, *Itinéraire de Buonaparte, depuis son départ de Doulevent, le 29 mars, jusqu'à son embarquement à Fréjus*, Paris, Le Normant, 1815.

FAUCHET, Joseph, *Description abrégée du département du Var*, Paris, Imprimerie des Sourds-Muets, An IX (1800).

FAUVELLE, Charles, « Photographies de criminels », *Bulletins de la Société d'anthropologie de Paris*, 1890 (p. 957-959).

FAVREAU, Robert (présenté par), *Histoire de Poitiers*, Toulouse, Privat, 1985.

FAY, H.-Marcel (Dr), *Lépreux et cagots du sud-ouest*, Paris, Honoré Champion, 1910.

FEL, André, « Petite culture, 1750-1850 », dans H. Clout (présenté par), *Themes in the Historical Geography of France*, Londres, Academic Press, 1977 (p. 215-245).

FERRAND, Henri, *L'Oisans et la région de la Meidje, du Pelvoux et de la Barre des Escrins*, Grenoble, Gratier et Rey éditeurs, 1903.

—, *Le Pays briançonnais, de Briançon au Viso*, Grenoble, Gratier et Rey éditeurs, 1909.

—, *Le Vercors, le Royannais et les quatre montagnes*, Grenoble, Gratier et Rey éditeurs, 1904.

— (présenté par), *Premiers voyages à Chamouni : lettres... 1741-1742*, Lyon, Impr. de A. Geneste, 1912.

La Feuille villageoise : adressée, chaque semaine, à tous les villages de France, pour les instruire des loix, des évènements, des découvertes qui intéressent tout citoyen, 1790-1795.

FLAUBERT, Gustave, *Par les champs et par les grèves. Voyages et carnets de voyages*, Paris, Club de l'honnête Homme, 1973.

FLEUTELOT, Jean-Baptiste, *Journal manuscrit d'un voyage de Dijon en Provence*, Marseille, Barlatier, 1905.

FLOUR DE SAINT-GENIS, Victor, *Cahier de doléances du tiers-état de la paroisse de Saint-Beury [Beurizot] en Auxois*, Paris, Imprimerie nationale, 1901.

FODÉRÉ, François Emmanuel, *Voyage aux Alpes Maritimes*, 2 tomes, Paris, Levrault, 1821.

FOLIN, Léopold-Alexandre-Guillaume de, « Une excursion à la forêt d'Iraty », *Bulletin de la Société de géographie commerciale de Bordeaux*, sér. 2, A. 1, 1878 (p. 68-74).

FONTAINE, Laurence, *Le Voyage et la mémoire : colporteurs de l'Oisans au XIXe siècle*, Lyon, Presses universitaires de Lyon, 1984.

FONTANGES, François de, *La Fuite du Roi (20 juin 1791)*, Paris, H. Gauthier, 1898.

FONTANGES, Guillaume de, *Le Service géographique de l'Armée : son histoire, son organisation, ses travaux*, Paris, Armand Colin, 1938.

FORESTER, Thomas, *Rambles in the Islands of Corsica and Sardinia*, Londres, Longman, Brown, Green, Longmans & Roberts, 1858.

FORREST, Alan, *Napoleon's Men : The Soldiers of the Revolution and Empire*, Londres et New York, Hambledon and London, 2002.

FORSTER, Robert, *The Nobility of Toulouse in the Eighteenth Century : A Social and Economic Study*, Baltimore, The Johns Hopkins Press, 1960.

FORTIS, François-Marie, comte de, *Amélie, ou Voyage à Aix-les-Bains et aux environs*, 2 tomes, Turin, Pic ; Lyon, Imprimerie André, 1829.

FOVILLE, Alfred de, *Enquête sur les conditions de l'habitation en France*, 2 tomes, Paris, E. Leroux, 1894.

—, *La France économique : statistique raisonnée et comparative*, Paris, Armand Colin, 1890.

Les Français peints par eux-mêmes. Encyclopédie morale du dix-neuvième siècle, 10 volumes, Paris, L. Curmer, 1840-1842.

FRÉVILLE, Anne-François-Joachim, *Histoire des chiens célèbres, entre-mêlée de notices curieuses sur l'histoire naturelle, &c.*, t. 1, Paris, Chez Louis, 1796.

FRIEH-VURPAS, Geneviève, *Aix-les-Bains, ville d'eau de la Belle Époque*, Grenoble, Éditions Le Dauphiné Libéré, 1998.

FROSSARD, Émilien, *Tableau pittoresque, scientifique et moral de Nisme et de ses environs à 20 lieues à la ronde*, 2 tomes, Nîmes, Bianquis-Gignoux, 1834-1835.

FRYE, William Edward, *After Waterloo, Reminiscences of European Travel, 1815-1819*, Londres, W. Heinenmann, 1908.

FURET, François et Wladimir SACHS, « La croissance de l'alphabétisation en France », *Annales ESC*, t. 29, 1974 (p. 714-737).

G…, Capt., « Notice sur le village de Mandeure », *Annales des voyages*, t. 24, Paris, Buisson, 1814 (p. 367-372).

GABRIELLI, C.-F.-J.-B. de, *Manuel du provençal ou les Provençalismes corrigés*, Aix et Marseille, Aubuin, 1836.

GAILLARD, Jeanne, « Les migrants à Paris au XIXe siècle », *Ethnologie française*, 1980, n° 2 (p. 129-136).

GALLOIS, L., « L'Académie des Sciences et les origines de la Carte de Cassini », *Annales de géographie*, 1909 (p. 193-204 et 289-310).

GARNER, Alice, *A Shifting Shore : Locals, Outsiders, and the Transformation of a French Fishing Town*, Ithaca et Londres, Cornell University Press, 2005.

GASKELL, Elizabeth, « An Accursed Race », *Household Words*, t. 12, Londres, G.P. Putnam, 1855.

GASPARIN, Valérie de, *Voyage d'une ignorante dans le midi de la France et l'Italie*, 2 tomes, Paris, Paulin, 1835.

GAUTHIER DE CLAGNY, Prosper, *De Paris à Nice en quatre-vingts jours*, Paris, E. Dentu, 1889.

GAUTIER, Henri, *Traité des ponts où il est parlé de ceux des Romains et de ceux des modernes*, Paris, Vve Duchesne, 1716.

GAZIER, A., « Lettres à Grégoire sur les patois de France », *Revue des langues Romanes*, Montpellier, 1874-1879 ; Nendeld, Liechtenstein, Kraus Reprint, 1970.

GÉLIS, Jacques, « Refaire le corps. Les déformations volontaires du corps de l'enfant à la naissance », *Ethnologie française*, 1984, n° 1 (p. 7-28).

GENDRY, E. (G. de Moncontour), *Sport vélocipédique : les champions français*, Angers, Impr. G. Meynieu, 1891.

GENLIS, Mme de (Caroline-Stéphanie-Félicité Du Crest de Saint-Aubin), *Manuel du voyageur, ou Recueil de dialogues, de lettres, etc. suivi d'un itinéraire raisonné à l'usage des Français en Allemagne et des Allemands en France*, Berlin, F. T. de Lagarde, 1799.

GENNEP, Arnold van, *Manuel de folklore français contemporain*, 9 tomes, Paris, Éditions Auguste Picard, 1937-1958.

GEORGE, Jocelyne, « Les Varois de Paris : évolution et fonctions d'originaires », *Ethnologie française*, 1986, n° 2 (p. 191-203).

GEORGEL, Chantal (présenté par), *La Jeunesse des musées : les musées de France au XIXe siècle : Paris, Musée d'Orsay, 7 février-8 mai 1994*, Paris, Réunion des musées nationaux, 1994.

GIBSON, Ralph, *A Social History of French Catholicism, 1789-1914*, Londres et New York, Routledge, 1989.

GIBSON, Robert, *The End of Youth : The Life and Work of Alain-Fournier*, Exeter, Impress Books, 2005.

GILDEA, Robert, *Education in Provincial France, 1800-1914. A Study of Three Departments*, Oxford, Clarendon Press, 1983.

GILLIÉRON, Jules et Edmond EDMONT, *Atlas linguistique de la France*, Paris, Honoré Champion, 1902-1910.

GIRARD, Maurice, *Les Abeilles : organes et fonctions, éducation et produits, miel et cire*, Paris, J.-B. Baillière et fils, 1887.

GIRARD DE RIALLE, Julien, *Les Peuples de l'Asie et de l'Europe : notions d'ethnologie*, Paris, 1881.

GIRARDIN, J., *Souvenirs des Pyrénées*, Rouen, Nicétas-Periaux, 1838.

GIRARDIN, Paul, « Voyage en France, par Ardouin-Dumazet », *La Géographie*, t. 9, 1904 (p. 445-449).

GIRAULT DE SAINT-FARGEAU, Eusèbe, *Guide pittoresque, portatif et complet du voyageur en France : contenant les relais de poste, dont la distance a été convertie en kilomètres*, Paris, Firmin-Didot, 1842.

GIRAUT, Charles, *Carnets de route*, Châlons-sur-Marne, J. Martin et fils, 1914.

GOUBERT, Pierre, *Beauvais et le Beauvaisis de 1600 à 1730. Contribution à l'histoire sociale de la France au XVIIe siècle*, Paris, École pratique des hautes études, VIe section, S.E.V.P.E.N., 1960.

GOURDAULT, Jules, *La France pittoresque*, Paris, Hachette, 1893.

GRAD, Charles, *L'Alsace, le pays et ses habitants*, Paris, Hachette, 1909.

GRANDMAISON, Marie de, *Le Tour de France*, Paris, E. Guérin, 1893.

GRANDSIRE, Eugène (illustr. ; texte anon.), « Les bords de la Creuse », *Le Magasin pittoresque*, Paris, 1858 (p. 67-70).

— (illustr. ; texte anon.), « La Sologne », *Le Magasin pittoresque*, Paris, 1863 (p. 3-6).

GRANGENT, Stanislas-Victor *et al.*, *Description abrégée du département du Gard*, Nîmes, Imprimerie B. Farge, An VIII (1799).

GRATIOT, Maurice, *Deux Parisiens dans le Val d'Andorre : souvenirs d'un voyage aux Pyrénées*, Évreux, Impr. de C. Hérissey, 1890.

GREELEY, Horace, *Glances at Europe, in a Series of Letters from Great Britain, France, Italy, Switzerland, &c.*, New York, Dewitt & Davenport, 1851.

GRÉGOIRE, abbé Henri, « Rapport sur la nécessité et les moyens d'anéantir les patois et d'universaliser l'usage de la langue française », dans A. GAZIER, « Lettres à Grégoire sur les patois de France », *Revue des langues Romanes*, Montpellier, 1879 (p. 193-217).

GRYNBERG, Anne, *Les Camps de la honte : les internés juifs*, Paris, La Découverte, 1999.

GUÉRIN, Jean, « Les nourrissons », *Le Magasin pittoresque*, sér. 2, t. 8, Paris, 1890 (p. 131-134).

GUIGNET, Charles-Ernest, « À travers les Landes », *Le Magasin pittoresque*, sér. 2, t. 7, Paris, 1889 (p. 140-143).

GUILLAUMIN, Émile, *La Vie d'un simple : mémoires d'un métayer*, Paris, Garnier-Flammarion, 1904 ; Paris, Stock, 2001.

GUTTON, Jean-Pierre, *Naissance du vieillard. Essai sur l'histoire des rapports entre les vieillards et la société en France*, Paris, Aubier, 1988.

HAAN, Paul, « Pratiques empiriques des Flandres », *Bulletins de la Société d'anthropologie de Paris*, 1897 (p. 125-127).

HAILLANT, Nicolas et Albert VIRTEL, « Choix de proverbes et dictons patois de Damas », *Annales de la Société d'émulation du département des Vosges* (Épinal), 1903 (p. 1-28).

HALLAYS, André, *En flânant à travers la France*, 9 tomes, Paris, Perrin, 1903-1923.

HAMERTON, Philip Gilbert, *Round My House : Notes of Rural Life in France in Peace and War*, Londres, Seeley, Jackson and Halliday, 1876.

HAMY, Ernest-Théodore, *Les Origines du Musée d'ethnographie : histoire et documents*, Paris, E. Leroux, 1890.

HARE, Augustus J. C., *The Rivieras*, Londres, G. Allen, 1897.

HARISTOY, abbé, « Les paroisses du pays basque pendant la période révolutionnaire : Ciboure », *Études historiques et religieuses du Diocèse de Bayonne*, Pau, Imprimerie catholique, G. Lescher-Moutoué, 1895 (p. 273-288).

HARLÉ, Édouard, « Le pont de la Basilique de Lourdes », *Revue philomathique de Bordeaux et du Sud-Ouest*, Bordeaux, Société Philomatique, 1922 (p. 145-155).

HARRIS, Ruth, *Lourdes : Body and Spirit in the Secular Age*, Londres, Allen Lane, 1999 [*Lourdes. La grande histoire des apparitions, des pèlerinages et des guérisons*, Paris, J.-C. Lattès, 2001 (traduit par Marie-Lise Hiaux-Heitzmann)].

HAUSSMANN, Georges-Eugène, *Mémoires du Baron Haussmann, I : Avant l'Hôtel de Ville*, Paris, Victor-Havard, 1890.

HAZAREESINGH, Sudhir, *From Subject to Citizen : The Second Empire and the Emergence of Modern French Democracy*, Princeton, Princeton University Press, 1998.

—, *The Legend of Napoleon*, Londres, Granta Books, 2004 [*La Légende de Napoléon*, Paris, Points, 2008 (traduit par Albert Sebag)].

—, *La Saint-Napoléon, quand le 14 juillet se fêtait le 15 août*, Paris Tallandier, 2007 (traduit par Guillaume Villeneuve).

HÉCART, Gabriel-Antoine-Joseph, *Dictionnaire rouchi-français*, Valenciennes, Lemaitre, 1834.

HÉLIAS, Pierre-Jakez, *Le Cheval d'orgueil : mémoires d'un Breton du pays bigouden*, Paris, Plon, coll. « Terre humaine », 1975.

HESSELN, Robert de, *Dictionnaire universel de la France*, 6 tomes, Paris, Chez Desaint, 1771.

HIRZEL, Hans Caspar, *Le Socrate rustique, ou Description de la conduite économique et morale d'un paysan philosophe*, 2e éd., Zurich, Heidegger et Compagnie, 1764.

H. L., « Cacous et cagots », *L'Intermédiaire des chercheurs et curieux*, Paris, B. Duprat, 15 août 1899 (p. 267-268).

HOLDSWORTH, J. H., *Memoranda on Tours and Touraine : Including Remarks on the Climate [...] also on the Wines and Mineral Waters of France*, Tours, A. Aigre, 1842.

HOME, Gordon, *Normandy, the Scenery and Romance of its Ancient Towns*, Londres, J. M. Dent, 1905.

HUARD, Charles, *Paris, province, étranger : cent dessins*, Paris, E. Rey, 1906.

HUBSCHER, Ronald H., *L'Agriculture et la société rurale dans le Pas-de-Calais*, 2 tomes en un, Arras, Commission départementale des monuments historiques du Pas-de-Calais, 1979.

HUET DE COËTLIZAN, Jean-Baptiste (?), *Recherches économiques et statistiques sur le département de la Loire-Inférieure*, Nantes, M. Malassis, An XII (1803).

HUFTON, Olwen H., *The Poor of Eighteenth-Century France*, Oxford, Clarendon Press, 1974.

HUGHES, Rev. W., *A Tour Through Several of the Midland and Western Departments of France*, Londres, T. Ostell, 1803.

HUGO, Abel, *France pittoresque*, 2 tomes, Paris, Deloye, 1835.

HUGO, Victor, *Œuvres complètes*, 15 tomes, Paris, Robert Laffont, coll. « Bouquins », 1985-1990.

—, *Œuvres complètes de Victor Hugo. Correspondance I, Lettres à la fiancée*, Paris, Albin Michel, Librairie P. Ollendorf, 1947-1952.

HURLBERT, William Henry, *France and the Republic : A Record of Things Seen and Learned in the French Provinces During the « Centennial » Year 1889*, Londres et New York, Longmans, Green, 1890.

ITARD, Jean-Marc-Gaspard, *De l'éducation d'un homme sauvage*, Paris, Goujon fils, 1801.

JAL, Auguste, *De Paris à Naples : études de mœurs, de marine et d'art*, 2 tomes, Paris, Allardin, 1836.

JAMEREY-DUVAL, Valentin, *Mémoires. Enfance et éducation d'un paysan au XVIIIe siècle* (présenté par Jean-Marie Goulemot), Paris, Le Sycomore, 1981.

JAMES, Henry, *Voyage en France*, R. Laffont, 1987 (traduit par Philippe Blanchard).

JANIN, Jules, « Le marchand de chiens », dans *Paris, ou Le Livre des Cent-et-Un*, t. 8, Paris, Ladvocat, 1832.

JAUBERT, Hippolyte-François, *Glossaire du Centre de la France*, 2e éd., Paris, N. Chaix, 1864.

J. B. J., *Guide du voyageur aux bains de Bagnères, Barèges, St-Sauveur et Cauteretz*, Paris, Lerouge, 1819.

JOANNE, Adolphe, *Atlas historique et statistique des chemins de fer français*, Paris, Hachette, 1859.

—, *Dictionnaire géographique, administratif, postal, statistique, archéologique, etc. de la France, de l'Algérie et des colonies*, 2 tomes, Paris, Hachette, 1864 ; 1869.

—, *Géographie du département de [...]* (monographies séparées), Paris, Hachette, 1874-1893.

—, *Itinéraire général de la France : Les Pyrénées*, 3e éd., Paris, 1868.

— et Élisée RECLUS, « Excursions dans le Dauphiné », *Le Tour du monde : nouveau journal des voyages*, t. 2, Paris, Hachette, 1860 (p. 369-418).

JOANNE, Paul, *Dictionnaire géographique et administratif de la France et de ses colonies*, 7 volumes, Paris, Hachette, 1890-1905.

—, *Vosges, Alsace et Ardennes*, Paris, Hachette, 1883.

JONES, Colin, *The Great Nation : France from Louis XV to Napoleon*, Londres et New York, Allen Lane, 2002 ; 2003.

JONES, Mary Cadwalader, *European Travel for Women*, New York, Macmillan, 1900.

JONES, Peter, *Liberty and Locality in Revolutionary France*, Cambridge, Cambridge University Press, 2003.

—, *The Peasantry in the French Revolution*, Cambridge, Cambridge University Press, 1988.

—, *Politics and Rural Society : the Southern Massif Central*, Cambridge, Cambridge University Press, 1985.

JORDAN, Claude, *Voyages historiques de l'Europe : qui comprend tout ce qu'il y a de plus curieux en France*, t. 1, Paris, Pierre Aubouyn, 1693.

JOSSE, H., « Construction, révision et vulgarisation de la Carte de France », *Bulletin de la Société de géographie commerciale de Bordeaux*, sér. 2, A. 1, 1878 (p. 469-473).

JOUANNE, P., « Maison rurale d'enfants, fondée à Ry », *La Science sociale*, Journal de l'école sociétaire, Paris, Librairie des Sciences sociales, 16 décembre 1867 (p. 298-300).

JOUDOU, Jean-Baptiste-Marie, *Guide des voyageurs à Bagnères-de-Bigorre et dans les environs*, Tarbes, chez l'auteur, 1818.

JOURDAIN, Dom, « Mémoire sur les voies romaines dans le pays des Séquanais », *Nouvelles annales des voyages*, t. 175, Paris, Gide fils, 1862 (p. 174-210).

JOURDAN, Justin, *Excursions dans Toulouse et le département de la Haute-Garonne ; suivies de celles aux eaux minérales des Pyrénées et du parcours des chemins de fer du Midi*, Toulouse, s.n., 1858.

JUBINAL, Achille, « Le conducteur de coucou », dans *Paris, ou Le Livre des Cent-et-Un*, t. 14, Paris, Ladvocat, 1834.

JUDT, Tony, *Socialism in Provence 1871-1914 : A Study in the Origins of the Modern French Left*, Cambridge, Cambridge University Press, 1979.

JULIA, Dominique et Daniel MILO, « Une culture passante », dans André BURGUIÈRE et Jacques REVEL (présenté par), *Histoire de la France. L'Espace français*, Paris, Le Seuil, 1989.

KARR, Alphonse, *De loin et de près*, Paris, Michel Lévy frères, 1862.

KEANE, A. H., « Cagots », *Encyclopaedia of Religion and Ethics*, vol. 3, Édimbourg, Clark ; New York, Scribner, 1910.

KIPLING, Rudyard, *Souvenirs de France*, Paris, Bernard Grasset, 1933 (traduit par Louis Gillet).

—, « Motoring Diaries » (présenté par J. Barnes), *Areté*, n° 12, Londres, automne 2003 (p. 63-85).

KOCK, Paul de, *La Grande Ville : nouveau tableau de Paris*, 2 tomes, Paris, Marescq, 1844.

KONVITZ, Josef W, *Cartography in France, 1660-1848*, Chicago, University of Chicago Press, 1987.

LABESSE, Édouard Decaudin, *Notre pays de France : le Roi du biniou (Bretagne)*, Paris, Ducrocq, 1893.

LABOULINIÈRE, P., *Annuaire statistique du département des Hautes-Pyrénées*, Tarbes, Lavigne, 1807.

LABOURASSE, Henri-Adolphe, « Anciens us, coutumes, légendes, superstitions, préjugés, etc. du département de la Meuse », *Mémoires de la Société des lettres, sciences et arts de Bar-le-Duc*, Bar-le-Duc, 1902 (p. 3-225).

LABROUE, Émile, « À travers les Pyrénées : Aulus », *Bulletin de la Société de géographie commerciale de Bordeaux*, sér. 2, A. 7, 1884 (p. 161-170).

LA CONDAMINE, Charles-Marie de, *Histoire d'une jeune fille sauvage, trouvée dans les bois à l'âge de dix ans*, Paris, s.n., 1755.

LADOUCETTE, Jean-Charles-François, *Histoire, topographie, antiquités, usages, dialectes des Hautes-Alpes*, 2e éd., Paris, Fantin, 1834.

—, « Mœurs et usages des Hautes-Alpes », *Bulletin de la Société de géographie*, sér. 1, t. 20, 1833 (p. 131-143).

—, « Anecdotes sur Napoléon », dans *Paris, ou Le Livre des Cent-et-Un*, t. 15, Paris, Ladvocat, 1834.

LA FONTAINE, Jean de *et al.*, *Voyages des poètes français (XVII*[e] *et XVIII*[e] *siècles)*, Paris, C. Delagrave, 1888.

LAGARDE, Prosper de, *Voyage dans le pays basque et aux bains de Biarritz : contenant des observations sur la langue des Basques, leurs mœurs, leur caractère, etc.*, Paris, Audin, 1835.

LAGARDELLE, Firmin, « Notes anthropologiques sur les colliberts, huttiers et nioleurs des marais mouillés de la Sèvre », *Bulletins de la Société d'anthropologie de Paris*, 1871 (p. 202-214).

LAGARENNE, Pierre, « Notice sur le patois saintongeais », *Revue des langues romanes*, t. 7, 1875 (p. 134-144).

LAGNEAU, Gustave, « Les Gaëls et les Celtes », *Bulletins de la Société d'anthropologie de Paris*, 1859-1860 (p. 514-519).

—, « Notice-questionnaire sur l'anthropologie de la France », *Bulletins de la Société d'anthropologie de Paris*, 1861 (p. 327-406).

—, « Sur l'incurvation lombo-sacrée comme caractère ethnique », *Bulletins de la Société d'anthropologie de Paris*, 1866 (p. 633-637).

—, « De l'anthropologie de la France », *Bulletins de la Société d'anthropologie de Paris*, 1867 (p. 389-399).

—, « Sur les habitants de l'Aveyron et les Sarrasins de France », *Bulletins de la Société d'anthropologie de Paris*, 1868 (p. 168-173).

—, « Sur les Gavaches », *Bulletins de la Société d'anthropologie de Paris*, 1876 (p. 38-39).

LAJARD, J. et Félix REGNAULT, *De l'existence de la lèpre atténuée chez les cagots des Pyrénées*, Paris, E. Lecrosnier et Babé, 1893.

LALLEMAND, Léon, *Histoire de la charité*, t. 4 : *Les Temps modernes*, 2 parties, Paris, A. Picard et fils, 1910-1912.

LAMOUCHE, Léon, « Note sur la classification des dialectes de la langue d'oc », *Revue des langues romanes*, t. 43, 1900 (p. 351-563).

LANDE, Lucien-Louis, « Les Cagots et leurs congénères », *Revue des Deux Mondes*, 15 janvier 1878 (p. 426-450).

LANDRIN, Armand, « Écriture figurative et comptabilité en Bretagne », *Revue d'ethnographie*, 8 tomes, t. 1, Paris, Leroux, 1882 (p. 369-380).

LANOYE, Ferdinand de, « Voyage aux volcans de la France centrale », *Le Tour du monde : nouveau journal des voyages*, t. 14, Paris, Hachette, 1866 (p. 289-304).

LARGILLIÈRE, René, *Les Saints et l'organisation chrétienne primitive dans l'Armorique bretonne*, Rennes, Plion et Hommey, 1925.

LA ROCHE, Jean de, *Voyage d'un amateur des arts en Flandre, dans les Pays-Bas, en Hollande, en France, en Savoye, en Italie, en Suisse*, 4 tomes, Amsterdam, s.n., 1783.

LA ROCHEFOUCAULD D'ANVILLE, Louis-Alexandre de, *Relation inédite d'un voyage aux glacières de Savoie en 1762*, Paris, Club alpin français, 1894.

LAROUSSE, Pierre, *Grand Dictionnaire universel du XIXe siècle*, 17 volumes, Paris, Larousse, 1866-1879.

LASSERRE, Bertrand, *Les Cent jours en Vendée : le général Lamarque et l'insurrection royaliste, d'après les papiers inédits du général Lamarque*, Paris, Plon-Nourrit, 1906.

LAUDET, Fernand, « Monsieur le maire », dans *Archives de Gascogne*, Paris, M. Trinckvel, 1993 (p. 151-152).

LAUNAY, Françoise, « La Dame de la Lune », *Pour la science*, n° 307 (mai 2003).

LAVALLÉE, Joseph et Louis Brion DE LA TOUR, *Voyage dans les départements de la France*, 5 tomes, Paris, Brion, 1792-1802.

LAVILLE, André *et al.*, Article de Jho Pale sur Hoëdic et Houat, *Bulletins de la Société d'anthropologie de Paris*, 1909 (p. 5-9).

LAVISSE, Ernest, *Discours à des enfants*, Paris, Armand Colin, 1907.

— et François PICAVET, *Instruction morale et civique, ou Philosophie pratique psychologique, logique, morale pratique, économie politique, morale théorique, instruction civique : à l'usage des écoles normales primaires, des lycées et collèges de jeunes filles, des élèves de l'enseignement spécial et des candidats au baccalauréat ès sciences*, Paris, Armand Colin, 1888.

LAWLOR, Denys Shyne, *Pilgrimages in the Pyrenees and Landes*, Londres, Longman, Green & Co., 1870.

L. D. M., *Itinéraire complet de la France, ou Tableau général de toutes les routes et chemins de traverse de ce royaume*, 2 tomes, Paris, Louette, 1788.

LE BAS, Philippe, *France. Dictionnaire encyclopédique*, vol. 3, Paris, Firmin-Didot, 1841.

LE BRAS, Hervé et Emmanuel TODD, *L'Invention de la France. Atlas anthropologique et politique*, Paris, Le Livre de poche, 1981.

LECA, Colonel, « La Loire navigable », *Société de géographie commerciale de Nantes*, 1897 (p. 57-84 et 161-213).

LECLERCQ, Jules, *Promenades dans les Pyrénées*, Paris et Tours, A. Mame et fils, 1888.

LECREULX, François-Michel, *Description abrégée du département de la Meurthe*, Paris, Imprimerie de la République, An VII (1799).

LEDUC, Pierre-Étienne-Denis, *Maître Pierre ou Le Savant de village. Entretiens sur la Géographie de la France*, Paris, Levrault, 1833.

LEFEBVRE, Georges, *La Grande Peur de 1789*, Paris, Armand Colin, 1988 (1re éd. 1932).

LEFEBVRE D'HELLANCOURT, Antoine Marie, *Le Voyage de Dhellancourt en Oisans (1785)*, Grenoble, Impr. de F. Allier père et fils, 1892.

LEGRAND D'AUSSY, Pierre Jean-Baptiste, *Voyage d'Auvergne*, Paris, E. Onfroy, 1788.

LEHNING, James, *Peasant and French : Cultural Contact in Rural France During the Nineteenth Century*, Cambridge, Cambridge University Press, 1995.

LEMPS, Abbé de, *Panorama de la Corse, ou Histoire abrégée de cette île, et description des mœurs et usages de ses habitants*, Paris, A. Sirou, 1844.

LENTHÉRIC, Charles, *La Grèce & l'Orient en Provence*, Paris, Plon-Nourrit, 1910.

LEPELLETIER, Almire, *Voyage en Bretagne [...] avec [...] l'iconographie des principaux types de forçats*, Le Mans, Monnoyer et Paris, Plon frères, 1853.

LE PLAY, Frédéric, *Les Ouvriers des deux mondes*, sér. 1, t. 1, Paris, Société internationale, 1857-1885.

LEQUINIO, Joseph-Marie, *Voyage dans le Jura*, 2 tomes, Paris, Caillot, Debray et Fuschs, An IX (1800).

LESCHEVIN, Philippe-Xavier, *Voyage à Genève et dans la vallée de Chamouni*, Paris et Genève, A. Renouard, 1812.

LETOURNEAU, Charles, « Le clan primitif », *Bulletins de la Société d'anthropologie de Paris*, 1889 (p. 265-273).

LEVASSEUR, Émile, *La Population française : histoire de la population avant 1789*, 3 tomes, Paris, A. Rousseau, 1889-1892.

LÉVÊQUE, Louis, « Une famille de rebouteurs lorrains », *Le Pays lorrain*, Nancy, 1909 (p. 65-78).

LIODET, Louise, *La Corse à vol d'oiseau*, Nice, B. Visconti, 1873.

LONGFELLOW, Henry Wadsworth, *Outre-Mer : a Pilgrimage Beyond the Sea*, Boston, Hilliard Gray, 1835 ;1882.

LOUBÈS, Gilbert, *L'Énigme des cagots : histoire d'une exclusion*, Bordeaux, Éditions Sud-Ouest, 1995.

LOUETTE (imprimeur), *Itinéraire complet de la France, ou Tableau général de toutes les routes et chemins de traverse de ce royaume, auquel on a joint l'itinéraire des Pays-Bas et la direction des routes aux villes capitales des royaumes qui avoisinent la France...*, 2 tomes, Paris, Louette, 1788.

LOUX, Françoise et Richard PHILIPPE, « Recettes françaises de médecine populaire », *Ethnologie française*, 1981, n° 4 (p. 369-374).

LUÇAY, Jean-Baptiste-Charles Legendre, comte de, *Description du département du Cher*, Paris, An X (1801).

LUNEMANN, « Le pays des Basques », *Nouvelles annales des voyages*, t. 49, Paris, Gide fils, 1831 (p. 30-71).

LUNIER, Ludger (Dr), « Recherches sur quelques déformations du crâne, observées dans le département des Deux-Sèvres », *Mémoires de la Société de statistique du département des Deux-Sèvres*, sér. 1, t. 15, Niort, Impr. Robin, 1852 (p. 73-89).

—, « Sur quelques déformations du crâne », *Bulletins de la Société d'anthropologie de Paris*, sér. 2, t. 1, Paris, Masson, 1866 (p. 139-142).

MACCARTHY, O. (illustr. ; texte anon.), « Productions gastronomiques de la France », *Le Magasin pittoresque*, Paris, 1847 (p. 267-270).

MACLEAN, Charles, *An Excursion in France, and Other Parts of the Continent of Europe*, Londres, T. N. Longman & O. Rees, 1804.

MCPHEE, Peter, *Revolution and Environment in Southern France : Peasants, Lords and Murder in the Corbières, 1780-1830*, Oxford, Oxford University Press, 1999.

—, *A Social History of France, 1780-1880*, Londres, Routledge, 1992 ; 1993.

MAGITOT, Émile, « Moulages de doigts recueillis sur des cagots », *Bulletins de la Société d'anthropologie de Paris*, 1892 (p. 553-572).

MAHÉ DE LA BOURDONNAIS, A., *Voyage en Basse-Bretagne chez les Bigouden de Pont-l'Abbé [...] Affinités des Bigouden avec les Lapons, les Mongols-Kalkhas [...] et autres peuples d'origine mongolique des monts Himalaya et de l'Indo-Chine*, Paris, Henri Jouve, 1892.

MALEPEYRE, Léopold, *Code des ouvriers : avec des notes explicatives ; Recueil méthodique des lois et réglements, concernant les ouvriers, chefs d'atelier, contremaîtres, compagnons et apprentis*, Paris, au Bureau central, 1833.

MALTE-BRUN, Conrad, « Rapports sur deux voyages [...] par M. Decandolle, professeur de botanique », *Annales des voyages*, t. 6, Paris, F. Buisson, 1810 (p. 240-250).

—, « Population du département de l'Aisne », *Nouvelles annales des voyages*, t. 20, Paris, Gide fils, 1823 (p. 266-273).

MALTE-BRUN, V. A., « Esquisse historique des grandes cartes topographiques », *Bulletin de la Société de géographie*, sér. 4, t. 15, 1858 (p. 182-193).

—, « État d'avancement et réduction de prix de la Carte de France », *Annales des voyages*, t. 199, Paris, Challamel aîné, 1868 (p. 201-206).

MANGIN, Arthur, *Le Désert et le monde sauvage*, Tours, A. Mame, 1866.

MANIER, Guillaume, *Pèlerinage d'un paysan picard à Saint-Jacques de Compostelle*, Montdidier, Impr. de A. Radenez, 1890.

MARCADET, Jules, « Les étapes de la bicyclette », *Le Magasin pittoresque*, sér. 2, t. 12, Paris, 1894 (p. 283-285).

MARCHANGY, Louis-Antoine-François de, *La Gaule poétique, ou L'histoire de France considérée dans ses rapports avec la poésie, l'éloquence et les beaux-arts*, 8 tomes, Paris, s.n., 1813-1817 ; 2e éd., Paris, C.-F. Patris, 1819.

MARIÉTON, Paul, *La Terre provençale*, Paris, Alphonse Lemerre, 1894.

MARLIN, François, *Voyages d'un français, depuis 1775 jusqu'à 1807*, 4 tomes, Paris, Arthus Bertrand, 1817.

MARMIER, Xavier, *Les Mémoires d'un orphelin*, Paris, L. Hachette, 1890.

MARMONTEL, Jean-François, *Mémoires*, Paris, Mercure de France, 1999.

MARTEL, Édouard-Alfred, *Les Abîmes : les eaux souterraines, les cavernes, les sources, la spéléologie : explorations souterraines effectuées de 1888 à 1893 en France, Belgique, Autriche et Grèce*, Paris, Ch. Delagrave, 1894.

—, « Le gouffre du puits de Padirac », *Le Tour du monde : nouveau journal des voyages*, t. 60, Paris, Hachette, 1890 (p. 401-406).

—, *Les Cévennes et la région des Causses (Lozère, Aveyron, Hérault, Gard, Ardèche)*, Paris, C. Delagrave, 1890.

—, « Dans les cavernes des Causses (dixième campagne souterraine) », *Le Tour du monde : nouveau journal des voyages*, t. 4, Paris, Hachette, 1898 (p. 301-312).

—, « La France inconnue : Fontaine-l'Évêque et les avens de Canjuers ; le grand cañon du Verdon », *La Géographie*, t. 13, 1906 (p. 473-475).

— et Armand JANET, « L'exploration du Grand Cañon du Verdon », *Le Tour du monde : nouveau journal des voyages*, t. 12, Paris, Hachette, 1906 (p. 577-600).

MARTEL, Pierre, voir WINDHAM.

MARTIN, Germain et Paul MARTENOT, *Contribution à l'histoire des classes rurales en France au XIXe siècle : la Côte-d'Or*, Dijon, Damidot Frères ; Paris, A. Rousseau, 1909.

MARTIN, Jean-Pierre, *La Traversée des Alpes. Cols, routes et tunnels*, Grenoble, Éditions Le Dauphiné, 2000.

MASSÉ-ISIDORE, Charles, *La Vendée poétique et pittoresque*, Nantes, Victor Mangin, 1829.

MASSON DE SAINT-AMAND, Amand-Narcisse, *Lettres d'un voyageur à l'embouchure de la Seine*, Paris, Guibert, 1828.

MAUPASSANT, Guy de, *Mont Oriol*, Paris, Havard, 1887.

—, « En Bretagne », *La Nouvelle Revue*, 1er janvier 1884 (p. 70-86).

MAURIN, E. « Une sorcière en Rouergue », *Revue du traditionnisme français et étranger*, Paris, 1911 (p. 187-189).

MAZADE, Étienne-Laurent-Jean, *Itinéraire ou Passe-temps de Lyon à Mâcon, par la diligence d'eau*, Lyon, Impr. J.-L. Maillet, 1812.

MAZON, Albin (« le Dr Francus »), *Voyage autour de Privas*, Privas, Impr. de Roure, 1882.

—, *Voyage aux pays volcaniques du Vivarais*, Privas, Impr. de Roure, 1878.

MÈGE, Francisque, *Souvenirs de la langue d'Auvergne*, Paris, Auguste Aubry, 1861.

MELCZER, William (présenté par), *The Pilgrim's Guide to Santiago de Compostela*, New York, Italica Press, 1993. (Livre V du *Codex Calixtinus*.)

MÉNÉTRA, Jacques-Louis, *Journal de ma vie*, Paris, Montalba, 1982.

MERCADIER DE BELESTA, Jean-Baptiste, *Ébauche d'une description abrégée du département de l'Ariège*, Foix, Impr. Pomiès aîné, An IX (1800).

MERCIER-THOINNET, M. et Mme, *Souvenirs de voyage*, Paris, Schwartz et Gagnot, 1838.

MÉRIMÉE, Prosper, *Correspondance générale* (établie et annotée par M. Parturier), 17 tomes, Toulouse, Privat, 1941-1964.

—, *Notes d'un voyage dans le Midi de la France*, Paris, Fournier, 1835.

—, *Notes d'un voyage dans l'Ouest de la France*, Paris, Fournier, 1836.

—, *Notes d'un voyage en Auvergne*, Paris, H. Fournier, 1838.

—, *Notes d'un voyage en Corse*, Paris, Fournier Jeune, 1840.

—, « Des monuments dits celtiques ou druidiques », *L'Athenaeum français*, n° 11, sept. 1852 (p. 169-171).

MERRIMAN, John M., *The Margins of City Life : Explorations of the French Urban Frontier*, Oxford, Oxford University Press, 1991 [*Aux marges de la ville : faubourgs et banlieues en France, 1818-1870*, Paris, Le Seuil, 1994 (traduit par Jean-Pierre Bardos)].

MERSON, Ernest, *Journal d'un journaliste en voyage*, Paris, E. Dentu, 1865.

MICHAUD, Louis-Gabriel, *Biographie universelle ancienne et moderne*, 85 tomes, Paris, Michaud puis Beck, 1811-1862.

MICHEL, Francisque, *Histoire des races maudites de la France et de l'Espagne*, 2 tomes, Paris, A. Franck, 1847.

MICHEL, Joseph-Étienne, *Statistique du département des Bouches du Rhône*, Paris, Valade, An XI (1802).

MICHEL, J.-F., *Dictionnaire des expressions vicieuses, usitées dans un grand nombre de départemens, et notamment dans la ci-devant province de Lorraine*, Nancy, Metz, Vigneulle, Bontoux ; Paris, Le Normand, Colas, 1807.

MICHELET, Jules, *Le Peuple*, Paris, Comptoir des Imprimeurs-unis, 1846.

MICHOT DE LA CAUW, *Voyage philosophique, politique et pittoresque, nouvellement fait en France*, Amsterdam, Bogaert, 1786.

MILLER, William, *Wintering in the Riviera : With Notes of Travel in Italy and France and Practical Hints to Travellers*, Londres, Longmans, 1879.

MIRABEAU, Victor Riqueti, marquis de, *L'Ami des hommes, ou Traité de la population*, Avignon, s.n., 1756.

MISTRAL, Frédéric, *Mes origines : mémoires et récits*, Paris, Plon-Nourrit et Cie, 1906.

—, *Mirèio*, Avignon, J. Roumanille, 1859 ; Paris, Garnier-Flammarion, 1978 (édition bilingue de Charles Rostaing).

—, *Lou Pouèmo dóu Rose*, Toulouse, 1896 ; Raphèle-lès-Arles, Culture provençale et méridionale, 1995 (édition bilingue de l'abbé Marcel Petit).

MOCH, Leslie Page, *Paths to the City : Regional Migration in Nineteenth-Century France*, Beverly Hills, Calif., Sage Publications, 1983.

MOLARD, Étienne, *Le Mauvais Langage corrigé ou Recueil, par ordre alphabétique, d'expressions et de phrases vicieuses usitées en France, et notamment à Lyon*, 4e éd., Lyon, Yvernault et Cabin ; Paris Brunot-Labbé et Lenormant, 1810.

MONLEZUN, Jean-Justin, *Histoire de la Gascogne depuis les temps les plus reculés jusqu'à nos jours*, t. 1, Auch, J.-A. Portes, 1846.

MONNET, Antoine-Grimoald, *Les Bains du Mont-Dore en 1786 : voyage en Auvergne de Monnet, inspecteur général des mines*, Clermont-Ferrand, Ribou-Collay, 1887.

MONTARAN, Marie Constance Albertine, *Mes pensées en voyage : excursions dans les Pyrénées*, Paris, Challamel aîné, 1868.

MONTEIL, Amans-Alexis, *Description du département de l'Aveiron*, 2 tomes, Rodez, Imprimerie de Carrère ; Paris, Fuchs et Desenne, An X (1801).

MONTÉMONT, Albert, *Voyage aux Alpes et en Italie, ou Lettres en prose et en vers*, 2 tomes, Paris, Lelong, 1821.

MOORE, John, *A View of Society and Manners in France, Switzerland, and Germany*, 2 tomes, Londres, 1779 ; 1789.

MORRIS, William, *Letters Sent Home. France and the French, or How I Went to the Paris Exhibition, and What I Saw by the Way*, Swindon, 1870.

MORTEMART DE BOISSE, François-Jérôme-Léonard de, *Voyage dans les Landes de Gascogne*, Paris, L. Bouchard-Huzard, 1840.

MORTILLET, « Sur les silex taillés du Grand-Pressigay », *Bulletins de la Société d'anthropologie de Paris*, 1865 (p. 201-205).

MURRAY, John *et al.*, *A Handbook for Travellers in France : being a guide to Normandy, Brittany, the rivers Seine, Loire, Rhône and Garonne, the French Alps, Dauphiné, Provence and the Pyrénées...*, Londres, John Murray, 1854.

NADAUD, Martin, *Mémoires de Léonard, ancien garçon maçon*, Bourganeuf, A. Duboueix, 1895.

NASH, James, *The Guide to Nice. Historical, Descriptive and Hygienic*, Londres, Kerby & Endean, 1884.

NERVAL, Gérard de, *Œuvres complètes*, 3 tomes (édition de Jean Guillaume et Claude Pichois), Paris, Gallimard, « Bibliothèque de la Pléiade », 1984-1993.

NETTEMENT, Alfred, *Mémoires historiques de S. A. R. Madame, duchesse de Berry, depuis sa naissance jusqu'à ce jour*, 3 tomes, Paris, Allardin, 1837.

NOAH, Mordecai Manuel, *Travels in England, France, Spain and the Barbary States*, New York, Kirk and Mercein, 1819.

NODIER, Charles, Baron Taylor et Alphonse de Cailleux, *Voyages pittoresques et romantiques dans l'ancienne France*, 18 tomes, Paris, Gide fils, 1820-1878.

NORA, Pierre (sous la direction de), *Les Lieux de mémoire*, t. 2 : *La Nation*, Paris, Gallimard, 1986.

NORDLING, Wilhelm de, « L'unification des heures », *Bulletin de la Société de géographie*, sér. 7, t. 11, 1890 (p. 111-137).

OGÉE, Jean, *Atlas itinéraire de Bretagne contenant les cartes particulières de tous les grands chemins de cette province avec tous les objets remarquables qui se rencontrent...*, Nantes, chez l'auteur, 1769.

OGIER, Théodore, *Voyage de Lyon à Avignon par le chemin de fer et le Rhône*, Lyon, Bajat fils, 1854.

ORLOV, Grigorii Vladimirovitch, *Voyage dans une partie de la France ou Lettres descriptives et historiques adressées à Me la comtesse Sophie de Strogonoff*, 3 tomes, Paris, Bossange, 1824.

PACHA, Béatrice et Ludovic MIRAN, *Cartes et plans imprimés de 1564 à 1815*, Paris, Bibliothèque nationale de France ; Agence interprofessionnelle régionale pour le livre et les médias, 1996.

PACHOUD, « Tournée en Provence en 1828 », *Nouvelles annales des voyages*, t. 43 et 44, Paris, Gide fils, 1829 (p. 295-322 et 147-173).

PAPON, Jean-Pierre, *Voyage littéraire de Provence, contenant tout ce qui peut donner une idée de l'état ancien et moderne des villes,... l'histoire naturelle,... et cinq lettres sur les trouvères et les troubadours*, Paris, Barrois l'aîné, 1780.

PAPON, S., *Voyage dans le département des Alpes Maritimes, avec la description de la ville et du terroir de Nice, de Menton, de Monaco, etc.*, Paris, Barrau, An XII (1804).

PARISET, Mme [M. Gacon-Dufour et É. Marie Bayle-Mouillard], *Nouveau manuel complet de la maîtresse de maison, ou Lettres sur l'économie domestique*, Paris, Librairie encyclopédique de Roret, 1852.

PARONNAUD, Jean-Claude, « Les Cagots », http://cgpa64.free.fr/cagots/index.htm.

PARRY, M. *et al.* (présenté par), *The Changing Voices of Europe*, Cardiff, University of Wales Press, 1994.

PEAKE, Richard Brinsley, *The Characteristic Costume of France ; from Drawings Made on the Spot*, Londres, William Fearman, 1819.

PELLETIER, Monique, *La Carte de Cassini. L'extraordinaire aventure de la carte de France*, Paris, Presses de l'École nationale des pont et chaussées, 1990.

— et Henriette OZANNE, *Portraits de la France : les Cartes, témoins de l'histoire*, Paris, Hachette, 1995.

PERBOSC, Antonin, « Le langage des bêtes », *Revue du traditionnisme français et étranger*, 1907 (p. 280-285).

PERDIGUIER, Agricol, *Mémoires d'un compagnon* (introduction d'Alain Faure), Paris, Maspero, coll. « Actes et mémoires du peuple », 1977 (1re éd. 1854).

—, *Question vitale sur le compagnonnage et la classe ouvrière*, Paris, Dentu, 1863.

PÉRÉGRIN, *Excursions pyrénéennes : une flânerie aux Pène-Taillade et Pourry*, Tarbes, E. Croharé, 1886.

PERRET, Paul, *Les Pyrénées françaises*, vol. 2 : *Le Pays Basque et la Basse-Navarre*, Paris et Poitiers, H. Oudin, 1882.

—, *Les Pyrénées françaises*, vol. 1 : *Lourdes, Argelès, Cauterets, Luz, Saint-Sauveur, Barèges*, Paris et Poitiers, H. Oudin, 1881.

PERRIN-DULAC, François, *Description générale du département de l'Isère*, 2 tomes, Grenoble, J. Allier, 1806.

PERROT, Michelle (présenté par), *Histoire de la vie privée*, t. 4 : *De la Révolution à la Grande Guerre*, Paris, Le Seuil, 1987.

PEUCHET, Jacques et P.-G. CHANLAIRE, *Description topographique et statistique de la France*, 3 tomes, Paris, 1807.

PEYRAT, Napoléon, *Histoire des pasteurs du désert, depuis la révocation de l'édit de Nantes jusqu'à la Révolution française, 1685-1789*, 2 tomes, Paris et Valence, Marc-Aurel frères, 1842.

PHILIPPS, Dr, *Vacances en Limousin*, Paris, Librairie générale de vulgarisation, 1886.

PIÉDAGNEL, Alexandre, *Jadis, souvenirs et fantaisies*, Paris, I. Liseux, 1886.

PIETTE, Édouard et J. SACAZE. « La montagne d'Espiaup », *Bulletins de la Société d'anthropologie de Paris*, 1877 (p. 225-251).

PIGANIOL DE LA FORCE, Jean-Aymar, *Nouveau voyage de France, avec un itinéraire et des cartes faites exprès qui marquent exactement les routes qu'il faut suivre pour voyager dans toutes les provinces de ce royaume*, 2 tomes, Paris, T. Le Gras, 1740.

PIGAULT-LEBRUN et Victor AUGIER, *Voyage dans le midi de la France*, Paris, J.-N. Barba, 1827.

PINEAU, Léon, « Les remèdes populaires », dans *Archives d'Auvergne* (sous la direction de Jacques Borgé et Nicolas Viasnoff), Paris, Trinckvel, 1993 (p. 173-180).

PINKNEY, Nathan, *Travels Through the South of France, and in the Interior of the Provinces of Provence and Languedoc [...] by a Route Never Before Performed*, Londres, Gale, Curtis, and Fenner, 1809.

PINTARD, Eugène, « Proverbes du Vexin », *Revue du traditionnisme français et étranger*, 1909 (p. 109-111).

PLANHOL, Xavier de, *Géographie historique de la France*, Paris, Fayard, 1988.

PLANTÉ, Paul, « Les matériels aratoires du Midi méditerranéen au XIXe siècle », thèse de doctorat, Montpellier, 1997.

PLAZANET, Général, « Essai d'une carte des patois du Midi », *Bulletin de la Société de géographie commerciale de Bordeaux*, sér. 2, A. 39, 1913 (p. 166-185 et 208-227).

PLOUX, François, *De bouche à oreille : naissance et propagation des rumeurs dans la France du XIXe siècle*, Paris, Aubier-Flammarion, 2003.

—, « Politique, rumeurs et solidarités territoriales », *Cahiers d'histoire*, 1999, 2 (p. 237-265).

PLUMPTRE, Anne, *A Narrative of a Three Years' Residence in France, principally in the Southern departments, from the year 1802 to 1805*, 3 tomes, Londres, R. Taylor, 1810.

PÖLLNITZ, Karl Ludwig von, *The Memoirs of Charles-Lewis, Baron de Pollnitz*, 4 tomes, Londres, Daniel Brown, 1738.

POMIER, Émile, *Manuel des locutions vicieuses les plus fréquentes dans le département de la Haute-Loire et la majeure partie du midi de la France*, Le Puy, P. Pasquet, 1835.

PONS DE L'HÉRAULT, *Souvenirs et anecdotes de l'île d'Elbe*, Paris, E. Plon, Nourrit et Cie, 1897.

PORCHAT, Jacques, *Trois mois sous la neige : journal d'un jeune habitant du Jura ; suivi de nouvelles*, 15e éd., Paris, C. Delagrave, 1886.

PRADT, Dominique de, *Voyage agronomique en Auvergne*, Paris, Pichon et Didier, 1828.

PRÉFECTURE DU CALVADOS, *Livret de cantonnier*, Caen, Impr. H. Leroy, 1842.

PRICE, Roger, *The Modernization of Rural France*, Londres, Hutchinson, 1983.

PRIVAT D'ANGLEMONT, Alexandre, *Paris anecdote*, Paris, A. Delahays, 1860.

PROUDHON, Pierre-Joseph, *Mémoires sur ma vie* (présenté par Bernard Voyenne), Paris, La Découverte-Maspero, coll. « Actes et mémoires du peuple », 1983.

PROUST, Henri, « Le progrès agricole dans le Bocage », *Revue des Deux Mondes*, 15 avril 1861 (p. 1034-1046).

PROUST, Marcel, *À la recherche du temps perdu*, 4 tomes (présenté par J.-Y. Tadié), Paris, Gallimard, « Bibliothèque de la Pléiade », 1987-1989.

QUELLIEN, Narcisse, « Quelques particularités de certains costumes bretons », *Revue d'ethnographie*, t. 3, Paris, Leroux, 1885 (p. 354-355).

RABOT, Charles, « Les marais du Bas-Poitou », *La Géographie*, t. 10, 1904 (p. 377-385).

RAISON-JOURDE, Françoise, *La Colonie auvergnate de Paris au XIXe siècle*, Paris, Commission des travaux historiques, 1976.

—, « Endogamie et stratégie d'implantation professionnelle des migrants auvergnats à Paris au XIXe siècle », *Ethnologie française*, 1980, n° 2 (p. 152-162).

RAITT, Alan, *Prosper Mérimée*, Londres, Eyre and Spottiswoode, 1970.

RAMOND DE CARBONNIÈRES, Louis, *Observations faites dans les Pyrénées pour servir de suite à des observations sur les Alpes*, Paris, Belin, 1789.

RAVERAT, Baron Achille, *À travers le Dauphiné. Voyage pittoresque et artistique*, Grenoble, Maisonville et Jourdan, 1861.

RAYEUR, I.-A., « À travers l'Ardenne française », *Le Tour du monde : nouveau journal des voyages*, t. 68, Paris, Hachette, 1894 (p. 161-192).

RECLUS, Élisée, *Nouvelle géographie universelle : la terre et les hommes. II : La France*, Paris, Hachette, 1885.

RECLUS, Onésime, *France, Algérie et colonies*, Paris, Hachette, 1886.

—, *Le Plus Beau Royaume sous le ciel*, Paris, Hachette, 1899.

REICHARD, Heinrich August Ottokar, *Guide des voyageurs en France*, Weimar, Bureau d'Industrie, 1810.

REINHARD, Aimé, *Le Mont Sainte-Odile et ses environs*, Strasbourg, Impr. de G. Fischbach, 1888.

RENAN, Ernest, *Souvenirs d'enfance et de jeunesse*, Paris, Calmann-Lévy, 1883 ; Paris, Gallimard, Folio, 1983.

RENARD, Jules, *Journal, 1887-1910*, Paris, Gallimard, « Bibliothèque de la Pléiade », 1960.

RESSÉGUIER, Fernand, comte de, *En wagon de Toulouse à Rome*, Toulouse, Douladoure, 1879.

RESTIF DE LA BRETONNE, Nicolas-Edmé, *La Vie de mon père*, Paris, Vve Duchesne, 1778 ; édition de G. Rouger, Paris, Garnier, 1970.

REVERDY, Georges, *Atlas historique des routes de France*, Paris, Presses de l'École nationale des ponts et chaussées, 1986.

« RICHARD », voir AUDIN.

RICHARD, Ambroise et Achille Armand LHEUREUX, *Voyage de deux amis en Italie par le Midi de la France*, Paris, H. Fournier, 1829.

RICHARD, Nicolas-François-Joseph, « Coutume de la Bresse », *Bulletin de la Société de géographie*, sér. 1, t. 18, 1832 (p. 221-226).

RION, J.-A., « Découverte du col de Severen », *Nouvelles annales des voyages*, t. 109, Paris, Gide fils, 1845 (p. 106-112).

ROBERTS, Emma, *Notes of an Overland Journey Through France and Egypt to Bombay*, Londres, W.M.H. Allen, 1841.

ROBILLARD DE BEAUREPAIRE, Charles de, *Les Ponts-et-Chaussées dans la Généralité de Rouen*, Rouen, Cagniard, 1883.

ROBISCHUNG, François-Antoine, *Mémoires d'un guide octogénaire, échos des vallées d'Alsace et de Lorraine*, Tours, Mame, 1886.

ROCHAS, V. de, *Les Parias de France et d'Espagne (Cagots et Bohémiens)*, Paris, Hachette, 1876.

ROLAND DE LA PLATIÈRE, Jean-Marie, *Voyage en France, 1769*, Villefranche, Impr. Auray et Deschizeaux, 1913.

ROLLAND DE DENUS, André, *Dictionnaire des appellations ethniques de la France et de ses colonies*, Paris, E. Lechevalier, 1889.

RONJAT, Jules, « Restitution de quelques noms de lieux dans l'Oisans », *Revue des langues romanes*, t. 51 (1908) (p. 60-63).

ROSENSTEIN, M., « Promenade sur les côtes du Golfe de Gascogne [...] par M. J. Thoré », *Annales des voyages*, t. 16, Paris, Buisson, 1811 (p. 346-354).

ROUGELET, Albert, *Zigzags folâtres*, Lyon, Impr. de L. Sézanne, 1901.

ROUJOU, Anatole, « Sur quelques types humains trouvés en France », *Bulletins de la Société d'anthropologie de Paris*, 1872 (p. 768-782).

—, « Sur quelques races ou sous-races locales observées en France », *Bulletins de la Société d'anthropologie de Paris*, 1874 (p. 249-255).

—, « Quelques observations anthropologiques sur le département du Puy-de-Dôme », *Bulletins de la Société d'anthropologie de Paris*, 1876 (p. 330-350).

ROUQUETTE, Jules, *Jean Cavalier, le héros des Cévennes*, Paris, Librairie des publications à 5 centimes, 1892.

ROUSSEAU, Jean-Jacques, *Les Confessions*, 2 tomes, Genève, 1782 ; Paris, Garnier frères, 1980.

ROUSSELOT, Pierre-Jean, « Les modifications phonétiques du langage étudiées dans le patois d'une famille de Cellefrouin », *Revue des patois gallo-romans*, 1892 (Supplément) (p. 9-62).

ROUX, Paul, « Les riches colporteurs », dans *Archives d'Auvergne* (sous la direction de Jacques Borgé et Nicolas Viasnoff), Paris, Trinckvel, 1993 (p. 211-215).

ROUX, Xavier, *Les Alpes, histoire et souvenirs*, Paris, E. Baltenweck Éditeur, 1877.

RUSSELL, Henry, *Biarritz and Basque Countries*, Londres, Stanford, 1873.

SAHLINS, Peter, *Forest Rites : The War of the Demoiselles in Nineteenth-Century France*, Cambridge, Harvard University Press, 1994.

SAINT-AMANS, Jean-Florimond Boudon de, *Description abrégée du département de Lot et Garonne*, Agen, Impr. Vve Noubel et Fils Aîné, An VIII (1799).

—, *Fragmens d'un voyage sentimental et pittoresque dans les Pyrénées*, Metz, Deuilly, 1789.

—, « Voyage agricole, botanique et pittoresque, dans une partie des Landes », *Annales des voyages*, t. 18, Paris, Buisson, 1812 (p. 5-220).

SAINT-FÉLIX, Armand-Joseph-Marie de, *Architecture rurale, théorique et pratique, à l'usage des propriétaires et des ouvriers de la campagne*, Toulouse, Impr. de J.-M. Douladoure, 1820.

SAINT-LAGER, Jean-Baptiste, *Études sur les causes du crétinisme et du goître endémique*, Paris, J. B. Baillière, 1867.

SAINT-MARTIN, Vivien de, « Achèvement du tunnel du Mont Cenis », *L'Année géographique*, Paris, Librairie de L. Hachette et Cie, 1870-1871 (p. 379-397).

SAINT-SIMON, Louis de Rouvroy, duc de, *Papiers inédits* (introduction par Édouard Drumont), Paris, A. Quentin, 1880.

SALABERRY, Charles-Marie d'Irumberry, *Mon voyage au Mont d'Or*, Paris, Imprimerie de Crapelet, An X (1802).

SAND, George, *Histoire de ma vie*, 8 volumes, Paris, M. Lévy frères, 1856.

—, *Jeanne*, Meylan, Éditions de l'Aurore, 1986 (1re éd. 1844).

—, *Légendes rustiques*, Guéret, Éditions Verso, 1987 (1re éd. 1888).

—, *La Mare au diable*, Bruxelles, Méline, Camps et Compagnie, 1846.

—, *Le Marquis de Villemer* (présenté et annoté par Jean Courrier), Paris, Borée, 2000 (1re éd. 1860).

—, *Nanon*, Meylan, Éditions de l'Aurore, 1987 (1re éd. 1872).

—, *Promenades autour d'un village*, Paris, Michel Lévy frères, 1866.

—, *Correspondance : 1812-1876*, 6 volumes, 1812-1836, Paris, C. Lévy, 1883-1884.

SARRIEU, Bernard, « Le parler de Bagnères-de-Luchon et de sa vallée », *Revue des langues romanes*, t. 45, 1902 (p. 385-446).

SAUGRAIN, Claude-Marin, *Nouveau voyage de France, géographique, historique et curieux, disposé par différentes routes, à l'usage des étrangers et des François, contenant une exacte explication de tout ce qu'il y a de singulier et de rare à voir dans ce royaume, avec les adresses pour trouver facilement les routes, les voitures et autres utilitez nécessaires aux voyageurs*, Paris, Saugrain l'aîné, 1720.

SAUREL, Ferdinand et Alfred SAUREL, *Histoire de la ville de Malaucène et de son territoire*, 2 tomes, Avignon, J Roumanille ; Marseille, Marius Lebon, 1882-1883.

SAUSSURE, Horace-Bénédict de, *Voyages dans les Alpes*, 4 tomes, Neufchatel et Genève, S. Fauche, 1779-1796.

SAVANT, Jean, *Les Préfets de Napoléon*, Paris, Hachette, 1958.

SÉBILLOT, Paul, *Coutumes populaires de la Haute-Bretagne*, Paris, Maisonneuve, 1886.

—, *Traditions et superstitions de la Haute-Bretagne*, 2 tomes, Paris, Maisonneuve, 1882 ; 1967.

SEGALEN, Martine, *Mari et femme dans la société paysanne*, Paris, Flammarion, 1980.

SEGALEN, Victor, « Journal de voyage », *Œuvres complètes*, t. 1 (présenté par H. Bouillier), Paris, Laffont, 1995.

SEGUIN DE PAZZIS, Maxime de, *Mémoire statistique sur le département de Vaucluse*, Carpentras, Quenin, 1808.

SERBOIS, M. L. de, *Souvenirs de voyages en Bretagne et en Grèce*, Paris, A. Le Clère, 1864.

SIEBECKER, Édouard, *Physiologie des chemins de fer : grandes compagnies, employés, public, portraits, anecdotes, conseils aux voyageurs*, Paris, J. Hetzel, 1867.

SIGART, Joseph, *Glossaire étymologique montois ou Dictionnaire du wallon de Mons et de la plus grande partie du Hainaut*, Bruxelles, F. Claassen ; Paris, Maisonneuve, 1870.

SILHOUETTE, Étienne de, *Voyages de France, d'Espagne, de Portugal et d'Italie*, 4 tomes, Paris, Merlin, 1770.

SIMON, Jules, *L'Ouvrière*, Paris, Hachette, 1861.

SINGER, Barnett, *Village Notables in Nineteenth-Century France : Priests, Mayors, Schoolmasters*, Albany, State University of New York Press, 1983.

SMOLLETT, Tobias, *Travels through France and Italy* (1766), Oxford, Oxford University Press, 1979.

SONNINI DE MANONCOURT, Charles-Nicolas-Sigisbert, *Manuel des propriétaires ruraux et de tous les habitans de la campagne*, Paris, Buisson, 1808.

SOUDIÈRE, Martin de la, « Lieux-dits : nommer, dé-nommer, re-nommer », *Ethnologie française*, 2004, n° 1 (p. 67-77).

SOULANGE, Ernest, *Inventions et découvertes*, 12e éd. Tours, Mame et Cie, 1880.

SOUVESTRE, Émile, *En Bretagne*, Paris, Michel Lévy frères, 1867.

SPECKLIN, Robert, « Études sur les origines de la France (fin) », *Acta geographica*, n° 50, 1982 (p. 37-43).

SPELEUS, Dr (pseudon.), *Çà et là dans les Pyrénées*, Toulouse, Brun, 1870.

STENDHAL, *Voyages en France* (édition de V. Del Litto), Paris, Gallimard, « Bibliothèque de la Pléiade », 1992.

—, *Mémoires d'un touriste* (présenté par Henri Martineau), Paris, Le Divan, 1929.

STEVENS, Mary, « Commemorative Fever ? French Memorials to the Veterans of the Conflicts in North Africa », *French Studies Bulletin*, hiver 2005, p. 2-4.

STEVENSON, Robert Louis, *Croisière à l'intérieur des terres*, dans *Œuvres*, t. 1, Paris, Gallimard, « Bibliothèque de la Pléiade », 2001 (traduit par Laurent Bury).

—, *Voyages avec un âne dans les Cévennes*, Paris, GF-Flammarion, 1991 (1re éd. 1879) (traduit par Léon Bocquet).

STRUMINGHER, Laura, « Rural Parents, Children and Primary Schools ; France 1830-1880 », dans M. BERTRAND (présenté par), *Popular Traditions and Learned Culture in France*, Stanford, Stanford University Press, 1985.

SUSSMAN, George, *Selling Mother's Milk : The Wet-Nursing Business in France*, Urbana, University of Illinois Press, 1982.

SUTTON, Keith, « Reclamation of Wasteland During the 18th and 19th Centuries », dans H. CLOUT (présenté par), *Themes in the Historical Geography of France*, Londres et New York, Academic Press, 1977 (p. 247-300).

TACKETT, Timothy, *Priest and Parish in Eighteenth-Century France*, Princeton, Princeton University Press, 1977.

—, *Religion, Revolution, and Regional Culture in Eighteenth-Century France*, Princeton, Princeton University Press, 1986.

TAINE, Hippolyte-Adolphe, *Les Origines de la France contemporaine. L'Ancien Régime*, 12 tomes, Paris, Hachette, 1879 ; 1901-1904.

—, *Voyage aux Pyrénées*, Paris, Hachette, 1858.

TASTU, Amable, *Voyage en France*, Tours, A. Mame, 1846.

— *et al.*, *Alpes et Pyrénées : arabesques littéraires*, Paris, P.-C. Lehuby, 1842.

TAYLOR, J. Bayard, *Views A-Foot, or Europe Seen with Knapsack and Staff*, New York, Wiley and Putnam, 1846.

TERRACHER, Adolphe-Louis, *Les Aires morphologiques dans les parlers populaires du nord-ouest de l'Angoumois*, 2 tomes, Paris, Honoré Champion, 1912-1914.

THÉROND, Émile (illustr. ; texte anon.), « Bernay (Département de l'Eure) », *Le Magasin pittoresque*, Paris, 1870 (p. 31-32).

THÉVENIN, Évariste, *En vacance : Alsace et Vosges*, Paris, Hachette, 1865.

THICKNESSE, Philip, *A Year's Journey Through France and Part of Spain*, 2 tomes, Dublin, J. Williams, 1777.

THIÉBAULT, Paul, *Mémoires du général Bon Thiébault*, 5 tomes, Paris, Plon, 1893-1895.

THIERRY, Amédée, *Histoire des Gaulois : depuis les temps les plus reculés jusqu'à l'entière soumission de la Gaule à la domination romaine*, 3 tomes, Paris, A. Sautelet, 1828.

THIESSE, Anne-Marie, *La Création des identités nationales : Europe, XVIIIe-XXe siècle*, Paris, Le Seuil, 2001.

—, *Ils apprenaient la France : l'Exaltation des régions dans le discours patriotique*, Paris, Éditions de la Maison des sciences de l'homme, 1997.

THUILLIER, Guy, *Pour une histoire du quotidien au XIXe siècle en Nivernais*, Paris, La Haye, Mouton, 1977.

—, « L'alimentation en Nivernais au XIXe siècle », *Annales. Économie, Sociétés, Civilisations*, 20e année, n° 6, 1965 (p. 1163-1184).

TILLOY, Michèle *et al.* (présenté par), *Histoire et clandestinité du Moyen Âge à la Première Guerre mondiale* (Actes du colloque de Privas, mai 1977), Albi, Revue du Vivarais, 1979.

TINDALL, Gillian, *The Journey of Martin Nadaud*, Londres, Chatto & Windus, 1999 ; St. Martin's Press, 2000.

TOMBS, Robert, *France 1814-1914*, Londres, Longman, 1996.

TONNELLÉ, Alfred, *Trois mois dans les Pyrénées et dans le Midi*, Tours, Mame, 1859.

TOPINARD, Paul, *L'Homme dans la nature*, Paris, Félix Alcan Éditeur, 1891.

—, « Discussion sur les moyennes », *Bulletins de la Société d'anthropologie de Paris*, 1880 (p. 32-42).

TRÉVÉDY, Julien, *Voyages dans le département actuel des Côtes-du-Nord : 1775-1785*, Saint-Brieuc et Rennes, R. Prud'homme, 1890.

TURNER, Dawson, *Account of a Tour in Normandy*, 2 tomes, Londres, 1820.

VALIN, Pierre [Edmonde Travers], *Le Vosgien*, Paris, E. Dentu, 1889.

VALLIN, Édouard, *Voyage en Bretagne. Finistère*, Paris, Comptoir de la Librairie de province, 1859.

VALORI, François-Florent, *Précis historique du voyage entrepris par S. M. Louis XVI, le 21 juin 1791*, Paris, L.-G. Michaud, 1815.

VARENNES, Claude de, *Le Voyage de France, dressé pour la commodité des François et des Estrangers*, Paris, Chez Nicolas Legras, 1687.

VERNE, Jules, *Le Tour du monde en quatre-vingts jours*, Paris, P.-J. Hetzel, 1873.

VERYARD, Ellis, *An Account of Divers Choice Remarks [...] Taken in a Journey Through the Low-Countries, France, Italy and Part of Spain*, Londres, L. Smith & B. Walford, 1701.

VEUCLIN, Ernest, *Les Croix des grands chemins*, Bernay, Impr. E. Veuclin, 1889.

VIARD, C., *Annuaire des postes pour 1843 ou Manuel du Service de la poste aux lettres*, Paris, Hôtel des postes, 1843.

VIDAL DE LA BLACHE, Paul, *Tableau de la géographie de la France*, 2 tomes, Paris, Hachette, 1908.

VIGIER, Philippe, « Diffusion d'une langue nationale et résistance des patois en France au XIXe siècle », *Romantisme*, n° 25-26, 1979 (p. 191-208).

VIGNON, Eugène-Jean-Marie, *Études historiques sur l'administration des voies publiques en France*, t. 3, Paris, Dunot, 1862.

VIGNY, Alfred de, *Les Destinées : poèmes philosophiques*, Paris, Michel Lévy frères, 1864.

VITU, Auguste, « Voyage en France. Le Puy-de-Dôme », *Musée des familles : lectures du soir*, t. 19, Paris, Delagrave, 1851-1852 (p. 233-239).

VOLANE, Jean, *En Vivarais : impressions, descriptions, notes historiques, figures ardéchoises, presse, grandes industries, pages vivaraises*, t. 1, Paris et Nancy, Berger-Levrault, 1897.

VUILLIER, Gaston, « Chez les magiciens et les sorciers de la Corrèze », *Le Tour du monde : nouveau journal des voyages*, t. 5, Paris, Hachette, 1899 (p. 505-540).

WAILLY, Léon de, *Curiosités philologiques, géographiques et ethnologiques*, Paris, Paulin et Le Chevalier, 1855.

WAIRY, Constant, *Mémoires de Constant, premier valet de chambre de l'Empereur*, t. 3, Paris, Ladvocat, 1830.

WALCKENAER, Charles-Athanase, « Sur les Vaudois, les Cagots et les chrétiens primitifs », *Nouvelles annales des voyages*, t. 58, Paris, Gide fils, 1833 (p. 320-336).

—, « Sur la diversité des races d'hommes qui habitent les Pyrénées », *Nouvelles annales des voyages*, t. 60, Paris, Gide fils, 1833 (p. 64-84).

WALDBURG-TRUCHSESS, Friedrich Ludwig von, *Nouvelle relation de l'itinéraire de Napoléon*, Paris, C.-L.-F. Panckoucke, 1815.

WALSH, Joseph-Alexis, *Suite aux Lettres vendéennes, ou Relation du voyage de S. A. R. Madame, duchesse de Berry*, Paris, L.-F. Hivert, 1829.

WARENGHEM, Léon, *En Bretagne : Trébeurden, ses îles, ses grèves, son climat, ses légendes*, Lannion, Impr. de A. Anger, 1899.

WARRELL, Ian, *Turner on the Loire*, Londres, Tate Gallery, 1997 [*Turner, le voyage sur la Loire*, Paris, Éditions de la Réunion des musées nationaux, 1998 (catalogue d'exposition)].

WATTEVILLE DU GRABE, Oscar-Amédée, *Rapport adressé à M. le Ministre de l'Instruction Publique sur le Muséum ethnographique des missions scientifiques*, Paris, Imprimerie nationale, 1877.

WEBER, Eugen, *La Fin des terroirs : la modernisation de la France rurale, 1870-1914*, Paris, Fayard, 1983 (traduit par Antoine Berman et Bernard Géniès).

WEBSTER, Wentworth, *Les Loisirs d'un étranger au pays basque*, E. Bertrand, Châlons-sur-Marne, 1901.

— (présenté par), *Légendes basques* (1877), Anglet, Éditions Aubéron, 2005 (traduit par Nicolas Burguete).

WELD, Charles Richard, *Auvergne, Piedmont, and Savoy : a Summer Ramble*, Londres, John W. Parker, 1850.

—, *Notes on Burgundy*, Londres, Longman, 1869.

—, *The Pyrenees, West and East*, Londres, Longman, 1859.

WHYMPER, Edward, *Escalades dans les Alpes de 1860 à 1869*, Paris, Hachette, 1873 (traduit par Adolphe Joanne).

WILLE, Johan Georg, *Mémoires et journal de J. G. Wille, graveur du roi*, 2 tomes, Paris, Vve J. Renouard, 1857.

WILLIAMS, Heather, « Writing to Paris : Poets, Nobles and Savages in Nineteenth-Century Brittany », *French Studies*, vol. 57, n° 4, 2003 (p. 475-490).

WINDHAM, William et Pierre MARTEL, *An Account of the Glacieres [sic] or Ice Alps in Savoy*, Londres, Peter Martel, 1744.

—, *Relations de leurs deux voyages aux glaciers de Chamonix*, Genève, Impr. Bonnant, 1879.

WIRTH, Laurent, *Un équilibre perdu : évolution démographique, économique et sociale du monde paysan dans le Cantal au XIXe siècle*, Clermont-Ferrand, Publications de l'Institut d'histoire du Massif central, 1996.

WRAXALL, Nathaniel William, *Voyage en France*, 2 tomes, Paris, J. E. G. Dufour, 1806.

WRIGHT, Edward, *Some Observations Made in Travelling Through France, Italy, &c*, Londres, A. Millar, 1764.

YOUNG, Arthur, *Voyages en France pendant les années 1787, 1788 et 1789*, Paris, Armand Colin, 1931 (traduit par Henri Sée).

YVART, Victor, « Observations de l'embrasement spontané d'un tas de fumier », *Bibliothèque physico-économique instructive et amusante*, A. 8, t. 2, Paris, Buisson, 1789 (p. 251-254).

ZINTZERLING, Justus (« Jodocus Sincerus »), *Voyage dans la vieille France : avec une excursion en Angleterre, en Belgique, en Hollande, en Suisse et en Savoie*, Paris, Dentu ; Lyon, Librairie Nouvelle, 1859 (traduit du latin par Thalès Bernard).

ZOLA, Émile, *Correspondance*, 10 tomes (présenté par B. H. Bakker), Montréal, Presses de l'université de Montréal et Paris, Centre national de la recherche scientifique, 1978-1995.

Index général

Note : les numéros de page en gras se rapportent aux cartes ; ceux suivis de la lettre « n » se rapportent aux notes de bas de page.

Index géographique

Note : les numéros de page suivis de la lettre « n » se rapportent aux notes de bas de page.

Index géographique

Crédits des illustrations

Premier cahier

1. « Les dames de Goust », dans Edwin Asa Dix, *A Midsummer Drive Through the Pyrenees* (1890). Collection privée.
2. Un cagot dans l'église Saint-Girons à Monein (Pyrénées-Atlantiques). Collection privée.
3. « Menhir au Champ Dolent, près Dol », dans *Voyages pittoresques et romantiques dans l'ancienne France*, gravure 235. Bibliothèque nationale de France.
4. *Les petits métiers de Paris. Le montreur d'ours*, carte postale, vers 1905. Collection privée.
5. F. Bernède, *Intérieur dans les Landes (lou pachedeuy)*. Musée national des arts et traditions populaires. © A. Guey.
6. Charles Nègre, *Ramoneurs sur les quais de la Seine*. Paris, Musée d'Orsay. © Photo RMN / Droits réservés.
7. *Bergers à La Mouleyre, Commensac*. Photo Félix Arnaudin. Musée d'Aquitaine, Bordeaux.
8. *Construction de route en Oisans, vers 1918*. Collection Charpenay, Institut de géographie alpine. Musée dauphinois, Grenoble.
9. *Un vieux chouan*. Musée national des arts et traditions populaires.
10. *Types d'Auvergne. La bourrée*. Carte postale, vers 1905. Collection privée.
11. Charles Marville, *Haut de la rue Champlain*. Bibliothèque historique de la ville de Paris.
12. *M. Barthélemy dans une cour de ferme, Le Coin, Molines-en-Queyras, juillet 1917*. Photo Hippolyte Müller. Musée dauphinois, Grenoble.

Deuxième cahier

13. I. B. Nolin, *Les Montagnes des Sevennes ou se retirent les fanatiques de Languedoc et les Plaines des environs ou ils font leurs courses, avec les Grands Chemins Royaux faicts par lordre du Roy pour rendre ces Montagnes praticabes* [*sic*], 2e édition, Paris, 1703. Bibliothèque nationale de France.
14. Jules Breton, *Le Chant de l'alouette*, 1884. Art Institute of Chicago, Henry Field Memorial Collection, 1894.1033.
15. *Ex-voto, le 22 juillet 1855*. Musée national des arts et traditions populaires. © Danièle Adam.
16. Joseph-Louis-Hippolyte Bellangé, *Le Marchand de plâtres ambulant*, 1833. Musée national des arts et traditions populaires.
17. César-François Cassini de Thury, *Toulon*, 1779. Feuille 131 de la Carte de France. Bibliothèque nationale de France.
18. Léon-Auguste Asselineau, *Le Passage du Mont-Cenis*, 1868. Bibliothèque nationale de France.
19. Paul Delaroche, *Bonaparte franchissant les Alpes*, 1850. Walker Art Gallery, Liverpool Museum / Bridgeman Art Library.
20. Anon., *Saint-Pierre de Montmartre et la tour du télégraphe*. Bibliothèque nationale de France.
21. Pierre Saint-Ange Poterlet, *Chemin creux vers la cité de Carcassonne*, vers 1859. Bibliothèque nationale de France.
22. Gustave Fraipont, *Chemin de fer du Nord. Pierrefonds, Compiègne et Coucy*, vers 1895. Bibliothèque nationale de France.
23. F. Hugo d'Alési, *Chemins de fer de l'est. Les Vosges*, vers 1895. Bibliothèque nationale de France.
24. *Chemin de fer de Lyon à Saint-Étienne*. Bridgeman Art Library.
25. J. Maurel, « Alsace-Lorraine », dans Marie de Grandmaison, *Le Tour de France*, 1893. Collection privée.

Table des cartes

Remerciements

Ce livre a commencé et s'est achevé grâce à l'amitié et la compétence d'Andrew Kidd et de Sam Humphreys chez Picador, de Starling Lawrence chez W. W. Norton, de Gill Coleridge et Peter Straus de l'agence Rogers, Coleridge & White, et de Melanie Jackson. Au cours de sa rédaction, j'ai contracté des dettes de reconnaissance auprès de nombreuses personnes (quelques-unes devront rester anonymes et d'autres ne sont remerciées que par la fréquence à laquelle leur nom apparaît dans les notes) : Morgan Alliche, Jean-Paul Avice, Nathalie Barou, Nicholas Blake, Alain Brunet, Wilf Dickie, Camilla Elworthy, Laurence Laluyaux, Molly May, Claude et Vincenette Pichois, Raymond et Helen Poggenburg, Chas Roberts et son équipe, Stephen Roberts, Isabelle Taudière et Morgen Van Vorst. Je tiens tout particulièrement à exprimer ma gratitude au personnel des institutions suivantes : la Social Science Library de l'université d'Oxford, la Taylor Institution Modern Languages Faculty Library, la Bodleian Library, la Bibliothèque nationale de France, le Musée dauphinois, le Musée national des arts et traditions populaires, la Bibliothèque historique de la Ville de Paris et le Musée d'Aquitaine.

Table

Table

Composition et mise en page

NORD COMPO
multimédia

Achevé d'imprimer
sur les presses numériques de Dupliprint (95)
Dépôt légal : août 2011
N° d'édition : L.01EHBN000333.N001

Imprimé en France